# Manuel d'arabe *en ligne*

**Les bases de l'arabe** en 50 semaines

**Tome III** - semaines 15 à 21

# Apprentissage en autonomie

Version 4.3 (définitive)

**Ghalib Al-Hakkak**

Agrégé d'arabe

Droits réservés

© Ghalib Al-Hakkak, auteur auto-édité, Bourgogne, France ( ghalib@al-hakkak.fr )

© Ghalib Al-Hakkak, juillet 2017 / mars 2021

## ISBN-13: **978-1973950851**

Editeur : Ghalib AL-HAKKAK, auteur auto-édité,

Marmagne 71710, France

Imprimeur : Amazon

Diffusion : Amazon / FNAC / Auteur (par correspondance)

Site internet : www.al-hakkak.fr

Adresse électronique : ghalib@al-hakkak.fr

A tous les étudiants qui m'ont honoré de leur présence aux cours d'initiation à la langue arabe et auxquels je dois cette passion de toujours chercher le chemin le plus court pour les introduire à cette belle langue. Aux internautes aussi qui ont ajouté aux encouragements des observations enrichissantes et parfois des corrections très appréciables.

Merci à vous : Abigail, Adel, Abdou, Abdoulkadri, Abdoul Wahab, Adam, Adèle, Agathe, Agnès, Ahmed, Alae, Alain, Alaume, Alexandra, Alexandre, Ali, Alizée, Alice, Aliénor, Aline, Alizée, Amani, Amaury, Ambre, Amel, Amelle, Amina, Amine, Amira, Anaïs, Andrea, Ange, Anish, Anifa, Anissa, Anna, Anne, Anne-Laure, Anne-Laurence, Anne-Sophie, Anouk, Anselmo, Antoine, Anthony, Aquemy, Aram, Arianna, Ariane, Arthur, Astrid, Atef, Aude, Audrey, Augustin, Axel, Axelle, Aya, Ayat, Badra, Boris, Baptiste, Bayram, Benjamin, Benoît, Bérangère, Bérénice, Bertrand, Besak, Blandine, Camellia, Camila, Camille, Candide, Capucine, Carine, Caroline, Catarina, Catherine, Cécilia, Cédric, Celia, Célina, Céline, Ceren, Chadhil, Charlene, Charlotte, Chérifa, Cherine, Cheyenne, Chloé, Christe, Christine, Christophe, Clara, Claire, Claudia, Clélia, Clément, Cole, Coralie, Corey, Corine, Cyril, Cyrille, Dalila, Dana, Darina, David, diaminatou, Diane, Diego, Djiakumba, Dominik, Dominique, Dora, Doria, Dyhia, Eddy, Elena, Elie, Elies, Elif, Eliot, Elisa, Elisaveta, Elizabetta, Elma, Elodie, Eloïse, Emeline, Emilie, Emma, Emmanuel, Emmanuelle, Emmy, Eren, Eric, Erika, Esra, Estella, Estelle, Etienne, Eve, Fabien, Faiza, Fanny, Farid, Fatima, Faustine, Fayçal, Félix, Feras, Filiz, Flannery, Flavio, Fleur, Flora, Florence, Florent, Florian, Fouad, Fouleymata, Francis, François, François-Xavier, Frédéric, Frédérique, Frida, Gabriel, Gabrielle, Gaëlle, Garance, Gauthier, Geoffroy, Goli, Grégoire, Gregorio, Guillaume, Guy, Gwoladys, Hafiz, Hajar, Halima, Hamida, Hamza, Hanah, Hanifa, Hayate, Hayet, Helena, Hélène, Héloïse, Hicham, Hippolyte, Hoa, Houria, Housseinou, Hugo, Ibrahim, Ibrahima, Ibtissam, Ichrak, Ilaria, Ilyas, Imene, Inès, Ingrid, Ishad, Ishaq, Isis, Ismaël, Ivan, Jean, Jeanne, Jean-Philippe, Jennifer, Jérémie, Jérôme, Jihane, Joachim, Joël, John, Jonaida, Jonas, Joshua, Josselin, Jounaid, Julien, Juliette, Justine, Kacim, Kadia, Kaina, Katia, Kanza, Kaya, Kenza, Kilian, Kim-Mélanie, Laetitia, Lamia, Lamine, Lamyae, Laura, Laurine, Léa, Lehna, Leila, Leke, Léo, Lila, Lilia, Lina, Linda, Line, Liyana, Liza, Loïc, Lola, Lora, Loréna, Louis, Louise, Lucia, Lucie, Ludivine, Luiza, Lydie, Lyès, Lyne, Magalie, Mai-Lan, Maïssa, Malak, Malek, Malika, Manel, Manon, Margarita, Margaux, Maria Alejandra, Maria Fernanda, Marianne, Marie, Marie-Anne, Marie-Astrid, Marie-Cathie, Marie-Laure, Marilyse, Marilou, Marina, Marine, Marion, Mark, Maroua, Martin, Marwa, Massilia, Massissilia, Mathieu, Mathilde, Mathis, Maud, Maude, Maxence, Maxime, Maya, Maysam, Mélanie, Mélina, Mélissa, Merryl, Messaouda, Mey, M'Hamed, Michaëla, Michel, Mila, Miléna, Mimouna, Mohamed, Monica, Morgane, Mouhamadou, Mouna, Myriam, Myrtille, Nacima, Nadège, Nadia, Nadine, Naïma, Najat, Najib, Nasrine, Nathanaël, Ndiaya, Neil, Nesma, Niama, Nils, Nina, Noémie, Noemy, Nohad, Nora, Nordine, Nour, Noura, Océane, Octave, Olé, Olga, Olivia, Olivier, Omneya, Oriane, Othman, Oumar, Oumaima, Ousseynou, Paloma, Paul, Pierre, Pierre-Antoine, Philippe, Quentin, Rabah, Raja, Rania, Raoul, Raphaël, Rayane, Reda, Régis, Rémi, Renée, Robert, Robin, Rocio, Roger, Romain, Rony, Rousbeh, Roxane, Rubens, Saadia, Sabine, Sabina, Sabrine, Sadjia, Safia, Said, Salah, Sally, Salma, Sally, Sami, Samir, Samy, Sana, Sandra, Sandrine, Sarah, Sébastien, Séda, Sélima, Selma, Séphora, Séverine, Shayma, Signe, Siham, Simon, Siouar, Sofia, Sonia, Soraya, Soufiane, Souhila, Soukaina, Souleimane, Stanislas, Stefan, Stéphanos, Tarek, Talal, Tanaïs, Tanguy, Taymour, Teresa, Théa, Théo, Thibault, Thiphaine, Thierno, Thiffanie, Thomas, Ursula, Valentin, Valentine, Vanessa, Victor, Victoire, Victoria, Victorine, Vincent, Virginie, Vivien, Vivienne, Vladimir, Vojtech, Wissam, Xavier, Yacine, Yahia, Yanis, Yann, Yasmine, Yassine, Yerime, Yohann, Yosra, Youssef, Youssra, Zaccharie, Zélie, Zeriya, Zineb, Zoé, Zohra, ...

# PREAMBULE

Le projet de cette méthode est né d'une conviction : il est possible et nécessaire d'enseigner l'arabe autrement, en utilisant tous les atouts qu'apportent les progrès techniques de notre époque. C'est le pari de ce projet volontairement solitaire au départ, mais vite renforcé par les observations des étudiants puis par de nombreux internautes aux compétences variées. Travailler sur ce manuel en sept tomes est devenu une interactivité hautement stimulante. Pas de subvention. Pas de mécénat. Le bouche-à-oreille seul alimente la publicité pour cette production pédagogique. Le projet évolue. Initialement, il devait se limiter aux sept tomes d'environ 150 pages chacun. Puis, le besoin s'est fait sentir d'étoffer les deux puis les trois premiers, conçus pour une utilisation en classe sous la direction d'un professeur qualifié. Les demandes répétées des internautes ont conduit à l'élaboration d'une version destinée à l'auto-apprentissage. Elle se limite un temps aux deux premiers tomes, puis se prolonge sur un troisième, celui-ci. D'aucuns ont pu penser que le contenu risquait de décourager les étudiants par la quantité d'exercices. Mais certains, soucieux de bien apprendre, apprécient cette abondance. Chemin faisant, d'autres outils se sont révélés nécessaires pour accompagner le projet. C'est le cas du livre de conjugaison, des glossaires spécialisés, de la chronologie bilingue et un autre consacré aux prépositions. L'échéance prévue initialement en 2017 est repoussée année après année. Au point que certains commencent à en douter, craignant de commencer à travailler avec un manuel qui ne sera peut-être jamais achevé. Or l'essentiel de ces «bases de l'arabe» se trouve dans les deux premiers tomes. Tout le reste ne sera qu'approfondissement, lequel pourrait se réaliser grâce à d'autres supports ou méthodes. Mais restons optimistes et peut-être que le dernier paraîtra avant 2025.

Cependant, précisons davantage les choses : le titre général annonce l'acquisition des bases de l'arabe en 50 semaines. C'est à dire en une année. Mais cela ne peut avoir lieu si la disponibilité n'est pas totale pour cet apprentissage. On voit bien que c'est presque un vœu pieux. En réalité, l'étude des deux premiers tomes, c'est à dire 14 chapitres (semaines) donnent déjà une connaissance non négligeable. Certains ne visent pas davantage. D'autres se contenteraient des 7 premiers chapitres, qui donnent déjà les premières bases et un vocabulaire d'environ 1500 mots. Quand l'étudiant est actif, qu'il exploite ce qu'il apprend ici pour échanger par Internet ou par écrit avec des arabophones, il avance vite et les semaines suivantes deviennent plus compactes. On peut donc s'arrêter à n'importe quel palier avec la certitude d'avoir appris des choses. On peut aussi prendre le train en marche, si on a commencé ailleurs. Plus qu'un «manuel» à 7 tomes, c'est un dispositif dans lequel on peut s'insérer selon le parcours antérieur et les projets en vue.

Après les deux premiers tomes, qui excluent la pseudo-initiation basée sur les documents authentiques, on aborde ici un ensemble de textes littéraires sélectionnés avec soin pour leur utilité à la progression engagée. Le travail peut s'accélérer. Il peut y avoir des allers-retours entre les chapitres. Des recherches extérieures peuvent intervenir à tout moment pour connaître la suite d'un texte ou pour en savoir davantage sur un auteur. Mais arrêtons-nous sur un détail. Cette édition porte la mention VERSION 4. La première présentait le contenu dans l'ordre suivant : textes puis exercices puis aide lexicale. La deuxième donnait d'abord une aide grammaticale puis un texte suivi directement par ses exercices. La troisième ajoutait une aide lexicale au départ de chaque chapitre. Dans cette quatrième version, on découvre d'abord dans chaque chapitre un petit capital lexical, puis on travaille une série importante d'exercices avant d'aller vers les textes. De plus, le lexique de fin de chapitre revêt une nouvelle présentation. Cette organisation d'ensemble reprend ce qui est en vigueur dans les deux premiers tomes.

Cette méthode a donné des résultats appréciables dans nos classes à l'Université Paris 1 Panthéon-Sorbonne, en comparaison à la période précédant son élaboration. Elle renforce notre conviction qu'une langue étrangère ne peut être enseignée à un public ayant des langues maternelles différentes. Le français, par exemple, gagnerait à cibler une langue maternelle précise. Le FLE (français langue étrangère) ne devrait-il pas se diversifier en FLE-pour-arabopones, FLE-pour-hispanophones, FLE-pour germanophones, etc. ?

Ce projet se pouruivra tant que des étudiants, où qu'ils soient dans le monde, se manifestent grâce à Internet pour faire savoir qu'ils utilisent un outil ou des éléments recueillis ici ou là sur notre site. Il y aura toujours des outils imprimés, accompagnés de son en libre-accès et des outils gratuits qui ne seront jamais imprimés, comme l'atlas dialectal. D'autres outils pourront émerger si le temps et les conditions le permettent.

Merci enfin à tous les utilisateurs de cette méthode qui font part de leur expérience par un commentaire ou un avis sur les sites de diffusion (Amazon et Fnac) ou sur le livre d'or de notre site.

Ghalib Al-Hakkak

14 juillet 2017 / 15 mars 2021

# INTRODUCTION

L'une des forces de la langue arabe est sa continuité. Celle-ci se manifeste par une syntaxe qui pour l'essentiel n'évolue pas radicalement et par un fond lexical commun qui traverse les siècles, qui parcourt la variété régionale ou dialectale à toutes les époques [1]. Ce capital commun s'enrichit de manières différentes selon les régions, les époques et les domaines du savoir et surtout les contacts avec d'autres langues.

Dans notre démarche pour découvrir les bases de l'arabe, on arrive avec ce troisième tome à un stade où il devient intéressant et possible de voir ce que les Arabes lisent comme «belles lettres». Après avoir acquis les premières bases de l'arabe dans les tomes I et II [2], il est temps de lire des extraits d'œuvres littéraires. Cette fois, la période de référence sera le XX$^è$ siècle. Les derniers volumes permettront de voyager plus loin dans le temps. Précisons tout de suite que ce manuel n'a pas pour objet de théoriser l'histoire de la littérature [3]. Ici, on continue à s'exercer sur le vocabulaire et la grammaire et on aborde des textes. Derrière chaque texte, il y a un auteur à découvrir. Quelques éléments sont donnés au début de chaque chapitre, le reste est à l'étudiant d'aller le chercher. Il faut d'abord voir si l'écriture de l'auteur paraît intéressante. C'est le pari de ces chapitres : faire apprécier des extraits qui donnent envie de lire par la suite l'œuvre entière, que ce soit un roman ou une nouvelle, ou encore un poème. Seuls des auteurs de renommée sont présents dans ce volume. D'autres, très nombreux, auraient pu y figurer [4], mais il fallait faire des choix et en premier lieu l'intérêt pédagogique d'un extrait donné. Ce sont pour l'essentiel des textes déjà testés dans une classe et qui ont fait l'objet d'exercices variés.

La composition de ce troisième tome vise aussi à inciter l'étudiant à écrire. Les exercices qui précèdent un texte devraient en faciliter la lecture, mais aussi en souligner l'articulation et les tournures originales. Les sept chapitres de ce troisième tome évoluent au fur et à mesure de la progression. Aux chapitres 15 et 16, il y a souvent une version simplifiée qui doit être l'objectif du travail à faire. La présence d'un professeur permettra d'aller plus loin pour la comparer à la version complète. Des nuances ne manqueront pas alors d'apparaître. L'aide qui précède un texte évolue aussi. Le vocabulaire se raréfie vers la fin, dans les chapitres 20 et 21. C'est en quelque sorte une incitation supplémentaire à effectuer des recherches personnelles.

Si à la fin de ce troisième tome on pense avoir autant appris en travaillant ces pages qu'en lisant une introduction académique à la littérature arabe, sans «toucher» du texte en arabe, ou en lisant un recueil de textes sans exercices, le pari sera gagné. Mais rien n'empêche de combiner les outils, à condition de commencer ici et d'aller ensuite inscrire cette expérience dans un cadre théorique solide et d'essayer de lire sans aide et, enfin, sans exercice. Cela dit, nous vivons à une époque qui multiplie les voies d'accès aux informations. Et la force que ce manuel veut se donner est celle d'inciter à aller plus loin à chaque étape, par une recherche personnelle [5].

# Le lexique

Ce troisième tome se veut également un outil pour la constitution d'un capital lexical solide. Cela s'opère d'abord grâce à une cinquantaine de petites listes thématiques (première page de chaque chapitre). Elles sont tirées d'un ensemble élaboré en six langues avec l'aide d'étudiants *Erasmus* de l'Université Paris 1 Panthéon-Sorbonne. Ces listes pourraient être autant d'amorces de fiches que chaque élève alimente durant son apprentissage de l'arabe. Au passage, elles peuvent aussi accueillir des indications dialectales, nécessaire dans certains domaines, comme l'alimentation ou les vêtements. La page suivante de chaque chapitre donne les termes les plus élémentaires d'une spécialité. Le contenu est tiré des *Glossaires rudimentaires* [6]. En fin de chaque chapitre, on trouve un ensemble lexical tiré des textes et des exercices. Le classement est par ordre alphabétique mais en quatre parties distinctes : noms, adjectifs, verbes, expressions diverses. Ce tri a pour objectif d'habituer l'élève à caractériser les mots selon leur morphologie ou leur fonction. Cela pourrait renforcer l'acquisition d'une certaine autonomie et permet de rapprocher les mots et finir par en permettre instinctivement une prononciation correcte. D'ailleurs, la lecture verticale de l'index lexical ne sera pas une perte de temps [7].

# Les textes

Les extraits choisis nous font connaître une dizaine d'écrivains seulement. Il est important de se limiter à cette étape à quelques auteurs dont l'écriture est pédagogiquement adaptée. Certes les thèmes abordés sont le motif principal qui a conduit au choix de chaque extrait, mais le but est aussi de rapprocher l'élève de ces auteurs, et surtout de quelques-uns d'entre eux dont il faut privilégier la lecture de l'œuvre. D'autres ne sont représentés ici, faute de place, que par un extrait ou deux, mais cela suffit à montrer la diversité de cette littérature moderne [8]. Revenons aux auteurs les plus souvent cités ici. Il y a avant tout توفيق الحكيم (m. en 1987 à 89 ans). Les pièces de théâtre de ce dramaturge égyptien sont un trésor inépuisable pour l'élève d'arabe. Certains étudiants l'ayant découvert dans nos cours sont devenus de très bons arabisants grâce en partie à une lecture étendue de ses écrits, notamment les pièces de théâtre et quelques-uns de ses romans [9]. Il y a aussi le romancier syrien حنا مينا (né en 1923), dont l'écriture limpide et intelligente est une aide précieuse. On pourrait dire la même chose de l'Egyptien إحسان عبد القدوس (m. en 1991 à 71 ans) dont les écrits sont délibérément simples à lire, car il se faisait un devoir de faire lire un maximum de ses compatriotes et surtout qu'étant aussi journaliste il exploitait des sujets et des thèmes liés à la vie en Egypte et notamment celle de la classe moyenne. On trouve aussi ici quelques extraits du célèbre romancier égyptien نجيب محفوظ Prix Nobel de littérature en 1988. Plus difficile, mais tellement génial. Un étudiant qui va loin en arabe aura le privilège de lire un jour Naguib Mahfouz (1911-2006) en arabe, car les traductions enlèvent toujours quelque chose à ses textes. Dans ce volume, on fait connaissance avec son écriture par quelques petits extraits, et quand le moment viendra de lire ses ouvrages, il vaudra mieux commencer par les recueils de nouvelles (المجموعات القصصية), avant d'aller vers les romans [10]. Enfin, de طه حسين (m. en 1973 à 84 ans) on ne trouve ici qu'un seul ouvrage, mais quel ouvrage ! Quatre extraits du *Livre des Jours* (كتاب الأيام), un chef-d'œuvre. Cette autobiographie romancée composée en trois tomes est surtout intéressante dans sa première partie, celle qui relate l'enfance de l'auteur. Les extraits choisis sont à étudier comme témoin d'une culture et d'une sensibilité extraordinaire, mais aussi comme une composition littéraire de grande qualité.

A côté des textes romancés, on trouve aussi quelques poèmes. Parfois, il s'agit d'un vers ou deux, parfois davantage. Des vers isolés apparaissaient déjà dans les deux premiers tomes. Cela continue, avec cette fois quelques uns plus longs, entiers. Pour bien apprendre l'arabe, il ne faut surtout pas négliger ce vaste champ qu'est la poésie. Et pour ne pas s'y perdre, et se décourager, il faut suivre un plan afin de cultiver encore plus la perception auditive. Cette méthode s'efforce de donner ce plan. Cela commence pas l'écoute de chansons. A la fin de chaque chapitre, une chanson est donnée, parfois deux. Que ce soit en littéral ou en dialectal, l'écoute est bénéfique dans cette optique. Ensuite, les vers isolés et les poèmes courts des tomes I et II sont à apprendre par cœur et à répéter avec soin en s'appliquant à bien prononcer les liaisons. Dans ce volume, on trouve en plus des poèmes courts qui sont accompagnés d'aide lexicale et d'exercices. On aurait pu viser large et présenter au moins une dizaine de poètes. Par souci pédagogique, on se limite à deux noms : le Palestinien محمود درويش (m. en 2008 à 67 ans), et surtout le Syrien نزار قباني (m. en 1998 à 75 ans), dont de nombreux poèmes furent chantés par les grands chanteurs égyptiens. La poésie du second tire sa force de sa clarté à la fois lexicale et syntaxique. C'est parfait pour progresser en arabe. Sa prose est autrement plus difficile. Quant au premier, considéré par beaucoup comme le plus grand poète arabe du XX$^e$ siècle, il doit être sollicité autant que faire se peut pour entretenir l'oreille de l'étudiant et pour goûter à une œuvre immortelle. Nous avons la chance aujourd'hui d'accéder par le biais de l'Internet à de très nombreuses vidéos dans lesquelles on voit le poète déclamer lui-même sa poésie.

La petite anthologie que représentent les textes de ce volume a pour objet de permettre une réflexion, un débat sur des sujets importants pour la société arabe d'aujourd'hui : liberté d'expression, dialogue enfant-parent, traditions et modernité, religion, mariage, amour, peine de mort, condition féminine… Dans les éditions futures de ce manuel, dans deux, trois ans ou plus, ces extraits pourront changer, ou s'enrichir d'autres textes pour rester proches d'une réalité toujours dense et mouvementée.

Dans les premiers chapitres, une version simplifiée est proposée pour chaque extrait, à côté de la version intégrale. La première reprend en général les seules répliques d'un dialogue.

## Les chansons

La dernière page de chaque « semaine » apporte au moins une chanson. Quand ce n'est pas en arabe littéral, une mention « dialectal » le signale. Au-delà de l'intérêt artistique de chaque morceau, ce sont des avantages pédagogiques précis qui sont escomptés. D'une part, c'est une excellente façon de retenir des énoncés intéressants. D'autre part, quand il s'agit d'une chanson en arabe dialectal, c'est le moyen de découvrir progressivement quelques traits d'un dialecte. En l'occurrence, ce sera toujours de l'égyptien. Ce choix est motivé par la diffusion extraordinaire du dialecte égyptien à travers le monde arabe, grâce au cinéma et aux chansons. On pourrait sans trop exagérer dire que tous les Arabes comprennent le dialecte égyptien, pas le contraire. C'est aussi par souci déviter la dispersion.

Nous reviendrons plus tard dans cette méthode au « transfert » du littéral vers le dialectal [11]. Des traits communs à tous les dialectes existent. Il faudra les repérer en priorité (relatif, négation, par exemple). Mais pour l'instant il faut se concentrer sur un seul dialecte. Notons que l'égyptien nous simplifie un peu la vie. Le ق se prononce «a», comme une *hamza*. Le ج se prononce «g», comme dans *gaz*. Le ث est souvent prononcé «s». Le ظ devient «z». Relevons aussi que la négation apporte toujours un ش après le verbe, notamment. La marque du futur (س en littéral) devient ح ou هـ . Quelques mots fréquents ne ressemblent à rien du littéral : إيه (quoi), ليه (pourquoi). D'autres sont assez proches : ده / دي / دول / هوّ / هيّ / إنت / إنتي , etc.

En trois tomes déjà, 21 pages sont consacrées aux chansons. Certaines parmi celles-ci sont des classiques. D'autres le sont moins. Le goût est celui de l'auteur de ce manuel. Peut-être pas celui des élèves. C'est un pari. Mais le beau finit toujours par s'imposer. Pourquoi en priver les jeunes étudiants ? On peut surtout entendre أم كلثوم (v. 1900-1975), un monument, Muhammad Abdulwahab (v. 1900-1991), Farid Al-Atrach (1910-1974), Abdulhalim Hafiz (1929-1977), Fayruz (née en 1934), Fa'iza Ahmad (1932-1983), Najat (née en 1932). Certaines chansons sont choisies car célèbres. D'autres le sont parce que les paroles apportent un vocabulaire et une thématique intéressants. D'autres encore sont des références pour comprendre l'histoire du Moyen-Orient, comme la chanson consacrée par فيروز en 1967 à Jérusalem (semaine 12). Globalement, un étudiant qui s'impose d'écouter avec soin et de travailler [12] toutes les chansons données dans ce manuel sera forcément un des premiers de la classe !

Ghalib Al-Hakkak

14 juillet 2017

**Notes**

(1) Des mots comme ماء / هواء / سماء / ولد / بنت ne varient presque jamais. D'autres varient peu, tels que باب / دار / كلب / شمس / أم / عم / خال .

(2) Si l'on compare avec une grammaire, on découvre que certains points ne sont pas développés ici, tels que le duel ou l'exclamatif. Cela s'explique, car c'est un manuel qui fait travailler les priorités, alors qu'une grammaire donnera un outil complet et indexé pour qu'on y trouve réponse à tout.

(3) Pour une présentation académique de la littérature arabe qui peut être lue avant même de découvrir la moindre lettre en arabe, voir par exemple l'*Encyclopedia Universalis* ou le *Dictionnaire de littérature de langue arabe et maghrébine francophone*, Jamel Eddine Bencheikh (dir) et Béatrice Didier (dir), Paris 2000, PUF, ou *L'Histoire de littérature arabe moderne 1800-1945*, par Boutros Hallaq, Paris 2007, Ed. Actes sud.

(4) On aurait pu se référer aussi aux Egyptiens جمال الغيطاني / صنع الله إبراهيم ou aux Libanais ميخائيل نعيمة / جبران خليل جبران ou encore aux Tunisiens علي الدوعاجي / محمود المسعدي ou enfin au Libyen إبراهيم الكوني .

(5) Cela pourrait s'opérer par le biais de l'Internet où les dictionnaire en ligne se multiplient et s'améliorent et où les réseaux sociaux évoluent sans cesse et offrent des possibilités d'échange en français comme en arabe.

(6) *Glossaires rudimentaires*, par Ghalib Al-Hakkak, 2016, diffusé via Amazon, ISBN : 978-1974211289.

(7) Pour fixer le lexique dans sa mémoire, il y a plusieurs approches possibles. On pense avant tout à la réutilisation d'un mot dans les jours qui suivent sa découverte. Cela peut être sa prononciation à haute voix en contexte, lors de l'écoute d'un texte ou d'une phrase. Cela peut aussi être obtenu par la réécriture, dans une phrase déjà apprise, mais que l'on accorde autrement ou que l'on amplifie avec des détails supplémentaires (cf. tome II). Mais la bonne méthode pourrait être de se concentrer sur ce qui est vraiment utile. Cela change d'un élève à un autre. Une technique universelle n'est pas forcément l'idéal.

(8) L'Algérien عبد الحميد بن هدوقة (m. 1996 à 71 ans), l'Egyptien يوسف إدريس (m. 1991 à 64 ans), le Syrien زكريا تامر (né en 1931), le Soudanais الطيب صالح (m. 2009 à 80 ans), le Jordano-Irako-Saoudien عبد الرحمن منيف (m. 2004 à 71 ans).

(9) A privilégier dans l'ordre les titres suivants : شهرزاد enfin السلطان الحائر puis شمس وقمر puis مجلس العدل puis مصير صرصار puis الطعام لكل فم / يا طالع الشجرة avant d'aborder les romans عودة الروح et عصفور من الشرق. Quant aux essais, ils peuvent être visités plus tard quand la maîtrise de la langue sera vraiment acquise et si le contenu se révèle intéressant dans une démarche particulière.

(10) Notamment les recueils suivants : بيت سيء السمعة / حكايات حارتنا / دنيا الله / خمارة القط الأسود / حكاية بلا بداية ولا نهاية / شهر العسل / الجريمة / الحب فوق هضبة الهرم / الشيطان يعظ الجهاز السري / رأيت فيما يرى النائم

(11) En attendant, il est possible d'accéder à quelques éléments sur cette page : http://www.al-hakkak.fr/PDF/atlas-dialectes.pdf

(12) L'idéal serait d'apprendre par cœur les paroles et de savoir les écrire sans la moindre faute.

**Manuel d'arabe** *en ligne*

Tome III

Les bases de l'arabe

en 50 semaines

# Semaine 15

# الأسبوع الخامس عشر

## Méthodologie

Ce chapitre commence avec un petit travail sur le vocabulaire (page 14). Huit petites listes thématiques sont proposées. Elles sont partiellement tirées du "**Vocabulaire multilingues**" en libre accès sur le site de l'auteur (*www.al-hakkak.fr*). Dans ce chapitre on trouve : les sciences, la littérature, les études, les livres, la ville, l'immeuble, la maison et les meubles. Un exercice en bas de la page permet une première pratique du vocabulaire appris.

Il y a ensuite un extrait d'un glossaire spécialisé français-arabe. Chaque chapitre offrira l'occasion d'aborder un domaine différent. Cette fois, c'est le **DROIT**. C'est une liste très partielle extraite des "**Glossaires rudimentaires**" (ISBN : 978-2903184117). Dans chaque chapitre de ce livre, un domaine différent sera représenté à la page 17. A la différence du livre, le vocabulaire de ce mini-glossaire est enregistré et disponible sur le site.

Les deux pages suivantes, 18 et 19, présentent chacune un extrait d'un ouvrage annexe indépendant : "**Quelle préposition en arabe ?**" (ISBN : 978-1704544045) et "**Chronologie bilingue fr-ar**" (ISBN : 978-1974214099). Il s'agit ici d'ajouter un exercice de type particulier et d'inciter à aller plus loin en cas de besoin réel de consolider les acquis par l'utilisation de chacun de ces petits ouvrages.

Viennent ensuite deux pages, 18 et 19, pour un travail ambitieux autour de quelques mots français dont la polysémie permet de se rendre compte à quel point la traduction littérale, en mot-à-mot, est parfois très risquée. Ici : **TOUT, CERTAIN, QUELQUE**. Ces deux pages peuvent aider même les étudiants avancés à vérifier leur maîtrise de l'arabe. L'élève encore d'un niveau intermédiaire ne devrait pas hésiter à consulter le corrigé avec attention et essayer d'en retenir un maximum d'éléments.

On accède ensuite à sept pages d'exercices rapides (QCM, traduction simple, reconsitution de phrases). Cette partie du chapitre, pages 20 à 26, permet de se familiariser avec un vocabulaire général utile à l'étude des textes du chapitre, mais aussi à réviser ou préciser certains points de grammaire. Là aussi, un va-et-vient avec le corrigé est souhaitable, avec une écoute systématique des enregistrements correspondants. A la suite de ces pages, on trouve page 27 deux exercices sur les verbes de la forme II. Il s'agit d'une page tirée de l'ouvrage intitulé «**Conjugaison arabe**» (ISBN: 978-1544031521).

On arrive ensuite à l'objectif principal du chapitre qui est la découverte de quelques textes tirés de la littérature moderne. On y fait connaissance avec cinq auteurs à travers six extraits de romans ou de pièces de théâtre et dans un cas d'un recueil de souvenirs. Cinq de ces textes sont présentés en deux versions : une simplifiée, réduite aux énoncés d'un dialogue, et une complète. Naturellement, c'est la première qu'il faut travailler, mais une fois le texte bien compris et son vocabulaire mémorisé, il serait intéressant de comparer les deux versions. L'aide d'un professeur est bien entendu souhaitable ici pour relever les nuances absentes de la version simplifiée. En plus de l'intérêt linguistique de chaque extrait choisi, des aspects de la culture arabe, dans toute sa diversité, sont mis en valeur : relation homme-femme, identité, ville-campagne, corruption. Les auteurs de ces textes sont parmi les plus réputés de la littérature arabe moderne. On y trouve l'Algérien عبد الحميد بن هدوقة, le Soudanais الطيب صالح, le Saoudien عبد الرحمن منيف, le Syrien عبد السلام العجيلي et l'incontournable Egyptien توفيق الحكيم. Ce dernier, dramaturge, romancier et penseur, doit absolument être lu par toute personne souhaitant bien apprendre l'arabe. Pas toute son œuvre, mais les pièces de théâtre et notamment les titres suivants : مجلس العدل / مصير صرصار / شهرزاد et عصفور من الشرق. Deux de ses romans méritent aussi le détour : السلطان الحائر / الطعام لكل فم / يا طالع الشجرة. Un autre, souvent cité dans les anthologies (يوميات نائب في الأرياف) est plus difficile pour un étudiant d'un niveau intermédiaire. عودة الروح.

Une biographie plus ou moins succinte est donnée pour certains auteurs d'après le site arabe de Wikipédia. C'est en quelque sorte une invitation à visiter régulièrement les pages de Wikipédia arabe qui compte plus de 200 mille entrées. De qualité inégale, ces pages ont tendance à s'améliorer en général.

Dans les dernières pages, juste avant la chanson, on trouve le lexique du chapitre. Il est réparti en quatre divisions d'après la nature grammaticale de chaque entrée : noms, adjectifs, verbes, locutions et expressions. Certains termes peuvent apparaître aussi bien avec les noms (substantifs) qu'avec les adjectifs, quand il s'agit de participes substantivés, présents ou passés. L'ensemble ne représente pas la totalité du vocabulaire du chapitre. On y trouve ce qui n'est pas indiqué ailleurs, dans les pages intérieures ou qui pourrait manquer à la compréhension d'un texte. Cf. aussi la page AIDE sur le site internet. Il pourrait y avoir un supplément à cette liste.

Enfin, la chanson : c'est peut-être la partie la plus facile à "travailler" dans ce processus d'apprentissage : écouter, retenir et chercher à comprendre les paroles. Et au passage bien des énoncés sont retenus et peut-être réutilisés. Cette fois, ce sont deux chansons en dialecte égyptien d'un célèbrissime chanteur et compositeur mort à 31 ans en 1923 : Sayyid Darwich (سيد درويش). Ce sont des chefs-d'œuvres, à l'instar de la musique classique occidentale, impérissables.

Il convient de bien travailler ce chapitre pour se familiariser avec la structure de l'ensemble de ce troisième tome de la méthode.

Bon travail !

**Vocabulaire général** — extraits des listes du vocabulaire multilingue : http://www.al-hakkak.fr/vocabulaire-arabe.html

## العلوم — science

| | |
|---|---|
| science | العلم ج علوم |
| philosophie | الفلسفة |
| histoire | التاريخ |
| mathématique | الرياضيات |
| physique | الفيزياء |
| chimie | الكيمياء |
| recherche scientifique | البحث العلمي |
| étude scientifique | دراسة علمية |
| sciences humaines | العلوم الإنسانية |
| sciences politiques | العلوم السياسية |
| découverte | الاكتشاف |
| invention | الاختراع |
| théorie | النظرية |

Son : 1

## الأدب — littérature

| | |
|---|---|
| littérature | الأدب ج آداب |
| poésie | الشعر |
| prose | النثر |
| histoire, nouvelle, roman | القصة ج قصص |
| roman | الرواية ج روايات |
| recueil de poèmes | الديوان ج دواوين |
| livre | الكتاب ج كتب |
| texte | النص ج نصوص |
| manuscrit | المخطوطة ج مخطوطات |
| style | الأسلوب ج أساليب |
| auteur | المؤلف ج مؤلفون |
| écrivain | الكاتب ج كتاب |
| œuvres littéraires | الأعمال الأدبية |
| œuvres complètes | الأعمال الكاملة |

Son : 2

## الدراسة — étude

| | |
|---|---|
| école | المدرسة ج مدارس |
| université | الجامعة ج جامعات |
| institut | المعهد ج معاهد |
| bibliothèque | المكتبة ج مكتبات |
| étudiant | الطالب ج طلبة / طلاب |
| élève | التلميذ ج تلاميذ |
| baccalauréat | الثانوية العامة |
| diplôme | الشهادة ج شهادات |
| professeur | الأستاذ ج أساتذة |
| enseignant | المدرس ج مدرسون |
| enseignant | المعلم ج معلمون |
| éducation | التربية |
| enseignement supérieur | التعليم العالي |

Son : 3

## الكتب — livres

| | |
|---|---|
| livre | الكتاب ج كتب |
| écrivain | الكاتب ج كتاب |
| auteur | المؤلف ج مؤلفون |
| édition | الطبعة ج طبعات |
| couverture | الغلاف |
| papier | الورق |
| page | الصفحة ج صفحات |
| paragraphe | الفقرة ج فقرات |
| chapitre | الفصل ج فصول |
| tome | الجزء ج أجزاء |
| index | الفهرس |
| table des matières | المحتويات |
| marge | الحاشية |
| droits d'auteur | حقوق المؤلف |

Son : 4

## المدينة — ville

| | |
|---|---|
| ville | المدينة ج مدن |
| centre | المركز |
| banlieues | الضواحي |
| rue, avenue, boulevard | الشارع ج شوارع |
| place | الساحة |
| bâtiment, immeuble | البناية |
| idem | العمارة |
| mairie | دار البلدية |
| marché | السوق ج أسواق |
| boutique | الدكان ج دكاكين |
| moyens de transport | وسائل النقل |
| voiries | المجاري |
| éclairage | الإنارة |
| population | السكان / الأهالي |
| le bv périphérique | الشارع المحيط |
| le métro | المترو |
| les bus | الباصات = الحافلات |

Son : 5

## العمارة — architecture

| | |
|---|---|
| construction | البناء |
| maison | الدار ج دور |
| terrain, sol, terre | الأرض |
| immeuble, bâtiment | العمارة ج عمارات |
| idem | البناية ج بنايات |
| mur | الجدار ج جدران |
| façade | الواجهة |
| fondations | الأسس |
| sous-sol | السرداب ج سراديب |
| rez-de-chaussée | الطابق الأرضي |
| étage supérieur | الطابق الأعلى |
| étages supérieurs | الطوابق العليا |
| ascenseur | المصعد |
| toit | السطح ج سطوح |
| entrée | المدخل |
| garage, parking | الكراج = المرآب |

Son : 6

## الدار — maison

| | |
|---|---|
| maison | الدار ج دور |
| chambre, pièce | الغرفة ج غرف |
| chambre | غرفة النوم |
| séjour | غرفة الجلوس |
| séjour | غرفة المعيشة |
| cuisine | المطبخ ج مطابخ |
| salle de bains | الحمام ج حمامات |
| WC | التواليت = المرحاض = الحمام |
| jardin | الحديقة ج حدائق |
| porte | الباب ج أبواب |
| fenêtre | النافذة ج نوافذ |
| escalier | الدرج = السلم |
| plafond | السقف ج سقوف |
| toit | السطح |
| clôture | السور = السياج |
| portail | البوابة |

Son : 7

## الأثاث والأجهزة — mobilier et appareils

| | |
|---|---|
| chaise | الكرسي ج كراسي |
| table | المنضدة ج مناضد |
| table | الطاولة |
| tabouret | الطبلة |
| lit | السرير ج أسرة |
| placard, armoire (Orient) | الدولاب |
| idem (Maghreb) | الخزينة |
| bibliothèque | المكتبة |
| réfrigérateur | الثلاجة |
| cuisinière | الطباخة |
| lavabo, évier | المغسلة |
| machine à laver le linge | الغسالة |
| téléviseur | التلفزيون |
| radio | الراديو |
| chauffage | التدفئة |
| cheminée | المدخنة |

Son : 8

---

**Ex 1 p 232** — Compléter librement chaque phrase avec un mot des listes ci-dessus :

ليس في مدينتنا .................
ابن عمي مجنون ينام دائماً في .................
ماذا نأكل اليوم ! لا شيء في ................. !
أنا أكره ................. . هي أصعب شيء !
عندنا ................. جديدة من سورية .
أحب ................. الفرنسي وخاصة لامارتين .

لماذا تكتبون على ................. ؟
أريد أن أكتب ................. عن حياتي .
في هذا الكتاب أربعة ................. .
ليس في هذه المدينة إلا ................. واحد .
هذه البناية بلا ................. .
من هو ................. هذا الكتاب ؟

أريد أن أذهب إلى السينما لأن ................. عاطل .
هل هناك دار بلا ................. !؟
أنا أفضل العلوم على ................. .
أريد أن أدرس ................. لأعمل في السياسة .
................. هذه الدار جميلة جداً .
أين هو ................. الجزار ؟

# الأسبوع الخامس عشر

**Lexique autour d'une spécialité : droit** — extrait des "Glossaires rudimentaires"

## A — Son : 9

|  |  |
|---|---|
| à vie | مَدى الحَياة |
| accusation | الاتِّهام |
| accusé | المُتَّهَم |
| affaire | القَضيّة ج قَضايا |
| amende | الغَرامة |
| amnistie | العَفْو العامّ |
| arrestation | التَّوْقيف / الإيقاف |
| assassin | القاتِل ج قَتَلة |
| audience | الجَلْسة ج جَلَسات |
| aveu | الاعْتِراف |
| avocat | المُحامي ج محامون |
| avocat général (l' —) | المُدَّعي العامّ |

## B — Son : 10

| | |
|---|---|
| banc des accusés (le —) | قَفَص الاتِّهام |

## C

| | |
|---|---|
| caution | الكَفالة |
| Code civil | القانون المَدَني |
| Code pénal | القانون الجِنائي |
| condamné | المَحْكوم عَلَيْه |
| condamner | حَكَمَ يحكُم عَلى |
| contumace (par —) | غِيابيّاً |
| coupable | المُذْنِب |
| Cour d'appel | محكمة الاسْتِئْناف |
| Cour de cassation | محكمة النَّقْض / التَّمْييز |
| Cour suprême | المحكمة العُلْيا |
| crime | الجَريمة ج جَرائم |

## D — Son : 11

| | |
|---|---|
| décision | القَرار ج قرارات |
| défense | الدِّفاع |
| détention | الإيقاف |
| diffamation | التَّشْهير |
| droit administratif | الشَّرع / القانون الإداري |
| droit commercial | الشَّرع / القانون التجاري |
| droit de la famille | قانون الأُسْرة |
| droit des affaires | قانون الأَعْمال التِّجاريّة |
| droit du travail | شَرع العَمَل / قانون العمل |
| droit international | الشَّرع / القانون الدولي |
| droit privé | الشَّرع الخاصّ |
| droit public | الشَّرع العامّ |
| les Droits de l'Homme | حقوق الإنْسان |
| les droits fondamentaux | الحقوق الأساسيّة |

## E — Son : 12

| | |
|---|---|
| enquête | التَّحْقيق |
| escroquerie | النَّصْب / الاحْتِيال |

## F

| | |
|---|---|
| faux témoignage | شَهادة الزور |

## G

| | |
|---|---|
| grâce présidentielle | العَفْو الرِّئاسي |

## H

| | |
|---|---|
| homicide | جَريمة القَتْل |
| huis clos | الجَلْسة المُغْلَقة |

## I

| | |
|---|---|
| illicite | حَرام / مُحَرَّم / مَمْنوع / غَيْر مَشْروع |
| innocence | البَراءة |
| interrogatoire | الاسْتِجْواب |
| involontaire | غَيْر مُتَعَمَّد / غير مقصود |

## J — Son : 13

| | |
|---|---|
| juge | القاضي ج قُضاة / الحاكِم ج حُكّام |
| juge d'instruction | قاضي التَّحْقيق |
| jugement | الحُكْم ج أحْكام |
| jury | المُحَلَّفون / هَيْئة المُحَلَّفين |
| Justice (la —) | العَدالة |

## L

| | |
|---|---|
| légal | مَشْروع / قانوني / شَرْعي |
| légitime défense (la —) | الدِّفاع المَشْروع عَنِ النَّفْس |
| loi | القانون ج قوانين |

## M

| | |
|---|---|
| maison d'arrêt | الحَبْس / السِّجْن |
| magistrature | القُضاة / هيئة القضاء |

## P — Son : 14

| | |
|---|---|
| Parquet (le —) | النِّيابة / النِّيابة العامة |
| peine | الجَزاء |
| peine de mort | الحُكْم بالإعْدام |
| perpétuité | الحكم المُؤَبَّد |
| perquisition | التَّفْتيش |
| pièce à conviction | الدَّليل ج أدِلّة |
| plaidoirie | المُرافَعة |
| plaignant | المُدَّعي / المُشْتَكي / الشاكي / صاحِب الشَّكْوى |
| plainte | الشَّكْوى / الدَّعْوى |
| police | الشُّرْطة |
| preuve | الدَّليل ج أدِلّة / البَيِّنة ج بَيِّنات (ق) |
| prison | السِّجْن / الحَبْس |
| procès | المُحاكَمة |

## S — Son : 15

| | |
|---|---|
| sentence | الحُكْم ج أحْكام |
| serment | القَسَم / اليَمين |
| suspect | المَشْبوه به ج المشبوه بهم |

## T

| | |
|---|---|
| témoignage | الشَّهادة |
| témoin à charge | شاهد ادِّعاء |
| témoin à décharge | شاهد الدِّفاع |
| témoin oculaire | شاهد العَيان |
| faux témoin | شاهد الزور |

## V

| | |
|---|---|
| verdict | الحُكْم |
| victime | الضَّحيّة ج ضحايا |
| viol | الاغْتِصاب |
| violation | التَّجاوز |

**Quelle préposition en arabe ?** — enregistrement ici : http://www.al-hakkak.fr/prepositions-son.html

**Extrait 1** de l'ouvrage intitulé «**Quelle préposition en arabe ?**» - ISBN : 9781704566153
Ce livre contient 106 séries dont sept sont reproduites dans ce volume à titre d'exemples.

**Difficulté 3/6 : Série 42 - Corrigé p. 190**

## في ou حول ou عن ou منذ ؟

**Titres relevés dans la presse arabe - Été 2019** — Son 47 : A B

1. Record de chaleur depuis plus d'un siècle. / 2. Révolution et contre-révolution au Soudan. / 3. Appels à retirer les dépôts dans les banques étrangères. / 4. Température record en Alaska. / 5. Protection renforcée de la zone verte. / 6. Il est toujours question de réforme constitutionnelle. / 7. Vive polémique sur les causes de l'échec des négociations. / 8. Hausse des frais de scolarité l'année prochaine. / 9. Aggravation de la crise économique en Argentine. / 10. Réticence chez la plupart des commerçants à vendre à crédit. /

١ أعلى معدل للحرارة ........... أكثر من قرن
٢ الثورة والثورة المضادة ........... السودان
٣ دعوة لسحب الإيداعات ........ البنوك الأجنبية
٤ أعلى درجة حرارة ........... تاريخ آلاسكا
٥ حماية مشددة ........... المنطقة الخضراء
٦ استمرار الحديث ........... إصلاح دستوري
٧ جدل حاد ........... أسباب فشل المفاوضات
٨ زيادة ........ الرسوم المدرسية ........ العام القادم
٩ تفاقم الأزمة الاقتصادية ........ الأرجنتين
١٠ ابتعاد أكثر التجار ........ البيع بالأقساط

**D'après un roman de** إحسان عبد القدوس **intitulé** لن أعيش في جلباب أبي — Son 48 : A B

11. Elle parle de ses études et d'anecdotes vécues à l'université. / 12. Je la connais depuis qu'elle est venue en Égypte et s'est installée chez Fawziyya. / 13. Tous ceux qui étaient dans la maison se sont regroupés autour de nous pour regarder. / 14. Elle pourrait parler et si elle le faisait, elle ne s'arrêterait pas. / 15. Elle avait une personnalité qui la distinguait de toutes les filles du quartier. / 16. Elle aussi a obtenu un magistère en gestion. / 17. Toutes sont des lettres longues de trois ou quatre pages. / 18. Elle n'est pas aussi stupide pour songer à faire du tourisme. / 19. Elle ouvre toutes les fenêtres autour et éteint la lumière sans avoir peur. / 20. Je ne cherchais Abdulwahab que pour rencontrer sa sœur.

١١ إنها تحكي ........ دراستها ونوادر الجامعة .
١٢ أعرفها ........ أن جاءت إلى مصر وأقامت عند فوزية .
١٣ كل من ....... البيت قد التف ....... نا يتفرج .
١٤ قد تتكلم فإذا تكلمت فإنها لا تسكت ........ الكلام .
١٥ كانت لها شخصية تميزها ........ كل بنات الحي .
١٦ هي أيضاً حصلت على ماجستير ........ إدارة الأعمال .
١٧ كلها خطابات طويلة لا تقل ..... ثلاث أو أربع صفحات .
١٨ إنها ليست غبية حتى تفكر ........ السياحة .
١٩ تفتح كل النوافذ ........ـها وتطفئ النور بلا خوف .
٢٠ لم أكن أبحث ........ عبد الوهاب إلا لألتقي بأخته .

## Corrigé

Série 42 - page 55

١- منذ / ٢- في / ٣- عن / ٤- في / ٥- في / ٦- حول / ٧- حول + عن / ٨- في + في / ٩- في / ١٠- عن / ١١- عن / ١٢- منذ / ١٣- في + حول / ١٤- عن / ١٥- عن / ١٦- في / ١٧- عن / ١٨- في / ١٩- حول / ٢٠- عن /

**Chronologie bilingue fr-ar** — enregistrement ici : http://www.al-hakkak.fr/chronologie-son.html

Extrait 1 de l'ouvrage intitulé «Chronologie bilingue fr-ar» - ISBN : 9781974214099
Ce livre contient environ 1500 dates dont sept séries sont reproduites dans ce volume à titre d'exemples.

**v. - 600** — Fondation de Marseille.

ح سنة ٦٠٠ ق م - تأسيس مدينة مارسيليا

**- 586** — Nabuchodonosor détruit Jérusalem et annexe le royaume de Juda.

سنة ٥٨٦ ق م - ملك بابل نبوخذنصر الثاني يدمر مدينة أورشليم ويضم مملكة يهودا إلى دولته

**v. -551-479** — Vie de Confucius.

ح سنة ٥٥١ إلى سنة ٤٧٩ ق م - حياة كونفوشيوس

**v. - 540** — *Théorème de Pythagore* : $a^2 + b^2 = c^2$

ح سنة ٥٤٠ ق م - نظرية فيثاغور في علم المثلثات : $أ^2 + ب^2 = ج^2$

**v. - 500 - v. 479** — Guerres médiques entre les Perses et les Grecs.

من ح سنة ٥٠٠ إلى ح سنة ٤٧٩ ق م - الحروب المدية (الحروب الفارسية) بين الإغريق والفرس

**- 479** — Début de l'époque classique et apogée d'Athènes.

سنة ٤٧٩ ق م - بداية العصر الكلاسيكي في بلاد الإغريق والعصر الذهبي في أثينا

**- 428-347** — Vie de Platon.

من سنة ٤٢٨ إلى سنة ٣٤٧ ق م - حياة إفلاطون

**- 399** — Procès et mort de Socrate (71 ans).

سنة ٣٩٩ ق م - محاكمة الفيلسوف الإغريقي سقراط ووفاته إثر تناوله السم (عاش ٧١ عاماً)

**- 384-322** — Vie d'Aristote.

من سنة ٣٨٤ إلى سنة ٣٢٢ ق م - حياة أرسطو

**- 336** — Alexandre roi de Macédoine.

سنة ٣٣٦ ق م - الإسكندر يصبح ملكاً لـمقدونيا

**- 334-323** — Alexandre à la conquête de l'Asie.

من سنة ٣٣٤ إلى سنة ٣٢٣ ق م - الإسكندر يغزو آسيا

**- 323** — Mort d'Alexandre (33 ans) à Babylone (Mésopotamie).

سنة ٣٢٣ ق م - وفاة الإسكندر في مدينة بابل في وادي الرافدين عن ثلاثة وثلاثين عاماً

**- 288** — Fondation de la bibliothèque d'Alexandrie par Ptolémée I[er].

سنة ٢٨٨ ق م - تأسيس مكتبة الإسكندرية على يد بطليموس الأول

**- 211** — Raid d'Hannibal sur Rome.

سنة ٢١١ ق م - هانيبال يغزو روما

**- 202** — Début de la conquête romaine, suite à la défaite d'Hannibal et la prise de Carthage par les Romains.

سنة ٢٠٢ ق م - بداية الفتوحات الرومانية إثر هزيمة هانيبال (حنبعل) واحتلال الرومان لقرطاجة (قرطاج)

**- 73-71** — Révolte de Spartacus.

من سنة ٧٣ إلى سنة ٧١ ق م - ثورة سبارتاكوس

**- 52-50** — Campagne de César en Gaule ; victoire romaine à Alésia.

من سنة ٥٢ إلى سنة ٥٠ ق م - حملة يوليوس قيصر في بلاد الغال وانتصار الرومان في معركة أليزيا

# 15 — الأسبوع الخامس عشر

**Grammaire** : un mot = traductions multiples

## TOUT

1- J'ai tout vu.

2- Tout le village est venu.

3- C'est tout le problème.

4- Il en a fait toute une affaire.

5- J'ai tout mon temps.

6- Ce sont des gens tout ce qu'il y a de plus respectables.

7- Tu as tout intérêt à bien apprendre le français !

8- Il est parti à toute allure.

9- Sa maison est de toute beauté.

10- Il avait pour tout repas un morceau de pain.

11- Je n'ai pas envie de faire partie du Tout-Paris.

12- Elle était toute à son travail.

13- Ils sont partis tous les deux.

14- Il est revenu chez lui toutes affaires cessantes.

15- Toutes proportions gardées, cette bagarre m'a rappelé la Grande Guerre.

16- A tous les coups, c'est lui !

17- Tout le monde est venu.

18- Il a tout dans sa boutique.

19- Pour tout dire, ce projet ne peut pas réussir.

20- Après tout, c'est ton affaire.

21- Il y avait en tout et pour tout trois personnes.

22- Il est devenu tout rouge de colère.

23- Il se croit tout puissant.

24- Tout est de ma faute.

25- Il est tout seul.

26- Tout est bien qui finit bien.

27- Dites-moi ce que vous voulez, une fois pour toutes !

# Grammaire : un mot = traductions multiples

## CERTAIN

1- C'est une défaite certaine qui les attend.

2- Rien n'est moins certain que leur défaite.

3- Sa victoire aux élections est probable, mais pas certaine.

4- Il est certain de sa victoire.

5- Je suis certain qu'il va gagner.

6- En es-tu sûr et certain ?

7- Un certain nombre d'amis soutiennent mon projet.

8- La crise financière durera un certain temps.

9- La situation s'est améliorée jusqu'à un certain point.

10- Les embouteillages s'aggravent à certaines heures de la journée.

11- Notre nouvelle maire est une femme d'un certain âge.

12- Il a rencontré un certain succès, mais pas encore un succès certain..

13- Certains ici pensent qu'il ne faut rien changer.

14- Certains d'entre eux ont voté contre la réforme.

15- Aux yeux de certains, il n'y a pas besoin d'amender la constitution.

## QUELQUE

1- Le fugitif se cache quelque part dans la forêt.

2- L'accusé a quelque chose à cacher au tribunal.

3- Cela signifie en quelque sorte que la réunion n'aura pas lieu aujourd'hui.

4- Je ne peux vous aider, de quelque manière que ce soit.

5- Depuis quelque temps, je me sens plutôt pessimiste.

6- J'ai quelques problèmes avec mon ordinateur.

7- J'avais quelques rendez-vous en ville.

8- Il me reste quelque dix pages à lire.

9- Notre nouveau président a quarante ans et quelque.

10- Quelque chose ne va pas ?

# الأسبوع الخامس عشر

**QCM** (NB : dans quelques cas, il y a plus d'une réponse exacte)

| | | | |
|---|---|---|---|
| ١١ - يزورنا في البيت ........ من الأقارب . | ○ من الأقارب | ○ عدد | ○ أحد |
| ١ - هل هي ........ حقيقة ؟ | ○ مسافر | ○ مسافرة | |
| ١٢ - يدور الحديث بيننا ...... كرة القدم . | ○ عن | ○ من | |
| ٢ - ونحن، ماذا ........ هنا ؟ | ○ أفعل | ○ نفعل | |
| ١٣ - ........ المواصلات في العاصمة . | ○ انقطع | ○ انقطعت | |
| ٣ - ربما لا تجدوني عندما ........ | ○ تعودين | ○ تعودون | |
| ١٤ - سأقص عليكم القصة كما ........ | ○ أعرفها | ○ أعرفه | |
| ٤ - هل أنتم ........ ؟ | ○ ذاهبون | ○ ذاهبات | |
| ١٥ - من ........ هذا الكلام ؟! | ○ يصدق | ○ يصدقون | |
| ٥ - سوف يجدونه عندما ........ | ○ يعودون | ○ يعودون | |
| ١٦ - زاد في الشطرنج ........ | ○ بغلة | ○ حصاناً | |
| ٦ - أ ........ زلت تدرس العربية ؟ | ○ ما | ○ لا | |
| ١٧ - سلطان ........ خير من فتنة تدوم . | ○ غشوم | ○ غاشم | |
| ٧ - ابن خالتي ........ كل يوم . | ○ يزورني | ○ تزورني | |
| ١٨ - صاحب ........ أعمى . | ○ الحاج | ○ الحاجة | |
| ٨ - لا أذهب إلى السوق ........ يوم الجمعة . | ○ إلا | ○ ألا | |
| ١٩ - أزهد الناس في ........ جيرانه . | ○ العالَم | ○ العالِم | |
| ٩ - هي قسمتنا على ........ حال . | ○ أي | ○ كل | |
| ٢٠ - ما الحب ........ للحبيب الأول . | ○ ليس | ○ إلا | |
| ١٠ - كنت أتمنى ........ تسكن بعيداً . | ○ إلا | ○ ألا | |

**Conditionnel**

| | | | |
|---|---|---|---|
| ١ - ........ كنت ملكاً لسكنت بين الناس في دار صغيرة . | ○ إذا | ○ إن | ○ لو |
| ٢ - ........ لم أكن مشغولاً أمس لجئت لزيارتكم . | ○ إذا | ○ إن | ○ لو |
| ٣ - ........ ساعدتني اليوم ساعدتك غداً . | ○ إذا | ○ إن | ○ لو |
| ٤ - ........ ذهبت إلى السوق فاشتر لي جريدة اليوم رجاءً . | ○ إذا | ○ إن | ○ لو |
| ٥ - لو تعلمت الألمانية ........ كتب هيجل كلها . | ○ أقرأ | ○ قرأت | ○ لقرأت |
| ٦ - ........ جد وجد و........ زرع حصد . | ○ ما | ○ من | ○ مهما |
| ٧ - إن كنت لا تدري ........ مصيبة . | ○ تلك | ○ فتلك | ○ هي |
| ٨ - لو كنت أدري ........ بصراحة . | ○ تكلمت | ○ لتكلمت | ○ ما تكلمت |
| ٩ - أينما تعلمتم العربية ........ تتعلموها في أقل من سنة . | ○ فلن | ○ لن | ○ فلم |
| ١٠ - إن ........ طبيباً فساعدني كي أشفى من هذا المرض ! | ○ أنت | ○ كنت | ○ تكون |

**culture générale**

| | | | | |
|---|---|---|---|---|
| ١ - يمكن السفر من فرنسا إلى الجزائر بـ ........ | ○ السيارة | ○ الطائرة | ○ المترو | ○ القطار |
| ٢ - في العالم العربي ........ ممالك فقط . | ○ ثلاث | ○ أربع | ○ خمس | ○ ست |
| ٣ - اللغة ........ تكتب اليوم بالحروف العربية . | ○ الفارسية | ○ التركية | ○ الكردية | ○ الأرمنية |
| ٤ - للعراق حدود مشتركة مع ........ دول عربية . | ○ ثلاث | ○ أربع | ○ خمس | ○ ست |
| ٥ - الكاتب ........ كتب باللغة العربية . | ○ الطاهر بن جلون | ○ توفيق الحكيم | ○ نجيب محفوظ | ○ كاتب ياسين |

# 15 — الأسبوع الخامس عشر

**Manuel d'arabe en ligne — Tome III**
**Les bases de l'arabe en 50 semaines**
© G. Al-Hakkak 2013
http://www.al-hakkak.fr

En autonomie — Ex 5 p 236

---

| | | |
|---|---|---|
| ١ - هل هم ......... حقيقة ؟ | ○ مسافرات ○ مسافرون | ٦ - ربما لا تجدونا عندما ......... . ○ تعودين ○ تعودون ○ تعودين |
| ٢ - إلى ......... أنتم مسافرون ؟ | ○ متى ○ أين | ٧ - لا أحد يعرف متى ......... ○ نعود ○ نسافر ○ نعود |
| ٣ - هل أنت مسافرة أم ......... ؟ | ○ باقية ○ نائمة | ٨ - ......... السفر يتوقف على الجو . ○ ساعة ○ موعد |
| ٤ - هل هناك من لا يعرف أين ......... ؟ | ○ يكون ○ يسكن | ٩ - سأبقى هنا و ......... أسافر . ○ لن ○ لم |
| ٥ - والأولاد والبنات ، ماذا ......... ؟ | ○ يفعلن ○ يفعلون | ١٠ - ربما لن تجدي أحداً عندما ......... ! ○ عدت ○ تعودين |

---

١ - تذهبين / سليمة / أين / يا / إلى ؟ -:
٢ - تعود / في / لا / عندما / الدار / ربما / تجده -:
٣ - إلى / لا / إسماعيل / لبنان / يذهب / ربما -:
٤ - أين / كيف / لا / دارك / تدري / هي / ؟ -:
٥ - سوف /الحميد / أين / إلى / تسافر / عبد / يا / ؟ -:
٦ - بالضبط / أين / ربما / يذهب / لا / إلى / هو / يعرف . -:
٧ - أين / الآن / تعرفين / لا / كيف / أهلك / ؟ -:

---

**Désinences casuelles**

| | | | |
|---|---|---|---|
| ١ - أنا ......... في السوربون . | ○ طالبٌ | ○ طالباً | ○ طالبٍ |
| ٢ - عندي ......... في اليمن . | ○ صديقٌ | ○ صديقاً | ○ صديقٍ |
| ٣ - لست ......... . | ○ يمنيٌّ | ○ يمنياً | ○ يمنيٍّ |
| ٤ - عندي مشكلة ......... . | ○ كبيرةٌ | ○ كبيرةً | ○ كبيرةٍ |
| ٥ - سمعت عن مظاهرة ......... في العاصمة . | ○ كبيرةٌ | ○ كبيرةً | ○ كبيرةٍ |
| ٦ - كل ......... لها حل . | ○ مشكلةٌ | ○ مشكلةً | ○ مشكلةٍ |
| ٧ - كم ......... عندك في الدار ؟ | ○ كتابٌ | ○ كتاباً | ○ كتابٍ |
| ٨ - عندي خمسة وخمسون ......... | ○ كتابٌ | ○ كتاباً | ○ كتابٍ |
| ٩ - أريد ......... عربية بلا سكر . | ○ قهوةٌ | ○ قهوةً | ○ قهوةٍ |
| ١٠ - ليس عندي ......... لا في الدراسة ولا في العمل ! | ○ رغبةٌ | ○ رغبةً | ○ رغبةٍ |

---

**culture générale**

| | | | | |
|---|---|---|---|---|
| ١ - ......... كانت عاصمة العباسيين . | ○ دمشق | ○ بغداد | ○ المدينة | ○ القاهرة |
| ٢ - ......... كانت عاصمة الفاطميين . | ○ دمشق | ○ بغداد | ○ المدينة | ○ القاهرة |
| ٣ - ......... كانت عاصمة الأمويين في الأندلس . | ○ غرناطة | ○ إشبيلية | ○ قرطبة | ○ عربونة |
| ٤ - ......... كانت عاصمة العثمانيين . | ○ بيزنطة | ○ الإستانة | ○ دمشق | ○ القسطنطينية |
| ٥ - ......... كانت عاصمة العباسيين لفترة قصيرة . | ○ الكوفة | ○ البصرة | ○ سامراء | ○ الموصل |

# الأسبوع الخامس عشر

١ - هل أنت فرنسي ............ أجنبي ؟ ○ أم ○ و

٢ - أهلك عرب ............ فرنسيون ؟ ○ كانوا ○ أم

٣ - هل إخوتك أغنى منك أم ............ ؟ ○ فقراء ○ أفقر

٤ - ربما هي ............ ! ○ ضابطة ○ رئيس ○ شرطة

٥ - ربما هو ............ في الجامعة . ○ طالب ○ تلميذ

٦ - جئنا من ............ بعيدة جداً . ○ مكان ○ منطقة

٧ - جاؤوا ............ مكان بعيد جداً . ○ من ○ إلى

٨ - ............ إلى بلد بعيد ليسكنوا فيه . ○ ذهبوا ○ جاؤوا

٩ - لماذا ............ إلى بلد بعيد ؟ ○ جئت ○ رحلت

١٠ - نحن بشر ............ تماماً . ○ مثلكم ○ مثلنا

---

١ - أم / أم / من / من / من / هو / هل / الكويت / اليمن / لبنان ؟ : ..............

٢ - أم / اليوم / هل / أمكم / تعبانة / مريضة ؟ : ..............

٣ - السيارة / سيارة / ربما / إسعاف / هذه / هي ! : ..............

٤ - ما / في / عنده / طالب / امتحان / هل / الجامعة / يوجد ؟ : ..............

٥ - اليوم / كمبيوتر / صحفي / هل / يوجد / عنده / ما ؟ : ..............

٦ - و / لقد / مريضة / جدته / تعبانة / كانت . : ..............

---

**Désinences casuelles**

١ - أنا بحاجة إلى ............ جديد . ○ كتابٌ ○ كتاباً ○ كتابٍ

٢ - قرأت أمس كتاباً ............ . ○ جديدٌ ○ جديداً ○ جديدٍ

٣ - هذا الكتاب ............ . ○ ممتازٌ ○ ممتازاً ○ ممتازٍ

٤ - ليس هذا الكتاب ............ . ○ جديدٌ ○ جديداً ○ جديدٍ

٥ - هذا ............ يبحث في تاريخ الجزيرة العربية . ○ الكتابُ ○ الكتابَ ○ الكتابِ

٦ - أفضل هذا ............ على الكتاب السابق . ○ الكتابُ ○ الكتابَ ○ الكتابِ

٧ - عفواً ، لم أفهم شيئاً من ............ . ○ كلامَك ○ كلامَك ○ كلامِك

٨ - لم أفهم ............ كله . ○ كلامُك ○ كلامَك ○ كلامِك

٩ - من هو ............ الجديد في أمريكا ؟ ○ الرئيسُ ○ الرئيسَ ○ الرئيسِ

١٠ - قُتل ............ الأمريكي جون كندي سنة ١٩٦٣ . ○ الرئيسُ ○ الرئيسَ ○ الرئيسِ

---

**culture générale**

١ - ............ مدينة قديمة تقع في سورية . ○ تدمر ○ طيبة ○ قرطاجة ○ الحضر

٢ - ............ مدينة قديمة تقع في لبنان . ○ تدمر ○ طيبة ○ صور ○ صيدا

٣ - ............ مدينة قديمة تقع في العراق . ○ تدمر ○ أور ○ الري ○ الحضر

٤ - ............ مدينة قديمة تقع في إيران . ○ الري ○ طيبة ○ بابل ○ صور

٥ - ............ مدينة قديمة تقع في الجزيرة العربية . ○ مدائن صالح ○ طيبة ○ قرطاجة ○ البتراء

## الأسبوع الخامس عشر

١ - ما ............... عنوان الشركة ؟  ○ هو  ○ هي | ٦ - أريد لبنتي أن ............... في بيت قريب.  ○ تسكن  ○ سكنت

٢ - أهلك عرب ............... فرنسيون ؟  ○ أم  ○ أو | ٧ - كم يستغرق ............... إلى الشمال ؟  ○ السفر  ○ السفرة

٣ - هل إخوتك أغنى منك أم ............... ؟  ○ فقراء  ○ أفقر | ٨ - ............... يتوقف على الجو .  ○ أعمالنا  ○ عملنا

٤ - لـماذا في ............... الأحيان فقط ؟  ○ بعض  ○ كل | ٩ - يجب أن ............... الآن .  ○ نبدأ  ○ بدأنا

٥ - إذا كنت في البيت ............... بك بالتلفون .  ○ اتصلت  ○ سأتصل | ١٠ - لـماذا تريدون تعليمها ............... ؟  ○ عربية  ○ العربية

---

١ - أم / من / هل / ذلك / هذا / أغلى / الكتاب / أرخص / ؟ : ..........

٢ - من / هل / هذه / أقرب / أبعد / تلك / المدينة / أم / ؟ : ..........

٣ - أبطأ / أسرع / هذا / ذلك / القطار / أم / هل / من / ؟ : ..........

٤ - إليه / في / إذا / كان / ذهبت / الدار . : ..........

٥ - كانت / ساعدتها / في / إذا / إلى / مساعدة / حاجة . : ..........

---

**Désinences casuelles**

١ - لـم أعمل أمس لأنني كنت ............... .  ○ مريضٌ  ○ مريضاً  ○ مريضٍ

٢ - أنا لست ............... اليوم .  ○ مريضٌ  ○ مريضاً  ○ مريضٍ

٣ - من قال إنني ............... ؟  ○ مريضٌ  ○ مريضاً  ○ مريضٍ

٤ - هو دائماً ............... بسبب صداع مزمن .  ○ مريضٌ  ○ مريضاً  ○ مريضٍ

٥ - مجتمعنا ............... بالعنصرية والتعصب والأنانية .  ○ مريضٌ  ○ مريضاً  ○ مريضٍ

٦ - تكلم الطبيب طويلاً مع ............... .  ○ المريضُ  ○ المريضَ  ○ المريضِ

٧ - هل يشفى ............... بالأدوية التقليدية ؟  ○ المريضُ  ○ المريضَ  ○ المريضِ

٨ - هذا الطبيب الغريب يعالج ............... بالأعشاب .  ○ المريضُ  ○ المريضَ  ○ المريضِ

٩ - عالجنا أمس في المستشفى عشرين ............... .  ○ مريضٌ  ○ مريضاً  ○ مريضٍ

١٠ - الأستاذ غائب لأنه ............... .  ○ مريضٌ  ○ مريضاً  ○ مريضٍ

---

**culture générale**

١ - ............... شاعر من شعراء الأندلس .  ○ أبو تمام  ○ المتنبي  ○ المعري  ○ ابن زيدون

٢ - ............... شاعر من شعراء الشام .  ○ أبو تمام  ○ المتنبي  ○ المعري  ○ ابن زيدون

٣ - ............... شاعر من شعراء مصر .  ○ الشاب الظريف  ○ صفي الدين الحلي  ○ المعري  ○ أحمد شوقي

٤ - ............... شاعر من شعراء سورية .  ○ أبو تمام  ○ نزار قباني  ○ المعري  ○ ابن زيدون

٥ - ............... شاعر من شعراء الاغتراب .  ○ إيليا أبو ماضي  ○ جبران خليل جبران  ○ ميخائيل نعيمة  ○ أحمد رامي

# الأسبوع الخامس عشر

| | |
|---|---|
| ١ - أود قهوة ولكن بلا ............ .   ○ سكر   ○ شاي | ٦ - نحن مثلكم لا ............ القهوة .   ○ تحبون   ○ نحب |
| ٢ - هل تود الاستراحة قبل ............ ؟   ○ السفر   ○ النوم | ٧ - هم مثلنا لا ............ في عمارة .   ○ يسكنون   ○ نسكن |
| ٣ - هل تودون الأكل ............ الحديقة ؟   ○ قبل   ○ في | ٨ - أليس ابن عمك إسماعيل ............ ؟   ○ طالب   ○ طالباً |
| ٤ - هل نأتي إلى ............ من أجل الأكل ؟!   ○ السينما   ○ المطعم | ٩ - أليست بنت عمك ............ ؟   ○ صحفية   ○ صحفيات |
| ٥ - هل نذهب إلى ............ من أجل المال ؟   ○ الطبيب   ○ العمل | ١٠ - أليس رئيسكم ............ ؟   ○ يميني   ○ يميناً |

---

١ - الموسيقى / هي / تفضل / مثلي / الكلاسيكية / -  ........................

٢ - الفن / ولكن / تاريخ / التاريخ / تدرس / تفضل / هي / -  ........................

٣ - العمل / يفضل / الدراسة / ولكن / هو / يحب / -  ........................

٤ - أن / أن / يفضل / يحب / يعمل / يدرس / ولكن / هو / -  ........................

٥ - أن / يريد / ولكنه / يسافر / فقير / -  ........................

٦ - عربي / ولكنني / أتكلم / الأصل / العربية / لا / -  ........................

٧ - ولكنها / تفهم / عربية / العربية / لا / هي / الفصحى / -  ........................

٨ - فرنسي / فرنسا / لا / هو / ولكنه / في / يسكن / -  ........................

٩ - ذكي / متكاسل / ولكنه / هو / -  ........................

١٠ - بالنعناع / منكم / يفضل / من / الشاي / ؟ / -  ........................

---

**Désinences casuelles**

| | | | |
|---|---|---|---|
| ١ - ليس هذا الشاب ............ . | ○ طالبٌ | ○ طالباً | ○ طالبٍ |
| ٢ - كان ابن عمي ............ في جامعة أوكسفورد . | ○ طالبٌ | ○ طالباً | ○ طالبٍ |
| ٣ - ليس في جامعتنا ............ من أهل مسقط . | ○ طالبٌ | ○ طالباً | ○ طالبٍ |
| ٤ - ساعدني في ترجمة النص ............ من اليمن . | ○ طالبٌ | ○ طالباً | ○ طالبٍ |
| ٥ - أحسن ............ في صفنا هو من اليمن . | ○ طالبٌ | ○ طالباً | ○ طالبٍ |
| ٦ - أتعلم العربية مع ............ يمني . | ○ طالبٌ | ○ طالباً | ○ طالبٍ |
| ٧ - أصبح ابني ............ في جامعة السوربون . | ○ طالبٌ | ○ طالباً | ○ طالبٍ |

---

**culture générale**

| | | | | |
|---|---|---|---|---|
| ١ - ............ هي عاصمة البحرين . | ○ أبو ظبي | ○ الدوحة | ○ المنامة | ○ الشارجة |
| ٢ - ............ هي عاصمة السودان . | ○ أم درمان | ○ الخرطوم | ○ أسوان | ○ أسمرة |
| ٣ - ............ هي عاصمة عُمان . | ○ عَمّان | ○ مسقط | ○ صنعاء | ○ صور |
| ٤ - ............ هي عاصمة السعودية . | ○ مكة | ○ المدينة | ○ نجران | ○ الرياض |
| ٥ - ............ هي عاصمة المـغرب . | ○ الرباط | ○ الدار البيضاء | ○ مراكش | ○ طنجة |

# الأسبوع الخامس عشر

١ - منذ ............... تحس بالتعب ؟ ○ أين ○ متى

٢ - ............... تحس بالوجع، في الرأس أم في البطن ؟ ○ أين ○ متى

٣ - هل تحسين بالوجع في ............... ؟ ○ رأسها ○ رأسك

٤ - متى بدأ الوجع ............... ؟ ○ بسرعة ○ بالضبط

٥ - رأسي هو ............... يؤلمني . ○ الذي ○ التي

٦ - العمل هو الذي ............... ○ يتعبني ○ يفهمني

٧ - سافروا قبل ............... بكثير . ○ هو ○ ذلك

٨ - درست في الجامعة ............... البكالوريا . ○ قبل ○ بعد

٩ - صرت أباً ............... الزواج . ○ بعد ○ بعيد

١٠ - أهلي هم ............... زوجوني . ○ الذي ○ الذين

---

١ - > ما / هذا / الجميل / الكتاب / العربي ............................................
٢ - > هذا / ما / الفقراء / الغريب / القانون / العجيب / ضد ............................................
٣ - > الخاص / ثمنه / هذا / الكتاب / كم / بالتاريخ ............................................
٤ - > النادي / كم / اللاعب / هذا / في / عمره / الجديد ............................................
٥ - > العجيبة / هذه / عمرها / المغنية / كم ............................................
٦ - > هذه / الغريبة / الحقيبة / صاحبها / ما / السوداء / ومن ............................................
٧ - > هذا / الرجل / الغريب / النائم / الشارع / من / في ............................................

---

**Désinences casuelles**

١ - رأيت ............... أمس في السوق . ○ ابنُ عمِّك ○ ابنَ عمِّك ○ ابنِ عمِّك

٢ - أظن أن جارتنا تحب ............... . ○ ابنُ عمِّك ○ ابنَ عمِّك ○ ابنِ عمِّك

٣ - لماذا لا تريدين أن تتزوجي من ............... يا بنتي ؟ ○ ابنُ عمِّك ○ ابنَ عمِّك ○ ابنِ عمِّك

٤ - أين ............... الكبير حالياً ؟ ○ ابنُك ○ ابنَك ○ ابنِك

٥ - أين كان ............... الصغير أمس ؟ ○ ابنُك ○ ابنَك ○ ابنِك

٦ - أليس هذا الولد ............... الصغير ؟ ○ ابنُك ○ ابنَك ○ ابنِك

٧ - صحيح أنك سوف تطلقين ............... ؟ ○ زوجُك ○ زوجَك ○ زوجِك

٨ - تريدين أن تنفصلي عن ............... ، هذا غير ممكن ! ○ زوجُك ○ زوجَك ○ زوجِك

٩ - ابن عمك هو ............... وسيبقى زوجك إلى الأبد ! ○ زوجُك ○ زوجَك ○ زوجِك

١٠ - وماذا عن حقوق ............... يا أبي ؟ ○ المرأةُ ○ المرأةَ ○ المرأةِ

---

**culture générale**

١ - ............... هو من غنى أغنية « كليوباترة » . ○ عبد الوهاب ○ عبد الحليم ○ فريد الأطرش ○ وديع الصافي

٢ - ............... هي من غنت « زهرة المدائن » . ○ أم كلثوم ○ أسمهان ○ فيروز ○ نجاة

٣ - ............... هو من غنى « بلادي بلادي » . ○ عبد الوهاب ○ السيد درويش ○ عبد الحليم ○ زكريا أحمد

٤ - ............... هي من غنت « رباعيات الخيام » . ○ أم كلثوم ○ أسمهان ○ فيروز ○ نجاة

٥ - ............... هو من غنى « أهواك » . ○ عبد الوهاب ○ عبد الحليم ○ فريد الأطرش ○ وديع الصافي

# الأسبوع الخامس عشر

١ - كانت الأوزة لذيذة ............ ☐ الطعم ☐ طعم
٢ - الطلاب يطالبون ............ أجور التسجيل . ☐ خفض ☐ بخفض
٣ - هذا الرجل يقول ............ لص . ☐ إني ☐ أنني
٤ - إنه يزعم ............ سرقته . ☐ إنني ☐ أنني
٥ - طالبته ............ فرفض ردها . ☐ بها ☐ عنها
٦ - ............ لا يستطيع أن يفعل ذلك ؟ ☐ هل ☐ أ
٧ - هل أنت قادر ............ هذا ؟ ☐ على ☐ من
٨ - حكمت ............ المحكمة بغرامة . ☐ عنك ☐ عليك
٩ - ما هو دليلك ............ هذا ؟ ☐ على ☐ عن
١٠ - أجب رجاءً ............ هذا السؤال ! ☐ في ☐ عن

---

١ - المجالس / المجلس / هذا / الدولية / ببعض / يذكرنا -> ............
٢ - شعبية / النص / الصبا / حكاية / في / على / يقوم / سمعتها / هذا -> ............
٣ - القاضي / مصلحة / فران / صداقة / قصة / وبين / نشأت / إنها / بينه -> ............
٤ - أولادي / هذه / طعام / لطعامي / الأوزة / أعددتها / و -> ............
٥ - هذا / هذه / كانت / يا / قل / لك / لنا / متى / الأوزة / منذ -> ............
٦ - المحكمة / للفران / بغرامة / عليك / تدفعها / حكمت / لقد -> ............

---

**Déclinaisons**

١ - لا أظن أنها ............ في كتاب . ☐ مكتوبةٌ ☐ مكتوبةً ☐ مكتوبةٍ
٢ - أرسلت إليك ............ أمس . ☐ نصفُها ☐ نصفَها ☐ نصفِها
٣ - أتى الفران وخلفه ............ من الناس . ☐ جماعةٌ ☐ جماعةً ☐ جماعةٍ
٤ - هذا الرجل يقول إنني ............ . ☐ لصٌّ ☐ لصاً ☐ لصٍ
٥ - قال شيئاً لا يدخل ............ . ☐ العقلُ ☐ العقلَ ☐ العقلِ
٦ - أنت كافر ............ حلت عليك اللعنة . ☐ زنديقٌ ☐ زنديقاً ☐ زنديقٍ
٧ - من يدفع لي ............ ؟ ☐ ثمنُها ☐ ثمنَها ☐ ثمنِها
٨ - منذ متى كانت لك هذه ............ ؟ ☐ الأوزةُ ☐ الأوزةَ ☐ الأوزةِ
٩ - هذا ............ لإثبات حق كل واحد . ☐ مهمٌّ ☐ مهماً ☐ مهمٍ
١٠ - ما هو ............ على هذا ؟ ☐ دليلُك ☐ دليلَك ☐ دليلِك

---

**culture générale**

١ - محمود درويش ............ ☐ صحفي ☐ شاعر ☐ روائي ☐ مغني ☐ فيلسوف
٢ - نجيب محفوظ ............ ☐ روائي مصري ☐ روائي مغربي ☐ شاعر مصري ☐ شاعر مغربي
٣ - توفيق الحكيم ............ ☐ روائي ☐ شاعر ☐ مفكر ☐ مؤلف مسرحي
٤ - الطاهر بن جلون ............ ☐ روائي مصري ☐ روائي مغربي ☐ شاعر مصري ☐ شاعر مغربي
٥ - روايات أمين المعلوف مكتوبة باللغة ............ ☐ العربية الفصحى ☐ العربية العامية ☐ الفرنسية

# الأسبوع الخامس عشر

**Grammaire** : quelques verbes (forme II) — *Compléter chaque phrase en accordant le verbe :*

| | |
|---|---|
| 1. Qui a décidé d'augmenter les impôts ? | ١ - من ................ أن يرفع الضرائب ؟ (قرر يقرر) |
| 2. Mes parents passent le bonjour aux tiens. | ٢ - أهلي ................ على أهلك (سلم يسلم) |
| 3. Mesdames et Messieurs, bonjour. Voici le journal. | ٣ - سيداتي سادتي نحييكم و ................ لكم نشرة الأخبار (قدم يقدم) |
| 4. Le gouvernement a repoussé la date limite pour le paiement des impôts. | ٤ - الحكومة المهلة لدفع الضرائب ................ (مدد يمدد) |
| 5. Jamila, comment expliques-tu cette phrase ? | ٥ - كيف ................ هذه الجملة يا جميلة ؟ (فسر يفسر) |
| 6. Qui te parlait dans la rue ? | ٦ - من كان ................ ـك في الشارع ؟ (كلم يكلم) |
| 7. Pourrais-tu photographier la maison ? | ٧ - هل تستطيع أن ................ الدار ؟ (صور يصور) |
| 8. Comment le gouvernement fixe-il les impôts ? | ٨ - كيف ................ الحكومة الضرائب ؟ (حدد يحدد) |
| 9. Qui t'a donné la possibilité d'habiter dans cette maison ? | ٩ - من ................ ـك من السكن في هذه الدار ؟ (مكن يمكن) |
| 10. Pourquoi me menacez-vous de porter plainte ? | ١٠ - لماذا ................ ني برفع شكوى يا ناس ؟ (هدد يهدد) |
| 11. Comment la mairie a-t-elle préparé le terrain pour augmenter les taxes ? | ١١ - كيف ................ البلدية لرفع الضرائب ؟ (مهد يمهد) |
| 12. Comment expliquez-vous cette affaire ? | ١٢ - كيف ................ هذه القضية يا ناس ؟ (فسر يفسر) |
| 13. Pouvez-vous énumérer les présidents français ? | ١٣ - هل تستطيعون أن ................ رؤساء فرنسا ؟ (عدد يعدد) |
| 14. Qui t'a remis la clé de la voiture ? | ١٤ - من ................ ـك مفتاح السيارة ؟ (سلم يسلم) |
| 15. Mes enfants, qu'avez-vous décidé ? | ١٥ - ماذا ................ يا أولادي ؟ (قرر يقرر) |
| 16. Pourquoi ne fixes-tu pas la date du mariage en été ? | ١٦ - لماذا لا ................ موعد الزواج في الصيف ؟ (حدد يحدد) |

---

| | | | | | | |
|---|---|---|---|---|---|---|
| يهددوك ☐ | هددوك ☐ | ١١ - لماذا ................ ؟ | | أكلمك ☐ | أن أكلمك ☐ | ١ - ................ أريد |
| تسلم ☐ | أن تسلم ☐ | ١٢ - يجب ................ نفسك . | | تفسر ☐ | أن تفسر ☐ | ٢ - كيف ................ هذا ؟ |
| أن تحضر ☐ | حضرت ☐ | ١٣ - كيف ................ المشروع ؟ | | تصورين ☐ | تصوري ☐ | ٣ - ماذا تريدين أن ................ ؟ |
| أن أفضل ☐ | أفضل ☐ | ١٤ - ................ أن أذهب الآن . | | أن تكلمني ☐ | تكلمني ☐ | ٤ - لماذا تريد ................ ؟ |
| أن أحدثكم ☐ | أحدثكم ☐ | ١٥ - لا أستطيع ................ الآن . | | تسلم ☐ | يسلم ☐ | ٥ - أبي ................ عليك . |
| أن تطوري ☐ | تطورين ☐ | ١٦ - كيف ................ المشروع ؟ | | أقدم ☐ | قدمت ☐ | ٦ - سوف ................ لك هدية . |
| أن تقدم ☐ | تقدم ☐ | ١٧ - لماذا ................ لي هدية ؟ | | أقرر ☐ | قررت ☐ | ٧ - لقد ................ الرحيل من هنا . |
| صورتنا ☐ | تصورنا ☐ | ١٨ - هل تستطيع أن ................ ؟ | | أجدد ☐ | أن أجدد ☐ | ٨ - قد ................ العقد مع النادي . |
| تصور ☐ | صورت ☐ | ١٩ - هل تريد أن ................ المدينة ؟ | | تحددوا ☐ | تحددون ☐ | ٩ - متى ................ موعد الزواج ؟ |
| تعبرين ☐ | تعبري ☐ | ٢٠ - يجب أن ................ عن نفسك . | | تكلمين ☐ | أن تكلمي ☐ | ١٠ - متى ................ المدير ؟ |

## الأشعة السبعة

- هل أنت مسافر حقيقةً ؟
- نعم مسافر .
- إلى أين تذهب ؟
- لا أدري .
- كيف لا تدري ؟ هل هناك مسافر لا يعرف إلى أين يسافر ؟
- نعم ، أنا .
- وأنا ، ماذا أفعل هنا ؟

- سأعود إليك .
- ربما لا تجدني عندما تعود !
- لماذا ؟
- لا أدري !

مقطع من «الأشعة السبعة» للكاتب الجزائري عبد الحميد بن هدوقة - صيغة مبسطة

Son : 16

### المؤلف
عبد الحميد بن هدوقة كاتب جزائري ولد سنة 1925 وتوفي سنة 1996 .
أمه بربرية وأبوه عربي . أتقن العربية والأمازيغية . له باللغة العربية روايات ومسرحيات وأشعار . عمل في بداية حياته المهنية في الإذاعة والتلفزيون في فرنسا وتونس والجزائر .

L'auteur

Son : 17

---

**Version complète**

(...)

كنت وخطيبتي نمشي قرب جدول . كان ماؤه صافياً كدموع اليتامى. وكنا صامتين . وفجأة سألتني :
- أمسافر أنت حقيقةً ؟
- نعم مسافر .
- إلى أين تذهب ؟
- لست أدري .
- كيف لا تدري ؟ هل هناك مسافر لا يعرف إلى أين هو مسافر ؟
- نعم . هو أنا .
- وأنا ؟
- أنت سأعود إليك متى عدت .

سكتت لحظة . كانت شديدة الحذر في حديثها . وتوهمت أن ما يجري في نفسها لا يكون إلا بهذا السؤال : «وإن لم تعد ؟» ولكنها قالت بأسى :
- أخشى أن لا تجدني عندما تعود .
- لماذا ؟

لم تجبني حالاً ، ولم أستطع فهم مرماها . ثم قالت بإعجاب :
- كم هي كبيرة هذه الكرمة !
(...)

Son : 18

# الأسبوع الخامس عشر

Texte littéraire moderne en version simplifiée et version originale

## بندرشاه

- ما اسمك ؟
- لا أعلم .
- هل يوجد إنسان ما عنده اسم ؟
- لا بد .. كان عندي اسم .. بهلول، بهدور، شاه، خان، ميرزا، ميرهان .. لا أعلم .
- هل أنت مسلم أم نصراني أم يهودي ؟
- كان عندي دين ، لا بد ، لا أعلم .
- هل يوجد إنسان ما عنده دين ؟

ربما أنت عابد نار، أو عابد بقر، أو عابد رماد ! من أين أنت ؟
- من القوقاز، من الأهواز، من أذربيجان، من سمرقند، من طشقند، لا أدري، من مكان بعيد .. أنا تعبان وجوعان وعيان.
- أنت إنسان أم شيطان ؟
- إنسان، بني آدم مثلك !

مقطع من « بندرشاه » للكاتب السوداني الطيب صالح - صيغة مبسطة

المؤلف : الطيب صالح (السودان)
ولد في قرية من شمال السودان سنة 1929
توفي في لندن سنة 2009
درس العلوم أولاً ثم انتقل إلى العلوم السياسية
عمل في الإذاعة البريطانية - القسم العربي
مثل بلاده في اليونسكو
ألف عدة روايات أشهرها «موسم الهجرة إلى الشمال»

### Version complète

NB : entre guillemets quelques écarts de la norme grammaticale du littéral.

(...)
عمي محمود بدأه بالسؤال ، قال له :
- ما اسمك ؟
أطرق الرجل الغريب مدة طويلة يفكر . فنظرنا بعضنا إلى بعض حيث أن السؤال لا يحتاج إلى تفكير . بعد زمن قال :
- لا أعلم .
سأله عمي محمود بدهشة عظيمة ، وكنا كلنا في دهشة :
- هل يوجد إنسان ما عنده اسم ؟
قال الرجل :
- لا بد كان عندي اسم .. بهلول ، بهدور ، شاه ، خان ، ميرزا ، ميرهان . لا أعلم .
قلت في نفسي «أسماء جان ما أنزل الله بها من سلطان» ، سألته :
- هل أنت مسلم أو نصراني أو يهودي ؟
أطرق مفكراً كالأول ، وبعد مدة قال :
- كان عندي دين ، لا بد ، لا أعلم .
سأله عبد الخالق ود حمد بزعل وكان دائماً أسرعنا إلى الغضب :
- يا بني آدم ، هل «فيه» إنسان ما عنده دين ؟ «جايز» تكون عابد نار أو عابد بقر أو عابد رماد ؟ فهمنا !

أنا ضحكت وقلت لهم :
- وهل نحن أثبتنا أنه ابن آدم ، «مش جايز» يكون «شيطان»!
رحمه الله ود الكاشف أيضاً ضحك وقال :
- كل شيء «جايز» في مثل «هادي» الأيام .
تبادلنا النظرات ، وأنا أشعر أني شخصياً مسؤول عن وجوده . كان الرجل «صامت» لا يحير «جواب» . سألته :
- هل تذكر «جيت» من «وين» ؟
أجاب على الفور :
- قوقاز ، أهواز ، خراسان ، أذربيجان ، سمرقند ، طشقند ، لا أدري . من مكان بعيد .. كنت تعبان وجوعان وعيان .
تذكرت كيف طلع علي من الماء مثل السحاحير وقلت في سري ما دام قد شبع فلا بد أنه رجع «شيطان» مثل ما كان . رحمه الله ود الكاشف سرق السؤال من طرف لساني . قال للرجل بغضب :
- اسمع يا مخلوق . خلاصة الأمر ، فهمنا ! أنت إنسان أم شيطان ؟
الرجل ما تردد ولا فكر ، أجاب على الفور ، وهو يحدر ود الكاشف «بعيونه الخضر» نظرة كادت تطير صوابه :
- إنسان . بني آدم مثلكم . (...)

مقطع من « بندرشاه » للكاتب السوداني الطيب صالح

# مدن الملح

- الاسم ؟
- إبراهيم .
- الاسم الكامل ، اسم الأب والجد ؟
- إبراهيم فالح إبراهيم .
- من أية قبيلة ؟
- العتوم .
- اسم الأم ؟
- لماذا اسم الأم ؟
- ما هو اسم أمك ؟
- ... مزنة .
- تعيش أم ماتت ؟
- ماتت .
- أنت مسلم ؟
- لا .
- هل أنت متزوج ؟
- خمس .
- كم عدد أخواتك ؟
- أعوذ بالله !
- كم أختًا لك ؟
- أنا الكبير .
- هل هم أكبر منك أم أصغر ؟
- ثلاثة وأنا الرابع .
- كم أخًا لك ؟
- نعم ، تزوج اثنتين غيرها .
- هل تزوج أبوك غير أمك ؟
- حي .
- والأب ؟

- نعم .
- هل تصلي ؟
- في بعض الأوقات .
- لماذا في بعض الأوقات فقط ؟
- إذا كنت في المسجد صليت .
- وهل تصوم ؟
- نعم .
- لماذا تصوم ؟
- لأن رب العالمين قال صوموا !

مقطع من « مدن الملح » للكاتب السعودي - الأردني عبد الرحمن منيف - صيغة مبسطة

**Son : 22**

Texte littéraire moderne en version simplifiée et version originale

ولد عبد الرحمن المنيف في عمان - الأردن عام ١٩٣٣ من أب سعودي وأم عراقية. درس في الأردن إلى أن حصل على الشهادة الثانوية ثم انتقل إلى بغداد والتحق بكلية الحقوق عام ١٩٥٢ ثم انخرط في النشاط السياسي هناك، انضم إلى حزب البعث العربي الاشتراكي إلى أن طُرد من العراق مع عدد كبير من الطلاب العرب بعد التوقيع على حلف بغداد عام ١٩٥٥ لينتقل بعدها إلى القاهرة لإكمال دراسته هناك. في عام ١٩٥٨ انتقل إلى بلغراد لإكمال دراسة فحصل على الدكتوراه في اقتصاديات النفط لينتقل بعدها إلى دمشق عام ١٩٦٢ ليعمل هناك في الشركة السورية للنفط ثم انتقل إلى بيروت عام ١٩٧٣ ليعمل هناك في مجلة البلاغ ثم عاد إلى العراق مرة أخرى عام ١٩٧٥ ليعمل في مجلة النفط والتنمية. غادر العراق عام ١٩٨١ متجهًا إلى فرنسا ليعود بعدها إلى دمشق عام ١٩٨٦ ويقيم فيها حيث كرس حياته لكتابة الروايات، تزوج منيف من سيدة سورية وأنجب منها، عاش في دمشق حتى توفي عام ٢٠٠٤، وبقي إلى آخر أيامه معارضًا للإمبريالية العالمية، كما اعترض دومًا على الغزو الأمريكي للعراق عام ٢٠٠٣ رغم أنه كان معارضا عنيفا لنظام صدام حسين.

عن ويكيبيديا العربية

**Son : 23**

## Version complète

(...) بعد فترة صمت قصيرة بدأت الأسئلة :
- الاسم .. الاسم الكامل، اسم الأب والجد ؟
- إبراهيم الفالح الإبراهيم
- الاسم بعد الجد ؟
- إبراهيم الفالح الإبراهيم المحمد
- جد الجد ؟
- إبراهيم الفالح الإبراهيم المحمد الإبراهيم
- من أية قبيلة ؟
- العتوم
- الفخذ ؟
- حرب
- اسم الأم ؟

نظر إبراهيم إلى نعيم بدهشة وصلت حد الاستغراب ثم تطلع إلى الأميركيين الثلاثة، فلما وجدهم بانتظار إجابته سأل :
- ما عليكم من الأم ؟

نظر إليه نعيم بتحديد أقرب إلى التأنيب . ثم التفت إلى الأميركيين وترجم ما قاله . ضحك الأميركيون الثلاثة بصوت أقرب إلى القهقهة، وقال أحد اللذين يعرفان العربية :
- المعلومات المطلوبة بسيطة وضرورية ..

توقف لحظة، ابتسم له، وقام . اقترب منه حتى حاذاه، وهو يربت على كتفه :
- عندك أم ؟

هز إبراهيم رأسه بالإيجاب
- الأم عنده اسم ؟

ومن جديد هز رأسه بالإيجاب
- ما هو اسم الأم ؟

زفر إبراهيم مثل ذئب جريح، هز رأسه بلوعة ونظر إلى الأميركي الذي يقف فوقه، ثم نظر إلى نعيم وقال بنفاد صبر :
- اسم الأم مزنة
- تعيش أم ماتت ؟

رد وهو يبتسم :
- ماتت
- والأب ؟
- الأب حي
- هل تزوج عدة زوجات ؟

قال بنفاد صبر :
- ما بال القوم ما عندهم سالفة إلا أبوي وأمي .

ومن جديد ضحك الأميركيون الثلاثة وشاركهم نعيم، بعد أن ترجم ما قاله له . رجع الأميركي الذي كان يقف بالقرب منه . تكلم مع الاثنين الآخرين، ثم توجه إلى نعيم بالكلام فقال له بعض الأشياء أثارت ابتسامات الآخرين . هز نعيم رأسه عدة مرات دلالة الفهم أو الموافقة ثم تكلم :
- مثل ما قلت لك في البداية : المعلومات المطلوبة بسيطة وضرورية، وهي أيضًا سرية، لا يمكن لأحد أن يطلع عليها، ولذلك يمكن أن تجيب بحرية ودون خوف .

توقف لحظة ثم أضاف بلهجة مختلفة :
- كل هذه المعلومات ضرورية من أجل زيادة الراتب، من أجل الترقية، ويمكن أن تساعدك في السفر إلى

**Son : 24**

أميركا من أجل التدريب .
قلب إبراهيم الفالح شفته دلالة على عدم الاهتمام .
ومن جديد بدأت الأسئلة :
- هل تزوج أبوك غير أمك ؟
- نعم تزوج اثنتين غيرها
- ما ترتيب أمك بين الزوجات ؟
- ما ترتيب أمي ؟
- هل هي الأولى ؟ الأخيرة ؟
- الأولى
- والزوجات بعدها، أثناء حياتها أم بعد وفاتها ؟
- واحدة قبل والأخيرة قبل ثلاث سنوات
- أي بعد وفاتها ؟
- أي نعم !
- كم أخ لك ؟
- ثلاثة وأنا الرابع
- هل هم أكبر منك أم أصغر ؟
- أنا الكبير، كلهم أصغر
- كم عدد الأخوات ؟
- أعوذ بالله من الشيطان الرجيم، اتركونا يا جماعة الخير !
قال نعيم بحزم :
- قلنا لك هذه المعلومات ستبقى سرية ولن يطلع عليها أحد، وهي ضرورية بالنسبة للشركة !
هممهم إبراهيم الفالح فخرجت من فمه أصوات غير واضحة
- عدد الأخوات ؟
- خمس (...) - ص ٢٩٩-٣٠٥

**Son : 25**

# الأسبوع الخامس عشر

Texte littéraire moderne en version simplifiée et version originale

## بان الصبح

- شراب قبل الأكل ؟
- نعم، أود «إسكوتش».
- وأنا أيضًا، ولكن بلا ثلج.
- والأكل، سمك أم لحم ؟
- سمك يا أخي سمك، هل نأتي إلى البحر من أجل اللحم ؟
- أي سمك ؟
- السرطان المشوي .
- والنبيذ، أبيض أم أحمر ؟

---

- نبيذ وردي، أليس كذلك ؟
- أنا أفضل الماء المعدني.
- لا تشربين النبيذ ؟
- الأحمر نعم ، أما الأبيض فلا.
- أنا مثلك تمامًا، لا أحب الأبيض.
- أنت أحمر إذن !
- أنت تتكلمين بصوت عال، «هس»!
- لماذا هس ؟ ألست اشتراكيًا ؟
- أنا اشتراكي أبيض !

مقطع من « بان الصبح » للكاتب الجزائري عبد الحميد بن هدوقة - صيغة مبسطة

Son : 26

---

عبد الحميد بن هدوقة كاتب جزائري ولد سنة 1925 وتوفي سنة 1996 أمه بربرية وأبوه عربي . أتقن العربية والأمازيغية. له باللغة العربية روايات ومسرحيات وأشعار . عمل في بداية حياته المهنية في الإذاعة والتلفزيون في فرنسا وتونس والجزائر .

Son : 27

---

### Version complète

(...)
سألهما النادل :
- هل تريدان مشروبًا قبل الأكل ؟
وكانت دليلة ترى موائد الأكل حواليها كلها تقريبًا عليها مشروبات كحولية ونبيذية .. قالت في نفسها وهي ترى ذلك : «أبي وحده الذي لا يشرب الخمر في العاصمة» ، فسألها رفيقها:
- هل لك في شرب شيء ؟
- هل يمكن ؟
- ولم لا ؟ انظري حواليك !
- طيب ، أود لو أمكن «إسكوتش» .
- وأنا كذلك ، لكن بدون ثلج .
فسأل النادل :
- وماذا تريدان كأكل ؟ أسماك أم لحوم ؟
فقال الرجل :
- أسماك يا أخي أسماك ! هل نأتي إلى البحر من أجل الحيوانات البرية !
- ماذا تريدان كأسماك ؟

---

- سرطانًا مشويًا .
- طيب ، والنبيذ ، أبيض أم أحمر ؟
- نبيذ وردي ، أليس كذلك يا آنسة ؟
- أنا أود ماء معدنيًا .
أخذ النادل الطلب وانصرف . فسأل الرجل دليلة :
- ألا تشربين النبيذ ؟
فأجابت مازحةً :
- الأحمر نعم ، أما الأبيض فلا .
- أنا مثلك تمامًا ، لا أحب الأبيض .
فقالت دليلة بالمزاح نفسه :
- أنت أحمر إذن !
فوضع إصبعه على شفتيه مشيرًا لها بالسكوت وقال هامسًا :
- لا تقولي هذا ، هنا ...
- لماذا ، ألسنا اشتراكيين ؟
فقال الرجل بالهمس نفسه مازحًا :
- اشتراكيتنا بيضاء !
(...)

مقطع من « بان الصبح » للكاتب الجزائري عبد الحميد بن هدوقة

Son : 28

## سؤال وألف جواب

- تحسين بوجع في صدرك، حسنًا، منذ متى ؟
- منذ زمان يا دكتور، منذ مدة.
- كم هي هذه المدة ؟ تقريبًا !
- أقول مدة، أقصد قطعة من الأيام.
- هذه الأيام، كم عددها؟ خمسة؟ عشرة؟ عشرون؟ خمسون؟
- تقريبًا.
- أي عدد تقصدين؟ أرجوك! هل تحسين بالوجع منذ خمسة أيام؟
- لا، قبل ذلك بكثير !
- منذ شهر ؟
- لا، بعد ذلك بكثير! الآن تذكرت، قبل هبوب الريح الشرقية بأربعة أيام .
- الريح الشرقية ! ما هذه الريح الشرقية المباركة ؟
- الريح الشرقية ليست مباركة، يا دكتور ! الريح الشرقية هي التي تحرق الزرع !
- يا ستي، يا ستي ! منذ متى تحسين بالوجع ؟
- ولماذا الزعل يا دكتور ! أنا أقول لك. ليلة عرس حليمة، بنت عمة أمي، سهر طويل وطعام كثير ووجع في الصدر !

مقطع من « عيادة في الريف » للكاتب السوري عبد السلام العجيلي - صيغة مبسطة

عبد السلام العجيلي

أديب وكاتب سوري ولد في مدينة الرقة سنة ١٩١٨ ، عمل في الطب والسياسة إضافة للأدب . درس في الرقة وحلب ودمشق وتخرج من جامعة دمشق طبيباً عام ١٩٤٥ . انتخب نائباً عن الرقة عام ١٩٤٧ . تولى عدداً من المناصب الوزارية في وزارة الثقافة ووزارة الخارجية ووزارة الإعلام عام ١٩٦٢ . يعد واحداً من أهم كتاب القصة والرواية في سوريا... أصدر أول مجموعاته القصصية عام ١٩٤٨ بعنوان بنت الساحرة .

Son : 30    Son : 29

### Version complète

منذ ألف وثلاثمائة عام قال جميل بثينة بيت شعر جرى نصفه الأخير على الألسنة مجرى المثل . قال جميل :

وقلنا لها قولاً فجاءت بـمثله    لكل سؤال يا بثيـن جواب

على أن جميل بثينة لم يعمل طبياً في الريف مثلي . لو أنه فعل لعلم أن لكل سؤال عدداً من الأجوبة، قد يبلغ الألف أحياناً. لنأخذ على ذلك مثلاً هذا الحوار الذي يدور في عيادة ريفية، بين طبيب ومريضة جاءت تبحث عن برء لدائها الذي تشكو منه :

الطبيب : وجع تحسين به في خاصرتك ... حسناً ... منذ متى بدأ هذا الوجع ؟

المريضة : من زمان يا دكتور ... من مدة .

الطبيب : كم هي هذه المدة ؟ على التقريب ...

المريضة : أقول مدة ... أقصد قطعة أيام .

الطبيب : هذه الأيام كم عددها ؟ خمسة أيام ؟ .. عشرون يوماً ؟ .. خمسون ؟

المريضة : نحو هذا العدد .

الطبيب : أي عدد تقصدين ؟ أرجوك ... حددي لي زمناً . هل أحسست بهذا الوجع منذ خمسة أيام ؟

المريضة : لا ... بل قبل ذاك بكثير .

الطبيب : لنقل منذ شهر ...

المريضة : لا ... بعد ذاك بكثير . دعني أتذكر ... بدأ قبل هبوب الريح الشرقية بأربعة أيام ...

الطبيب : وما أدراني أنا متى هبت تلك الريح المباركة !

المريضة : الريح الشرقية ليست مباركة يا دكتور . لهفت زرع أحمد الحمود، فلم تترك فيه

سنبلة إلا أحرقتها ...

الطبيب : يا ستي ... يا ستي ... قولي لي باختصار : متى شعرت بوجع خاصرتك ؟

المريضة : ولماذا الزعل يا دكتور ؟ أنا أقول لك : ليلة عرس حليمة بنت عمة أمي ... في الصباح ذبحوا كبشاً ... أهدونا من وليمتهم ... أكلنا من ثريدهم لقمة أو لقمتين، قل ثلاثاً. وفي المساء قلت لعمك حسين، يا حسين نفسي انقطع ... دخيلك ... إلخ ... إلخ ...

Son : 31

هذا نموذج شديد الاختصار لحوار بين مريضة وطبيب ريفي يحاول أن يعرف منها بدء الوجع الذي جاءت تشكو منه إليه. سؤال هو أبسط الأسئلة : متى بدأ الوجع. يصبح الجواب عليه معضلة أو تيهاً يتخبط فيه المريض جاراً طبيبه وراءه. الوقت عند مرضى الريف، مثله عند أصحائهم، لا قيمة له لا يذكر ولا حدود تعرف. فالأعوام لا تؤرخ بالميلادي أو بالهجري، بل بصفاتها والأحداث الجارية فيها : سنة المحل، أو سنة الكمأة، أو السنة التي مات فيها عمك عيسى الحاصود، وهو ليس عمك ولم يسبق لك أن سمعت باسمه قبل اليوم . ويقول لك البدوي إن ابنه ولد في قصيّر أو في الأسود، فعليك أن تعرف أن قصيّراً هو اسم لشهر رجب، وأن الأسود هو شهر شعبان. وإذا قالت لك قروية حبلى أن نزفها بدأ قبل البازار بثلاثة أيام، فلا يكفيك أن تعرف أن البازار هو يوم السوق الأسبوعية في القرية، إذا يتوجب عليك أن تعين القرية التي تنتمي إليها مريضتك لتعرف أي بازار تقصد . فالبازار الأسبوعي يقوم في قرية أبي هريرة نهار الأحد، وفي مسكنة يوم الثلاثاء، وفي دير حافر يوم الخميس ... وتحتاج أنت إلى عقل ألكتروني لتحدد اليوم الذي بدأت فيه قرويتك هذه نزفها لترى فيها رأيك : هل قاربت أن تجهض أم أنك تستطيع إعانتها ليتوقف النزيف ويستمر حملها حتى غايته .

(...)

Son : 32

عبد السلام العجيلي - عيادة في الريف (1978) - ص 81-85

# مجلس العدل

توفيق الحكيم

... هذا المجلس يذكرنا ببعض المجالس الدولية ويقوم على حكاية شعبية سمعتها في الصبا ، ولا أظن أنها مكتوبة في كتاب ولكنها قد تكون من الحكايات التي قام شعبنا بتأليفها في وقت ما ، لست أدري تحت أي ظروف ، وقامت بنشرها الأفواه بعدئذ في كل زمان ... إنها قصة فران نشأت بينه يوما وبين قاضي المدينة صداقة مصلحة ... وإليكم ما حدث ...

**Son : 33**

«الفران يلتقي بالقاضي وهو داخل إلى الجلسة ...»

القاضي : ما لك يا صديقي الفران ؟!
الفران : أنقذني .. أيها القاضي !
القاضي : ماذا جرى ؟
الفران : الأوزة ...
القاضي : أي أوزة ؟
الفران : الأوزة المحمرة التي أرسلها إليك نصفها أمس ...
القاضي : على فكرة ... كانت لذيذة الطعم شهية المنظر بدهنها الوردي ورائحة لحمها التي يسيل لها اللعاب !
الفران : صاحبها جاء يطالب بها ...
القاضي : أهذا ما يزعجك ؟!
الفران : ماذا أقول له ؟
القاضي : قل له طارت .
الفران : طارت ؟! ... بعد أن أدخلتها الفرن ؟!
القاضي : وما له ؟!
الفران : وإذا لم يصدق ؟
القاضي : هاته لي .
الفران : وهو كذلك ...

**Son : 34**

«يفترقان ... الفران يذهب من حيث جاء والقاضي يدخل إلى جلسته ... بعد ساعة يأتي الفران وخلفه جماعة من الناس يدفعون به إلى مجلس القاضي ... وهو يدافعهم ويشاكسهم في غير خشية ولا حياء ... حتى يمثل بين يدي القاضي وهو يصيح فيهم ويبعدهم عنه ...»

**Son : 35**

القاضي : ما هذا الشغب ؟
الفران : هذا الرجل يقول إني لص .
القاضي : من هذا الرجل ؟
الفران : رجل يزعم أني أخذت أوزته .
القاضي : تقدم يا رجل !
صاحب الأوزة : يا سيدي القاضي !
القاضي : من أنت ؟
صاحب الأوزة : أنا صاحب الأوزة ...
القاضي : هل كانت لك أوزة ؟!
صاحب الأوزة : نعم يا سيدي القاضي ... وأخذها مني هذا الفران ... وهي في الصينية وأدخلها في فرنه أمامي ... وعندما طالبته بها رفض ردها .
القاضي : وماذا قال ؟
صاحب الأوزة : قال شيئاً لا يدخل العقل ... طبعاً حجة مزعومة للاستيلاء على أوزتي ...
القاضي : لا تتفلسف ! قل نص كلامه !
صاحب الأوزة : قال إنها طارت ... أتصدق ذلك يا سيدي القاضي ؟
القاضي : وهل أنت لا تصدق ؟

**Son : 36**

صاحب الأوزة : لا طبعاً ... 
القاضي : هل أنت مؤمن بالله ؟
صاحب الأوزة : مؤمن بالطبع ...
القاضي : ألا تؤمن بقدرته ؟
صاحب الأوزة : طبعاً أؤمن ...
القاضي : ألا يستطيع الله أن يحيي العظام وهي رميم ؟
صاحب الأوزة : يستطيع ... ولكن ...
القاضي : كفى ! لا يوجد لكن ... إما أنت مؤمن بالله وقدرته ، وإما أنك كافر زنديق حلت عليه لعنته ...
صاحب الأوزة : مؤمن بالله وقدرته ...
القاضي : إذن اعترف أنه يستطيع أن يجعل أوزتك تطير من الفرن ...
صاحب الأوزة : يستطيع ... ولكن ...
القاضي : اسمع ، هي كلمة واحدة : هل تطير الأوزة بقدرة الله أو لا تطير ؟
صاحب الأوزة : تطير ...

**Son : 37**

القاضي : انتهينا .
صاحب الأوزة : لكن يا سيدي القاضي ... هذه الأوزة التي أعددتها لطعامي وطعام أولادي من يدفع لي ثمنها ؟! ... هل يرضى الله أن تطير أوزتي وأتضور أنا وأهلي جوعاً ؟!
القاضي : هذه مشكلتك أنت مع الله ... وليس مع هذا الفران !
صاحب الأوزة : سبحان الله ! وثمن الأوزة ؟! من المسؤول عنه ؟! أليس هو الفران ؟!
القاضي : أتطالب الفران بثمن الأوزة ؟!
صاحب الأوزة : ومن غيره أمامي أطالبه ؟!
القاضي : يا رجل ! كن منطقياً ... من الذي أطار أوزتك ؟ الله أو الفران ؟
صاحب الأوزة : والله يا سيدي القاضي ...
القاضي : لا تلف ولا تدور ! تكلم بالعقل ! هل الفران له القدرة على أن يجعل أوزتك تطير بعد تحميرها في الفرن ؟!
صاحب الأوزة : لا ...

---

Texte littéraire moderne (extrait d'une pièce de théâtre) - version originale

| | | | |
|---|---|---|---|
| Droit | الحَقّ ج حُقوق | Justice | العَدْل |
| Preuve, prétexte | الحُجّة ج حُجَج | Tribunal, cour | المَحْكَمة ج مَحاكم |
| Preuve | الدَّليل ج أدِلّة | Juge | القاضي ج قُضاة |
| Jugement, sentence | الحُكْم ج أحْكام | Fournier | الفَرّان |
| Amende | الغَرامة | Propriétaire de l'oie | صاحب الأوزّة |
| Ici : acquittement | البَراءة | Voleur | لِصّ ج لُصوص |
| Injustice | الظُلْم | Réclamer | طالب يُطالب |
| Agression | الاعْتِداء = العُدْوان | S'envoler | طار يطير |

# الأسبوع الخامس عشر

القاضي : ومن الذي يملك القدرة على ذلك ؟

صاحب الأوزة : الله ...

القاضي : إذن ما دام الله هو الذي أطار أوزتك فكيف تسأل وتطالب الفران ؟!

صاحب الأوزة «في ارتباك» : لا أدري ... **Son : 38**

القاضي : اسمع يا رجل ! المحكمة ستخفف عنك الحكم مراعاةً لظروفك النفسية ...

صاحب الأوزة : الحكم ؟!

القاضي : ألم تسب الفران قائلاً إنه لص ؟!

صاحب الأوزة : إنه يا سيدي القاضي ...

القاضي : حكمت عليك المحكمة بجنيه غرامة !

صاحب الأوزة : أنا ؟! ... وهو ؟!

القاضي : هو براءة .

صاحب الأوزة «صائحاً» : يا ناس ! ... أوزتي ... ملكي ... يستولي عليها هذا الرجل ويطلع هو صاحب الحق؟! أنا استوليت على ملكه ؟!

القاضي «لصاحب الأوزة» : عيب ... عيب الادعاء والاعتداء على الناس الأبرياء !

الفران : تسمح لي يا حضرة القاضي أن أناقشه ... وأثبت حقوقي ؟

القاضي : تفضل ! **Son : 39**

الفران «لصاحب الأوزة» : قل لنا يا هذا ... منذ متى كانت لك هذه الأوزة ؟!

صاحب الأوزة : طول عمرها كانت لي ...

الفران : وقبل أن تكون لك ؟! ... أين كانت ؟!

صاحب الأوزة : كانت في البيضة ...

الفران : ولمن كانت البيضة ؟

صاحب الأوزة : كانت لي أيضاً ...

الفران : ومن أين جاءتك البيضة ؟

صاحب الأوزة : من الأوزة التي باضتها ...

الفران : وهذه الأوزة الأم ... من أين جاءتك ؟

صاحب الأوزة : كانت عندي ... مع الكتاكيت ... ربيتها بنفسي ...

الفران : وقبل أن تربيها بنفسك ؟!

صاحب الأوزة : كانت بيضة طبعاً ...

الفران : وأم هذه البيضة ؟

صاحب الأوزة : أوزة أخرى بالطبع ...

الفران : وأين هي هذه الأوزة الأخرى ؟

صاحب الأوزة : أي أوزة أخرى ؟

الفران : الأوزة الجدة .. أين هي ؟

صاحب الأوزة : الجدة ؟!

الفران : نعم ... التي باضت البيضة التي خرجت منها الأوزة التي باضت البيضة التي فقست وخرجت منها الأوزة موضوع ال... **Son : 40**

صاحب الأوزة «يلتفت إلى القاضي» : يا سيدي القاضي ... ما دخل هذا كله في موضوع أوزتي اليوم ؟!

القاضي : هذا مهم جداً ... لإثبات حق هذا الفران !

صاحب الأوزة : شيء عجيب ! ... حقه في ماذا ؟!

القاضي : لا تراوغ يا رجل ! ... أجب عن سؤاله !

صاحب الأوزة : ما هو الموضوع بالضبط ؟

القاضي : أنت الآن يا رجل ! ... أنت أمام محكمة تريد الوصول إلى حل عادل ... اترك الفران يتكلم بكل حرية ليثبت حقوقه !

الفران : أرأيت يا سيدي القاضي الظلم والاضطهاد ؟!

القاضي : دعك منه ... تكلم ... نحن كلنا نستمع إليك !

الفران : تلك الأوزة الجدة التي باضت البيضة التي خرجت منها الأوزة التي باضت هذه البيضة التي أخرجت هذه الأوزة كانت يوماً لي أنا وملكي ...

القاضي : سمعت يا رجل ؟

صاحب الأوزة : ما هذا الكلام ؟!

القاضي : كلام واضح كالشمس ! **Son : 41**

صاحب الأوزة : الأوزة الجدة ؟؟!! ... شيء مضحك ! والأوزة الوالدة !!؟؟ ... ما مركزها هي الأخرى ؟!

القاضي : الوالدة لا تهمنا ... المهم الجدة !

صاحب الأوزة : وما هو دليله على أن جدة أوزتي كانت ملكه ؟!

القاضي : وما هو دليلك أنت على أنها لم تكن ملكه ؟!

صاحب الأوزة : وما قيمة ذلك إذا كانت كل أجيال البيض وما خرج منها كانت دائماً ملكي وتحت يدي !

القاضي : أستستطيع أن تقسم بالأيمان المغلظة أن جميع أجيال البيض والأوز كانت ملكك وتحت

يدك ؟! ... لاحظ يا رجل أنك إذا أقسمت كذباً طبقنا عليك جريمة الشهادة الزور !

صاحب الأوزة : ما هو المقصود من جميع الأجيال ؟

القاضي : جميع الأجيال يعني جميع الأجيال ... الكلام واضح كالشمس !

صاحب الأوزة : هل تدخل في ذلك مثلاً أول أوزة وجدت في الخليقة ؟! ... أو بعبارة أخرى ستنا حواء الأوزة ؟!

القاضي : أتمزح مع المحكمة ؟!

الفران : تفرج يا سيدي القاضي ... يحلو له الهزار أمام مجلس العدل الموقر ! **Son : 42**

القاضي : اسمع يا رجل ! ... سأعتبر كلامك هذا تهرباً وعجزاً أمام أدلة الفران الناصعة .

صاحب الأوزة : اسمحوا لي أن أسأل ... بكل احترام ... ماذا تريدون مني ؟

الفران : رد شرفي !

القاضي : ها هو قد أخبرك ...

صاحب الأوزة : وكيف يمكن ذلك ؟!

الفران : الاعتراف بشرعية وضعي ...

صاحب الأوزة : وضعه ؟! ... أي وضع هذا ؟!

القاضي : ألم تقل إنه استولى على أوزتك بغير وجه حق ؟!

صاحب الأوزة : نعم ... وما زلت أقول ... وقد حكمت علي بجنيه غرامة ! ... فماذا تريد أكثر من ذلك ؟!

الفران : إنه مصر يا سيدي القاضي ! ... مصر على موقفه !

القاضي : فليصر كما يشاء ... يكفي أن المحكمة قد برأتك أنت وصادقت على أقوالك ولم تلتفت إلى أقواله ... وحكمت عليه بالغرامة لعدوانه عليك بالافتراء ... والآن تفضل انصرف أيها الفران الفاضل معززاً مكرماً مشيعاً بعطف المحكمة ...

الفران : شكراً يا سيدي القاضي ! ... وليحيى العدل !

صاحب الأوزة : العدل ! ... لا حول ولا قوة إلا بالله ! (...)

ص 9 - 22

**Son : 43**

# الأسبوع الخامس عشر

**Dictée et invitation à lire en autonomie** - texte choisi parmi les 60 en accès libre sur le site : www.al-hakkak.fr - rubrique "**60 dictées hors manuel**".

Cet extrait du roman حكاية بحار (Histoire d'un marin) du Syrien حنا مينا apparaît dans les premières pages du livre. Le marin سعيد y dialogue avec une fillette et lui décrit la mer dont elle ignore tout ; vocabulaire simple et syntaxe facile à appréhender ; excellent outil pour une dictée. NB : pour bien tirer profit de cet exercice, il faudrait aussi essayer de comprendre le texte, dépourvu de ponctuation, à l'aide du vocabulaire donné ci-dessous, avant d'écouter la dictée, d'abord la version normale puis la version adaptée à l'exercice de dictée.

**Son : 44 lecture normale**    **Son : 45 lecture pour dictée**

قالت الطفلة :
- وماذا في البحر ؟
قال سعيد :
- في البحر كل ما في البر جبال ووديان أشجار وغابات سهول وتلال مغائر وكهوف نباتات وأعشاب وفيه مخلوقات من كل الأنواع
- مخلوقات مثلنا ؟
- ليس مثلنا تماماً مخلوقات البحر على شكل أسماك
- وماذا أيضاً ؟
- ماذا تريدين ؟
- هل في البحر عصافير ؟
- فيه طيور وزواحف وحيوانات أليفة وأخرى مفترسة
- وهل فيه أطفال ؟
- طبعاً للأسماك صغارها أيضاً
- وصبايا ؟
- في البحر سمكة برأس آدمي يقال لها عروسة البحر وفيه سمكة بذيل يقال لها فرس البحر
قالت الطفلة دهشة ومسرورة :
- وفيه سمك أحمر ؟
- سمك أحمر وفضي وأصفر وأخضر ومن كل الألوان

حنا مينا - حكاية بحار ص ١٠-١١

| | | | | | |
|---|---|---|---|---|---|
| الطفلة | Fillette | مخلوقات من كل الأنواع | Des créatures en tous genres | سمكة برأس آدمي | Un poisson à tête d'humain |
| وماذا في البحر ؟ | Qu'y a-t-il dans la mer ? | مثلنا | Comme nous | يقال لها عروسة البحر | On l'appelle "sirène" (litt. : jeune mariée de la mer) |
| كل ما في البر | Tout ce qui existe sur terre | على شكل أسماك | En forme de poissons | سمكة بذيل | Un poisson ayant une queue |
| جبال | Montagnes | عصافير | Moineaux | فرس البحر | Hippocampe (litt. : jument de mer) |
| وديان | Vallées | طيور | Oiseaux | قالت دهشة | Elle dit, étonnée |
| أشجار | Arbres | زواحف | Reptiles | مسرورة | Réjouie |
| غابات | Forêts | حيوانات أليفة | Animaux domestiques | سمك أحمر | Poisson rouge |
| سهول | Plaines | مفترسة | Féroces | فضي | Argenté |
| مغائر | Grottes | أطفال | Enfants | أصفر | Jaune |
| كهوف | Cavernes | للأسماك صغارها أيضاً | Les poissns aussi ont leurs petits | أخضر | Vert |
| نباتات | Plantations | صبايا | Adolescents | من كل الألوان | De toutes les couleurs |
| أعشاب | Herbes | | | | |

# الأسبوع الخامس عشر

**Index lexical**

1. Certains participes, présents ou passés, pourraient apparaître deux fois : avec les noms, quand ils sont substantivés, et avec les adjectifs. / 2. Cette liste n'est pas exhaustive. Elle contient surtout les mots nouveaux ou qui pourraient manquer à la compréhension des textes.

|  |  |
|---|---|
| Noms (substantifs) | الأسماء |
| Ses derniers jours | آخر أيّامه |
| Etablir la vérité | إثْبات الحقّ |
| Père | الأب ج آباء |
| Générations | الأجْيال |
| Frère | الأخ ج إخوة / إخوان |
| Sœur | الأخْت ج أخَوات |
| Littérature | الأدَب ج آداب |
| Médicaments | الأدْوية |
| Homme de lettres, lettré | الأديب ج أُدَباء |
| Radio-TV | الإذاعة والتلفزيون |
| Poèmes | الأشْعار |
| Herbes | الأعْشاب |
| Bouches = "voix" | الأفْواه |
| Proches parents | الأقارب |
| Mère | الأمّ ج أمّهات |
| Egoïsme | الأنانيّة |
| Etre humain, personne | الإنْسان |
| Oie, canard | الأوزّة |
| Jours | الأيّام |
| Cousin maternel | ابن الخال / ابن الخالة |
| Se plaindre de qqn | الادّعاء على |
| Cafouillage | الارْتباك |
| Dominer, s'emparer de qqch | الاسْتيلاء على |
| Opression | الاضطهاد |
| Agression | الاعْتداء على |
| Diffamation | الافْتراء |
| Economie | الاقْتصاد |
| Examen | الامْتحان |
| Début | البداية |
| Innocence | البَراءة |
| Pays | البلاد ج بُلْدان |
| Oeuf | البَيْضة |
| Composer (livre, musique...) | التأليف |
| Avoir l'esprit partisan | التعَصُّب |
| Développement | التنْمية |
| Fuir une responsabilité | التهَرُّب |
| Culture | الثقافة |
| Neige, glaçon | الثلْج ج ثُلوج |
| Prix, valeur | الثمَن ج أثْمان |
| Université | الجامعة ج الجامعات |
| Grand-père, ancêtre | الجَدّ ج أجداد |
| Crime | الجَريمة ج جرائم |
| Un groupe de gens | جَماعة من الناس |
| Réponse | الجَواب ج أجْوبة |
| Preuve, argument | الحُجّة ج حُجَج |
| Frontières | الحُدود |
| Lettres (alphabet) | الحُروف |
| Parti Baath | حزْب البَعْث |
| Droits, le droit (études) | الحُقوق |
| Conte, histoire, récit | الحكاية |
| Sentence, verdict, gouverner | الحُكْم |
| Pacte de Bagdad | حلْف بغداد |
| Sa vie professionnelle | حَياتُه المهَنيّة |
| Création (la —) | الخَليقة = المخلوقات |
| Docteur, médecin | الدكتور |
| Doctorat | الدكتوراه |
| Preuve | الدليل ج أدلّة |
| Huile | الدهْن |
| Religion | الدين ج أديان |
| Dette | الدَيْن ج دُيون |
| Odeur, parfum | الرائحة ج رَوائح |
| Dieu du monde | رَبّ العالَمـين |
| Roman | الرواية ج روايات |
| Vent | الريح ج رياح |
| Végétation | الزَرْع |
| Se fâcher, bouder | الزَعَل |
| Question | السُؤال ج أسْئلة |
| Cancer | السَرَطان |
| Poissons | السَمَك |
| Veiller | السَهَر |
| Politique | السياسة |
| Boisson | الشَراب ج أشربة |
| Entreprise | الشَركة ج شركات |
| Echecs (jeu d'—) | الشطْرَنْج |
| Peuple | الشَعْب ج شُعوب |
| Emeutes, troubles | الشَغَب |
| Soleil | الشَمْس ج شُموس |
| Baccalauréat | الشهادة الثانَوية |
| Faux-témoignage | الشهادة الزور |
| Diable | الشَيْطان ج شياطين |
| Le propriétaire de l'oie | صاحب الأوزّة |
| Ayant-droit | صاحب الحَقّ |
| Jeunesse | الصبا |
| Journaliste | الصُحفي |
| Migraine chronique | الصُداع المـزْمن |
| Amitié | الصَداقة |
| Poitrine | الصَدْر |
| Plateau | الصينية |
| Avion | الطائرة |
| Médecine | الطبّ |
| Aliment, nourriture | الطَعام ج أطْعمة |
| Etudiants | الطُلّاب = الطَلَبة |
| Circonstances, conditions | الظُروف |
| Injustice | الظلْم |
| Capitale | العاصمة |
| Adorateur de vache | عابد البَقَر |
| Adorateur de cendre | عابد الرَماد |
| Adorateur de feu | عابد النار |
| An, année | العام = السَنة |
| | - عام ج أعْوام |
| | - سَنة ج سنين / سَنَوات |

# الأسبوع الخامس عشر

| | | | | | |
|---|---|---|---|---|---|
| | | Conseil de justice | - مجلس العَدْل | Incapacité | العَجْز |
| **Adjectifs** الصفات وأسماء الفاعل والمفعول | | Revue, magazine | المَجَلَّة ج مجلات | Nombre | العَدَد ج أَعْداد |
| | | Recueil de nouvelles | المَجْموعة القَصَصِيّة | Fête de mariage | العُرْس ج أَعْراس |
| Plus loin | أَبْعَد | Temps, durée, période | المُدَّة | Sciences | العُلوم |
| Blanc | أَبْيَض | Centre | المَرْكَز ج مراكز | Sciences politiques | العلوم السياسيّة |
| Rouge | أحْمَر | Aide | المُساعَدة | Racisme | العُنْصُرِيّة |
| Lettré | أديب | Hôpital | المُسْتَشْفى ج مستشفيات | Adresse | العُنْوان |
| Moins cher | أرْخَص | Mosquée | المَسْجِد ج مَساجد | Défaut, honte | العَيْب ج عُيوب |
| Plus rapide | أسْرَع | Pièce de théâtre | المَسْرَحِيّة ج مسرحيات | Amende, contravention | الغَرامة |
| Plus célèbre | أشْهَر | Intérêt | المَصْلَحة ج مصالح | Invasion | الغَزْو |
| Plus cher | أغلى | Catastrophe, drame | المُصيبة ج مَصائب | Four | الفُرْن |
| Plus proche | أقرب | Manifestation | المُظاهَرة | Fournier / boulanger | الفَرّان |
| Socialiste | اشْتِراكي | Extrait | المَقْطَع ج مَقاطِع | Juge | القاضي ج قُضاة |
| Innocent | بريء ج أبرياء | Lieu, place | المَكان ج أمْكِنة | Tribu | القَبيلة = العَشيرة |
| Lointain | بَعيد | Propriété, possession | المِلْك ج أمْلاك | | - قبيلة ج قَبائل |
| Bon, humain | بَني آدَم = آدَمِيّ | Postes, fonctions | المَناصب | | - عشيرة ج عَشائر |
| Fatigué | تَعْبان | Moyens de transport | المُواصَلات | Capacité | القُدْرة على |
| Traditionnel | تقليدي | Saison | المَوْسِم ج مَواسِم | Village | القَرْية ج قُرى |
| Qui a faim | جوعان = جائع | Sujet | المَوْضوع ج مواضيع | Département/section arabe | القِسْم العربي |
| Chaleureux | حميم | Rendez-vous, horaire | المَوْعِد ج مَواعيد | Destin, sort | القِسْمة / القسمة والنَّصيب |
| Vivant | حَيّ | Situation, position | الموقف | Histoire, conte, récit | القِصّة ج قِصَص |
| International | دُولي | Député, adjoint | النائب ج نُوّاب | Train | القِطار ج قِطارات |
| Mécréant | زنديق ج زناديق | Vin | النَبيذ | Morceau | القِطْعة ج قِطَع |
| Poète | شاعر ج شُعَراء | Dispute, conflit | النِزاع ج نزاعات | Valeur | القيمة ج قِيَم |
| Oriental | شرقي | Activité politique | النَشاط السياسي | Ecrivain | الكاتب ج كُتّاب |
| Populaire | شعبي | Moitié | النِصْف | Ecrire des romans | كتابة الروايات |
| Appétissant | شَهي المنظر | Système, régime, ordre | النِظام ج أنْظِمة | Poussins | الكَتاكيت |
| Etudiant | طالب ج طُلّاب | Pétrole | النَفْط | Football | كُرة القَدَم |
| Juste | عادل | S'élancer, se lancer | الهُبوب | Faculté de droit | كُلِّيّة الحُقوق |
| Mondial | عالَمِيّ | Immigration, émigration | الهِجْرة | Viande | اللَحْم ج لُحوم |
| Violent | عَنيف | Douleur | الوَجَع ج أوْجاع | Voleur | اللِصّ ج لُصوص = السارق ج سُرّاق |
| Malade (dialectal) | « عَيّان » = مريض | Ministère | الوِزارة ج وزارات | Malédiction | اللَعْنة |
| Absent | غائب | Ministère de l'information | وزارة الإعْلام | Nuit | اللَيْلة ج اللَيالي |
| Vertueux | فاضل | Ministère des aff. étrangères | وزارة الخارجيّة | Auteur | المُؤَلِّف ج مؤلفون / مؤلفين |
| Mécréant | كافر | Parvenir à une solution | الوُصول إلى حل | Eau minérale | الماء المَعْدَني |
| Entier | كامل | Temps | الوَقْت ج أوْقات | Conseil, séance | المَجْلس |

# الأسبوع الخامس عشر

|  |  |
|---|---|
| Entier | كامل |
| Abondant | كثير |
| Délicieux | لذيذ الطَعْم |
| Croyant | مؤمن |
| Béni | مُبارك |
| Dirigé vers, allant vers | مُتّجه إلى |
| Marié | مُتزوّج |
| Rôti, doré | مُحمَّر |
| Oie rôtie | - أوزة محمرة |
| Malade | مريض |
| Prétendu | مزعوم |
| Responsable de | مسؤول عن |
| Voyageur, en voyage | مُسافر |
| Musulman | مُسْلم |
| Rôti | مَشْوي |
| Qui insiste, obstiné | مُصِرّ على |
| Comique, amusant, ridicule | مُضحك |
| Opposant, qui conteste | مُعارض |
| Renforcé, respecté, honoré | مُعزّز |
| Voulu, signifié | مقصود |
| Honoré | مُكرّم |
| Ecrit | مكتوب |
| Logique | منطقي |
| Important | مُهمّ |
| D'un blanc éclatant | ناصع |
| Chrétien | نَصْراني |
| Clair | واضح |
| Rose (couleur) | وَرْدي |
| Ministériel | وزاري |
| Juif | يهودي ج يَهود |

**Verbes** — الأفعال ( + المصدر)

|  |  |
|---|---|
| Croire (foi) | آمن يُؤمن (الإيمان) |
| Eloigner qqn/qqch | أبعد يُبعد (الإبعاد) |
| Venir | أتى يأتي |
| Bien faire, maîtriser | أتْقَنَ يُتْقِن (الإتقان) |
| Sentir, ressentir | أحَسَّ يُحِسّ بـ (الإحساس) |
| Prendre | أخَذ يأخُذ (الأخْذ) |
| Introduire, faire entrer | أدخل يُدخل (الإدخال) |
| Envoyer | أرسل يُرسل (الإرسال) |
| Déranger, indisposer | أزعج يُزعج (الإزعاج) |
| Editer, publier | أصْدَرَ يُصْدر (الإصدار) |
| Faire voler | أطار يُطير |
| Préparer | أعدّ يُعدّ (الإعداد) |
| Résider, s'établir | أقام يُقيم (الإقامة) |
| Jurer | أقسم يُقسم |
| Commettre un parjure | - أقسم كذباً |
| Manger | أكَل يأكُل (الأكل) |
| Composer, écrire (livre) | ألَّفَ يُؤلِّف (التأليف) |
| Avoir un enfant | أنجَبَ يُنْجب (الإنجاب) |
| Sauver | أنقذ يُنقذ (الإنقاذ) |
| Au secours ! Sauve-moi ! | - أنقذْني ! |
| Laisse-le parler ! | اتركه يتكلم ! |
| Pouvoir | استطاع يستطيع (الاستطاعة) |
| Durer | اسْتَغْرقَ يستغرق |
| S'emparer de | استولى على (الاستيلاء) |
| Objecter | اعْتَرَضَ يعْتَرِض على (الاعتراض) |
| Admettre, avouer | اعترف يعترف (الاعتراف) |
| Se séparer | افترق يفترق (الافتراق) |
| Rejoindre | الْتَحَقَ يلْتَحِق بـ (الالتحاق) |
| Se retourner | التفت يلتفت (الالتفات) |
| Rencontrer | التقى يلتقي بـ (الالتقاء) |
| Elire | انْتَخَبَ ينْتَخِب (الانتخاب) |
| Changer de lieu | انْتَقَلَ ينْتَقِل (الانتقال) |
| Emménager | - انتقل إلى |
| Déménager | - انتقل من |
| S'enrôler | انْخَرَطَ ينْخَرِط في (الانخراط) |
| Intégrer | انْضَمَّ ينْضَمّ إلى (الانضمام) |
| L'oie a pondu un œuf | باضت الأوزة بيضة |
| La poule a pondu un œuf | باضت الدجاجة |
| Rester | بَقِيَ يبْقى (البَقاء) |
| Finir ses études sup. | تخَرَّجَ يتخَرَّج من (التَخَرُّج) |
| Se souvenir | تذَكَّرَ يتذَكَّر (التذكُّر) |
| Se marier | تزَوَّجَ يتزَوَّج (التزوُّج) |
| Regarder (pour se divertir) | تفرَّج يتفرَّج (التفرُّج) |
| Tu peux t'en aller ! | تفضّل انصرف ! |
| Philosopher | تفلسف يتفلسف (التفلسُف) |
| Progresser, avancer | تقدَّم يتقدَّم (التقدُّم) |
| Avance ! | - تقدم ! |
| Espérer, souhaiter | تَمَنَّى يَتَمَنَّى (التَمَنِّي) |
| Décéder, mourir | تُوُفِّيَ |
| Dépendre de | تَوَقَّف يتوقف على (التَوَقُّف) |
| Prendre en charge | تَوَلَّى يتولَّى (التولِّي) |
| Venir | جاء يجيء (المـجيء) |
| Il est venu réclamer... | - جاء يُطالب بـ |
| Survenir, avoir lieu, courir | جرى يجري |
| Brûler | حرَق يحرق (الحَرْق) |
| Obtenir | حصل يحصُل على (الحُصول) |
| Il lui plaît de... | حلا يحلو له أن ... |
| La malédiction s'est abattue sur lui | حلّت عليه اللعنة ! |
| Alléger | خفّف يُخفِّف (التخفيف) |
| Défendre | دافع يُدافع (الـمُدافَعة) |
| Pousser, payer | دفع يدفع (الدَفْع) |
| Rappeler qqch à qqn | ذكَّر يُذكِّر بـ (التذكير) |
| Il est parti comme il est venu | ذهب من حيث جاء |
| Elever (enfant, animal) | ربَّى يُربِّي (التربية) |
| Refuser | رفض يرفض (الرَفْض) |
| Il a refusé de la rendre | - رفض ردها |
| Visiter, rendre visite | زار يزور (الزيارة) |
| Prétendre | زعَم يزعُم (الزَعْم) |
| Aider | ساعَد يُساعد (الـمُساعَدة) |
| Insulter | سبّ يسُبّ (السَبّ) |
| Contrarier | شاكس يشاكس (الـمُشاكَسة) |
| Boire | شرب يشرَب (الشُرْب) |
| Guérir | شَفِيَ يشفى (الشفاء) |
| Crier | صاح يصيح (الصياح) |
| Jeûner, faire ramadan | صام يصوم (الصَوْم) |
| Croire qqn/qqch | صدَق يُصدِّق (التصديق) |

# الأسبوع الخامس عشر

|  |  |
|---|---|
| Plusieurs | عِدَّة |
| A propos ! | على فِكرة |
| De toute façon | على كُلّ حال |
| Lorsque | عِندَما |
| Autre que | غَير |
| Seulement | فَقَط |
| Parfois, quelques fois | في بَعض الأوقات |
| Sans crainte ni honte | في غَير خَشية ولا حَياء |
| Partout, en tout lieu | في كُلّ مكان |
| A un moment donné | في وَقتٍ ما |
| Il dit qqch d'incroyable | قال شيئاً لا يَدخل العَقل |
| Avant | قَبلَ |
| Longtemps avant cela | قبل ذلك بكثير |
| Cite-le à la lettre | قُل نَصّ كلامه |
| J'avais | كان عِندي |
| Ça suffit ! Assez ! | كفى ! = يَكفي ! |
| Combien ? | كَم |
| Parce que... | لِأَنَّ |
| Je ne sais pas | لا أعلَم = لا أعرِف = لا أدري |
| Il est indispensable de... / que... | لا بُدَّ .. |
| Quel rapport ? / En quoi cela intéresse-t-il le sujet ? | ما دَخلُ هذا في المَوضوع ؟ |
| Il n'a pas de nom | ما عِندَهُ اسم ؟ |
| Comme | مِثلَ = كَـ... |
| Pour | مِن أَجل |
| Depuis longtemps | مُنذُ زَمان |
| Depuis quand ? | منذ متى ؟ |
| Amène-le-moi ! | هاتِهِ لي |
| Chut ! | هُسّ ! |
| Un des plus importants... | واحِد مِن أَهَمّ ... |
| ...en entrant au conseil | ... وهو داخِلٌ إلى الجَلسة |
| C'est ainsi, exactement | وَهوَ كذلك |
| Madame ! | يا سِتّي ! |
| Il fait baver | يسيل له اللُعاب |
| Un jour, un beau jour... | يوماً |

|  |  |
|---|---|
| Ou ...? | ... أَم ... ؟ |
| Premièrement, d'abord | أوّلاً |
| Deuxièmement, ensuite | - ثانياً |
| Troisièmement | - ثالثاً |
| Quel, quelle, quelque | أيَّة = أيّ |
| Aussi | أيضاً |
| Donc | إذَن |
| En plus de | إضافة لـ / إلى |
| "Jurer ses grands dieux" | بالأيمان المُغلَّظة |
| Exactement | بالضَبط |
| Naturellement, bien sûr | بالطَبع = طَبعاً |
| Avoir besoin de | بحاجة إلى |
| J'ai besoin de... | - أنا بحاجة إلى |
| Nous avons besoin de... | - نحن بحاجة إلى |
| Franchement | بصَراحة |
| En toute franchise | - بكُلّ صَراحة |
| A haute voix | بصَوتٍ عالٍ |
| Parle plus fort, stp ! | - تكلم بصوت عال رجاء |
| Autrement dit..., en d'autres termes | بعِبارة أُخرى |
| Après cela, ensuite | بَعدَئِذٍ |
| Sous le titre de | بعُنوان |
| Injustement | بِغَير وَجه حَقّ |
| Avec tout le respect | بكل احترام |
| En toute liberté | بكل حُرّية |
| Devant le juge | بَينَ يَدَي القاضي |
| Devant lui | - بين يديه |
| Dans quelles circonstances ? | تَحتَ أيّ ظُروف ؟ |
| Approximativement, à peu près | تقريباً |
| Tout à fait, exactement | تَماماً |
| Bien, bon, entendu | حَسَناً |
| Vraiment, véritablement | حَقيقةً |
| ...là où... | حَيثُ |
| Ne t'occupe pas de lui ! | دَعكَ مِنه ! |
| Toujours, durablement | دَوماً |
| Il a rebroussé chemin | ذهب من حيث جاء |
| Peut-être | رُبَّما |
| Bien que, malgré | رَغمَ أنّ |

|  |  |
|---|---|
| Prier | صلّى يُصلّي (الصلاة) |
| S'envoler | طارَ يَطير (الطَيَران) |
| Réclamer | طالَب يُطالِب بـ (المُطالَبة) |
| Appliquer | طبَّق يُطبِّق (التطبيق) |
| Renvoyer, expulser | طرَدَ يَطرُد (الطَرد) |
| Demander | طلَب يطلُب (الطَلَب) |
| Penser (sans certitude) | ظنَّ يظُنّ (الظَنّ) |
| Revenir | عاد يعود (العَودة) |
| Vivre | عاش يعيش (العَيش) |
| Quitter un lieu | غادَرَ يُغادِر (المُغادَرة) |
| Préférer | فضَّل يُفضّل (التفضيل) |
| Faire | فعَل يفعَل (الفِعل) |
| Effectuer | قام يقوم بـ (القيام) |
| Il a publié le livre | - قام بنشر الكتاب |
| Vouloir dire, se diriger vers | قصَد يقصِد (القَصد) |
| Consacrer sa vie | كرَّس يُكرِّس حياتَهُ لـ (التكريس) |
| Remarque ! | لاحِظ ! |
| Mourir | مات يَموت (المَوت) |
| Se présenter, venir | مثَل يمثُل (المُثول) |
| Plaisanter | مزَح يمزَح (المُزاح) |
| Discuter, débattre | ناقش يُناقش (المُناقشة) |
| Grandir, émerger | نشَأ ينشَأ (النُشوء) |
| Amène-le-moi ! | هاتِه لي ! |
| Trouver | وجَد يجد |
| Souhaiter | ودَّ يوَدّ |
| Naître | وُلِد يولَد (الوُلادة) |
| Etre compté, considéré | عُدَّ يُعَدّ |

**Divers** — تعابير ومصطلحات متفرقة

|  |  |
|---|---|
| S'il te plaît ! Je t'en prie ! | أرجوك ! |
| Dieu m'en préserve ! | أعوذ بالله ! |
| N'est-ce pas ? | أليسَ كذلك ؟ |
| Voici ce qui est arrivé... | إليكُم ما حدَث ... |
| Voici les titres du bulletin d'information | - إليكم عناوين نشرة الأخبار |

## Poésie moderne

Sur ces deux pages, ainsi que sur les pages 70-71, sont présentés des vers composés par des poètes modernes (XIXe-XXe siècles), d'après l'anthologie intitulée تاريخ الشعر العربي الحديث de Ahmad Qibbich (أحمد قبش) et éditée en 1971 par la maison d'édition libanaise دار الجيل. L'intérêt de ces poèmes vient de la rareté de leur présence dans les manuels scolaires dans le monde arabe. Ils portent essentiellement sur certaines injustices et discriminations profondément ancrées dans les sociétés arabes.

Méthodologie : essayer à l'aide du vocabulaire donné à titre indicatif pour chaque poème de comprendre le sens et éventuellement de traduire.

### جميل صدقي الزهاوي (العراق / ١٨٦٣-١٩٣٦)

لست أدري كخابط في ظلامٍ       أورائي سعادتي أم أمامي
حيرة في الحياة قد صرفتني       عن بلوغي من الحياة مرامي

**Son 46**

| | | | |
|---|---|---|---|
| خابط | Qui s'agite | صرَف يصرِف | Ici : éloigner |
| الظلام | Obscurité | البلوغ | Atteindre |
| السعادة | Bonheur | المرام | But, finalité |
| الحيرة | Perplexité | | |

قال هل في السفور نفع يرجى       قلت خير من الحجاب السفور
إنما في الحجاب شل لشعب       وخفاء وفي السفور ظهور
كيف يسمو إلى الحضارة شعب       منه نصف عن نصفه مستور
ليس يأتي شعب جلائل ما لم       تتقدم إناثه والذكور

**Son 47**

| | | | |
|---|---|---|---|
| السُفور | Découvrir les cheveux | الخَفاء | Disparition |
| النفع | Utilité | الظهور | Apparition |
| يُرجى | Dont on espère | سما يسمو | S'élever |
| خير من | Mieux que | الحضارة | Civilisation |
| الحجاب | Voile | النِصف | Moitié |
| الشَل | Paralysie | مستور | Caché |
| الشَعب | Peuple | الجَلائِل | Ici : grandes réalisations |

### أحمد شوقي (مصر / ١٨٦٨-١٩٣٢)

المال حلل كل غير محلل       حتى زواج الشيب بالأبكار
ما زوجت تلك الفتاة وإنما       بيع الصبا والحسن بالدينار

**Son 48**

| | | | |
|---|---|---|---|
| حلل يُحلّل | Rendre licite | بيع | Etre vendu |
| غير مُحلّل = حرام | Illicite | الصبا | Jeunesse |
| الشيب = كبار السنّ | Vieux | الحُسن | Beauté |
| الأبكار | Jeunes filles | الدينار | Dînâr (monnaie) |

فقل للجامحين إلى حجاب       أتحجب عن صنيع الله نفس
إذا لم يستر الأدب الغواني       فلا يغني الحرير ولا الدمقس

**Son 49**

| | | | |
|---|---|---|---|
| جامح | Ici : fervent partisan | الأدب | Ici : éducation |
| حجب يحجب | Cacher, voiler | الغواني | Ici : jeunes femmes |
| صنيع الله | Œuvre de Dieu | أغنى يُغني | Ici : être utile |
| النَفْس | Âme | الحرير | Soie |
| ستر يستر | Cacher | الدِمَقْس | Damascène (tissu) |

### حافظ إبراهيم (مصر / ١٨٧١-١٩٣٢)

أيها المصلحون ضاق بنا العي‍‍ـش ولم تحسنوا عليه القياما
عزت السلعة الذليلة حتى       بات مسح الحذاء خطباً جساما
وغدا القوت في يد الناس كاليا       قوت حتى نوى الفقير الصياما
ويخال الرغيف في البعد بدراً       ويظن اللحوم لحماً حراما

**Son 50**

| | | | |
|---|---|---|---|
| المُصلحون | Réformateurs | صار يصير = غدا يغدو | Devenir |
| ضاق يضيق | Ici : être difficile | القوت = الطعام | Nourriture |
| العَيْش = الحياة | Vie, vivre | الياقوت | Saphir |
| أحسن يُحسن | Bien faire, réussir | نوى ينوي | Se résoudre à |
| القِيام على | Gestion, gérer | الصيام | Jeûne |
| عزّ يعزّ | Etre rare | خال يَخال | Imaginer |
| السِلْعة | Produit (marchand) | الرغيف | Galette (pain) |
| ذليل | Modeste, banal | البَدْر | Pleine lune |
| بات = أصبح = صار | Devenir | ظنّ يظنّ | Penser |
| مسح الحذاء | Cirer les chaussures | اللَحْم ج لحوم | Viande |
| الخَطْب | Affaire, événement | حرام | Chose illicite |
| جُسام | Exceptionnel, grandiose | | |

## Poésie moderne

### معروف الرصافي (العراق / ١٨٧٥-١٩٤٥)

| | | |
|---|---|---|
| يا قوم ! | ثبتوا | Tenez bon |
| Ô gens ! | الجهل | Ignorance |
| Ne parlez pas | الكلام | Parole, parler |
| الكلام | مُحرّم | Interdit, illicite |
| ناموا | أبداً | Ici : pour toujours |
| Dormez | وإلا تندموا | Sinon, vous le regretterez |
| Ne vous réveillez pas | السرّ | Secret |
| فاز يفوز | Gagner, obtenir | مُطَلْسَم | Ici : codé |
| النُّوّم | Les dormants | العدل | Justice |
| تأخروا | Soyez en retard | الظلم | Injustice |
| يقضي بـ | Exiger | | N'en soyez pas offusqués |
| دعوا = اتركوا | Laissez | | |
| جانباً | De côté | | |
| الخير ألا | Il vaut mieux ne pas | | |

يا قومُ لا تتكلموا    إن الكلام محرمُ
ناموا ولا تستيقظوا    ما فاز إلا النُّوّم
وتأخروا عن كل ما    يقضي بأن تتقدموا
ودعوا التفهم جانباً    فالخير ألا تفهموا
وتثبتوا في جهلكم    فالشر أن تتعلموا
أما السياسة فاتركوا    أبداً وإلا تندموا
إن السياسة سرها    لو تعلمون مطلسم
والعدلَ لا تتوسموا    والظلمَ لا تتجهموا

**Son 51**

---

| | | |
|---|---|---|
| لئن | Si (conditionnel) | قبر يقبر | Enterrer |
| وأد يئد | Tuer un nourrisson fem. | النساء | Les femmes |
| البنات | les filles | الممات | La mort |

لئن وأدوا البنات فقد قبرنا    جميع نسائنا قبل الممات

**Son 52**

---

| | | |
|---|---|---|
| أمسى يُمسي | Devenir | أمة ج إماء | Femme «esclave» |
| عبيد | Esclaves | هان يهون | Supporter, se soumettre |
| الذل | Humiliation | تحمّل الجَوْر | Supporter l'injustice |
| شبّ يشبّ | Etre élevé | الساسة | Hommes politiques |
| في جُحور | Ici : sous la garde de | الغُرباء | Etrangers |

ألم ترهم أمسوا عبيداً لأنهم    على الذل شبوا في جحور إماء
وهان عليهم حين هانت نساؤهم    تحمل جور الساسة الغرباء

**Son 53**

---

### محمد مهدي الجواهري (العراق / ١٨٩٩-١٩٩٧)

| | | |
|---|---|---|
| نامي | Dors ! / ici : dormez | المَنام = النوم | Sommeil |
| الجياع | Les affamés | تصحّي = تصحين | Tu seras saine |
| الشعب | Peuple | نِعْمَ | «Rien ne vaut» |
| حرَس يحرُس | Protéger | الكرْب | Ici : malheurs |
| الآلهة | Les dieux | جسام | Ici : graves |
| الطعام | Nourriture | الفجر | Aube |
| شبع يشبَع | Etre rassasié | آذن يُؤذِن بـ | Annoncer |
| اليقظة | Eveil | الانصرام | Départ |

نامي جياع الشعب نامي    حرستك آلهة الطعام
نامي فإن لم تشبعي    من يقظة فمن المنام
نامي نعَمَ نومٌ تصحّي    المرء في الكرب الجسام
نامي جياع الشعب نامي    الفجرُ آذن بانصرام

**Son 54**

---

| | | |
|---|---|---|
| علّموها | Instruisez-la | الأُمم | Nations |
| كفى يكفي | Il suffit, assez de | الغَرْب | L'Ouest, l'Occident |
| الشَنار | Pire déshonneur | الأقدار | Ici : volonté du Destin |
| حسب يحسُب | Penser (à tort) | الاحتقار | Mépris |
| العلم | Science, savoir | النساء | Les femmes |
| العار | Honte | أوسع يُوسع | Ici : couvrir de |
| التقَهْقُر | Regression | الرجال | Les hommes |
| عالج يُعالج | Ici : bien gérer | الاحتقار | Ici : honte, vilénie |
| الأمور | Choses, affaires | | |
| الحال | Situation, condition | | |
| على حين | Tandis que | | |
| كاد يسبق | Dépasser presque | | |

علّموها فقد كفاكم شَنارا    وكفانا أنا من التقهقر عارا
لم نعالج حتى الأمور الصغارا    وكفاها أن تحسب العلم عارا
هذه حالنا على حين كادت    أمم الغرب تسبق الأقدارا
إنكم باحتقاركم للنساء اليوم    أوسعتم الرجال احتقارا

**Son 55**

# Deux chansons de Sayyid Darwiche (1892-1923)

Deux chansons parmi celles qui ont été reprises par de nombreux chanteurs, parfois avec quelques adaptations au niveau des paroles, surtout. Elles font partie du répertoire de Sayyid Darwiche dont la disparition prématurée à 31 ans n'a pas empêché une popularité exceptionnelle.

## أنا هويته وانتهيت

Dialecte égyptien

ألحان وغناء سيد درويش

أنا هويته وانتهيت وليه بقى لوم العذول
يحب إني أقول يا ريت الحب ده عني يزول
ما دمت انا بهجره ارتضيت خلّي بقى اللي يقول يقول
أنا وحبيبي في الغرام ما فيش كده ولا في المنام
أحبه حتى في الخصام وبعده عني يا ناس حرام
ما دمت انا بهجره ارتضيت مني على الدنيا السلام

http://www.al-hakkak.fr/chetexos/ch50.mp3   بصوت سيد درويش
http://www.al-hakkak.fr/chetexos/ch51.mp3   بصوت محمد عبد الوهاب
http://www.al-hakkak.fr/chetexos/ch52.mp3   بصوت سعاد محمد
http://www.al-hakkak.fr/chetexos/ch53.mp3   بصوت فيروز

| | |
|---|---|
| Moi, je l'ai aimé | أنا هويت |
| Je suis fini | انتهيت |
| pourquoi alors | ليه بقى |
| les reproches des gens malveillants | لوم العذول |
| Il aimerait que je dise | يحب إني أقول |
| Pourvu que cet amour s'éloigne de moi | يا ريت الحب ده عني يزول |
| Puisque j'ai accepté son absence | ما دمت انا بهجره ارتضيت |
| Que celui qui veut parler parle | خلّي بقى اللي يقول يقول |
| Mon bien-aimé et moi en amour | أنا وحبيبي في الغرام |
| Il n'y a rien de pareil, même en rêve | ما فيش كده ولا في المنام |
| Je l'aime même fâché | أحبه حتى في الخصام |
| Son absence est injuste, croyez-moi | بعده عني يا ناس حرام |
| Puisque j'ai accepté son absence | ما دمت انا بهجره ارتضيت |
| Je dis au monde et à la vie : adieux ! | مني على الدنيا السلام |

## زوروني كل سنة مرة

Dialecte égyptien

ألحان وغناء سيد درويش
كلمات يونس القاضي

زوروني كل سنة مرة حرام تنسوني بالمرة
يا خوفي والهوى نظرة تجي وتروح بالمرة
حبيبي فرقتك مرة حرام تنسونا بالمرة

بصوت المجموعة   http://www.al-hakkak.fr/chetexos/ch55.mp3
بصوت فيروز   http://www.al-hakkak.fr/chetexos/ch56.mp3

| | |
|---|---|
| Rendez-moi visite ! | زوروني |
| (Au moins) une fois par an | كل سنة مرة |
| C'est injuste de m'oublier complètement | حرام تنسوني بالمرة |
| J'ai peur | يا خوفي |
| L'amour vient d'un regard | الهوى نظرة |
| Qui vient et qui s'en va pour toujours | تجي وتروح بالمرة |
| Mon bien-aimé, ton absence est une «souffrance» | حبيبي فرقتك مرة |
| C'est injuste de nous oublier complètement | حرام تنسونا بالمرة |

### Quelques traits du dialecte égyptien

- Dans le Nord, y compris au Caire, le ق se prononce comme une hamza.
- Le ج se prononce comme g dans gaz.
- Le ذ se prononce comme un z, de même que le ظ.
- le ث se prononce tantôt comme un t tantôt comme un s (dans les mots modernes surtout : ثورة / ثقافة / ثوار)
- La négation est marquée par la présence d'un ش après le verbe, notamment. Ainsi "je ne sais pas" se dira معرفش.
- Quelques mots caractéristiques : عايز je veux / ليه pourquoi / إزاي comment / مين qui ? / فين où ? / معلش ça ne fait rien / النهارده aujourd'hui / ما فيش il n'y a pas... / ولا حاجة rien du tout

**Manuel d'arabe** *en ligne*

Tome III

Les bases de l'arabe

en 50 semaines

# Semaine 16

# الأسبوع السادس عشر

## Quelques précisions

Pour commencer, on trouvera page 46, comme au chapitre précédent, huit courtes listes lexicales. Cette fois ce sera quatre disciplines d'études (droit, économie, philosophie et arts) et quatre activités humaines (voyage, migration, commerce et affaires).

L'extrait d'un glossaire spécialisé, page 47, concerne cette fois l'économie. Rappelons qu'il ne s'agit que d'un échantillon d'un ouvrage «**Glossaires rudimentaires**» (ISBN: 978-2903184117), qui regroupe plus d'une quinzaine de domaines.

Les deux pages suivantes, 48 et 49, présentent chacune un extrait d'un ouvrage annexe indépendant : "**Quelle préposition en arabe ?**" (ISBN : 978-1704544045) et "**Chronologie bilingue fr-ar**" (ISBN : 978-1974214099). Il s'agit ici d'ajouter un exercice de type particulier et d'inciter à aller plus loin en cas de besoin réel de consolider les acquis par l'utilisation de chacun de ces petits ouvrages.

Pages 50 et 51, on pourra travailler la traduction vers l'arabe autour d'autres mots français polysémiques : **RENDRE, REVENIR, PRIER, CHOSE, RIEN**. Il ne faut pas hésiter à consulter le corrigé assez rapidement, car l'essentiel ici est de retenir quelques éléments mettant en évidence l'impossibilité de traduire en mot-à-mot.

Les exercices rapides (QCM, traduction simple, reconsitution de phrases) s'étalent sur six pages (52 à 57). L'idéal serait de tout faire avant d'aller plus loin. A la suite de ces pages, on trouve page 58 des exercices sur les verbes de la forme III. Il s'agit d'une page tirée de l'ouvrage intitulé «**Conjugaison arabe**» (ISBN: 978-1544031521).

On arrive ensuite au cœur du chapitre qui présente quelques textes tirés de la littérature moderne. Comme au chapitre 15, on trouve une série de textes en deux versions: une simplifiée et une complète. Deux textes en version originale viennent compléter l'ensemble. Cette fois, on trouvera des textes de trois auteurs égyptiens et de deux syriens : le grand romancier نجيب محفوظ (m. 2011), dont l'œuvre pourrait de prime abord paraître difficile, mais qui mérite d'être découvert dès que possible ; إحسان عبد القدوس (m. 1990), qui fut romancier et journaliste soucieux d'atteindre un public large pour lutter contre l'illettrisme et quelques traditions sociales qu'il désapprouvait ; يوسف إدريس (m. 1991), dont l'œuvre est d'une grande richesse, mais qui nécessite parfois une bonne connaissance du dialecte égyptien, savamment associé à l'arabe classique, notamment dans les dialogues ; le Syrien حنا مينا est incontournable quand on cherche des lectures associant la qualité de la langue et un contenu critiquant une société tiraillée entre traditions et désir d'ouverture sur le monde ; enfin le grand poète syrien نزار قباني (m. 1998), dont la poésie est à connaître absolument, non seulement pour la force des images et des thèmes, mais aussi pour une clarté syntaxique rare ; ici on trouve un extrait d'un article autobiographique ; plus tard, ce sera aussi quelques courts poèmes, soit comme «textes» à étudier, soit comme paroles de chansons, car sa poésie a été très prisée chez les plus grands chanteurs égyptiens. On en trouve quelques exemples à la fin des chapitres des trois premiers volumes de cette méthode.

Dans ce chapitre, la page consacrée aux chansons permet de découvrir un poème de إيليا أبو ماضي (m. 1957), célèbre poète de ce qui est convenu d'appeler المهجر (exil choisi en Occident de quelques lettrés arabes venus notamment du Liban et dont le plus connu fut جبران خليل جبران l'auteur de *The Prophet*, mort à New York en 1931). Abû Mâḏî est également très connu et parmi ses plus célèbres poèmes on trouve لست أدري (Je ne sais pas). Il a été chanté par Muhammad Abdulwahab, qui composa également la mélodie, puis deux décennies plus tard par عبد الحليم حافظ. A noter que l'ordre des couplets a été changé entre les deux versions.

Et comme d'habitude, il convient de bien travailler ce chapitre pour se familiariser encore plus avec la structure de l'ensemble de ce troisième tome de la méthode.

Bon travail !

# الأسبوع السادس عشر

**Vocabulaire général** — extraits des listes du vocabulaire multilingue : http://www.al-hakkak.fr/vocabulaire-arabe.html

| | الحقوق | | الاقتصاد | | الفلسفة | | الفنون |
|---|---|---|---|---|---|---|---|
| loi | القانون ج قوانين | marché | السوق ج أسواق | philosophe | الفيلسوف ج فلاسفة | artiste | الفنان |
| droit | الحق ج حقوق | marché noir | السوق السوداء | raison | العقل | art | الفن ج فنون |
| constitution | الدستور | croissance | النمو | rationnel | عقلاني | Les Beaux-Arts | الفنون الجميلة |
| Etat | الدولة | production | الإنتاج | débat | الجدل | Les Arts plastiques | الفنون التشكيلية |
| autorité | السلطة | chômage | البطالة | argument | الحجة ج حجج | oeuvres d'art | الأعمال الفنية |
| tribunal | المحكمة ج محاكم | prix | الأسعار | preuve | الدليل ج أدلة | chef-d'oeuvre | الرائعة ج روائع |
| procès | المحاكمة | coût de la vie | كلفة العيش | théorie | النظرية | esthétique | الجمالية |
| juge | القاضي ج قضاة | inflation | التضخم | système | النظام ج أنظمة | peinture, dessin | الرسم |
| affaire | القضية ج قضايا | banque | البنك ج بنوك | pensée | الفكر | sculpture | النحت |
| plainte | الشكوى ج شكاوى | commerce | التجارة | idée | الفكرة ج أفكار | architecture | العمارة |
| avocat | المحامي | industrie | الصناعة | logique | المنطق | musique | الموسيقى |
| appel | الاستئناف | agriculture | الزراعة | principe | المبدأ ج مبادئ | chant, art lyrique | الغناء |
| cassation | النقض | budget | الميزانية | doctrine | المذهب ج مذاهب | musée | المتحف ج متاحف |
| délits | الجنايات | récession | الانحسار الاقتصادي | méthode | المنهج ج مناهج | pièce, objet d'art | القطعة الفنية |

Son : 1 — Son : 2 — Son : 3 — Son : 4

| | السفر | | الهجرة | | التجارة | | الأعمال |
|---|---|---|---|---|---|---|---|
| voyage, voyager | السفر | migration, émigration | الهجرة | commerce | التجارة | affaires | الأعمال |
| départ (sans retour) | الرحيل | migrant, immigré | المهاجر | exportations | الصادرات | homme d'affaires | رجل أعمال |
| voyage | السفرة | migration économique | الهجرة الاقتصادية | importations | الواردات | négociations | المفاوضات |
| voyage, périple | الرحلة | réfugié | اللاجئ | échange commercial | التبادل التجاري | entreprise | الشركة |
| voyageur | المسافر | asile politique | اللجوء السياسي | balance commerciale | الميزان التجاري | contrat | العقد ج عقود |
| grand voyageur | الرحالة | légal | شرعي | matières brutes | المواد الخام | accord | الاتفاق ج اتفاقات |
| départ | المغادرة | clandestin | غير شرعي | produits | المنتجات | affaire, marché | الصفقة |
| arrivée | الوصول | camp | المخيم ج مخيمات | négociations | المفاوضات | capital | رأس المال |
| route, trajet | الطريق ج الطرق | communauté étrangère | الجالية | vente | البيع | | ج رؤوس الأموال |
| distance | المسافة | l'étranger (lieu) | الخارج | achat | الشراء | marché | السوق ج أسواق |
| coût | الكلفة | fuite des cerveaux | هجرة الأدمغة | offre et demande | العرض والطلب | marché noir | السوق السوداء |
| moyens de transport | وسائل النقل | retour | العودة | prix | الأسعار | signature | التوقيع |
| voiture | السيارة | | | marchandise | البضاعة ج بضائع | | |
| train | القطار ج قطارات | | | client | الزبون ج زبائن | | |
| avion | الطائرة | | | | | | |
| bateau | السفينة = الباخرة | | | | | | |

Son : 5 — Son : 6 — Son : 7 — Son : 8

Ex 12 p 243

Compléter librement chaque phrase avec un mot des listes ci-dessus :

- لويس الرابع عشر هو الذي قال : ............... أنا .
- كارل ماركس هو الذي كتب كتاب «...............» .
- ماركو بولو ............... إيطالي مشهور .
- أهم ............... السعودية هو البترول .
- ليس لبريطانيا ............... بل «قانون عام» .
- ابني يتعلم النحت في مدرسة ............... .
- ............... السريع في فرنسا اسمه ت ج ي في .

- هناك ............... عربية كبيرة في فرنسا .
- الحنفي هو أقدم المذاهب السنية .
- اللوفر هو أكبر ............... في فرنسا .
- اشتهر مايكل أنجيلو بالرسم و............... .
- قال يوليوس قيصر : كل ............... تؤدي إلى روما .
- أريد ............... داري ولكن لا أحد يريد شراءها .
- لماذا تريد ............... سيارة جديدة وأنت فقير ؟

- ............... قليلة في النيجر لأن الماء قليل .
- ............... غير الشرعية تزداد بين إفريقيا وأوربا .
- توتال هي واحدة من أكبر ............... شركات البترول .
- بدأت الأزمة الاقتصادية بعد إفلاس أحد ............... الأمريكية .
- سوف يتم ............... على الاتفاق غداً .
- الدول الفقيرة تشتكي من ............... .
- وزير الاقتصاد يشتكي من ............... .

# الأسبوع السادس عشر

**Lexique autour d'une spécialité : économie** — extrait des "Glossaires rudimentaires"

## A — Son : 9
|  |  |
|---|---|
| affaires | الأَعْمال |
| homme d'— | رَجُل أعْمال |
| agriculture | الزِّراعة |
| appel d'offre | المُناقَصة |
| argent | المال ج أموال |
| artisanat | الصِّناعات اليَدَوِيّة |
| austérité | التَّقَشُّف |

## B — Son : 10
|  |  |
|---|---|
| baisse des impôts | خَفْض الضَّرائب |
| balance commerciale | الميزان التِّجاري |
| banque | البَنْك ج بُنوك (ش)، أبْناك (مغ) / المَصْرِف ج مَصارِف |
| Banque Centrale (la —) | البنك المَرْكَزي |
| bénéfice | الرِّبْح ج أرْباح |
| bien de main-morte | مال الوَقْف |
| biens de consommation | المَوادّ الاسْتِهْلاكِيّة |
| biens publics (les —) | الأَموال العامّة |
| budget | الميزانِيّة |

## C — Son : 11
|  |  |
|---|---|
| capacité de production | القُدْرة الإنْتاجِيّة |
| capital | رأس المال ج رُؤوس الأموال |
| capitalisme (le —) | الرَّأسمالِيّة |
| Chambre de Commerce | غُرْفة التِّجارة |
| chômage | البَطالة |
| commerce | التِّجارة |
| commercialisation | التَّسْويق |
| compétition | المُنافَسة |
| concurrence | المُنافَسة |
| conjoncture | الظُّروف الاقْتِصادِيّة |
| consommation | الاسْتِهْلاك |
| contrat | العَقْد ج عُقود |
| contrebande | التَّهْريب |
| coût | الكُلْفة |
| croissance | النُّمُوّ |

## D — Son : 12
|  |  |
|---|---|
| déficit budgétaire | العَجْز في الميزانِيّة |
| demande | الطَّلَب |
| dépenses | المَصاريف |
| dette | الدَّيْن ج دُيون |
| développement durable | التَّنْمية المُسْتَدامة |
| devise | العُمْلة الصَّعْبة |
| dinar (le —) | الدّينار ج دَنانير |
| dirham (le —) | الدِّرْهَم ج دَراهِم |
| dollar (le —) | الدّولار ج دولارات |
| douane (la —) | الجُمْرُك / الجَمارك |

## E — Son : 13
|  |  |
|---|---|
| échange | التَّبادُل ج تَبادُلات |
| économie | الاقْتِصاد |
| emploi | الوَظيفة ج وَظائف |
| emprunt | القَرْض ج قُروض |
| entrepreneur | المُقاوِل |
| entreprise | الشَّرِكة (ش) / المُقاوَلة (مغ) |
| — multinationale | الشَّرِكة المُتَعَدِّدة الجِنْسِيّات |
| épargne | التَّوفير |
| caisse d'— | صُنْدوق التوفير |
| équilibre | التَّوازُن |
| exportations | الصّادِرات |

## F
|  |  |
|---|---|
| faillite | الإفْلاس |
| financement | التَّمْويل |
| FMI | صُنْدوق النَّقْد الدُّوَلي |

## G
|  |  |
|---|---|
| gestion d'entreprise | إدارة الشَّرِكات |
| grève | الإضْراب ج إضْرابات |

## H
|  |  |
|---|---|
| hausse des prix | ارْتِفاع الأَسْعار |
| hausse des salaires | ارْتِفاع الأُجور / رَفْع الأُجور |

## I — Son : 15
|  |  |
|---|---|
| immobilier | العَقارات |
| importations | الوارِدات |
| impôts | الضَّرائب |
| industrie | الصِّناعة |
| inflation | التَّضَخُّم |
| infrastructure | البِنْية التَّحْتِيّة |
| intérêts | الفَوائد |
| investissement | الاسْتِثْمار |

## J — Son : 16
|  |  |
|---|---|
| jour férié | العُطْلة الرَّسْمِيّة ج العُطَل الرسمية |

## L
|  |  |
|---|---|
| licenciement | الطَّرْد من العَمَل / التَّسْريح من العمل |

## M
|  |  |
|---|---|
| main-d'œuvre | اليَد العامِلة |
| marché | السّوق ج أسْواق |
| — noir | السوق السَّوْداء |
| matières premières | المَوادّ الخام |
| mondialisation (la —) | العَوْلَمة |
| monnaie | العُمْلة |

## N — Son : 17
|  |  |
|---|---|
| nationalisation | التَّأميم |
| négociations | المُفاوَضات |
| niveau de vie | مُسْتَوى المَعيشة |

## O
|  |  |
|---|---|
| offre et la demande (l'—) | العَرْض والطَّلَب |

## P
|  |  |
|---|---|
| patrimoine | المُمْتَلَكات |
| PIB | النّاتج المَحَلّي الإجْمالي |
| pouvoir d'achat | القُدْرة الشِّرائيّة |

# Quelle préposition en arabe ?

enregistrement ici : http://www.al-hakkak.fr/prepositions-son.html

**Extrait 2** de l'ouvrage intitulé «Quelle préposition en arabe ?» - ISBN : 9781704566153
Ce livre contient 106 séries dont sept sont reproduites dans ce volume à titre d'exemples.

**Difficulté 4/6 : Série 68**
**Son 84 ABCD - Corrigé p. 196**

D'après un roman intitulé نبض الأشياء الضائعة de شريف حتاتة (Egypte, 1923-2017)

## في ou إلى ou بـ ؟

بين / أثناء / مع / وراء / بعد / عبر / وسط / قرب ou

1. Ma tante maternelle Fatima avait cinq ans de plus que moi. / 2. Ma mère la traitait gentiment, contrairement à ses habitudes avec les autres. / 3. Quand mon oncle s'est senti fatigué, nous nous sommes assis dans un café. / 4. Ma mère est rentrée ce jour-là près du crépuscule. / 5. J'aimerais grandir vite pour m'élancer dans le monde en dehors de la maison. / 6. Il se mettait pendant la récréation sur un banc au soleil. / 7. Ibrahim l'appréciait et aimait s'asseoir avec lui [pour bavarder]. / 8. Il est actuellement à l'hôpital et nous lui rendrons visite. / 9. Personne dans ce monde ne demande de ses nouvelles. / 10. Il faisait partie de ceux qui portaient le cercueil, puis il a fait la prière pour l'âme du défunt à la mosquée. / 11. Il est heureux qu'elle soit avec eux, comme s'ils allaient fêter le *mawlid* (anniversaire du Prophète). / 12. Il est sorti pour la première fois de sa cage pour voler dans le ciel. / 13. Tu vas te marier un jour et tu auras une maison vers laquelle tu partiras. / 14. Je l'ai cherchée partout, mais je ne l'ai pas trouvée. / 15. Sa tante Fatima a ainsi disparu de sa vie en un clin d'œil. / 16. Elle vit seule avec sa mère dans un appartement spacieux. / 17. Elle l'a invité à boire le thé chez elle pour fêter son succès. / 18. J'ai besoin d'un peu de temps pour réfléchir à ce que je vais faire. / 19. Il est indispensable que je me décide dans les quelques jours qui viennent. / 20. Une semaine après cette rencontre, il lui a rendu visite dans son bureau.

١ كانت خالتي فاطمة أكبر مني ــــــــ خمس سنوات .

٢ كانت أمي تعاملها ــــــــ رقة على غير عادتها ــــــــ الآخرين .

٣ لما تعب خالي من المشي جلسنا ــــــــ مقهى .

٤ عادت أمي ــــــــ ذلك اليوم ــــــــ المغرب .

٥ أتمنى أن أكبر ــــــــ سرعة لأنطلق ــــــــ العالم خارج البيت .

٦ أصبحا يجلسان ــــــــ الفسحة على دكة ــــــــ الشمس .

٧ كان إبراهيم يرتاح ــــــــ ه ويعشق الجلوس ــــــــ ه .

٨ إنه الآن ــــــــ المستشفى وسنقوم ــــــــ زيارته .

٩ لا أحد ــــــــ هذه الدنيا يسأل عنه .

١٠ ساهم ــــــــ حمل النعش والصلاة على الفقيد ــــــــ الجامع .

١١ يشعر ــــــــ السعادة لأنها ــــــــ هما وكأنهم ذاهبون ــــــــ المولد .

١٢ خرج لأول مرة من قفصه ليطير ــــــــ السماء .

١٣ ستتزوجين ــــــــ يوم من الأيام ويكون لك بيت ترحلين ــــــــ ه .

١٤ بحثت عنها ــــــــ كل مكان لكنني لم أجدها .

١٥ اختفت خالته فاطمة من حياته هكذا ــــــــ غمضة عين .

١٦ تعيش وحدها ــــــــ أمها ــــــــ شقة فسيحة .

١٧ دعته لتناول الشاي ــــــــ بيتها احتفالاً ــــــــ نجاحه .

١٨ أحتاج ــــــــ بعض الوقت للتفكير ــــــــ ما سأقدم عليه .

١٩ لا بد أن أحسم الأمر ــــــــ الأيام القليلة القادمة .

٢٠ أسبوع من هذا اللقاء زارها ــــــــ مكتبها .

Chronologie bilingue fr-ar — enregistrement ici : http://www.al-hakkak.fr/chronologie-son.html

**Extrait 2** de l'ouvrage intitulé «Chronologie bilingue fr-ar» - ISBN : 9781974214099
Ce livre contient environ 1500 dates dont sept séries sont reproduites dans ce volume à titre d'exemples.
*NB : la version arabe contient parfois davantage de détails, facilement repérables.*

**651** — Achèvement de l'occupation de la Perse. Mort du dernier empereur sassanide, Khosro III.

سنة ٦٥١ - استتمام فتح بلاد فارس ووفاة آخر أباطرتها وهو كسرى يزدجرد الثالث بعد حكم دام ١٩ سنة

**656** — Crise politique. ʿUthman est assassiné et Ali est proclamé calife. Le gouverneur de la Syrie, Muʿâwiya, cousin du défunt, rejette la nomination d'Ali. La crise est ouverte. Ali transfère sa capitale à Kûfa, en Irak, et fait face à de multiples rébellions.

سنة ٦٥٦ - أزمة سياسية مفتوحة في المدينة بسبب بعض القرارات التي اتخذها عثمان والتي اعتبرها معارضوه غير عادلة وكلها تخدم مصالح أقاربه الأمويين . وبعد اغتيال عثمان في داره انتخب الثوار علي بن أبي طالب خليفة إلا أن معاوية حاكم الشام وابن عم عثمان رفض مبايعة علي . وبعدها نقل علي العاصمة من المدينة إلى الكوفة في العراق

**657** — Bataille de Siffîn entre Ali et Muawiya. Issue indécise et scission dans le camp du calife. Naissance des mouvements kharijites, longtemps combattus par le pouvoir.

سنة ٦٥٧ - معركة صفين بين علي بن أبي طالب ومعاوية بن أبي سفيان والتي انتهت بالتحكيم وانقسام جيش علي بين موافق على وقف القتال ورافض له ومن هؤلاء ظهر الخوارج الذين تعددت فرقهم وقاتلوا الخلفاء مدة طويلة فيما بعد

**661** — Assassinat d'Ali (63 ans) par un kharjite. Muawiya s'impose comme calife. Damas devient capitale de l'empire. Relance des conquêtes. Le mausolée d'Ali se trouve à Najaf (Irak).

سنة ٦٦١ - اغتيال علي بن أبي طالب وعمره ثلاثة وستون عاماً على يد الخارجي عبد الرحمن بن ملجم وضريحه قائم إلى الآن في مدينة النجف في العراق / عندها يفرض معاوية بن أبي سفيان نفسه كخليفة وتصبح دمشق عاصمة الدولة

**670** — Fondation de Kairouan.

سنة ٦٧٠ - تأسيس مدينة القيروان

**680** — Mort de Muawiya (78 ans), auquel succède son fils Yazîd. Crise politique et révoltes anti-umayyades à La Mecque et en Irak. Mort violente à Karbalâ' (Irak) d'al-Husayn b. Ali (54 ans), fils du 4ème calife et petit-fils de Mahomet. Son mausolée se trouve à Karbalâ' (Irak).

سنة ٦٨٠ - وفاة معاوية بن أبي سفيان وعمره ثمانية وسبعون عاماً وقد خلفه ابنه يزيد فتعددت الثورات في عهده القصير وخاصة دعوة أهل الكوفة للحسين بن علي (٥٤ عاماً) ابن الخليفة الرابع وحفيد النبي محمد من بنته فاطمة ثم خذلانهم له ومقتله على يد القوات الأموية وكان لمقتله في كربلاء في العراق حيث يوجد ضريحه لحد الآن أثر عظيم يمتد إلى عصرنا هذا

**Grammaire** : un mot = traductions multiples

## PRENDRE

1- Il a pris ses valises et il est parti. .................
2- Il a pris un cachet d'aspirine. .................
3- Il a pris en main les négociations avec le syndicat. .................
4- Le médecin ne peut nous prendre aujourd'hui. .................
5- Je prends sur moi la préparation du repas. .................
6- Il a pris le message au pied de la lettre. .................
7- Il a pris l'habitude de se promener le soir. .................
8- On ne prend plus personne à l'entreprise. .................
9- On le prenait pour un savant. .................
10- Il a pris ses voisins en amitié. .................
11- Pour qui me prenez-vous ? .................
12- Il prend ses désirs pour des réalités. .................
13- Il est sorti prendre l'air. .................
14- Ce travail me prend tout mon temps. .................
15- Il a pris le ballon en pleine figure. .................
16- Prenez-le vivant ! .................
17- Il faut le prendre par la douceur. .................
18- Il a été pris en flagrant délit. .................
19- Ils ont pris les armes. .................
20- Ils ont pris la fuite. .................

## REVENIR

1- Quand va-t-il revenir ? .................
2- J'espère qu'il va vite revenir à lui ! .................
3- Il est revenu sur sa parole. .................
4- Ils ont perdu ! Je n'en reviens pas ! .................
5- La situation revient à la normale. .................
6- Cet argent lui revient de droit. .................
7- Nos achats reviennent à mille euros. .................
8- Partir aujourd'hui ou demain, cela revient au même. .................
9- Cela revient à dire que c'est lui qui a raison. .................
10- Après deux lavages, les rideaux sont bien revenus. .................

## PRIER

1- Les musulmans pratiquants doivent prier cinq fois par jour. .................
2- Je te prie de me croire ! .................
3- Je vous en prie ! C'est normal ! .................
4- Il a accepté l'invitation sans se faire prier. .................
5- Je vous prie d'assister à la cérémonie. .................
6- Prière de ne pas fumer. .................

**Grammaire** : un mot = traductions multiples

## CHOSE

1- La chose que je déteste le plus c'est l'hypocrisie.
2- Chaque chose en son temps, mes amis !
3- La moindre des choses serait d'admettre tes erreurs.
4- De deux choses l'une : ou mon salaire est revalorisé ou je démissionne.
5- Il faut regarder les choses en face !
6- Allons au fond des choses !
7- Il faut faire la part des choses.
8- Par la force des choses !
9- Ce sont des choses qui arrivent.
10- Il ne faut jamais faire les choses à moitié.
11- Le hasard fait bien les choses.
12- Il faut mettre les choses au point.
13- Depuis longtemps, je m'intéresse à la chose publique.
14- Il vaut mieux parler d'autre chose.
15- C'est quelque chose que je ne comprends pas.
16- Ne reste pas muet : dis quelque chose !
17- Il a quelque chose à cacher !
18- Sa mort m'a fait quelque chose.

## RIEN

1- Il n'y a rien dans le réfrigérateur.
2- Ne t'inquiète pas pour le prix : c'est trois fois rien.
3- Nous sommes venus pour rien : le musée n'ouvre pas le mardi.
4- Je n'ai rien vu, rien entendu.
5- Il ne se plaint de rien.
6- Je n'en sais rien.
7- Ils ne veulent rien comprendre de nos revendications.
8- Elle n'a rien pu dire.
9- Qui ne tente rien, n'a rien.
10- Il est parti sans rien dire.
11- Vous ne comprenez rien à rien, ma parole !
12- Leur discours ne me fait rien du tout.
13- Cela ne vaut rien. Tu peux l'avoir pour rien !
14- Son nom ne me dit rien.
15- Cela ne fait rien et cela ne sert à rien de pleurer !
16- En moins de rien, elle a compris le problème.
17- Elle n'a rien que sa misérable cabane.
18- Il est parti comme si de rien n'était.
19- Il n'a rien d'un méchant homme.
20- Je n'y suis pour rien !

# الأسبوع السادس عشر

| | |
|---|---|
| C'est mon grand-père qui a construit la maison. | Comment est la maison de tes rêves ? |
| C'est lui qui a écrit cette belle lettre. | Comment est le travail de vos rêves ? |
| C'est moi qui ai peint ce tableau. | L'homme de mes rêves est grand, beau et riche. |
| Est-ce toi qui as dit cela ? | Le travail de mes rêves est facile, proche et gratifiant. |
| Est-ce vous qui avez construit ce palais ? | La voiture de mes rêves est spacieuse, rapide et bon marché. |

١ - <- هو / ألف / الذي / قصة / «فكتور هوجو» / «نوتردام» -

٢ - <- «الكوميديا الإلهية» / «دانتي» / هو / الذي / ألف -

٣ - <- رواية / «اللص والكلاب» / ألف / هو / الذي / «نجيب محفوظ» -

٤ - <- ؟ هو / رأيك / ما / الدستور / في / الجديد -

٥ - <- ؟ رأيك / الفكرة / في / ما / هذه -

٦ - <- ؟ الريف / هي / الجديدة / في / أهلك / كيف / دار -

## Désinences casuelles

١ - .................. بحاجة إلى سور .    ○ دارُكم    ○ دارَكم    ○ دارِكم

٢ - أظن أن .................. قديمة جداً .    ○ دارُكم    ○ دارَكم    ○ دارِكم

٣ - سمعت أن في .................. بئر ماء عميقاً جداً .    ○ دارُكم    ○ دارَكم    ○ دارِكم

٤ - كانت .................. سابقاً مدرسة القرية .    ○ دارُكم    ○ دارَكم    ○ دارِكم

٥ - ليست هذه .................. بل تلك التي أمامها .    ○ دارُهم    ○ دارَهم    ○ دارِهم

٦ - علمت أن .................. لها قيمة تاريخية كبيرة .    ○ دارُهم    ○ دارَهم    ○ دارِهم

٧ - سمعنا أن .................. سوف يترشح للرئاسة .    ○ ابنُك    ○ ابنَك    ○ ابنِك

٨ - هل تظن أن .................. سوف يفوز في الانتخابات ؟    ○ ابنُك    ○ ابنَك    ○ ابنِك

٩ - هل سوف تساعد .................. في الحملة الانتخابية ؟    ○ ابنُك    ○ ابنَك    ○ ابنِك

١٠ - من سيكون شريك .................. في الانتخابات ؟    ○ ابنُك    ○ ابنَك    ○ ابنِك

## culture générale

١ - .......... هو من قال : الدولة أنا .    ○ شارلمان  ○ ريشليو  ○ كولبير  ○ لويس الرابع عشر

٢ - .......... هو من قال : العلم نور .    ○ النبي محمد  ○ فولتير  ○ شكسبير  ○ ماوتسي تونغ

٣ - .......... هو من قال : خسرنا معركة ولم نخسر الحرب .    ○ ديغول  ○ كليمنصو  ○ قيصر  ○ نابليون بونابرت

٤ - .......... هو من قال : تلك كلمة حق أريد بها باطل .    ○ عمر بن الخطاب  ○ علي بن أبي طالب  ○ عثمان بن عفان  ○ هارون الرشيد

٥ - .......... هو من قال : ما أخذ بالقوة لا يسترد إلا بالقوة .    ○ أنور السادات  ○ حسني مبارك  ○ محمد مرسي  ○ جمال عبد الناصر

# 16 — الأسبوع السادس عشر

**MAJ 15 mars 2021**

Manuel d'arabe en ligne — Tome III
Les bases de l'arabe en 50 semaines
© G. Al-Hakkak 2013

En autonomie

La bibliothèque n'est pas un endroit pour manger !

Le marché n'est pas un endroit pour se reposer.

Je suis venu te parler d'un gros problème.

Nous sommes venus vous proposer un grand projet.

Ils sont venus nous réclamer leur argent.

Il est préférable de parler de cela à la maison.

Il est préférable de penser au problème ensemble.

Moi, je travaille avec mon argent ; toi, tu travailles avec l'argent des autres.

Moi, je travaille ; toi, tu dors !

Tu n'es pas simplement un homme : tu es parlementaire !

---

١ - عن / مهمة / معكم / جداً / جئنا / مشكلة / لنتحدث -> ....

٢ - نتناقش / هذا / عن / بعد / الأفضل / فيما / الموضوع / أن -> ....

٣ - حل / نتمكن / أن / بسرعة / المشكلة / من / من / المهم -> ....

٤ - نتكلم / الوزير / هذه / مع / عن / أن / المشكلة / الأحسن -> ....

٥ - جيداً / لك / تفكر / أن / السفر / الأفضل / قبل / من -> ....

٦ - بعقلي / أبداً / لا / أنا / وأنت / تفكر / أفكر -> ....

---

**Désinences casuelles**

١ - أنت لست ............ فقط ، أنت راقصة معروفة . ☐ امرأةٌ ☐ امرأةً ☐ امرأةٍ

٢ - بحياتك يا ولدي ............ سبحان المعبود . ☐ امرأةٌ ☐ امرأةً ☐ امرأةٍ

٣ - هيلاري كلنتون ربما تكون أول ............ رئيسة لأمريكا . ☐ امرأةٌ ☐ امرأةً ☐ امرأةٍ

٤ - هناك ثلاثون ............ في شركتنا . ☐ امرأةٌ ☐ امرأةً ☐ امرأةٍ

٥ - يريد شيخ القبيلة أن يتزوج من ............ رابعة . ☐ امرأةٌ ☐ امرأةً ☐ امرأةٍ

٦ - هل سمعت عن إعلان حقوق ............ ؟ ☐ المرأةُ ☐ المرأةَ ☐ المرأةِ

٧ - يوم ٨ مارس / آذار يسمى « يوم ............ » . ☐ المرأةُ ☐ المرأةَ ☐ المرأةِ

٨ - هل هناك مساواة في بلادك بين الرجل و............ ؟ ☐ المرأةُ ☐ المرأةَ ☐ المرأةِ

٩ - أظن أن ............ لم تتحرر بعد . ☐ المرأةُ ☐ المرأةَ ☐ المرأةِ

١٠ - لا بد أن تتحرر ............ العربية في يوم من الأيام . ☐ المرأةُ ☐ المرأةَ ☐ المرأةِ

---

**culture générale**

١ - ............ عاشت في زمن الملك شارل السابع . ☐ جان دارك ☐ شارلوت كورديه ☐ ماري أنطوانيت

٢ - ............ هي آخر زوجات النبي محمد . ☐ خديجة ☐ عائشة ☐ سكينة ☐ حفصة ☐ أم سلمة

٣ - ............ قاومت الاستعمار الفرنسي لبلادها . ☐ الخنساء ☐ جميلة بوحيرد ☐ زرقاء اليمامة ☐ جان دارك

٤ - ............ كانت زوجة هارون الرشيد وأم الأمين . ☐ فاطمة ☐ عائشة ☐ زبيدة ☐ أسماء ☐ شجرة الدر

٥ - ............ بنت أبي بكر هي أم عبد الله بن الزبير . ☐ فاطمة ☐ عائشة ☐ زبيدة ☐ أسماء ☐ قوت القلوب

53

# الأسبوع السادس عشر

Depuis quand es-tu revenu du voyage ?

Depuis quand ont-ils fini leurs études ?

Je suis venu ici pour étudier l'Histoire ancienne.

Elle est venue dans notre université pour apprendre les langues.

Pourquoi restes-tu devant ma porte ?

Pourquoi ne cherches-tu pas un nouveau travail ?

Si je te revoyais dans notre quartier, j'appellerais la police.

Si je venais habiter ici, je changerais de voiture.

Pourquoi me détestent-ils tous ?

Comment gagnent-ils leur pain ?

---

١ - خرجت / منذ / أسبوع / من / السجن / واحد -

٢ - الحرة / تخرجت / ثلاث / جامعة / منذ / من / سنوات / برلين -

٣ - رأيتك / مرة / إذا / عليك / أخرى / فسوف / أقبض -

٤ - رأيتكم / أقبض / من / إذا / هنا / عليكم / فسوف / جديد -

٥ - ثعلب / متى / من / يا / السجن / خرجت ؟ -

٦ - عمل / سأبحث / عن / آخر / غداً ؟ -

---

## Désinences casuelles

١ - النواب .......... في البرلمان الأوربي عددهم أربع وأربعون .  ☐ الفرنسيون  ☐ الفرنسيين

٢ - .......... يصوتون عادةً لاختيار الرئيس مرة كل خمس سنوات .  ☐ الفرنسيون  ☐ الفرنسيين

٣ - لا يوجد عند .......... فصل بين الرجال والنساء في الحفلات العائلية .  ☐ الفرنسيون  ☐ الفرنسيين

٤ - اللاعبون .......... المشهورون بكرة القدم أكثرهم من أصل أجنبي .  ☐ الفرنسيون  ☐ الفرنسيين

٥ - النواب .......... أغلبيتهم الساحقة من الرجال .  ☐ الفرنسيون  ☐ الفرنسيين

٦ - حرب المائة عام كانت بين الإنجليز و.......... .  ☐ الفرنسيون  ☐ الفرنسيين

٧ - فولتير وروسو وديدرو من الفلاسفة .......... المعروفين .  ☐ الفرنسيون  ☐ الفرنسيين

٨ - أكثر الملوك .......... كانوا يسكنون بعيداً عن باريس .  ☐ الفرنسيون  ☐ الفرنسيين

٩ - عدد .......... اليوم هو ٦٥ مليون نسمة .  ☐ الفرنسيون  ☐ الفرنسيين

١٠ - كان عدد .......... سنة ١٨٠٠ حوالي ٢٩ مليون نسمة .  ☐ الفرنسيون  ☐ الفرنسيين

---

## culture générale

١ - .......... كاتب فرنسي عاش في القرن الثامن عشر .  ☐ فولتير  ☐ ديدرو  ☐ فكتور هوجو  ☐ بلزاك

٢ - .......... كاتب ألماني عاش في القرن التاسع عشر .  ☐ هيجل  ☐ نيتشة  ☐ جوته  ☐ برخت

٣ - .......... كاتب إيطالي عاش في القرن السادس عشر .  ☐ بترارك  ☐ ماكيافيللي  ☐ فازاري  ☐ دانتي

٤ - .......... كاتب إنكليزي عاش في القرن السابع عشر .  ☐ شكسبير  ☐ لورد بايرون  ☐ أغاثا كرستي  ☐ لويس كارول

٥ - .......... كاتب أمريكي عاش في القرن العشرين .  ☐ مارك توين  ☐ همنجواي  ☐ شتاينبك  ☐ بول أوستر

# الأسبوع السادس عشر

Aujourd'hui j'ai été surpris par un loup !

Ce matin, nous avons été surpris par un renard !

Un jour, mon grand-père s'est installé pour parler à ses voisins.

Je me suis mis dans le jardin pour parler à mes frères.

Le film a commencé, alors nous nous sommes tus jusqu'à la fin.

Ils ne voulaient pas dire cela.

Il n'y a pas de chômeurs dans notre village.

Il n'y a pas de problème dans notre entreprise.

Il n'y a pas de mendiants dans notre ville.

Il n'y a pas de pauvres dans notre pays.

---

١ - جيرانه / يتحدث / جدي / إلى / يوماً / جلس -<

٢ - إلى / في / الحديقة / أتحدث / جلست / إخوتي -<

٣ - فانتظرنا / انتهت / في / حتى / هبت / الدار / العاصفة -<

٤ - حتى / فسكتنا / بدأ / انتهى / الفيلم -<

٥ - الكلمة / تقصد / هذه / كانت / البنت / ما -<

٦ - يقولون / يقصدون / كانوا / ما / ما -<

---

## Désinences casuelles

١ - إن في قريتنا ............ جديدة من رومانيا . ☐ طبيبةٌ ☐ طبيبةً ☐ طبيبةٍ

٢ - سمعت أن في مدينتكم ............ تُدرس فيها اللغة العربية . ☐ جامعةٌ ☐ جامعةً ☐ جامعةٍ

٣ - بنتي الصغرى تريد أن تكون في المستقبل ............ معروفة . ☐ طبيبةٌ ☐ طبيبةً ☐ طبيبةٍ

٤ - أريد أن أدرس التاريخ في ............ فرنسية معروفة . ☐ جامعةٌ ☐ جامعةً ☐ جامعةٍ

٥ - في مستشفانا نحن بحاجة إلى ............ متخصصة بطب الأطفال . ☐ طبيبةٌ ☐ طبيبةً ☐ طبيبةٍ

٦ - أشهر ............ في فرنسا هي السوربون . ☐ جامعةٌ ☐ جامعةً ☐ جامعةٍ

٧ - أنا لا أنام الليل لأن زوجتي ............ طوارئ ! ☐ طبيبةٌ ☐ طبيبةً ☐ طبيبةٍ

٨ - هناك ............ أمريكية في القاهرة وفي بيروت وفي باريس . ☐ جامعةٌ ☐ جامعةً ☐ جامعةٍ

٩ - ............ الشركة تقول إن النبيذ مضر بالصحة ! لماذا تقول هذا ؟ ☐ طبيبةٌ ☐ طبيبةً ☐ طبيبةٍ

١٠ - هناك في اليابان أكثر من ............ واحدة خاصة بالبنات . ☐ جامعةٌ ☐ جامعةً ☐ جامعةٍ

## culture générale

١ - الموسيقار الألماني ............ مات سنة ١٨٢٧ . ☐ باخ ☐ بتهوفن ☐ هايدن ☐ شوبرت

٢ - الموسيقار الألماني باخ مات سنة ............ . ☐ ١٦٤٣ ☐ ١٧٥٠ ☐ ١٧٥٩ ☐ ١٧٩١

٣ - الموسيقار الإيطالي فيفالدي مات سنة ............ . ☐ ١٦٤٣ ☐ ١٧٤١ ☐ ١٨٦٨ ☐ ١٩٠١

٤ - الموسيقار الفرنسي ............ التقى بلويس الرابع عشر . ☐ دبوسي ☐ رافيل ☐ لولي ☐ بيزيه

٥ - الموسيقار الإنكليزي ............ مات وعمره ٣٦ سنة . ☐ برتن ☐ بورسيل ☐ هندل ☐ ماكارتني

## Traduire / reconstituer / choisir

| | |
|---|---|
| Mon Dieu ! La ville a changé ! | Regardez si le temps a changé ! |
| L'épouse a alors regardé par la fenêtre. | Regardons par la fenêtre si le temps a changé ! |
| La grand-mère a alors regardé par la porte. | Je vais donc me reposer une heure ou deux. |
| Le grand-père est alors sorti de la maison. | Nous allons donc rester au village une semaine ou deux. |
| L'enfant s'est alors réveillé. | Nous allons donc descendre dans cet hôtel une nuit ou deux. |

---

١ - هل / يا / الجو / انظري / تغير / بنتي -> ..................

٢ - يا / توقف / أولادي / هل / انظروا / المطر -> ..................

٣ - ابني / هدأت / يا / هل / انظر / العاصفة -> ..................

٤ - إلى / الشمالية / يعد / سافر / ولم / أمريكا -> ..................

٥ - أوربا / شمال / إلى / ولم / سافروا / يعودوا -> ..................

٦ - أهلها / ولم / سافرت / تعد / بلاد / إلى -> ..................

---

**Désinences casuelles**

١ - عندي .................. فيلماً عربياً .   ☐ ثلاثون   ☐ ثلاثين

٢ - قرأت لحد الآن أكثر من .................. رواية فرنسية وعربية .   ☐ تسعون   ☐ تسعين

٣ - لم يبق في حسابي في البنك غير .................. يورو .   ☐ أربعون   ☐ أربعين

٤ - عدد المدعوين لحفلة زواجنا .................. .   ☐ خمسون   ☐ خمسين

٥ - لي أربعة و .................. من أبناء العم والعمة والخال والخالة .   ☐ أربعون   ☐ أربعين

٦ - أوباما هو الرئيس الأمريكي الرابع و .................. .   ☐ الأربعون   ☐ الأربعين

٧ - عدد الدول العربية هو اثنان و .................. دولة .   ☐ عشرون   ☐ عشرين

٨ - في باريس .................. دائرة إدارية .   ☐ عشرون   ☐ عشرين

٩ - مات شارل ديغول سنة ألف وتسعمائة و .................. .   ☐ سبعون   ☐ سبعين

١٠ - عدد سكان فرنسا سنة ٢٠١٥ هو حوالي خمسة و .................. مليون نسمة .   ☐ ستون   ☐ ستين

---

**culture générale**

١ - تم اختراع التليفون سنة .................. اخترعه جراهام بل .   ☐ ١٨١٧   ☐ ١٨٣٩   ☐ ١٨٧٦   ☐ ١٨٩٥

٢ - تم اختراع السينما سنة .................. اخترعها الأخوان لومير .   ☐ ١٨٢٥   ☐ ١٨٧٩   ☐ ١٨٩٥   ☐ ١٩٢٣

٣ - تم اختراع القنبلة الذرية سنة .................. اخترعها الأمريكان .   ☐ ١٩٣٥   ☐ ١٩٤٠   ☐ ١٩٤٥   ☐ ١٩٥٠

٤ - تم اختراع التلفزيون سنة .................. في أمريكا .   ☐ ١٩٢٣   ☐ ١٩٢٨   ☐ ١٩٣٤   ☐ ١٩٣٩

٥ - تم اختراع الإنارة الكهربائية سنة .................. اخترعها أديسون .   ☐ ١٨٥٢   ☐ ١٨٧٦   ☐ ١٨٧٩   ☐ ١٨٩٥

# 16 — الأسبوع السادس عشر

**Traduire / reconstituer / choisir**

Je suis un homme simple.

A vingt ans, j'ai épousé ma cousine.

Je n'ai pas eu le certificat d'études.

Je ne fume pas et je ne bois pas.

Mon seul loisir est de lire les journaux.

Je lisais tout, ce qui comptait ou ne comptait pas pour moi.

J'ai grandi dans un environnement traditionnel.

Ma mère ne sait ni lire ni écrire. Ma femme non plus.

Notre famille était de condition modeste.

J'étais le cadet d'une fratrie de quatre garçons et d'une fille.

---

١ - في / عشر / أنا / الشهر / قدره / سائق / جنيهاً / بمرتب / خمسة -<

٢ - في / من / من / و / أنا / عمري / عمي / العشرين / ابنة / تزوجت -<

٣ - في / و / ما / ما / لا / كل / يهمني / يهمني / شيء / أقرأ / الجريدة / كنت -<

٤ - لو / لي / لما / اليد / الكلام / قرأته / قدمت / بخط / نفس -<

٥ - عن / ما / ما / هو / أهتم / أكثر / يكتب / البنات / بقراءته -<

٦ - إلى / التي / كانت / البنت / تدعو / تحيرني / حرية / الآراء -<

---

## Désinences casuelles

| | | | |
|---|---|---|---|
| ١ - لم يكن أبي .................. . | ○ غنيٌّ | ○ غنياً | ○ غنيٍ |
| ٢ - أنفق أبي خمسين .................. من عمره في العمل . | ○ عامٌ | ○ عاماً | ○ عامٍ |
| ٣ - .................. من يعرفون أنه هز المملكة . | ○ قليلين | ○ قليلون | ○ قليلات |
| ٤ - إن دمي ليس .................. . | ○ ملكيٌ | ○ ملكياً | ○ ملكيٍ |
| ٥ - أي طبقة هذه التي يتحدثون .................. ؟ | ○ منها | ○ عنها | ○ عليها |
| ٦ - كانت مصر أكثر .................. على الفن . | ○ انفتاحٌ | ○ انفتاحاً | ○ انفتاحٍ |
| ٧ - أمضى أبي بقية أيام .................. في مصر . | ○ حياتُه | ○ حياتَه | ○ حياتِه |
| ٨ - كان أبو خليل .................. راسين عن الفرنسية . | ○ يترجمُ | ○ يترجمَ | ○ يترجمْ |
| ٩ - تصوروا .................. أراد أن يحول الخانات إلى مسارح . | ○ إنسانٌ | ○ إنساناً | ○ إنسانٍ |
| ١٠ - وضع أبو خليل الحجر .................. في بناء المسرح الغنائي المصري . | | ○ الأول | ○ الأولى |

## culture générale

| | | | | |
|---|---|---|---|---|
| ١ - الشاعر نزار قباني نشأ في .................. | ○ بيروت | ○ بغداد | ○ دمشق | ○ القاهرة | ○ الإسكندرية |
| ٢ - «أيظن» قصيدة لنزار قباني .................. | ○ غناها عبد الوهاب | ○ غناها عبد الحليم | ○ غنتها نجاة |
| ٣ - «رسالة من تحت الماء» قصيدة لنزار قباني .................. | ○ غناها عبد الوهاب | ○ غناها عبد الحليم | ○ غنتها نجاة |
| ٤ - «قارئة الفنجان» قصيدة لنزار قباني .................. | ○ غناها عبد الوهاب | ○ غناها عبد الحليم | ○ غنتها نجاة |
| ٥ - «ماذا أقول له» قصيدة لنزار قباني .................. | ○ غناها عبد الوهاب | ○ غناها عبد الحليم | ○ غنتها نجاة |

# 16 — الأسبوع السادس عشر

**Grammaire** : quelques verbes (forme III)

## Colonne de droite

كيف لاقيت زوجك ؟ : ..........

Je ne l'ai pas rencontré ! : ..........

كيف لم تلاقيه ! وكيف تزوجت منه ؟ : ..........

Mes parents l'ont choisi pour moi. : ..........

يعني لاقيته بعد الزواج ! : ..........

Oui. Comme ma mère a rencontré mon père. : ..........

هذا شيء عجيب ! : ..........

Non. Pas étrange. C'est le sort. : ..........

## Colonne de gauche

يبدو أنك تعاني من الصداع ! : ..........

Et je souffre aussi d'un rhume ! : ..........

زكام ! ربما هو سبب الصداع . : ..........

Non. J'ai une migraine chronique ! : ..........

صداع مزمن ! هذه مصيبة ! : ..........

En effet, une grosse catastrophe. : ..........

هي قسمة ونصيب ! : ..........

Comme tu dis. Mais je suis étudiant en médecine ; je vais me spécialiser en oto-rhino-laryngologie et je trouverai un remède à cette maladie ! : ..........

---

**Son : 18**

١ - .......... أبي قبل أسبوع (سافر يسافر)
1. Mon père est parti en voyage il y a une semaine.

٢ - متى .......... يا سليمة ؟ (سافر يسافر)
2. Quand pars-tu en voyage, Salima ?

٣ - لماذا .......... الأمريكان في فيتنام ؟ (حارب يحارب)
3. Pourquoi les Américains ont-ils fait la guerre au Viet-Nam ?

٤ - هل .......... أهلك الفقراء في المدينة حالياً ؟ (عاون يعاون)
4. Est-ce que tes parents aident les pauvres de la ville actuellement ?

٥ - من سوف .......... أولادك في هذا المشروع ؟ (شارك يشارك)
5. Qui va s'associer à tes enfants dans ce projet ?

٦ - أريد أن .......... ك ولكن لا أستطيع الآن (ساعد يساعد)
6. Je voudrais t'aider, mais je ne le peux pas actuellement.

٧ - .......... العمدة في مكتبه أمس (قابل يقابل)
7. J'ai rencontré le maire dans son bureau hier.

٨ - الطلاب لا .......... أن يتعلموا بسرعة (حاول يحاول)
8. Les étudiants n'essaient pas d'apprendre vite.

٩ - لماذا لم .......... البرلمان هذا المشروع لحد الآن ؟ (ناقش يناقش)
9. Pourquoi le parlement n'a-t-il pas encore discuté ce projet ?

١٠ - متى .......... محمد علي جو فريزر لآخر مرة ؟ (نازل ينازل)
10. Quand Mohammed Ali a-t-il affronté Joe Frazer la dernière fois ?

١١ - الله فيك يا ابني ! (بارك يبارك)
11. Dieu te bénisse, mon enfant !

١٢ - هل .......... الفرنسيون الألمان منذ بداية الحرب ؟ (قاوم يقاوم)
12. Les Français ont-ils résisté aux Allemands dès le début de la guerre ?

١٣ - لم لم .......... يا أولادي ؟ (حاول يحاول)
13. Pourquoi n'avez-vous pas essayez, mes enfants ?

١٤ - هل .......... ك أختك عندما سافرت ؟ (راسل يراسل)
14. Est-ce que ta sœur t'a écrit lorsqu'elle est partie en voyage ?

١٥ - كيف .......... المشكلة اليوم يا أولادي ؟ (واجه يواجه)
15. Comment faites-vous face au problème aujourd'hui, mes enfants ?

١٦ - ماذا .......... كم في هذا الفيلم ؟ (ضايق يضايق)
16. Qu'est-ce qui vous a gêné dans ce film ?

**Son : 19**

# نفرتيتي

## Version complète

(...) ذهبت برفقة أبي. وقادوني إلى استراحة الملكة المطلة على الحديقة الداخلية. سجدت بين يديها، ثم أذنت لي بالجلوس على أريكة إلى يمين مجلسها. وجعلت تتفحصني غير عابئة بحساسيتي، ثم سألتني:
- اسمك نفرتيتي؟
فأجبت بإحناءة من رأسي، فقالت بلطف:
- اسم على مسمى!
فشعرت بالفرح يشتعل في وجنتي.
- ما عمرك؟
- ستة عشر عاماً.
- تبدين أنضج من ذلك!
ثم فيما يشبه الدعابة:
- لماذا دعوتك في ظنك؟
فألهمت أن أجيب:
- لخير هو فوق ما أستحق.
فابتسمت قائلة:
- إجابة حسنة، ماذا حصلت من العلم؟
- القراءة والكتابة والحساب والشعر والتاريخ والدين بالإضافة إلى الثقافة المنزلية.

Son : 22

- وما رأيك في مصر؟
- سيدة الدنيا، وملكها ملك الملوك.
وباهتمام سألت:
- من إلهك المفضل؟
فقلت مضطرة إلى إخفاء الحقيقة:
- آتون يا مولاتي.
- وآمون؟
- هو مشيد الإمبراطورية أما آتون فهو يطوف بها كل يوم!
- لا سلطان على ما ينبض به القلب
ولكن يجب الإقرار بأن آمون هو كبير الآلهة.
فقلت بتسليم:
- هو كذلك يا مولاتي.
- بصراحة هل ذاق قلبك الحب؟
فقلت دون تردد:
- كلا يا مولاتي.
- ألم يتقدم أحد لخطبتك؟
- كثيرون ولكن أبي لم يجد في أيهم الكفاءة.
وتفرست في وجهي ملياً ثم سألتني:
- ما شعورك بصراحة عما يقال عن انحراف ولي العهد عن آمون؟

Son : 23

ولأول مرة تجمد لساني فلم أنبس بكلمة فقالت بنبرة ملكية:

- أجيبيني بصراحة!
فأسعفني دهائي فقلت:
- مهما يكن من أمر قلبه فيجب المحافظة على التقاليد المرعية بين العرش والكهنة.
فابتسمت في ارتياح وقالت:
- إجابة حسنة.
ثم اعتدلت فيما يشبه الدلال وسألت:
- حدثيني عن فتى أحلامك، كيف تودين أن يكون؟
فتريثت في ارتباك ثم تمتمت:
- أن تكون له قوة المحارب وروح الكاهن.
فقالت ضاحكة:
- إنك طموحة جداً، من تفضلين إذا خيرت؟
- أفضل صاحب الروح.
- حقاً؟
- أجل يا مولاتي.
- لست كغيرك من البنات.
- لا دنيا عندي بلا دين.
- وهل دين بلا دنيا؟
فتراجعت قائلة:
- ولا دين بلا دنيا.

Son : 24

وصمتت طويلاً وأنا أكتم انفعالاتي

المتصاعدة، ثم سألتني:
- أرأيت ولي العهد؟
- في حفل عيد الجلوس يا مولاي.
فسألت بصوت غريب:
- وكيف ترينه؟
- إنه يتفرد بقوة خفية تميزه عن سائر الشباب...
ففاجأتني متسائلة:
- أعني كزوج؟
وخرست من هول المفاجأة حتى كررت السؤال فقلت بصوت متهدج:
- لا تسعفني الكلمات يا مولاتي.
- ألم يساورك حلم يوماً بأن تصيري ملكة؟
- أحلامي جزء من قلبي المتواضع.
- ألا يفتنك العرش؟
- إنه في سماء لا ترتفع إليها أحلامي.
فصمتت قليلاً ثم قالت:
- اخترتك زوجة لابني ولي العهد.
(...)

Son : 25

عن نجيب محفوظ - العائش في الحقيقة - ص 138-141

---

## صيغة مبسطة

- اسمك «نفرتيتي»؟
- نعم، يا مولاي.
- اسم جميل، ما عمرك؟
- ستة عشر عاماً.
- يبدو عليك أكثر من هذا العمر! ماذا تعرفين من العلوم؟
- القراءة والكتابة والحساب والشعر والتاريخ والدين، والثقافة المنزلية.
- وما رأيك في «مصر»؟
- هي سيدة الدنيا وملكها ملك الملوك.
- من إلهك المفضل؟
- «آتون» يا مولاي.
- و«آمون»؟!
- «آمون» هو الذي شيد الإمبراطورية، و«آتون» هو الذي يطوف بها كل يوم.
- لكن «آمون» هو كبير الآلهة!
- نعم، يا مولاي.
- كيف هو فتى أحلامك؟
- له قوة المحارب وروح الكاهن.
- وماذا تفضلين، القوة أم الروح؟
- الروح، يا مولاي.
- ما رأيك في ولي العهد؟
- له روح قوية.
- «نفرتيتي»، ستكونين زوجة لابني ولي العهد!

مقطع من «العائش في الحقيقة» للكاتب المصري نجيب محفوظ

Son : 20

---

## المؤلف

نجيب محفوظ روائي مصري، هو أول عربي حائز على جائزة نوبل في الأدب. ولد في 11 ديسمبر 1911، وتوفي في 30 أغسطس 2006. كتب نجيب محفوظ منذ بداية الأربعينيات واستمر حتى 2004. تدور أحداث جميع رواياته في مصر، وتظهر فيها ثيمة متكررة هي الحارة التي تجسد العالم. من أشهر أعماله «الثلاثية» و«اللص والكلاب» و«الشحاذ» و«ثرثرة فوق النيل»، إلخ. ونجيب محفوظ أكثر أديب عربي حولت أعماله إلى السينما والتلفزيون.
سمي نجيب محفوظ باسم مركب تقديراً من والده عبد العزيز إبراهيم للطبيب أبو عوف نجيب باشا محفوظ الذي أشرف على ولادته وقد كانت متعسرة.

عن ويكيبيديا الموسوعة الحرة

Son : 21

# الراقصة والسياسي

- لماذا جئت ؟
- جئت لألقاك .
- ليس هذا مكان لقاء !
- لماذا ؟
- إننا في مقهى !
- يعني المقاهي للرجال فقط ، لا للنساء ؟ وأين نلتقي إذن ؟ في غرفة نوم ؟!
- أرجوك !
- أنا جئت لأتحدث معك في موضوع مهم !
- ماذا تقصدين ؟
- أقصد المشروع ، مشروع المطعم ، مطعم الكلاب الساخنة ، أقصد «الهوت دوجز» . أنا موافقة على اقتراحك .
- أرجوك ! الأفضل أن نتحدث عن هذا الموضوع بالتلفون !
- لماذا ؟
- بصراحة ، أنا رجل سياسي ، وأنا حريص على سمعتي !
- لأني امرأة !
- لا ، أنت لست امرأة فقط ، أنت امرأة وراقصة ! راقصة معروفة !
- وأنت مثلي ، أنا أرقص بجسدي ، وأنت ترقص بلسانك !
- قلة أدب !

مقطع من «الراقصة والسياسي» للكاتب المصري إحسان عبد القدوس – صيغة مبسطة

Son : 26

إحسان عبد القدوس
من ويكيبيديا، الموسوعة الحرة

إحسان عبد القدوس (1 يناير 1919 - 12 يناير 1990)، كان صحفياً وروائياً مصرياً. وهو ابن السيدة روز اليوسف اللبنانية المولد والمربى وتركية الاصل وهي مُؤَسِّسَة مجلة روز اليوسف ومجلة صباح الخير. أما والده محمد عبد القدوس فقد كان ممثلاً ومؤلفا. ويعتبر إحسان من أوائل الروائيين العرب الذين تناولوا في قصصهم الحب البعيد عن العذرية وتحولت أغلب قصصه إلى أفلام سينمائية. ويمثل أدب إحسان عبد القدوس نقلة نوعية متميزه في الرواية العربية، إذ نجح في الخروج من المحلية إلى حيز العالمية وترجمت معظم رواياته إلى لغات اجنبية متعددة.

Son : 27

## Version complète

- صباح الخير يا عبد الحميد بيه ..

ولم يقم واقفاً وتركها تجلس على مقعد بجانبه دون أن يرد عليها، ثم قال وهو يدير عينيه بين بقية الزبائن كمن يحاول أن يكتشف وقع الصدمة عليهم، وصدمته ابتسامات خبيثة تحيط به .. وقال دون أن ينظر إليها :

- ما الذي جاء بك ؟

وقالت في بساطة :
- جئت لألقاك ..

قال وصوته يرتعش :
- ليس هذا مكان لقاء ..

قالت في دهشة صادقة :
- لماذا ؟

وأجاب في حدة :
- إننا في مقهى ..

وقالت مبتسمة :
- تقصد أن المقاهي خاصة بالرجال ومحرمة على النساء .. إن تفكيرك رجعي يا عبد الحميد .. يجب أن تعترف بالتطور الاجتماعي .. لقد كان المكان الوحيد الذي يمكن أن تجتمع فيه المرأة بالرجل هو الفراش .. غرفة النوم .. ثم حدث تطور وأصبحت المرأة تشارك الرجل في كل غرف البيت .. ثم اتسع التطور وأصبحت المرأة تشارك الرجل في كل مكان خارج البيت .. ساد المجتمع المختلط حتى ألغيت أماكن الحريم في الترام والأوتوبيس وألغيت رغم احتجاج المرأة .. فلماذا تبقى المقاهي مخصصة للرجال وحدهم رغم أنه لم تقم مقاه مخصصة للنساء ؟

وقال عبد الحميد وهو لا يزال متعففاً عن النظر إليها :

- هذا كلام الجهلة .. المقاهي هي نواد .. ونواد تجمع بين أناس لهم صفة مشتركة .. كل مقهى له زبائن يتميزون بطابع معين ومصالح معينة . ولا شك أن الطابع الذي يجمع الرجال غير الطابع الذي يجمع النساء ..والاهتمامات مختلفة بين الرجال والنساء .. إنك لا تسمعين في هذا المقهى حديثاً عن آخر الأزياء أو عن اختراع جديد في طبخة الملوخية ..

Son : 28

وقالت دلال وهي متجهة إليه بكل وجهها متجاهلة تعففه عن النظر إليها :
- ولكنني جئت إليك لأتحدث في موضوع مشترك بيني وبينك تتسع له طبيعة المقهى ..

Son : 29

ونظر إليها نظرة سريعة وهو يلوي شفتيه في قرف وقال :
- ماذا تقصدين ؟

قالت في هدوء :
أقصد المشروع الذي عرضته علي عندما التقينا أول أمس .. مشروع افتتاح مطعم باسمي تقوم أنت بتمويله .. مطعم الكلاب الساخنة .. أقصد «الهوت دوجز» .. لقد درست المشروع .. إنه فعلاً مشروع ناجح .. أتدري .. لقد اكتشفت أن أنواع الأطعمة هي مظهر من مظاهر الحضارة .. وكلما ارتفعت حضارة شعب فرض أطعمته على الشعوب الأخرى .. وعندما كانت الحضارة التركية أيام السلطنة مفروضة على مصر كنا نأكل الشركسية والبلانج ضولة وكنا نشرب السوبيا .. ثم عندما دخلت الحضارة الفرنسية أصبحنا نأكل فيله منيو وبيكاتا أو شمبنيون وسكالوب ميزون ونشرب الشمبانيا والنبيذ .. وبعد أن تسللت إلينا الحضارة البريطانية أصبحنا نأكل الروزبيف ونتناول الشاي الساعة الخامسة ونشرب الويسكي .. وبعدها جاءت الحضارة الأمريكية فأصبحنا نأكل كنتاكي فراي تشيكن وهامبورجر .. وبقي أن نقيم مطعماً للهوت دوجز .. أقصد «الكلاب الساخنة» .. إن الأطعمة كالموسيقى تنتشر مع ارتفاع مستوى الحضارة .. وسينتشر الهوت دوجز كما انتشرت موسيقى الروك أندرول ..

والتفت إليها عبد الحميد وقال وهو يضغط على حافة المائدة حتى يكتم ثورته :

- اسمعي .. لم أعد أطيق كلمة واحدة منك .. ليس هذا مكاناً نتكلم فيه .. بل لم أعد أطيق وجودك .. أرجوك .. اتركي المقهى وأعدك أن أتصل بك بالتلفون ..

(...) ص 7-4

Son : 30

Texte littéraire moderne en version simplifiée et version originale

## أهل القمة

- أهلاً بحضرة الضابط العظيم !
- متى خرجت من السجن ؟
- خرجت من السجن الذي دخلته بفضلك منذ شهر واحد .
- ولماذا جئت إلى هنا ؟
- جئت لأشم الهواء النقي !
- يا ابن الثعلب ، لماذا جئت إلى هنا ؟
- لماذا تكرهني يا محمد بك ؟
- لماذا تجلس أمام مسكني ؟
- إني أحب هذه الحديقة !
- زعتر ، لا تمزح !
- عظيم يا حضرة الضابط العظيم ! سأبحث عن حديقة أخرى !

- كيف تحصل على رزقك ؟
- حتى الآن ، لا رزق لي .
- هذا يعني أنك متشرد !
- كلا ، سأبحث عن عمل .
- إذا رأيتك مرة أخرى بلا عمل فسوف أقبض عليك كمتشرد !
- أعوذ بالله !
- ادع الشيطان ، فهو إلهك !
- أستغفر الله رب العالمين !
- أجبني ، ماذا ستفعل ؟
- سأبحث عن عمل !

Son : 31

مقطع من «أهل القمة» (مجموعة «الحب فوق هضبة الهرم») للكاتب المصري نجيب محفوظ – صيغة مبسطة

### المؤلف

نجيب محفوظ روائي مصري، هو أول عربي حائز على جائزة نوبل في الأدب. ولد في ١١ ديسمبر ١٩١١، وتوفي في ٣٠ أغسطس ٢٠٠٦. كتب نجيب محفوظ منذ بداية الأربعينيات واستمر حتى ٢٠٠٤. تدور أحداث جميع رواياته في مصر، وتظهر فيها ثيمة متكررة هي الحارة التي تجسد العالم. من أشهر أعماله «الثلاثية» و«اللص والكلاب» و«الشحاذ» و«ثرثرة فوق النيل»، إلخ. ونجيب محفوظ أكثر أديب عربي حولت أعماله إلى السينما والتلفزيون.
سمي نجيب محفوظ باسم مركب تقديراً من والده عبد العزيز إبراهيم للطبيب أبو عوف نجيب باشا محفوظ الذي أشرف على ولادته وقد كانت متعسرة.
عن ويكيبيديا الموسوعة الحرة

Son : 32

### Version complète

(...)

تناول قبعته وغادر الشقة .
بعد دقيقة واحدة كان يقف أمام المتربع . وثب الرجل واقفاً متهلل الوجه طويل . طويل القامة ولكنه دون محمد بقبضة، وجهه نحيل طويل .. حاد البصر .. نابت شعر اللحية .. يرتدي بلوفر بني قديم وبنطلوناً رمادياً رثاً وصندلاً . ابتسم عن أنياب قوية ملونة وهتف :
_ أهلاً بحضرة الضابط العظيم ..

Son : 33

فسأله محمد فوزي :
_ متى خرجت من السجن ؟
_ خرجت من السجن الذي دخلته بفضلك منذ شهر واحد .
_ وماذا جاء بك إلى هنا ؟
_ جئت لأشم الهواء النقي ..
_ اسمع يا ابن الثعلب، ماذا جاء بك إلى هنا ؟
فقال باسماً :
_ لماذا تكرهني يا محمد بك ؟ .. لولاك ما كان الجن الأحمر نفسه يستطيع ضبطي متلبساً ويدخلني السجن، إنك ضابط شريف ولكن ربنا أمر بالرحمة، ولا تنس العلاقة الحميمة التي تجمع بين الضابط والنشال، نحن معروفون لكم من قديم، نحن نتبادل التحية، وفي بعض حوادث النشل الحرجة تطالبني برد الشيء الثمين فأسترده من صاحبه خدمة لك، عظيم، أين الرحمة إذن ؟ ..

Son : 34

فسأله بصرامة متجاهلاً مرافعته :
_ لماذا تجلس أمام مسكني ؟
_ صدقني فإني أحب هذه الحديقة ..
_ زعتر، حذار من المزاح ..
_ عظيم يا حضرة الضابط العظيم، فلأبحث عن حديقة أخرى .

وتفحصه بدقة ملياً ثم سأله :
_ كيف تحصل على رزقك ؟
_ حتى الساعة لا رزق لي .
_ هذا يعني أنك متشرد ؟
_ كلا ...

Son : 35

ثم وهو يضحك :
_ لا مؤهل لي والحكومة لا تستخدم إلا ذوي المؤهلات ..
فهتف به :
_ حذار من المزاح يا زعتر ..
فقال زعتر بجدية :
_ يلزمني رأسمال يا حضرة الضابط .
_ هذا ليس من شأني، وإذا عثرت عليك مرة أخرى بلا عمل فسوف أقبض عليك كمتشرد !
_ الله معنا ..
_ ادع الشيطان فهو إلهك ..
_ أستغفر الله رب العالمين ..
_ أجبني ماذا أنت فاعل ؟
فتنهد قائلاً :
_ سأبحث عن عمل .
فقال بهدوء مخيف :
_ ابعد عن وجهي قبل أن أقرر القبض عليك ..
رفع زعتر يده تحية ومضى في خطوات سريعة كأنه مشترك في سباق للمشي .
وقف محمد فوزي يتبعه بعينيه حتى واراه شارع ابن خلدون .

Son : 36

مقطع من «أهل القمة» (مجموعة «الحب فوق هضبة الهرم») للكاتب المصري نجيب محفوظ – ص ٥٩–٦٠

## بقايا صور

الأب : كان في بلدتنا رجل فقير، جلس يوماً في سهرة يتحدث إلى أصحابه، فقال :

- اليوم طلع علي سبع !
- سبع ؟!
- نعم سبع !
- وماذا فعلت ؟
- عندما رأيته هربت، ركضت فركض ورائي، صرخت فزأر !
- وبعد ؟
- اختبأت في دغل، فهجم علي !
- وبعد ؟
- تسلقت شجرة فجلس تحتها حتى سقطت !
- وبعد ؟
- أكلني !
- ولكنك حي !
- حي ! وهل هذه حياة ؟!

الأم : الأولاد خائفون، لا توجد سباع في منطقتنا !

الأب : ما كان الرجل يقصد السبع الحقيقي . السبع وحش رحيم، كان يقصد الفقر .

مقطع من « بقايا صور » للكاتب السوري حنا مينا - صيغة مبسطة

Son : 37

حنا مينه (١٦ أبريل ١٩٢٤ -)، روائي سوري ولد في مدينة اللاذقية. ساهم في تأسيس رابطة الكتاب السوريين واتحاد الكتاب العرب. يعد حنا مينه أحد كبار كتاب الرواية العربية. وتتميز رواياته بالواقعية.

عاش حنا طفولته في إحدى قرى لواء الإسكندرون على الساحل السوري. وفي عام ١٩٣٩ عاد مع عائلته إلى مدينة اللاذقية وهي عشقه وملهمته بجبالها وبحرها. كافح كثيراً في بداية حياته وعمل حلاقاً وحمّالاً في ميناء اللاذقية، ثم كبحار على السفن والمراكب. اشتغل في مهن كثيرة أخرى منها مصلّح دراجات، ومربّي أطفال في بيت سيد غني، إلى عامل في صيدلية إلى صحفي أحياناً، ثم إلى كاتب مسلسلات إذاعية للإذاعة السورية باللغة العامية، إلى موظف في الحكومة، إلى روائي.

Son : 38

عن ويكيبيديا الموسوعة الحرة

---

### Version complète

قال الوالد يومها للأم : ماتت هذه الصنعة . ماتت الدودة المباركة . متنا نحن أيضاً، يرحمنا الله !

قالت الأم :

- لكننا لا نزال نحيا مع الأسف ! أين الموت ؟

نظر إليها مغضباً، ساخراً، وتساءل :

- نحيا ؟ هذه حياة ؟!

ثم روى هذه النادرة : كان في بلدتنا رجل فقير، لا يجد اللقمة ولا اللباس، جلس يوماً في سهرة يتحدث فقال : اليوم طلع علي سبع وأنا في البرية . دهش السامعون وقالوا :

- سبع ؟

قال :

- نعم سبع .

- وماذا فعلت ؟

قال الرجل :

- عندما رأيته هربت، ركضت فركض ورائي، صرخت فزأر، اختبأت في دغل

فانقض علي، تسلقت شجرة فربض تحتها حتى خارت قواي وسقطت ..

- وبعد ؟ صاح الحاضرون .

- أكلني !

- ولكنك لا تزال تحيا ..

فابتسم وسألهم :

- أحيا ؟ وتعتبرون هذه حياة ؟

قالت الأم : لا تخوف الأولاد .. لا توجد سباع في البرية ..

قال الأب :

- ما كان الرجل يقصد السبع الحقيقي .. السبع وحش رحيم .. كان يقصد الفقر ..

قالت الأم : على كل حال يكفي أننا لم نـمت ..

سكت الوالد .. كان متألماً حقاً .. لقد ماتت الدودة المباركة ومات الناس معها في رأيه .. هو رأى ذلك بعينيه، ورأيناه نحن أيضاً، ولكنه، كرجل، عاشه على نحو أعمق ..

Son : 39

عن حنا مينا - بقايا صور - ص ١٧١-١٧٣

## المرتبة المقعرة

- انظري، هل تغيرت الدنيا ؟
- لا ، لم تغير.
- سأنام ساعةً إذن.

ونام يومًا، وعندما استيقظ قال :
- انظري، هل تغيرت الدنيا ؟
- لا ، لم تغير.
- سأنام يومًا إذن.

ونام أسبوعًا، وعندما استيقظ قال :
- انظري، هل تغيرت الدنيا ؟
- لا ، لم تغير.
- سأنام أسبوعًا إذن.

ونام شهرًا، وعندما استيقظ قال :
- انظري، هل تغيرت الدنيا ؟
- لا ، لم تغير.
- سأنام شهرًا إذن.

ونام عامًا، وعندما استيقظ قال :
- انظري، هل تغيرت الدنيا ؟
- لا ، لم تغير.
- سأنام عامًا إذن.

ونام عشرة أعوام، ولم يستيقظ.
عندئذ نظرت الزوجة من النافذة وقالت:
- يا إلهي ! لقد تغيرت الدنيا !

**Son : 40**

مقطع من « المرتبة المقعرة » ( من المجموعة القصصية «النداهة» )
للكاتب المصري يوسف إدريس – صيغة مبسطة

---

ولد يوسف إدريس في ١٩ مايو ١٩٢٧ وكان والده متخصصاً في استصلاح الأراضي ولذا كان متأثراً بكثرة تنقل والده وعاش بعيداً عن المدينة وقد أرسل ابنه الكبير (يوسف) ليعيش مع جده في القرية.

لما كانت الكيمياء والعلوم تجتذب يوسف فقد أراد أن يكون طبيباً. وفي سنوات دراسة بكلية الطب اشترك في مظاهرات كثيرة ضد المستعمرين البريطانيين ونظام الملك فاروق. وفي ١٩٥١ صار السكرتير التنفيذي للجنة الدفاع عند الطلبة، ثم سكرتيراً للجنة الطلبة. وبهذه الصفة نشر مجلات ثورية وسجن وأبعد عن الدراسة عدة أشهر. وكان أثناء دراسته للطب قد حاول كتابة قصته القصيرة الأولى، التي لاقت شهرة كبيرة بين زملائه.

منذ سنوات الدراسة الجامعية وهو يحاول نشر كتاباته. وبدأت قصصه القصيرة تظهر في المصري وروز اليوسف. وفي ١٩٥٤ ظهرت مجموعته أرخص الليالي. وفي ١٩٥٦ حاول ممارسة الطب النفسي ولكنه لم يلبث أن تخلى عن هذا الموضوع وواصل مهنة الطب حتى ١٩٦٠ إلى أن انسحب منها وعين محرراً بجريدة الجمهورية وقام بأسفار في العالم العربي فيما بين ١٩٥٦-١٩٦٠. في ١٩٥٧ تزوج يوسف إدريس.

في ١٩٦١ انضم إلى المناضلين الجزائريين في الجبال وحارب في معارك استقلالهم ستة أشهر وأصيب بجرح وأهداه الجزائريون وساماً إعراباً عن تقديرهم لجهوده في سبيلهم وعاد إلى مصر، وقد صار صحفياً معترفاً به من حيث نشر روايات قصصية، وقصصاً قصيرة، ومسرحيات.

وفي ١٩٦٣ حصل على وسام الجمهورية واعترف به ككاتب من أهم كتّاب عصره. إلا أن النجاح والتقدير أو الاعتراف لم يخلّصه من انشغاله بالقضايا السياسية، وظل مثابراً على التعبير عن رأيه بصراحة، ونشر في ١٩٦٩ «المخططين» منتقداً فيها نظام عبد الناصر ومنعت المسرحية، وإن ظلت قصصه القصيرة ومسرحياته غير السياسية تنشر في القاهرة وفي بيروت.

وفي ١٩٧٢، اختفى من الساحة العامة، على أثر تعليقات هي علنية ضد الوضع السياسي في عصر السادات ولم يعد للظهور إلا بعد حرب أكتوبر ١٩٧٣ عندما أصبح من كبار كتّاب جريدة الأهرام.

عن ويكيبيديا - الموسوعة الحرة

**Son : 41**

---

### Version complète

المرتبة المقعرة

في ليلة الدخلة، والمرتبة جديدة وعالية ومنفوشة، رقد فوقها بجسده الفارع الضخم، واستراح إلى نعومتها وفخامتها، وقال لزوجته التي كانت واقفة إذذاك بجوار النافذة :

- انظري ... هل تغيرت الدنيا ؟

ونظرت الزوجة من النافذة، ثم قالت :

- لا ... لم تتغير..
- فلأنم يومًا إذن..

ونام أسبوعًا، وحين صحا، كان جسده قد غور قليلًا في المرتبة ..
فرمق زوجته وقال:

- انظري ... هل تغيرت الدنيا ؟

ونظرت الزوجة من النافذة، ثم قالت :

- لا ... لم تتغير..
- فلأنم أسبوعًا إذن..

ونام عامًا، وحين صحا، كانت الحفرة التي حفرها جسده في المرتبة قد عمقت أكثر، فقال لزوجته:

- انظري ... هل تغيرت الدنيا ؟

ونظرت الزوجة من النافذة، ثم قالت :

- لا ... لم تتغير..
- فلأنم شهرًا إذن..

ونام خمس سنوات، وحين صحا، كان جسده قد غور في المرتبة أكثر، وقال كالعادة لزوجته :

- انظري ... هل تغيرت الدنيا ؟

ونظرت الزوجة من النافذة، ثم قالت :

- لا ... لم تتغير..
- فلأنم عامًا إذن..

ونام عشرة أعوام، كانت المرتبة قد صنعت لجسده أخدوداً عميقاً، وكان قد مات وسحبوا الملاءة فوقه فاستوى سطحها بلا أي ابعاج، وحملوه بالمرتبة التي تحولت إلى لحد وألقوه من النافذة إلى أرض الشارع الصلبة ..

حينذاك وبعد أن شاهدت سقوط المرتبة اللحد حتى مستقرها الأخير، نظرت الزوجة من النافذة وأدارت بصرها في الفضاء، وقالت :

- يا إلهي ... لقد تغيرت الدنيا ..

**Son : 42**

« المرتبة المقعرة » ( من المجموعة القصصية « النداهة » ) – ١٩٦٩ للكاتب المصري يوسف إدريس

**Texte littéraire moderne**
Essayer sans aide de comprendre le texte, qui est assez simple. En cas de difficulté, se référer au lexique à la fin du volume.

## سحر الكلمة المطبوعة

أنا رجل بسيط ... غاية ما وصلت إليه هو أنني اشتغلت سائقاً لسيارة السيد مرسي عبد العزيز مدير شركة التوريدات، بمرتب قدره خمسة عشر جنيها في الشهر . ولا أظن أني سأصل في حياتي إلى أكثر من هذا ...

**Son : 43**

وقد تزوجت من ابنة عمي وأنا في العشرين من عمري . امرأة قروية طيبة، لا تقرأ ولا تكتب . ولكن لها من ذكائها وطيبة قلبها ما يغنيها عن القراءة والكتابة. ورزقت منها ببنتين : فاطمة وسميرة . وسميرة أجمل وأرق من فاطمة . عيناها واسعتان كعيني أمي . ولجمالها ورقتها منحتها من حبي ورعايتي أكثر مما منحت أختها .

**Son : 44**

وأنا لم أتم تعليمي، لم أنل أكثر من الشهادة الابتدائية. وليست لي هوايات، لا أدخن ولا أتردد على المقاهي، ولا أشرب الخمر، ولا شيء أبداً ... هواياتي الوحيدة هي قراءة الصحف والمجلات . كنت أدفع لعبد المنعم بائع الجرائد الذي يقف أمام مقر الشركة خمسة قروش في الأسبوع، نظير قراءة جميع الصحف والمجلات العربية، على أن أردها إليه في نفس يوم صدورها . كنت أقرأ كل شيء في الجريدة أو المجلة . ما يهمني وما لا يهمني، وما أفهمه وما لا أفهمه . إن الكلمة المطبوعة لها علي تأثير السحر، كالمخدر، إني أدمن على الكلام المطبوع . وربما لو قدمت لي نفس الكلام مكتوباً بخط اليد، لما قرأته، ولو قرأته لما اقتنعت به ولما ترك في نفسي أثراً . ولكن إذا طبع هذا الكلام في جريدة أو مجلة شربته بعيني، وبعقلي، وبكل حواسي .

**Son : 45**

وكان أكثر ما أهتم بقراءته هو ما يكتب عن البنات ... ربما لأنني - كما تعلمون - أب لبنتين . وكانت الآراء التي تدعو إلى حرية البنت، وتعليمها، واقتحامها ميادين العمل و ... هذه الآراء التي يدعو إليها كبار الكتاب، كانت تحيرني، وتثير في نفسي معركة عنيفة . فقد نشأت في بيئة لا تعترف للبنت بشيء من هذه الحقوق، بل لا تعترف لها حتى بحق التعليم ... كل بناتنا جالسات في البيوت . وأمي لا تقرأ ولا تكتب، وأختي لا تقرأ ولا تكتب، وزوجتي لا تقرأ ولا تكتب، ونحن قوم سعداء، بيوت سعيدة، وأزواج سعداء، وأولاد سعداء ... ورغم ذلك فسحر الكلمة المطبوعة يسري في أعصابي ويتسلل إلى عقلي ... إلى أن تجرأت وأدخلت فاطمة وسميرة إلى المدرسة ...

**Son : 46**

إحسان عبد القدوس

# أسرتي وطفولتي

في التشكيل العائلي، كنت الولد الثاني بين أربعة صبيان وبنت، هم المعتز ورشيد وصباح وهيفاء.

أسرتنا من الأسر الدمشقية المتوسطة الحال. لم يكن أبي غنياً ولم يجمع ثروة، كل مدخول معمل الحلويات الذي يملكه، كان ينفق على إعاشتنا وتعليمنا، وتمويل حركة المقاومة الشعبية ضد الفرنسيين.

وإذا أردت تصنيف أبي أصنفْه دون تردد بين الكادحين، لأنه أنفق خمسين عاماً من عمره، يستنشق روائح الفحم الحجري، ويتوسد أكياس السكر، وألواح خشب السحاحير ..

وكان يعود إلينا من معمله في زقاق «معاوية» كل مساء، تحت المزاريب الشتائية كأنه سفينة مثقوبة ..

وإني لأتذكر وجه أبي المطلي بهباب الفحم، وثيابه الملطخة بالبقع والحروق، كلما قرأت كلام من يتهمونني بالبرجوازية والانتماء إلى الطبقة المترفة، والسلالات ذات الدم الأزرق ..

Son : 47

أي طبقة .. وأي دم أزرق .. هذا الذي يتحدثون عنه ؟

إن دمي ليس ملكياً، ولا شاهانياً، وإنما هو عادي كدم آلاف الأسر الدمشقية الطيبة التي كانت تكسب رزقها بالشرف والاستقامة والخوف من الله ..

وراثياً، في حديقة الأسرة شجرة كبيرة .. كبيرة .. اسمها أبو خليل القباني .. إنه عم والدتي وشقيق جد والدي ..

قليلون منكم ـ ربما ـ من يعرفون هذا الرجل.

قليلون من يعرفون أنه هز مملكة، وهز باب «الباب العالي» وهز مفاصل الدولة العثمانية، في أواخر القرن التاسع عشر.

أعجوبة كان هذا الرجل. تصوروا إنساناً أراد أن يحول خانات دمشق التي كانت تزرب فيها الدواب إلى مسارح .. ويجعل من دمشق المحافظة التقية الورعة .. «برودواي» ثانية ..

خطيرة كانت أفكار أبي خليل. وأخطر ما فيها أنه نفذها .. وصلب من أجلها ..

Son : 48

أبو خليل القباني كان إنسكلوبيديا بمئة مجلد ومجلد .. يؤلف الروايات، ويخرجها، ويكتب السيناريو، ويضع الحوار، ويصمم الأزياء ويمثل، ويرقص، ويلحن كلام المسرحيات، ويكتب الشعر بالعربية والفارسية.

وحين كانت دمشق لا تعرف من الفن المسرحي غير خيمة «قره كوز» ولا تعرف من الأبطال، غير أبي زيد الهلالي، وعنترة، والزير .. كان أبو خليل يترجم لها راسين عن الفرنسية ..

وفي غياب العنصر النسائي، اضطر الشيخ إلى إلباس الصبية ملابس النساء، وإسناد الأدوار النسائية إليهم، تماماً مثلما فعل شكسبير في العصر الفيكتوري [1].

Son : 49

وطار صواب دمشق، وأصيب مشايخها، ورجال الدين فيها بانهيار عصبي، فقاموا بكل ما يملكون من وسائل، وسلطوا الرعاع عليه ليشتموه في غدوه ورواحه، وهجوه بأقذر الشعر، ولكنه ظل صامداً، وظلت مسرحياته تعرض في خانات دمشق، ويقبل عليها الجمهور الباحث عن الفن النظيف.

وحين يئس رجال الدين الدمشقيون من تحطيم أبي خليل، ألفوا وفداً ذهب إلى الإستانة و قابل الباب العالي، وأخبره أن أبا خليل القباني يشكل خطراً على مكارم الأخلاق، والدين، والدولة العلية، وأنه إذا لم يغلق مسرحه، فسوف تطير دمشق من يد آل عثمان .. وتسقط الخلافة.

طبعاً خافت الخلافة على نفسها، وصدر فرمان سلطاني بإغلاق أول مسرح طليعي عرفه الشرق وغادر أبو خليل الدمشقي منزله إلى مصر، وودعته دمشق المتحجرة كما تودع كل مبدعيها موهوبيها، أي بالحجارة، والبندورة، والبيض الفاسد ..

Son : 50

وفي مصر، التي كانت أكثر انفتاحاً على الفن، وأكثر فهماً لطبيعة العمل الفني، أمضى أبو خليل بقية أيام حياته، ووضع الحجر الأول في بناء المسرح الغنائي المصري.

إن انقضاض الرجعية على أبي خليل، هو أول حادث استشهاد فني في تاريخ أسرتنا .. وحين أفكر في جراح أبي خليل، وفي الصليب الذي حمله على كتفيه، وفي ألوف المسامير المغروزة في لحمه، تبدو جراحي تافهة .. وصليبي صغيراً صغيراً ..

فأنا أيضاً ضربتني دمشق بالحجارة، والبندورة، والبيض الفاسد .. حين نشرت عام ١٩٥٤ قصيدتي «خبز وحشيش وقمر» ..

العمائم نفسها التي طالبت بشنق أبي خليل طالبت بشنقي .. والذقون المحشوة بغبار التاريخ التي طلبت رأسه طلبت رأسي ..

«خبز وحشيش وقمر» كانت أول مواجهة بالسلاح الأبيض بيني وبين الخرافة .. وبين التاريخيـين.

Son : 51

نزار قباني - الأعمال الكاملة - المجلد السابع (الأعمال النثرية الكاملة) ص ٢١٩-٢٢١

---

[1] Anachronisme par inadvertance ; sans doute l'auteur a-t-il voulu dire مثلما فعل بمسرحيات شكسبير

**Dictée et invitation à lire en autonomie** - texte choisi parmi les 60 en accès libre sur le site : www.al-hakkak.fr - rubrique "**60 dictées hors manuel**".

Cet extrait d'une nouvelle intitulée التزوير (*Falsification*) du Syrien زكريا تامر (né en 1931), publiée dans un recueil de 36 nouvelles, mélange surréalisme et références littéraires connues de tous (les 1001 Nuits) ; le texte prend la forme d'une révélation qui aurait échappé à tous et depuis des siècles... NB : pour bien tirer profit de cet exercice, il faudrait aussi essayer de comprendre le texte, dépourvu de ponctuation, à l'aide du vocabulaire donné ci-dessous, avant d'écouter la dictée, d'abord la version normale puis la version adaptée à l'exercice de dictée.

**Son : 52 lecture normale**   **Son : 53 lecture pour dictée**

في الليلة الواحدة بعد الألف قالت الملكة شهرزاد لزوجها شهريار ما بك ساكت في هذه الليلة لماذا لا تحكي لي كعادتك حكايات تسليني وتنسيني هموم الحكم والحقيقة المرة البشعة القائلة إن الرجال غير مخلصين لزوجاتهم قال شهريار متجهم الوجه كل ما أعرفه من حكايات رويته لك وآن لي أن أرتاح فقد تعبت حتى المرض ومن حقي الظفر بإجازة بعد عمل دام ألف ليلة قالت شهرزاد بصوت غاضب مهدد اسمع إذا لم تحك لي من حكاياتك الخبيثة المثيرة المشوقة فإني سأقطع رأسك وأفعل بك ما فعلته بأزواجي السابقين قال شهريار لا داعي إلى التردد وأصدري أمرك فوراً بقطع رأسي وسأكون شاكراً لك إذا أسرعت فنفذ طلب شهريار بعد لحظات وبكثير من الدقة والحماسة وفي الأيام التالية استدعت الملكة شهرزاد العديد من الأدباء الموثوقين وأمرتهم بإعادة كتابة حكايات ألف ليلة وليلة وتعديلها التعديل المناسب فكان لها ما أرادت وأصبح شهريار خصماً للمرأة في كل العصور

زكريا تامر - التزوير - قصة قصيرة من مجموعة نداء نوح ص ٢٣٣-٢٣٤

| | | | | | |
|---|---|---|---|---|---|
| si tu te dépêchais | | Il est temps pour moi de me reposer | آن لي أن أرتاح | La 1001ème nuit | الليلة الواحدة بعد الألف |
| Quelques instants plus tard, la demande de Shahrayâr a été exécuté | نفذ طلب شهريار بعد لحظات | Je suis fatigué, jusqu'à en être malade | تعبت حتى المرض | La Reine Shahrazâd | الملكة شهرزاد |
| Avec beaucoup de précision et d'enthousiasme | بكثير من الدقة والحماسة | J'ai le droit d'avoir un congé | من حقي الظفر بإجازة | Son époux Shahrayâr | زوجها شهريار |
| Les jours suivants | في الأيام التالية | Après un travail qui a duré mille nuits | بعد عمل دام ألف ليلة | Pourquoi es-tu silencieux ? | ما بك ساكت |
| La reine a convoqué | استدعت الملكة | D'une voix courroucée et menaçante | بصوت غاضب مهدد | Pourquoi ne me racontes-tu rien? | لماذا لا تحكي لي |
| Nombreux hommes de lettres fiables | العديد من الأدباء الموثوقين | Ecoute ! | اسمع | Comme à ton habitude | كعادتك |
| Elle leur a ordonné de réécrire | أمرتهم بإعادة كتابة | Si tu ne me racontes pas une histoire | إذا لم تحك لي حكاية | Des contes qui me divertissent | حكايات تسليني |
| Les contes des 1001 N | حكايات ألف ليلة وليلة | Tes histoires malignes, spectaculaires et attirantes | حكاياتك الخبيثة المثيرة المشوقة | [Qui] me font oublier les soucis de mes responsabilités | تنسيني هموم الحكم |
| Les modifier comme il convient | تعديلها التعديل المناسب | Je te couperai la tête | سأقطع رأسك | L'amère et horrible vérité | الحقيقة المرة البشعة |
| Elle a obtenu ce qu'elle voulait | كان لها ما أرادت | Je te ferai subir ce que j'ai fait de mes anciens époux | أفعل بك ما فعلته بأزواجي السابقين | Qui dit que les hommes sont infidèles à leurs épouses | القائلة إن الرجال غير مخلصين لزوجاتهم |
| Shahrayâr est devenu un ennemi de la Femme | أصبح شهريار خصماً للمرأة | Il ne faut pas hésiter | لا داعي إلى التردد | Ayant le visage renfrogné | متجهم الوجه |
| A toutes les époques | في كل العصور | Donne ton ordre toute de suite | أصدري أمرك فوراً | Tout ce que je connais comme contes, je te l'ai raconté | كل ما أعرفه من حكايات رويته لك |
| | | Ma décapitation | قطع رأسي | | |
| | | Je te serais reconnaissant | سأكون شاكراً لك إذا أسرعت | | |

## Index lexical

| | | | | | |
|---|---|---|---|---|---|
| Garçons et filles | الصِّبيان والبَنات | Vie | الحَياة | **Noms (substantifs)** | الأسماء |
| Journaux et magazines | الصُّحُف والمجلّات | Caravansérail | الخان ج خانات | Opinions | الآراء |
| Officier, commissaire | الضابط | Bois (matière) | الخَشَب | Dieux (les —) | الآلهة |
| Classe (sociale) | الطَّبَقة | Bois d'ébène | - خشب الأبنوس | Evénements | الأحداث |
| Enfance | الطُّفولة | Ecriture manuelle | خَطّ اليَد | Années 40 | الأربَعينيات |
| Bonté de cœur | طيبة القلب | Alcool, boisson alcoolisée | الخَمْر ج خُمور | Famille | الأُسْرة ج أُسَر |
| Savant | العالِم | Buisson | الدَغْل ج أَدْغال | Amis | الأصحاب |
| Monde | العالَم | Sang bleu | الدم الأزرق | Nerfs | الأعصاب |
| An, année | العام ج أعوام | Vie, monde | الدُّنْيا | Travaux, faits, œuvres | الأعمال |
| Raison, cerveau | العَقْل | Religion | الدين ج أديان | Le dieu | الإله ج آلهة |
| Science | العِلْم ج عُلوم | Intelligence | الذَّكاء | Empire | الإمبراطورية |
| Âge, vie | العُمْر | Danseuse | الراقصة | Proposition, suggestion | الاقْتِراح ج اقتراحات |
| Travail, œuvre | العَمَل ج أعمال | Hommes | الرجال | Femme | امْرَأة (الـمَرْأة) ج نساء |
| Genre féminin | العُنْصُر النسائي | Homme politique | الرَّجُل السياسي | Vendeur de journaux | بائع الجَرائد |
| Chambre à coucher | غُرْفة النَوْم | Moyens d'existence | الرِزْق ج أَرْزاق | Village, petite ville, commune | البَلْدة |
| Chambre, pièce | - غرفة ج غُرَف | Bienveillance | الرعاية | Environnement | البيئة |
| Homme rêvé, prince charmant | فتى الأحلام | Romancier | الروائي | Effet de la magie | تأثـير السِحْر |
| Jeune homme | - فَتى ج فتيان | Âme | الروح ج أرواح | Histoire, chroniques | التاريخ |
| Charbon | الفَحْم الحَجَري | Epouse | الزَّوْجة | Importations | التَوْريدات |
| Pauvreté | الفَقْر | Chauffeur | السائق ج سوّاق | Bavardage | الثَرْثَرة |
| Pauvre | فقير ج فُقَراء | Fauves, lions | السِباع | Fortune | الثَرْوة |
| Lecture | القراءة | Fauve, lion | السَبْع | Renard | الثَعْلَب |
| Manque d'éducation, impolitesse | قلّة أدَب ! | Prison | السِجْن ج سُجون | Culture domestique | الثقافة الـمَنْزِلِيّة |
| Force | القُوّة ج قوى | Réputation | السُمْعة | Trilogie | الثُلاثِيّة |
| Ceux qui gagnent durement leur vie | الكادحون | Veillée, soirée | السَهْرة | "Thème" | الثيمة |
| Prêtre (ancien) | الكاهن ج كَهَنة | Madame, dame | السَيِّدة | Prix Nobel | جائزة نوبل |
| Ecriture | الكِتابة | Arbre | الشَجَرة ج أشْجار | Corps | الجَسَد = الجِسْم = البَدَن |
| Chiens | الكِلاب | Mendiant | الشَحّاذ ج شحّاذون / شحّاذين | Quartier | الحارة ج حارات |
| Mot imprimé | الكَلِمة الـمَطْبوعة | Poésie | الشِعْر | Evénement | الحَدَث ج أحداث |
| Voleur | اللِصّ | Cheveux | الشَعْر | Jardin | الحَديقة = البُسْتان |
| Rencontre | اللقاء | Mois | الشَهْر ج أَشْهُر / شُهور | Calcul | الحساب |
| Vagabond, sans abri | الـمُتَشَرِّد | Ami, propriétaire, chef | الصاحب ج أصحاب | Pâtisseries | الحَلَوِيّات = الحَلْوى |
| Combattant | الـمُحارب ج المحاربون / المحاربين | Mon ami | - صاحبي | Sens | الحواسّ |
| Drogue, anésthésiant | الـمُخَدِّر ج مخدّرات | Propriétaire de la maison | - صاحب الدار | Les cinq sens | - الحواس الخَمْس |
| Revenu | الـمَدْخول | Patron | - صاحب الشركة | | |
| Directeur | الـمُدير ج مُدَراء | Chef de la Police (ancien) | - صاحب الشرطة | | |

# الأسبوع السادس عشر

## الصفات وأسماء الفاعل والمفعول — Adjectifs

| | | |
|---|---|---|
| Salaire | المُرَتَّب ج مرتبات | |
| Théâtre | المسرح ج مسارح | |
| Habitation, foyer | المَسْكَن ج مَساكن | |
| Projet | المَشْروع ج مَشاريع | |
| Restaurant | المَطْعَم ج مَطاعم | |
| Bataille | المعركة | |
| Siège social de l'entreprise | مَقَرّ الشركة | |
| Café (lieu) | المَقْهى ج المَقاهي | |
| Lieu, place | المَكان ج أمْكنة | |
| Roi des rois | مَلك المُلوك | |
| Région, endroit, contrée | المِنْطقة ج مَناطق | |
| Sujet | المَوْضوع ج مَواضيع | |
| Fenêtre | النافذة ج نوافذ | |
| Femmes | النساء | |
| Le Nil | النيل (نَهْر ....) | |
| Air | الهَواء | |
| Loisir, passe-temps | الهِواية | |
| Père | الوالد = الأب | |
| Monstre | الوَحْش | |
| Naissance | الولادة | |
| Prince héritier | وَلِيّ العَهْد | |
| Jour | اليَوْم ج أيّام | |

### Adjectifs — الصفات وأسماء الفاعل والمفعول

| | |
|---|---|
| Plus délicat que | أرقّ من |
| Plus célèbre que | أشهر من |
| Mois | الأشْهُر |
| Meilleur que | أفضل من |
| Plus abondant que | أكثر من |
| Simple | بسيط |
| Qui a obtenu, lauréat de | حائز على |
| Soucieux de préserver | حريص على |
| Véritable, réel | حقيقي |
| Vivant | حَيّ |
| Effrayé | خائف ج خائفون |

---

| | |
|---|---|
| Danseuse | الراقصة |
| Clément | رحيم |
| Romancier | روائي |
| Chauffeur | سائق |
| Chaud | ساخن |
| Politique | سياسي |
| Mendiant | الشحّاذ ج شحّاذون / شحّاذين |
| Ami, compagnon | الصاحب ج أصحاب |
| Officier | الضابط |
| Savant | العالم |
| Grand (fig.) | عظيم |
| Violent | عنيف |
| Pauvre | فقير ج فُقراء |
| Villageois | قَرَوي |
| Qui gagne durement sa vie | كادح |
| Devin, prêtre (ancien) | الكاهن ج كَهنة |
| Vagabond | مُتشرّد |
| Difficile | مُتعسّر |
| Redondant | مُتكرّر |
| De condition simple | مُتوسّط الحال |
| Homosexuel | مثليّ |
| Connu | معروف |
| Préféré | مُفضّل |
| Manuscrit | مكتوب بخطّ اليد |
| Important | مُهِمّ |
| D'accord avec | موافق على |
| Sujet | المَوْضوع ج مَواضيع |
| Fenêtre | النافذة ج نوافذ |
| Pure | نَقِيّ |

### Verbes (+ المصدر) — الأفعال

| | |
|---|---|
| Réponds-moi ! | أجبني ! (الإجابة) |
| Aimer | أحبّ يُحبّ (الحُبّ) |
| Etre accoutumé à | أدمن يُدمن على (الإدمان) |
| Je t'en prie ! | أرجوك ! (الرَّجاء) |

---

| | |
|---|---|
| Se repentir | اسْتَغْفَرَ يَسْتَغْفر |
| Regarder (d'un lieu élevé), superviser | أشْرَفَ يُشْرف على (الإشراف) |
| Dispenser | أغنى يُغني |
| Je veux dire | أقْصد = أعني |
| Il m'a mangé | أكَلَني |
| Je te rencontre | ألقاك |
| Concerner (au présent surtout) | (أهمّ) يُهمّ |
| Se cacher | اخْتَبَأ يَخْتَبئ (الاختباء) |
| Invoque le Diable ! | أدْعُ الشَيْطان |
| Continuer | اسْتَمَرّ يَسْتَمرّ (الاستمرار) |
| Se réveiller | اسْتَيْقَظ يسْتَيْقظ (الاستيقاظ) |
| Se contenter de | اقتنع يقتنع بـ (الاقتناع) |
| Se rencontrer | التَقى يلْتَقي |
| Regarde ! | انْظُري ! |
| Chercher | بَحَثَ يبْحَث عن (البَحْث) |
| Sembler | بدا يبدو |
| Oser | تجرّأ يتجرّأ |
| S'incarner | تجسّد يتجسّد |
| Parler à qqn | تحدّث يتحدّث إلى |
| Fréquenter (lieu, qqn) | تردّد يتردّد على (التردّد) |
| Grimper, escalader | تسلّق يتسلّق (التسلّق) |
| Changer, évoluer | تغيّر يتغيّر (التغيّر) |
| Je suis venu | جئْتُ |
| S'asseoir | جلس يجلس (الجلوس) |
| Obtenir | حصل يحصُل على (الحصول) |
| Sortir | خرج يخرُج (الخروج) |
| Tourner | دار يدور (الدَوَران) |
| Fumer | دخّن يُدخّن (التدخين) |
| Entrer | دخل يدخُل (الدُخول) |
| Je l'ai vu | رأيْتُهُ |
| Danser | رقص يرقُص (الرَقْص) |
| Courir | ركض يركُض (الرَكْض) |
| Rugir | زأر يزأر (الزئير) |
| Se répandre | سرى يسري (السَرَيان) |
| Tomber | سقط يسقُط (السُقوط) |

| | | | |
|---|---|---|---|
| Sentir, humer | شَمَّ يَشُمّ (الشَمّ) | Monsieur Untel | - حضرة الأخ فلان |
| Edifier | شَيَّدَ يُشَيِّد (التَشييد) | Monsieur le directeur | - حضرة المدير |
| Crier, hurler | صَرَخ يصرُخ (الصُراخ) | Durant une heure | ساعةً |
| Faire le tour | طاف يطوف بـ (الطَواف) | Le mieux que j'aie pu atteindre est... | غايةُ ما وصلت إليه هو ... |
| Apparaître | طلَع يطلَع على | | |
| Apparaître | ظهَر يظهَر (الظُهور) | Seulement | فَقَط |
| Attraper | قبَض يقبِض على (القَبْض) | Au-dessus, sur | فَوْقَ |
| Il n'y a pas | لا يوجَد | Quelle insolence ! | قِلَّة أدَب ! |
| Trouver, tomber sur qqch/qqn | لَقِيَ يلْقى | Il n'y a pas | لا يوجَد |
| Plaisanter | مزَح يمزَح (المُزاح) | Je n'ai pas fini mes études | لم أُتمّ تعليمي |
| Offrir, donner, octroyer | منَح يمنَح (المَنْح) | Je n'ai pas obtenu plus que | لم أنَل أكثر من ... |
| Dormir | نام يَنام | Que penses-tu de... ? | ما رَأيُك في ... ؟ |
| Attaquer, se jeter sur | هجَم يهجم على | Quel âge as-tu ? | ما عُمرُك ؟ |
| Fuir | هرَب يهرُب | Ce qui m'importe et ce qui ne m'importe pas | ما يهمّني وما لا يهمّني |
| C'est à dire | يعني | | |
| | | Un salaire de... | مُرتَّب قَدرُه ... |
| Divers | تعابير ومصطلحات متفرقة | Et après ? | وَبَعْدُ ! |
| | | Derrière | وَراءَ |
| Donc | إذَن | Mon Dieu ! | يا إلهي ! |
| Durant une semaine | أُسبوعًا | Altesse ! | يا مَولاتي |
| Et cetera = etc | إلخ = إلى آخره | Seigneur ! | يا مَولايَ |
| Bienvenue à | أهلًا بـ | Un jour, durant un jour | يومًا |
| Par téléphone | بالتَلفون | Durant un jour entier | - يومًا كاملًا |
| Avec mon corps | بجَسَدي | | |
| Franchement | بِصَراحة | | |
| Grâce à | بِفَضل | | |
| Avec ta langue | بِلسانك | | |
| Sous, en dessous de | تَحتَ | | |
| Il m'a touché (fig.), il m'a influencé, ne m'a pas laissé indifférent | ترك أثرًا في نفسي | | |
| Par estime pour | تَقديرًا لـ... | | |
| Mot d'égard précédant le titre de qqn ou la civilité | حَضرة .... | | |
| Monsieur Untel | - حضرة السيد فلان | | |
| Madame la professeure | - حضرة الأستاذة فلانة | | |

## Poésie moderne

Sur ces deux pages, tout comme sur les pages 40-41, sont présentés des vers composés par des poètes modernes (XIXe-XXe siècles), d'après l'anthologie intitulée تاريخ الشعر العربي الحديث de Ahmad Qibbich (أحمد قبش) et éditée en 1971 par la maison d'édition libanaise دار الجيل. L'intérêt de ces poèmes vient de la rareté de leur présence dans les manuels scolaires dans le monde arabe. Ils portent essentiellement sur certaines injustices et discriminations profondément ancrées dans les sociétés arabes.

Méthodologie : essayer à l'aide du vocabulaire donné à titre indicatif pour chaque poème de comprendre le sens et éventuellement de traduire. Une recherche sur Internet pour mieux connaître ces poètes pourrait être très instructive.

### مصطفى الغلاييني (بيروت / ١٨٨٦-١٩٤٥)

إذا صار أمر الناس فوضى تقطعوا       وأضحى عليهم فاسد القوم سيدا
فلا الشمل مجموع ولا الحق واضح       ولا شرعَ إلا السيفُ فيهم مجردا

**Son 54**

| | | | |
|---|---|---|---|
| Unité | الشمل | Ici : la vie des gens | أمر الناس |
| Ici : réalisé | مجموع | Anarchie, désordre | الفوضى |
| Justice | الحقّ | Ici : se déchirer | تقطّع يتقطّع |
| Clair | واضح | Devenir | أضحى يضحي |
| Loi | الشرع | Corrompu | الفاسد |
| Sabre, glaive, épée | السيف | Gens, peuple | القوم |
| Ici : dégainé | مُجرّد | Maître, chef | السيّد |

### عبد الغني البشتي (ليبيا / ١٩٠٩-؟٠٠٠٠)

تخيلتها زهراءَ ضاحكةَ الربى       وقد مُلِئت علماً ونوراً وعسجدا
وأبصرتها سلماً يطوف فجاجَها       فما خائفٌ ظلماً ولا باسطٌ يدا
وليس بها من سيّدٍ أو مُسوَّدٍ       سوى من تحلى بالفضائل والندى

**Son 55**

| | | | |
|---|---|---|---|
| Faire le tour | طاف يطوف | Imaginer | تخيّل يتخيّل |
| Ici : côtés | الفجاج | Fleurie | زهراء |
| Qui a peur | خائف | Qui rit | ضاحك |
| Injustice | الظلم | Hauteurs | الرّبى |
| Qui mendie | باسط اليد | Etre rempli | مُلئ |
| Maître | السيّد | Savoir, science | العلم |
| Qui est traité en maître | مسوّد | Lumière | النور |
| Se parer | تحلّى يتحلّى بـ | Or / pierres précieuses | العَسجَد |
| Vertus | الفضائل | Voir | أبصر يُبصر |
| Générosité | الندى | Paix | السِّلم |

NB : dans ces vers, le poète décrit le pays (بلاد) dont il rêve.

### جعفر حامد البشير (أواسط القرن العشرين - السودان ؟)

لا تحزنوا فلنا الغدُ       ولنا الزمان السرمدُ
العقل أصبح منذ هذا اليوم لا يتقيدُ
حراً يثور كما نريد له ولا يترددُ
متمرداً والحرُّ حين تسومه يتمردُ
لا تيأسوا فلنا الغدُ       وغداً يكون الموعدُ
قد ناء بالقيد الثقيل مصفدُ
وشكا من الحال الكئيب مشردُ
وقضى من الهم الجسيم مهددُ
أفهل غداً يُستبعدُ       مهما يكن فلنا الغدُ

**Son 56**

| | | | |
|---|---|---|---|
| Lourd | ثقيل | Ne soyez pas tristes | لا تحزنوا |
| Lourdement ligotté | مُصفّد | Demain, ici : avenir | الغد |
| Se plaindre de | شكا يشكو من | Temps | الزمان |
| Situation, condition | الحال | Infini | سرمدي |
| Triste | كئيب | Raison | العقل |
| Ici : sans abri | مُشرّد | Devenir | أصبح يُصبح |
| Ici : mourir | قضى يقضي | Se limiter | تقيّد يتقيّد |
| Souci | الهمّ | Libre | حرّ |
| Grand, énorme | جسيم | Se révolter | ثار يثور |
| Menacé | مُهدّد | A notre guise | كما نريد له |
| Quoi qu'il en soit | مهما يكن | Hésiter | تردّد يتردّد |
| Etre considéré comme lointain | يُستبعد | Rebelle | متمرّد |
| | | Opprimer | سام يسوم |
| | | Se rebeller | تمرّد يتمرّد |
| | | Se désespérer | يئس ييأس |
| | | L'Heure dite | الموعد |
| | | S'éloigner | ناء ينوء |
| | | Lien (d'un prisonnier) | القيد |

## Poésie moderne

### إدريس حنبلة (اليمن / أواسط القرن العشرين)

| | | | |
|---|---|---|---|
| Semer le désordre | شعَر يشعُر بـ | Ressentir | |
| الأجانب | Les Etrangers | العطف | Empathie |
| اليوم | Aujourd'hui | الموطن | Patrie, pays |
| المفسدة | Corruption | عبرَ | Ici : au-delà |
| استنزف يستنزف | Faire couler | البحر | Mer |
| le sang | | الأوطان | Patries |
| الدم | Sang | استنبط يستنبط | Ici : inventer |
| زاكي = زكي | Pur | جمع المال | Ici : pillage |
| لان يلين | Etre souple | الأنظمة | Régimes, systèmes |
| روح التعاون | Esprit d'entraide | اكتشف يكتشف | Découvrir |
| الأثر | Trace | دنيا الشرّ | Monde du Mal |
| الفرد | Individu, chacun | الشيطان | Diable |
| الشأن | Affaire, chose | | |

عاث الأجانبُ فيه اليومَ مفسدةٌ     واستنزفوا دمَه الزاكي وما لانوا
روحُ التعاون فيهم ما لها أثرٌ     لكل فرد له في نفسه شانُ
لا يشعرون بعطف نحو موطننا     لهم هنالك عبرَ البحر أوطانُ
يستنبطون لجمع المال أنظمةً     لم يكتشفها بدنيا الشرّ شيطانُ

**Son 57**

NB : le terme الأجانب (les étrangers) désigne ici les Anglais, colonisateurs du Yémen du Sud jusqu'en 1971.

---

| | | | |
|---|---|---|---|
| أيها الناس | Ô gens ! | الهمّ | Souci, occupation |
| أفيقوا | Réveillez-vous ! | الرزّ | Riz |
| الدنيا | Monde / Vie | قاتل اللهُ | Que Dieu combatte... |
| رضي يرضى | Accepter | السجون | Prisons |
| العيش | Vie, vivre | اللوْن | Couleur |

أيها الناسُ أفيقوا     إنما الدنيا FINISH
كيف ترضون بعيشٍ     همُّنا رزٌّ و FISH
قاتل الله سجوناً     تجعل اللونَ REDISH

**Son 58**

---

### أبو القاسم الشابي (تونس / ۱۹۰۹-۱۹۳٤)

| | | | |
|---|---|---|---|
| مشى يمشي | Marcher | الختام | Fin |
| هاته = هذه | Cette | هكذا | Ainsi |
| الأكوان | Univers | الرياح | Vents |
| الغاية = الهدف | But, finalité | سلْ = اسأل | Demande ! |
| تلا يتلو | Réciter | الضمير | Conscience |
| الرواية | Histoire, récit | الوجود | Existence |
| الكون | Univers | البداية | Début |
| الموت | La mort | | |

نحن نمشي وحولنا هاته الأكوانُ تمشي لكن لأيةِ غايةْ
نحن نتلو رواية الكون للموتِ ولكن ماذا ختام الرواية
هكذا قلت للرياح فقالت سلْ ضمير الوجود كيف البداية

**Son 59**

---

| | | | |
|---|---|---|---|
| الشعر | Poésie | رجا يرجو | Espérer, souhaiter |
| النَفثات | Ici : souffles | الرضاء = الرضى | Satisfaction |
| القلب | Cœur | الأمير | Prince |
| جاش يجيش | S'agiter, frémir | المدحة | Louange |
| الشعور | Sentiment | الرثاء | Elégie, oraison funèbre |
| لولاه | Sans lui... | تُهدى لـ | S'offrir à |
| انجاب ينجاب عن | S'éloigner | ربّ السرير | Maître du trône |
| الغيْم | Nuages | حسبي | Il me suffit |
| الحياة | Vie | ارتضى يرتضي | Accepter |
| خطر | Dangereux, grave | | |
| نظم ينظم الشعر | Composer un poème | | |

شعري نفثاتُ قلبي     إن جاش فيه شعوري
لولاه ما انجاب عني     غيم الحياة الخطيرِ
لا أنظم الشعر أرجو     به رضاء الأميرِ
بمدحة أو رثاء     تهدى لربِّ السريرِ
حسبي إذا قلت شعراً     أن يرتضيه ضميري

**Son 60**

## Poèmes chantés

# لست أدري

جئت لا أعلم من أين ولكني أتيت
ولقد أبصرت أمامي طريقاً فمشيت
وسأبقى سائراً إن شئت هذا أم أبيت
كيف جئت كيف أبصرت طريقي لست أدري

أنا لا أذكر شيئاً من حياتي الماضية
أنا لا أعلم شيئاً من حياتي الآتية
لي ذات غير أني لست أدري ما هي
فمتى تعرف ذاتي كنه ذاتي لست أدري

أين ضحكي وبكائي وأنا طفل صغير
أين جهلي ومراحي وأنا غض غرير
أين أحلامي وكانت كيفما سرت تسير
كلها ضاعت ولكن كيف ضاعت لست أدري

http://www.al-hakkak.fr/chetexos/ch20.mp3

محمد عبد الوهاب (مصر)
شعر : إيليا أبو ماضي (لبنان)

*arabe littéral*

---

## الأولى في الغرام والحب شبكوني
والثانية بالامتثال والصبر أمروني
والثالثة من غير معاد راحوا وفاتوني

الأولى في الغرام والحب شبكوني
بنظرة عين
والثانية بالامتثال والصبر أمروني
واجيبه منين
والثالثة من غير معاد راحوا وفاتوني
قولوا لي فين

الأولى في الغرام والحب شبكوني
بنظرة عين قادت لهيبي
والثانية بالامتثال والصبر أمروني
واجيبه منين طار طبيبي
والثالثة من غير معاد راحوا وفاتوني
قولوا لي فين سافر حبيبي

سافر في يوم ما واعدني على الوصال وعاهدني
وكان وصاله وداعه من بعد طول امتناعه

حطيت على القلب إيدي وانا باودع وحيدي
واقول يا عين اسعفيني وبالدمع جودي يا عيني

http://www.al-hakkak.fr/chetexos/ch23.mp3

أم كلثوم - مصر

*dialecte égyptien*

---

| | |
|---|---|
| جئت لا أعلم من أين ولكني أتيت | Je suis venu ; je ne sais d'où ; mais je suis venu. |
| وسأبقى سائراً إن شئت هذا أم أبيت | Je marcherai toujours, que je le veuille ou non. |
| كيف جئت كيف أبصرت طريقي | Comment suis-je venu, comment ai-je vu mon chemin ? |
| أنا لا أذكر شيئاً من حياتي الماضية | Je ne me souviens de rien de ma vie passée. |
| أنا لا أعلم شيئاً من حياتي الآتية | Je ne sais rien de ma vie future. |
| لي ذات غير أني لست أدري ما هي | J'existe, mais je ne sais pas qui je suis. |
| متى تعرف ذاتي كنه ذاتي | Quand connaîtrai-je l'essence de ma personne ? |
| أين ضحكي وبكائي وأنا طفل صغير | Où sons mes rires et mes pleurs quand j'étais petit ? |
| أين جهلي ومراحي وأنا غض غرير | Où mon insouciance quand j'étais un innocent adolescent. |
| أين أحلامي وكانت كيفما سرت تسير | Où sont mes rêves qui me suivaient partout ? |
| كلها ضاعت ولكن كيف ضاعت | Tous ont disparu, mais comment ont-ils disparus ? |

| | |
|---|---|
| الأولى في الغرام والحب شبكوني بنظرة عين قادت لهيبي | Au début, ils m'ont pris dans les filets de l'amour et de la passion ; d'un regard qui a mis le feu en moi. |
| والثانية بالامتثال والصبر أمروني واجيبه منين طار طبيبي | Puis ils m'ont ordonné d'obéir et d'être patient ; mais où trouverai-je la patience alors que mon guérisseur n'est plus là. |
| والثالثة من غير معاد راحوا وفاتوني قولوا لي فين سافر حبيبي | Enfin, sans prévenir, ils sont partis et m'ont laissé seul ; dites-moi où est parti mon bien-aimé ! |

**Manuel d'arabe** *en ligne*

Tome III

Les bases de l'arabe

en 50 semaines

# Semaine 17

## Quelques précisions

Après les huit petites fiches lexicales, axées sur l'homme et la société (p. 76), le mini-glossaire sur les Sciences politiques (p. 77), les exercices de traduction autour des termes RENDRE, BEAU, VENIR, FEMME, CAUSE, CHEF et COMME (pp. 80 et 81), les exercices rapides (QCM, traduction et reconstitution de phrases simples) - pp. 82 à 88, et les exercices consacrés aux verbes de la forme IV (p. 89), on aborde les textes qui se présentent cette fois d'une autre manière. Il ne s'agit plus de double version. Nous avons d'abord une série de trois mini-dialogues dont le personnage central, un juge, rappelle la figure populaire de جحا. Le juge donne raison à deux hommes que tout oppose. Il donne aussi raison à sa femme qui lui fait remarquer le paradoxe de son attitude. Le texte est suivi d'autres textes, sans vocabulaire ici, mais librement accessible sur le site Internet, avec son et vocabulaire :

http://www.al-hakkak.fr/PDF/anecdotesjuha.pdf

Viennent ensuite quatre extraits d'une pièce de théâtre de توفيق الحكيم (m. 1987) qui a pour titre شمس وقمر. Le thème est simple : le Sultan veut marier sa fille, mais celle-ci veut choisir son futur mari. Le crieur public annonce donc dans le royaume que tous les hommes ont le droit de se présenter au palais pour demander la main de la princesse, à une condition : en cas d'échec, ils reçoivent cinquante coups de fouet. Les extraits choisis correspondent à l'audition par la princesse de trois candidats, dont le troisième est certes pauvre mais intrigant. Chaque extrait est précédé de deux exercices et la traduction de quelques énoncés tirés du texte. Il est souhaitable de bien les travailler avant de commencer la lecture du texte.

Un autre texte de توفيق الحكيم est tiré d'une autre pièce: يا طالع الشجرة : Il met en scène un personnage étrange, un درويش et le contrôleur du train dans lequel voyage le derwiche. Ce passage est un bon exemple de l'écriture de ce dramaturge qui manie à merveille l'art de l'absurde et qui n'est pas sans rappeler Eugène Ionesco et Samuel Beckett. Un travail patient de ces textes ne saurait être marqué par une déception. Mais si cela donne en plus envie d'aller plus loin et de lire davantage chacun des ouvrages cités, notre démarche aura atteint son but. C'est ainsi que l'apprentissage de l'arabe pourra prendre un élan supplémentaire, réel.

Après le théâtre, on arrive à la page 97 avec trois courts poèmes de محمود درويش. Ce poète palestinien, disparu en 2008 à 67 ans, est un monument incontournable de la littérature arabe. Les trois poèmes proposés ici sont très connus. Ils peuvent servir d'un premier contact avec le poète dont l'œuvre est très présente sur le Web. De plus, le chanteur libanais مرسال خليفة a mis en musique de nombreux poèmes de Darwiche. Il y aura là à faire une écoute agréable et utile à l'apprentissage. Pour être compris, et ce n'est pas trop compliqué, il faudra consulter le lexique de fin de chapitre. Mais l'écoute peut commencer avant. La majorité des termes de ces poèmes a déjà été vue dans les chapitres précédents.

La page 100 donne les paroles d'une chanson de عبد الحليم حافظ avec un poème de نزار قباني et deux courts extraits de deux autres chansons très célèbres qu'il convient d'essayer de trouver et d'écouter sur le net : la première représente deux vers de أراك عصي الدمع qu'avait chanté أم كلثوم et dont l'auteur est un poète du X$^e$ siècle (أبو الفراس الحمداني), et la deuxième est le début d'une chanson des années 60 de نجاة الصغيرة dont l'auteur est نزار قباني et qui a pour titre ماذا أقول له .

Bon travail !

**Manuel d'arabe en ligne** — Tome III — Les bases de l'arabe en 50 semaines — © G. Al-Hakkak 2013 — http://www.al-hakkak.fr

# 17 — MAJ 15 mars 2021 — الأسبوع السابع عشر — En autonomie — العربية أسبوعاً في خمسين

## Vocabulaire général — extraits des listes du vocabulaire multilingue : http://www.al-hakkak.fr/vocabulaire-arabe.html

### الأمراض

| | |
|---|---|
| cancer | السرطان |
| asthme | الربو |
| tuberculose | السل |
| SIDA | السيدا / الإيدز |
| grippe | الإنفلونزا |
| paludisme | الملاريا |
| fièvre jaune | الحُمّى الصفراء |
| rhume | الزُّكام |
| toux | السُّعال |
| migraine | الصُّداع |
| paralysie | الشَلَل |
| épilepsie | الصَرَع |
| schizofrénie | انفصام الشخصية |

### العاهات

| | |
|---|---|
| aveugle | أعمى / عمياء |
| muet | أخرس / خرساء |
| sourd | أطرش / طرشاء |
| boîteux | أعرج / عرجاء |
| bossu | أحدب / حدباء |
| borgne | أعور / عوراء |
| idiot | أبله / بلهاء |
| idiot | أحمق / حمقاء |
| gaucher | أعسر / عسراء |
| chauve | أصلع / صلعاء |

### الألبسة

| | |
|---|---|
| vêtement | اللباس ج ألبسة |
| vêtement | الثوب ج ثياب |
| costume | البدلة ج بدلات |
| chemise | القميص ج قمصان |
| pantalon | البنطلون ج بنطلونات |
| pantalon (trad.) | السروال ج سراويل |
| sous-vêtements | الملابس الداخلية |
| chaussettes | الجورب ج جوارب |
| veste | الجاكيتة ج جاكيتات |
| manteau | المعطف ج معاطف |
| chaussures | الحذاء ج أحذية |
| chapeau | القبعة ج قبعات |

### جسم الإنسان

| | |
|---|---|
| corps | الجسم ج أجسام |
| tête | الرأس ج رؤوس |
| bras | الذراع ج أذرعة |
| main | اليد ج أيادي |
| jambe | الساق ج سيقان |
| cuisse | الفخذ |
| pied | القدم ج أقدام |
| cou | الرقبة |
| ventre | البطن |
| poitrine | الصدر ج صدور |
| épaule | الكتف ج أكتاف |
| dos | الظهر |
| visage | الوجه ج وجوه |
| taille (hauteur) | القامة |

Son : 4 — Son : 3 — Son : 2 — Son : 1

### الأديان

| | |
|---|---|
| Dieu | الله |
| un dieu | الإله ج آلهة |
| croire, croyance | الإيمان |
| croyance, dogme | العقيدة |
| athéisme | الإلحاد |
| mécréance | الكفر |
| associationisme | الإشراك |
| doute | الشك |
| monothéisme | التوحيد |
| la vie d'ici-bas | الحياة الدنيا |
| la vie dans l'au-delà | الحياة الآخرة |
| ange | الملك ج ملائكة |
| Jour de résurrection | يوم القيامة |
| Jour du Jugement dernier | يوم الحساب |
| paradis | الجنة |
| enfer | النار = جهنم = الجحيم |

### العلاقات الاجتماعية

| | |
|---|---|
| solidarité | التضامن |
| entraide | التعاون |
| aide | المساعدة |
| différent, conflit | الخلاف |
| discension sociale | الفتنة |
| guerre civile | الحرب الأهلية |
| fraternité | الأخوة |
| fraternisation | المؤاخاة |
| idem | التآخي |
| droit du voisinage | حق الجوار |
| vengeance | الثأر = الانتقام |
| agresser | الاعتداء على |
| défendre | الدفاع عن |

### العائلة

| | |
|---|---|
| famille | العائلة ج عوائل |
| famille | الأسرة ج أسر |
| père | الأب ج آباء |
| mère | الأم ج أمهات |
| enfants (fils et filles) | الأولاد |
| enfants (très jeunes) | الأطفال |
| proches parents | الأقارب |
| parents, grande famille | الأهل |
| les deux parents | الأبوان |
| fils | الابن ج أبناء |
| fille | البنت ج بنات |
| oncle (paternel) | العم ج أعمام |
| tante (paternelle) | العمة ج عمات |
| oncle (maternel) | الخال ج أخوال |
| tante (maternelle) | الخالة ج خالات |
| grand-père | الجد ج أجداد |
| petit-fils | الحفيد ج أحفاد |
| neveu | ابن الأخ / ابن الأخت |
| nièce | بنت الأخ / بنت الأخت |

### المجتمع

| | |
|---|---|
| vie sociale | الحياة الاجتماعية |
| relations sociales | العلاقات الاجتماعية |
| fraternité | الأخوة |
| classe, caste | الطبقة ج طبقات |
| groupe | الجماعة |
| tribu | القبيلة ج قبائل |
| tribu | العشيرة ج عشائر |
| lutte des classes | الصراع الطبقي |
| classe moyenne | الطبقة الوسطى |
| nation | الأمة |
| peuple | الشعب |
| communauté | الطائفة |
| public | العامة |
| élites | الخاصة |
| notables | الأعيان |
| notables | الأشراف |
| intellectuels | المثقفون |
| pauvres | الفقراء |
| riches | الأغنياء |

Son : 8 — Son : 7 — Son : 6 — Son : 5

---

Compléter librement chaque phrase avec un mot des listes ci-dessus :                     Ex 22 p 253

- ليس لي ابن عم ولا ابن ........ ولا ابن ........ ولا ابن ........ .
- اليوم عندي وجع شديد في ........................ .
- ابني ............ لا يسمع شيئاً .
- الملحدون لا يؤمنون لا بالجنة ولا ........................ .
- في لبنان دامت ........ ١٥ سنة .

- مجلس ........................ هو البرلمان .
- كرة ............ رياضة شعبية في البلدان العربية .
- في كرة ............ هناك سبعة لاعبين في كل فريق .
- لويس الخامس عشر هو ........ لويس الرابع عشر .
- عدد ................ في العالم أكبر من عدد الأغنياء .

- هناك كلمتان فرنسيتان مشتقتان من كلمة ............. .
- الكاتب الفرنسي بروست مات من مرض ................ .
- كازيمودو ........................ .
- يقال إن بتهوفن أصبح ............ في آخر عمره .
- لا ............ بيننا . نحن متفقون على كل شيء .

**Lexique autour d'une spécialité : sciences politiques** — extrait des "Glossaires rudimentaires"

## A — Son : 9

|  |  |
|---|---|
| abdication | التَّنازُل عَنِ العَرْش / الرِّئاسَة |
| absolutisme | الحُكْم المُطْلَق / الاسْتِبْداد |
| abstention | الامْتِناع عَنِ التَّصْويت |
| accrochages | الاشْتِباكات |
| adhésion à ... | الانْضِمام إلى ... |
| affaire | القَضِيَّة ج قَضايا |
| affrontement | المُواجَهَة |
| agitation | الاضْطِراب ج اضْطِرابات |
| agression | الاعْتِداء ج اعتِداءات / العُدْوان |
| aide | المُساعَدَة |
| alliance | التَّحالُف ج تحالفات |
| alternative | الحَلّ البَديل |
| ambassadeur | السَّفير ج سُفَراء |
| ambassade | السِّفارة |
| anarchie | الفَوْضى |
| anarchisme | الفَوْضَوِيَّة |
| annexion | الضَّمّ / الإلْحاق |
| annulation | الإلْغاء |
| anti-... | مُعادٍ لـ... |
| — raciste | معادٍ للْعُنْصُرِيَّة |
| anticonstitutionnel | مُخالِف للدُّسْتور |
| apartheid | التَّمْييز العُنْصُرِيّ |
| armée | الجَيْش ج جُيوش |
| armistice | وَقْف القِتال |
| assemblée nationale | المَجْلِس الوَطَنِيّ |
| attentat | الهُجوم / الاعْتِداء / العَمَلِيَّة الإرْهابِيَّة |
| autodétermination | تَقْرير المَصير |
| autorité | السُّلْطَة |

## B — Son : 10

|  |  |
|---|---|
| bassin méditerranéen | حَوْض المُتَوَسِّط |
| bataille | المَعْرَكَة ج مَعارِك |
| belligérance | حالة الحَرْب |
| bombardement | القَصْف |
| bourgeoisie | البورْجُوازِيَّة |
| boycott | المُقاطَعَة |
| bureaucratie | البيروقراطِيَّة |

## C — Son : 11

|  |  |
|---|---|
| camp de réfugiés | مُخَيَّم اللاجِئين ج مخيمات ... |
| campagne électorale | الحملة الانْتِخابِيَّة |
| campagne militaire | الحملة العَسْكَرِيَّة |
| candidat | المُرَشَّح |
| capitulation | الاسْتِسْلام |
| cas de force majeur | الظُّروف القاهِرَة |
| caste | الطَّبَقَة |
| cause politique | القَضِيَّة السِّياسِيَّة |
| censure | الرَّقابَة / المُراقَبَة |
| centre | المَرْكَز / الوَسَط |
| cessez-le-feu | وقف إطْلاق النار |
| chantage | الابْتِزاز / الاِبْتِزاز |
| charte | الميثاق ج مَواثيق / الإعْلان ج إعلانات |
| chasse aux sorcières | حَمْلة القَمْع / القمع التَّعَسُّفي |
| chauvinisme | الشّوفينية |
| chômage | البَطالة |
| citoyenneté | المُواطَنة |
| classe moyenne | الطَّبَقة المُتَوَسِّطَة |
| clergé | رجال الدِّين |
| coalition | التَّحالُف ج تحالفات / التَّآلُف |
| cohabitation | التَّعايُش / المُساكَنة |
| cohésion | التَّلاحُم / الاتِّحاد |
| collaboration | التَّعاوُن |
| collusion | التَّواطُؤ |
| colon | المُسْتَوْطِن |
| colonialisme | الاسْتِعْمار |
| colonie | المُسْتَعْمَرَة / المُسْتَوْطَنة |
| colonisation | الاستيطان / الاسْتِعْمار |
| combat | المَعْرَكة ج مَعارِك / القِتال |
| comité | اللَّجْنة ج لِجان |
| complémentarité | التَّكامُل |
| complot | المُؤامَرة |
| compromis | الحَلّ الوَسَط |
| confédération | الاتِّحاد |
| conférence internationale | المؤتمر الدُّوَلِيّ |
| conservateurs | المُحافِظون |
| constitution | الدُّسْتور |
| construction européenne | البِناء الأوربي |
| consul | القُنْصُل |
| contacts diplomatiques | الاتِّصالات الدِّبْلوماسِيَّة |
| contentieux | الخِلافات / المُنازَعات |
| contestation | الاحْتِجاج ج احتِجاجات |
| contre-offensive | الهُجوم المُضادّ |
| contre-révolution | الثَّوْرة المُضادَّة |
| Convention Constituante | الاجْتِماع التَّأسيسي |
| coopération | التَّعاوُن |
| coordination | التَّنْسيق |
| corruption | الفَساد |
| coup d'Etat | الانْقِلاب ج انقِلابات |
| Cour Internationale | المَحْكَمة الدُّوَلِيَّة |
| crédibilité | المِصْداقِيَّة |
| crime contre l'humanité | جَريمة ضِدَّ الإنْسانِيَّة |
| crimes de guerre | جرائم حَرْب |
| crise économique | الأزْمة الاقْتِصادِيَّة |
| croissance | النُّمُوّ |

## D

|  |  |
|---|---|
| débat | النِّقاش / المُناقَشة / الجَدَل |
| décideur | صاحِب القَرار |
| décision | القَرار ج قرارات |

# الأسبوع السابع عشر

**Manuel d'arabe en ligne — Tome III**
**Les bases de l'arabe en 50 semaines** © G. Al-Hakkak 2013

**Quelle préposition en arabe ?** — enregistrement ici : http://www.al-hakkak.fr/prepositions-son.html

**Extrait 3** de l'ouvrage intitulé «Quelle préposition en arabe ?» - ISBN : 9781704566153
Ce livre contient 106 séries dont sept sont reproduites dans ce volume à titre d'exemples.

**Difficulté 4/6 : Série 70**
**Son 86 ABCD - Corrigé p. 197**

D'après un recueil intitulé نداء نوح de زكريا تامر (Syrie, né en 1931)

## عن ou من ou في ؟
ou بين / قبل / عند / وراء / طول / عبر / بعد / قرب ؟

1. A certains moment, je pense à la situation dans l'univers et cela me rend triste. / 2. Ne nous serrons-nous pas les mains pour exprimer nos intentions pacifiques ? / 3. J'ai mangé un nombre vérifiable de lapins. / 4. Tout ce que je connais comme récits, je te l'ai raconté. / 5. J'ai le droit d'avoir des vacances à l'issue d'un travail qui a duré mille nuits. / 6. Shahriyâr est devenu ennemi de la Femme à toutes les époques. / 7. Je vivais comme une reine dans la maison de mon père. / 8. Tu parles des reines comme si tu oubliais que ton père n'était qu'un cireur de chaussures. / 9. Sans mon père tu serais mort de faim et tu n'aurais pas trouvé une seule paire de chaussures à cirer. / 10. Nous avons quitté la taverne complètement ivres, incapables de distinguer la terre du ciel. / 11. Lamia a poursuivi sa route dans des ruelles étroites et sinueuses. / 12. Lamia a remarqué que le jeune homme s'est arrêté. / 13. Lamia a forcé les pas sans regarder en arrière. / 14. La nuit dernière, avant de dormir, je pensais aux conditions de vie du peuple. / 15. Même en temps de repos, il ne cesse de penser à la vie de son peuple. / 16. Dans son bureau, il a reçu un groupe de jeunes travailleurs dans divers métiers. / 17. Un jour, il a ressenti une lassitude dont il ne parvenait pas à se défaire. / 18. J'ai assez d'argent pour construire une ville dont les maisons sont en or. / 19. J'ai un ministre très sage qui me conseille et donne sa vie pour me servir. / 20. J'ai un chef de la police qui appréhende le voleur avant même qu'il ne vole.

١ ـ ......... بعض الأحيان أفكر ......... أحوال الكون فأحزن .

٢ ـ ألا نتصافح لنعبر ......... نياتنا السلمية ؟

٣ ـ أكلت ......... الأرانب ما يمكن إحصاء عدده .

٤ ـ كل ما أعرفه ......... روايات رويته لك .

٥ ـ ......... حقي الظفر بإجازة ......... عمل دام ألف ليلة .

٦ ـ أصبح شهريار خصماً للمرأة ......... كل العصور .

٧ ـ كنت أعيش كالملكة ......... بيت أبي .

٨ ـ تتحدثين ......... الملكات كأنك نسيت أن أباك مجرد ماسح أحذية .

٩ ـ لولا أبي لمت ......... الجوع ولما وجدت حذاء تمسحه .

١٠ ـ غادرنا الخمارة سكرانين لا نفرق ......... السماء والأرض .

١١ ـ تابعت لميا سيرها ......... أزقة ضيقة متعرجة .

١٢ ـ لاحظت لميا أن الشاب توقف ......... المسير .

١٣ ـ أسرعت لميا ......... مسيرها دون أن تلتفت إلى الوراء .

١٤ ـ كنت ليلة أمس أفكر ......... أحوال الشعب ......... النوم .

١٥ ـ حتى ......... أوقات راحته لا يكف ......... التفكير ......... أحوال شعبه .

١٦ ـ استقبل ......... مكتبه مجموعة ......... الشبان العاملين ......... مختلف المهن .

١٧ ـ مل ......... يوم ......... الأيام مللاً لم يجد سبيلاً للخلاصـه .

١٨ ـ لدي ......... المال ما يكفي لبناء مدينة بيوتها ......... ذهب .

١٩ ـ ......... ي وزير عاقل حكيم ينصحني ويتفاني ......... خدمتي .

٢٠ ـ ......... ي رئيس شرطة يعتقل السارق ......... أن يسرق .

**Chronologie bilingue fr-ar** — enregistrement ici : http://www.al-hakkak.fr/chronologie-son.html

Extrait 3 de l'ouvrage intitulé «**Chronologie bilingue fr-ar**» - ISBN : 9781974214099

Ce livre contient environ 1500 dates dont sept séries sont reproduites dans ce volume à titre d'exemples.

*NB : la version arabe contient parfois davantage de détails, facilement repérables.*

**750** — Chute de la dynastie umayyade et avènement des Abbassides. L'Irak devient le centre de l'empire. Le premier calife abbasside, as-Saffâh (23 ans), s'installe provisoirement à Kûfa. La famille Umayyade est décimée par le nouveau gouverneur de la province de Syrie qui est l'oncle du nouveau calife.

سنة ٧٥٠ - سقوط الدولة الأموية وبداية الدولة العباسية / مركز الدولة ينتقل من الشام إلى العراق / أول الخلفاء العباسيين أبو العباس السفاح وعمره آنذاك ٢٣ سنة يجعل من مدينة الكوفة عاصمة للدولة الجديدة / الوالي العباسي في الجزيرة أي ما بين دجلة والفرات يقيم وليمة مصالحة لأبناء آل أمية ويأمر بقتلهم جميعاً والوالي هو عبد الله بن علي وهو عم الخليفة

**751** — Pépin le Bref devient roi des Francs : la dynastie carolingienne est fondée.

سنة ٧٥١ - بيبان لوبريف ابن شارل مارتل يصبح ملكاً وصعوده على العرش يعني بداية الدولة الكارولنجية التي ظلت في الحكم أكثر من قرنين

**752** — Les musulmans chassés d'Aquitaine par Pépin le Bref.

سنة ٧٥٢ - الملك بيبان لوبريف يطرد المسلمين من منطقة آكيتين

**754** — Mort d'as-Saffâh (27 ans) et avènement du deuxième calife abbasside, Abû Jaafar al-Mansûr, futur fondateur de Bagdad (762) et architecte d'une administration fortement centralisée. Etablissement de relais postaux de grande efficacité.

سنة ٧٥٤ - وفاة الخليفة العباسي السفاح وعمره لا يتجاوز السابعة والعشرين / أبو جعفر المنصور يتولى الخلافة وهو ابن عم السفاح وهو الذي أسس فيما بعد مدينة بغداد سنة ٧٦٢ ليجعلها عاصمة للدولة كما أنه أقام إدارة متطورة للدولة وخاصة بفضل نظام جديد للبريد وفرض حكماً مركزياً قوياً وشجع وضع الأسس للإسلام الرسمي السني

**756** — Seul survivant de la dynastie Umayyade, Abdurrahmân I entre en Espagne pour y fonder un émirat indépendant.

سنة ٧٥٦ - الأموي الوحيد الذي نجا من المذبحة في الجزيرة يدخل الأندلس ويؤسس إمارة في قرطبة ويسمي نفسه بعبد الرحمن الداخل ويدوم حكمه فيها حتى وفاته في قرطبة سنة ٧٨٨ وعمره ٥٧ عاماً

**759** — Les musulmans chassés de Narbonne par Pépin le Bref.

سنة ٧٥٩ - بيبان لوبريف يطرد المسلمين من مدينة عربونة في جنوب فرنسا الحالية

**762** — Fondation sur le Tigre de la ville de Bagdad qui devient capitale abbasside.

سنة ٧٦٢ - تأسيس مدينة بغداد على نهر دجلة لتصبح عاصمة للدولة العباسية

# الأسبوع السابع عشر

**Grammaire** : un mot = traductions multiples

## RENDRE

1- Il faut rendre les livres à la bibliothèque.

2- Il faut lui rendre la pareille !

3- Il faut rendre à César ce qui appartient à César !

4- Il faut lui rendre la monnaie de sa pièce !

5- Il s'est rendu, puis il a rendu l'âme.

## BEAU

1- C'est beau.

2- C'est un bel oiseau.

3- C'est bel et bien terminé.

4- Mon fils obtient de beaux résultats.

5- Je voudrais une belle tranche de boeuf.

6- Au beau milieu de la ville, il y a la cathédrale.

7- C'est un beau gâchis !

8- Ton fils est un bel égoïste !

9- Il s'agite comme un beau diable !

10- Nous avons beau essayé, il ne veut rien comprendre.

11- Les problèmes reprennent de plus belle.

## VENIR

1- Mon oncle va venir nous rendre visite.

2- Je te vois venir !

3- Il est venu à notre rencontre.

4- Une idée m'est venue à l'esprit.

5- Je ne sais pas où il veut en venir.

6- Il faut venir à bout de cet exercice.

7- Nos voisins en sont venus aux mains.

8- Le mot "magasin" vient d'un mot arabe.

9- Je viens de boire un café.

## FEMME

1- La femme de mon voisin me fait penser à Madame Bovary.

2- Notre voisin a fini par épouser sa femme de ménage.

3- Ma tante est sage-femme et c'est est une femme sage.

4- Ma grand-mère n'est pas une femme à se soumettre.

5- Mon grand-père cherche toujours la femme de sa vie.

6- Notre nouvelle voisine est une jeune femme très charmante.

7- Ma mère est une femme âgée. Je dois l'aider.

8- Qui a dit "ce que femme veut, Dieu le veut" ?

# الأسبوع السابع عشر

**Grammaire** : un mot = traductions multiples

## CAUSE

1- Je suis en retard à cause des embouteillages.
2- La perte de son emploi est la cause de sa tristesse.
3- Je vais défendre votre cause.
4- Il faut défendre la cause des victimes du terrorisme.
5- Qui dans ton pays défend la cause palestinienne ?
6- Il n'y a pas de cause à effet dans cette affaire.

## CHEF

1- Le chef de l'Etat était accompagné par le chef du gouvernement.
2- Un chef d'orchestre ne doit pas travailler comme un chef d'entreprise.
3- Mon cousin est chef de projet dans une grande entreprise.
4- Mon fils est devenu chef cuisinier.
5- C'est le chef-d'œuvre de Mozart.
6- Notre ville est le chef-lieu du département.
7- Il y a trois chefs d'accusation.
8- Elle a pris cette décision de son propre chef.
9- Mon frère rêve de devenir chef de gare.
10- C'est moi le chef ici !

## COMME

1- Il parle comme il écrit.
2- Elle est comme sa mère.
3- Il est pour moi comme un frère.
4- Je l'ai employé comme gardien.
5- Il parle dans l'ascenseur comme s'il connaissait tout le monde.
6- Il boit comme un trou.
7- Qu'avez-vous lu comme romans arabes ?
8- Il souriait comme pour attirer notre attention.
9- J'ai comme un doute concernant ce projet de loi.
10- Comme vous ne voulez pas voter ce projet, je le retire de l'ordre du jour.
11- Elle gagne comme cinq mille euros par mois.
12- Il y a dans ce bois comme une cabane.
13- Notre champion est mort d'une crise cardiaque à 20 ans ; comme quoi, personne n'est à l'abri de la mort. Comme c'est triste.

# الأسبوع السابع عشر

**QCM** (NB : dans quelques cas, il y a plus d'une réponse exacte)

| | | | | |
|---|---|---|---|---|
| ١ - أنت يا ابني ......... حق . | ○ في | ○ على | ١١ - لن أصنع بكم ................. . | ○ شيء ○ شيئاً |
| ٢ - جئت إليك ......... لك : مبروك ! | ○ لقلت | ○ لأقول | ١٢ - إنك ستصبح ......... الأميرة . | ○ زوج ○ زوجة |
| ٣ - لا أحبه ......... يسخر مني . | ○ لأنه | ○ لأن | ١٣ - هل تتصورون أننا ......... معكم ؟ | ○ سنعمل ○ سأعمل |
| ٤ - أحب اللغة العربية ......... صعبة ! | ○ لأن | ○ لأنها | ١٤ - ماذا تفعل ......... الحياة الآن ؟ | ○ في ○ إلى |
| ٥ - أدرس كثيراً ......... العربية صعبة . | ○ لأن | ○ لأنها | ١٥ - إذا عملت معنا ......... سوف تفهم . | ○ إنك ○ فإنك |
| ٦ - ......... يجب أن أذهب إلى العمل . | ○ كنت | ○ كان | ١٦ - لا تؤخر عمل ......... إلى غد ! | ○ اليوم ○ الأمس |
| ٧ - إنه لا يملك غير ......... . | ○ نفسه | ○ نفسها | ١٧ - من جد وجد ومن ......... حصد . | ○ لم يجد ○ زرع |
| ٨ - هل هذه هي ......... الحقيقية ؟ | ○ كلامك | ○ حكايتك | ١٨ - لا رسول كـ ......... . | ○ الأمير ○ الدرهم |
| ٩ - أين ذلك ......... يسمى بالقائد ؟ | ○ الذي | ○ من | ١٩ - لولا الخبز لما ......... الله . | ○ عَبَد ○ عُبِد |
| ١٠ - ما ......... الجو جميلاً فأنا سعيد ! | ○ دمت | ○ دام | ٢٠ - ليس كل من سود ..... قال أنا حداد . | ○ يده ○ وجهه |

*Citations, proverbes...*

## Négation

| | | | |
|---|---|---|---|
| ١ - ......... تقدم رجال كثيرون لطلب يد أميرة البلاد . | ○ ما | ○ لم | ○ لن |
| ٢ - شمس النهار هي ......... بنتي . | ○ لا | ○ ليست | ○ ما |
| ٣ - ......... هذه الأميرة هي بنت سلطان كبير . | ○ لا | ○ ليس | ○ ليست |
| ٤ - ..... ليس شعار الربيع العربي : الشعب يريد إسقاط النظام ؟ | ○ هل | ○ أ | ○ لا |
| ٥ - ليس ما حدث في بلادنا ......... . | ○ ثورة | ○ انقلاب | ○ انقلاباً |
| ٦ - ......... شك في أن دولة القانون سوف تنتصر . | ○ ما | ○ لا | ○ لم |
| ٧ - ......... الحياة الحقيقية كما تظن . | ○ لا | ○ ليست | ○ لم |
| ٨ - لـم ......... أحد ما حدث في مصر هذه السنة . | ○ فهم | ○ فهموا | ○ يفهم |
| ٩ - ......... أحد يفهم ما يحدث الآن في الشرق الأوسط . | ○ لم | ○ لا | ○ لن |
| ١٠ - لـم ......... بعد الأزمة الاقتصادية . | ○ ينتهي | ○ تنتهي | ○ تنته |

## culture générale

| | | | | |
|---|---|---|---|---|
| ١ - أصبح جمال عبد الناصر رئيساً لمصر سنة ................ . | ○ ١٩٥٢ | ○ ١٩٥٣ | ○ ١٩٥٤ | ○ ١٩٥٦ |
| ٢ - محمد مرسي بقي رئيساً لمصر ................ . | ○ نصف سنة | ○ سنة واحدة | ○ سنة ونصف | ○ سنتين |
| ٣ - ................ ليس لها دستور . | ○ إيران | ○ إسرائيل | ○ السعودية | ○ لبنان |
| ٤ - الأميرال نلسون مات بعد انتصاره في معركة ................ . | ○ أوسترليتز | ○ الطرف الأغر | ○ كوبنهاجن | ○ أبو قير |
| ٥ - انتصرت قوات مونتغمري على قوات رومل في ................ . | ○ شمال ليبيا | ○ شمال مصر | ○ بلجيكا | ○ شمال فرنسا |

## Traduire

١- جئنا لنرفع شكوى على البلدية . .

٢- أتوجد قضية أخرى اليوم ؟ :

٣- لا أفهم ماذا يريدون مني . .

٤- كل مواطن له الحق في التعبير عن رأيه . :

٥- تأخرنا قليلاً :

٦- هذه المدينة أعجبتنا . :

٧- كان يجب أن نتناقش في الموضوع . :

٨- إني لا أملك غير هذا المبلغ . :

٩- لقد نفد صبري . :

١٠- هذه هي النتيجة . :

**Son : 12**

1- Tu n'as pas raison. :

2- Il est allé porter plainte contre moi. :

3- Toi aussi, tu as tort. :

4- Y a-t-il un autre problème ? :

5- Que veulent-ils de toi ? :

6- Ce livre m'a plu. :

7- Je ne possède que moi-même. :

8- Je devais aller au marché. :

9- Ce n'est pas de sa faute. :

10- Est-ce ton vrai nom ? :

11- Un instant, s'il vous plaît ! :

12- Que feras-tu de nous ? :

13- Que savez-vous bien faire ? :

14- Tu seras le mari de la princesse. :

15- Dans ce cas, comment vivra-t-il ? :

16- Il n'y a pas plus simple que cela. :

17- Qui cherche trouve. :

18- Ne remets pas au lendemain ce que tu dois faire le jour-même ! :

19- Rien ne mérite autant d'être retenu que la langue :

---

Livre Premier - Chapitre Premier.
**MILAN EN 1796.**

Le 15 mai 1796, le général Bonaparte fit son entrée dans Milan à la tête de cette jeune armée qui venait de passer le pont de Lodi, et d'apprendre au monde qu'après tant de siècles César et Alexandre avaient un successeur. Les miracles de bravoure et de génie dont l'Italie fut témoin en quelques mois réveillèrent un peuple endormi; huit jours encore avant l'arrivée des Français, les Milanais ne voyaient en eux qu'un ramassis de brigands, habitués à fuir toujours devant les troupes de Sa Majesté Impériale et Royale : c'était du moins ce que leur répétait trois fois la semaine un petit journal grand comme la main, imprimé sur du papier sale.

Stendhal, *La Chartreuse de Parme*, début du texte.

## Traduire

١- ماذا أقول له إن جاء يسألني عنك ؟ :

٢- لولاك لكنا بلا عمل :

٣- سوف أكون رئيس الجمهورية إن شاء الله ! :

٤- إذا سأل عني أحد فقولوا إني مريض ! :

٥- مهما فعلت فلن تزول المشكلة :

٦- كيفما كتبت الرسالة فلن يجيب عليها :

٧- لو كنت محله فماذا تفعل ؟ :

٨- لو كنت تدري لـما قلت هذا الكلام :

٩- لولا الإنترنت لـما تعلمنا بسرعة :

١٠- سوف أساعدكم وإن كنت مريضاً :

**Son : 13**

1. S'il fait beau, j'irai me promener.

2. S'il fait beau, passe chez nous !

3. Si tu as besoin d'aide, je ne pourrai pas t'aider.

4. Si nous partions maintenant, nous ne serions pas en retard.

5. Si je partais en voyage, ce serait vers la Tunisie.

6. Si j'avais su, je ne serais pas venu.

7. Qui veut apprendre, apprendra.

8. Quoi que tu fasses, nous serons avec toi.

9. Où que tu sois, nous te rendrons visite.

10. Si j'étais roi, il n'y aurait pas de pauvres dans mon royaume.

11. Si tu lis le journal, tu sauras tout.

12. Si tu continues à trop manger, tu seras obèse.

13. Si j'étais président, je n'augmenterais pas les impôts.

14. S'il n'avait pas été trop vieux, il aurait été un bon président.

15. Si les élections avaient lieu aujourd'hui, tu les gagnerais.

16. S'il n'y avait pas de neige, je serais venu vous voir hier.

17. Si ton voisin tombait malade, aide-le !

18. Si tu avais lu le journal, tu aurais tout su.

19. Si tu étais vraiment mon ami, parle-moi franchement !

20. Si j'avais su que l'arabe était aussi difficile, j'aurais appris l'espéranto.

---

Magdeleine à Suzanne
11 avril
    Ta lettre m'a fait un grand plaisir, ma chère Suzanne ; tes récits et tes descriptions ont pour moi toute la pompe et tout le charme de la féerie ; ces riches parures, ces fêtes magnifiques dont tu me parles ont rempli mes rêves pendant deux nuits ; pour moi, je ne sais que dire en retour, il n'y a rien ici de pareil, et je n'ai rien à t'apprendre, sinon que les pruniers sont en fleur et que le vent tiède du printemps apporte dans ma chambre, au moment où je t'écris, l'odeur des premières violettes et des premières grappes de lilas.
Alphonse Karr, *Sous les Tilleuls*, p. 1.

# الأسبوع السابع عشر

**Traduire / enrichir / traduire**

| | | | | |
|---|---|---|---|---|
| الإنصاف | اغتصاب | الأعمال الشاقة | دعوى | Chercher le sens exact de chaque terme ou expression, sinon voir l'index lexical alphabétique, en fin du chapitre. **Son : 14** |
| العدل | احتيال | الإعدام | المدعي | القاضي / الدفاع |
| محكمة الجنايات | مخالفة | قضية | المدعى عليه | الحاكم / المرافعة |
| محكمة الاستئناف | الخيانة | التحقيق | التهمة | المحامي / الاتهام |
| محكمة النقض | الإخلال بالأمن العام | قاضي التحقيق | الحكم | المدعي العام / قفص الاتهام |
| المحكمة الشرعية | التآمر على الدولة | اعتداء | الحكم بـ | المحكمة / المتهم |
| المحكمة الابتدائية | الإشهار | سرقة | حكم عليه بـ | المحاكمة / شاهد ج شهود |
| محكمة العدل الدولية | حقوق الإنسان | قتل | السجن | |
| محكمة أمن الدولة | العدالة | اغتيال | غرامة | |

*Reconstituer chaque phrase puis placer le terme suivant comme il convient.*

جاء / عمي .
................... + ليطلب / مالاً .
................... + أبي / من .
................... + البارحة .
................... + مساء .
................... + لقد .

يعرفها / الكريم / عبد .
................... + أهلها / ويعرف .
................... + وجيرانها .
................... + إنّ .
................... + لا / لا / ولا / ولا .
................... + البتة .
................... + صديقي .

أولاده / قرب / يترك / بقرتي .
................... + المجانين .
................... + المسكينة .
................... + إنه .
................... + دائماً .
................... + الوحوش .

على / أنت / حق .
................... + أخي / يا .
................... + والله .
................... + ذلك / في / شك / لا .
................... + صدقني .

رجعت / لتستريح / الأميرة .
................... + في / قصرها .
................... + ساعة .
................... + الظهر / عند .
................... + الرائع .

هذا / من / لك / أين .
................... + المال .
................... + قل لي .
................... + بصراحة .
................... + صار .

---

Pourquoi laisses-tu tes livres sur mon bureau ?

Je ne garerai plus jamais ma voiture devant ton garage.

N'a-t-il pas raison ?

N'a-t-elle pas tort ?

Vous avez tous raison.

Personne n'a raison dans cette affaire.

Bien sûr que j'ai raison !

*Traduire, en s'inspirant des tournures rencontrées dans le texte.*

Il est venu pour acheter une vache normande.

Je suis venu pour vendre ma maison.

Elle est venue pour acheter quelques fruits.

Nos voisins sont partis en Egypte pour visiter les Pyramides.

Elle laisse toujours sa voiture devant ma porte.

Puis-je laisser mon cheval près de ta maison ?

# الأسبوع السابع عشر

## Traduire / reconstituer / choisir

| | |
|---|---|
| Est-ce que tous les Français partent en vacances ? | Qui est le principal joueur de votre équipe ? |
| Est-ce que tous les élèves trichent pendant les examens ? | Qui est le principal collaborateur du président ? |
| Est-ce que tous les enfants parlent pendant qu'ils mangent ? | Actuellement, il ne fait rien pour nous aider. |
| Ne connais-tu pas la route principale ? | Actuellement, mes enfants ne font rien. |
| Ils ne connaissent pas le sujet principal. | Actuellement, les médecins ne peuvent rien faire contre ma maladie. |

١ - التي / هذا / تركبون / أريد / بها / تذاكركم / القطار -<

٢ - كيف / القطار / الركوب / سير / أثناء / استطعتم ؟ -<

٣ - ستفعل / بهؤلاء / الشرعيين / الشرطة / غير / ماذا / المهاجرين ؟ -<

٤ - في / من / أنزلكم / السفينة / نصله / أول / سوف / ميناء -<

٥ - في / تقبله / ابني / سوف / أول / أسجل / مدرسة -<

٦ - في / تقبلني / سوف / أعمل / شركة / أول  -<

## Désinences casuelles

| | طالباتٌ | طالباتٍ |
|---|---|---|
| ١ - كانت بناتي ................. في جامعة السوربون . | ☐ طالباتٌ | ☐ طالباتٍ |
| ٢ - هؤلاء البنات لسن ................. في جامعتنا . | ☐ طالباتٌ | ☐ طالباتٍ |
| ٣ - أصبحت بنات جيراننا ................. في كلية الحقوق . | ☐ طالباتٌ | ☐ طالباتٍ |
| ٤ - في جامعتنا ................. كثيرات من البلدان العربية . | ☐ طالباتٌ | ☐ طالباتٍ |
| ٥ - نحن في جمعية تساعد ................. الأجنبيات الفقيرات . | ☐ الطالباتُ | ☐ الطالباتِ |
| ٦ - ................. في بلادنا لا يستطعن الدراسة مع الطلاب . | ☐ الطالباتُ | ☐ الطالباتِ |
| ٧ - كل ................. يردن أن يتعلمن اللغات الأجنبية الحية . | ☐ الطالباتُ | ☐ الطالباتِ |
| ٨ - هل تعرف هؤلاء ................. ؟ | ☐ الطالباتُ | ☐ الطالباتِ |
| ٩ - ربما يوجد بين هؤلاء ................. بعض قائدات المستقبل ! | ☐ الطالباتُ | ☐ الطالباتِ |
| ١٠ - أعتقد أن ................. أقوى من الطلاب في الدراسات الإنسانية . | ☐ الطالباتُ | ☐ الطالباتِ |

## culture générale

| | | | | |
|---|---|---|---|---|
| ١ - تأسست منظمة الأمم المتحدة سنة ................. . | ☐ ١٩١٨ | ☐ ١٩٤٥ | ☐ ١٩٤٨ | ☐ ١٩٥٤ |
| ٢ - تأسست منظمة اليونسكو سنة ................. . | ☐ ١٩٤٥ | ☐ ١٩٤٦ | ☐ ١٩٤٧ | ☐ ١٩٤٨ |
| ٣ - تأسس صندوق النقد الدولي سنة ................. . | ☐ ١٩٤٥ | ☐ ١٩٥٠ | ☐ ١٩٥٥ | ☐ ١٩٦٠ |
| ٤ - تأسست منظمة التجارة العالمية سنة ................. . | ☐ ١٩٤٥ | ☐ ١٩٦٠ | ☐ ١٩٧٠ | ☐ ١٩٩٥ |
| ٥ - تأسست منظمة الصحة العالمية سنة ................. . | ☐ ١٩٤٨ | ☐ ١٩٥٤ | ☐ ١٩٥٨ | ☐ ١٩٦٢ |

# 17 — الأسبوع السابع عشر

**Manuel d'arabe en ligne — Tome III**
**Les bases de l'arabe en 50 semaines** © G. Al-Hakkak 2013

## Traduire / reconstituer / choisir

Je suis venu d'un pays lointain à la recherche d'un ami.

Sais-tu ce qui t'attend si tu échouais ?

C'est très beau ! Magnifique !

J'attends vos ordres.

Parle-moi avec précision : que sera ma vie avec toi ?

Comment peut-on s'en assurer ?

J'en ai rêvé et mes rêves ne se démentent jamais.

Comme j'en suis heureux !

Ses cheveux sont en or et en argent.

Et maintenant, quelle est ta décision, ma fille ?.

---

١ - ................... -: يا / يا / و / عليكم / مولانا / مولاتي / السلطان / السلام / الأميرة

٢ - ................... -: إلى / من / أ / الحد / أنت / هذا / نفسك

٣ - ................... -: منك / واحداً / هو / أنت / ماذا / شيئاً / أريد / أن / لي / تقول

٤ - ................... -: و / و / و / نحن / نحن / نطيع / نلبي / تطلبين / تأمرين

٥ - ................... -: بي / لك / أني / أنت / فماذا / صانع / زوجة / افترض / صرت

٦ - ................... -: و / هو / يا / ما / الآن / ابنتي / قرارك

---

## Désinences casuelles

١ - إن في قريتنا ................... .   ○ حمام كبير   ○ حماماً كبيراً

٢ - كان في قريتنا ................... بناه جدي .   ○ حمام   ○ حماماً

٣ - عمدة القرية يريد أن يبني ................... .   ○ حمام جديد   ○ حماماً جديداً

٤ - فُتح في قريتنا ................... .   ○ حمام شعبي جديد   ○ حماماً شعبياً جديداً

٥ - كان عندنا في القرية ................... يزوره السواح من كل البلدان .   ○ حمام   ○ حماماً

٦ - أصبح عندنا في القرية ................... من أجمل الحمامات في العالم .   ○ حمام   ○ حماماً

٧ - صار حمام قريتنا القديم ................... يزوره السواح من كل مكان .   ○ متحف   ○ متحفاً

٨ - لم ................... الحمامات الشعبية كثيرة في المدن الحديثة .   ○ تعد   ○ يعودوا

٩ - ليت ................... بفتح أبوابه في مدينتنا !   ○ حمام شعبي جديد   ○ حماماً شعبياً جديداً

١٠ - لعل في هذه القرية ................... نستطيع الاغتسال فيه .   ○ حمام   ○ حماماً

---

## culture générale

١ - الكاتب الذي ألف «البؤساء» هو ................... .   ○ هيجل   ○ تولستوي   ○ كانت   ○ فكتور هوجو

٢ - الكاتب الذي ألف «اللص والكلاب» هو ................... .   ○ طه حسين   ○ نجيب محفوظ   ○ بلزاك   ○ ستاندال

٣ - الكاتب الذي ألف «السمفونية الرعوية» هو ................... .   ○ بلزاك   ○ موباسان   ○ جيد   ○ فلوبير

٤ - الكاتب الذي ألف «كتاب الأيام» هو ................... .   ○ جيد   ○ طه حسين   ○ بلزاك   ○ نجيب محفوظ

٥ - الكاتب الذي ألف «الغريب» هو ................... .   ○ سارتر   ○ كامو   ○ بلزاك   ○ طه حسين

87

# الأسبوع السابع عشر

**Traduire / reconstituer / choisir**

Que voulez-vous de moi ?

Je me suis dit : pourquoi pas ?

Comment m'imaginais-tu ?

Il fallait que je trouve de quoi payer le prix de cette veste.

Ce n'est pas de sa faute.

Un instant, s'il vous plaît !

Que sais-tu faire ? Sais-tu faire la cuisine ?

C'est cela donc qui m'attend avec toi ?

Dans ce cas, comment vivrions-nous ?

Je ne comprends pas ce que tu dis.

---

١ - في / أ / هذه / القاعة / غيري / أخرى / فتاة / توجد -:

٢ - في / من / له / ليد / كل / البلد / الحق / التقدم / الأميرة -:

٣ - قد / ذا / أنا / ها / المهم / إليكم / جئت -:

٤ - في / هذه / مثل / كيف / الحالة / نعيش -:

٥ - أن / أني / هل / معك / أعيش / تتصور / يمكن -:

٦ - في / لا / ما / فلماذا / دام / دخولي / مباحاً / أدخل / المباراة -:

---

**Grammaire : le duel**

| | | | |
|---|---|---|---|
| ١ - الأب والأم يسميان أيضاً ............... . | ○ الأبوان | ○ الأمان | ○ الوالدان |
| ٢ - هذا الممثل ............... . | ○ عينه زرقاء | ○ عيونه زرقاء | ○ عيناه زرقاوان |
| ٣ - تشارلز ديكنز هو مؤلف «قصة ............... » . | ○ مدينتان | ○ مدينتين | ○ مدينتين اثنتين |
| ٤ - جمع أذن هو آذان ولكن لكل إنسان ............... فقط . | ○ أذنان | ○ أذنين | ○ أذنين |
| ٥ - يتكون البرلمان الفرنسي من ............... للنواب والشيوخ . | ○ مجلسان | ○ مجلسين | ○ مجلسين |
| ٦ - لإمارة الأندور ............... هما أسقف أورخيل ورئيس فرنسا . | ○ أميران | ○ أميرين | ○ أميرين |
| ٧ - ليس للحصان ............... فقط كالإنسان بل أربعة أرجل . | ○ رجلان | ○ رجلين | ○ رجلين |
| ٨ - كل حذاء يتكون من ............... . | ○ فردتان | ○ فردتين | ○ فردة واحدة |
| ٩ - لهذه الممثلة ............... . | ○ عينان عسليتان | ○ عينين عسليتين | ○ عيون عسلية |
| ١٠ - هذا الطفل يتيم مات ............... في حادث سيارة . | ○ والداه | ○ والديه | ○ والده |

---

**Culture générale**

| | | | |
|---|---|---|---|
| ١ - المعمار الذي صمم ساحة الكابيتول في روما هو ............... | ○ غاودي | ○ دافنشي | ○ مايكل أنجلو |
| ٢ - المعمار الذي صمم كاتدرائية برشلونة هو ............... | ○ غاودي | ○ دافنشي | ○ مايكل أنجلو |
| ٣ - المعمار الذي صمم كنيسة القديس بطرس في روما هو ............... | ○ غاودي | ○ دافنشي | ○ مايكل أنجلو |
| ٤ - المعمار الذي صمم متحف غوغنهايم في نيويورك هو ............... | ○ غاودي | ○ لوكربزييه | ○ لويد رايت |
| ٥ - المعمار الذي صمم مبنى معهد العالم العربي في باريس هو ............... | ○ جان نوفيل | ○ لوكربزييه | ○ بيرو |

# الأسبوع السابع عشر

**Grammaire** : quelques verbes (forme IV)  **Traduire**

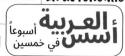

هل أكملت كلامك ؟ : ..........

Non. Je n'ai pas terminé. : ..........

هل يمكن أن تسرعي لنأكل قليلاً ؟ : ..........

Dis-moi d'abord pourquoi tu négliges la maison ! : ..........

أنا لا أهمل لا الدار ولا ربة الدار ! : ..........

Pourquoi tu es devenu égoïste ? : ..........

أقسم لك أنني لا أفكر إلا بك ! : ..........

Et moi je t'informe que je demande le divorce ! : ..........

أستغفر الله ! : ..........

**Son : 16**

من أخرج السيارة من الكراج ؟ : ..........

Pas moi. Je ne l'ai pas sortie ! : ..........

ومن أخرجها إذن ؟ : ..........

Toi peut-être : tu l'as sortie et tu as oublié. : ..........

أنا أدخلتها فقط ولم أخرجها ! : ..........

Mais quelle importance ! Si elle va bien.. ! : ..........

نعم ولكن العداد زاد ٣٠٠ كم ! : ..........

Laisse la voiture et viens manger ! : ..........

**Son : 15**

---

ماذا حدث في المطعم ؟ لماذا أغلقته ؟ : ..........

Je l'ai fermé à cause de la mairie. : ..........

لماذا ؟ ماذا فعلت البلدية ؟ : ..........

Elle m'a informé que mon permis est périmé ! : ..........

ولماذا لا تطلب إجازة جديدة ؟ : ..........

Le maire a annoncé des travaux ici ! : ..........

ولكن ربما يمكنك أن تنتقل . . : ..........

Je déménage pour aller où ? : ..........

افتح المطعم في شارعنا ! : ..........

Impossible ! Mon ex-femme travaille là-bas. : ..........

عفواً ! نسيت ذلك . ساعدك الله ! : ..........

**Son : 18**

أخبرني ، لماذا أنت بلا عمل ؟ : ..........

J'envoie cinq lettres par jour et rien ! : ..........

هناك وظيفة في شركتنا ! : ..........

Quel emploi ? Dis-moi ! Dépêche-toi ! : ..........

سائق لسيارة المدير ! : ..........

Le directeur ! Le directeur de l'entreprise ? : ..........

نعم ، المدير العام ، عمل ممتاز ! : ..........

Et quel est le salaire de cet excellent emploi ? : ..........

ضعف الحد الأدنى للأجور ! : ..........

Deux fois le SMIC ! Cela suffit pour payer le permis. : ..........

تعني ... ليس لديك إجازة للسياقة ! : ..........

**Son : 17**

# الأسبوع السابع عشر

## من نوادر جحا

### أنت على حق !

الرجل الأول : السلام عليكم يا حضرة القاضي !
القاضي : وعليكم السلام ورحمة الله وبركاته !
الرجل : سيدي القاضي، جئت لأرفع شكوى .
القاضي : على من ؟
الرجل : على جاري الحاج علي لأنه يترك بقرته قرب داري فتأكل زرعي وتخوف أولادي . ألست على حق في هذه القضية ؟
القاضي : نعم يا أخي ، أنت على حق .

الرجل الثاني : السلام عليكم يا حضرة القاضي !
القاضي : وعليكم السلام ورحمة الله وبركاته ، تفضل ، ماذا تريد ؟
الرجل : جئت لأرفع شكوى على جاري الحاج إسماعيل لأنه يشتمني ويشتم زوجتي وأولادي كل يوم ويرمي بقرتي بالحجر . ألست على حق في هذه القضية ؟
القاضي : وكيف لا ؟ أنت على حق .

زوجة القاضي : كيف تقول لكل واحد «أنت على حق» في قضية واحدة ؟
القاضي : وأنت أيضًا يا عزيزتي على حق !

**Son : 19**

من « نوادر جحا »

Anecdotes de la tradition populaire

Sur le personnage de Juha, lire :
http://www.al-hakkak.fr/PDF/anecdotesjuha.pdf

---

### AUTRES ANECDOTES DE JUHA

D'après نوادر جحا الكبرى publié par NNNNN (Beyrouth, Liban)
Cf. vocabulaire ici : http://www.al-hakkak.fr/PDF/anecdotesjuha.pdf

اجتمع جحا يومًا بشخص لم تسبق له به معرفة فأخذ يحادثه كأنهما صديقان قديمان ولما هم الرجل بالانصراف سأله جحا عفوًا يا سيدي إني لم أعرف حضرتك فمن أنت قال الرجل وكيف تحدثني بدون تكلف كأن بيننا معرفة سابقة فقال الشيخ اعذرني فقد رأيت عمامتك كعمامتي وقفطانك كقفطاني فخيل إلي أنك أنا

**Son : 20**

أتاه رجل في السوق وقال له أبشرك بمولود ذكر قال إذا لي مولود ذكر فإني أحمد الله ولكن ماذا يعنيك أنت

**Son : 21**

دخل لص إلى دار جحا فقالت له امرأته بلهفة ألا ترى اللص يدور في البيت فأجابها الأستاذ بكل تأن لا تهتمي به فيا ليته يجد شيئًا فيهون علينا أخذه من يده

**Son : 22**

أضاع جحا خاتمه فبحث عنه داخل البيت فلم يجده فخرج من البيت وجعل ينظر أمام الباب فسأله جاره ماذا تصنع فقال أضعت خاتمي في البيت فقال ولماذا لا تفتش في البيت فأجابه الظلام حالك في الداخل

**Son : 23**

سأله تيمورلنك يومًا قائلًا تعلم يا نصر الدين أن خلفاء بني العباس كان لكل منهم لقب اختص به فمنهم المعتصم بالله والمتوكل على الله والمعتز بالله وما شابه ذلك فلو كنت أنا واحدًا منهم فماذا كان يجب أن أختار من الألقاب فأجابه الأستاذ على الفور يا صاحب الجلالة لا شك بأنك كنت تدعى بلقب نعوذ بالله

**Son : 24**

كان الشيخ ضيفًا في إحدى القرى فضاع خُرجه فقال لأهل القرية إما أن تجدوا لي خرجي أو أني أعرف ماذا أصنع ولما كان الفلاحون يعرفون أن الشيخ من أعيان البلد حاروا في أمرهم وأخذوا يفتشون عن الخرج حتى وجدوه وردوه إليه وتقدم أحدهم من الشيخ قائلًا لو لم نجد لك الخرج فماذا كنت تصنع فأجابه الشيخ بكل هدوء عندي بساط قديم كنت أجعله خرجًا

**Son : 25**

قال له أحد الفضوليين منذ برهة رأيت في الطريق دجاجة هندية مطبوخة في صحن واثنين ذاهبين بها فأجاب الشيخ وماذا يعنيني فقال له الفضولي ذاهبين بها إليك فأجابه وماذا يعنيك

**Son : 26**

سأله تيمورلنك يومًا إلى متى يولد الناس ويموتون فأجابه الشيخ فورًا إلى أن تمتلئ الجنة وجهنم

**Son : 27**

## Texte littéraire moderne - extrait d'une pièce de théâtre

| | | | |
|---|---|---|---|
| chef de gare | ناظر المحطة | contrôleur | المفتش |
| procès | المحاكمة | derwiche | الدرويش |
| prison | السجن | train | القطار |
| détention | الحبس | billet | التذكرة |
| amende | الغرامة | gare | المحطة |
| | | passager | الراكب ج ركاب |
| | | certificat de naissance | شهادة الميلاد |
| | | principal | أصلي |
| | | secondaire | فرعي |
| | | mesures | الإجراءات |

| | |
|---|---|
| Je ne suis pas monté à une gare. | لم أركب من محطة . |
| Tu veux dire que tu es monté pendant le trajet ? | تقصد أنك ركبت أثناء الطريق ؟ |
| Le train, était-il à l'arrêt ou roulait-il au ralenti ? | كان القطار واقفًا أو متمهلاً ؟ |
| Comme tout le monde. | مثل كل الناس . |
| Quel genre de gens est-ce ? | أي نوع من الناس هذا ؟ |
| Je veux ton billet avec lequel tu prends ce train. | أريد تذكرتك التي تركب بها القطار . |
| Ne sais-tu pas cela ? | ألا تعرف ذلك ؟ |
| Et si je ne te donnais pas le billet ? | وإذا لم أعطك التذكرة ؟ |
| Payer le prix du billet en plus d'une amende. | دفع ثمن التذكرة مع الغرامة . |
| Et si je n'avais pas d'argent ? | وإذا لم يكن معي نقود ؟ |
| Je te livre au chef de gare. | أسلمك إلى ناظر المحطة . |
| Il te conduit au tribunal. | يقدمك للمحاكمة . |

**Son : 28**

## يا طالع الشجرة

المفتش (للدرويش) : أنت راكب من أي محطة يا سي الشيخ؟
الدرويش : لم أركب من محطة .
المفتش : تقصد أنك ركبت أثناء الطريق ؟
الدرويش : طبعًا .
المفتش : كان القطار واقفًا أو متمهلاً ؟
الدرويش : بل كان سائرًا كالعادة .
المفتش : عجبًا ! واستطعت أن تركب أثناء السير ؟
الدرويش : طبعًا ، مثل كل الناس .
المفتش : مثل كل الناس ! وهل كان الناس يركبون أثناء السير ؟
الدرويش : وينزلون أيضًا أثناء السير .
المفتش : أي نوع من الناس هذا ؟
الدرويش : كل الناس .
المفتش : وأين تذكرتك ؟
الدرويش : موجود !
المفتش (يمد يده) : من فضلك !
الدرويش (يخرج ورقة) : تفضل !
المفتش (يطلع عليها) : هذه شهادة ميلاد !
الدرويش : شهادة ميلادي .
المفتش : ولكني أريد تذكرة ركوبك .
الدرويش : هذه تذكرة ركوبي .
المفتش : أريد تذكرتك التي تركب بها القطار .
الدرويش : هي تذكرتي التي أركب بها القطار .
المفتش : أي قطار ؟
الدرويش : القطار الأصلي .
المفتش : أي قطار أصلي ؟
الدرويش : القطار الأصلي الذي قام قبل هذا القطار الفرعي ... ألا تعرف ذلك ؟
المفتش : اسمع ... أنا لا أفهم هذا الكلام ... أعطني تذكرتك التي تركب بها قطاري هذا .
الدرويش : وإذا لم أعطك التذكرة ؟
المفتش : نتخذ ضدك الإجراءات .
الدرويش : وما هي الإجراءات ؟
المفتش : دفع ثمن التذكرة مع الغرامة .
الدرويش : وإذا لم يكن معي نقود ؟
المفتش : أنزلك من القطار في أول محطة وأسلمك إلى ناظرها .
الدرويش : وماذا سيصنع بي الناظر ؟
المفتش : يسلمك للبوليس .
الدرويش : وماذا يصنع بي البوليس ؟
المفتش : يحرر لك محضر مخالفة ويقدمك للمحاكمة .
الدرويش : وبماذا تنتهي المحاكمة ؟
المفتش : بالحكم عليك بغرامة .
الدرويش : وإذا لم أدفع الغرامة ؟
المفتش : توضع في الحبس .
الدرويش : وماذا أفعل في الحبس ؟
المفتش : لا تفعل شيئًا .
الدرويش : وأنا الآن لا أفعل شيئًا !

**Son : 29**

مقطع من « يا طالع الشجرة » للكاتب المصري توفيق الحكيم

# الأسبوع السابع عشر

## شمس وقمر

**Exercices et texte littéraire moderne**

|  |  |
|---|---|
| Je suis venu d'un pays lointain. | جئت من بلاد بعيدة |
| Sais-tu ce qui t'attend ? | هل تعرف ما ينتظرك ؟ |
| Je suis prêt. | أنا على استعداد ... |
| Es-tu confiant à ce point ? | أواثق إلى هذا الحد من نفسك ؟ |
| Je suis à ses ordres. | إني رهن إشارتها |
| J'attends de toi une seule chose. | أريد منك شيئاً واحدا |
| Je ferai de toi une femme heureuse. | سأجعلك سعيدة |
| Je réaliserai toutes tes demandes. | سألبي لك كل طلب |
| Vous aurez que je possède beaucoup de choses. | ستعرفون أني أملك الكثير |
| Je te construirai un palais. | سأشيد لك قصراً |
| QUe ferai-je de mes jours ? | ماذا أعمل في يومي ؟ |
| Tu ordonnes et nous obéissons. | تأمرين ونحن نطيع |
| Tu demandes et nous exécutons. | تطلبين ونحن نلبي |
| Formidable ! | ما شاء الله |
| Quelle que soit la demande. | مهما يكن الطلب |
| Mon or est abondant / J'ai beaucoup d'or. | ذهبي كثير |
| Vraiment, c'est merveilleux. | حقاً هذا رائع |
| Quelle est ta décision ? | ماذا هو قرارك ؟ |

**Son : 30**

## Syntaxe

Ex 33 p 264

١- من / هذا / هي / إلى / واثقة / هل / نفسها / الحد ؟

٢- منكم / تخبروني / أنتم / أن / أريد / ماذا / فاعلون .

٣- الكثير / أننا / الأفكار / نملك / ستعرفون / من .

٤- أنت / نفسك / إلى / من / الدرجة / هل / هذه / واثق ؟

٥- تخبرينا / فاعلة / منك / ماذا / أن / نريد / أنت .

## Remploi de vocabulaire

١- جئنا .................. بلاد بعيدة جداً .

٢- أنا واثق من نفسي .................. حد بعيد .

٣- أمرنا .................. يدي القاضي .

٤- جئت أطلب .................. الأميرة .

٥- نريد منكم شيئاً .................. .

٦- سنشيد لكم داراً .................. .

٧- نحن .................. استعداد للعمل معكم .

٨- سيعرف الناس .................. تعرف الكثير .

٩- ماذا يعمل .................. يومه ؟

١٠- هل تعرفون .................. ينتظركم ؟

## شمس وقمر (١)

الرجل : السلام عليكم يا مولانا السلطان، ويا مولاتي الأميرة ...

السلطان : وعليك السلام ...

الرجل : جئت من بلاد بعيدة ساعياً إلى المطلب الأسمى، وهو يد الأميرة شمس النهار ...

السلطان : وهل تعرف ما ينتظرك ؟

الرجل : أعرف .. وأنا على استعداد ...

السلطان : أواثق إلى هذا الحد من نفسك ؟

الرجل : جداً ...

السلطان : أمرك بين يدي الأميرة ...

الرجل : إني رهن إشارتها ...

شمس : أريد منك شيئاً واحداً، أن تخبرني ماذا أنت صانع بي إذا صرت زوجتك ؟

الرجل : سأجعلك سعيدة .. سألبي لك كل طلب .. ولو كان ما تطلبين في كبد الرخ لاقتنصته لك ..

السلطان : أوتستطيع ؟

الرجل : أستطيع .. وستعرفون أني أملك الكثير ..

شمس : وماذا غير طير الرخ ؟

الرجل : سأعبدك .. سأشيد لك قصراً .. على سبعة أعمدة من المرجان .. في جزيرة واق الواق ..

شمس : واق الواق ؟ .. أيضاً ؟!

الرجل : إنها جزيرة أملكها بهذا الاسم .. فيها من الفاكهة ما تشتهيه الشفة واللسان !

السلطان : هذا عظيم ...

الوزير : عظيم جداً ...

شمس : وماذا أعمل في يومي ؟

الرجل : تأمرين ونحن نطيع، وتطلبين ونحن نلبي ...

الرجل : مهما يكن الطلب .. ذهبي كثير ... وسيفرش كله تحت قدميك .. وسأجعل السعادة كالوسادة تحت رأسك .. والنعيم يهف عليك كمروحة من ريش النعام ...

شمس : يا سلام !

السلطان : حقاً ... هذا رائع ...

الوزير : رائع جداً ...

شمس : فعلاً ما شاء الله .. هذا جميل جداً ! .. آمر فأطاع وأطلب فيلبى طلبي ..

الوزير : ما شاء الله !

السلطان : ما شاء الله !

السلطان : والآن ... ماذا هو قرارك ؟؟

شمس : اجلدوه !

توفيق الحكيم - شمس وقمر (١٩٦٥) - ص ١٥-١٧

**Son : 31**

# الأسبوع السابع عشر

## شمس وقمر

|  |  |
|---|---|
| Je suis prêt à recevoir vos ordres. | إني في انتظار ما تأمرون به . |
| C'est la princesse qui décide. | الأميرة هي صاحبة الشأن . |
| Que vas-tu faire de moi ? | ماذا أنت صانع بي ؟ |
| Que sera ma vie avec toi ? | ماذا ستكون حياتي معك ؟ |
| Quand elle rit, le soleil se dévoile, et quand elle pleure, la pluie tombe. | إذا ضحكت طلعت الشمس، وإذا بكت هطل المطر |

|  |  |
|---|---|
| Comment en être sûr ? | كيف يمكن التأكد من ذلك ؟ |
| J'en ai rêvé. | رأيت ذلك في المنام . |
| Vous-vous rendez compte ! Je serai grand-père ! | تصوروا أني سأكون جداً . |
| Ô mon bonheur avec cela ! | يا لسعادتي بذلك ! |
| Quelle est ta décision ? | ما هو قرارك ؟ |

Son : 32

## Remploi de vocabulaire

١- نحن في ................ نتائج الامتحان .

٢- هذه الدار لا ................ لنا مسكناً .

٣- هذا أحسن ................ يتمناه الإنسان .

٤- رأيت هذا ................ المنام ليلة أمس .

٥- أنا في ................ منذ ساعة !

٦- هذه السيارة لا ................ لسفرة طويلة .

٧- هذا أجمل ................ سمعته .

٨- هذه أجمل ................ سمعتها .

٩- هل أنت في ................ شيء مني ؟

١٠- هذا الكلام لا ................ جواباً لسؤالي .

## Syntaxe

١- كل / في / يكتبون / أقرأ / ما / إنني / الصحف .

٢- يمكن / من / الخبر / التأكد / هذا / كيف ؟

٣- لست / في / الإصطبل / أسكن / عبدة / إنني / لكي .

٤- أنني / رئيساً / سأكون / للبلدية / تصور !

٥- هو / الجريدة / عبد الفتاح / صاحب / الحاج .

## شمس وقمر (٢)

الرجل الثاني : السلام على السلطان نعمان وعلى الأميرة شمس النهار !

السلطان : وعليك السلام !

الرجل الثاني : جئت إليك مادّاً يدي بالدعاء، سائلاً أن تعطيني يد الشمس من كبد السماء ... وهو مطلب لو تعلمون عسير ! ...

السلطان : نعلم ...

الرجل الثاني : إني في انتظار ما تأمرون به ...

السلطان : الأميرة هي صاحبة الشأن ...

الرجل الثاني : أمر الأميرة ؟ ...

شمس : اسمع يا هذا ! .. تريدين زوجة لك ؟

الرجل الثاني : هذا حلم العمر ومنية الفؤاد ..

شمس : افرض أني صرت لك زوجة، ماذا أنت صانع بي ؟

الرجل الثاني : أضعك في عيني وأحميك بالرموش ! ..

شمس : أتظن عينك تتسع لي، وتصلح لي مسكناً ؟ ... انظر جيداً إلي ... إني لست حبة رمل أو تراب يمكن أن تستقر في عينك !

الرجل الثاني : إنما أقصد ...

شمس : كلمني كلاماً محدداً ..... ماذا ستكون حياتي معك ؟

الرجل الثاني : الحب .. سعادة الحب .. في عش جميل مريح .. لا هو بالباذخ ولا هو بالصغير .. لدينا ما يكفي لرغد العيش وأكثر .. حقل واسع وحديقة غناء وجداول ماء .. وبعض الخدم حولك موكلون بخدمتك وراحتك .. وستنجيبن مني الشاطر حسن، شعرة منه فضة وشعرة ذهب .. وست الحسن والجمال، إذا ضحكت طلعت الشمس، وإذا بكت هطل المطر ...

السلطان : جميل ...

الرجل الثاني : نعم يا مولاي .. حفيدك مني سيكون الشاطر حسن، وحفيدتك ست الحسن والجمال ! ...

السلطان : سامعة يا ابنتي ؟

شمس : هذا جميل جداً !

السلطان : أليس كذلك ؟ .. هذا خير ما يتمناه جد !

شمس : ولكن .. كيف يمكن التأكد من ذلك ؟

الرجل الثاني : هذا مؤكد ...

شمس : كيف تحكم من الآن ؟!

الرجل الثاني : رأيت ذلك في المنام .. وأحلامي لا تخيب ...

شمس : سنرى ...

السلطان : تصوروا أني سأكون جداً للشاطر حسن وست الحسن والجمال ... أليس هذا رائعاً ؟!

الوزير : منتهى الروعة يا مولاي !

السلطان : شعر رأسه، شعرة من فضة وشعرة من ذهب ! وإذا ضحكت صفا الجو، وإذا بكت غام وأمطر !

السلطان : نعم .. يا لسعادتي بذلك ! .. أنا الجد !

الوزير : وسعادة الأميرة الأم أيضاً !

السلطان : بدون شك ... بدون شك ! ... الآن يا ابنتي .. ما هو قرارك ؟

شمس : اجلدوه !

Son : 33

توفيق الحكيم - شمس وقمر (١٩٦٥) - ص ٢١-٢٣

## شمس وقمر

Exercices et texte littéraire moderne

|  |  |
|---|---|
| Y a-t-il une autre femme que moi ? | أتوجد امرأة أخرى غيري ؟ |
| Il faut s'en assurer. | لا بد من التأكد |
| Comment m'imaginais-tu ? | كيف كنت تتصوريني ؟ |
| Tout le monde dans le pays a le droit... | كل من في البلد له الحق ... |
| Sans distinction | بدون تمييز |
| Ce mot m'a plu. | هذه الكلمة أعجبتني |
| Pourquoi n'utiliserais-je pas mon droit ? Rien d'autre. | لماذا لا أستخدم حقي ؟ ليس إلا |
| Même ce vêtement ne le possédais-tu pas ? | حتى هذا الرداء لم تكن تملكه ؟ |
| Je ne possède que moi-même. | إنني لا أملك غير نفسي |
| Enchantés ! | تشرفنا ! |
| Ce n'est pas sa faute. | هذا ليس ذنبه |
| Nous perdons patience. | لقد نفد صبرنا |
| Puisque tu es le Soleil du Jour, alors je suis la Lune du Temps. | ما دمت أنت شمس النهار فأنا قمر الزمان |

**Son : 34**

### Syntaxe (Ex 35 p 264)

١- أن / يجب / الكتاب / أقرأ / كان / هذا .

٢- لا / غير / الدار / تملك / إنها / هذه .

٣- هي / الأصلية / هذه / الحكاية / هل ؟

٤- يوجد / الشركة / غيره / في / هل / رجل / هذه ؟

٥- في / في / له / من / هذه / المدينة / الحق / كل / التظاهر .

### Remploi de vocabulaire

١- أين ............ الذي يسمى شيخ القبيلة ؟

٢- هل يوجد ............ أخرى غير دبي في هذه الإمارة ؟

٣- هذا الكلام من ............ الناس ؟

٤- كل من في البلاد ............ الحق في التظاهر .

٥- ............ لنفسه لماذا لا يتظاهر هو أيضاً .

٦- كان يجب ............ نجمع ثمن الدراسة .

٧- حتى هذا الكتاب الصغير لم ............ أملكه .

٨- إنني لا أصدق ............ .

٩- هل هذا هو ............ الوحيد ؟

١٠- ما دامت هي لا ............ فأنا لا أعمل .

---

### شمس وقمر (٣)

الرجل الثالث : السلام عليكم جميعاً !

السلطان : وعليك السلام !

الرجل الثالث : أين تلك التي تسمى شمس النهار ؟

شمس : أنا ... بالطبع ! ... أتوجد امرأة أخرى غيري في هذه القاعة ؟!

الرجل الثالث : لا بد من التأكد ...

شمس : والآن تأكدت ؟!

الرجل الثالث : إذن هذه أنت شمس النهار ؟ ... كنت أتصورك شيئاً غير هذا !

شمس : كيف كنت تتصوريني ؟ ...

الرجل الثالث : شيئاً غير هذا والسلام ! .. ما علينا ... المهم ها أنا ذا قد جئت ... ماذا تريدون مني ؟

الوزير : عجيبة ! ... أنحن قد دعوناك ؟!

الرجل الثالث : ومن غيركم ؟! ... هذا المنادي من أطلقه في البلد ؟!

السلطان : صدق ...

الرجل الثالث : كل من في البلد بدون تمييز له الحق في التقدم ليد الأميرة شمس النهار ... أليس هذا نص الإعلان ؟ ... بدون تمييز ... هذه الكلمة أعجبتني ... وقلت لنفسي لماذا لا أستخدم حقي ؟!

شمس : إذن أنت جئت لاستخدام حقك ليس إلا ؟!

الرجل الثالث : بدون شك ... تأخرت قليلاً ... لأنه كان يجب أن أجمع ثمن هذا الرداء المناسب !

السلطان (في سخرية مريرة) : ما شاء الله !

الوزير : ما شاء الله حقاً ! إذن حتى هذا الرداء البسيط لم تكن تملكه ؟!

الرجل الثالث : إني لا أملك غير نفسي !

الوزير : تشرفنا !

السلطان : وتجرؤ أيها الرجل ...

شمس : دعه يا أبي ... هذا ليس ذنباً حقاً ... لقد قلنا حقاً بدون قيد أو تمييز ...

السلطان : وهذه هي النتيجة !

الرجل الثالث : نتيجة سارة !

الرجل الثالث : كل من في البلد بدون تمييز له الحق في التقدم ليد الأميرة شمس النهار ... أليس هذا نص الإعلان ؟

شمس : اصبروا حتى أناقشه !

السلطان : أسرعي إذن ... لقد نفد صبرنا ...

شمس (للرجل) : اسمع يا هذا !

الرجل الثالث : يا هذا ؟! ... أولاً أنا اسمي قمر الزمان، ولك أن تناديني بيا قمر !

الوزير : شيء جميل جداً ...

السلطان : حقاً !

شمس : هذا اسمك الحقيقي ؟

الرجل الثالث : وأنت ؟ ... شمس النهار ؟ ... هل هذا اسمك الحقيقي ؟ ما دمت أنت شمس النهار فأنا قمر الزمان .

السلطان (لابنته) : وما هو قرارك ؟

الوزير : الجلد طبعاً ...

السلطان : طبعاً ...

الوزير : وفي هذه المرة عن جدارة واستحقاق .

البقية في الصفحة التالية ...

**Son : 35**

# الأسبوع السابع عشر

## شمس وقمر

### Texte littéraire moderne

|  |  |
|---|---|
| Un instant, s'il vous plaît ! | لحظة واحدة أرجوكم |
| Que sais-tu bien faire ? | ماذا تحسنين من الأعمال ؟ |
| Est-ce cela qui m'attend en ta compagnie ? | هل هذا ما ينتظرني معك ؟ |
| Dans les meilleurs des cas. | على أحسن الفروض |
| Si tu vivais avec moi, tu comprendrais. | إذا عشت معي فإنك ستفهمين |
| Je ne peux pas imaginer cela. | لا يمكن أن أتصور ذلك |
| Imagines-tu que je puisse vivre avec toi ? | هل تتصور أنني يمكن أن أعيش معك ؟ |
| Pourquoi es-tu venu, alors ? | لماذا جئت إذن ؟ |

Son : 36

الوزير : أنسكت عليه ؟!
السلطان : الواقع أنه ...
شمس : لحظة واحدة أرجوكم ... اسمع يا قمر الزمان ! ... افرض أني أصبحت زوجة لك، ماذا ستصنع بي ؟
قمر : ماذا سأصنع بك ؟ ... لن أصنع بك شيئاً ... أنت التي تصنعين بنفسك ولنفسك .. ماذا تحسنين ؟
شمس : ماذا أحسن ؟
قمر : نعم ... ماذا تحسنين من الأعمال ؟ ... هل تحسنين الطبخ مثلاً ؟!
شمس : الطبخ ؟
قمر : تفصيل الثياب ؟ ... رتق الخروق ؟ ... إزالة البقع ؟ ... خصف النعال ؟ ... صنع السلال ؟ ... نشر الغسيل، عجن العجين، خبز الرغيف، غرف الغريف، تربية الدجاج، مسح الزجاج، ملء الجرار من الآبار وصبها في الأزيار، وكنس الغبار، وتخليل الخيار ... إلى آخر هذه الأشغال والأعمال ...
شمس : أنا ؟! ... بنت السلطان نعمان ؟!
قمر : ولكنك ستصبحين زوجة قمر الزمان !
شمس : هذا إذن ما ينتظرني معك ؟
قمر : على أحسن الفروض ...
شمس : أهناك ما هو أسوأ ؟!
قمر : أحياناً ... فقد لا يوجد ثياب لتفصيلها، ولا عجين لتعجنيه، ولا دجاج لتربيه، ولا حتى غبار لتكنسيه !
شمس : وفي مثل هذه الحالة كيف نعيش ؟
قمر : لا أحب التنبؤ !
شمس : وأنت .. ماذا تحسن في الحياة ؟
قمر : لا شيء ... وكل شيء ...
شمس : لست أفهم ما تقول ...
قمر : إذا عشت معي فإنك ستفهمين !
شمس : وهل تتصور أني يمكن أن أعيش معك ؟!
قمر : أتريدين الحقيقة ؟ ... إني لم أتصور ذلك ... ولا يمكن أن أتصوره !
شمس : ولماذا جئت إذن وتقدمت ؟
قمر : استخدام حقي ... لم أستطع مقاومة هذا الإغراء ... أن أستخدم حقاً لي ... ما دام دخولي في المباراة مباحاً فلماذا لا أدخل ؟!
شمس : ولكنك عند الفشل ستجلد !
قمر : الجلد ؟! ... هذا أبسط شيء !
شمس : وإذا فرض ونجحت ؟!
قمر : تكون كارثة !

عن توفيق الحكيم - قمر وشمس (١٩٦٥) - ص ٢٦-٣١

Son : 37

## PROVERBES

ليس الجمال بالثياب
ليس كل من سود وجهه قال أنا حداد
لولا الخبز لما عبد الله
لكل داء دواء
لكل قديم حرمة
لا تجر فيما لا تدري
لا تكن رطباً فتعصر ولا يابساً فتكسر
لا تؤخر عمل اليوم لغد
لا تأمن الأمير إذا غشك الوزير
لا رسول كالدرهم
ما على الأرض شيء أحق بطول سجن من لسان
المنة تهدم الصنيعة
من طلب شيئاً وجده
من جد وجد ومن زرع حصد

Son : 38

## POESIE

| | | | |
|---|---|---|---|
| تعب | الهوى | | حامل |
| الطرب | | يستخفه | |
| | يحق | إن بكى | له |
| لعب | به | ما | ليس |
| | لاهية | | تضحكين |
| ينتحب | | والمحب | |
| سبب | انقطع | | كلما |
| سبب | لي | عاد | منك |
| تعجبين | من | | سقمي |
| العجب | هي | | صحتي |

( أبو نواس ٧٥٧-٨١٤ / عاش في العراق )

| | | | |
|---|---|---|---|
| بإله | لقاؤنا | صعباً | ليس |
| بالإنسان | الإنسان | لقاء | بل |

( نزار قباني – شاعر سوري ١٩٢٣-١٩٩٨ )

Son : 39

Trois poèmes célèbres de محمود درويش

Ces trois poèmes ont été lus par le poète lui-même lors de soirées poétiques et ont aussi été chantés par Marcel Khalife (Liban). Il est aisé de les trouver sur YouTube.

## أحن إلى خبز أمي

أحن إلى خبز أمي
وقهوة أمي
ولمسة أمي
وتكبر في الطفولة
يوما على صدر يوم
وأعشق عمري لأني
إذا مت ،
أخجل من دمع أمي !
خذيني ، إذا عدت يوما
وشاحا لهُدبك
وغطي عظامي بعشب
تعمد من طهر كعبك
وشدي وثاقي ..
بخصلة شعر
بخيط يلوح في ذيل ثوبك ..
عساي أصيـر إلها
إلها أصيـر ..
إذا ما لمست قرارة قلبك !
ضعيني ، إذا ما رجعتُ
وقودا بتنور نارك ..
وحبل غسيل على سطح دارك
لأني فقدت الوقوف
بدون صلاة نهارك
هرمِت ، فردي نجوم الطفولة
حتى أشارك
صغار العصافيـر
درب الرجوع ..
لعُش انتظارك !

## جواز سفر

لم يعرفوني في الظلال التي
تـمتص لوني في جواز السفر
وكان جرحي عندهم معرضا
لسائح يعشق جمع الصور
لم يعرفوني ، آه ..
لا تتركي كفي بلا شمس
لأن الشجر يعرفني ..
تعرفني كل أغاني المطر
لا تتركيني شاحبا كالقمر !
كل العصافير التي لاحقت
كفي على باب المطار البعيد
كل حقول القمح ،
كل السجون ،
كل القبور البيض ،
كل الحدود ،
كل المناديل التي لوحت ،
كل العيون ،
كانت معي ، لكنهم
قد أسقطوها من جواز السفر
عار من الاسم من الانتماء ؟
في تربة ربيتها باليدين ؟
أيوب صاح اليوم ملء السماء :
لا تجعلوني عبرة مرتين !
يا سادتي ! يا سادتي الأنبياء
لا تسألوا الأشجار عن اسمها
لا تسألوا الوديان عن أمها
من جبهتي ينشق سيف الضياء
ومن يدي ينبع ماء النهر
كل قلوب الناس .. جنسيتي
فلتسقطوا عني جواز السفر !

## أنا يوسف يا أبي

أنا يوسف يا أبي ،
يا أبي، إخوتي لا يحبونني ،
لا يريدونني بينهم يا أبي .

يعتدون علي ويرمونني بالحصى والكلام
يريدونني أن أموت لكي يـمدحوني
وهم أوصدوا باب بيتك دوني
وهم طردوني من الحقل
وهم سمموا عنبي يا أبي
وهم حطموا لعبي يا أبي

حين مر النسيم ولاعب شعري
غاروا وثاروا علي وثاروا عليك ،
فماذا صنعتُ لهم يا أبي ؟

الفراشات حطت على كتفي ،
ومالت علي السنابل ،
والطير حطت على راحتي ،
فماذا فعلت أنا يا أبي ،
ولماذا أنا ؟

أنت سميتني يوسف ،
وهم أوقعوني في الجب ، واتهموا الذئب ،
والذئب أرحم من إخوتي ..
أبت ! هل جنيت على أحد عندما قلت
إني رأيت أحد عشر كوكبا ، والشمس
والقمر ، رأيتهم لي ساجدين ؟

# الأسبوع السابع عشر

**Dictée et invitation à lire en autonomie** - texte choisi parmi les 60 en accès libre sur le site : www.al-hakkak.fr - rubrique "**60 dictées hors manuel**".

Cet extrait du roman عودة الروح (*Retour de l'âme*) de l'Egyptien توفيق الحكيم décrit les maladresses et états d'âme d'un jeune homme amoureux d'une voisine dont il ne sait presque rien... NB : pour bien tirer profit de cet exercice, il faudrait aussi essayer de comprendre le texte, dépourvu de ponctuation, à l'aide du vocabulaire donné ci-dessous, avant d'écouter la dictée, d'abord la version normale puis la version adaptée à l'exercice de dictée.

**Son : 43 lecture normale** — **Son : 44 lecture pour dictée**

---

الفصل الخامس

انقضى يومان ولما يأت خطاب سنية المنتظر فبدأ القلق يدب في نفس محسن وجعل يمضي أكثر يومه على المصطبة وينتظر مواعيد البريد ويستذكر سنية وما جرى له معها وآخر مرة رآها وتلك القبلة التي منحته إياها ودموعه تنهمل ما ذكر هذا حتى اختلج قلبه وخيل إليه أن هذا كان حلماً وعجب كيف أنه بتلك السهولة حظي بتلك السعادة ولم يقل شيئاً ولم يفعل شيئاً أتراه كان غافلاً ذاهلاً أو أنه كان نائماً مرة أخرى مرت به السعادة فلم يعرفها في حينها ولم يفطن إليها إلا بعد فواتها إنها قبلته وما زال يحس وقع تلك القبلة على خده فاضطرب فؤاده ورفع يده بغير شعور منه إلى خده فمسه كأنما يتفقدها أو كأنما يستوثق من خلود هذا الطابع غير مصدق أن القبلة طابع من الهواء تطير معه إن هذه القبلة لها عنده أعظم معنى إنها تحبه وهو لم يدرك أيضاً في حينه معنى الحب نعم هي تحبه وإلا فما الذي حملها وهي الفتاة المصرية الخجول على بدئه بالتقبيل ولم يقبلها

توفيق الحكيم - عودة الروح - ج ٢ ص ٢٩

---

| | | | | | |
|---|---|---|---|---|---|
| Il a levé la main Inconsciemment | رفع يده بغير شعور منه | Il a eu l'impression que c'était un rêve | خيل إليه أن هذا كان حلماً | Chapitre cinq | الفصل الخامس |
| Sa joue | خده | Il s'est étonné d'avoir aussi facilement | عجب كيف أنه بتلك السهولة | Deux jours sont passés et la lettre attendue de Saniyya n'est toujours pas arrivée | انقضى يومان ولما يأت خطاب سنية المنتظر |
| Il l'a touché comme s'il la cherchait | مسه كأنما يتفقدها | Il a pu connaître ce bonheur | حظي بتلك السعادة | L'inquiétude commence à s'installer dans l'esprit de Muhsin | بدأ القلق يدب في نفس محسن |
| Comme s'il s'assurait de l'éternité de cette impression | كأنما يستوثق من خلود هذا الطابع | Il n'a rien dit | لم يقل شيئاً | Il s'est mis à passer la plupart de son temps sur le canapé | جعل يمضي أكثر يومه على المصطبة |
| Ne croyant pas que la bise est un timbre d'air qui part avec | غير مصدق أن القبلة طابع من الهواء تطير معه | Il n'a rien fait | لم يفعل شيئاً | Il attend les heures du passage du courrier | ينتظر مواعيد البريد |
| Cette bise a pour lui une très grande signification | هذه القبلة لها عنده أعظم معنى | Etait-il si distrait ? | أتراه كان غافلاً ذاهلاً | Il se remémore Saniyya | يستذكر سنية |
| Elle l'aime | إنها تحبه | Il dormait encore une fois | كان نائماً مرة أخرى | Ce qu'il s'est pas entre eux | ما جرى له معها |
| Il ne s'est pas rendu compte alors ce que signifie l'amour | لم يدرك في حينه معنى الحب | Le bonheur est passé devant lui | مرت به السعادة | La dernière fois qu'il l'a vue | آخر مرة رآها |
| Qu'est-ce qui l'a poussée, elle, la timide fille égyptienne, à faire la première bise | ما الذي حملها وهي الفتاة المصرية الخجول على بدئه بالتقبيل | Il ne l'a pas reconnue sur le champ | لم يعرفها في حينها | Cette bise | تلك القبلة |
| | | Il ne s'en est rendu compte qu'après son passage | لم يفطن إليها إلا بعد فواتها | Elle la lui a accordée | منحته إياها |
| Il ne lui a pas fait de bise | لم يقبلها | Elle lui a fait une bise | إنها قبلته | Ses larmes coulent en flot | دموعه تنهمل |
| | | Il ressent encore l'effet de cette bise sur sa joue | ما زال يحس وقع تلك القبلة على خده | Dès qu'il a pensé à cela, son cœur s'est mis à trembler | ما ذكر هذا حتى اختلج قلبه |
| | | Son cœur est tourmenté | اضطرب فؤاده | | |

## Index lexical

| | | | | | |
|---|---|---|---|---|---|
| Clémence de Dieu | رَحْمة الله | Ruisseaux | جَداول ماء | **Noms** (substantifs) | الأسماء |
| Vêtement, chemise | الرداء | Blessure | الجُرْح ج جُروح | Puits | الآبار |
| Vie aisée | رَغَد العَيْش | Ile, péninsule, presqu'île | الجَزيرة | Mesures (adm.) | الإجْراءات |
| Cil | الرِمْش ج رُموش | Fouettage | الجَلْد | Trouble à l'ordre public | الإخْلال بالأمن العام |
| Plume d'autruche | ريش النعام | Passeport | جَواز السَفَر ج جوازات ... | Détacher (vêtement) | إزالة البُقَع |
| Végétation, plantation, plantes | الزَرْع | Pèlerin | الحاجّ | Travaux, tâches | الأشْغال |
| Touriste | السائح | Gouverneur, juge | الحاكم | Annonce (Orient), publicité (Maghreb) | الإشْهار |
| Reine de beauté | سِت الحُسْن والجَمال | Grain de sable, de poussière | حَبّة تُراب | Exécution (peine de mort) | الإعْدام |
| Prison | السجن ج سُجون | Grain de sable | حَبّة رَمْل | Travaux, faits et gestes | الأعْمال |
| Moquerie, ironie | السُخْرية | Captivité, prison | الحَبْس | Travaux forcés | الأعْمال الشاقة = الأشْغال الشاقة |
| Vol | السَرقة | Frontières | الحُدود | Colonnes de corail | أعْمِدة من الـمَرْجان |
| Bonheur | السَعادة | Jardin paradisiaque | حَديقة غَنّاء | Tentation | الإغْراء |
| Bonheur de l'amour | سَعادة الحُبّ | Petit-enfant, petit-fils | الحَفيد ج أحْفاد | Equité | الإنْصاف |
| Sultan | السُلْطان | Droit | الحَقّ ج حُقوق | Accusation | الاتّهام |
| Epis de céréales | السَنابل | Vaste champ | حَقل واسِع ج حُقول واسعة | Escroquerie, ruse | الاحْتيال |
| Témoin | الشاهد ج شُهود | Droits de l'Homme | حقوق الإنسان | Echéance (dette) | الاسْتحْقاق |
| Arbres | الشَجَر | Champs de blé | حُقول القَمْح | Utilisation d'un droit | اسْتخْدام حَقّ |
| Ses cheveux | شَعْر رَأسِه | Condamner qqn | الحُكْم على | Agression | الاعْتداء |
| Cheveu, poil | الشَعْرة | Rêve de la vie | حُلم العُمْر | Viol, violation | الاغْتِصاب |
| Lèvre | الشَفة ج الشِفاه | Pain | الخُبْز | Assassinat | الاغْتِيال |
| Soleil | الشَمْس | Cuire le pain | خَبْز الرَغيف | Bénédictions | البَرَكات |
| Certificat de naissance | شَهادة ميلاد | Service | الخِدْمة | Vache | البَقَرة |
| Personne importante, maître | صاحب الشَأن | Trahison | الخِيانة | S'assurer de qqch | التَأكُّد من |
| Poitrine | الصَدْر ج صُدور | Entrée | الدُخول | Enquête | التَحْقيق |
| Fabrication de panier | صُنْع السِلال | Derwiche | الدَرْويش ج دَراويش | Conservation de cornichons au vinaigre | تَخْليل الخِيار |
| Faire la cuisine | الطَبْخ | Plainte | الدَعْوى | | |
| Chemin, voie, route | الطريق ج طُرُق | Défense | الدِفاع | Titre de transport, billet, ticket | تَذْكِرة ج تَذاكر |
| Demande | الطَلَب ج طَلَبات | Payer le prix | دَفْع الثَمَن | Elevage de poulets | تَرْبية الدَجاج |
| Ombres | الظِلال | Larmes | الدَمْع | Coupe des vêtements | تَفْصيل الثِياب |
| Pétrir une pâte | عَجْن العَجين | Loup | الذِئب ج ذِئاب | Spéculation, prédictions | التَنَبُّؤ |
| Justice | العَدالة = العَدْل | Faute, crime, délit | الذَنْب ج ذُنوب | Charge d'accusation | التُهْمة |
| Herbe | العُشْب ج أعشاب | Or (métal) | الذَهَب | Valeur, prix | الثَمَن |
| Nid | العُشّ ج أعشاش | Tête | الرَأس ج رُؤوس | Vêtements, habits | الثِياب |
| Moineaux | العَصافير | Repos | الراحة | Puits | الجُبّ = البِئْر |
| Os, ossements | العظام | Voyageur, passager | الراكب | | |
| Vie | العُمْر = الحَياة | Rapiécer (vêtement) | رَتْق الخُروق | | |

# الأسبوع السابع عشر

## Index lexical

| | | | | | |
|---|---|---|---|---|---|
| Echarpe | الوِشاح | Cour de Sûreté de l'Etat | محكمة أمن الدَّولة | Vigne, raisons | العِنَب |
| Main | اليَد ج الأيادي | Tribunal de Première Instance | المحكمة الابتدائيّة | Oeil | العَيْن ج عُيون |
| | | Cour d'Appel | محكمة الاسْتئْناف | Amende, contravention | الغَرامة ج غرامات |
| **Adjectifs** | الصفات وأسماء الفاعل والمفعول | Cour d'Assises | محكمة الجنايات | Fruits | الفاكهة ج فواكه |
| | | Tribunal religieux (Orient) | المحكمة الشَّرعيّة | Papillons | الفَراشات |
| Ô Père ! | أبتَ = يا أبي | Tribunal de Justice Int. | محكمة العَدل الدُّوليّة | Echec | الفَشَل |
| La chose la plus simple | أبْسَط شَيء | Cour de Cassation | محكمة النَّقض | Argent (métal) | الفِضّة |
| Plus clément que | أرحم من | Infraction | المخالَفة | Juge | القاضي |
| Pire que | أسْوأ من | Accusé | المدَّعى عليه | Juge d'instruction | قاضي التحقيق |
| Dispendieux, onéreux | باذخ | Plaignant | المدَّعي | Salle | القاعة |
| Simple | بَسيط | Procureur général | المدعي العام | Tombes, tombeaux | القُبور |
| La meilleure chose que puisse espérer un grand-père | خَير ما يَتَمنّاهُ جَدّ | Plaidoirie | المرافعة | Décision | القَرار ج قرارات |
| | | Fois | المَرّة ج مرّات | Cause, affaire, question | القضيّة ج قضايا |
| Merveilleux | رائع | Ventilateur | المروَحة ج مراوح | Train | القطار ج قطارات |
| Qui se prosterne | ساجد | Essuyer les vitres | مَسح الزُّجاج | Box des accusés | قَفص الاتّهام |
| Pâle | شاحب | Pluie | المَطر | Lune | القَمَر |
| Pénible, fatigant | شاقّ | Voeu le plus cher | المَطلَب الأسمى | "Lune des Temps" | قَمَر الزَّمان |
| Etrange !, Etonnant ! | عجيبة ! | Voeu, revendication | مَطلَب ج مطالب | Catastrophe | الكارثة ج كوارث |
| Difficile | عَسير | Exposition | المَعرض ج معارض | Foie du "rakh" | كَبد الرخّ |
| Secondaire | فَرعيّ | Inspecteur | مُفتِّش ج مفتشون / مفتشين | Fond du ciel | كبد السَّماء |
| Certain, sûr | مُؤكَّد | Résistance | المقاوَمة | Epaule | الكَتف ج أكتاف |
| Permis, autorisé | مُباح | Remplir les jarres | مَلء الجِرار | Main (ouverte) | الكَفّ |
| Attentiste, qui ne se précipite pas | مُتَمَهِّل | Celui qui appelle, crieur public | المُنادي | Balayage de la poussière | كَنس الغُبار |
| Confortable | مُريح | Mouchoirs | المَناديل | Astre | الكَوكَب ج كواكب |
| Amère | مريرة | D'une beauté extrême | مُنتهى الرَّوعة | Un instant | لَحظة واحدة |
| Qui convient | مُناسب | Voeu du cœur | مُنية الفُؤاد | Langue | اللسان |
| Important | مُهمّ | Directeur, chef (gare) | الناظر | Jeu | اللُّعبة ج لُعَب |
| Confiant | واثق | Résultat | النتيجة ج نتائج | Touche | اللَّمسة |
| Qui est debout | واقف | Etendage | نَشر الغَسيل | Couleur | اللَّون ج ألوان |
| | | Le texte de l'annonce | نَصّ الإعلان | Match | المُباراة ج مُباريات |
| **Verbes** | الأفعال (+ المصدر) | Paradis | النَّعيم = الجنة | Accusé | المُتَّهم |
| | | Genre | النَّوع ج أنواع | Procès | المُحاكَمة ج مُحاكمات |
| Veux-tu la vérité ? | أتُريدينَ الحَقيقة ؟ | Cil | الهَدب ج أهداب | Avocat | المُحامي |
| Bien faire qqch, maîtriser | أحسَنَ يُحسن | Feuille | الوَرقة ج أوراق | Procès-verbal | مَحضر مُخالَفة |
| Il fait bien la cuisine | - يحسن الطبخ | Ministre | الوَزير ج وُزَراء | Gare, station | المَحَطّة ج محطات |
| Il maîtrise la calligraphie | - يحسن الخطّ | Oreiller | الوِسادة ج وَسائد | Tribunal, cour | المَحكمة |

99

| | | |
|---|---|---|
| Elever (enfant, animal) | ربَّى يُرَبِّي (التَّرْبِية) | |
| Monter (transport) | ركِب يركب (الرُّكوب) | |
| Lancer, tirer | رمَى يرمي (الرَّمي) | |
| Se taire | سكَت يسكُت على (السُّكوت) | |
| Saluer, livrer | سلَّمَ يُسَلِّم (التسليم) | |
| Empoisonner | سمَّم يُسمِّم (التسميم) | |
| Insulter | شتَم يشتِم (الشَّتْم) | |
| Edifier | شيَّدَ يُشيِّد (التشييد) | |
| Dire vrai | صدَق يصدُق (الصِّدق) | |
| S'éclaircir (temps) | صفَا الجَوُّ (الصَّفاء) | |
| Convenir comme habitation | صلَح يصلُح مَسْكَنًا | |
| Fabriquer, faire | صنَع يصنع بِـ (الصُّنع) | |
| Rire | ضحِك يضحَك (الضَّحك) | |
| Expulser, renvoyer | طرَد يطرُد (الطَّرْد) | |
| Demander | طلَب يطلُب (الطَّلب) | |
| Le soleil s'est levé | طلَعَت الشَّمس | |
| Penser (sans certitude) | ظنَّ يظُنُّ (الظَّنّ) | |
| Vénérer | عبَد يعبُد (العِبادة) | |
| Pétrir | عجَن يعجِن (العَجن) | |
| Aimer à la folie | عشِق يعشَق (العِشق) | |
| Etre jaloux | غار يغار (الغَيْرة) | |
| Le temps s'est couvert | غام الجَوّ | |
| Etre déployé (tapis...) | فُرِشَ يُفرَش | |
| Se lever | قام يقوم (القِيام) | |
| Il s'est levé | - قام من نومه | |
| Il a écrit la lettre | - قام بكتابة الرسالة | |
| Traduire qqn au tribunal | قدَّم يُقدِّم للمُحاكمة | |
| Etre jugé | قُدِّم يُقدَّم للمُحاكمة | |
| Je me suis dit... | قلتُ لنَفْسي | |
| Il fallait que... | كان يَجِبُ أنْ | |
| Parle-moi avec précision ! | كلِّمْني كلامًا مُحَدَّدًا ! | |
| Balayer | كنَس يكنِس (الكَنْس) | |
| Manipuler | لاعَب يُلاعِب (المُلاعَبة) | |
| Satisfaire (demande) | لبَّى يُلبِّي (التلبية) | |
| Complimenter | مدَح يمدَح (المَدْح / المَديح) | |
| Tendre la main | مَدَّ يمُدَّ يَدَه | |

| | | |
|---|---|---|
| Pleurer | بكَى يبكي (البُكاء) | |
| Comploter contre l'Etat | تآمر يتآمر على الدولة (التآمر) | |
| Etre en retard | تأخَّرَ يتأخَّر (التأخُّر) | |
| S'assurer de qqch | تأكَّدَ يتأكَّد (التأكُّد) | |
| Laisser | ترك يترُك (التَّرْك) | |
| S'appeler | تُسَمَّى (التَّسْمية) | |
| Enchanté ! | تشرَّفْنا ! | |
| Imaginer | تصوَّر يتصوَّر أنْ (التصوُّر) | |
| 1. Etre baptisé / 2. Faire exprès | تعمَّد يتعمَّد | |
| Demander la main de la princesse | تقدَّم لِيَد الأميرة | |
| Avancer, progresser, se présenter | تقدَّم يتقدَّم (التقدُّم) | |
| Se révolter | ثار يثور (الثَّورة) | |
| Je suis venu porter plainte | جئتُ لأرْفعَ شكوى | |
| Je suis venu les mains levées vers le Ciel | جئت مادًّا يَدَيَّ بالدُّعاء | |
| Oser | جرُؤَ يجرُؤ | |
| Faire en sorte, disposer, poser | جعَل يجعَل | |
| Etre fouetté | جُلِدَ يُجلَد (الجَلْد) | |
| Rassembler, réunir, regrouper | جمَع يجمَع (الجَمْع) | |
| Commettre un délit | جنى يجني على (الجناية) | |
| Libérer | حرَّرَ يُحرِّر (التحرير) | |
| Détruire | حطَّم يُحطِّم (التحطيم) | |
| Condamner | حكَم يحكم بِـ (الحُكم) | |
| Etre condamné | حُكِم عليه بـ | |
| Décider que, déclarer que... | حكَم يحكم أنَّ | |
| Protéger | حمَى يحمي (الحماية) | |
| Languir de | حنَّ يحنّ إلى (الحَنين) | |
| Etre déçu | خاب يخيب (الخَيْبة) | |
| Avoir honte, être timide | خجِل يخجَل (الخَجَل) | |
| Faire peur, effrayer | خوَّفَ يُخَوِّف (التخويف) | |
| Laisse-le ! | دَعْهُ ! | |
| Nous t'avons invité | دَعَوْناك (الدَّعْوة) | |
| Payer, pousser | دفع يدفع (الدَّفع) | |
| J'en ai rêvé | رأيتُ ذلك في المَنام | |

| | | |
|---|---|---|
| Informer | أخبَرَ يُخبِر | |
| Faire sortir, sortir qqch | أخرَج يُخرِج | |
| SVP, je vous en prie | أرجوكُم ! | |
| Se dépêcher, se hâter | أسرَعَ يُسرِع | |
| Devenir | أصبَحَ يُصبِح | |
| Je prie | أصلّي | |
| Obéir | أطاع يُطيع | |
| Lancer, libérer | أطلَقَ يُطلِق | |
| Il l'a libéré | - أطلق سراحَه | |
| Il a tiré une balle | - أطلق رصاصة | |
| Plaire | أعجَبَ يُعجِب | |
| Donne-moi ton ticket ! | أعطِني تَذكِرَتَك ! | |
| Ordonner | أمَرَ يأمُر | |
| Il se mit à pleuvoir | أمطَرَ الجَوّ | |
| Etre possible de | أمكَنَ يُمكِن أنْ | |
| Avoir des enfants | أنجَبَ يُنجِب | |
| Descendre qqch, débarquer | أنزَلَ يُنزِل (الإنزال) | |
| Verrouiller la porte | أوصَد يوصد الباب | |
| Prendre (mesure...) | اتَّخَذَ يتَّخِذ (الاتِّخاذ) | |
| Etre assez spacieux | اتَّسَع يتَّسِع لِـ (الاتِّساع) | |
| Fouettez-le ! | اجْلِدوه ! | |
| Utiliser | استخدَمَ يستخدِم (الاستخدام) | |
| Pouvoir | استطاع يستطيع (لـم يستطع) | |
| S'établir | استقَرَّ يستقِرّ (الاستقرار) | |
| Ecoute ! | اسمَعْ ! | |
| Avoir envie | اشتَهى يشتَهي | |
| Patientez jusqu'à/afin que | اصبِروا حتَّى (الصَّبر) | |
| Prendre connaissance de | اطَّلَع يطَّلِع على (الاطِّلاع) | |
| Agresser | اعتدى يعتدي على (الاعتداء) | |
| Violer | اغتصب يغتصب (الاغتصاب) | |
| Assassiner | اغتال يغتال (الاغتيال) | |
| Suppose que... ! | افترِضْ أنَّ ... ! (الافتراض) | |
| Saisir (occasion) | اقتَنَص يقتنِص (الاقتناص) | |
| Attendre | انتَظَرَ ينتَظِر (الانتظار) | |
| Finir, terminer | انتَهى ينتَهي (الانتهاء) | |
| Regarde-moi bien ! | انظُر جيِّدًا إلَيَّ ! (النَّظر) | |

# الأسبوع السابع عشر

|  |  |
|---|---|
| Passer | مرّ يمُرّ (المرور) |
| Appeler à haute voix | نادى يُنادي (المُناداة) |
| Discuter | ناقَش يُناقِش (المُناقَشة) |
| Tomber (pluie) | هطل يهطل المَطَر (الهُطول) |
| Poser, mettre | وضع يضع (الوَضع) |
| Etre posé | وُضِع يوضَع |
| Etre possible | يُمكِن أن (الإمكان) |

## Divers — تعابير ومصطلحات متفرقة

|  |  |
|---|---|
| En marchant | أثناء السَيـر |
| Parfois | أحياناً |
| Ne le sais-tu pas ? | ألا تعرف ذلك ؟ |
| A ce point | إلى هذا الحَدّ |
| La princesse décidera de ton sort | أمرُك بَيـنَ يَدَي الأميرة |
| Tu as raison | أنت على حَقّ |
| Je suis à ses ordres | إني رَهنُ إشارتها |
| J'attends | إني في الانتظار |
| Il m'a fermé la porte, il m'a empêché de passer/d'entrer | أوصد الباب دوني |
| Regarde-moi bien ! | انظُر جَيِّداً إليّ ! |
| Avec de la pierre | بالحَجَر |
| Naturellement | بالطَّبع |
| Sans distinction, sans discrimination | بدون تَـمييز |
| Sans aucun doute | بدون شَكّ |
| Quelques serviteurs | بَعض الخَدَم |
| Par toi-même et pour toi-même | بِنَفسِك ولِنَفسِك |
| Enchanté ! | تشرَّفنا ! |
| Tous, tous ensemble | جَميعاً |
| Vraiment | حقًّا |
| Autour, à propos | حَولَ |
| Il l'a caillassé, il l'a lapidé | رَماه بالحَصى |
| Contre | ضِدّ |
| Etonnant ! | عَجَباً ! |

|  |  |
|---|---|
| Dans la meilleure des hypothèses | على أحسَنِ الفُروض |
| Etre prêt | على استِعْداد |
| Se dit de ce qui est "mérité" | عَن جَدارة |
| Autre que moi | غَيري |
| Dans un cas pareil | في مثل هذه الحالة |
| Peut-être qu'il n'y a pas | قَد لا يوجَد |
| Un peu | قليلاً |
| Comme d'habitude | كالعادة |
| Il faut..., il est indispensable de... | لا بُدَّ مِن ... |
| Il lui a caressé les cheveux | لاعَبَ شعرَه |
| Nous avons ce qu'il faut pour | لَدَينا ما يكفي لـ |
| Tu peux... | لَكَ أن ... |
| Il a le droit de... | لَهُ الحَقُّ في |
| C'est tout ! | لَيسَ إلا ! |
| Tant que... | ما دامَ |
| Formidable !, Merveilleux ! | ما شاءَ الله ! |
| Comme tout le monde | مثلَ كُلِّ الناس |
| Par exemple | مَثَلاً |
| Quel que soit la demande | مَهما يكُن الطَلب |
| Me voici ! | ها أنا ذا قَد جِئتُ |
| En fait, il est... | الواقع أنَّه ... |
| Ni même | ولا حتّى |
| Monsieur le Juge ! | يا حَضرةَ القاضي ! |
| Formidable !, Bravo ! | يا سَلام ! |
| Monsieur le Cheikh | يا سي الشَيخ |
| Ma chère | يا عَزيزَتي |
| Comme cela me rend heureux ! | يا لَسَعادَتي بذلك ! |
| Ils le lapident, ils le caillassent | يرمونه بالحصى |

# Citations, proverbes, dictons, maximes... — Première série (suite, page 134)

Il s'agit de quelques exemples de ce qui est régulièrement publié sur Twitter dans un but pédagogique. L'énoncé est introduit par un petit commentaire et assorti d'un enregistrement mp3 accessible par le tweet correspondant.

**Ghalib Al-Hakkak** @GhalibHakkak · 22 nov.
Un certain sortant qui a du mal à sortir pourra bientôt tranquillement méditer sur ce proverbe, à condition d'apprendre d'abord l'arabe ! En gros : "Si tu fais toujours ce qui te plaît, tu finiras par trouver ce qui te déplaît". Son : al-hakkak.fr/TGH/T62.mp3

**Ghalib Al-Hakkak** @GhalibHakkak · 18 nov.
Ce proverbe va plus loin : "Qui achète ce dont il n'a pas besoin, finit par vendre ce dont il a besoin". Reste à identifier ce dont on a vraiment besoin ! Pas toujours facile. Son : al-hakkak.fr/TGH/T55.mp3

**Ghalib Al-Hakkak** @GhalibHakkak · 16 nov.
Facile à dire, mais cela pourrait se révéler impossible face au Covid-19. "Si tu veux être obéi, demande ce qui est possible". Son : al-hakkak.fr/TGH/T48.mp3

**Ghalib Al-Hakkak** @GhalibHakkak · 1 nov.
Avec des mots simples, extrait d'un poème mystique très ancien qui revendique la liberté du culte, un laïc du Moyen-Âge. Littéralement : "Ma foi est pour moi, celle des gens (autres) c'est pour les gens". Bref : "ma foi ne concerne que moi". al-hakkak.fr/TGH/T77.mp3

**Ghalib Al-Hakkak** @GhalibHakkak · 10 nov.
Cruel proverbe quand on a tellement de choses à dire. Il faut l'écouter malgré tout et ne lui désobéir qu'après mûre réflexion. En substance : "Il y a des mots qui vous supplient de les laisser tranquilles". Son : al-hakkak.fr/TGH/T45.mp3

**Ghalib Al-Hakkak** @GhalibHakkak · 1 nov.
Pour faire bon usage de la liberté d'expression, il faut tenir compte du contexte, du lieu et de l'auditoire. En tout cas, c'est ce que préconise le proverbe arabe "N'évoquez pas les morts en présence d'un malade !". Simple bon sens, non ? al-hakkak.fr/TGH/T76.mp3

**Ghalib Al-Hakkak** @GhalibHakkak · 19 oct.
En substance : "Qui se plaint de son époque, se plaindra un jour de ne plus y être". En somme : "Il faut être de son époque". Même si parfois c'est dur, très dur. Son : al-hakkak.fr/TGH/T61.mp3

Son : 45

# الأسبوع السابع عشر

**Manuel d'arabe en ligne — Tome III**
**Les bases de l'arabe en 50 semaines** © G. Al-Hakkak 2013

**Ghalib Al-Hakkak** @GhalibHakkak · 17 oct.
Extrait d'un long poème d'At-Tughurrâ'i (m. 1121). En substance : "Comme la vie serait difficile sans cette lueur d'espoir". Son : al-hakkak.fr/TGH/T41.mp3

**Ghalib Al-Hakkak** @GhalibHakkak · 12 oct.
En substance : "La fraternité est mère de richesse et de force". Mot-à-mot : "Aidé de son frère, l'Homme vaut plus". Bref, l'individualisme affaiblit tout le monde. D'où l'intérêt des sports d'équipe. Vivement la gratuité du foot à la TV. Son : al-hakkak.fr/TGH/T65.mp3

**Ghalib Al-Hakkak** @GhalibHakkak · 9 oct.
Quand un responsable agit mal par ignorance, c'est dramatique, mais s'il sait qu'il est dans l'erreur et continue quand même, c'est pire. Ce vers anonyme s'adresse à lui. Il est accordé au masculin mais peut se comprendre au féminin aussi. Son : al-hakkak.fr/TGH/T40.mp3

**Ghalib Al-Hakkak** @GhalibHakkak · 3 oct.
"Plus chers que les enfants, les enfants des enfants". Sans être père ou mère, on ne saisit pas l'étendue de l'amour qu'on peut porter à son enfant. Puis viennent les petits-enfants pour repousser encore plus les limites de cet amour. al-hakkak.fr/TGH/T15.mp3

**Ghalib Al-Hakkak** @GhalibHakkak · 26 sept.
Mot à mot : "Crise, aggrave-toi, tu seras finie", c'est une façon de dire à la crise : "Vide ton sac et dégage". C'est ça le fatalisme optimiste des Orientaux. Qui l'aura compris ici aura une belle carrière politique. Son : al-hakkak.fr/TGH/T32.mp3

**Ghalib Al-Hakkak** @GhalibHakkak · 17 nov. 2020
En temps d'incertitude, ce proverbe prend toute sa valeur : "Achète pour toi et pour le marché", càd : n'achète rien que tu ne puisses revendre, si la situation s'empirait. Son : al-hakkak.fr/TGH/T53.mp3

**Ghalib Al-Hakkak** @GhalibHakkak · 13 nov. 2020
En substance : "Ton frère (véritable ami) est celui qui est franc avec toi, pas celui qui approuve tout ce que tu dis". Ce doit être vrai, mais que c'est dur de l'appliquer. On a besoin d'être flatté ! Comme tous les humains ! Non ? Son : al-hakkak.fr/TGH/T47.mp3

**Ghalib Al-Hakkak** @GhalibHakkak · 25 oct. 2020
Même s'il évoque une évidence, ce dicton est un rappel utile de l'importance de la solidarité, de l'entraide, de la fraternité, etc. "Une main seule ne peut applaudir". Son : al-hakkak.fr/TGH/T66.mp3

Son : 46

# الأسبوع السابع عشر

## Poème chanté

### "رسالة من تحت الماء"

إن كنت حبيبي ساعدني كي أرحل عنك
أو كنت طبيبي ساعدني كي أشفى منك
لو أني أعرف أن الحب خطير جداً ما أحببت
لو أني أعرف أن البحر عميق جداً ما أبحرت
لو أني أعرف خاتمتي ما كنت بدأت

اشتقت إليك فعلمني أن لا أشتاق
علمني كيف أقص جذور هواك من الأعماق
علمني كيف تموت الدمعة في الأحداق
علمني كيف يموت الحب وتنتحر الأشواق
يا من صورت لي الدنيا كقصيدة شعر
وزرعت جراحك في صدري وأخذت الصبر
إن كنت أعز عليك فخذ بيدي
فأنا مفتون من رأسي حتى قدمي

الموج الأزرق في عينيك يناديني نحو الأعمق
وأنا ما عندي تجربة في الحب ولا عندي زورق
إني أتنفس تحت الماء
إني أغرق أغرق أغرق
يا كل الحاضر والماضي يا عمر العمر
هل تسمع صوتي القادم من أعماق البحر
إن كنت قوياً فأخرجني من هذا اليم
فأنا لا أعرف فن العوم
لو أني أعرف .......

**عبد الحليم حافظ** - مصر
شعر نزار قباني (سورية)

### "أراك عصي الدمع"

معللتي بالوصل والموت دونه
إذا مت ظمآن فلا نزل القطر
وفيت وفي بعض الوفاء مذلة
لفاتنة في الحي شيمتها الغدر

**أم كلثوم** - مصر
الشاعر أبو فراس الحمداني

### "ماذا أقول له"

ماذا أقول له لو جاء يسألني
إن كنت أكرهه أو كنت أهواه
ماذا أقول إذا راحت أصابعه
تلملم الليل عن شعري وترعاه

**نجاة** - مصر
الشاعر نزار قباني

| | | |
|---|---|---|
| صورت لي الدنيا كقصيدة شعر | Si tu m'aimes aide-moi. | إن كنت حبيبي فساعدني ... |
| أخذت الصبر | Si je compte pour toi, prend moi par la main. | إن كنت أعز عليك فخذ بيدي |
| خذ بيدي | Si tu es fort, sors-moi de ce flot. | إن كنت قوياً فأخرجني من هذا اليم |
| أنا مفتون من رأسي حتى قدمي | Si j'avais su... je n'aurais pas aimé. | لو كنت أعرف ... لما أحببت |
| ما عندي تجربة في الحب | Si j'avais su... je n'aurais pas pris la mer. | لو كنت أعرف ... لما أبحرت |
| ما عندي زورق | Si j'avais deviné la fin, je n'aurais pas commencé. | لو كنت أعرف خاتمتي لما بدأت |
| إني أتنفس تحت الماء | Aide-moi à te quitter. | ساعدني كي أرحل عنك |
| إني أغرق | Je sais que l'amour est très dangereux. | أعرف أن الحب خطير جداً |
| يا كل الحاضر والماضي يا عمر العمر | Je sais que la mer est très profonde. | أعرف أن البحر عميق جداً |
| هل تسمع صوتي القادم من أعماق البحر | Tu me manques. | اشتقت إليك |
| | Apprends-moi à ne pas languir. | علمني أن لا أشتاق |

**Manuel d'arabe** *en ligne*

Tome III

Les bases de l'arabe

en 50 semaines

# Semaine 18

الأسبوع الثامن عشر

# Quelques précisions

**Rubriques habituelles :**

- Fiches thématiques (p. 108) : les moyens (communication, information, transport) et les médias (radio, télévision, presse, etc.).

- Mini-glossaire (p. 109) : le commerce.

- Prépositions (p. 110) et quelques dates (extrait de "Chronologie bilingue") page 111.

- Traduction autour de FAIRE, CONDITION, GRAND et FOIS (pp. 112-113).

- Exercices rapides (pp. 114-116).

- Exercices sur les verbes de la forme V (p. 117).

- Textes (pp. 122-127).

- Poèmes, paroles de chanson et vocabulaire : qu'est-ce que l'amour ? (pp. 128-129).

- Lexique (pp. 130-133).

- Chansons (p. 136).

A côté des ces rubriques, on trouve dans ce chapitre quatre pages sur un point de grammaire qui n'a pas été jusqu'ici traité à part. C'est l'emploi du *masdar* (المصدر) que l'on traduit habituellement par nom d'action ou nom verbal. Son utilisation par les arabophones est très fréquente et dénote une meilleure maîtrise de la langue. L'équivalent français pourrait être l'infinitif d'un verbe ou le nom indiquant le résultat de l'action correspondante. Par exemple, pour dire "je veux travailler", on dira en arabe أريد أن أعمل ou أريد العمل. Naturellement, l'emploi du *masdar* doit se faire avec prudence, pour éviter la confusion. Par exemple, la suite de أريد العمل peut en changer totalement le sens. Si on trouve أريد العمل لابني لا لي cela veut dire "je veux du travail pour mon fils, pas pour moi". Les pages 114 à 116 ont pour objet d'approcher le mécanisme de cet emploi et de s'exercer un peu. Mais cela doit se poursuivre lors de la découverte de tout nouveau texte du manuel ou à l'extérieur de celui-ci. Par exemple, les titres de la presse ont souvent recours au *masdar*. Là où le français dirait "Le président arrive dans la capitale allemande", on trouvera en arabe وصول الرئيس إلى العاصمة الألمانية. Ce qui compte c'est d'identifier l'agent et seule une pratique étendue et attentive peut conduire à l'autonomie sur ce détail de l'arabe. Par exemple, dans une phrase telle que هل يجب العمل اليوم ؟ seul le contexte permet de savoir qui doit travailler. Est-ce "je", "tu", "nous", "vous", "on" ? Seul un regard en amont, voire en aval aussi, permet de le savoir.

**Les textes :**

Page 122 : extrait d'une nouvelle de Naguib Mahfouz. C'est un dialogue entre deux proches, d'un certain âge, qui ne s'étaient pas vus depuis un moment, bien qu'habitant le même quartier.

Page 123 : encore de N. Mahfouz, un "conte" (حكاية) qui n'en est pas vraiment un. C'est des plus beaux livres du romancier égyptien: حكايات حارتنا . Ces 78 récits sont autant d'épisodes marquants de la vie d'un quartier du Caire. Ici, le narrateur est un enfant qui reproduit ce qu'il entend, avec émotion, mais sans forcément tout comprendre de ce qui se dit. Très bon texte pour découvrir un peu de vocabulaire politique.

Page 124 : un extrait d'un roman du romancier syrien Hanna Mînâ. Ce texte parle à la fois de société et de psychologie. Jeunes ou parents, on ne peut rester insensible à ce dialogue.

Page 125 : un texte court et entier de l'écrivain syrien زكريا تامر dont l'œuvre peut être un allié solide de l'étudiant d'arabe. Ses écrits sont en effet faciles à comprendre. Vocabulaire simple, intrigue claire, sauf que tout peut soudainement devenir surréaliste. Il suffit de le savoir et goûter au plaisir d'une lecture pleine d'invitations à la méditation.

Page 126 : extrait de la traduction faite par توفيق الحكيم de la tragédie d'*Œdipe Roi* (الملك أوديب) de Sophocle, mettant en scène Œdipe et l'oracle Tersias.

Page 127 : une courte nouvelle d'une écrivaine saoudienne. Limpide et intéressant pour réfléchir à la condition féminine.

Page 128 : quatre poèmes pour parler de l'amour. Deux en arabe littéral et deux en dialecte égyptien. Un de ces derniers a été chanté par أم كلثوم . Une comparaison entre les quatre peut être intéressante, au-delà du vocabulaire. Un débat pourrait émerger d'un passage du poème chanté, encore une fois sur la condition féminine.

Page 136 : deux chansons fameuses ; la première est en arabe littéral, un poème de نزار قباني chanté par une chanteuse égyptienne d'origine yéménite نجاة que l'on surnommait à l'époque par الصغيرة pour la distinguer d'une autre Najât plus ancienne نجاة علي . Les paroles de cette chanson sonnent au début comme une révolte féminine contre l'orgueil de l'homme, mais vont finalement vers la compréhension et le pardon. La deuxième chanson est en dialecte égyptien. Elle est de أم كلثوم . Les paroles relatent, avec des mots simples, une rencontre amoureuse, manifestement platonique. La chanson date de l'époque où la voix de أم كلثوم était au sommet. Tenter de traduire, sans aide, les paroles de cette chanson pourrait se révéler un exercice très intéressant.

Bon travail !

# الأسبوع الثامن عشر

**Manuel d'arabe en ligne — Tome III**
**Les bases de l'arabe en 50 semaines**
© G. Al-Hakkak 2013 — http://www.al-hakkak.fr

**Vocabulaire général** — extraits des listes du vocabulaire multilingue : http://www.al-hakkak.fr/vocabulaire-arabe.html

## وسائل الإعلام

| | |
|---|---|
| journal | صحيفة ج صحف |
| radio | الراديو = الإذاعة |
| TV | التلفزيون |
| journaliste de radio-TV | مذيع |
| émission | برنامج |
| dialogue | حوار |
| rencontre, interview | لقاء |
| agence de presse | وكالة أنباء |
| information | خبر ج أخبار |
| bulletin d'information | نشرة أخبار |
| dépêche | خبر عاجل |
| commentaire | تعليق |
| en direct | بث مباشر = بث حي |
| correspondant | مراسل |

**Son : 1**

## وسائل النقل

| | |
|---|---|
| voiture | سيارة |
| train | قطار ج قطارات |
| train express | قطار سريع |
| avion | طائرة |
| bateau | مركب ج مراكب |
| navire | سفينة ج سفن |
| navire | باخرة ج بواخر |
| métro | مترو |
| bus, car | باص = حافلة |
| bus, car | أوتوبيس |
| taxi | تاكسي |
| taxi | سيارة أجرة |
| vélo | دراجة هوائية |
| moto | دراجة نارية |

**Son : 2**

## وسائل الاتصال

| | |
|---|---|
| téléphone | التلفون = الهاتف |
| tél. portable | جوال = نقال = موبايل |
| lettre | رسالة ج رسائل |
| fax | فاكس |
| mail, courriel | رسالة ألكترونية |
| poste | البريد |
| courrier recommandé | البريد المضمون |
| courrier urgent | البريد المستعجل |
| colis postal | رزمة بريدية |
| expéditeur | المرسل |
| destinataire | المرسل إليه |
| appel téléphonique | مكالمة تليفونية |
| message oral | رسالة شفوية |
| sur les ondes | على الهواء |

**Son : 3**

## الصحافة

| | |
|---|---|
| journal | صحيفة ج صحف |
| journal | جريدة ج جرائد |
| revue, journal | مجلة ج مجلات |
| quotidien | صحيفة يومية |
| hebdomadaire | صحيفة أسبوعية |
| mensuel | صحيفة شهرية |
| rédaction | التحرير |
| rédacteur en chef | رئيس التحرير |
| rubrique | باب ج أبواب |
| éditorial | افتتاحية |
| journaliste | صحفي = صحافي |
| commentateur | معلق |
| commentaire | تعليق |
| analyste | محلل |
| observateur | مراقب |
| correspondant | مراسل |

**Son : 4**

## التلفزيون

| | |
|---|---|
| écran | الشاشة |
| émission | البرنامج ج برامج |
| journaliste, animateur | المذيع |
| bulletin d'info | نشرة الأخبار |
| météo | الطقس |
| commentaire | التعليق |
| rencontre, interview | اللقاء |
| dialogue, interview | الحوار |
| table ronde | الندوة |
| film | الفيلم |
| chanson | الأغنية ج أغاني |
| concours | المسابقة |
| le direct | البث المباشر |
| le direct | البث الحي |
| transmission | النقل |
| spectateur | المشاهد |

**Son : 5**

## الراديو

| | |
|---|---|
| journaliste, présentateur | المذيع |
| station de radio | الإذاعة |
| le siège de la radio | دار الإذاعة |
| bulletin d'info | نشرة الأخبار |
| les titres des infos | عناوين الأخبار |
| flash | الموجز |
| commentaire | التعليق |
| interview | المقابلة الصحفية |
| transmission | النقل |
| auditeur | المستمع |

**Son : 6**

## السينما

| | |
|---|---|
| salle de cinéma | دار السينما |
| salle de cinéma | صالة السينما |
| Septième Art | الفن السابع |
| acteur | الممثل |
| cinéaste, metteur en scène | المخرج |
| mise en scène | الإخراج |
| prise de vue | التصوير |
| montage | المونتاج |
| distribution | التوزيع |
| production | الإنتاج |
| film | الفيلم ج أفلام |
| scénario | السيناريو |
| décor | الديكور |
| écran | الشاشة |

**Son : 7**

## الموسيقى

| | |
|---|---|
| mélodie | اللحن ج ألحان |
| composition | التلحين |
| composition | التأليف |
| compositeur | الملحن |
| grand compositeur | الموسيقار |
| orchestre | الأوركسترا |
| orchestre | الفرقة الموسيقية |
| musicien | العازف |
| chanteur | المغني |
| instrument | الآلة |
| violon | الكمنجة / الكمان |
| luth | العود |
| qânûn | القانون |
| tam-tam | الطبلة / الدربكة |
| flûte | الناي |
| duff (tambourin) | الدف |
| rabâba (1 corde) | الربابة |
| harpe | القيثارة |
| guitare | الجيتار |
| piano | البيانو |

**Son : 8**

---

**Ex 36 p 265**

Compléter librement chaque phrase avec un mot des listes ci-dessus :

بودي أن أتعلم العزف على ..................... .
يعجبني ..................... هذا الفيلم .
أود أن أستمع إلى ..................... .
سمعت أن ..................... اخترعت سنة ١٨١٧ .
صحيح أن ..................... اخترعها الأخوان لومير .
يقال إن أول ..................... فتح في لندن سنة ١٨٦٣ .
..................... هي أشهر صحيفة يومية في فرنسا .
سمعت في ..................... أن هناك مظاهرة .
هذه رسالة غريبة ولا أدري من هو ..................... .
بسبب الفيسبوك لم أعد أقرأ ..................... .
لا أحب السفر بـ ..................... لأنني لا أجيد السباحة .
لا أدري كيف سيكون ..................... غدا .
هناك في ..................... مسابقة غنائية في كل سنة هي الأوروفيزيون .
من كتب ..................... هذا الفيلم ؟
ابن خالي يعمل في دار ..................... المصرية .
اسمعوا هذا ..................... ! لقد استقال الوزير .
سوف أرسل لك الرسالة بالبريد ..................... .
ما هي ..................... اليوم ؟

# الأسبوع الثامن عشر

**Lexique autour d'une spécialité : commerce** — extrait des "Glossaires rudimentaires"

## A — Son : 9

|  |  |
|---|---|
| accord commercial | الاتِّفاق التِّجاري |
| achats | الـمُشْتَرَيات |
| acheter | اشْتَرى يَشْتَري |
| acompte | العَربون |
| annonce publicitaire | الإعْلان التجاري |
| article | البِضاعة ج بَضائع |
| arrhes (les —) | العَربون |
| associé | الشَّريك ج شُركاء |
| assurance | التَّأمين |

## B — Son : 10

| | |
|---|---|
| bail | العَقْد / عقد الإيجار |
| bénéfice | الرِّبْح ج أرباح |
| boutique | الدُّكّان ج دَكاكين / الحانوت ج حَوانيت |

## C — Son : 11

| | |
|---|---|
| camion | الشّاحنة |
| campagne publicitaire | الحَمْلة الدِّعائيّة |
| centre commercial | الـمُجَمَّع التجاري / الـمَرْكَز التجاري / المول |
| client | الزَّبون ج زَبائن (ش) / زُبَناء (مغ) |
| code de commerce | القانون التجاري |
| colis | الرُّزْمة ج رُزَم |
| commande | الطَّلَب ج طلبات |
| commerçant | التّاجِر ج تُجّار |
| commerce international | التِّجارة العالمية |
| comptabilité | الـمُحاسَبة |
| compte bancaire | الحساب الـمَصْرِفي |
| concurrence | الـمُنافَسة |
| contrat | العَقْد ج عُقود |
| cosmétiques | الكماليّات |
| coût de fabrication | كلفة الإنتاج |
| crédit (à —) | بالدَّيْن / بالتَّقْسيط |

## D — Son : 12

| | |
|---|---|
| date de livraison | تاريخ التسليم |
| dédommagement | التَّعْويض / التعويضات |
| destinataire | الـمُرْسَل إليْه |
| détaillant | البائع بالـمُفْرَد |
| dette | الدَّيْن ج دُيون |
| devise | العُمْلة الصَّعْبة |
| discount | التَّخْفيض |
| distribution | التَّوْزيع |
| douane | الجُمْرُك ج الجَمارك |
| droits de douane | الرُّسوم الجمركية |

## E — Son : 13

| | |
|---|---|
| échange | التَّبادُل |
| enchères | الـمَزاد العَلَني |
| entrepôt | الـمَخْزَن ج مَخازن |
| entreprise | الشَّركة (ش) / الـمُقاوَلة (مغ) |
| expéditeur | الـمُرْسِل |
| exportations | الصادرات |
| exporter | صدَّر يُصدِّر / التَّصْدير |

## F — Son : 14

| | |
|---|---|
| facture | الفاتورة ج فواتير |
| faire des bénéfices | رِبح يربح |
| faux (marchandise) | مُقلَّد / مُزَيَّف |
| fournir | زوَّد يُزوِّد |
| frais d'envoi | كلفة الشَّحْن |
| franco de port | السِّعر الخالص |

## G — Son : 15

| | |
|---|---|
| gain | الرِّبْح ج أرباح |
| garantie | الضَّمان ج ضمانات |
| gel des prix | تجميد الأسعار |
| grand magasin | المغازة |
| grossiste | البائع بالجُمْلة |

## H — Son : 16

| | |
|---|---|
| hausse des prix | ارتفاع الأسعار |
| hausse du coût | ارتفاع الكُلْفة |

## I

| | |
|---|---|
| importations | الواردات |
| importer | استورد يستورد / الاسْتيراد |
| intermédiaire | الوَسيط ج وُسَطاء |
| inventaire | الجَرْد |

## L — Son : 17

| | |
|---|---|
| liquidation totale | التَّصْفية الشاملة |
| livraison | التَّسْليم |
| loyer | الإيجار ج إيجارات |

## M

| | |
|---|---|
| made in... | صُنِعَ في ... |
| magasin | الـمَغازة / الدُّكّان / الحانوت / الـمَخْزَن |
| marasme | الكَساد |
| marchand d'armes | تاجر الأسلحة |
| marchandises de luxe | البضائع الراقية |
| monopole | الاحْتِكار |
| moyen de transport | وسيلة النَّقْل ج وَسائل النقل |

## O — Son : 18

| | |
|---|---|
| OMC | الـمُنَظَّمة العالَمية للتِّجارة |

## P

| | |
|---|---|
| paquet | الرُّزْمة ج رُزَم |
| par voie aérienne | جَوًّا |
| par voie maritime | بَحْرًا |
| par voie terrestre | بَرًّا |
| partenaire | الشَّريك ج شُركاء |
| payer *cash* | دفع يدفع نَقْدًا |
| payer par chèque | دفع يدفع بصَكّ |
| perte | الخَسارة ج خَسائر |
| prix coûtant (à —) | بِسعر الكُلْفة / دونَ رِبْح |
| production | الإنتاج |

109

# Quelle préposition en arabe ?

Extrait 4 de l'ouvrage intitulé «Quelle préposition en arabe ?» - ISBN : 9781704566153
Ce livre contient 106 séries dont sept sont reproduites dans ce volume à titre d'exemples.

**Difficulté 5/6 : Série 71**
**Son 87 ABCD - Corrigé p. 198**

D'après كتاب الحيوان (volume 1) de الجاحظ (Irak, 776-868)

## لـ ou من ou بـ ou إلى ؟

1. Il le jeta du haut du château. / 2. Il n'atteint ce dont il a besoin que par le biais de ce dont il n'a pas besoin. / 3. Je m'étonnais que tu critiquasses certains à mauvais escient. / 4. Qui pourrait te procurer une chose qui réunisse le début et la fin ? / 5. Un livre n'oublie rien et ne change pas une parole par une autre. / 6. Certains, par nature, ont besoin les uns des autres. / 7. Quel intérêt plus grand et quelle aide plus utile que l'écriture ? / 8. La plume (calame) se suffit à elle-même et n'a pas besoin des atouts d'autre chose. / 9. Le livre, c'est lui qui t'obéit la nuit, comme il le fait le jour. / 10. La largesse de l'esprit pour acquérir les livres traduit la glorification du savoir. / 11. Y a-t-il pire qu'un livre qui exige des gens d'obéir [sans réfléchir] ? / 12. Qui veut tout savoir, les siens devraient le soigner. / 13. Ils disposent l'inscription là où elle risque le moins de s'effacer. / 14. Chaque nation a sa façon de conserver son patrimoine. / 15. Les rois sont enclins à effacer les vestiges de ceux qui les ont précédés. / 16. Les livres sont plus aptes à transmettre l'héritage culturel que les édifices et la poésie. / 17. Il (le traducteur) doit être le meilleur connaisseur de la langue de départ et de celle d'arrivée. / 18. La voie que nous suivons doit servir ceux qui viennent après nous. / 19. Ce dont un livre a le plus besoin c'est d'être intelligible. / 20. Les conditions de vie valent plus que l'argent car celui-ci dépend de celles-là.

١ رمى ............. ـه ............. فوق القصر .

٢ لا يتوصل ............. ما يحتاج ............. ـه إلا ............. ـما لا يحتاج ............. ـه .

٣ كنت أعجب ............. عيبك البعض ............. لا علم .

٤ من لك ............. شيء يجمع لك الأول والآخر ؟

٥ الكتاب لا ينسى ولا يبدل كلاماً ............. كلام .

٦ إن حاجة بعض الناس ............. بعض صفة لازمة في طبائعهم .

٧ أي نفع أعظم وأي مرفق أعون ............. الخط ؟

٨ القلم مكتف ............. نفسه لا يحتاج ............. ما عند غيره .

٩ الكتاب هو الذي يطيعك ............. الليل كطاعته ............. النهار .

١٠ سخاء النفس ............. الإنفاق على الكتب دليل على تعظيم العلم .

١١ أي تدبير أفسد ............. كتاب يوجب على الناس الإطاعة ؟

١٢ من أراد أن يعلم كل شيء فينبغي ............. أهله أن يداووه .

١٣ يضعون الخط في أبعد المواضع ............. الدثور .

١٤ كل أمة تعتمد في استبقاء مآثرها على ضرب ............. الضروب .

١٥ ............. شأن الملوك أن يطمسوا على آثار من قبلهم .

١٦ الكتب أبلغ في تقييد المآثر ............. البنيان والشعر .

١٧ ينبغي أن يكون أعلم الناس ............. اللغة المنقولة والمنقول ............. ـها .

١٨ ينبغي أن يكون سبيلنا ............. من بعدنا .

١٩ ليس الكتاب ............. شيء أحوج ............. ـه ............. إفهام معانيه .

٢٠ الحال أفضل ............. المال لأن المال لم يزل تابعاً ............. الحال .

**Extrait 4** de l'ouvrage intitulé «**Chronologie bilingue fr-ar**» - ISBN : 9781974214099
Ce livre contient environ 1500 dates dont sept séries sont reproduites dans ce volume à titre d'exemples.
*NB : la version arabe contient parfois davantage de détails, facilement repérables.*

**868** — Mort d'al-Jâhiz (env. 95 ans), un des auteurs les plus importants de la littérature classique. Il était l'auteur du *Livre des avares*, entre autres.

سنة ٨٦٨ - وفاة الجاحظ وهو في الخامسة والتسعين من عمره وكان واحداً من أعظم الأدباء العرب القدامى وهو صاحب «البيان والتبيين» و«البخلاء» و«الحيوان» وعدد كبير من الرسائل

**869** — Début de la révolte des Zanj.

سنة ٨٦٩ - بداية ثورة الزنج في جنوب العراق

**v. 870** — Début de la propagande ismaélienne.

ح سنة ٨٧٠ - بداية الدعوة الإسماعيلية التي تشعبت فيما بعد إلى عدة فرق.

**871** — Chute de l'émirat de Bari (Italie) fondé en 825 ou 847

سنة ٨٧١ - سقوط إمارة باري (في إيطاليا الحالية) وكانت قد تأسست سنة ٨٢٥ أو سنة ٨٤٧

**872** — Gouverneur abbasside d'Egypte, Ibn Tûlûn proclame son indépendance.

سنة ٨٧٢ - ابن طولون الوالي العباسي على مصر يعلن استقلاله عن الخليفة العباسي

**874** — Disparition du XII[ème] et dernier imam chez les chiites duodécimains, qui croient en son retour.

سنة ٨٧٤ - غيبة الإمام الثاني عشر للشيعة الاثناعشرية في مدينة سامراء وهو في الرابعة من عمره والشيعة يؤمنون بعودته لإنقاذ العالم

**878** — Achèvement de l'occupation musulmane de la Sicile.

سنة ٨٧٨ - استتمام الاحتلال الإسلامي لجزيرة صقلية والذي بدأ قبل خمسين عاماً

**886** — Siège de Paris par les Normands.

سنة ٨٨٦ - النورمانديون يحاصرون مدينة باريس

**892** — Abandon officiel de Samarra comme capitale et retour du califat à Bagdad.

سنة ٨٩٢ - عودة الخلافة رسمياً إلى بغداد وتركها مدينة سامراء التي بقيت عاصمة الدولة فعلياً حوالي ثلاثين سنة ورسمياً حوالي ستين سنة

**894** — Etablissement du pouvoir qarmate au Bahrayn.

سنة ٨٩٤ - بداية دولة القرامطة في البحرين كدولة مستقلة عن السلطة العباسية

**900** — Proclamation de l'imamat zaydite au Yémen.

سنة ٩٠٠ - بداية الدولة الزيدية في اليمن كدولة مستقلة عن السلطة العباسية

**909** — Avènement des Fâtimides en Ifriqiya (Tunisie) — ils revendiquent le califat.

سنة ٩٠٩ - بداية سلطة الفاطميين في إفريقيا (تونس الحالية) على يد عبيد الله المهدي بالله ومطالبتهم بالخلافة وعاصمتهم في مدينة المهدية

## FAIRE

1- Que faire ?
2- Mon fils a fait un tableau magnifique.
3- Je voudrais faire un poème pour ton anniversaire.
4- Cent dirham ! Cela ne fait pas assez.
5- Faisons un pas en leur direction !
6- Il fait semblant d'être malade.
7- Je fais des recherches sur l'histoire de Paris.
8- Je voudrais faire du tennis.
9- Ils ont fait match nul.
10- Le ministre a fait une déclaration.
11- Nous n'avons plus rien à faire ici.
12- Que fait-il dans la vie ?
13- Elle fait des études d'ingénieur.
14- Je voudrais faire de l'allemand.
15- J'ai fait trois années d'études.
16- Ils t'ont fait beaucoup de compliments.
17- Il faut faire le nécessaire.
18- Tu fais une erreur.
19- Il le fait exprès.
20- Tu ferais mieux de t'arrêter.
21- Il faut faire les valises ?
22- Il veut faire élaguer les arbres.
23- Cette chanson me fait penser à mon pays.
24- Il faut faire manger les enfants.
25- Il ne parle pas aussi bien que tu le fais.
26- Cet homme s'est fait seul.
27- Petit à petit, l'oiseau fait son nid.
28- Il se fait tard.
29- Si je me trompe, je me fais moine.
30- Je ne parviens pas à me faire à ce genre de travail.
31- Peu à peu, il se fera à cette idée.
32- Il faut se faire une idée précise de la question.
33- Je ne suis pas fait pour ce travail.
34- C'en est fait de moi.
35- Cela m'a fait mal au cœur.
36- La réparation est faite.
37- Je voudrais me faire couper les cheveux.
38- Je vais me faire extraire une dent de sagesse.
39- Ce fromage n'est pas encore fait.
40- Ses paroles ont fait leur effet.

# 18 — الأسبوع الثامن عشر

**Manuel d'arabe en ligne** — Tome III
**Les bases de l'arabe en 50 semaines** © G. Al-Hakkak 2013

MAJ 15 mars 2021

http://www.al-hakkak.fr

**En autonomie**

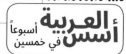

Grammaire : un mot = traductions multiples

## CONDITION

1- Elle a épousé un homme de condition modeste.

2- Les conditions de notre vie ici sont insupportables.

3- Ton mari n'est pas en condition de courir le marathon.

4- Pensez-vous que je remplis les conditions exigées pour cet emploi ?

5- On peut réussir, à condition de se mettre tout de suite au travail.

6- Les conditions ne sont pas favorables pour une telle initiative.

## GRAND

1- Mes grand-parents se disputent tout le temps.

2- Ton grand-père est un grand homme. Il est très âgé.

3- Notre premier ministre est grand de taille.

4- Il ne reste pas grand-chose dans le réfrigérateur.

5- Ma fille fait ses études dans une grande-école.

6- La porte de l'université est grand-ouverte.

7- Le nom de Guadalquivir vient de l'arabe et signifie "Grand fleuve".

## FIN

1- La fin ne justifie pas les moyens.

2- C'est très fin de sa part.

3- C'est la fin du film.

4- Le nom du coupable ne se révèle qu'à la fin du livre.

5- La réunion aura lieu fin mai.

6- Je viendrai vous voir en fin de semaine.

7- On dit qu'Hitler mit fin à ses jours en compagnie de sa maîtresse Eva Braun.

8- La réunion prit fin à minuit.

9- A cette fin, j'ai demandé rendez-vous avec le maire.

10- A quelle fin font-ils cela ?

11- Le roi a opposé une fin de non-recevoir aux demandes de l'opposition.

12- Quel est le fin mot de cette affaire ?

13- Cette lettre est écrite sur un papier très fin.

14- Toi, tu parles des vins français en fin connaisseur !

15- Y a-t-il du sable fin sur cette plage ?

# الأسبوع الثامن عشر

**Grammaire** — Le *masdar* et la subordonnée complétive introduite par la particule أنْ

## Quelques verbes courants et leur masdar

| | | | |
|---|---|---|---|
| الرؤية | أن يرى | الذهاب | أن يذهب |
| التفكير | أن يفكر | الرجوع | أن يرجع |
| الفهم | أن يفهم | الخروج | أن يخرج |
| القبول | أن يقبل | الدخول | أن يدخل |
| الرفض | أن يرفض | السكن | أن يسكن |
| البحث | أن يبحث | السفر | أن يسافر |
| الشراء | أن يشتري | الرحيل | أن يرحل |
| البيع | أن يبيع | الدراسة | أن يدرس |
| السماع | أن يسمع | التعلم | أن يتعلم |
| الاستماع | أن يستمع | العمل | أن يعمل |
| الطلب | أن يطلب | الاشتغال | أن يشتغل |
| الانتهاء | أن ينتهي | التكلم | أن يتكلم |
| التصليح | أن يصلح | التحدث | أن يتحدث |
| المجيء | أن يجيء | الاتصال | أن يتصل بـ |
| الاستمرار | أن يستمر | الوصول | أن يصل |
| | | الكتابة | أن يكتب |
| | | القراءة | أن يقرأ |
| | | اللعب | أن يلعب |
| | | المشاهدة | أن يشاهد |
| | | النظر | أن ينظر |

**Son : 20**

## Quand le verbe est indirect - même sujet

| | |
|---|---|
| أريد السفر | أريد أن أسافر |
| تريد السفر | تريد أن تسافر |
| تريدين السفر | تريدين أن تسافري |
| يريد السفر | يريد أن يسافر |
| تريد السفر | تريد أن تسافر |
| نريد السفر | نريد أن نسافر |
| تريدون السفر | تريدون أن تسافروا |
| تردن السفر | تردن أن تسافرن |
| يريدون السفر | يريدون أن يسافروا |
| يردن السفر | يردن أن يسافرن |

**Son : 19**

## Quand le sujet de la principale ne renvoie pas à la même personne

| | |
|---|---|
| أريد منك الدراسة | أريد أن تدرس |
| تريد مني الدراسة | تريد أن أدرس |
| يجب علي العمل = علي العمل | يجب أن أعمل |
| يجب عليك العمل = عليك العمل | يجب أن تعمل |
| طلبت منه الرجوع | طلبت منه أن يرجع |
| طلب مني الرجوع | طلب مني أن أرجع |

**Son : 21**

## Quand le verbe est direct

| | |
|---|---|
| أريد تعلم العربية | أريد أن أتعلم العربية |
| أريد منك كتابة العنوان | أريد أن تكتب لي العنوان |
| طلبت منه فتح الباب | طلبت منه أن يفتح الباب |
| طلب مني بيع السيارة | طلب مني أن أبيع السيارة |

**Son : 22**

## A la forme négative

**Son : 23**

لا أفضل أن أسافر = أفضل ألا أسافر
لا تفضل أن تسافر = تفضل ألا تسافر
لا تفضلين أن تسافري = تفضلين ألا تسافري
لا يفضل أن يسافر = يفضل ألا يسافر
لا تفضل أن تسافر = تفضل ألا تسافر
لا نفضل أن نسافر = نفضل ألا نسافر
لا تفضلون أن تسافروا = تفضلون ألا تسافروا
لا تفضلن أن تسافرن = تفضلن ألا تسافرن
لا يفضلون أن يسافروا = يفضلون ألا يسافروا
لا يفضلن أن يسافرن = يفضلن ألا يسافرن

**Son : 24**

لا أفضل السفر = أفضل عدم السفر
لا تفضل السفر = تفضل عدم السفر
لا تفضلين السفر = تفضلين عدم السفر
لا يفضل السفر = يفضل عدم السفر
لا تفضل السفر = تفضل عدم السفر
لا نفضل السفر = نفضل عدم السفر
لا تفضلون السفر = تفضلون عدم السفر
لا تفضلن السفر = تفضلن عدم السفر
لا يفضلون السفر = يفضلون عدم السفر
لا يفضلن السفر = يفضلن عدم السفر

**Son : 25**

لا بد لي من أن أتعلم الفارسية ->
لا بد لي من تعلم الفارسية
لا فائدة من أن أتكلم معه ->
لا فائدة من التكلم / الكلام معه
من الممكن أن أتحدث معه عن الموضوع ->
من الممكن لي التحدث معه ...
من المستحيل أن يسكن هنا ->
من المستحيل له السكن هنا
من المحتمل أن ينجح هذه المرة ->
من المحتمل نجاحه هذه المرة

# الأسبوع الثامن عشر

**Grammaire** — Le *masdar* et la subordonnée complétive introduite par la particule أنْ / إنَّ

قال إنه سوف يسافر

يقال إن الجو بارد في الشمال

من القائل إن العلم نور ؟

**Son : 26**

| | | |
|---|---|---|
| سمعت بأنه سيسافر / سمعت أنه سوف يسافر | | سمعت بسفره (المقبل) |
| علمت بأنه سافر / علمت أنه سافر | | علمت بسفره |
| تأسفت لأنه مات | | تأسفت لموته |
| تعجبت من أنه رحل | < | تعجبت من رحيله |
| أتعجب من أنه سيرحل | | أتعجب من رحيله |
| أتوقع أنه سوف يفشل | | أتوقع فشله |
| وددت لو أنه بقي معنا | | كنت أود بقاءه معنا |
| تمنيت لو أنه رحل | | كنت أتمنى رحيله |
| أنا متأكد من أنه سيفوز | | أنا متأكد من فوزه |
| أشك في أنه يفهم المشكلة | | أشك في فهمه المشكلة |
| أنا واثق من أنه يقدر على حل المشكلة | | أنا واثق من قدرته على حل المشكلة |

**Son : 27**

| | | |
|---|---|---|
| أنا متأكد من أن ذلك واضح للجميع | | أنا متأكد من وضوح ذلك للجميع |
| أنا واثق من أنه قادر على ذلك | | أنا واثق من قدرته على ذلك |
| سمعت بأنه مشغول اليوم | < | سمعت بانشغاله اليوم |
| علمت بأنه متزوج | | علمت بزواجه |
| حزنت لأنه غائب عنا | | حزنت لغيابه عنا |

**Son : 28**

| | | |
|---|---|---|
| من الأكيد أنه سيبني دارًا جديدة | | من الأكيد بناؤه دارًا جديدة |
| من العجيب أنه يتكلم الإنجليزية | | من العجيب تكلمه الإنجليزية |
| من الغريب أنها لم تتعلم العربية | | من الغريب عدم تعلمها العربية |
| من المحتمل أنهم فهموا أسباب المشكلة | < | من المحتمل فهمهم أسباب المشكلة |
| من المؤكد أنهم سمعوا بهذه القضية | | من المؤكد سماعهم بهذه القضية |
| من الواضح أنه يهتم بهذه المسألة | | من الواضح اهتمامه بهذه المسألة |
| من المؤسف أنها لا تنتبه لهذه المشكلة | | من المؤسف عدم انتباهها لهذه المشكلة |
| من المدهش أنه لا يفهم شيئًا في السياسة | | من المدهش عدم فهمه شيئاً في السياسة |

**Son : 29**

Emploi du masdar avec un verbe auxiliaire.

اتفقوا -> تم الاتفاق بينهم

اختير موقع البناء -> تم اختيار موقع البناء

بنوا دارًا جديدة -> قاموا ببناء دار جديدة

وقع على الوثيقة -> قام بالتوقيع على الوثيقة

**Son : 30**

# Réécrire en employant le masdar

أقترح عليك أن نعمل معًا = أقترح عليك العمل معًا

لا بد لنا من أن نعمل

قررت أن أرحل عن هذه البلاد

سأحاول أن أتصل بكم قبل أن أسافر

يجب أن ترجعوا بسرعة إلى البيت

يجب أن تتصلوا بي قبل أن تخرجوا من الدار

يجب أن تتصلي بي بعد أن تصلي إلى المكتب

سوف أحاول أن أتصل بك بعد أن أصل إلى المطار

هل تستطيع أن تترجم لي هذه الجملة ؟

من يستطيع أن يفهم هذه العبارة ؟

لا أستطيع أن أعمل اليوم

لا أقدر على أن أقبل هذا الكلام

من يقدر على أن يصبر على هذا الظلم !

يجب عليك أن تتعلم العربية وأن تدرس التاريخ العربي

لا أحب أن أقرأ الصحف اليومية ولا أن أستمع إلى الأخبار بالراديو

يجب أن تفكر في أن تعمل

سوف يأتي عندنا بعد أن يصل إلى باريس

سوف يذهب إلى أمريكا بعد أن ينتهي من الامتحان

سوف أذهب إليه بعد أن ينتهي من الامتحان

سوف يسافر بعد أن أنتهي من تصليح السيارة

يجب أن نصلح السيارة قبل أن تغيب الشمس

يجب أن ننتهي من العمل قبل أن يرجع جدنا

لا بد لنا من أن نقرأ كل هذه الكتب قبل أن يجيء موعد الامتحان

# 18 — الأسبوع الثامن عشر

**Traduire**

Traduire en arabe, en utilisant un *masdar* dans chaque phrase :

1. Je voudrais écrire un roman.
2. J'irai travailler au Qatar.
3. Il m'a proposé d'étudier ensemble.
4. Vous devez travailler ici.
5. Elle a décidé de quitter ce travail.
6. Il nous a contactés avant de partir en voyage.
7. Tu dois vite rentrer à la maison.
8. Vous devez nous contacter avant de sortir du travail.
9. Vous devez me contacter une fois arrivés à la maison.
10. Je te contacterai une fois sorti de l'école.
11. Pourrais-tu me réparer ce téléphone ?
12. Qui peut comprendre cette phrase ?
13. Je ne peux pas travailler avec vous.
14. Je ne peux pas accepter ce projet.
15. Qui peut supporter cette folie !
16. Je dois apprendre le latin et étudier l'histoire.
17. Nous devons penser à nous exprimer.
18. Tu viendras chez nous quand tu seras à Paris ?
19. Il ira en Amérique quand il sera guéri.
20. J'irai le voir quand je serai guéri.
21. Il t'écrira une fois qu'il aura fini son tarvail.
22. Nous devons réparer la voiture avant de partir en voyage.
23. Vous devez lire tous ces articles pour comprendre le problème.
24. Je dois continuer à étudier et à travailler.
25. Nous devons vivre deux ans aux Emirats.
26. Il nous est indispensable de réussir le BAC cette année.
27. Je dois revenir à Dubaï avant septembre.
28. Nous devons quitter les Emirats avant 2016.
29. Je voudrais réfléchir avant de choisir mes études supérieures.
30. J'aimerais pouvoir lire aussi bien l'arabe que le français.

# الأسبوع الثامن عشر

**QCM** (NB : dans quelques cas, il y a plus d'une réponse exacte)

| | | |
|---|---|---|
| ١ - حواء هي ............ أكلت التفاحة . ○ التي  ○ الذي | | |
| ٢ - يا أولادي ماذا ............ من العلوم ؟ ○ تعرف  ○ تعرفون | | |
| ٣ - ............ نفرتيتي في متحف برلين . ○ تمثال  ○ قبر | | |
| ٤ - يبدو عليكم ............ من هذا العمر . ○ قليل  ○ أقل | | |
| ٥ - يا ............ أنا عبدك وأنت سيد البلاد ! ○ مولاي  ○ مولاتي | | |
| ٦ - سألته ............ إذا كان سيبقى هنا . ○ عن  ○ عما | | |
| ٧ - الناس لم يتوصلوا إلى السعادة ............ ○ قبل  ○ بعد | | |
| ٨ - لن أدرس ............ الفلسفة . ○ سوى  ○ سواء | | |
| ٩ - كل مجهول ............ معلوماً . ○ يوما ما  ○ سيصير | | |
| ١٠ - أنا لن ............ دون حب المهنة . ○ عملت  ○ أعمل | | |
| ١١ - نسمع كثيراً ............ الخلفاء الأربعة . ○ من  ○ عن | | |
| ١٢ - كانت الكمبيوترات في ............ غالية . ○ المستقبل  ○ الماضي | | |
| ١٣ - من الأفضل لكم أن تلعنوا و...... أحياء . ○ أنت  ○ أنتم | | |
| ١٤ - لا تثق بأحد ............ بنفسك . ○ سوى  ○ إلا | | |
| ١٥ - المال شيء لا بد ............ ○ منه  ○ منها | | |
| ١٦ - من كان لك كله كان ............ كله . ○ منك  ○ عليك | | |
| ١٧ - من أطاع غضبه ............ أدبه . ○ أضاع  ○ وجد | | |
| ١٨ - من غضب من ............ رضي بلا شيء. ○ شيء  ○ لا شيء | | |
| ١٩ - من ............ المرء أن يكون خصمه عاقلاً . ○ تعاسة  ○ سعادة | | |
| ٢٠ - من لم يصبر على كلمة سمع ............ ○ كلمات  ○ كلاماً | | |

## Culture générale

| | | | |
|---|---|---|---|
| ١ - فرنسا هي ............ دولة في أوربا الغربية . | ○ أكبر | ○ أصغر | ○ أجمل |
| ٢ - فرنسا ............ من ألمانيا . | ○ أكبر | ○ أصغر | ○ أوسع |
| ٣ - الأراضي التركية في أوربا ............ من أراضي لوكسمبورج . | ○ أكبر | ○ أقل | ○ أوسع |
| ٤ - المملكة المتحدة ............ من إيطاليا . | ○ أكبر | ○ أصغر | ○ أكثر سكاناً |
| ٥ - ............ هي أكبر بلد في القارة الأوربية . | ○ روسيا | ○ أوكرانيا | ○ فرنسا |
| ٦ - أكبر البلدان الأسكندنافية هي ............ | ○ السويد | ○ فنلندا | ○ النرويج |
| ٧ - الدولة الأوربية الأقرب إلى القطب الشمالي هي ............ | ○ النرويج | ○ فنلندا | ○ روسيا |
| ٨ - أقدم نظام ملكي في أوربا هو النظام ............ | ○ البلجيكي | ○ البريطاني | ○ الإسباني |
| ٩ - أقوى الدول الأوربية بكرة القدم في ٢٠١٠ هي ............ | ○ إيطاليا | ○ ألمانيا | ○ إسبانيا |
| ١٠ - أكثر بلد أوربي يمارس الاستفتاء الشعبي هو ............ | ○ النمسا | ○ سويسرا | ○ ألمانيا |

## Culture générale

| | | | | |
|---|---|---|---|---|
| ١ - تقول المانوية إن هناك إلهاً للخير وإلهاً ............ | ○ للجمال | ○ للحب | ○ للشر | ○ للموت |
| ٢ - ثالث أكبر ديانة انتشاراً اليوم هي ............ | ○ الإسلام | ○ البوذية | ○ اليهودية | ○ الهندوسية |
| ٣ - الكونفشيوسية انتشرت منذ أكثر من ألفين وخمسمائة سنة في ............ | ○ اليابان | ○ الصين | ○ فيتنام | ○ الهند |
| ٤ - الزردشتية تعتبر ............ والشمس رمزًا للحكمة . | ○ القمر | ○ الماء | ○ النار | ○ النور |
| ٥ - الديانة السيخية أخذت أصولها من الهندوسية و............ | ○ الإسلام | ○ المسيحية | ○ اليهودية | ○ البوذية |

# الأسبوع الثامن عشر

**Traduire**

١- لويس الرابع عشر هو أشهر ملوك فرنسا :

٢- الإسكندر المقدوني هو أشهر الأباطرة القدماء :

٣- مدينة دمشق أقدم من مدينة بغداد :

٤- مدينة القاهرة أكبر من مدينة الإسكندرية :

٥- مدة الرئاسة في أمريكا أقصر مما هي عليه في فرنسا :

٦- عدد الأمريكان أكبر من عدد الروس :

٧- المستوى المعيشي في سويسرا أعلى مستوى في أوربا :

٨- الحياة في فيينا أغلى مما هي عليه في باريس :

٩- الشمس أكبر من القمر وأبعد منه :

١٠- الأرض أكبر من المريخ وأقرب منه إلى الشمس :

**Son : 32**

1- Je suis plus grande qu'elle. :

2- Tu es plus riche que moi. :

3- Nous sommes plus pauvres qu'eux. :

4- Il est plus pauvre que moi, mais plus heureux. :

5- C'est la ville de Paris qui est la plus belle. :

6- C'est lui le plus stupide. :

7- C'est vous les plus chanceux. :

8- C'est nous les plus malchanceux. :

9- Il est grand, voire le plus grand. :

10- Elle est intelligente, et je dirais même la plus intelligente. :

11- Il n'y a rien de plus beau qu'un verre d'eau. :

12- Rien n'est plus facile qu'un examen d'arabe. :

13- La ville de Paris est la plus grande. :

14- L'Egypte est le pays arabe le plus peuplé. :

15- Le Caire est la plus grande ville arabe. :

16- Qui parmi vous est le plus grand ? :

17- Quelle langue est la plus facile ? :

18- Quel problème est le plus grave ? :

19- Quel est le plus gros problème ? :

20- Quel est votre plus beau souvenir ? :

---

(...) Et c'est volontairement que je m'expose.
Quant aux gens que j'accuse, je ne les connais pas, je ne les ai jamais vus, je n'ai contre eux ni rancune ni haine. Ils ne sont pour moi que des entités, des esprits de malfaisance sociale. Et l'acte que j'accomplis ici n'est qu'un moyen révolutionnaire pour hâter l'explosion de la vérité et de la justice. Je n'ai qu'une passion, celle de la lumière, au nom de l'humanité qui a tant souffert et qui a droit au bonheur.
Ma protestation enflammée n'est que le cri de mon arme.
Qu'on ose donc me traduire en cour d'assises et que l'enquête ait lieu au grand jour !
J'attends.
Veuillez agréer, monsieur le Président, l'assurance de mon profond respect.
Emile Zola, J'accuse, l'Aurore, 13 janvier 1898.   Dernières lignes.

# الأسبوع الثامن عشر

١- ركبت السيارة وأنا أفكر في ما سأقوله لهم عن سبب تأخري :

٢- قلت هذا للسائق وأنا أرى عزيزة تنزل من السيارة :

٣- حاول أن يتكلم لتوضيح المشكلة ولكنه لم يستطع :

٤- حاولت أن أتحرك لإيقاف السيارة ولكنني لم أستطع :

٥- تضاءل صوتي حتى أصبح شبيهاً بالوشوشة :

٦- عزيزة لها بيت وزوج وأطفال، مثلي تماماً :

٧- لم أفهم المشكلة إلا بعد ما حدثت الكارثة :

٨- لم أتدارك الموقف إلا بعد فوات الأوان :

٩- شعرها يبدو أكثر نعومة من شعري :

١٠- قامتها تبدو أطول من قامتي قليلاً :

**Son : 33**

1- C'est ma maison, pas la sienne. :

2- J'ai essayé de parler, mais je n'ai pas pu. :

3- Chacun est descendu devant sa maison. :

4- Il était sûr que j'étais Aziza. :

5- Elle n'a pas protesté. :

6- Je n'ai compris la situation que trop tard. :

7- Nous sommes arrivés trop tard. :

8- Comme moi, il est très pauvre. :

9- Comme lui, j'ai beaucoup de problèmes. :

10- Même sa maison ressemble à la mienne. :

11- Nous sommes sûrement différents. :

12- Je vis à côté de voisins qui ne me ressemblent pas. :

13- Elle a épousé un homme qui ne lui ressemble pas. :

14- J'ai essayé de crier. :

15- Il est fatigué et veut dormir tranquillement. :

16- Elle est malade et veut se reposer. :

17- Quand elle est revenue, elle a demandé à manger. :

18- Les parents ont mangé, ainsi que leurs enfants. :

19- Je suis resté tout seul à ranger la maison. :

20- A peine l'ai-je regardé qu'il s'est mis à rire. :

A dix heures, les enfants s'abandonnèrent à leur sommeil. Je suis resté tout seul pour remettre de l'ordre dans les lieux et préparer mes vêtements du lendemain. J'attendais le retour de la mère. J'ai regardé la télévision. Je baillais. La chambre à coucher m'appelait avec insistance. A peine me suis-je levé que j'ai entendu la porte s'ouvrir annonçant le retour de la mère. Elle a demandé si les enfants étaient couchés. Elle a mangé puis s'est mise devant la télévision. Elle baillait longuement puis s'est endormie. Et moi, je suis resté à regarder dans le vide.

# الأسبوع الثامن عشر

**Grammaire** : quelques verbes (forme V)

| | | | | | | | |
|---|---|---|---|---|---|---|---|
| تنزهنا ○ | نتنزه ○ | في البارك . ○ | ١١ - سوف ......... | أتعلم ○ | أتنزه ○ | العربية . | ١ - أريد أن ......... |
| تمرنت ○ | أتمرن ○ | للمباراة . ○ | ١٢ - يجب أن ......... | تتذكري ○ | تتنزهي ○ | في المدينة ؟ | ٢ - هل تريدين أن ......... |
| تذكرت ○ | أتذكر ○ | ........ . ○ | ١٣ - لا أستطيع أن ......... | تتذكرون ○ | تتقدمون ○ | الطفولة ؟ | ٣ - هل ......... |
| تذكرت ○ | أتذكر ○ | كل شيء . ○ | ١٤ - لقد ......... | يتسلم ○ | يتقدم ○ | أولادك في الدراسة ؟ | ٤ - هل ......... |
| تدمرت ○ | تدمر ○ | النيبال بالزلزال . ○ | ١٥ - لقد ......... | تتنزهون ○ | تتندمون ○ | عادة ؟ | ٥ - أين ......... |
| تهدمت ○ | تهدم ○ | الدار بسبب القصف . ○ | ١٦ - لقد ......... | تتكسر ○ | تتندم ○ | على شيء ؟ | ٦ - هل ......... |
| تندمت ○ | تندم ○ | على هذا القرار . ○ | ١٧ - قد ......... | تتندمين ○ | تتبرعين ○ | بشيء للضحايا ؟ | ٧ - هل ......... |
| تطورت ○ | تطور ○ | إفريقيا ذات يوم . ○ | ١٨ - قد ......... | تقدمتم ○ | تسلمتم ○ | الرسالة ؟ | ٨ - هل ......... |
| تعودت ○ | تتعود ○ | على العمل ! ○ | ١٩ - يجب أن ......... | تتفرغ ○ | تتنزه ○ | للدراسة ؟ | ٩ - متى ......... |
| تحررنا ○ | نتحرر ○ | ............. . ○ | ٢٠ - لا بد من أن ......... | تتكسر ○ | تتردد ○ | ، لماذا ؟ | ١٠ - أنت دائماً ......... |

---

*Compléter chaque phrase en accordant le verbe :*

| | |
|---|---|
| 1. Salima, où apprends-tu l'arabe ? | ١ - أين ......... العربية يا سليمة ؟ (تعلم يتعلم) |
| 2. Qui veut apprendre l'arabe par l'Internet ? | ٢ - من يريد أن ......... العربية بالإنترنت ؟ (تعلم يتعلم) |
| 3. Quand apprenez-vous l'arabe, mes enfants ? | ٣ - متى ......... العربية يا أولادي ؟ (تعلم يتعلم) |
| 4. Salima, as-tu reçu la lettre ? | ٤ - هل ......... الرسالة يا سليمة ؟ (تسلم يتسلم) |
| 5. Je pense que vous avez beaucoup progressé depuis un an. | ٥ - أظن أنكم ......... كثيراً منذ سنة (تقدم يتقدم) |
| 6. Je vais me promener une heure, puis je réfléchirai au problème. | ٦ - سوف ......... ساعة ثم أفكر في المشكلة (تنزه يتنزه) |
| 7. Cette assiette est solide : elle est incassable. | ٧ - هذا الإناء قوي لا ......... (تكسر يتكسر) |
| 8. Ces voitures sont solides : elles ne tombent pas en panne. | ٨ - هذه السيارات قوية لا ......... (تعطل يتعطل) |
| 9. Je vous demande de ne pas hésiter dans le match d'aujourd'hui. | ٩ - أريد منكم ألا ......... في مباراة اليوم (تردد يتردد) |
| 10. Cette ville s'est beaucoup développée depuis vingt ans. | ١٠ - لقد ......... هذه المدينة كثيراً منذ عشرين سنة (تطور يتطور) |
| 11. Pourquoi ces pays ne se développent-ils pas ? | ١١ - لماذا لا ......... هذه البلدان ؟ (تطور يتطور) |
| 12. Notre maison comprend cinq chambres. | ١٢ - ......... دارنا من خمس غرف (تكون يتكون) |
| 13. Ma fille, quand vas-tu te consacrer aux études ? | ١٣ - متى ......... للدراسة يا بنتي ؟ (تفرغ يتفرغ) |
| 14. Je vais faire un don de mille dinars au Croissant Rouge. | ١٤ - سوف ......... بألف دينار للهلال الأحمر (تبرع يتبرع) |
| 15. Pourquoi ne donnes-tu rien pour soutenir ce projet ? | ١٥ - لم لم ......... بشيء لمساندة هذا المشروع ؟ (تبرع يتبرع) |
| 16. Je pense qu'ils ne vont pas hésiter. | ١٦ - أظن أنهم لن ......... (تردد يتردد) |

# صباح الورد

*Exercices et texte littéraire moderne de Naguib Mahfouz*

| | | | |
|---|---|---|---|
| عندي عصير برتقال أيضاً | J'ai aussi du jus d'orange. | أعيش وحيداً مع الجدران القديمة | Je vis seul avec les vieux murs. |
| لا داعي للكلفة | Ne te dérange pas, sans façon. | لا أخرج إلا بين حين وحين | Je ne sors que de temps en temps. |
| اجلسي وارتاحي | Assieds-toi et repose-toi. | هذا لا يكفي | Cela ne suffit pas. |
| تذكرت أخيراً أهلك | Tu t'es enfin souvenu de ta famille ! | كيف حال ابنيك ؟ | Comment vont tes deux fils ? |
| هي الحياة كما تعلمين | C'est la vie, comme tu le sais. | كيف صحتك ؟ | Comment va ta santé ? |
| غير معقول أن نكون في حي واحد ونعيش كالغرباء ! | Ce n'est pas sensé d'être dans le même quartier et de vivre comme des étrangers. | إني سعيد برؤيتك | Je suis content de te voir. |
| هل ما زلت تعمل في الوزارة ؟ | Tu travailles toujours au ministère ? | كنت أتمنى ألا تكون وحيداً | J'aurais souhaité que tu ne sois pas seul. |
| تقاعدت منذ أيام | J'ai pris ma retraite depuis quelques jours. | كان يجب أن تكون لك زوجة وأولاد | Il fallait que tu aies une épouse et des enfants. |

**Son : 34**

## Remploi de vocabulaire

١- أريد أن أشرب ................. تفاح من فضلك !

٢- ................. قليلاً وتكلم عن حياتك وعملك !

٣- غير ................. أن لا تفهم العربية !

٤- جارتنا تعيش ................. بلا أولادها .

٥- أهلي ................. كل أسبوع .

٦- أظن أنه لا يخرج من الدار ................. .

٧- كيف ................. أولادك ؟

٨- كان يجب ................. يكون لك زوج .

٩- لا أخرج ................. في الصباح .

١٠- أما ................. تسكن في هذا الحي ؟

## Syntaxe

**Ex 45 p 274**

١- زلتم / العربية / ما / تدرسون / أ / ؟

٢- حين / بين / أسافر / وحين / إلا / لا .

٣- تكونوا / أتمنى / كنت / وحدكم / ألا .

٤- وحيداً / الصغار / أولاده / مع / يعيش .

٥- إلي / إلا / لا / تأكل / أنها / يخيل / القليل .

---

- من ؟ .. أنت !
- ...
- تفضل ! .. تشرب قهوة ؟ عندي عصير برتقال أيضاً .
- لا داعي للكلفة والتعب .. أتعبتك . اجلسي وارتاحي .
- خطوة عزيزة، تذكرت أخيراً أهلك !
- هي الحياة كما تعلمين، ولكنني قلت إنه غير معقول أن نكون في حي واحد ونعيش كالغرباء !
- أهلاً بك، هل ما زلت تعمل في الوزارة ؟
- تقاعدت منذ أيام أو منذ ساعات !
- ربنا يطول عمرك، ألا يوجد من يخدمك ؟
- أعيش وحيداً مع الجدران القديمة .
- وأنا مثلك لولا امرأة بنت حلال تزورني مرة كل أسبوع أمينة وماهرة .
- يخيل إلي أنك لا تغادرين البيت أبداً !

- لا أخرج إلا بين حين وحين ولأسباب قهرية .
- الوحدة قاسية، لدي المقهى والصديق، ولكنها قاسية جداً .
- عندي التلفزيون وجارة أو جارتان .
- هذا لا يكفي .
- أفضل من عدمه !
- وكيف حال ابنيك ؟
- عال، استقرا هناك إلى الأبد، أصبح لي أحفاد ..
- هي قسمتي على أي حال .
- ألم تسافري إليهما ؟
- مرة، وأديت العمرة ..
- مبارك يا حاجة .
- عقبى لك .. إن عزمت يوماً فستجدهما في انتظارك .

- كل شيء بمشيئة الله .. وكيف صحتك ؟
- كيف صحتك أنت ؟
- على أحسن ما يكون والحمد لله .
- وأنا كذلك ولكنني ركبت طاقم أسنان .
- هذا مفيد للصحة في ذاته .
- نسأل الله حسن الختام .
- أمامك عمر مديد بإذن الله، وإني سعيد برؤيتك .
- وأنا كذلك، ولو أنني كنت أتمنى ألا تكون وحيداً .
- أنت أيضاً وحيدة .
- أعني أنه كان يجب أن تكون لك زوجة وأولاد .
- القسمة والنصيب .

**Son : 35**

عن نجيب محفوظ - صباح الورد - ص ١٤٠-١٤٣

## الأسبوع الثامن عشر

## حكايات حارتنا

### Texte littéraire moderne

|  |  |
|---|---|
| Un groupe d'amis rend visite à mon père. | يزور أبي جماعة من الأصدقاء |
| La discussion tourne autour de la révolution. | يدور الحديث عن الثورة |
| On ne parle que de la révolution de nos jours. | لا حديث هذه الأيام إلا عن الثورة |
| Nos jeux dans le quartier sont manifestations et slogans. | لعبنا في الحارة مظاهرات وهتافات |
| Qui croit tout cela, ou même une part de tout ça ? | من يصدق هذا كله أو بعضه ؟! |
| Cultivateurs, ouvriers, étudiants, employés, femmes, | الفلاحون والعمال والطلبة والموظفون والنساء |
| ils tuent et se font tuer. | يقتلون ويقتلون |
| le paysan porte les armes et défie l'empire. | الفلاح يحمل السلاح ويتحدى الإمبراطورية |
| le transport est totalement paralysé. | انقطعت المواصلات تماماً |
| Un homme avance pour raconter la vie de Saad. | ينبري رجل ليقص سيرة سعد |
| Je l'observe avec stupéfaction. | أراقبه بذهول |

**Son : 36**

### الحكاية رقم ١٥

ويزور أبي جماعة من الأصدقاء فيدور الحديث عن الثورة . لا حديث هذه الأيام إلا عن الثورة . حتى حديثنا نحن الغلمان يرطن بلغة الثورة، ولعبنا في الحارة مظاهرات وهتافات . وتصبح دوريات الإنجليز منظراً مألوفاً لدينا، نمعن في الجنود النظر بذهول ونقارن بين ما نسمع عن وحشيتهم وما نرى من جمال وجوههم وأناقتهم ونتعجب . يدور الحديث بين الزوار عن الثورة .

- من يصدق هذا كله أو بعضه ؟!
- إنه الله الرحمن الرحيم .
- يخلق الحي من الميت .
- الفلاحون والعمال والطلبة والموظفون والنساء يقتلون ويقتلون .
- الفلاح يحمل السلاح ويتحدى الإمبراطورية .
- انقطعت المواصلات تماماً، أصبحت مصر دويلات مستقلة !
- والمذابح ؟
- مذبحة الأزهر .
- مذبحة أسيوط .
- العزيزية والبدرشين .
- الحسينية .
- لا أنا ولا أنت، ليحيى سعد !
- أي والله ليحيى سعد العظيم .
- ولكن الأموات يفوقون الحصر .
- أحياء عند ربهم .

وينبري رجل ليقص سيرة سعد كما يعرفها، مواقفه مع الإنجليز والخديو قبل الثورة . وألمح أبي تغرورق عيناه بالدموع . أراقبه بذهول محتقناً بانفعال صامت وفيض من الدموع ينهمر على خدي .

نجيب محفوظ - حكايات حارتنا

**Son : 37**

---

### POESIE

Ecouter puis essayer, avec l'aide du professeur, de comprendre le sens. Apprendre à réciter par coeur. Attention à la syntaxe. En gris : la partie devenue proverbe.

نقل فؤادك حيث شئت من الهوى
ما الحب إلا للحبيب الأول

كم منزل في الأرض يعشقه الفتى
وحنينه أبداً لأول منزل

(أبو تمام ٨٠٣–٨٤٥ / عاش في سورية ومصر والعراق)

على قدر أهل العزم تأتي العزائم
وتأتي على قدر الكرام المكارم

وتعظم في عين الصغير صغارها
وتصغر في عين العظيم العظائم

(المتنبي ٩١٥–٩٦٥ / عاش في العراق وسورية ومصر)

**Son : 39**

---

### PROVERBES

Essayer, avec l'aide du professeur, de deviner le sens de ces proverbes. Retenir ceux dont la signification vous paraît pertinente.

أزهد الناس في العالم جيرانه

زاد في الشطرنج بغلة

زين الشرف التغافل

السر أمانة

سلطان غشوم خير من فتنة تدوم

سيد القوم أشقاهم

اشتر لنفسك وللسوق

صدرك أوسع لسرك

قيل لأعرابي : كيف كتمانك للسر ؟ قال : أنا لحده

من طلب لسره موضعاً فقد أفشاه

صاحب الحاجة أعمى

الصناعة في الكف أمان من الفقر

طبيب يداوي الناس وهو مريض

**Son : 38**

# الأسبوع الثامن عشر

## مأساة ديمتريو

**Exercices et texte littéraire moderne**

|  |  |
|---|---|
| Un jour, un homme me demanda en mariage | ذات يوم تقدم رجل لخطوبتي |
| Mon père m'a demandé si j'acceptais | سألني والدي عما إذا كنت أقبل |
| Il m'a laissé la liberté de choisir | ترك لي حرية الخيار |
| Décide par toi-même | قرري بنفسك |
| Le mariage est indispensable | الزواج لا بد منه |
| C'est une autre chose | هذا شيء آخر .. |
| Mais il pourrait tarder | لكنه قد يتأخر .. |
| Y a-t-il une personne qui n'aime pas ou vers laquelle l'amour ne vient pas ? | يوجد إنسان لا يحب أو لا يأتيه الحب ؟ |
| Je ne suis pas avec toi tous les jours. | أنا لست معك كل يوم |
| La femme ne parvient pas encore à se protéger | المرأة لم تتوصل إلى حماية نفسها بعد |
| Le mariage est, pour cette raison, nécessaire. | الزواج، لهذا السبب، ضروري |
| Pour y répondre, il faut écrire un livre. | الجواب يحتاج إلى كتاب |
| Moi, je ne me marierai pas sans amour. | أنا لن أتزوج دون حب |
| Dans ce cas, l'attente risque de se prolonger. | في هذه الحال قد يطول الانتظار |

## Remploi de vocabulaire

١- سألنا والدنا عما إذا ................ نقبل .

٢- سألت والدتي عما إذا ................ ستسافر .

٣- أريد هذه ................ الأخرى .

٤- البلد لم ................ إلى الديمقراطية بعد .

٥- الأولاد لم ................ إلى النضوج بعد .

٦- نحن لم ................ إلى الاستقلال بعد .

٧- لن آكل اليوم ................ الخبز .

٨- لن أدرس في الجامعة سوى ................ .

٩- إن كل قليل سيصير يوماً ما ................ .

١٠- إن كل ................ سيصير يوماً ما قريباً .

## Syntaxe

Ex 46 p 274

١- غالياً / يوماً / رخيص / سيصير / كل / ما .

٢- أسافر / سوى / الشرق / إلى / لن .

٣- لم / إلى / بعد / أتوصل / أنا / الشفاء .

٤- الجيران / إذا / سيسافرون / عما / سألت / كانوا .

٥- لم / بعد / الحرية / يتوصل / الشعب / إلى .

---

ذات يوم تقدم رجل لخطوبتي . سألني والدي عما إذا كنت أقبل . ترك لي حرية الخيار . قال :

- قرري بنفسك .. الزواج لا بد منه .
- والحب ؟
- هذا شيء آخر ..
- أريد هذا الشيء الآخر ..
- لكنه قد يتأخر ..
- أنتظره ..
- وإذا لم يأت ..
- كيف ؟ يوجد إنسان لا يحب أو لا يأتيه الحب ؟
- الحب الكبير ؟
- الحب الكبير، الحب الخطير كما تقول ..
- لا أدري .. أنا لست معك كل يوم .. وفي مجتمعنا هذا اسمعي : المرأة لم تتوصل إلى حماية نفسها بعد .. الزواج، لهذا السبب، ضروري ..
- حتى دون حب ؟
- كل راجعة، على مدى حياتها، تبحث عن راجع .. قد يكون هذا زوجها، وقد يكون حبيبها، الأفضل والأعظم أن يكون حبيبها .
- وما الفرق ؟
- الجواب يحتاج إلى كتاب .. تعرفين أنني لا أكتب كتباً ..
- لكن كلماتك تصلح عناوين للكتب .

ضحك :

- أسهل ما في الكتب عناوينها ..
- أنا لن أتزوج دون حب ..
- في هذه الحال قد يطول الانتظار ..
- ما يهم ؟
- لكنني بلغت الشيخوخة يا راجعة ..
- لن أتزوج سوى راجع ..
- راجع قد لا يأتي ..
- كيف ؟
- راجع ليس أي رجل .. وأنا لا أريد أي رجل ..
- راجع .... آه ..
- زدني إيضاحاً ..
- لا أملك أي إيضاح ..
- لكنك تتكلم بألغاز ..
- الحياة لغز ..
- والموت ؟
- لغز الألغاز ..
- والمجهول ؟
- المجهول هو العدم .. هذا تعبير اصطلاحي ..
- قلت لي إن كل مجهول سيصير يوماً ما معلوماً .. (...)

Son : 41

عن حنا مينا - مأساة ديمتريو - ص ٢٥-٢٧

# الأسبوع الثامن عشر — الوصايا السبع

## Exercices et texte littéraire moderne

| | |
|---|---|
| J'entends beaucoup parler des sept comm[ts]. | أسمع كثيراً عن الوصايا العشر |
| Pourquoi t'en enquiers-tu ? | لماذا تسأل عنها ؟ |
| Ils furent légèrement modifiés. | طرأ عليها بعض التعديل |
| Il est préférable que tu sois maudit vivant | من الأفضل لك أن تلعن وأنت حي |
| Ne possède pas ce qui mérite d'être volé ! | لا تملك ما هو جدير بأن يسرق |
| Garde le silence nuit et jour ! | الزم الصمت في الليل والنهار |
| Ne parle qu'à toi-même ! | لا تكلم أحداً سوى نفسك |
| Etre accusé de folie c'est mieux que d'autres accusations, mortelles. | تهمة الجنون خير من تهم أخرى مهلكة |
| Le mensonge est un mal indispensable. | الكذب شر لا بد منه |
| Sois idiot si cela te permet de rester en vie. | كن غبياً إذا كانت الغباوة تنجيك |
| Ne critique pas les serviteurs du sultan ! | لا تنتقد خدم السلاطين |
| Les sept commandements plurent à l'élève. | أعجب التلميذ بالوصايا السبع |
| Juha fit le serment de ne jamais entrer dans une école. | أقسم جحا ألا يدخل مدرسة |

## PROVERBES ET CITATIONS

من كان لك كله كان عليك كله — من سعادة المرء أن يكون خصمه عاقلاً

من أطاع غضبه أضاع أدبه — من أحب ولده رحم الأيتام

من لم يرض بحكم موسى رضي بحكم فرعون — من كتم علماً فكأنما جهله

من لم يكن ذئباً أكلته الذئاب — من خدم الرجال خدم

من غضب من لا شيء رضي بلا شيء — من غاب خاب

من تأنى أدرك ما تمنى — من لم يصبر على كلمة سمع كلمات

من تسمع سمع ما يكره — من لم يركب الأهوال لم ينل الآمال

من ترك حرفته ترك بخته — من غالب الأيام غلب

من بكى من زمان بكى عليه — من عمل دائماً أكل نائماً

من حسن ظنه طاب عيشه — من تلذذ بالكلام تنغص بالجواب

من اتكل على زاد غيره طال جوعه

من اشترى ما لا يحتاج إليه باع ما يحتاج إليه

## POESIE

بروحي تلك الأرض ما أطيب الربى

وما أحسن المصطاف والمتربعا

وأذكر أيام الحمى ثم أنثني

على كبدي من خشية أن تصدعا

وليست عشيات الحمى برواجع

إليك ولكن خل عينيك تدمعا

كأنا خلقنا للنوى وكأنما

حرام على الأيام أن نتجمعا

( الصمة القشيري / عاش في العهد الأموي في الجزيرة العربية وفي الشام )

## الوصايا السبع

قال التلميذ لمعلمه جحا : أسمع كثيراً عن الوصايا العشر، ولا أعرفها، فما هي ؟

قال جحا : ولماذا تسأل عنها ؟

قال التلميذ : ألم تحضني دائماً على طلب العلم ولو في الصين ؟

قال جحا : كانت الوصايا في قديم الزمان عشراً ثم طرأ عليها بعض التعديل واختصرت في سبع وصايا فقط .

قال التلميذ : ما هي الوصية الأولى ؟

قال جحا : إذا أرغمت يوماً على أن تكون قاتلاً أو مقتولاً، فلا تتردد أو تجبن، فمن الأفضل لك أن تلعن وتهان وأنت حي بدلاً من أن يعطف عليك ويرثى لك وأنت ميت .

قال التلميذ : وما هي الوصية الثانية ؟

قال جحا : حتى لا تصبح سارقاً يذم أو مسروقاً يسخر من غفلته، فلا تملك ما هو جدير بأن يسرق.

قال التلميذ : وما هي الوصية الثالثة ؟

قال جحا : الزم الصمت في الليل والنهار وفي الخريف والشتاء والصيف والربيع، ولا تكلم أحداً سوى نفسك همساً، فتهمة الجنون خير من تهم أخرى مهلكة .

قال التلميذ : وما هي الوصية الرابعة ؟

قال جحا : الكذب شر لا بد منه أحياناً، والشرور أحياناً تدفع شروراً أعظم وأدهى .

قال التلميذ : وما هي الوصية الخامسة ؟

قال جحا : كن غبياً إذا كانت الغباوة تنجيك من ليل لا فجر له .

قال التلميذ : وما هي الوصية السادسة ؟

قال جحا : كلما التقيت شخصاً تافهاً دعياً، عظمه ومجده، فلا مفر من مجيء يوم يصبح فيه سيداً مهيمناً على أمورك .

قال التلميذ : وما هي الوصية السابعة .. آخر الوصايا ؟

قال جحا : لا تنتقد خدم السلاطين سواء أكنت حياً أم ميتاً، فهم لا يسكتون على أذى، ولا ينسون إساءة مهما صغرت، ويجهلون العفو والتسامح .

فأعجب التلميذ بالوصايا السبع، وآمن بنفعها، ووعد جحا بإطاعتها، ولكنه وجد نفسه فيما بعد مرغماً على تناسي وعده، فأقسم جحا أمام قبر تلميذه ألا يدخل مدرسة .

زكريا تامر - الأعمال القصصية / نداء نوح - ص ٣٤٣-٣٤٤

125

## الملك أوديب

**Son : 46**

| | |
|---|---|
| بعثت في طلبي ؟ | Tu m'as demandé ? |
| هل نحن وحدنا ؟ | Sommes-nous seuls ? |
| نحن الآن وحدنا | Nous sommes à présent seuls. |
| أعرف لماذا دعوتني | Je sais pourquoi tu m'as fait venir. |
| الشعب يطالبك بإنقاذه | Le peuple te demande de le sauver. |
| الكهنة لا يحبون تفكيرك | Les prêtres n'aiment pas ta façon de penser. |
| يستطيع أن يقضي على الطاعون | Il peut vaincre la peste. |
| يا من يؤمن الشعب بأنك ملم بعلوم البشر | Toi dont le peuple croit en ta connaissance de toutes les sciences. |
| أما من علاج لديك يزيل هذه المحنة ؟ | N'as-tu pas de remède à même de vaincre cette épreuve. |
| لقد تقدمت بي السن | J'ai vieilli. |
| امض وحدك في طريقك | Va seul, sur ton chemin. |

---

### Remploi de vocabulaire

١- لا أعرف لماذا بعث ................ طلبنا .

٢- الأولاد لا ................ ما تطبخه من طعام .

٣- لا أحد ................ أن يقضي على هذه المشكلة .

٤- لقد تقدمت به ................ .

٥- امضوا ................ طريقكم !

٦- الناس يطالبونكم ................ .

٧- إنه يستطيع ................ يتكلم معهم .

٨- الشعب يؤمن ................ شريف .

٩- إني مؤمنة بأن الجيران ................ .

١٠- الأولاد يحبون ما تحكيه من ................ .

### Syntaxe

**Ex 47 p 274**

١- سألوا / نعرف / عنا / لماذا / لا .

٢- تفكيره / لا / الغريب / يحبون / الناس .

٣- أن / على / أستطيع / هذا / أقضي / لا / المرض .

٤- تقدمت / السن / كثيراً / بها / لقد .

٥- بإنقاذ / يطالبون / المرضى / الطبيب / الفقراء / الناس .

---

ترسياس : بعثت في طلبي .. يا أوديب ؟

أوديب : نعم .

ترسياس : هل نحن وحدنا ؟

أوديب : نحن الآن وحدنا .

ترسياس : أعرف لماذا دعوتني .. وما بي حاجة إلى وحي السماء لأقرأ ما في نفسك .. الشعب يطالبك بإنقاذه .. وليس علاج الطاعون هو وحده الذي يثير همك .. ولكنه الخطر القائم حولك .. الكهنة لا يحبون تفكيرك، ويضيقون بعقليتك، ويأنسون بمثل كريون ! والظروف في طيبة اليوم تماثل الظروف التي فزت فيها بالملك .. ظروف تلائم الانقلاب .. لأن كل محنة تزلزل سواد الشعب، إنما تزلزل في عين الوقت قوائم العرش !

أوديب : وهل تظن كريون يستطيع أن يقضي على الطاعون، كما استطعت أنا أن أقضي على الوحش ؟

ترسياس : من يدري ؟ إن كريون ذهب يلتمس الوحي، وعما قليل يعود بما يصدر إليه من أمر .

أوديب : وأنت يا ترسياس ؟ يا من يؤمن الشعب بأنك ملم بعلوم البشر، محيط بغيوب السماء .. أما من علاج لديك يزيل هذه المحنة التي نزلت بالناس ؟

ترسياس : لقد تقدمت بي السن .. وإنه ليجمل بي الآن أن أرقب ما يجري من بعيد .. امض وحدك في طريقك يا أوديب !

**Son : 47**

عن توفيق الحكيم - الملك أوديب ١٩٤٩ - ص ٧٤

# قصص من الخليج

## Texte littéraire moderne

| Français | Arabe |
|---|---|
| Elle n'est pas moi ! | «إنها ليست أنا» |
| C'est ce que j'ai dit au chauffeur en voyant Aziza descendre devant (près de) ma maison. | هذا ما قلته لسائق المركبة وأنا أرى عزيزة تنزل قرب مسكني |
| C'est ma maison et c'est ma clé ! | «ذاك بيتي وذاك مفتاحي !» |
| J'ai essayé de bouger pour l'arrêter | حاولت أن أتحرك لإيقافه |
| Ma voix diminue jusqu'à ressembler à la sienne | تضاءل صوتي حتى أصبح شبيهاً بصوتها |
| Chacune descend devant une maison dont elle possède les clés et entre, sauf moi ! | كل واحدة تنزل عند بيت «تمتلك مفاتيحه» وتدخل، إلا أنا !! |
| Le chauffeur m'a emmenée loin de chez moi | سائق المركبة مضى بي بعيداً عن بيتي |
| A ses yeux nous ne sommes que des femmes (semblables) | كلنا في عينيه نساء ... ! |

| Français | Arabe |
|---|---|
| Je n'ai réagi que trop tard | لم أتدارك الموقف إلا بعد فوات الأوان |
| Aziza a une maison, un mari et des enfants, exactement comme moi | عزيزة لها بيت وزوج وأطفال، مثلي تماماً |
| Les nouvelles employées peuvent à peine nous distinguer | الموظفات الجدد بالكاد يستطعن التفريق بيني وبينها |
| Nous sommes certainement différentes | نحن بالتأكيد نختلف عن بعضنا |
| J'ai relevé mes sourcils comme le fait Aziza d'habitude quand elle ne comprend pas | عقدت حاجبي كعادة عزيزة حين لا تفهم |
| Les enfants se sont abandonnés au sommeil et je suis restée seule à ranger | استسلم الأطفال إلى النوم وبقيت وحدي أرتب فوضى المكان |
| A peine me suis-je levée que j'entends les charnières de la porte qui grincent annonçant l'arrivée du père | ما إن نهضت حتى سمعت أكرة الباب تصر معلنة قدوم «الأب» |

---

## نساء !

«إنها ليست أنا» . هذا ما قلته لسائق المركبة وأنا أرى عزيزة تنزل قرب مسكني وتولج المفتاح وتدخل ثم يمضي بي سائق المركبة .

«ذاك بيتي وذاك مفتاحي ! إنها ليست أنا !»

حاولت أن أتحرك لإيقافه وإيقافها، لكن سماتها اقتحمت وجهي، وتضاءل صوتي حتى أصبح شبيهاً بصوتها النملي الحاد . وانطلقت المركبة توصل النساء، وكل واحدة تنزل عند بيت «تمتلك مفاتيحه» وتدخل، إلا أنا !! مفاتيحي بيدي، لكن سائق المركبة مضى بي بعيداً عن بيتي، فقد كان واثقاً من أن عزيزة هي أنا، كثقته من أنني الآن عزيزة، فكلنا في عينيه نساء ... ! وهكذا نزلت هي قبلي إلى بيتي، واعتقد السائق أنها أنا فمضى بعيداً، هي لم تعترض ولم تلحق بنا، وأنا لم أتدارك الموقف إلا بعد فوات الأوان . استسلمت يائسة، فكلنا في عينيه نساء !

### Son : 49

عزيزة لها بيت وزوج وأطفال، مثلي تماماً .

حتى ملامحها تقترب من ملامحي إلى حد بعيد، والموظفات الجدد بالكاد يستطعن التفريق بيني وبينها، لكن اللواتي يعرفننا جيداً يتأكدن من وجود أكثر من سبعة فروق بيننا . شعرها يبدو أكثر نعومة من شعري، كما أن قامتي تبدو أطول من قامتها قليلاً، وصوتي أكثر علواً من صوتها، وكذلك لغة تخاطبي مع الأخريات، وضحكتي، وطريقة انتقاء الملابس والألوان والكماليات الأخرى . نحن بالتأكيد نختلف عن بعضنا، لكن سائق المركبة لا يعي هذه الفروق ولا يدركها .

### Son : 50

حين دخلت منزلها (منزل عزيزة) وجدت أطفالاً لا يشبهونني يقبلون نحوي فاتحين أذرعهم، اتجهوا إلى حقيبتي وأخرجوا منها حلوى أطفالي والتهموها . حاولت أن أصرخ وأمنعهم لكن صوت عزيزة الحاد تغلب على صوتي وخرج يربت على ضجيجهم .

بعد قليل أتى الأب (زوج عزيزة) وسأل عن موعد الغداء فهو جائع ومتعب ويريد أن ينام و... إلى أن اتجهت إلى ... أين المطبخ ؟! صرخ ضاحكاً .. ما بك ؟! مرهقة ؟!

رمش جفني، وعقدت حاجبي كعادة عزيزة حين لا تفهم .

جلس إلى جواري، ارتعشت، لكن عزيزة استكانت وضحكت .

### Son : 51

أكل الأب وأكل أطفاله، ونام قيلولته بعد أن نبهني إلى ضرورة الحد من ضجيج الأطفال فهو متعب ويريد أن ينام قيلولته بهدوء .

أما الأطفال فقد لعبوا متبادلين الأرائك الصغيرة، ثم تشاجروا على أشرطة الفيديو وملأوا البيت ضجيجاً وفوضى، و«أنا» كنت أمرر ضجيجهم وأحاول الإغفاء ولو قليلاً !

حين استيقظ الأب من رقاده طلب شاياً «منعنعاً» ثم استدنى الهاتف وثرثر طويلاً ثم خرج متسللاً خوفاً من تعلق الأطفال به .

في العاشرة استسلم الأطفال إلى النوم وبقيت وحدي أرتب فوضى المكان وأعد ملابسي للغد وأنتظر «الأب» . أتابع التلفاز، أتثاءب وغرفة النوم تدعوني بإلحاح، لكني، ما إن نهضت حتى سمعت أكرة الباب تصر معلنة قدوم «الأب» . طلب عشاءً ثم تثاءب أمام التلفاز . تثاءب طويلاً ونام، وبقيت «أنا» أحدق في الفراغ . وفي الصباح رأيت عزيزة ورأتني . لم نتكلم في التفاصيل لكنا غرقنا في ضحك متواصل أزعج المشرفة .

### Son : 52

عن ليلى الأحيدب - من كتاب «أصواتهن» (قصص من الخليج)
- دار الفارابي - بيروت ١٩٩٨

# الأسبوع الثامن عشر

Quatre poèmes autour d'une même idée : الحب !  Arabe littéral et dialectal

Poètes et chanteurs du monde entier parlent d'amour. Ici, quatre d'entre eux, arabes, en parlent sous des aspects différents. Deux en dialecte égyptien et deux en arabe classique. L'un d'eux semble admettre une soumission de la femme. Un autre évoque plutôt la séduction. Un troisième décrit la graduation du sentiment amoureux. Et un dernier l'idéalise et y voit une mélodie et un mystère. Autant d'éléments à découvrir, analyser, comparer et... critiquer. Et c'est une occasion d'enrichir son vocabulaire en poésie.

---

الحب كده وصال ودلال ورضى وخصام
واهو من ده وده الحب كده
مش عايزة كلام الحب كده

حبيبي لما يوعدني تبات الدنيا ضاحكة لي
ولما وصله يسعدني بفكر باللي يجرى لي
ينسيني الوجود كله ولا يخطر على بالي
ولما طبعه يتغيــر وقلبي يبقى متحيــر
مع الأفكار أبات في نار وفي حيرة تبكيني
وبعد الليل يجينا النور وبعد الغيم ربيع وزهور
واهو من ده وده الحب كده
مش عايزة كلام الحب كده

حبيب قلبي يا قلبي عليه ولو حتى يخاصمني
ويعجبني خضوعي ليه واسامحه وهو ظالمني
وبعد الغيم ما يتبدد وبعد الشوق ما يتجدد
غلاوته فوق غلاوته تزيد ووصله يبقى عندي عيد

يا سعده اللي عرف مرة حنان الحب وقساوته
ويا قلبه اللي طول عمره ما ذاق الحب وحلاوته
تشوفه يضحك وفي قلبه الأنين والنوح
عايش بلا روح وحيد والحب هو الروح
حبيب قلبي وقلبي معاه بحبه في رضاه وجفاه
أوريه الملام في العين وقلبي ع الرضى ناوي
بيجرح قد ما يجرح ويعطف تاني ويداوي
واهو من ده وده الحب كده
مش عايزة كلام الحب كده

محمود بيرم التونسي

(شاعر مصري ولد عام ١٨٩٣ وتوفي عام ١٩٦١)

غنتها أم كلثوم عام ١٩٥٩

Son : 53

---

الحب لحن جميل
يتغنى بين قلبين
والحب ما له دليل
إلا كلام العين

حياة قلبي ونور عيني
ما ليش غيرك حبيب تاني
ومين يقدر ينسيني
هواك اللي بيرعاني

يا أول حب في قلبي
وأول فرحة في عمري
حبيبي وجنتي جنبي
وافاني بالهنا بدري

مأمون الشناوي (١٩١٤-١٩٩٤)

غناها فريد الأطرش عام ١٩٤٩

Son : 54

---

نظرة فابتسامة فسلامُ / فكلام فموعد فلقاء
يوم كنا ولا تسل كيف كنا / نتهادى من الهوى ما نشاء
وعلينا من العفاف رقيب / تعبت في مراسه الأهواء
جاذبتني ثوبي العصي وقالت / أنتم الناس أيها الشعراء
فاتقوا الله في قلوب العذارى / فالعذارى قلوبهن هواء

Son : 55

أحمد شوقي - مقطع من «خدعوها بقولهم حسناء»

(شاعر مصري ولد عام ١٨٦٨ وتوفي عام ١٩٣٢)

---

أول الحب في القلوب شرارة / تختفي تارةً وتظهر تارة
ثم يرقى حتى يكون سراجاً / لذويه فيه هدىً وإنارة
ثم يرقى حتى يكون مع الأيام ناراً حمراء ذات حرارة
ثم يرقى حتى يكون أتوناً / بحراراته تذوب الحجارة
ثم يرقى حتى يكون حريقاً / فيه هلكٌ لأهله وخسارة
ثم يرقى حتى يمثل بركاناً يرى الناس من بعيدٍ ناره
ثم يرقى حتى يكون جحيماً / عن تفاصيلها تضيق العبارة

Son : 56

جميل صدقي الزهاوي - ٢٠ تموز / يوليو ١٩٢٩

(شاعر عراقي من أصل كردي ولد عام ١٨٦٣ وتوفي عام ١٩٣٦)

# 18 — الأسبوع الثامن عشر

**Manuel d'arabe en ligne — Tome III**
**Les bases de l'arabe en 50 semaines**
© G. Al-Hakkak 2013

## Vocabulaire dialectal égyptien des poèmes de la page précédente

Il est fortement conseillé de s'initier au dialecte égyptien en premier. Cela permet de comprendre les mécanismes du transfert adéquat vers d'autres dialectes. Pourquoi le dialecte égyptien en premier ? Pour sa grande diffusion à travers le cinéma et les chansons. Ici, le vocabulaire est donné tel qu'il apparaît dans les deux poèmes chantés de la page 22 de ce chapitre, mais dans l'ordre d'apparition dans les paroles. Lors de l'écoute des chansons, il faut noter que le ق se prononce comme une hamza et que le ج se prononce "g", comme dans le français "gare". C'est la pratique dans la partie nord de l'Egypte.

| | | | | | |
|---|---|---|---|---|---|
| L'amour | الحب | comme je l'aime | يا قلبي عليه | oeil | العين |
| comme ça, ainsi | كده | il me dispute | يخاصمني | | ع ( = على) |
| rencontre (entre amoureux) | الوصال | il me plaît | يعجبني | décidé, qui a l'intention | ناوي |
| faire des manières | الدلال | ma soumission, ma dépendance | خضوعي | il blesse tant | بيجرح قد ما |
| satisfaction, entente | الرضى | je lui pardonne | اسامحه | il redevient sympathique | يعطف تاني |
| dispute | الخصام | il est injuste avec moi | ظالمني | il soigne (les blessures) | يداوي |
| ce, ceci | ده (هذا) | je lui pardonne malgré le mal | - اسمحه وهو ظالمني | mélodie | اللحن |
| je ne veux pas | مش عايز | qu'il me cause | | beau | جميل |
| je ne veux rien entendre | - مش عايزة كلام | se dissiper | يتبدد | se chanter | يتغنى |
| lorsque | لما | désir (de retrouver l'autre) | الشوق | à deux cœurs | بين قلبين |
| il me rend heureux/heureuse | يسعدني | se renouveler | يتجدد | il n'a pas | ما له |
| il me donne rendez-vous | يوعدني | valeur | الغلاوة | preuve, signe | الدليل |
| le monde me sourit | تبات الدنيا ضاحكة لي | elle augmente | تزيد | que, excepté | إلا |
| rencontre, retrouvailles | الوصل | fête | العيد | langage des yeux | كلام العين |
| je pense | بفكر | chanceux celui qui a connu | يا سعده اللي عرف مرة | vie de mon cœur | حياة قلبي |
| ce qui m'arrive | اللي يجري لي | tendresse | الحنان | lumière de mes yeux | نور عيني |
| il me fait oublier | ينسيني | dureté | القساوة | je n'ai pas | ما ليش |
| l'existence | الوجود | toute sa vie | طول عمره | autre que toi | غيرك |
| il me vient à l'esprit | يخطر على بالي | goûter | ذاق | un autre bien-aimé | حبيب تاني |
| ici : humeur | الطبع | douceur | الحلاوة | qui ? | مين |
| changer | يتغير | tu le vois rire | تشوفه يضحك | pouvoir | يقدر |
| il se met à douter | يبقى يتحير | gémissement | الأنين | il me fait oublier | ينسيني |
| pensées | الأفكار | pleurs | النوح | ton amour | هواك = حبك |
| je me trouve tourmenté (en feu) | أبات في نار | vivant | عايش | il veille sur moi | بيرعاني |
| perplexité, doute | الحيرة | sans âme | بلا روح | premier amour | أول حب |
| ...me fait pleurer | تبكيني | seul, solitaire | وحيد | joie | الفرحة |
| lumière | النور | avec lui | معاه | de ma vie | في عمري |
| il nous vient | يجينا | je l'aime | بحبه | mon paradis | جنتي |
| nuages | الغيم | quand il est content | في رضاه | à côté de moi | جنبي |
| printemps | الربيع | quand il est fâché | في جفاه | il m'apporte le bonheur | وافاني بالهنا |
| fleurs | الزهور | je lui montre | أوريه | rapidement, tôt, déjà | بدري |
| même si | ولو حتى | les reproches | الملام | | |

129

## Index lexical

| | | | | | |
|---|---|---|---|---|---|
| Cause, raison, motif | السَبَب ج أسباب | Révolution | الثَورة | Noms (substantifs) | الأسماء |
| Eclairage, lanterne | السَراج | Enfer | الجَحيم = جَهَنَّم = النار | Four | الأتون = الفُرْن |
| Arme, armement | السِلاح ج أسلحة | Murs | الجُدْران | Mal causé à qqn | الأذى |
| Sultans | السَلاطين | Groupe | الجَماعة | Coussins | الأرائك |
| Ciel | السَماء ج سَماوات | Beauté du visage | جَمال الوُجوه | Coussin | الأريكة ج أرائك |
| Caractéritiques, traits (visage) | السِمات | Soldats | الجُنود | Causes, raisons | أسْباب |
| L'ensemble ou la majorité écrasante du peuple | سَواد الشَعْب | Folie | الجُنون | Amis | أصْدِقاء |
| Maître | السَيِّد ج سادة | Réponse, réplique | الجَواب ج أجوبة | Morts | الأمْوات |
| Biographie, conduite | السِيرة ج سِيَر | Pèlerin | الحاجّ - الحاجّة | Elégance | الأناقة |
| Hivers | الشِتاء | Quartier | الحارة = الحَيّ = المَحَلَّة | Famille, parents | الأهْل |
| Une personne | الشَخْص ج أشخاص | Amour | الحُبّ | Enfants, garçons | الأولاد |
| Etincelle | الشَرارة | Bien-aimé | الحَبيب ج أحِبَّة | Mauvais comportement, agression verbale, insultes | الإساءة |
| Le mal | الشَرّ ج شُرور | Pierre | الحِجارة = الحَجَر | Films, vidéos, cassettes | الأشرِطة |
| Peuple | الشَعْب ج شعوب | Chaleur | الحَرارة | Obéissance | الإطاعة |
| Autre chose | شَيء آخَر | Liberté du choix | حُرِّية الخِيار | Empire | الإمبراطورية |
| Ami | الصَديق ج أصدقاء | Incendie | الحريق ج حَرائق | Eclairage, lumières | الإنارة = الإضاءة |
| Voix, vote | الصَوت ج أصوات | Sa propre protection | حماية نَفْسه | Sauvetage | الإنقاذ |
| L'été | الصَيف | Année | الحَوْل = السنة = العام | Début de l'amour | أوَّل الحُبّ = بداية ... |
| Vacarme, bruit insupportable | الضَجيج | Quartier, vivant | الحَيّ ج أحياء | Eclaircissement, explication | الإيضاح |
| Peste | الطاعون | Joue | الخَدّ ج خُدود | Sourire | الابْتِسامة |
| Dentier | طاقَم أسْنان | Domestiques, serviteurs | الخَدَم | Coup d'Etat | الانْقِلاب |
| Etudiants | الطَلَبة = الطلاب | Khédive (souverain d'Egypte) | الخديو | Volcan | البُرْكان |
| Conditions, circonstances | الظُروف | Automne | الخَريف | Les humains | البَشر |
| Expression | العبارة | Perte | الخَسارة ج خسائر | Untel, monsieur Untel | فُلان / فلان الفُلاني |
| Néant | العَدَم | Danger | الخَطَر ج أخطار | Quelques modifications | بَعْض التَعْديل |
| Vierges | العَذارى | Fiançailles | الخُطوبة | Tolérance | التَسامُح |
| Jus d'orange | عَصير بُرْتقال | Patrouilles | الدَوْرِيات | Expression | التَعْبير |
| Chasteté, pureté morale | العَفاف = العِفّة | Petits Etats indépendants | دُوَيلات مُسْتَقِلّة | Détails | التَفاصيل |
| Pardon | العَفو | Le Seigneur | الرَبّ | Pensée, réflexion | التَفْكير |
| Mentalité | العَقْلِيّة | Printemps | الربيع | Elève, disciple | التِلْميذ |
| Soin, remède, traitement | العلاج | Sommeil, somme | الرُقاد = النَوْم | Oublier la promesse | تَناسي الوَعْد |
| Ouvriers, travailleurs | العُمّال | Celui qui surveille, guetteur, censeur | الرَقيب ج رُقباء | Charge d'accusation | التُهمة ج تُهم |
| Titres pour les livres | عَناوين للكُتُب | Mariage | الزَواج | Confiance | الثِقة |
| Stupidité, idiotie, sottise | الغَباوة | Epouse | الزَوْجة | | |
| Inattention | الغَفْلة | Voleur | السارق ج سُرّاق | | |

# الأسبوع الثامن عشر

| Français | Arabe |
|---|---|
| Jeunes hommes | الغُلْمان |
| Lieux célestes inconnus | غُيوب السَّماء |
| Aube | الفَجْر |
| Vide | الفَراغ |
| Différence | الفَرْق ج فُروق |
| Paysan, agriculteur | الفَلّاح ج فلاحون |
| Anarchie, désordre | الفَوْضى |
| Beaucoup de larmes | فَيْض مِنَ الدُموع |
| Meurtrier, assassin | القاتِل |
| Tombe, tombeau | القَبْر |
| Destin | القِسْمة |
| Destin (litt. : part du destin) | القِسْمة والنَصيب |
| Cœurs | القُلوب |
| Pieds du Trône (divin) | قوائِم العَرْش ! |
| Sieste | القَيْلولة |
| Mensonge | الكَذِب |
| Prix d'un effort | الكُلْفة والتَعَب |
| Prêtres, clergé | الكَهَنة |
| Jeu | اللَعِب |
| Enigme | اللُغْز ج ألْغاز |
| Rencontre | اللِقاء |
| Nuit | اللَيْل |
| Société | المُجْتَمَع |
| Venue | المَجيء |
| Epreuve (subie) | المِحْنة |
| Massacre | المَذْبَحة ج مَذابِح |
| Véhicule, voiture | المَرْكَبة = السَّيّارة |
| Cuisine | المَطْبَخ |
| Manifestations | المُظاهَرات |
| Clé | المِفْتاح ج مَفاتيح |
| Traits de visage | المَلامِح |
| Possession, propriété | المُلْك |
| Scène | المَنْظَر |
| Positions | المَواقِف |
| Employés, fonctionnaires, salariés | المُوَظَّفون |
| Rendez-vous, horaire | المَوْعِد ج مَواعيد |
| Le mort | المَيِّت |
| Feu | النار ج نيران |
| Femmes | النِساء |
| Regard | النَظْرة |
| Esprit | النَفْس |
| Profit, avantage | النَفْع |
| Slogans, cris (foule) | الهُتافات |
| La mort | الهُلْك = الهَلاك = المَوْت |
| Souci | الهَمّ ج هُموم |
| Amour, passion amoureuse | الهَوى = الحُبّ |
| Air | الهَواء |
| Solitude | الوَحْدة |
| Monstre | الوَحْش |
| Sauvagerie, barbarie | الوَحْشيّة |
| Inspiration | الوَحْي |
| Ministère | الوِزارة |
| Recommandations, commandements | الوَصايا |

## Adjectifs — الصفات وأسماء الفاعل والمفعول

| Français | Arabe |
|---|---|
| Vivants | أحْياء |
| Obligatoire, coercitif, contraignant | قَهْريّ |
| Ce qu'il y a de plus facile dans les livres | أسْهَل ما في الكُتُب |
| Plus grand et plus grave | أعْظَم وأدْهى |
| Meilleur que | أفْضَل مِن |
| Ce qui est mieux et plus grandiose | الأفْضَل والأعْظَم أنْ |
| Honnête, intègre | أمين |
| Conventionnel | اصْطِلاحي |
| Fille de bonne famille | بِنْت حَلال |
| Insignifiant, puéril, vain | تافه |
| Qui mérite d'être volé | جَدير بِأنْ يُسْرَق |
| Aigu, aiguisé, sévère | حادّ |
| Rouge (fém.) | حمراء |
| Dangereux, grave, important | خَطير |
| Meilleur que | خَيْر مِن |
| Prétentieux, menteur | دَعيّ |
| Clément et miséricordieux | الرَحْمن الرَحيم |
| Heureux | سَعيد |
| Silencieux, taciturne | صامِت |
| Nécessaire | ضَروريّ |
| Haut | عالٍ |
| Vierge | عَذْراء ج عَذارى |
| Stupide, idiot, sot | غَبيّ |
| Impensable, pas raisonnable | غَيْر مَعْقول |
| Qui se tient debout | قائِم |
| Sévère | قاسٍ قاسية |
| Familier, habituel, ordinaire | مَألوف |
| Habile, adroit | ماهِر |
| Béni | مُبارَك |
| Inconnu | مَجْهول |
| Crispé | مُحْتَقِن |
| Qui entoure qqch, périphérique | مُحيط بـ |
| Etendu | مَديد |
| Obligé de..., contraint de... | مُرْغَم على |
| Epuisé, très fatigué | مُرْهَق |
| Volé, dérobé | مَسْروق |
| Raisonnable, croyable | مَعْقول |
| Utile, avantageux | مُفيد |
| Tué, abattu | مَقْتول |
| Qui s'y connaît | مُلِمّ بـ |
| Mortifère | مُهْلِك |
| Qui domine la situation | مُهَيْمِن على الأمور |
| "De fourmi" (fig.) : délicat, fin | نَمْليّ |
| Confiant | واثِق |
| Unique, seul | وَحيد |
| Désespéré | يائِس |

131

# الأسبوع الثامن عشر

| | |
|---|---|
| Verbes | الأفعال (+ المصدر) |

| | |
|---|---|
| Croire (foi) | آمَنَ يُؤْمِن بـ (الإيمان) |
| Fatiguer qqn | أتْعَبَ يُتْعِب |
| Venir | أتى يأتي (لم يأتِ) |
| Susciter, agiter | أثار يُثير (الإثارة) |
| Accomplir le petit pèlerinage (Islam : pèlerinage hors saison) | أدّى يُؤَدّي العُمرة (الأداء) |
| Obliger, contraindre | أرْغَمَ يُرْغِم (الإرغام) |
| Enlever, faire disparaître | أزال يُزيل (الإزالة) |
| Ressembler à | أشبه يُشبه |
| J'ai désormais des petits-enfants | أصْبَح لـي أحْفاد |
| Etre émerveillé par | أُعْجِبَ بـ (الإعجاب) |
| Aller/venir vers, venir faire qqch | أقبل يُقبل على (الإقبال) |
| Jurer, prêter serment | أقْسَمَ يُقْسِم |
| Examiner (du regard) | أمْعَنَ يُمْعِن النَظَر (الإمعان) |
| Sauver | أنجى يُنجي من |
| Se sentir familier | أنِس يأنَس بـ |
| Etre humilié | أهين يُهان (الإهانة) |
| Accompagner qqn jusqu'à un lieu donné, faire parvenir | أوصل يوصل (الإيصال) |
| Arrêter, bloquer, appréhender | أوقف يوقف (الإيقاف) |
| Introduire qqch (dans un trou) | أولج يولج = أدخل يُدخل |
| Assieds-toi et repose-toi | اجلس وارْتَح - اجلسي وارتاحي |
| Avoir besoin de | احتاج يحْتاج إلى (الاحتياج) |
| Résumer | اختَصَرَ يختَصِر (الاختصار) |
| Disparaître | اختفى يختفي (الاختفاء) |
| Trembler | ارتعش يرتعش (الارتعاش) |
| Se rendre, capituler | استسلم يستسلم (الاستسلام) |
| S'établir | اسْتَقَرَّ يسْتَقِرّ (الاستقرار) |
| Se calmer, se laisser aller | استكان يستكين (الاستكانة) |
| Se réveiller | استيقظ يستيقظ (الاستيقاظ) |
| Protester, objecter | اعترض يعترض (الاعتراض) |
| Avoir les larmes plein les yeux | اغْرَوْرَقَت تغرورق عَيناهُ بالدُموع |
| Entrer de force | اقتحم يقتحم (الاقتحام) |
| Se rencontrer | التقى يلتَقي بـ |
| Demander poliment | التَمَس يلتَمِس (الالتماس) |
| Garde le silence ! | الزَم الصَمْت ! |
| Posséder | امتلك (الامتلاك) |
| Va ton chemin ! | امْضِ في طريقكَ |
| Se présenter, se mettre en avant | انبَرى ينْبَري |
| Attendre | انْتَظَر ينْتَظِر (الانتظار) |
| Critiquer | انْتَقَد ينْتَقِد (الانتقاد) |
| Se lancer | انطلق ينطلق (الانطلاق) |
| Les moyens de transport se sont arrêtés | انْقَطَعَت المُواصَلات (الانقطاع) |
| Tomber massivement (se dit surtout de la pluie) | انْهَمَر ينْهَمِر (الانهمار) |
| Chercher | بَحَث يبحَث عَن (البَحْث) |
| Envoyer qqn pour chercher Untel | بَعَث يبعَث في طَلَبِ فُلان |
| Vieillir | بلغ الشَيخوخة (البُلوغ) |
| Poursuivre (une action) | تابع يُتابع (المُتابعة) |
| Bailler | تثاءب يتثاءب (التثاؤب) |
| Défier | تَحَدَّى يَتَحَدَّى (التحدّي) |
| Mouvoir, bouger | تحرّك يتحرّك (التحرُّك) |
| Se souvenir | تذَكَّر يتَذَكَّر (التذَكُّر) |
| Hésiter | تَرَدَّد يَتَرَدَّد (التردُّد) |
| Laisser | ترك يترك (التَرْك) |
| Epouser | تزوَّج يتزوَّج من (التزوُّج) |
| Se quereller | تشاجر يتشاجر (التشاجُر) |
| Diminuer | تضاءل يتضاءل (التضاؤل) |
| S'étonner | تعَجَّب يتَعَجَّب (التعجُّب) |
| Prendre sa retraite | تقاعَد يتقاعَد (التقاعُد) |
| Se présenter pour/à | تقدَّم يتقدَّم لـ (التقدُّم) |
| Déambuler | تهادى يتهادى |
| Parvenir à | توصَّل يتوصَّل إلى (التوصُّل) |
| Bavarder, trop parler | ثرثر يُثرثر (الثَرْثَرة) |
| Tirer qqch | جاذب يُجاذب (المُجاذَبة) |
| Etre lâche | جبُن يجبُن |
| Il ferait mieux de | يجمُل به أنْ |
| Ignorer | جهل يجهل (الجَهْل) |
| Scruter, dévisager | حدَّق يُحدِّق (التحديق) |
| Inciter à | حَضَّ يحُضُّ على |
| Porter | حمَل يحمل (الحَمْل) |
| Servir | خدَم يخدم (الخدْمة) |
| Créer | خلَق يخلُق (الخَلْق) |
| Le propos tourne autour de | دار الحَديثُ عَن |
| Inviter | دعا يدْعو (الدَعْوة) |
| Pousser, payer | دفَع يدفَع (الدَفْع) |
| Fondre | ذاب يذوب (الذَوَبان) |
| Critiquer très négativement | ذَمَّ يذُمَّ (الذَمّ) |
| Surveiller | راقَب يُراقِب (المُراقَبة) |
| Rendre hommage à un mort | رثى يرثي (الرثاء) |
| Fredonner | رطن يرطن بـ |
| Guetter, attendre (un événement) | رقب يرقب |
| Se hisser, évoluer | رقي يرقى (الرُقيّ) |
| Composer, combiner | رَكَّبَ يُرَكِّب (التَرْكيب) |
| Augmenter | زاد يزيد (الزيادة) |
| Explique-moi davantage ! | - زدني إيْضاحاً |
| Visiter, rendre visite | زار يزور (الزيارة) |
| Secouer fortement | زَلْزَلَ يُزَلْزِل (الزلزلة) |
| S'enquérir de qqn/qqch | سأل يسأل عَن |
| Se moquer de, ironiser | سخِر يسخَر من |
| Laisser passer qqch | سكَت يسكُت على (السكوت) |
| Entendre | سمع يسمَع عَن |
| Devenir | صار يصير |
| Croire qqn/qqch | صدَّق يُصدِّق (التصديق) |
| Etre bon pour | صلُح يصلُح لـ |
| Etre étroit, ne pas supporter | ضاق يضيق بـ |
| Rire | ضحِك يضحَك (الضَحك) |
| Réclamer, revendiquer | طالب يُطالب بـ |
| Il a connu quelques modifications | طرأ عليه تعديل |

# الأسبوع الثامن عشر

## Manuel d'arabe en ligne Tome III
## Les bases de l'arabe en 50 semaines

| Français | Arabe |
|---|---|
| Chercher à apprendre | طلب العلم |
| Paraître, apparaître | ظهَر يظهَر (الظُهور) |
| Vivre | عاش يعيش (العَيْش) |
| Etre déterminé à faire qqch | عزَم يعزِم على |
| Avoir de l'empathie pour | عطَف يعطِف على |
| Trouver qqn/qqch grand ou grandiose | عظّم يُعظّم |
| Quitter (lieu) | غادَر يُغادِر |
| Gagner, emporter (victoire) | فاز يفوز بـ |
| Etre incalculable | فاق يفوق الحَصر |
| Comparer entre | قارَن يُقارِن بَيْن |
| Accepter | قبِل يقبَل |
| Pourrait ne pas venir | قَدْ لا يأتي .. |
| Pourrait être en retard, arriver tard | قد يتأخّر |
| L'attente pourrait se prolonger | قد يطول الانتظار |
| Pourrait être | قد يكون |
| Décider soi-même | قرَّر يُقرِّر بنَفسِه |
| Raconter | قصَّ يقُصّ |
| Abattre, achever, anéantir | قضى يقضي على |
| Sois idiot ! | كُنْ غَبِيّاً |
| J'espérais | كُنتُ أتمنّى |
| Ne parle à personne ! | لا تُكلّم أحَداً ! |
| Il ne suffit pas | لا يَكْفي |
| Convenir à | لاءَم يُلائِم |
| Maudir | لعَن يلعَن |
| J'ai vieilli | لقَد تقدَّمَت بي السِّنّ .. |
| Apercevoir | لمَح يلمَح |
| Vive Saad ! | ليَحيى سَعْد ! |
| Tu travailles encore ? | ما زِلْتَ تَعْمل ؟ |
| Etre l'équivalent de | ماثَل يُماثِل |
| Glorifier | مجَّد يُمجِّد |
| Aller, passer | مضى يمضي (المُضيّ) |
| Que Dieu nous accorde une fin heureuse | نَسْألُ اللهَ حُسْنَ الخِتام |
| Oublier | نسِي ينسى (النِسيان) |
| Il s'est trouvé | وجَد نفسَه |

| Français | Arabe |
|---|---|
| trouver | وجَد يجِد |
| J'ai l'impression que | يُخَيَّل إليَّ أنَّ |
| Ils tuent et se font tuer | يَقْتلون ويُقْتَلون (القَتْل) |

### Divers — تعابير ومصطلحات متفرقة

| Français | Arabe |
|---|---|
| Jamais | أبَداً |
| Parfois | أحْياناً |
| Enfin | أخيراً |
| Bienvenue à toi ! | أهْلاً بك |
| Pour toujours, à jamais | إلى الأبَد |
| Avec la permission de Dieu | بإذْنِ الله |
| Avec insistance | بإلحاح |
| Avec émotion | بانْفعال |
| Au lieu de | بَدَلاً مِن |
| Avec stupéfaction | بذُهول |
| Trop tard | بعدَ فوات الأوان |
| Avec la volonté de Dieu | بمَشيئة الله |
| De temps à autre | بَيْنَ حينٍ وحينٍ |
| ...tantôt... et tantôt... | ... تارةً و... تارةً |
| Tantôt elle se cache, tantôt elle réapparaît | - تختفي تارة وتظهر تارة |
| Tout à fait, complètement | تَماماً |
| Sans amour | دونَ حُبّ |
| Un beau jour | ذاتَ يَوم |
| Que ce soit... ou... | سَواءٌ أ... أمْ ... |
| Sauf, excepté | سوى |
| Je te souhaite la même chance | عُقبى لَكَ |
| Le mieux qui soit | على أحْسَن ما يكون |
| De toute façon | على أيّ حال |
| A vie, tout au long de sa vie | على مَدى حياتِه |
| Très bientôt | عمّا قَليل |
| De jour comme de nuit | في اللَيْل والنَهار |
| En soi | في ذاتِه |
| En même temps | في عَيْنِ الوَقْت |
| Autrefois, jadis | في قديم الزَمان |

| Français | Arabe |
|---|---|
| Dans ce cas | في هذه الحال |
| Par la suite | فيما بَعْد |
| Il pourrait être | قد يكون |
| Beaucoup | كَثيراً |
| Nous sommes toutes, à ses yeux, des femmes (semblables) | كلّنا في عينيه نساء |
| En entier ou en partie | كلُّه أو بَعْضُه |
| Comment va... ? | كيْفَ حال ... ؟ |
| Comment va ta santé ? | كيف صحّتُك ؟ |
| C'est indispensable | لا بُدَّ مِنْه |
| Ne parle à personne ! | لا تُكلِّم أحَداً ! |
| On ne parle que de... | لا حَديث إلّا عَن |
| Pas besoin de... | لا داعيَ لـ |
| On ne peut éviter... | لا مَفَرّ مِن |
| Sans, si ce n'est... | لَوْلا |
| Une fois chaque semaine | مَرَّةً كلَّ أُسْبوع |
| Il m'a emmené loin | مضى بي بعيداً |
| Il vaut mieux pour toi que... | مِنَ الأفْضَل لَكَ أنْ |
| Depuis des jours, depuis quelques jours | مُنْذُ أيّامٍ |
| Depuis quelques heures, depuis des heures | منذ ساعات |
| Aussi petite qu'elle soit | مَهما صغُرَت |
| En chuchotant | هَمْساً |
| Moi aussi | وأنا كذلك |
| Un jour (indéterminé) | يَوْماً ما |

133

## Citations, proverbes, dictons, maximes... — Deuxième série (suite, page 198)

**Ghalib Al-Hakkak** @GhalibHakkak · 4 oct. 2020
"Toute fin a un début". Cette maxime explique le pourquoi d'un échec, mais aussi elle incite à se lancer pour pouvoir un jour savourer un succès.
Son : al-hakkak.fr/TGH/T36.mp3

**Ghalib Al-Hakkak** @GhalibHakkak · 10 oct. 2020
En substance : "Rien n'atteste aussi bien que l'expérience". Regardez l'ADN en criminologie, par exemple. Le jugement de Salomon ne dit pas le contraire. C'est la magie des proverbes qui disent tant en peu de mots.
Son : al-hakkak.fr/TGH/T68.mp3

**Ghalib Al-Hakkak** @GhalibHakkak · 29 sept. 2020
En français, on parle de série noire, quand les malheurs se succèdent dans la vie d'une personne ou d'un pays. En arabe, c'est perçu comme un groupe d'épreuves qui arrivent ensemble : "les malheurs ne viennent pas un à un". Son : al-hakkak.fr/TGH/T34.mp3

**Ghalib Al-Hakkak** @GhalibHakkak · 9 oct. 2020
En substance : "Demande conseil à un sage et fais ce qu'il te dit". En espérant qu'il ne parlera qu'en connaissance de cause ! Un autre proverbe incite à la prudence : اسأل المجرب ولا تسأل الحكيم (demande conseil à quelqu'un d'expérience, pas à un sage). al-hakkak.fr/TGH/T69.mp3

**Ghalib Al-Hakkak** @GhalibHakkak · 2 oct. 2020
"Tout ce que l'on sait n'est pas forcément bon à dire". Marc Twain dit que les humains mettent deux ans à apprendre à parler et cinquante ans à apprendre à se taire. Finalement, savoir parler et savoir se taire est un art qui demande d'être cultivé : al-hakkak.fr/TGH/T74.mp3

**Ghalib Al-Hakkak** @GhalibHakkak · 5 oct. 2020
En substance : "Un savoir caché par celui qui le détient ne sert à rien". Le sujet est d'actualité à l'ère du numérique. Un enseignant doit-il réserver son enseignement à distance à un petit groupe ou à un public plus large ?
Son : al-hakkak.fr/TGH/T39.mp3

**Ghalib Al-Hakkak** @GhalibHakkak · 27 sept. 2020
En substance : "Tant qu'un droit est réclamé, il ne se perd pas". C'est une invitation à ne pas baisser les bras. C'est vrai, mais parfois c'est épuisant. D'où l'intérêt de l'affiche ! Son : al-hakkak.fr/TGH/T33.mp3

**Ghalib Al-Hakkak** @GhalibHakkak · 4 oct. 2020
"Dire la vérité m'a laissé sans amis". Une vision pessimiste du genre humain. Mais il reste une issue autre que le mensonge intéressé : le mutisme. Et l'on peut compter sur un autre proverbe pour se rassurer : اللبيب تكفيه الإشارة Son : al-hakkak.fr/TGH/T73.mp3

Son : 57

# الأسبوع الثامن عشر

**Ghalib Al-Hakkak** @GhalibHakkak · 2 juil. 2020
C'est vrai que parfois il est plus facile de discuter avec un adversaire, pour ne pas dire un ennemi, sensé qu'avec un ami abruti. C'est l'idée de ce proverbe cruel :

عدو عاقل خير من صديق جاهل

Son : www.al-hakkak/TGH/T2.mp3

**Ghalib Al-Hakkak** @GhalibHakkak · 6 juil. 2020
Parfois, on aimerait que les proverbes et les maximes se trompent, comme avec le dicton français "L'argent appelle l'argent", autrement dit, sans capital, on ne peut rien faire. Eh bien, les Arabes aussi le pensent et ce depuis très longtemps !

الدراهم بالدراهم تكسب

Son : www.al-hakkak/TGH/T10

**Ghalib Al-Hakkak** @GhalibHakkak · 6 juil. 2020
Les Français disent "Ne va pas par quatre chemins !". Les Arabes, dans le même ordre d'idée, disent en substance "Evite les chemins secondaires". Mais c'est un très vieux proverbe qui risque d'être mal compris aujourd'hui !

دع عنك بنيات الطريق

Son : www.al-hakkak/TGH/T5.mp3

**Ghalib Al-Hakkak** @GhalibHakkak · 7 juil. 2020
La pudeur dans tous les domaines est une vertu importante. Elle permet aux gens de former une société, ou même une famille. Mais parfois, en politique, cette notion devient signe de faiblesse. Et là, le proverbe arabe est sans nuance !

إذا ذهب الحياء حل البلاء

Son : www.al-hakkak/TGH/T8.mp3

**Ghalib Al-Hakkak** @GhalibHakkak · 9 juil. 2020
Si l'on suit l'idée de ce proverbe, le secret de la réussite en politique, surtout, mais aussi ailleurs, c'est de savoir s'entourer de bons conseillers. C'est peut-être vrai ! Le proverbe dit en substance : "Quand tu consultes un sage, son intelligence se met à ton service".

إذا شاورت العاقل صار عقله لك

Son : www.al-hakkak/TGH/T9.mp3

**Ghalib Al-Hakkak** @GhalibHakkak · 10 juil. 2020
Que y a-t-il de pire quand il y a un gros problème ? C'est bien sûr la panique ou le désespoir face au problème. Facile à dire. Mais il faut l'avouer : savoir rester calme, même dans les pires des situations, est une chance formidable. Voici un proverbe pour se le rappeler !

الجزع عند المصيبة مصيبة

Son : www.al-hakkak/TGH/T13.mp3

**Ghalib Al-Hakkak** @GhalibHakkak · 14 août 2020
"Richesse de cœur, pas richesse d'argent". On aimerait que ce soit vrai. En tout cas, le proverbe nous invite à le croire et à l'appliquer. Son : al-hakkak.fr/TGH/T14.mp3

الغنى غنى القلب لا غنى المال

**Ghalib Al-Hakkak** @GhalibHakkak · 1 juil. 2020
On peut toujours rêver d'un monde où chacun serait récompensé et reconnu selon ses mérites propres. Mais il s'agit sans doute d'une utopie. Ce vers antique dit en substance : "La valeur d'une personne ne vient pas de son origine familiale mais de ses propres faits et gestes".

ليس الفتى من قال كان أبي
إن الفتى من قال ها أنا ذا

Son : 58

# الأسبوع الثامن عشر — Poèmes chantés

## الحلم

حبيب قلبي وافاني في معاده / ونول بعد ما طول بعاده

قابلته وهو متبسم / وطمنّي على وصله
وقال لي بعد ما سلم / كلام القلب يرقص له

بقى يقول لي وأنا أقول له
يقول لي قلبي بيودك / أقول له قلبي أنا أكثر
يقول لي قد إيه حبك / أقول له فوق ما تتصور
وأقول خايف لتنساني / يقول لي مستحيل أقدر

بقى يقول لي وأنا أقول له
وخلصنا الكلام كله / قريب وبعيد وبقينا
نقول ونعيد بعينا / عيون وعيون تتكلم
بسر القلب وترجم / وروح مع روح تتجانس
وإيد على إيد بتسلم / سلام مشتاق لمشتاق

نسينا الدنيا ولهينا في هوانا
وسرنا وعنينا لا عواذل واقفة
حوالينا ولا ذنب يتعدى علينا
(...)

http://www.al-hakkak.fr/chetexos/ch02.mp3
غناء أم كلثوم - مصر
كلمات بيرم التونسي
تلحين زكريا أحمد - مصر

"Al-hulum" (dialecte égyptien)
Umm Kulthûm - Egypte

## أيظن ؟

أيظن أني لعبة بيديه ؟ / أنا لا أفكر في الرجوع إليه
اليوم عاد كأن شيئاً لم يكن / وبراءة الأطفال في عينيه
ليقول لي إني رفيقة دربه / وبأنني الحب الوحيد لديه

حمل الزهور إلي كيف أرده / وصباي مرسوم على شفتيه
ما عدت أذكر والحرائق في دمي / كيف التجأت أنا إلى زنديه
خبأت رأسي عنده وكأنني / طفل أعادوه إلى أبويه

حتى فساتيني التي أهملتها / فرحت به رقصت على قدميه
سامحته وسألت عن أخباره / وركدت ساعات على كتفيه
وبدون أن أدري تركت له يدي / لتنام كالعصفور بين يديه
ونسيت حقدي كله في لحظة / من قال إني قد حقدت عليه
كم قلت إني غير عائدة له / ورجعت ما أحلى الرجوع إليه

http://www.al-hakkak.fr/chetexos/ch17.mp3
غناء نجاة الصغيرة - مصر
شعر نزار قباني - سورية
تلحين محمد عبد الوهاب - مصر

"Ayadhunnu" (arabe littéral)
Najât al-Saghîra - Egypte

---

## Exercice n° 48 — التمرين

Repérer dans ces paroles l'équivalent des énoncés suivants :

Pense-t-il que je suis un jouet entre ses mains ? : ...............

Je ne pense pas revenir avec lui. : ...............

Comme si de rien n'était : ...............

Il m'a apporté des fleurs. : ...............

Comme si j'étais un enfant qu'on ramène à ses parents : ...............

Je lui ai pardonné et demandé de ses nouvelles. : ...............

Sans m'en rendre compte : ...............

En un instant, j'ai oublié toute ma rancune. : ...............

---

Exprimer l'équivalent littéral de ces énoncés puis les traduire :

حبيب قلبي وافاني في معاده
...............

قابلته وهو متبسم
...............

وقال لي بعد ما سلم كلام القلب يرقص له
...............

يقول لي قلبي بيودك أقول له قلبي أنا أكثر
...............

يقول لي قد إيه حبك أقول له فوق ما تتصور
...............

وأقول خايف لتنساني يقول لي مستحيل أقدر
...............

**Manuel d'arabe** *en ligne*

Tome III

Les bases de l'arabe

en 50 semaines

# Semaine 19

الأسبوع التاسع عشر

# Quelques précisions

**Rubriques habituelles :**

- Fiches thématiques (p. 140) : la politique (systèmes, ministères, constitution) et quelques richesses naturelles (arbres, fleurs, métaux, pierres précieuses).

- Mini-glossaire (p. 141) : les arts.

- Prépositions (p. 142) et quelques dates (p. 143).

- Traduction autour de BON, BIEN, LETTRE, NOUVELLE et PLACE (pp. 144-145).

- Exercices rapides (pp. 146-152).

- Exercices sur les verbes de la forme VII (p. 153).

- Textes (pp. 154-161).

- Lexique (pp. 162-165).

- Chansons (p. 168).


Les pages 146 à 149 sont consacrées aux nombres. Il s'agit d'un point difficile sur le parcours de l'étudiant d'arabe. Les règles sont complexes et même les arabophones hésitent parfois quand ils doivent faire un accord avec les nombres. On trouvera ici deux pages (146 et 147) à observer attentivement avant de s'essayer à l'exercice de la page 148, que l'on retrouve, en cas de difficulté, page 149 avec l'amorce de la réponse pour chaque phrase. Les nombres nécessitent un travail de longue haleine. Souvent, les arabophones expriment les nombres en dialectal. Parfois, quand ils essaient de s'imposer le littéral, ils pourraient commettre une faute sans forcément s'en rendre compte. Il n'y a donc pas lieu d'en faire une obsession. Mais vu l'importance de la question, quand cela concerne l'argent, la santé, une date..., il ne faut pas la négliger. Retenons pour l'instant que l'accord oppose le genre du nombre à celui de l'objet compté. Et quand il s'agit d'un nombre composé, c'est le premier terme qui exprime cette opposition. Pour plus d'exercice, il y a aussi un moyen très simple : l'écoute des enregistrements de la chronologie bilingue dont les liens se trouvent ici : http://www.al-hakkak.fr/Chronologie/chronologie-son.html


**Les textes** : quand il y a des exercices, essayer de les faire avant d'aborder le texte.

Page 154 : dialogue entre une fille et son père - extrait d'un roman de Hanna Mînâ (Syrie).

Page 155 : extrait d'une nouvelle de إحسان عبد القدوس - le texte commence par «Je ne suis pas avocat» et entretient le mystère sur le métier du narrateur, qui a besoin de parler pour travailler !

Page 156 : dialogue entre un père et un professeur de musique ; ils n'ont pas le même regard sur les leçons particulières que le premier voudrait commander pour que son fils apprenne à jouer au piano. C'est un extrait tiré d'un roman de Hanna Mînâ.

Page 157 : un homme s'adresse au juge dans un long monologue - extrait d'une nouvelle de l'Egyptien Ihsân Abdulquddûs.

Page 158 : extrait d'un roman français adapté en arabe par مصطفى لطفي المنفلوطي ; il s'agit de *Sous les tilleuls* d'Alphonse Karr. Al-Manfalûti (1876-1924) a adapté trois autres œuvres françaises : *Paul et Virginie*, de B. de Saint-Pierre, *Pour la couronne*, de François Coppée, et *Cyrano de Bergerac*, d'Edmond Rostand. Le dernier de la liste est sans doute le plus réussi ; on en verra un extrait au ch. 20.

Page 159 : un texte magnifique du Libanais مارون عبود Mârûn Abbûd (1886-1962) qui, bien que chrétien, connaissait parfaitement le Coran et les traditions musulmanes ; le texte met en scène le gouverneur ottoman de Beyrouth au début du XXᵉ siècle et un religieux musulman ; le premier avait commis l'imprudence de promettre au second une montre en or...

Page 160 : un texte de l'immense romancier égyptien نجيب محفوظ tiré d'un magnifique livre qui nous offre une quarantaine de songes où tout est permis. Ici, le narrateur se trouve sur une scène de tournage de deux films dans un même studio...

Chanson (page 168) : c'est l'une des plus belles chansons de أم كلثوم dont les paroles, en arabe littéral, sont de أحمد رامي et la musique de رياض السنباطي. Le titre (ذكريات) signifie *Souvenirs !* Excellent moyen d'enrichir son vocabulaire et de s'imprégner des belles mélodies d'as-Sunbâtî (1906-1981).


Bon travail !

**Vocabulaire général** — extraits des listes du vocabulaire multilingue : http://www.al-hakkak.fr/vocabulaire-arabe.html

## الدستور

| | |
|---|---|
| Constitution | الدستور |
| article | مادة ج مواد |
| amendement de la — | تعديل الدستور |
| suspension de la — | تعليق الدستور |
| assemblée constituante | جمعية تأسيسية |
| conseil constitutionnel | مجلس دستوري |
| cour constitutionnelle | محكمة دستورية |

**Son : 4**

## المعادن

| | |
|---|---|
| or | الذهب |
| argent | الفضة |
| cuivre | النحاس |
| diamant | الألماس |
| bronze | البرونز |
| acier | الفولاذ |
| fer | الحديد |
| aluminium | الألمنيوم |
| soufre | الكبريت |
| phosphate | الفوسفات |
| charbon | الفحم |
| mine | المنجم |

**Son : 8**

## الوزارات

| | |
|---|---|
| ministère de l'Intérieur | وزارة الداخلية |
| — des Aff. Etrangères | وزارة الخارجية |
| — de la Défense | وزارة الدفاع |
| — de l'Economie | وزارة الاقتصاد |
| — de la Justice | وزارة العدل |
| — des Aff. Soc. | وزارة الشؤون الاجتماعية |
| — du Travail | وزارة العمل |
| — de la Santé | وزارة الصحة |
| — de l'Industrie | وزارة الصناعة |
| — de l'agriculture | وزارة الزراعة |
| — de l'Education | وزارة التربية والتعليم |
| — de l'Ens. Supérieur | وزارة التعليم العالي |
| — de la jeunesse | وزارة الشباب والرياضة |
| et du Sport | |
| — de la Culture | وزارة الثقافة |
| ministre d'Etat | وزير دولة |
| portefeuille ministérielle | حقيبة وزارية |

**Son : 3**

## الأحجار الكريمة

| | |
|---|---|
| rubis | الياقوت |
| corail | المرجان |
| émeraude | الزمرد |
| perle | اللؤلؤ ج لآلئ |
| diamant | ألماس / الألماس |
| saphir | الزفير |
| agathe | العقيق |
| turquoise | الفيروز |

**Son : 7**

## السياسة

| | |
|---|---|
| la politique | السياسة |
| l'Etat | الدولة |
| autorité | السلطة |
| gouvernement | الحكومة |
| homme politique | رجل سياسي |
| régime, système | نظام الحكم |
| parlement | البرلمان |
| chambre des députés | مجلس النواب |
| sénat | مجلس الشيوخ |
| révolution | ثورة |
| coup d'Etat | انقلاب |
| élections | انتخابات |
| vote | تصويت |
| démission | استقالة |
| remaniement ministériel | تعديل وزاري |
| dissolution du parlement | حل البرلمان |
| majorité | الأغلبية |
| minorité | الأقلية |
| opposition | المعارضة |

**Son : 1**

## الزهور

| | |
|---|---|
| fleur | الزهرة ج زهور / أزهار |
| rose | الوردة ج ورود / أوراد |
| tulipes | الزنبق |
| iris | السوسن |
| violette | البنفسج |
| clou de girofle | القرنفل |
| chrysanthème | الأقحوان |
| tournesol | عباد الشمس |

**Son : 6**

## أنظمة الحكم

| | |
|---|---|
| république | الجمهورية |
| monarchie const. | الملكية البرلمانية |
| monarchie absolue | الملكية المطلقة |
| monarchie constitutionnelle | الملكية الدستورية |
| despotisme | الطغيان |
| régime républicain | نظام جمهوري |
| — militaire | نظام عسكري |
| — socialiste | نظام اشتراكي |
| — libéral | نظام لرالي |
| — fasciste | نظام فاشي |
| — dictatorial | نظام دكتاتوري |

**Son : 2**

## الأشجار

| | |
|---|---|
| arbre | الشجرة ج أشجار |
| tronc | الجذع ج جذوع |
| racine | الجذر ج جذور |
| branche | الغصن ج أغصان / غصون |
| feuille | الورقة ج أوراق |
| dattier, palmier | النخلة ج نخيل |
| oranger | شجرة البرتقال |
| pommier | شجرة التفاح |
| citronnier | شجرة الليمون |
| figuier | شجرة التين |
| noyer | شجرة الجوز |
| olivier | شجرة الزيتون |
| pin, sapin | الصنوبر |
| saule pleureur | الصفصاف |
| tilleul | الزيزفون |
| châtaignier | شجرة الكستناء |

**Son : 5**

---

Ex 49 p 276

Compléter librement chaque phrase avec un mot des listes ci-dessus :

............... في إيطاليا .

كانت الملكية في بريطانيا ............... ثم أصبحت ............... .

............... تعطي التمر .

............... يوجد في البحر .

وزارة ............... تهتم بالعلاقات مع الدول الأخرى .

وزارة ............... تهتم بالجرائم داخل البلاد .

وزارة ............... تهتم بتطبيق القوانين .

وزارة ............... بسلامة الأغذية .

وزارة ............... تهتم بشؤون الجيش .

النظام الحالي في اليابان ............... .

ما هو سبب ............... نيكسون سنة ١٩٧٤ ؟

النظام الحالي في آيرلندا الجنوبية هو ............... .

لا يحق للقاصرين ............... في الانتخابات .

قامت ............... الفرنسية عام ١٧٨٩ .

هناك الكثير من أشجار ............... في العراق .

قرر الرئيس ............... الدستور وإجراء ............... جديدة مسبقة .

نبات ............... يدور كما تدور الشمس .

مناجم ............... كانت كثيرة في جنوب إفريقيا .

بنيتو موسوليني هو الذي أسس ............... .

وزير الزراعة الحالي في فرنسا هو ............... .

وزير الدفاع الحالي في أمريكا هو ............... .

وزير الخارجية الحالي في إيطاليا هو ............... .

وزير الداخلية الحالي في فرنسا هو ............... .

ثمرة النخلة هي ............... .

ثمرة شجرة البرتقال هي ............... .

تذبل ............... الأشجار في فصل الخريف .

أوراق شجرة ............... تستعمل كدواء .

النظام الحالي في فرنسا ............... .

النظام الحالي في روسيا ............... .

النظام الحالي في الصين ............... .

**Lexique autour d'une spécialité : arts** — extrait des "Glossaires rudimentaires"

## A — Son : 9

|  |  |
|---|---|
| affiche | المُلْصَق الجِداريّ |
| ancien | قَديم |
| antiquité | الحَضارة القَديمة |
| aquarelle | الرَّسْم المائيّ |
| architecture | الهَنْدَسة المِعْماريّة / العِمارة |
| art abstrait | الفَنّ التَّجْريديّ |
| art contemporain | الفن المُعاصِر |
| art d'essai | الفن التَّجريبي |
| art moderne | الفن الحَديث |
| art primitif | الفن البدائيّ |
| art sacré | الفن الدينيّ |
| artisan | الصَّانِع اليَدَويّ / الصَّانِع التَّقْليديّ |
| artisanat | الصِّناعة اليَدَويّة التَّقْليديّة |
| artiste | الفَنَّان ج فنانون |
| arts plastiques | الفنون التَّشْكيليّة |
| atelier | الوَرْشة |
| avant-gardiste | طَليعيّ |

## B — Son : 10

|  |  |
|---|---|
| baroque | باروكي |
| beauté | الجَمال |
| beaux-arts | الفنون الجَميلة |
| bien culturel | التُّراث الثَّقافي |

## C — Son : 11

|  |  |
|---|---|
| calligraphe | الخَطَّاط |
| calligraphie | الخَطّ |
| caricature | الكاريكاتير ج كاريكاتيرات / الرَّسْم الفُكاهيّ ج رسوم فكاهية / الرسم الضاحك ج رسوم ضاحكة / الرسم الساخر ج رسوم ساخرة |
| carte postale | البطاقة البَريدية |
| cathédrale | الكاتِدْرائيّة |
| célèbre | شَهير / مَشْهور / مَعْروف |
| céramique | الفَخّار |
| château | القَصْر ج قُصور |
| chef-d'œuvre | الرَّائعة ج رَوائع |
| cinéaste | السِّينَمائيّ / المُخْرِج السِّينَمائي |
| classicisme | الكلاسيكيّة |
| collection | المَجْموعة |
| composition | التَّصْميم |
| constructivisme | البِنائيّة |
| corail | المَرْجان |
| cornaline | العَقيق الأَحْمَر |
| couleur | اللَّوْن ج أَلْوان |
| courant | التَّيَّار ج تَيَّارات / الاتِّجاه ج اتِّجاهات |
| créateur | مُبْدِع |
| critique d'art | النَّاقِد الفَنّيّ ج نُقَّاد فَنّيّون |
| cubisme | التَّكعيبيّة |
| culture | الثَّقافة |
| culturel | ثَقافيّ |

## D — Son : 12

|  |  |
|---|---|
| décoration | الدِّيكور / التَّزْيين |
| description | الوَصْف |
| dessin | الرَّسْم ج رُسوم |
| dessinateur | الرَّسَّام |
| divin | إلَهيّ |

## E — Son : 13

|  |  |
|---|---|
| église | الكَنيسة ج كَنائس |
| émeraude | الزُّمُرُّد |
| enluminure | المُنَمْنَمة |
| esthétique (adj.) | جَماليّ |
| esthétique (sub.) | الجَماليّة |
| expert de l'art | الخَبير الفَنّيّ |
| exposition | المَعْرِض ج مَعارِض |

## F — Son : 14

|  |  |
|---|---|
| faïence | الخَزَف |
| fauvisme | التَّوَحُّشيّة |
| figuratif | شَكْليّ / تَصْويريّ / رَمْزيّ |
| film documentaire | الفيلم الوَثائقيّ |
| foire | المَهْرَجان ج مهرجانات |
| fresque | الرَّسْم الجِداريّ |
| futurisme | المُسْتَقْبَليّة |

## G — Son : 15

|  |  |
|---|---|
| galerie | دار العَرْض |
| génie | العَبْقَريّة |
| gothique | غوطيّ |
| graveur | النَّقَّاش |

## H — Son : 16

|  |  |
|---|---|
| harmonie | التَّجانُس |
| haute couture | فَنّ الأزْياء |
| huile | الزَّيْت |

## I

|  |  |
|---|---|
| icône | الإيقونة |
| iconographie | دراسة الصُّوَر الفَنّيّة / مَجْموع الصُّوَر الفَنّيّة في حيِّز ما |
| illustrateur | الرَّسَّام |
| illustration | الصُّورة ج صُوَر |
| image | الصُّورة ج صور |
| impressionnisme | الانْطِباعيّة |

## L — Son : 17

|  |  |
|---|---|
| lapis-lazuli | اللازورد |

## M

|  |  |
|---|---|
| marchand de tableaux | تاجر اللَّوْحات |
| marché de l'art | سوق الفَنّ |
| mode | المَوضة |
| modèle | النَّموذَج ج نَماذج / الموديل |
| mosaïque | الفُسَيْفِساء |
| mosquée | المَسْجِد ج مَساجد / الجامع ج جَوامع |
| Grande Mosquée | المَسْجِد الجامع |

# الأسبوع التاسع عشر

**Manuel d'arabe en ligne — Tome III**
**Les bases de l'arabe en 50 semaines** © G. Al-Hakkak 2013

Quelle préposition en arabe ? — enregistrement ici : http://www.al-hakkak.fr/prepositions-son.html

**Extrait 5** de l'ouvrage intitulé «**Quelle préposition en arabe ?**» - ISBN : 9781704566153
Ce livre contient 106 séries dont sept sont reproduites dans ce volume à titre d'exemples.

**Difficulté 5/6 : Série 74**
**Son 90 ABCD - Corrigé p. 198**

D'après كتاب التاريخ de اليعقوبي (Irak-Egypte, m. 897)

## لـ ou مِن ou بـ ou إلى ou عن ou على ou في ؟

1. Lorsque Noé termina la construction de l'arche, il les invita à y monter. / 2. Et lorsque Noé quitta l'arche, il la verrouilla et remis la clé à Sem. / 3. Il naquit dans une ville qui avait pour nom Bethlehem, une des villes de la Palestine. / 4. Les auteurs des évangiles ne disent pas qu'il parlait dans son couffin. / 5. Il vit en songe des lances descendues du ciel et portant sur leur pointe une croix. / 6. Nestorius se réfugia en Irak ; le nestorianisme fut ainsi introduit en Irak. / 7. Agonisant, Nizâr partagea son héritage entre ses quatre fils. / 8. Les Arabes avaient des arbitres vers lesquels ils revenaient pour savoir ce qu'il convenait de faire. / 9. Les foires chez les Arabes étaient au nombre de dix ; ils s'y réunissaient pour échanger leurs marchandises. / 10. Ils n'y craignaient rien pour leur vie et leurs biens. / 11. Ceux-là étaient armés pour [pouvoir] défendre les gens. / 12. Abdulmuttalib avait dix fils et quatre filles. / 13. Quatre-vingt-deux sourates furent révélées à la Mecque. / 14. Ils lui demandèrent de partir avec eux à Médine. / 15. Jamais un peuple ne connut le mal auquel nous faisons face. / 16. Ils se mirent d'accord d'aller à sa demeure la nuit convenue. / 17. Vous lui avez dit "pars loin de nous", alors il partit loin de vous. / 18. Trente-deux sourates lui furent révélées à Médine. / 19. Les Arabes affluèrent vers lui et à la tête de chaque [délégation de] tribu son chef. / 20. Il écrivit aux chefs des tribus les invitant à se convertir à l'Islam.

١ لما فرغ نوح ____ عمل السفينة دعاهم ____ الركوب ____ ها .

٢ ولما خرج نوح ____ السفينة أقفلها ودفع المفتاح ____ سام .

٣ وكان مولده ____ قرية يقال ____ ها بيت لحم ____ قرى فلسطين .

٤ أصحاب الإنجيل لا يقولون إنه تكلم ____ المهد .

٥ رأى ____ منامه رماحاً نزل ____ ها ____ السماء ____ ها صلبان .

٦ هرب نسطور ____ العراق فصارت النسطورية ____ العراق .

٧ لما حضرت نزار الوفاة قسم ميراثه ____ ولده الأربعة .

٨ كان ____ العرب حكام ترجع ____ ها ____ أمورها .

٩ كانت أسواق العرب عشرة يجتمعون ____ ها ____ تجاراتهم .

١٠ كانوا يأمنون ____ ها ____ دمائهم وأموالهم .

١١ كان هؤلاء يلبسون السلاح ____ دفعهم ____ الناس .

١٢ كان ____ عبد المطلب الولد الذكور عشرة و ____ الإناث أربع .

١٣ نزل ____ القرآن ____ مكة اثنتان وثمانون سورة .

١٤ سألوه أن يخرج معهم ____ المدينة .

١٥ لم يصبح قوم ____ مثل ما نحن ____ ه ____ الشر .

١٦ أجمعوا ____ أن يأتوه ____ الليلة التي اتعدوا ____ ها .

١٧ قلتم ____ ه اخرج ____ نا فخرج ____ كم .

١٨ تزل ____ ه ____ المدينة ____ القرآن اثنتان وثلاثون سورة .

١٩ قدمت ____ ه وفود العرب و ____ كل قبيلة رئيس يتقدمهم .

٢٠ كتب ____ رؤساء القبائل يدعوهم ____ الإسلام .

## Chronologie bilingue fr-ar — enregistrement ici : http://www.al-hakkak.fr/chronologie-son.html

**Extrait 5** de l'ouvrage intitulé «**Chronologie bilingue fr-ar**» - ISBN : 9781974214099
Ce livre contient environ 1500 dates dont sept séries sont reproduites dans ce volume à titre d'exemples.
*NB : la version arabe contient parfois davantage de détails, facilement repérables.*

**v. 987** — Répertoire bibliographique de l'époque par Ibn an-Nadîm.

ح سنة ٩٨٧ - ابن النديم يضع كتاب الفهرست الذي ذكر فيه أهم الكتب الموجودة في مكتبة بغداد

**987** — Le dernier roi carolingien Louis V meurt sans descendance. Hugues Capet lui succède et fonde la dynastie des Capétiens.

سنة ٩٨٧ - وفاة لويس الخامس آخر الملوك الكارولنجيين دون وريث / هوج كابيه يتولى الحكم ويؤسس السلالة الكابية وقد تم تتويجه في الثالث من تـموز / يوليو في مدينة نوايون

**988** — Conquête fatimide de la Syrie.

سنة ٩٨٨ - احتلال الفاطميين لسورية

**992** — Premier traité de commerce entre Byzance et Venise.

سنة ٩٩٢ - أول معاهدة تجارية بين بيزنطة والبندقية (فينيسيا)

**XIème siècle** — Les Normands en Italie du Sud et en Sicile.

القرن الحادي عشر - النورمانديون يحتلون جنوب إيطاليا وجزيرة صقلية

**1015-1152** — Pouvoir hammâdide en Algérie, dont la capitale était établie à Qalᶜat Banî Hammâd.

من سنة ١٠١٥ إلى سنة ١١٥٢ - حكم بني حماد وهم فرع من الزيريين في الجزائر وعاصمتهم في قلعة بني حماد

**1031** — Fin de la dynastie umayyade d'Espagne. Début du pouvoir des Reyes de Taifas.

سنة ١٠٣١ - سقوط الدولة الأموية في الأندلس وظهور سلطة ملوك الطوائف وفترة الانحطاط السياسي هذه رافقها ازدهار فني وثقافي

**1036-1147** — Dynastie almoravide.

من سنة ١٠٣٦ إلى سنة ١١٤٧ - دولة المرابطين

**1037** — Mort à Hamadan (Iran) du philosophe arabo-persan Avicenne (57 ans).

سنة ١٠٣٧ - وفاة الفيلسوف والطبيب الفارسي الأصل ابن سينا في مدينة همدان (في إيران الحالية) عن عمر ناهز السابعة والخمسين

**1041** — Première victoire des Saljûkides sur les Ghaznavides et début de l'expansion de leur pouvoir au Proche-Orient. / Le Ziride Ibn Bâdîs reconnaît le pouvoir du calife abbasside établi à Bagdad et adopte le malikisme.

سنة ١٠٤١ - أول انتصار للأتراك السلاجقة على الدولة الغزنوية التي كانت تمتد حدودها إلى إيران الحالية وأفغانستان والباكستان / بداية توسع نفوذ السلاجقة في شرق آسيا / الزيري ابن باديس يعلن ولاءه للخليفة العباسي المقيم ببغداد ويتبنى المذهب المالكي ويبتعد عن نفوذ الفاطميين

**1052** — Début de l'invasion hilalienne du Maghreb.

سنة ١٠٥٢ - بداية الهجرة الهلالية من المشرق إلى شمال إفريقيا

**1054** — Schisme d'Orient entre l'Eglise catholique romaine et le patriarcat de Constantinople.

سنة ١٠٥٤ - الانشقاق الشرقي بين الكنيسة الكاثوليكية الغربية (اللاتينية) والبطرياركية في القسطنطينية

**Grammaire** : un mot = traductions multiples

## BON

1- Je cherche un bon médecin.
2- Tu es bon pour le service militaire.
3- Ces pommes sont bonnes à jeter.
4- Ton ami est un bon à rien.
5- A quoi bon continuer à discuter ?
6- Il faut ranger les livres à la bonne place.
7- Il est parti pour de bon.
8- Il faut une bonne fois pour toutes arriver à l'heure.
9- Il lui a donné une bonne gifle.
10- Il faut tenir bon.
11- Il fait bon vivre à la campagne.
12- Il y a du bon et du mauvais dans ce livre.
13- Cette solution a aussi du bon.
14- J'ai perdu le bon de livraison.
15- Vous avez bon coeur.
16- Soyez bons avec les animaux.
17- Pour réussir ses études, il faut avoir de bonnes lectures.
18- Es-tu sûr d'être assis à la bonne place ?
19- J'ai une bonne histoire à vous raconter.
20- Nous sommes sur la bonne voie.

## BIEN

1- Cet homme danse bien.
2- Tu as bien fait de rester.
3- Tes enfants ne se conduisent pas bien.
4- Il a bien pris mes critiques.
5- C'est bien fait.
6- Bien fait pour lui : il le méritait !
7- J'aime boire le thé bien chaud.
8- C'est bien étonnant !
9- Bien souvent, je pense à l'avenir.
10- Il ne déteste pas l'effort, bien au contraire.
11- Mon fils me donne bien du souci.
12- Il y a bien une heure qu'il est parti.
13- Es-tu bien dans cette chemise ?
14- Cette maison a l'air bien.
15- J'accepte, bien que rien ne m'y oblige.
16- Ils m'ont dit beaucoup de bien de toi.
17- La liberté est le bien le plus précieux.
18- J'ai perdu tous mes biens.
19- Je voudrais laisser un bien à mes héritiers.
20- Eh bien ! C'est d'accord !

**Grammaire** : un mot = traductions multiples

## LETTRE

1- Nous devons écrire une lettre au ministre de l'Education.

2- Pourquoi prends-tu tout à la lettre ?

3- Il y a vingt-huit lettres dans l'alphabet arabe.

4- Cette décision-là est restée lettre morte.

5- Il ne faut pas prendre ce que je dis au pied de la lettre.

6- Je préfère les belles lettres à la littérature religieuse.

7- Le nouvel ambassadeur prépare ses lettres de créance.

8- Mon fils fait des études de lettres à l'université.

## NOUVELLE

1- Nous avons une nouvelle directrice.

2- Nous avons appris la nouvelle du putch par la radio.

3- Je n'ai plus de nouvelles de mes anciens voisins.

4- Aux dernières nouvelles, le fugitif a été aperçu dans la capitale.

5- Pas de nouvelles, bonnes nouvelles.

6- Je cherche un recueil de nouvelles de Naguib Mahfouz.

7- Un évangéliste se donne pour mission de répandre la "Bonne Nouvelle".

## PLACE

1- Il n'y a plus de place dans cet avion.

2- Je voudrais réserver une place côté fenêtre.

3- Nous avions rendez-vous Place de la République.

4- Pourrais-tu conduire à ma place ?

5- Il nous faut davantage de place.

6- Excusez-moi ! Cette place est la mienne ! Voici mon billet !

7- Rien n'a changé ici : tout est à sa place.

8- Qui va à la chasse, perd sa place.

9- Mettez-vous à ma place : je n'avais pas le choix.

10- Tu vas occuper une bonne place dans notre entreprise.

11- Au marathon, j'ai occupé la dernière place.

12- Il faut lui parler franchement et le remettre à sa place.

# الأسبوع التاسع عشر

Nombres cardinaux et accord avec l'objet compté, nombres ordinaux et accord - **masculin**

| | | | | | |
|---|---|---|---|---|---|
| اليوم الأول = أول يوم = أول الأيام / الأيام الأولى = أولى الأيام | 1ère | يومٌ واحدٌ / يومًا واحدًا / يومٍ واحدٍ | يوم واحد | 1 |
| اليوم الثاني | 2ème | يومان / يومين | يومان / يومين | 2 |
| اليوم الثالث | 3ème | ثلاثةُ / ثلاثةَ / ثلاثةِ أيامٍ | ثلاثة أيام | 3 |
| اليوم الرابع | 4ème | أربعة أيامٍ | أربعة أيام | 4 |
| اليوم الخامس | 5ème | خمسة أيامٍ | خمسة أيام | 5 |
| اليوم السادس | 6ème | ستة أيامٍ | ستة أيام | 6 |
| اليوم السابع | 7ème | سبعة أيامٍ | سبعة أيام | 7 |
| اليوم الثامن | 8ème | ثمانية أيامٍ | ثمانية أيام | 8 |
| اليوم التاسع | 9ème | تسعة أيامٍ | تسعة أيام | 9 |
| اليوم العاشر | 10ème | عشرة أيامٍ | عشرة أيام | 10 |
| اليوم الحادي عشر | 11ème | أحدَ عشرَ يومًا | أحد عشر يومًا | 11 |
| اليوم الثاني عشر | 12ème | اثنى عشرَ يومًا | اثنى عشر يومًا | 12 |
| اليوم الثالث عشر | 13ème | ثلاثةَ عشرَ يومًا | ثلاثة عشر يومًا | 13 |
| اليوم الرابع عشر | 14ème | أربعةَ عشرَ يومًا | أربعة عشر يومًا | 14 |
| اليوم الخامس عشر | 15ème | خمسةَ عشرَ يومًا | خمسة عشر يومًا | 15 |
| اليوم السادس عشر | 16ème | ستةَ عشرَ يومًا | ستة عشر يومًا | 16 |
| اليوم السابع عشر | 17ème | سبعةَ عشرَ يومًا | سبعة عشر يومًا | 17 |
| اليوم الثامن عشر | 18ème | ثمانيةَ عشرَ يومًا | ثمانية عشر يومًا | 18 |
| اليوم التاسع عشر | 19ème | تسعةَ عشرَ يومًا | تسعة عشر يومًا | 19 |
| اليوم العشرون / العشرين | 20ème | عشرونَ / عشرينَ يومًا | عشرون / عشرين يومًا | 20 |
| اليوم الواحد والعشرون | 21ème | واحدٌ وعشرونَ / واحدًا وعشرينَ يومًا | واحد وعشرون يومًا | 21 |
| اليوم الثاني والعشرون | 22ème | اثنان وعشرونَ / اثنين وعشرينَ يومًا | اثنان وعشرون يومًا | 22 |
| اليوم الثالث والعشرون | 23ème | ثلاثةٌ وعشرونَ / ثلاثةً وعشرينَ / ثلاثةٍ وعشرينَ يومًا | ثلاثة وعشرون يومًا | 23 |
| ... | ... | ... | ... | ... |
| اليوم الثلاثون / الثلاثين | 30ème | ثلاثونَ / ثلاثينَ يومًا | ثلاثون / ثلاثين يومًا | 30 |
| ... | ... | ... | ... | ... |
| اليوم التاسع والتسعون | 99ème | تسعة وتسعون يومًا | تسعة وتسعون يومًا | 99 |
| اليوم المائة | 100ème | مائةُ / مائةَ / مائةِ يوم | مائة يوم | 100 |
| اليوم الواحد بعد المائة | 101ème | مائةٌ ويومٌ / مائةً ويومًا / مائةٍ ويومٍ | مائة ويوم | 101 |
| اليوم الثاني بعد المائة | 102ème | مائة وثلاثة أيامٍ | مائة وثلاثة أيام | 103 |
| اليوم الثالث بعد المائة | 103ème | مائة وأربعة أيامٍ | مائة وأربعة أيام | 104 |
| ... | ... | ... | ... | ... |
| اليوم الخمسمائة | 500ème | مائة وعشرة أيامٍ | مائة وعشرة أيام | 110 |
| | | مائة وأحد عشر يومًا | مائة وأحد عشر يومًا | 111 |
| | | ... | ... | ... |
| اليوم الألف | 1000ème | خمسمائة يومٍ | خمسمائة يوم | 500 |
| اليوم الواحد بعد الألف | 1001ème | ألف يومٍ | ألف يوم | 1000 |
| اليوم الثاني بعد الألف | 1002ème | ألفٌ ويومٌ (ألفُ يوم ويومٌ) / ألفًا ويومًا / ألفٍ ويومٍ | ألف ويوم (ألف يوم ويوم) | 1001 |
| اليوم الثالث بعد الألف | 1003ème | | | |
| ... | | | | |
| اليوم المليون | | | | |

# الأسبوع التاسع عشر

**Nombres cardinaux et accord avec l'objet compté, nombres ordinaux et accord - féminin**

| | | | | | |
|---|---|---|---|---|---|
| الليلة الأولى = أول ليلة (العكس : آخر ليلة) | 1ère | ليلة واحدة | 1 | ليلة واحدة | |
| الليلة الثانية | 2ème | ليلتان / ليلتين | 2 | ليلتان / ليلتين | |
| الليلة الثالثة | 3ème | ثلاث ليالٍ | 3 | ثلاث ليالٍ | |
| الليلة الرابعة | 4ème | أربع ليالٍ | 4 | أربع ليالٍ | |
| الليلة الخامسة | 5ème | خمس ليالٍ | 5 | خمس ليالٍ | |
| الليلة السادسة | 6ème | ست ليالٍ | 6 | ست ليالٍ | |
| الليلة السابعة | 7ème | سبع ليالٍ | 7 | سبع ليالٍ | |
| الليلة الثامنة | 8ème | ثماني ليالٍ | 8 | ثماني ليالٍ | |
| الليلة التاسعة | 9ème | تسع ليالٍ | 9 | تسع ليالٍ | |
| الليلة العاشرة | 10ème | عشر ليالٍ | 10 | عشر ليالٍ | |
| الليلة الحاديةَ عشرةَ | 11ème | إحدى عشرةَ ليلةً | 11 | إحدى عشرة ليلة | |
| الليلة الثانيةَ عشرةَ | 12ème | اثنتى عشرةَ ليلةً | 12 | اثنتى عشرة ليلة | |
| الليلة الثالثةَ عشرةَ | 13ème | ثلاث عشرةَ ليلةً | 13 | ثلاث عشرة ليلة | |
| الليلة الرابعةَ عشرةَ | 14ème | أربع عشرةَ ليلةً | 14 | أربع عشرة ليلة | |
| الليلة الخامسةَ عشرةَ | 15ème | خمسَ عشرةَ ليلةً | 15 | خمس عشرة ليلة | |
| الليلة السادسةَ عشرةَ | 16ème | ست عشرةَ ليلةً | 16 | ست عشرة ليلة | |
| الليلة السابعةَ عشرةَ | 17ème | سبع عشرةَ ليلةً | 17 | سبع عشرة ليلة | |
| الليلة الثامنةَ عشرةَ | 18ème | ثماني عشرةَ ليلةً | 18 | ثماني عشرة ليلة | |
| الليلة التاسعةَ عشرةَ | 19ème | تسعَ عشرةَ ليلةً | 19 | تسع عشرة ليلة | |
| الليلة العشرون / العشرين | 20ème | عشرون / عشرين ليلةً | 20 | عشرون / عشرين ليلة | |
| الليلة الواحدة والعشرون | 21ème | واحدة وعشرون ليلةً | 21 | واحدة وعشرون ليلة | |
| الليلة الثانية والعشرون | 22ème | اثنتان وعشرون ليلةً | 22 | اثنتان وعشرون ليلة | |
| الليلة الثالثة والعشرون | 23ème | ثلاث وعشرون ليلةً | 23 | ثلاث وعشرون ليلة | |
| ... | | ... | | ... | |
| الليلة الثلاثون / الثلاثين | 30ème | ثلاثون / ثلاثين ليلةً | 30 | ثلاثون / ثلاثين ليلة | |
| ... | | ... | | ... | |
| الليلة التاسعة والتسعون | 99ème | تسع وتسعون ليلةً | 99 | تسع وتسعون ليلة | |
| الليلة المائة | 100ème | مائة ليلةٍ | 100 | مائة ليلة | |
| الليلة الواحدة بعد المائة | 101ème | مائة وليلةٍ | 101 | مائة وليلة | |
| الليلة الثانية بعد المائة | 102ème | مائة وثلاث ليالٍ | 103 | مائة وثلاث ليال | |
| الليلة الثالثة بعد المائة | 103ème | مائة وأربع ليالٍ | 104 | مائة وأربع ليال | |
| ... | | ... | | ... | |
| الليلة الخمسمائة | 500ème | | | مائة وعشر ليال | 110 |
| ... | | مائة وإحدى عشرةَ ليلةً | | مائة وإحدى عشرة ليلة | 111 |
| الليلة الألف | 1000ème | خمسمائة ليلةٍ | | خمسمائة ليلة | 500 |
| الليلة الواحدة بعد الألف | 1001ème | ألف ليلةٍ | | ألف ليلة | 1000 |
| الليلة الثانية بعد الألف | 1002ème | ألف وليلةٍ (ألف ليلة وليلة) | | ألف وليلة (ألف ليلة وليلة) | 1001 |
| الليلة الثالثة بعد الألف | 1003ème | | | | |
| ... | | | | | |
| الليلة المليون | | | | | |

**Son : 21**     **Son : 20**

| | | | | | | | | | | |
|---|---|---|---|---|---|---|---|---|---|---|
| collectif | جماعي | unique, seul | وحيد | hexagone | سداسي الجانب | 4 fois | أربعة أضعاف | 1/8 | ثمن | 1/2 | نصف |
| unanimité | الإجماع | multiple | متعدد | multilatéral | متعدد الأطراف | unilatéral | أحادي الجانب | 1/9 | تسع | 1/3 | ثلث |
| premier | الأول (أولى) | répété | متكرر | beaucoup | كثير | bilatéral | ثنائي الجانب | 1/10 | عشر | 1/4 | ربع |
| dernier | الأخير | qq personnes | نفر | peu | قليل | trilatéral | ثلاثي الجانب | 1/n | واحد من .... | 1/5 | خمس |
| | | quelques | بعض | majorité | أكثرية | quadrilatéral | رباعي الجانب | double | ضعف | 1/6 | سدس |
| | | individuel | انفرادي | minorité | أقلية | pentagone | خماسي الجانب | 3 fois | ثلاثة أضعاف | 1/7 | سبع |

**Son : 22**

147

1. Il est né au XIᵉᵐᵉ siècle.
قرن (مذكر)

2. Il est mort au XIXᵉᵐᵉ siècle.

3. Nous sommes au XXIᵉᵐᵉ siècle.

4. Il a vécu à l'époque de Louis XIV.
عصر (مذكر)

5. C'est Ravaillac qui a tué Henri IV.

6. L'actuel roi du Maroc est Mohamed VI.
الحالي

7. Elisabeth II est la fille de George VI.

8. La Première Guerre mondiale.
حرب    عالمية

9. La Révolution française eut lieu au XVIIIᵉᵐᵉ siècle.
الثورة

10. Obama est le 44ᵉᵐᵉ président des USA.
الولايات المتحدة الأمريكية

11. Il est onze heures.

12. J'ai cinquante-six romans arabes.
رواية

13. J'ai dix-sept dirhams.

14. Il y a au moins quanrante-sept femmes dans cette usine.
امرأة

15. Il y a soixante-quinze hommes dans cette mine.
منجم (مذكر)    رجل

16. Dans cette caravane il y a dix-huit voitures.
قافلة

17. Il a trente-six ans.

18. Il est mort à quatre-vingt-trois ans.

19. Elle est morte centenaire.

20. Il est en cinquième.

21. Je suis en première année de licence.

22. Au marathon j'ai été le dernier.

23. J'ai mille trois-cents timbres arabes.
طابع (مذكر)

24. J'ai sept-cent-trois livres arabes.

25. J'ai acheté cent-cinq romans arabes.

26. Il est en dernière année.

27. Les premiers problèmes ont commencé dès la première année.
مشكلة ج مشاكل

28. Le premier à l'avoir vu était son voisin.
جار

29. Celle-ci est la dernière phrase..
جملة

# الأسبوع التاسع عشر

**Manuel d'arabe en ligne — Tome III**
**Les bases de l'arabe en 50 semaines** © G. Al-Hakkak 2013

Le même exercice (52) avec aide partielle.

| | |
|---|---|
| 1. Il est né au XIème siècle. | ولد في القرن .................... |
| 2. Il est mort au XIXème siècle. | مات في .................... |
| 3. Nous sommes au XXIème siècle. | نحن .................... |
| 4. Il a vécu à l'époque de Louis XIV. | عاش في عصر لويس .................... |
| 5. C'est Ravaillac qui a tué Henri IV. | رافاياك هو الذي قتل هنري .................... |
| 6. L'actuel roi du Maroc est Mohamed VI. | ملك المغرب الحالي هو .................... |
| 7. Elisabeth II est la fille de George VI. | أليزابيث .................... هي بنت جورج .................... |
| 8. La Première Guerre mondiale. | الحرب العالمية .................... |
| 9. La Révolution française eut lieu au XVIIIème siècle. | الثورة الفرنسية حدثت .................... |
| 10. Obama est le 44ème président des USA. | أوباما هو الرئيس .................... للولايات المتحدة الأمريكية |
| 11. Il est onze heures. | الساعة الآن هي .................... |
| 12. J'ai cinquante-six romans arabes. | عندي .................... رواية عربية |
| 13. J'ai dix-sept dirhams. | عندي .................... درهمًا |
| 14. Il y a au moins quarante-sept femmes dans cette usine. | هناك على الأقل .................... امرأة في هذا المصنع |
| 15. Il y a soixante-quinze hommes dans cette mine. | هناك .................... رجلًا في هذا المنجم |
| 16. Dans cette caravane, il y a dix-huit voitures. | في هذه القافلة .................... سيارة |
| 17. Il a trente-six ans. | عمره .................... سنة |
| 18. Il est mort à quatre-vingt-trois ans. | مات في .................... من عمره |
| 19. Elle est morte centenaire. | ماتت وعمرها .................... سنة |
| 20. Il est en cinquième. | هو في السنة .................... |
| 21. Je suis en première année de licence. | أنا في السنة .................... من الليسانس |
| 22. Au marathon j'ai été le dernier. | كنت .................... في الماراثون |
| 23. J'ai mille trois-cents timbres arabes. | عندي .................... طابع عربي |
| 24. J'ai sept-cent-trois livres arabes. | عندي .................... كتب عربية |
| 25. J'ai acheté cent-cinq romans arabes. | اشتريت .................... روايات عربية |
| 26. Il est en dernière année. | هو في السنة .................... |
| 27. Les premiers problèmes ont commencé dès la première année. | بدأت المشاكل .................... منذ السنة .................... |
| 28. Le premier à l'avoir vu était son voisin. | جاره هو .................... من رآه |
| 29. Le dernier à lui avoir parlé était son frère. | أخوه هو .................... من كلمه |
| 30. Celle-ci est la dernière phrase. | هذه هي الجملة .................... |

149

# الأسبوع التاسع عشر

**QCM** (NB : dans quelques cas, il y a plus d'une réponse exacte)

| | | | | | | |
|---|---|---|---|---|---|---|
| ١ - هؤلاء الأولاد كم ............... ؟ | ○ عددهم | ○ عددها | | ١١ - هو رجل ............... الموسيقى . | ○ حرفته | ○ حرفتها |
| ٢ - هل تحس بالوجع ............... شهر ؟ | ○ قبل | ○ منذ | | ١٢ - إنه ............... الكلام مع الناس . | ○ يكره | ○ تكره |
| ٣ - رحل جدي ............... ذلك بكثير . | ○ قبل | ○ منذ | | ١٣ - الخباز ............... إلى طحين جيد . | ○ يحتاج | ○ يحتاجون |
| ٤ - الدكان الجديد هو ............... يفتح كل يوم . | ○ الذي | ○ التي | | ١٤ - تساوي ............... صداقة كل الناس . | ○ صداقته | ○ صديقه |
| ٥ - حدث ذلك ليلة عرس ............... ابن عمي . | ○ نور | ○ نور الدين | | ١٥ - لست ............... من هذا الكلام . | ○ متأكد | ○ متأكداً |
| ٦ - لـ ............... لي الوقت للعمل . | ○ اتسع | ○ يتسع | | ١٦ - من الحيلة ............... الحيلة . | ○ تكرار | ○ ترك |
| ٧ - لو عرفناه ............... كان مجهولاً . | ○ ما | ○ لما | | ١٧ - وعد الحر ............... . | ○ دِين | ○ دَين |
| ٨ - النجاح ............... على الإرادة . | ○ يتوقف | ○ تتوقف | | ١٨ - خير ............... في الحياة كتاب . | ○ جالس | ○ جليس |
| ٩ - لكنه ............... صغيراً . | ○ لا يزال | ○ لا زال | | ١٩ - يحج والناس ............... . | ○ ذاهبون | ○ راجعون |
| ١٠ - أنتم ............... كلامه . | ○ تقدرون | ○ يقدرون | | ٢٠ - يوم السفر ............... السفر . | ○ نصف | ○ منتصف |

| | | | | |
|---|---|---|---|---|
| ١ - أنا بحاجة إلى ............... . | ○ خمسة كتب | ○ خمس كتب | ○ خمسة كتاب | |
| ٢ - عندي ............... كتاباً . | ○ خمس عشرة | ○ خمس عشر | ○ خمسة عشرة | |
| ٣ - في الجامعة العربية اثنان وعشرون ............... . | ○ عضوٌ | ○ عضواً | ○ عضوٍ | |
| ٤ - عدد الشهور في السنة هو ............... . | ○ اثنا عشر | ○ اثنا عشرة | ○ اثنتا عشرة | les nombres |
| ٥ - أشهر الحكايات العربية هي في كتاب ألف ............... وليلة . | ○ ليلةٌ | ○ ليلةً | ○ ليلةٍ | |
| ٦ - مات هنري الرابع في بداية القرن ............... . | ○ السابع عشرة | ○ السابع عشر | ○ السابعة عشر | |
| ٧ - في مجلس الأمن الدولي ............... عضواً . | ○ خمسة عشر | ○ خمس عشرة | ○ خمس عشر | |
| ٨ - في مجلس الأمن الدولي خمسة ............... دائمين . | ○ عضو | ○ عضواً | ○ أعضاء | |
| ٩ - سكان فرنسا في عام ٢٠١٤ هم حوالي خمسة وستين ............... . | ○ مليونٌ | ○ مليوناً | ○ مليونٍ | |
| ١٠ - من أشهر الحكايات حكاية علي بابا و ............... حرامي . | ○ الأربعون | ○ أربعون | ○ الأربعين | |

| | | | | |
|---|---|---|---|---|
| ١ - الرسام الذي رسم الموناليزا هو ............... . | ○ رافائيل | ○ مانيه | ○ فان خوخ | ○ دافنشي |
| ٢ - الرسام الذي رسم لوحة «انطباع شروق الشمس» هو ............... . | ○ مانيه | ○ مونيه | ○ سيزان | |
| ٣ - النحات الذي نحت تمثال «داود» هو ............... . | ○ بيكاسو | ○ بيريني | ○ جياكوميتي | ○ مايكل أنجلو |
| ٤ - النحات الذي نحت تمثال «المفكر» هو ............... . | ○ بيكاسو | ○ رودان | ○ بيريني | ○ مايكل أنجلو |
| ٥ - الرسام الذي رسم لوحة غارنيكا هو ............... . | ○ بيكاسو | ○ سيزان | ○ شاغال | ○ فان خوخ |

# الأسبوع التاسع عشر

## الجانب الأيمن

١- عمره خمسة وعشرون عاماً :

٢- مات أبو العلاء المعري في القرن الحادي عشر :

٣- لويس الرابع عشر هو الذي شيد قصر فرساي :

٤- نابليون الثالث هو ابن أخ نابليون بونابرت :

٥- عاش فكتور هوجو في القرن التاسع عشر :

## الجانب الأيسر

٦- الملك محمد الخامس هو جد الملك محمد السادس :

٧- فريق كرة القدم يتكون من أحد عشر لاعباً :

٨- فريق كرة السلة يتكون من خمسة لاعبين :

٩- انتهت الحرب العالمية الثانية عام ألف وتسعمائة وخمسة وأربعين . :

١٠- يضم الاتحاد الأوربي ثمانية وعشرين عضواً :

**Son : 23**

1- J'ai trente cinq ans et mon frère a vingt huit ans.

2- Louis XIV a vécu au dix-septième siècle.

3- J'habite dans le quinzième arrondissement de Paris.

4- Je n'ai que quatre-vingt-quinze euros.

5- Il est parti il y a vingt-quatre heures.

6- Il est vingt heures.

7- Hassan II est mort le vingt-trois juillet mille neuf cents quatre-vingt-dix-neuf.

8- Elisabeth II est la fille de George VI.

9- La banque m'a fait un prêt de vingt-cinq mille euros.

10- Il fait vingt-quatre degrés cet après-midi.

La dernière tempête en date à s'abattre cet hiver sur le Royaume-Uni a provoqué un certain chaos samedi.

Deux morts, plus de 140 000 foyers privés d'électricité, fortes perturbations dans les transports ferroviaires et routiers, des centaines d'arbres déracinés, restaurant évacué, glissement de terrain: c'est le bilan du passage de la tempête au Royaume-Uni.

Une femme a été tuée et un homme blessé vendredi soir à Londres par l'effondrement partiel d'un immeuble sur leur véhicule. Un octogénaire, qui effectuait une croisière, a péri quand un hublot de son paquebot a volé en éclats sous la force des vagues, dans la Manche.

Ouest-France

# الأسبوع التاسع عشر

## القسم الأول

1- اقترب مني رجل ......... مظهر غريب. ☐ ذو ☐ ذا
2- تابعت المشهد ......... يتم تصويره. ☐ التي ☐ الذي
3- يتم التصوير وسط جمع من ......... ☐ الفنانين ☐ الفنانون
4- ليس في تلك الصحراء سوى نخلة ......... ☐ وحيدة ☐ واحدة
5- في المشهد ......... عربي وأعجمي. ☐ رجلان ☐ رجلين
6- سمحت الرقابة ......... فيلم عن عمر. ☐ لإنتاج ☐ بإنتاج
7- قلت ......... : خطوة عظيمة. ☐ مهنئاً ☐ مهنئ
8- قمت ......... سريعة في بعض الملاهي. ☐ على جولة ☐ بجولة
9- كان المشهد هو نفس ......... السابق. ☐ مشهد ☐ المشهد
10- إنه نفس الممثل ونفس ......... ☐ المنظر ☐ منظر
11- لقد ......... دراهم ولا أدري أين. ☐ أدفن ☐ دفنت

12- كان ......... أن تجعل عليها علامة. ☐ يجب ☐ تجب
13- ......... أرى العلامة. ☐ لست ☐ ليست
14- إني أنتج ......... في وقت واحد. ☐ فيلمان ☐ فيلمين
15- صورنا عمر للفيلم ......... وجها للفيلم الثاني. ☐ الأول ☐ الواحد
16- رأيتني عقب ذلك ......... ☐ أركض ☐ يركض
17- لم ......... أأركض وراء هدف أم هرباً من أحد. ☐ أدر ☐ أدري
18- انصر ......... ظالماً أو مظلوماً. ☐ أخوك ☐ أخاك
19- وعد ......... دين. ☐ الحر ☐ العبد
20- يبني قصراً ......... مصراً. ☐ ويشيد ☐ ويهدم
21- يحج والناس ......... ☐ راجعون ☐ راجعين
22- ......... جليس في الحياة كتاب. ☐ خير ☐ الخير

## Les nombres

1- أنا بحاجة إلى سبعين ......... ☐ كتباً ☐ كتاباً ☐ كتب
2- عندي ......... كتاباً. ☐ خمسة ☐ خمسون ☐ ألف وخمسة
3- مات شارل ديغول عام ألف وتسعمائة و ......... ☐ سبعون ☐ سبعين ☐ سبعة عشر
4- فازت فرنسا بكأس العالم لكرة القدم عام ألف وتسعمائة وثمانية و ......... ☐ تسعين ☐ تسعون
5- في الاتحاد الأوربي بعد البركسيت سبعة و ......... بلداً. ☐ عشرون ☐ عشرين
6- في مجلس الأمن الدولي ......... عشرة دولة. ☐ خمس ☐ خمسة ☐ خمسة و
7- في السنة الواحدة اثنا عشر ......... ☐ شهور ☐ أشهر ☐ شهراً
8- في السنة الواحدة أربعة ......... ☐ فصل ☐ فصول ☐ فصلاً
9- في السمفونية الخامسة لبتهوفن ......... حركات. ☐ أربع ☐ أربعة ☐ خمس
10- في مجلس النواب الفرنسي خمسمائة و ......... وسبعون نائباً. ☐ سبعة ☐ سبع

## culture générale

1- ......... هو من قال : جد مهنة تعجبك ولن تعمل يوماً في حياتك. ☐ ماني ☐ كونفشيوس ☐ زرادشت
2- ......... هو من قال : لم يعرفوا أن ذلك مستحيل ففعلوه. ☐ مارك توين ☐ شكسبير ☐ موليير ☐ ماوتسي تونج
3- ......... هو من قال : الجار قبل الدار. ☐ المأمون ☐ الأمين ☐ المعتصم ☐ مجهول
4- ......... هو من قال : لا نريد شرعاً فيه قال وقالوا بل شرعنا فيه قلنا ونقول. ☐ عرفات ☐ بورقيبة ☐ أتاتورك
5- ......... هو من قال : رحم الله امرءاً عرف قدر نفسه. ☐ المسيح ☐ موسى ☐ عمر ☐ النبي محمد

# 19 — الأسبوع التاسع عشر

**MAJ** 15 mars 2021

**Manuel d'arabe** en ligne — Tome III
**Les bases de l'arabe** en 50 semaines © G. Al-Hakkak 2013

Ex 56 p 283

En autonomie

**Grammaire** : quelques verbes (forme VII)

*Compléter chaque phrase en accordant le verbe :*

| | |
|---|---|
| 1. Quand la voie sera-t-elle rouverte ? | متى ................ الطريق ؟ (انفتح ينفتح) |
| 2. Quand ces assiettes se sont-elles cassées ? | متى ................ هذه الأواني ؟ (انكسر ينكسر) |
| 3. Penses-tu que la Grande Bretagne va se séparer de l'Union Européenne ? | هل تظن أن بريطانيا سوف ................ عن الاتحاد الأوربي ؟ (انفصل ينفصل) |
| 4. Pourquoi ne vous retirez-vous pas des négociations ? | لماذا لا ................ من المفاوضات ؟ (انسحب ينسحب) |
| 5. Je viens de me blesser au travail. | ................ قبل قليل وأنا أعمل (انجرح ينجرح) |
| 6. Le dinausaure s'est éteint depuis longtemps. | ................ الديناصور منذ زمان طويل (انقرض ينقرض) |
| 7. Toutes ces habitudes idiotes disparaîtront. | سوف ................ كل هذه العادات السخيفة (انقرض ينقرض) |
| 8. Je pense que les Britanniques ne se sépareront pas de l'Europe. | أظن أن البريطانيين لن ................ عن أوربا (انفصل ينفصل) |
| 9. Pourquoi l'Europe s'est-elle divisée à propos de la Turquie ? | لماذا ................ أوربا بشأن تركيا ؟ (انقسم ينقسم) |
| 10. Pourquoi tes parents n'ont-ils pas apprécié ma visite ? | لماذا ................ أهلك من زيارتي ؟ (انزعج ينزعج) |
| 11. Je ne pense pas que tu vas déranger mes parents. | لا أظن أن أهلي سوف ................ منك (انزعج ينزعج) |
| 12. Quand l'Amérique va-t-elle se retirer d'Afghanistan ? | متى ................ أمريكا من أفغانستان ؟ (انسحب ينسحب) |
| 13. Quand les Américains se retireront-ils d'Afghanistan ? | متى ................ الأمريكان من أفغانستان ؟ (انسحب ينسحب) |
| 14. Je ne pense pas que notre équipe perdra face au Brésil. | لا أظن أن فريقنا سوف ................ ضد البرازيل (انهزم ينهزم) |
| 15. Quand la bombe a-t-elle explosé ? | متى ................ القنبلة ؟ (انفجر ينفجر) |
| 16. Ne t'en fais pas, ma fille ! | لا ................ يا بنتي ! (انزعج ينزعج) |

---

| | | | | | |
|---|---|---|---|---|---|
| ١١ - لقد ............ أثناء المباراة . | ☐ انجرحت | ☐ أنجرح | ١ - لقد ............ التليفون . | ☐ انكسر | ☐ ينكسر |
| ١٢ - لقد ............ جدي أثناء الحرب . | ☐ انجرح | ☐ ينجرح | ٢ - لقد ............ جارنا عن زوجته . | ☐ انفصل | ☐ ينفصل |
| ١٣ - أرجو ألا ............ ! | ☐ تنجرحون | ☐ تنجرحوا | ٣ - لماذا ............ عن زوجك ؟ | ☐ انفصلت | ☐ تنفصلي |
| ١٤ - يجب أن ............ العدو من أرضي . | ☐ انسحب | ☐ ينسحب | ٤ - لماذا ............ كرواتيا عن صربيا ؟ | ☐ انفصلت | ☐ انفصل |
| ١٥ - على الأعداء أن ............ ! | ☐ ينسحبون | ☐ ينسحبوا | ٥ - لماذا ............ الديناصور ؟ | ☐ انقرض | ☐ ينقرض |
| ١٦ - ............ القنبلة في السوق . | ☐ انفجرت | ☐ انفجر | ٦ - قد ............ الفيل أيضاً . | ☐ انقرض | ☐ ينقرض |
| ١٧ - ٣ ............ سيارات مفخخة . | ☐ انفجرت | ☐ انفجرن | ٧ - لقد ............ النازيون سنة ١٩٤٥ . | ☐ انهزم | ☐ ينهزم |
| ١٨ - وأخيراً ............ الإرهابيون ! | ☐ انهزم | ☐ انهزموا | ٨ - لقد ............ فريقنا . | ☐ انهزم | ☐ انهزمت |
| ١٩ - ............ العرب في كل شيء . | ☐ انقسم | ☐ انقسموا | ٩ - لماذا ............ أهلك ؟ | ☐ انزعج | ☐ انزعجوا |
| ٢٠ - ............ الفرنسيون بشأن الأجانب . | ☐ انقسم | ☐ انقسمت | ١٠ - هل أنت ............ ؟ | ☐ منزعج | ☐ منزعجون |

153

# مأساة ديمتريو

## Exercices et texte littéraire moderne

| | | | |
|---|---|---|---|
| Mon père était un sage. | والدي كان حكيماً | Si on le connaissait, il ne serait pas "inconnu". | لو عرفناه لما كان مجهولاً |
| Il n'y a pas à en douter. | هذا لا شك فيه | Comprendre dépend de l'expérience. | الفهم يتوقف على التجربة |
| Il y a quelque chose de notre époque. | فيه شيء من عصرنا | Nous arrivons à la question dangereuse. | نصل إلى السؤال الخطير |
| Je n'ai pas eu le temps. | لم يتسع لي الوقت | Il y a plusieurs types d'expérience. | التجربة أنواع |
| Tu apprécies sa sagesse. | أنت تقدر حكمته | Il s'arrêta et ajouta en souriant. | توقف وأضاف مبتسماً |
| | | Mais tu es encore trop jeune. | لكنك لا تزالين صغيرة |

Son : 24

## EXERCICE : remploi de vocabulaire

١- في هذه الحكاية ............... من تاريخنا .

٢- في هذا ............... شيء من الحكمة .

٣- في ............... المقالة شيء من المنطق .

٤- لم يتسع له الوقت ............... مذكراته .

٥- لم تسمح له الظروف بأن ............... إلى مكة .

٦- لماذا أصروا ............... البقاء هناك ؟

٧- لماذا ............... على البقاء في بيته ؟

٨- لو ساعدناه ............... كان حزيناً .

٩- لو ............... لما كنا أحياء .

١٠- لو أيدناه لما ............... مسجوناً .

## EXERCICE : syntaxe

Ex 57 p 283

١- هذا / شيء / الشعر / النص / في / من .

٢- القصة / من / في / شيء / هذه / السحر .

٣- مذكراته / تسمح / يكتب / الظروف / له / لم / بأن .

٤- أصررتم / الرحيل / هنا / على / لماذا / من ؟

٥- درسناه / لما / سهلاً / بجد / لو / كان .

---

والدي كان حكيماً . هذا لا شك فيه . كان يقرأ سقراط وأفلاطون وأرسطو . كان يفضل أرسطو . يقول : «فيه شيء من عصرنا» . ولما سألته عن هذا الشيء قال : «المادة والحركة» . لم يتسع لي الوقت، ولم يمتد به العمر، ليشرح لي أهمية المادة، وقيمة الحركة . كل ما قاله إن أرسطو تخطى بهما عصره . حسناً ! أرسطو كان حكيماً، وأنت تقدر حكمته، فما هي الحكمة، يا والدي، باسم «راجعة» هذا ؟ ولماذا أصررت، كما أخبرتني والدتي، على تسميتي به ؟
قال والدي :

- لأنك، بالفعل، راجعة .
- راجعة من أين ؟
- من المجهول .
- أي مجهول ؟
- لو عرفناه لما كان مجهولاً ..
- أنا لا أفهم ..
- ستفهمين ..
- متى ؟
- حين تكبرين ..
- الكبر يعني الفهم ؟
- يعني إمكانية الفهم ..
- والفهم ؟
- يتوقف على التجربة ..

- والتجربة ؟
- تتوقف على المعاناة ..
- وهذه ؟
ابتسم ومسد شعري بكفه الحانية . قال : «لو أخذنا بلعبة توالد الأسئلة لما انتهينا .. كنا نوغل، شأن الذين يسألون عن الخلق، حتى نبلغ بدايته . نصل إلى السؤال الخطير : من ؟ وبعد ذلك انتفاء الإيمان .. لا .. لا أريدك سائلة ملحة في مساءلتها . التجربة أنواع، أعظمها ..». توقف وأضاف مبتسماً : «لكنك ما تزالين صغيرة .. » .
(...)

Son : 25

عن حنا مينا - مأساة ديمتريو - ص ٢١-٢٣

# الأسبوع التاسع عشر

## المدرسة الحديثة

Exercices et texte littéraire moderne

| | |
|---|---|
| Je suis un homme dont le métier est la parole. | أنا رجل حرفتي الكلام |
| Quel que soit son génie... | مهما كان عبقرياً ... |
| Quant à moi, ma langue est libre. | أما أنا فلساني مطلق |
| Je ne suis pas un tribun. | لست خطيباً |
| Je déteste parler à tout le monde. | إني أكره مخاطبة كل الناس |
| Convaincre l'un d'eux équivaut à convaincre un peuple tout entier. | يساوي إقناع الواحد منهم إقناع شعب بأكمله |
| Un tribun a besoin d'une voix puissante. | الخطيب يحتاج إلى صوت عال |
| Un mot dit à voix basse est mille fois plus puissant qu'un mot retentissant. | الكلمة الخفيضة الصوت أقوى ألف مرة من الكلمة العالية |

Son : 26

أنا رجل حرفتي الكلام ..
لست محامياً ..
لا .. إن المحامي يتحرك لسانه في أفق ضيق محدود، ومهما كان عبقرياً فإن عبقريته سجينة وراء قضبان من نصوص القوانين .. أما أنا فلساني مطلق، وعبقريتي مطلقة .. إني أضع العالم كله على طرف لساني، وعبقريتي تجوب السماء والأرض بلا حدود .. وبلا قوانين .. بلا أي شيء ..
ولست خطيباً ..
لا .. إن الخطيب يخاطب عواطف الجماهير . أما أنا فحرفتي مخاطبة عقول الناس .. ليس كل الناس . إني أكره مخاطبة كل الناس .. ولكني أخاطب مجموعة الأفراد الذين يملكون مصائر الناس .. الأفراد العباقرة الممتازين، الذين تتطلب مخاطبتهم عبقرية خاصة، عبقرية إنسان موهوب .. ويساوي إقناع الواحد منهم، إقناع شعب بأكمله .. والانتصار على واحد منهم - الانتصار بالمنطق - يساوي الانتصار على أمة يساوي فتح بلد واحتلاله .. أما الخطيب فهو ليس أكثر من راعي ماشية .. كل قدرته - مهما تفوق - هو أن يتجه بالماشية إلى حيث يريد .. ثم إن الخطيب يحتاج إلى صوت عال .. وأنا أكره الصوت العالي .. حديثي كله همس .. وصدقوني أن الكلمة الخفيضة الصوت أقوى ألف مرة من الكلمة العالية .. أقوى من كل صراخ العالم، لو قالها لسان موهوب مثل لساني ..

أنا - ببساطة - دبلوماسي .. (...)

Son : 27

إحسان عبد القدوس - المدرسة الحديثة (مجموعة «علبة من الصفيح») - ص ٩٧-٩٨

---

## PROVERBES ET CITATIONS

من الحيلة ترك الحيلة
انصر أخاك ظالماً أو مظلوماً (حديث نبوي)
الندم على السكوت خير من الندم على الكلام
الناس أتباع من غلب
الناس على دين الملوك
وعد الحر دين
الوحدة خير من جليس السوء
خير جليس في الحياة كتاب
وهل يخفى على الناس القمر ؟
هد الأركان فقد الإخوان
يا عاقد اذكر حلاً
اليوم خمر وغداً أمر (امرؤ القيس)
يبني قصراً ويهدم مصراً
يحج والناس راجعون
يوم السفر نصف السفر

Son : 28

## POESIE

أراك عصي الدمع شيمتك الصبر
أما للهوى نهي عليك ولا أمر
بلى أنا مشتاق وعندي لوعة
ولكن مثلي لا يشاع له سر

( أبو فراس الحمداني – عاش في القرن العاشر في سورية وسجن في القسطنطينية )

أحبك حبين حب الهوى
وحباً لأنك أهل لذاكا
فأما الذي هو حب الهوى
فشغلي بذكرك عمن سواكا
وأما الذي أنت أهل له
فكشفك للحجب حتى أراكا
فلا الحمد في ذا ولا ذاك لي
ولكن لك الحمد في ذا وذاكا

( رابعة العدوية – عاشت في القرن الثامن في البصرة )

Son : 29

155

# الأسبوع التاسع عشر

## مأساة ديـمتريو

**Exercices et texte littéraire moderne**

| | |
|---|---|
| Je voudrais que mon fils apprenne le piano. | أريد لابني أن يتعلم البيانو |
| Combien dure l'apprentissage à votre avis ? | كم يستغرق التعليم في رأيك ؟ |
| Pourquoi voulez-vous lui apprendre la musique ? | لماذا تريد تعليمه الموسيقى ؟ |
| C'est toi qui décides quand arrêter les cours. | أنت الذي يقرر متى توقف الدروس |
| Quand pourra-t-il jouer un morceau ? | متى يستطيع أن يعزف مقطوعة |
| Je ne peux pas fixer un moment précis. | لا أستطيع تحديد زمن معين |
| Ce n'est pas moins facile. | هذا ليس أقل سهولة |
| Il faut qu'on commence par le solfège. | يجب أن نبدأ بالصولفاج |
| Peu importe pour moi avec quoi tu commences. | لا يهمني بماذا تبدأ |
| Nous commençons avec le solfège puis les notes. | سنبدأ بالصولفاج .. ثم النوطة |
| Cela prend beaucoup de temps. | هذا يستغرق زمناً طويلاً |
| Cela distraira Nahidh de ses études. | سيلهي ناهض عن دروسه |

**Son : 30**

## Remploi de vocabulaire

١- أريد لكم أن ................. سعداء .

٢- يريدون لنا أن ................. سعداء .

٣- متى نستطيع أن ................. البيتزا ؟

٤- متى تستطيعون أن ................. إلى السينما ؟

٥- يجب ................. نعمل اليوم .

٦- هل يجب أن ................. الإنجليزية في الشركة ؟

٧- لا يهمنا أين ................. .

٨- ألا يهمك كيف سوف ................. ؟

٩- هذه الحكاية تستغرق وقتاً ................. .

١٠- كم تستغرق ................. الكمبيوتر ؟

## Syntaxe

Ex 58 p 284

١- أن / تريدون / أغادر / لي / لماذا / بلادي ؟

٢- إلى / يستغرق / إسطنبول / السفر / كم ؟

٣- تستطيع / تقرأ / الكتاب / متى / أن ؟

٤- يستغرق / وقتاً / طويلاً / العمل / هذا .

٥- أن / تستطيع / دارك / تبني / أين ؟

---

- أريد لابني ناهض أن يتعلم العزف على البيانو بسرعة .
- هذا كما لو أنك تقول للطبيب «أريد شفاء مريضي بسرعة» .. الطبيب، بعد كل شيء، ليس ساحراً، وكذلك معلم البيانو ..
- إذن كم يستغرق التعليم في رأيك ؟
- طول العمر ..
- ماذا ؟
- أقول طول العمر ..
- اسمع يا سيدي .. أنا لست معنياً بأن يكون ابني «موسيقياً» .
- ولماذا لا ؟ والدته موسيقية .
- أنا لا أريد لابني أن يكون موسيقياً طوال حياته ..
- ولماذا تريد تعليمه الموسيقى ؟
فكر وأجاب :
- لأسباب خاصة بي ..
- في هذه الحال أنت الذي تقرر متى توقف الدروس .. والنجاح يتوقف على الطفل ..
- يعني متى يستطيع أن يعزف مقطوعة على البيانو للضيوف ؟
- لا أستطيع تحديد زمن معين .. لكنه يحتاج إلى عدة سنوات ..
- والكمان ؟
- هذا ليس أقل سهولة .. يجب أن نبدأ بالصولفاج ..
- لا يهمني بماذا تبدأ .. ولكنني أريد السرعة .. حتى يستطيع أن يعزف بعض الأغاني ..
- لا أعلم الأغاني .. هذه يعزفها بنفسه متى صار عازفاً .. سنبدأ بالصولفاج .. ثم النوطة .. وهذا يستغرق زمناً طويلاً .. وسيلهي ناهض عن دروسه ..
- ما أظن ..
(...)

**Son : 31**

عن حنا مينا - مأساة ديـمتريو - ص ١٦٤-١٦٥

## Texte littéraire moderne

## الحب والعدالة

|  |  |
|---|---|
| Monsieur le Juge ! | يا حضرة القاضي |
| Laisse-moi parler ! | دعني أتكلم |
| Je ne peux pas supporter tout cela. | إني لا أستطيع أن أحتمل كل هذا |
| Il fallait qu'ils se posent la question d'abord. | كان يجب أن يسألوا أنفسهم أولاً |
| Y a-t-il un crime ? | هل هناك جريمة ؟ |
| Un crime signifie une agression. | إن الجريمة تعني الاعتداء |

|  |  |
|---|---|
| Qui est la victime dans cette affaire ? | من هو الضحية في هذه القضية ؟ |
| Je n'ai pas eu l'honneur de faire sa connaissance. | لم يسبق لي أن تشرفت بمعرفته |
| Quel bénéfice ai-je tiré de cette falsification ? | ماذا استفدت من هذا التزوير ؟ |
| Ne m'empêche pas de parler. | لا تمنعني من الكلام |
| Je ne peux pas me taire. | إنني لا أستطيع أن أسكت |
| Je ne peux pas attendre mon tour. | لا أستطيع أن أنتظر حتى يأتي دوري |

Son : 32

يا حضرة القاضي ..

أرجوك .. دعني أتكلم .. إني لا أستطيع أن أحتمل كل هذا الكلام الذي يقال هنا .. سواء الكلام الذي يقوله الدفاع أو كلام ممثل النيابة .. إنهم يتكلمون على أساس أني ارتكبت جريمة .. وكان يجب أن يسألوا أنفسهم أولاً .. هل هناك جريمة؟ .. أين هي الجريمة يا سيادة القاضي .. إن الجريمة تعني الاعتداء .. فأين هو الاعتداء .. من هو الضحية في هذه القضية .. من هو المعتدى عليه .. من الذي أصابه أذى مني .. إن السيد ممثل النيابة يقول إني اعتديت على النظام العام .. وصدقني، يا سيادة القاضي، أني لا أدري ما هو هذا النظام العام .. ولم يسبق لي أن

تشرفت بمعرفته .. ولكن كل ما أعرفه أن أي اعتداء يجب أن يكون له دافع وهدف .. فما هو الدافع الذي يمكن أن يقودني إلى الجريمة .. وما هو الهدف الذي يمكن أن أصل إليه من وراء هذه الجريمة .. السيد وكيل النيابة يقول إني ارتكبت تزويراً في أوراق رسمية .. ماذا استفدت من هذا التزوير إذا كان حقيقة أني زورت .. ما هي حاجتي إلى هذا التزوير ..

لا يا حضرة القاضي .. أرجوك .. أتوسل إليك .. لا تمنعني من الكلام .. إنني لا أستطيع أن أسكت .. ولا أستطيع أن أنتظر حتى يأتي دوري في الكلام .. بل لا أطيق أن أسمع كل هذه النصوص القانونية تنطلق إلى أذني كالصواريخ

.. نح القانون جانباً .. دعك من القانون الآن يا سيادة القاضي .. واستمع إلي كإنسان .. إنك لم تجلس على منصة القضاء إلا لأنك إنسان كبير .. الإنسان فيك هو الأصل لا القاضي .. الإنسان فيك أكبر من القاضي .. وأنا أخاطب فيك الإنسان، وأترك مهمة مخاطبة القاضي للأستاذ المحامي الذي يترافع عني .

شكراً يا سيادة القاضي على سعة صدرك .. إني عاجز عن الشكر .. (...)

Son : 33

إحسان عبد القدوس - الحب والعدالة (مجموعة «علبة من الصفيح») - ص ٢٤٣-٢٤٤

## CITATIONS

اطلبوا العلم ولو في الصين (حديث نبوي)

الله جميل يحب الجمال (حديث نبوي)

العالم والمتعلم شريكان في الخير (حديث نبوي)

جمال الرجل فصاحة لسانه (حديث نبوي)

من كتم سره كان الخيار في يده (عمر بن الخطاب)

يكفيك من الحاسد أنه يغتم وقت سرورك (عثمان بن عفان)

ليس بلد أحق بك من بلد (علي بن أبي طالب)

خير البلاد ما حملك (علي بن أبي طالب)

الدهر يومان يوم لك ويوم عليك فإن كان لك فلا تبطر

وإن كان عليك فلا تضجر (علي بن أبي طالب)

لا شرف كالعلم (علي بن أبي طالب)

قيمة كل امرئ ما يحسنه (علي بن أبي طالب)

الناس أعداء ما جهلوا (علي بن أبي طالب)

قيل له : من شر الناس ؟ قال : الذي يرى أنه خيرهم (الحسن البصري)

Son : 34

## POESIE

علو في الحياة وفي الممات
لحق تلك إحدى المعجزات
كأن الناس حولك حين قاموا
وفود نداك أيامَ الصلات
كأنك قائم فيهم خطيباً
وكلهم قيام للصلاة
مددت يديك نحوهم احتفاءً
كمدهما إليهم بالهبات
ولما ضاق بطن الأرض عن أن
يضم علاك من بعد الممات
أصاروا الجو قبرك واستنابوا
عن الأكفان ثوب السافيات
لقدرك في النفوس تبيت ترعى
بحفاظ وحراسٍ ثقات
وتشعل عندك النيران ليلا
كذلك كنت أيام الحياة

(أبو الحسن الأنباري / عاش في القرن العاشر في العراق)

Son : 35

# ماجدولين

## Texte littéraire moderne

| | |
|---|---|
| لا تعتب علي يا صديقي | Mon ami, ne m'en veux pas ! |
| إن لي في الحياة رأياً غير رأيك | J'ai de la vie une autre opinion que toi. |
| إنني لا أعرف سعادة في الحياة غير سعادة النفس | Je ne connais de bonheur dans la vie que celui de l'esprit. |
| لا حاجة إليه | Il n'est pas utile / nécessaire. |
| ماذا ينفعني من المال ؟ | En quoi l'argent me sera utile ? |
| أرى في مكانه إنساناً آخر | Je vois à sa place une autre personne. |
| لا شأن لي معه | Je n'ai rien à voir avec lui. |
| إن الرجل الذي يتزوج المرأة لمالها إنما هو لص خائن | L'homme qui épouse une femme pour son argent est un traître voleur. |
| لأنه قعد عن السعي لنفسه | ...parce qu'il renonce à faire des efforts. |
| إنني بائس فقير | Je suis un pauvre misérable. |
| بدأت أنجح في مسعاي منذ الأمس | J'ai commencé depuis hier à réussir dans mes efforts. |
| حصلت على وظيفة صغيرة ستكون كبيرة فيما بعد | J'ai obtenu un petit emploi qui sera grand plus tard. |

**Son : 36**

٤٠

من استيفن إلى إدوار

لا تعتب علي يا صديقي، إن قلت لك إن لي في الحياة رأياً غير رأيك وغير ما يراه الناس جميعاً.

إنني لا أعرف سعادة في الحياة غير سعادة النفس، ولا أفهم من المال إلا أنه وسيلة من وسائل تلك السعادة، فإن تمت بدونه فلا حاجة إليه، وإن جاءت بقليله فلا حاجة إلى كثيره.

ماذا ينفعني من المال وماذا يغني عني يوم أقلب طرفي حولي فلا أرى بجانبي ذلك الإنسان الذي أحبه وأوثره، وأرى في مكانه إنساناً آخر لا شأن لي معه، ولا صلة لقلبي بقلبه، فكأنني أنا خال بنفسي منقطع عن العالم وما فيه.

إن الرجل الذي يتزوج المرأة لمالها إنما هو لص خائن، لأنه إنما يأخذ من مالها باسم الحب، وهو لا يحبها، وعاجز أخرق، لأنه قعد عن السعي لنفسه، فوكل أمره إلى امرأة ضعيفة تقوته وتمونه، وساقط المروءة مبتذل، لأنه يأجر جسمه للنساء، كما تأجر البغي نفسها من الرجال، ليستفيد من وراء ذلك قوته.

نعم إنني بائس فقير، كما تقول، ولكنني أسعى لنفسي سعي المجد الدؤوب وقد بدأت أنجح في مسعاي منذ الأمس، فقد حصلت على وظيفة صغيرة ستكون كبيرة فيما بعد، واستأجرت لي غرفة بسيطة فأصبحت ذا مسكن خاص وسينتهي بؤسي وشقائي، وأنال السعادة التي أرجوها، وسيكون أعظم ما أغتبط به في مستقبل حياتي أنني أنا الذي صغت إكليل سعادتي بيدي.

أحييك يا إدوار، وأرجو ألا تعتب علي فيما قلت لك، ولعلك تفي بوعدك لي، فأراك في جوتنج في عهد قريب.

**Son : 37**

عن ألفونس كار - ماجدولين - ترجمة مصطفى لطفي المنفلوطي - ص ٧٣

## POESIE

لا تخف ما صنعت بك الأشواق

واشرح هواك فكلنا عشاق

قد كان يخفى الحب لولا دمعك الـ

ـجاري ولولا قلبك الخفاق

فعسى يعينك من شكوت له الهوى

في حمله فالعاشقون رفاق

لا تجزعن فلست أول مغرم

فتكت به الوجنات والأحداق

واصبر على هجر الحبيب فربما

عاد الوصال وللهوى أخلاق

كم ليلة أسهرت أحداقي بها

ملقى وللأفكار بي إحداق

يا رب قد بعد الذين أحبهم

عني وقد ألف الرفاق فراق

واسود حظي عندهم لما سرى

فيه بنار صبابتي إحراق

( ... )

**Son : 38**

( الشاب الظريف ١٢٦٣–١٢٨٩ / عاش في مصر والشام )

# الأسبوع التاسع عشر

## الساعة

| | |
|---|---|
| Heure / Montre / Moment / Horloge | الساعة |
| Sans commentaire | بلا تعليق |
| Il ne manque pas une occasion pour envoyer ses piques, indifférent aux réactions | لا تواتيه فرصة حتى يرسل أفاعيه ولا يبالي |
| Le gouverneur de Beyrouth entendit parler de lui ; il le prit comme imam | بلغ خبره والي بيروت فجعله إماماً له |
| Ils devinrent familiers | سقطت بينهما الكلفة |
| Le gouverneur se mit à taquiner son cheikh | أخذ الوالي يمازح شيخه ويمالحه |
| Il tergiversa et ne tint pas parole | ماطل ولم ير بالوعد |
| Ainsi, l'année passa et le cheikh resta sans montre | وهكذا حال الحول وظل الشيخ ناصر بلا ساعة |
| Le cheikh ne quittait pas la maison du gouverneur | لزم الشيخ بيت الوالي |
| L'image de la montre va et vient devant les yeux du cheikh | خيال الساعة يروح ويجيء أمام عيني الشيخ |
| Il se résolut à jeter sur le champ de bataille tout ce qu'il avait comme armes (forces) et munitions | عزم على أن يقذف إلى الساحة بجميع ما عنده من قوى وعتاد |

## Exercices et texte littéraire moderne

Pour apprécier l'anecdote, il faut que tu saches que... لكي يطيب لك النكتة يجب أن تعلم أن ...

(1) Coran LXXIX, 42-44 : "Ils t'interrogent au sujet de l'Heure : «Quand viendra-t-elle ?» Comment pourrais-tu en parler ? Il appartient à ton Seigneur d'en fixer le moment."
(2) Coran XXXI, 34 : "La Science de l'Heure est auprès de Dieu." / Coran XXII, 55 : "Les incrédules continueront à douter de Lui, jusqu'à ce que l'Heure arrive soudainement".
(3) Coran XLVII, 18 : "Veillent-ils donc, de peur que l'Heure ne les surprenne ? Les Signes précurseurs ont déjà paru".
(4) Coran XXV, 11 : "Ils traitent l'Heure de mensonge. Nous avons préparé une flamme brûlante pour ceux qui traitent l'Heure de mensonge".
(5) Coran XXXIII, 63 : "Les hommes t'interrogent au sujet de l'Heure : Dis : «Dieu seul la connaît». Qui donc pourrait te renseigner ? Il se peut que l'Heure soit proche !"

Monsieur, l'oiseau et le fil [qui le tient]. «أفندم، العصفور وخيطه»

Bravo, Maître ! (expression turque) «عفارم خوجه»

Son : 39

## Syntaxe - reconstituer la phrase (Ex 59 p 284)

١- و / لا / إلا / فكرة / تنفيذها / تأتيه / يحاول .

٢- إلى / فجعله / له / الملك / أخباره / سكرتيراً / وصلت .

٣- و / المرأة / تنظف / تكويها / ملابسها / أخذت .

٤- و / لم / إلى / إلا / بعد / الموعد / تأخر / يصل / ساعة .

٥- و / بلا / سنة / حل / الناس / للمشكلة / مرت / بقي .

٦- لكي / لك / أن / معه / الغداء / الشاي / تشرب / يطيب / يجب .

---

بلا تعليق

كان الشيخ سليم ناصر البيروتي إماماً ظريفاً، النكتة على طرف لسانه فلا تواتيه فرصة حتى يرسل أفاعيه ولا يبالي . وبلغ خبره والي بيروت فجعله إماماً له .

وسقطت بينهما الكلفة فأخذ الوالي يمازح شيخه ويمالحه ليرى ما يخرج من رأسه، فيتبسط الشيخ ما استطاع .

ووعده الوالي يوماً بساعة ذهبية ولكنه ماطل ولم ير بالوعد، وكان إذا ذكره الشيخ بها قال الوالي : «الله مع الصابرين» . وهكذا حال الحول وظل الشيخ ناصر بلا ساعة . وأطل رمضان شهر الصلاة والصوم، فلزم الشيخ بيت الوالي . وابتدأت التراويح، وخيال الساعة يروح ويجيء أمام عيني الشيخ،

فعزم على أن يقذف إلى الساحة بجميع ما عنده من قوى وعتاد .

ولكي يطيب لك النكتة يجب أن تعلم أن التراويح مفردها ترويحة والترويحة اسم للجلسة التي تلي الأربع ركعات، والترويح خمس جلسات، فيكون مجموعها عشرين ركعة، وعلى الشيخ أن يتلو آية من آيات كتاب الله العزيز في كل ترويحة .

قال الشيخ في الترويحة الأولى : «يسألونك عن الساعة أيان مرساها فيم أنت من ذكراها إلى ربك منتهاها» (١) .

وتلا في الترويحة الثانية : «إن الله عنده علم الساعة» و«لا يزال الذين كفروا في مرية منه حتى تأتيهم الساعة بغتة» (٢) .

ولما قال في الترويحة الثالثة : «فهل ينظرون إلا الساعة أن تأتيهم بغتة فقد جاء أشراطها» (٣)، تنبه الوالي وأدرك أن شيخه يعني ما يقول .

ثم قال في الترويحة الرابعة «بل كذبوا بالساعة وأعتدنا لمن كذب بالساعة سعيراً» (٤) .

فعبس الوالي عند سماعه «كذبوا» و«سعيرا» .

وكانت الترويحة الخامسة والأخيرة فقال الشيخ : «يسألك الناس عن الساعة قل إنما علمها عند الله وما يدريك لعل الساعة تكون قريبا» (٥) .

وانفتل الشيخ سليم من صلاته لتقع عيناه على الوالي يفك ساعته الثمينة من سلسلتها، فالتقفها الشيخ وهو يقول : «أفندم، العصفور وخيطه» .

فانتزع الوالي السلسلة الذهبية من عروة صديريته وهو يقول : «عفارم خوجه» .

Son : 40

عن مارون عبود - من الجراب - ١٩٥٢

## رأيت فيما يرى النائم

الحلم رقم ٥

رأيت فيما يرى النائم ..

أنني في إستوديو . مضيت كمن يعرف طريقه إلى البلاتو رقم «١» في صمت كامل يوحي بأن ثمة تصويراً للقطة ما . اقترب مني رجل بدين ذو مظهر سيادي وهمس في أذني :

- أهلاً بك يا أستاذ .

ووجدتني أعرف أنه المنتج وأنني مندوب فني لمجلة الفن . وتابعت المشهد الذي تدور الكاميرا لتصويره وسط جمع من الفنانين والفنيين يتابعونه أيضاً في صمت تقليدي وباهتمام غزير . وكان المشهد يمثل صحراء مترامية ليس بها قائم سوى نخلة فارعة رقد تحتها عربي متلفعاً بعباءته . ويدخل المشهد رجلان، عربي وأعجمي، يقتربان من النائم، ثم ينحني العربي فوقه قائلاً بإجلال :

- يا أمير المؤمنين !

Son : 41

يستيقظ النائم ثم يجلس مرسلاً بصره نحو القادمين فيقول العربي مشيراً إلى الأعجمي :

- رسول قادم من بلاد فارس .

ينهض أمير المؤمنين، يتبادل التحية مع القادم، ثم يسأله :

- ماذا وراءك ؟

القادم يتأمله بدهشة ثم يسأله :

- أأنت حقاً أمير المؤمنين ؟

فيجيب بتواضع :

- إني عبد الله وإمام المؤمنين من عباده .

فيقول الرجل في انبهار :

- عدلت فأمنت فنمت ..

وعندذاك ينتهي تصوير اللقطة . ينظر المنتج إلي قائلاً :

- أخيراً سمحت الرقابة بإنتاج فيلم عن سيدنا عمر .. فقلت مهنئاً :

- خطوة عظيمة ..

Son : 42

فقال الرجل في مباهاة :

- لقد اقتضى السعي أن نطلب وساطة الرئيس الأمريكي ريجان !

وقمت بجولة سريعة في بعض ملاهي الهرم ثم رجعت إلى البلاتوه رقم «١» لمشاهدة تصوير لقطة جديدة . كان المشهد الذي يجري تصويره هو نفس المشهد السابق، الصحراء المترامية والنخلة الفارعة . غير أنه كان ثمة رجلاً عربياً في عباءة رثة لابساً طرطوراً وهو مكب على حفر موضع غير بعيد من النخلة . إنه نفس الممثل ونفس المنظر ولكنه لا يمكن أن يكون الفاروق عمر ! يمر به عربي آخر في عباءة من الخز ثم يدور بينهما الحوار الآتي :

- العربي القادم : ما لك يا جحا ؟

جحا : إني قد دفنت في هذه الصحراء دراهم ولست أهتدي إلى مكانها .

العربي : كان يجب أن تجعل عليها علامة !

جحا : قد فعلت .

العربي : ماذا ؟

جحا : سحابة في السماء كانت تظلها، ولست أرى العلامة !

Son : 43

وانتهى تصوير اللقطة فأعقبه همهمة من الاستحسان . وسألت المنتج عن معنى وجود جحا في فيلم عن عمر وكيف يقوم بالدورين ممثل واحد، فضحك وقال :

- إني أنتج فيلمين في وقت واحد، أحدهما عن عمر والآخر عن «جحا في بلاد العرب»، ورأيت أن أستفيد من كل منظر مشترك توفيراً للجهد والمال، وهذا منظر مشترك، فصورنا عمر للفيلم الأول وجحا للفيلم الثاني .

- والممثل واحد ؟!

فقال بثقة :

- إنه نجم شباك، ومن القلة النادرة التي تحسن تمثيل الدراما والكوميديا ..

رأيتني عقب ذلك وأنا أركض بسرعة فائقة، ولكني لم أدر لماذا أركض وراء هدف أريد أن أدركه أم أركض هرباً من مطارد يروم القبض علي ..

عن نجيب محفوظ - «رأيت فيما يرى النائم» - ١٩٨٢

Son : 44

## Texte littéraire moderne

Ce texte de Tawfiq al-Hakim (Egypte, 1898-1987) se prête à de multiples lectures et analyses. D'apparence religieux ou spirituel, il a indéniablement une portée philosophique et permet une réflexion politique et sociale, sur l'impact de l'argent dans la vie humaine.

## إبليس ينتصر

اتخذ قوم شجرة، صاروا يعبدونها .. فسمع بذلك ناسك مؤمن بالله، فحمل فأساً وذهب إلى الشجرة ليقطعها .. فلم يكد يقترب منها، حتى ظهر له إبليس حائلاً بينه وبين الشجرة، وهو يصيح به :

- مكانك أيها الرجل ! لماذا تريد قطعها ؟
- لأنها تضل الناس .
- وما شأنك بهم ؟ دعهم في ضلالهم !
- كيف أدعهم .. ومن واجبي أن أهديهم ؟
- من واجبك أن تترك الناس أحراراً، يفعلون ما يحبون .
- إنهم ليسوا أحراراً .. إنهم يصغون إلى وسوسة الشيطان .
- أوتريد أن يصغوا إلى صوتك أنت ؟!
- أريد أن يصغوا إلى صوت الله !
- لن أدعك تقطع هذه الشجرة ..
- لا بد لي من أن أقطعها ..

Son : 45

فأمسك إبليس بخناق الناسك .. وقبض الناسك على قرن الشيطان .. وتصارعا طويلاً .. إلى أن انجلت المعركة عن انتصار الناسك .. فقد طرح الشيطان على الأرض وجلس على صدره وقال له :

- هل رأيت قوتي ؟
فقال إبليس المهزوم بصوت مخنوق :
- ما كنت أحسبك بهذه القوة .. دعني وافعل ما شئت .
فخلى الناسك سبيل الشيطان .. وكان الجهد الذي بذله في المعركة قد نال منه .. فرجع إلى صومعته واستراح ليلته ..

Son : 46

فلما كان اليوم التالي حمل فأسه وذهب يريد قطع الشجرة، وإذا بإبليس يخرج له من خلفها صائحاً :
- أعدت اليوم أيضاً لتقطعها ؟!
- قلت لك لا بد لي من أن أقطعها ..
- أوتظنك قادراً على أن تغلبني اليوم أيضاً ؟
- سأظل أقاتلك حتى أعلي كلمة الحق !
- أرني إذن قدرتك !
وأمسك بخناقه .. فأمسك الناسك بقرنه .. وتقاتلا وتصارعا .. إلى أن أسفرت الموقعة عن سقوط الشيطان تحت قدمي الناسك .. فجلس على صدره وقال له :
- ما قولك الآن في قوتي ؟!
- حقاً .. إن قوتك لعجيبة .. دعني وافعل ما تريد ..

Son : 47

لفظها الشيطان بصوته المتهدج المخنوق .. فأطلق الناسك سراحه .. وذهب إلى صومعته واستلقى من التعب والإعياء حتى مضى الليل وطلع الصبح فحمل الفأس، وذهب إلى الشجرة فبرز له إبليس صائحاً فيه :

- ألن ترجع عن عزمك أيها الرجل ؟!
- أبداً .. لا بد من قطع دابر هذا الشر !
- أتحسب أني أتركك تفعل ؟!
- إن نازلتني فإني سأغلبك ..

Son : 48

فتفكر إبليس لحظة .. ورأى أن النزال والقتال والمصارعة مع هذا الرجل لن تتيح له النصر عليه .. فليس أقوى من رجل يقاتل من أجل فكرة أو عقيدة .. ما من باب يستطيع إبليس أن ينفذ منه إلى حصن هذا الرجل غير باب واحد : الحيلة ..
فتلطف للناسك وقال له بلهجة الناصح المشفق :

- أتعرف لماذا أعارضك في قطع هذه الشجرة ؟! إني ما أعارض إلا خشية عليك ورحمة بك .. فإنك بقطعها ستعرض نفسك لسخط الناس من عبّادها .. ما لك وهذه المتاعب تجلبها على نفسك ؟ اترك قطعها وأنا أجعل لك في كل يوم دينارين تستعين بهما على نفقتك .. وتعيش في أمن وطمأنينة وسلامة !
- دينارين ؟!

- نعم .. في كل يوم .. تجدهما تحت وسادتك !
فأطرق الناسك مليا يفكر، ثم رفع رأسه وقال لإبليس :
- ومن يضمن لي قيامك بالشرط ؟
- أعاهدك على ذلك .. وستعرف صدق عهدي ..
- سأجربك ..
- نعم .. جربني ..
- اتفقنا .

Son : 49

ووضع إبليس يده في يد الناسك .. وتعاهدا .. وانصرف الناسك إلى صومعته وصار يستيقظ كل صباح ويمد يده ويدسها تحت وسادته فتخرج بدينارين .. حتى انصرم الشهر . وفي ذات صباح دس يده تحت الوسادة فخرجت فارغة .. لقد قطع إبليس عنه فيض الذهب .. فغضب الناسك .. ونهض فأخذ فأسه .. وذهب إلى قطع الشجرة .. فاعترضه إبليس في الطريق وصاح به :
- مكانك ! إلى أين ؟
- إلى الشجرة .. أقطعها !
فقهقه الشيطان ساخراً :
- تقطعها لأني قطعت عنك الثمن !
- بل لأزيل الغواية وأضيء مشعل الهداية !
- أنت ؟!
- أتهزأ بي أيها اللعين ؟!
- لا تؤاخذني ! .. منظرك يثير الضحك !
- أنت الذي يقول هذا، أيها الكاذب المخاتل ؟!

Son : 50

وانقض الناسك على إبليس وقبض على قرنه .. وتصارعا لحظة .. وإذا المعركة تنجلي عن سقوط الناسك تحت حافر إبليس .. فقد انتصر وجلس على صدر الناسك مزهواً مختالاً يقول له :
- أين قوتك الآن أيها الرجل ؟!
فخرج من صدر الناسك المقهور صوت كالحشرجة يقول :
- أخبرني كيف تغلبت أيها الشيطان ؟!

فقال له إبليس :
- لما غضبت لله غلبتني، ولما غضبت لنفسك غلبتك .. لما قاتلت لعقيدتك صرعتني، ولما قاتلت لمنفعتك صرعتك !

Son : 51

توفيق الحكيم - مجموعة «مدرسة المغفلين» - ص ٢٥-٢٩

## Index lexical

|  |  |  |  |  |  |
|---|---|---|---|---|---|
| | | | | Noms (substantifs) | الأسماء |
| Effort | السَّعْي | Enseignement | التَّعْليم | Oreille | الأُذُن ج آذان |
| Ciel | السَّماء | Questionnement en cascade | تَوالُد الأسْئِلة | Terre, terrain, sol, globe terrestre | الأرْض |
| Arbre | الشَّجَرة | Prix, valeur, argent | الثَّمَن | Raisons particulières | أسْباب خاصّة |
| Le Mal | الشَّرّ | Crime | الجَريمة | Professeur | الأُسْتاذ |
| Peuple | الشَّعْب ج شُعوب | Corps, masse, objet | الجِسْم | Studio | إستوديو |
| Poésie | الشِّعْر | Foule, masses populaires | الجَماهير | Origine | الأصْل |
| Guérison | الشِّفاء | Effort | الجُهْد | Grande fatigue | الإعْياء = التَّعَب |
| Souffrance | الشَّقاء | Tournée, reprise (boxe) | الجَوْلة | Personnes, individus | الأفْراد |
| Diable (Satan = إبليس) | الشَّيْطان | Sabot | الحافِر | Horizon | الأُفُق |
| Désert | الصَّحْراء | Parole, discours, discussion | الحَديث | Persuasion | الإقْناع |
| Poitrine | الصَّدْر | Métier | الحِرْفة | Couronne de fleurs | الإكْليل |
| Authenticité de l'engagement | صِدْق العَهْد | Mouvement | الحَرَكة | Possibilité, capacité | الإمْكانيّة |
| Cri | الصُّراخ | Citadelle, forteresse, fort, bastion | الحِصْن | Nation, communauté | الأُمّة ج أُمَم |
| Voix, son, bruit | الصَّوْت | Sagesse | الحِكْمة | Commandeur des croyants | أمير المُؤْمِنين |
| Fusées, missiles | الصَّواريخ | Rêve | الحُلْم ج أحلام | Production | الإنْتاج |
| Solfège | الصولفاج | Dialogue | الحِوار | Homme, être humain | الإنْسان |
| Cellule de moine, de dévôt... | الصَّوْمَعة | Ruse | الحيلة | Genres, espèces | الأنْواع |
| Victime | الضَّحيّة | Pas | الخُطْوة | Importance | الأهَمّيّة |
| Egarement (connotation religieuse) | الضَّلال | Fiancé, tribun | الخَطيب | Papiers officiels | الأوْراق الرَّسْميّة |
| Invités | الضُّيوف | Création | الخَلْق | Occupation d'un pays | احْتِلال بَلَد |
| Médecin | الطَّبيب | Motif, motivation | الدافِع ج دَوافِع | Approbation | الاسْتِحْسان |
| Bonnet de clown, clown | الطُّرْطور | Leçons, enseignements, cours | الدُّروس | Agression contre | الاعْتِداء على |
| Bord | الطَّرَف | Défense | الدِّفاع | Victoire sur | الانْتِصار على |
| Jeune enfant | الطِّفْل | Rôle, étage | الدَّوْر ج أدْوار | Absence totale de foi | انْتِفاء الإيمان |
| Quiétude | الطُّمَأنينة | Opinion | الرَّأي | Misère | البُؤْس |
| Les croyants = les gens (Maghreb) | العِباد | Messager, apôtre | الرَّسول | Début | البِداية |
| Adorateurs, fidèles, adeptes | العُبّاد | Berger | راعي ماشية | Prostituée (voc. litt.) | البَغيّ = عاهرة = مومس |
| Sentiment, émotion | عاطِفة ج عَواطِف | Censure, surveillance | الرِّقابة | La Perse | بلاد فارس |
| Génies | العَباقِرة | Temps, époque | الزَّمَن | Expérience | التَّجْرِبة |
| Génie | العَبْقَريّة | Question | السُّؤال | Précision, limitation | التَّحْديد |
| Détermination | العَزْم | Magicien, sorcier | الساحِر | Falsification | التَّزْوير |
| Epoque | العَصْر | Prisonnier, captif | السَّجين | Photographie | التَّصْوير |
| Raisons, cerveaux (fig.) | العُقول | Nuage | السَّحابة ج سُحُب | Fatigue | التَّعَب = الإعْياء |
| Foi, croyance, pensée profonde | العَقيدة | Mécontentement | السُّخْط | | |
| Signe, marque, indice | العَلامة | Bonheur de l'esprit, quiétude | سَعادة النَّفْس | | |
| Chambre, pièce | الغُرْفة | Ouverture d'esprit, tolérance | سَعة الصَّدْر | | |

# الأسبوع التاسع عشر

|  |  |  |  |  |  |
|---|---|---|---|---|---|
| Tentation diabolique | وَسْوَسة الشَّيْطان | Lanterne du droit chemin | مِشْعَل الهِداية | Erreur (conn. religieuse) | الغِواية |
| Moyen (pour parvenir à une fin) | الوَسيلة ج وَسائل | Scène, vue | المَشْهد ج مشاهد | Hache | الفَأْس |
| Emploi, fonction | الوَظيفة ج وَظائف | Lutte (entre deux personnes) | المُصارَعة | Conquête d'un pays | فَتْح بَلَد |
| Substitut du procureur | وَكيل النيابة | Destin, sort | المَصير ج مَصائر | Idée, pensée | الفِكرة |
| | | Souffrance | المُعاناة | Artistes | الفَنّانون |
| **Adjectifs** الصفات وأسماء الفاعل والمفعول | | Personne agressée | المُعْتَدى عَلَيْه | Techniciens | الفَنّيّون |
| | | Bataille, combat | المَعْرَكة | Compréhension | الفَهْم |
| Sot, idiot | أَخْرَق | Enseignant, professeur | المُعَلِّم | Loi | قانون ج قَوانين |
| Non arabe | أَعْجَمي | Source d'eau, source (fig.) | المَعين | Combat, affrontement | القِتال |
| Plus facile | أَقلّ سُهولة | Morceau de musique | المَقْطوعة | Capacité, pouvoir | القُدْرة |
| Misérable | بائس | Sustitut du procureur | مُمَثِّل النيابة | Corne | القَرْن |
| Gros, obèse | بَدين | Producteur | المُنْتِج | Barreaux, bâtons | القُضْبان |
| Simple | بَسيط | Envoyé artistique | المَنْدوب الفَنّي | Cœur | القَلْب |
| Qui s'interpose entre... et... | حائل بين .... وبين | Estrade de la justice, la Justice | مِنَصّة القَضاء | Minorité | القِلّة |
| Sage | حَكيم | Intérêt, utilité | المَنْفَعة | Il fait partie des rares... | هو من القلة النادرة |
| Traître | خائن | Mission | المَهَمّة | Nourriture | القوت |
| Particulier, privé | خاصّ | Bataille | المَوْقِعة = المعركة | Force | القُوّة |
| Dangereux | خَطير | Dévôt | الناسِك | Valeur | القيمة |
| D'une voix basse | خَفيض الصَّوْت | Succès, réussite | النَّجاح | Vieillesse | الكِبَر |
| Persévérant | دَؤوب | Star, étoile, vedette | النَّجْم ج نُجوم | Main ouverte | الكَفّ |
| D'une allure de maître | ذو مَظْهر سِيادي | Vedette commerciale | نجم شُبّاك - | Parole, discours, propos | الكلام |
| Usé (vêtement) | رَثّ | Dattier | النَّخْلة | Mot | الكَلِمة ج كلمات |
| Magique, magicien, sorcier | ساحِر | Les dattiers | النَّخيل | Parole juste, la vérité | كلمة الحَقّ |
| Qui se moque, qui ironise | ساخِر | Affrontement | النِّزال | Violon | الكَمان = الكَمَنْجة |
| Sans scrupules | ساقط المُروءة | Textes légaux | النُّصوص القانونيّة | Langue | اللسان |
| Faible | ضَعيف | Textes des lois | نصوص القَوانين | Voleur | اللِّصّ |
| Etroit | ضَيِّق | Ordre public | النِّظام العامّ | Jeu | اللُّعْبة |
| Incapable | عاجز | Dépenses | النَّفَقة | Prise de vue (cinéma) | اللَّقْطة |
| | | Note (musique) | النوطة | | |
| Qui ne sait comment exprimer sa gratitude | عاجِز عَن الشُّكْر | But, objectif | الهَدف | Article, matière | المادّة |
| Haut, haute | عالٍ عالية | Pyramide | الهَرَم ج أهرام | Troupeau | الماشية |
| Génial, génie | عَبْقَريّ | Chuchottement | الهَمْس | Magazine de l'art | مَجلّة الفن |
| Etonnant | عَجيب | Chuchottement | الهَمْهَمة | Groupe, collection | المَجْموعة |
| Grand, grandiose, majestueux | عَظيم | Père (terme respectueux) | الوالد | Avocat | المُحامي |
| Elancé, grand (de taille), haut | فارع | Mère (terme respectueux) | الوالدة = الأُمّ | Appel | المُخاطَبة |
| Vide | فارغ | Oreiller | الوِسادة | Futur, avenir | المُسْتَقْبل |
| Artistique, technique | فَنّي | Médiation, "piston" | الوَساطة | Effort | المَسْعى ج المَساعي |

# الأسبوع التاسع عشر

|  |  |
|---|---|
| Qui vient, prochain | قادم |
| Menteur, faux | كاذب |
| Croyant | مُؤمِن |
| De qualité ordinaire | مُبتَذَل |
| Enrobé dans sa toge | مُتَلَفِّع بعباءته |
| Tremblant | مُتَهَدِّج (صوت -) |
| Inconnu | مَجهول |
| Limité | مَحدود |
| Trompeur, louvoyant | مُخاتِل |
| Trompeur, tricheur | مُختال |
| Etouffé, étranglé | مَخنوق |
| Malade | مَريض |
| Fier, qui affiche son orgueil | مَزهُوّ |
| Commun, partagé | مُشتَرَك |
| Compatissant, qui a pitié | مُشفِق |
| Absolu | مُطلَق |
| Concerné par | مَعنِي بـ |
| Vaincu, battu, défait | مَقهور |
| Excellent | مُمتاز ج ممتازون / ممتازين |
| Délégué, envoyé | مندوب |
| Coupé du monde | مُنقَطِع عَنِ العالَم |
| Défait, vaincu | مَهزوم |
| Musicien | موسيقي |
| Talentueux | مَوهوب |
| Rare | نادر |

## Verbes (الأفعال + المصدر)

|  |  |
|---|---|
| Préférer | آثَرَ يُؤثِر = فضّل يُفضِّل |
| Faire des reproches | آخَذَ يُآخِذ (المُؤاخَذة) |
| Ne m'en veux pas ! | لا تُواخِذني ! |
| Se donner, se procurer | اتَّخَذَ يتَّخِذ (الاتِّخاذ) |
| Avoir son tour de parler | أتى يأتي دَورُه في الكلام |
| Susciter | أثارَ يُثير (الإثارة) |
| Faire rire | يُثير الضحك |
| Répondre | أجابَ يُجيب |
| Louer | أجَّرَ يُؤجِّر (التأجير) |
| Bien faire qqch | أحسَنَ يُحسِن (الإحسان) |
| Il joue bien (cinéma, théâtre) | - أحسَن التمثيل |
| Informer | أخبَرَ يُخبِر |
| Prendre | أخَذَ يأخُذ |
| Commencer | أخَذَ يأخُذ بِـ = بدَأ |
| Comprendre | أدرَكَ يُدرِك = فهِم يفهم |
| Montrer, faire voir | أرى يُري |
| Montre-moi donc ta force ! | أرني إذن قدرتك |
| Enlever, faire disparaître | أزالَ يُزيل (الإزالة) |
| Atteindre, dire ou voir juste | أصابَ يُصيب |
| Il fut atteint (blessure...) | - أصابَه أذى |
| Devenir | أصبَح يُصبِح |
| J'ai désormais un foyer | - أصبَحتُ ذا مَسكَن |
| Insister à | أصَرَّ يُصِرّ على |
| Ecouter avec attention | أصغى يُصغي إلى (الإصغاء) |
| Eclairer | أضاءَ يُضيء (الإضاءة) |
| Il ajouta en souriant | أضافَ يُضيف مُبتَسِماً |
| Dévoyer, tromper | أضَلَّ يُضِلّ |
| Supporter de | أطاقَ يُطيق أن |
| Faire de l'ombre, protéger du soleil | أظَلَّ يُظِلّ |
| Elever, hisser | أعلى يُعلي (الإعلاء) |
| Dispenser | أغنى يُغني (الإغناء) |
| Divertir | ألهى يُلهي (الإلهاء) |
| Tenir en main, attraper, se saisir de | أمسَكَ يُمسِك بـ |
| Pénétrer en profondeur | أوغَلَ يوغِل في (الإيغال) |
| Arrêter | أوقَفَ يوقِف (الإيقاف) |
| Sourire | ابتَسَمَ يبتَسِم (الابتسام) |
| L'emmener vers | اتَّجَهَ يتَّجِه بـ ... إلى ... (الاتِّجاه) |
| Se mettre d'accord | اتَّفَقَ يتَّفِق (الاتِّفاق) |
| D'accord ! | اتَّفَقنا ! |
| Avoir besoin de | احتاجَ يحتاج إلى (الاحتياج) |
| Supporter | احتَمَلَ يحتَمِل (الاحتمال) |
| Je ne peux supporter | لا أستَطيعُ أن أحتَمِل |
| Commettre un crime | ارتَكَبَ يرتَكِب جَريمة (الارتِكاب) |
| Louer (être locataire) | استَأجَرَ يستَأجِر (الاستئجار) |
| Se reposer | استَراحَ يستَريح (الاستراحة) |
| Durer | استَغرَقَ يستَغرِق |
| Tirer bénéfice de | استَفادَ يستَفيد من (الاستفادة) |
| S'allonger, s'étendre | استَلقى يستَلقي (الاستلقاء) |
| Ecouter | استَمَعَ يستَمِع إلى (الاستماع) |
| Se réveiller | استَيقَظَ يستَيقِظ (الاستيقاظ) |
| S'opposer / couper la route à qqn | اعتَرَضَ يعتَرِض |
| Il lui a coupé la route | اعترضه في الطريق |
| Se réjouir | اغتَبَطَ يغتَبِط بـ |
| Nécessiter | اقتَضى يقتَضي |
| Vaincre | انتَصَرَ ينتَصِر (الانتصار) |
| Attendre jusqu'à | انتَظَرَ ينتَظِر حتّى (الانتظار) |
| Finir, s'achever | انتَهى ينتَهي من (الانتهاء) |
| Donner lieu, finir | انجَلى ينجَلي عن |
| Se pencher, se courber | انحَنى ينحَني (الانحناء) |
| Partir | انصَرَفَ ينصَرِف إلى (الانصراف) |
| Se lancer | انطَلَقَ ينطَلِق إلى (الانطلاق) |
| Se jeter sur | انقَضَّ ينقَضّ على (الانقِضاض) |
| Parvenir à | اهتَدى يهتَدي إلى (الاهتداء) |
| Commencer | بدَأَ يبدَأ (البَدء) |
| Faire un effort | بذَلَ يبذِل جهداً (البَذل) |
| Apparaître (soudain) à qqn | برَزَ يبرُز لفُلان (البُروز) |
| Atteindre, parvenir à | بلَغَ يبلُغ (البُلوغ) |
| Espérer / Contempler | تأمَّلَ يتأمَّل (التأمُّل) |
| Suivre (nouvelles) | تابَعَ يُتابِع (المُتابَعة) |
| Echanger le salut | تبادَلَ يتَبادَل التحيّة (التَبادُل) |
| Mouvoir, bouger | تحَرَّكَ يتحَرَّك (التحرُّك) |
| Dépasser | تخَطّى يتخَطّى (التخطّي) |
| Plaider | ترافَعَ يَترافَع عن (الترافُع) |
| Laisser | ترَكَ يترُك (التَرك) |
| S'honorer | تشَرَّفَ يتشَرَّف بـ (التشرُّف) |
| J'ai été honoré de faire sa connaissance | - تشَرَّفتُ بـمَعرِفَته |
| En venir aux mains, se battre | تصارَعَ يتصارَع |
| Exiger, nécessiter | تطَلَّبَ يتطَلَّب |
| Réfléchir | تفكَّرَ يتفكَّر (التفكُّر) |

# الأسبوع التاسع عشر

|  |  |
|---|---|
| Se battre | تقاتَل يتَقاتَل |
| Se montrer conciliant | تلطَّف يتلطَّف (التَلطُّف) |
| S'achever, se terminer | تمَّ يتمّ |
| Prier qqn de faire qqch | توسَّل يتوسَّل إلى (التَوَسُّل) |
| Dépendre de | توقَّف يتوقَّف على (التَوَقُّف) |
| Apporter un peu de | جاء يجيء بقَليل من (المجيء) |
| Sillonner | جاب يجوب |
| Tester | جرَّب يجرِّب (التَجرِبة) |
| Doter qqn | جعَل يجعَل لفلان |
| Lui donner deux dinars | يجعل له دينارين |
| Amener, faire venir | جلَب يجلب (الجَلْب) |
| S'asseoir | جلَس يجلِس (الجُلوس) |
| Maîtriser qqn au sol | جلس على صدره |
| Penser (à tort) | حسَب يحسَب (الحِسبان) |
| Saluer | حيَّى يُحيِّي (التَحيَّة) |
| S'adresser à qqn | خاطَب يُخاطِب (المُخاطَبة) |
| Libérer | خلَّى يُخلِّي سَبيل فلان (التَخلية) |
| Tourner autour | دار يدور (الدَوَران) |
| Glisser sa main | دسَّ يدُسّ يده |
| Laisse ! | دَعْ |
| Laisse la loi pour l'instant | دَعْكَ من القانون الآن |
| Laisse-moi | دَعْني |
| Laisse-moi parler | دَعْني أتَكلَّم |
| Enterrer | دفَن يدفِن (الدَفْن) |
| Voir | رأى يرى (الرُؤية) |
| Je me suis vu en train de courir | - رأيتُني أركض |
| Penser | رأى يرى أنَّ = ظنَّ / اعتقد |
| Vouloir | رام يروم = أراد يريد |
| Espérer, souhaiter | رجا يرجو |
| J'espère que tu ne m'en veux pas | - أرْجو ألَّا تَعْتَبَ عليَّ |
| Courir | ركَض يركُض (الرَكْض) |
| Visiter, rendre visite | زوَّر يُزوِّر (التَزوير) |
| Egaler | ساوى يُساوي (المُساواة) |
| Faire un effort en vue de | سعى يسعى لـ (السَعْي) |

|  |  |
|---|---|
| Permettre | سمَح (السَماح) |
| Entendre | سمِع يسمَع (السَمْع) |
| Expliquer | شرَح يشرَح (الشَرح) |
| Crier | صاح يصيح (الصِياح) |
| Il s'est mis à la vénérer | صار يعبدها |
| Faire qqch de ses propres mains (travail minutieux) | صاغ يصوغ بيَده (الصِياغة) |
| Croire qqn/qqch | صدَّق يُصدِّق (التَصديق) |
| Renverser qqn / qqch | طرَح يطرَح (الطَرح) |
| Apparaître | طلَع يطلَع (الطُلوع) |
| Le jour s'est levé | طلع الصُبح |
| Penser (sans certitude) | ظنَّ يظُنّ (الظَنّ) |
| Apparaître | ظهَر يظهَر (الظُهور) |
| Revenir | عاد يعود (العَودة) |
| Tu reviens encore aujourd'hui pour la couper ? | أعدت اليوم أيضاً لقطعها ؟ |
| S'opposer à, contrarier | عارَض يُعارِض (المُعارَضة) |
| S'engager à, promettre | عاهَد يُعاهِد (المُعاهَدة) |
| Faire des reproches | عتَب يعتِب على (العِتاب) |
| S'exposer à | عرَّض يُعرِّض نفسَه لـ (التَعريض) |
| Jouer (musique) | عزَف يعزِف على (العَزف) |
| Abandonner, cesser de (faire qqch) | عزف يعزف عن |
| Enseigner, apprendre à qqn | علَّم يُعلِّم (التَعليم) |
| Se mettre en colère | غضِب يغضَب (الغَضَب) |
| Vincre | غلَب يغلِب (الغَلَبة) |
| Penser, réfléchir | فكَّر يُفكِّر (التَفكير) |
| Trouver à manger | قات يقوت |
| Combattre, lutter contre | قاتَل يُقاتِل (المُقاتَلة) |
| Guider, conduire | قاد يقود إلى (القِيادة) |
| Dire avec émerveillement | قال بانبهار |
| Dire avec confiance | قال بثقة |
| Dire avec étonnement | قال بدهشة |
| Dire avec orgueil | قال في مُباهاة |
| Se saisir de, appréhender | قبَض يقبِض على (القَبْض) |
| Décider | قرَّر يُقرِّر |
| Couper | قطَع يقطَع (القَطْع) |
| Priver qqn de qqch | قطَع يقطَع عن فلان = حرمه |

|  |  |
|---|---|
| S'asseoir | قعَد يقعُد عَن (القُعود) |
| "Se frotter les yeux" | قلَّب يُقلِّب طَرْفَيْه (التَقليب) |
| Il aurait fallu qu'ils se posent la question d'abord | كان يَجِبُ أن يسألوا أنْفُسَهُم أوَّلاً |
| Haïr, détester | كرِه يكرَه (الكُرْه) |
| Ne m'empêche pas de parler ! | لا تَمْنَعْني مِنَ الكَلام |
| Se taire | سكَت يسكُت (السُكوت) |
| Cela m'importe peu | لا يُهمُّني |
| Prononcer | لفَظ يلفُظ (اللَفْظ) |
| Je n'en ai pas eu le temps | لم يتَّسِع لي الوَقت |
| Je ne l'avais pas... auparavant | لم يسبِق لي أنْ |
| Il ne vécut pas suffisamment | لم يمتَدَّ به العُمر |
| Tu es encore petite | ما تَزالينَ صَغيرة |
| Tendre (main) | مدَّ يمُدّ (المَدّ) |
| Passer, aller | مضى يمضي (المُضيّ) |
| Affronter | نازَل يُنازِل (المُنازَلة) |
| Obtenir | نال ينال (النَيْل) |
| Réussir | نجَح ينجَح في (النَجاح) |
| Ecarter qqn/qqch | نحَّى يُنَحِّي (التَنحية) |
| Laisse la loi de côté ! | نحِّ القانونَ جانباً |
| Entrer, pénétrer | نفَذ ينفُذ إلى (النُفوذ) |
| Etre utile à | نفَع ينفَع (النَفْع) |
| Se lever | نهَض ينهَض (النُهوض) |
| Se moquer de qqn | هزَّ يهزَأ بفلان |
| Souffler (mot) | همَس يهمِس (الهَمس) |
| Trouver | وجَد يجد |
| Tu les trouveras sous l'oreiller | تجدهما تحت وسادتك |
| Arriver | وصَل يصِل إلى (الوُصول) |
| Mettre, poser | وضَع يضَع (الوَضع) |
| Etre fidèle | وفى يفي بـ (الوَفاء) |
| Pourvu que tu tiennes parole | لعلَّك تَفي بوَعدِك |
| Remettre son sort entre les mains de | وكَل يكِل أمرَه إلى |
| Nous devons commencer par | يجبُ أن نَبْدأ بـ |
| Il doit avoir | يجب أن يكون له |

# الأسبوع التاسع عشر

## تعابير ومصطلحات متفرقة — Divers

|  |  |
|---|---|
| Il a besoin de | يحتاج إلى |
| Est-ce toi ? Vraiment ? | أأنت حقّاً ... ؟ |
| Enfin | أخيراً |
| Jusqu'où tu veux | إلى حَيْثُ تريد |
| Mille fois | ألف مَرّة |
| D'accord | اتّفقنا |
| Effectivement | بالْفِعْل |
| Logiquement | بالـمَنْطِق |
| Avec un intense intérêt | باهتمام غَزير |
| Simplement | بِبَساطة |
| Modestement | بتواضع |
| A côté de lui | بجانبِه |
| Avec étonnement | بدَهْشة |
| Extrêmement vite | بسرعة فائقة |
| Quelques chansons | بَعْض الأغاني |
| Quelques cabarets du quartier des pyramides | بعض مَلاهي الهرم |
| Sans rien du tout | بلا أيِّ شيْء |
| Sans limites | بلا حُدود |
| Sans loi | بلا قوانيـن |
| Pour épargner effort et argent | توفيـراً للجُهْد والمال |
| Quelques..., une espèce de... | ثـمّة |
| Lorsque | حيـن = عِنْدَما |
| Surtout, notamment | خاصّةً |
| Laisse-moi et fais ce que tu veux | دَعْني وافعَلْ ما شِئْت |
| Laisse-les dans leur égarement | دَعْهم في ضَلالِهم |
| D'un aspect... | ذو مظهر ... |
| Tel un dormant, j'ai vu... | رأيتُ فيما يرى النائم |
| Tout au long de sa vie | طوال حَياتِه |
| Toute la vie | طولَ العُمْر |
| Plusieurs années | عدّة سَنوات |

|  |  |
|---|---|
| A la suite de cela | عَقِبَ ذلك |
| Avec émerveillement | في انبهار |
| Dans un silence total | في صَمْتٍ كامل |
| A une époque récente | في عَهْدٍ قَريب |
| En même temps | في وَقْتٍ واحد |
| Dans ce cas | في هذه الحال |
| ...dit-il avec vénération. | ... قائلاً بإجلال ... |
| ...dis-je en guise de félicitations. | قلتُ مهنِّئاً ... |
| Il fallait y laisser un indice | كان يجب أن تجعلَ عليها علامة |
| Il jouait (un rôle - cinéma) | كان ... يُـمثّل ... |
| Comment un seul acteur joue-t-il les deux rôles ? | كيف يقوم بالدوريْن ممثّل واحد ؟ |
| Je dois la couper | لا بُدَّ لي من أنْ أقطعها |
| Il faut éradiquer ce mal | لا بُدَّ من قَطْع دابر هذا الشرّ |
| Pas besoin de lui | لا حاجةَ إليَّه |
| Je ne m'en occupe pas | لا شَأْنَ لي به |
| Je n'ai rien à avoir avec lui | لا صلةَ لي به |
| Il n'y a pas homme plus fort que celui qui... | لَيْسَ أقوى من رجل |
| Pas plus que | لَيْسَ أكثَرَ مِنْ |
| A peine s'en est-il approché que | لم يَكَدْ يقترب من .... حتى |
| Je ne te croyais pas aussi fort | ما كنتُ أحسبُك بهذه القُوّة |
| Que gagnes-tu de ces complications | ما لك وهذه المتاعب |
| Il n'y pas de porte (issue) | ما من باب |
| Qu'est-ce qui t'amène ? | ماذا وراءَك ؟ |
| Pourquoi tu te soucies d'eux ? | ما شأنُك بهم ؟ |
| Qui me garantit que tu va respecter ton engagement ? | من يضمن قيامَك بالشرط ؟ |
| Depuis hier | مُنذُ الأَمْس |
| ...laissant aller son regard vers... | ... مُرسلاً بصرَه نحوَ ... |
| Halte !, arrête-toi ! | مَكانَكَ أيها الرجل ! |
| Il est de mon devoir de | من واجبي أنْ |

|  |  |
|---|---|
| Tu as une allure comique | مَنْظَرُك يُثير الضحك |
| Quel que soit... | مَهْما |
| Aussi génial qu'il soit | مهما كان عَبْقَرِيّاً فَإنَّ ... |
| Il n'y a pas à en douter | هذا لا شَكَّ فيه |
| Ainsi, par ailleurs, d'autre part | وكذلك |
| Monsieur le Juge | يا حَضْرةَ القاضي |
| Nous devons commencer par | يجِبُ أنْ نَبْدَأَ بـ |
| Il doit avoir | يجب أن يكونَ لَهُ |
| ...dit-il en montrant... | يقول مُشيـراً إلى ... |
| Le jour où... | يَوْمَ ... |

167

## Poème chanté

### ذكريات - أم كلثوم - مصر

شعر أحمد رامي وتلحين رياض السنباطي

| | | |
|---|---|---|
| souvenir | ذكرى ج ذكريات | |
| traverser | عبر يعبر | |
| horizon | الأفق | |
| imagination | الخيال | |
| briller | لمع يلمع | |
| nuit | الليلة ج ليالي | |
| ici : réveiller | نبه ينبه | |
| coeur | القلب | |
| sommeil | الغفوة | |
| oublier | نسي ينسى | |
| continuer à | ما زال = لم يزل | |
| à côté de | جنبَ | |
| histoire, récit | القصة | |
| amour | الحب | |
| pensée | الفكر | |
| ici : pensée | الظن | |
| je ne sais pas | لست أدري | |
| ouïe | السمع | |
| jusqu'à l'infini | على طول المدى | |
| mélodie | النغم | |
| couler | انساب ينساب | |
| mélodie | اللحن | |
| chant | الشدو | |
| ici : manque | الحنين | |
| pleurs | البكاء | |
| gémissement | الأنين | |
| larmes | الدمع | |
| triste | حزين | |
| aube | الفجر | |
| souriant | باسم | |
| oeil | المقلة | |
| nulle part | الغيب | |
| âme | الروح | |

ذكريات عبرت أفق خيالي بارقاً يلمع في جنح الليالي
نبهت قلبي من غفوته وجلت لي ستر أيامي الخوالي
كيف أنساها وقلبي لم يزل يسكن جنبي
إنها قصة حبي

ذكريات داعبت فكري وظني لست أدري أيها أقرب مني
هي في سمعي على طول المدى نغم ينساب في لحن أغن
بين شدو وحنين وبكاء وأنين كيف أنساها وسمعي
لم يزل يذكر دمعي وأنا أبكي مع اللحن الحزين

كان فجرا باسما في مقلتي يوم أشرقت من الغيب علي
أنست روحي إلى طلعته واجتلت زهر الهوى غضا نديا
فسقيناه ودادا ورعيناه وفاء ثم همنا فيه شوقا وقطفناه لقاء
كيف لا يشغل فكري طلعة كالبدر يسري رقة كالماء يجري فتنة بالحب تغري
تترك الخالي شجيا

كيف أنسى ذكرياتي وهي في قلبي حنين كيف أنسى ذكرياتي وهي في سمعي رنين
كيف أنسى ذكرياتي وهي أحلام حياتي إنها صورة أيامي على مرآة ذاتي
عشت فيها بيقيني وهي قرب ووصال ثم عاشت في ظنوني وهي وهم وخيال
ثم تبقى لي على مر السنين وهي لي ماض من العمر وآت
كيف أنساها وقلبي لم يزل يسكن جنبي
إنها قصة حبي

**Manuel d'arabe** *en ligne*

Tome III

Les bases de l'arabe

en 50 semaines

# Semaine 20

الأسبوع العشرين

# Quelques précisions

**Rubriques habituelles :**

- Fiches thématiques (p. 172) : le monde et la nature (planète, pays, animaux) et l'alimentation (nourritures, boissons, fruits, épices).
- Mini-glossaire (p. 173) : l'histoire.
- Prépositions (p. 174) et quelques dates (p. 175).
- Traduction autour de MEME, CONSEIL, COTE, MOYEN, FORT et PAIX (pp. 176-177).
- Exercices rapides (pp. 178-183).
- Exercices sur les verbes de la forme VIII (p. 184).
- Textes (pp. 185-192).
- Lexique (pp. 193-197).
- Chanson (p. 200).

**Les textes :**

Page 185 : histoire d'un marin - d'après le romancier syrien حنا مينا (né en 1924) ; le texte décrit la vie d'un marin, avec les déplacements sans fin, la joie de retrouver la terre ferme, la curiosité sans cesse renouvelée, mais aussi la monotonie, l'ennui, la mélancolie...

Page 186 : devant le peloton d'exécution - tiré d'une pièce de توفيق الحكيم ; un détail qui compte : le condamné est un ange en mission sur Terre ; après sa "mort", il raconte à d'autres anges sa mésaventure avec les humains.

Page 187 : un court texte de زكريا تامر (né en 1931) dans lequel il met en scène جحا dans un cadre faussement traditionnel ; son âne parle ! Et il fait la cour à sa femme ; il décide alors de le vendre au marché en le présentant aux clients comme un cheval pur sang ; une allégorie dont la dimension politique apparaît clairement à la fin.

Page 188 : extrait d'un des rares romans de توفيق الحكيم écrit en 1927 ; le personnage central de ce roman est un jeune étudiant vivant avec ses oncles et une tante ; les quatre "hommes" sont tous amoureux d'une jeune voisine, qui, elle, est amoureuse d'un autre vosin ; le passage retenu ici évoque un épisode savoureux des péripéties de cette histoire d'amour à distance.

Page 189 : un court extrait d'une petite pièce de توفيق الحكيم intitulée العالم المجهول mettant en scène un condamné et son geôlier.

Page 190 : de مصطفى لطفي المنفلوطي un extrait de son adaptation magnifique de *Cyrano de Bergerac* (le titre arabe est (الشاعر) ; il est aisé d'identifier le passage correspondant dans l'œuvre d'Edmond Rostand.

Pages 191-192 : un texte très dense de نجيب محفوظ où les allusions et les sous-entendus risquent d'échapper au lecteur pressé, mais qui valent d'être détectés et analysés ; c'est une rencontre entre deux hommes qui se retrouvent par hasard après vingt ans de séparation ; les conditions de vie de l'un se sont empirées entre temps, tandis que l'autre s'est considérablement enrichi mais ne veut pas le faire savoir à son interlocuteur.

Page 200 : une des dernières chansons de عبد الحليم حافظ mort à 47 en 1977 ; une mise en mélodie réussie d'un maginfique poème de نزار قباني qui se déploie tel un conte ; une diseuse de bonne aventure lit dans le marc du café d'un jeune homme et lui annonce un avenir aussi réjouissant qu'incertain...

Il est à noter que vers la fin de ce troisième tome de la méthode, l'aide lexicale commence à diminuer. Il est temps en effet de s'initier à la recherche de la signification du vocabualire d'une manière autonome. D'autre part, en présence d'un professeur, il serait intéressant de chercher à connaître les sous-entendus qui accompagnent certains textes.

Bon travail !

# الأسبوع العشرون

**Vocabulaire général** — extraits des listes du vocabulaire multilingue : http://www.al-hakkak.fr/vocabulaire-arabe.html

| الكرة الأرضية | | البلدان | | الطبيعة | | الحيوانات | |
|---|---|---|---|---|---|---|---|
| الأرض | la Terre | بلد ج بلدان | pays | غابة ج غابات | forêt, bois | حيوان ج حيوانات | animal |
| الكرة الأرضية | le Globe terrestre | بلاد ج بلدان | pays, Etat | نهر ج أنهار | fleuve | أسد ج أسود | lion |
| نصف الكرة | hémisphère | دولة ج دول | pays, Etat | جدول ج جداول | rivière, ruisseau | فيل ج فيلة | éléphant |
| خط الاستواء | l'équateur | الحدود | frontières | شجرة ج أشجار | arbre | جمل ج جمال | chameau, dromadaire |
| قارة ج قارات | continent | العاصمة | capitale | حيوان ج حيوانات | animal | كلب ج كلاب | chien |
| بحر ج بحار | mer | السكان | population | حشرة ج حشرات | insecte | قط ج قطط | chat |
| محيط ج محيطات | océan | المساحة | superficie | الأرض | terre, sol, terrain | بقرة ج بقرات | vache |
| جبل ج جبال | montagne | مدينة ج مدن | ville | الهواء | air | طير ج طيور | oiseau |
| صحراء ج صحارى | désert | قرية ج قرى | village | الريح ج رياح | vent | عصفور ج عصافير | moineau |
| بحيرة ج بحيرات | lac | طريق ج طرق | route | الماء ج مياه | eau | سمكة ج سمك / سمكات | poisson |
| نهر ج أنهار | fleuve | الحكومة | gouvernement | | | أفعى ج أفاعي | serpent |
| القطب الشمالي | pôle nord | نظام الحكم | système politique | | | ثعبان ج ثعابين | serpent |
| القطب الجنوبي | pôle sud | | | | | | |

**Son : 1**  **Son : 2**  **Son : 3**  **Son : 4**

| المأكولات | | المشروبات | | الفواكه | | التوابل والبهارات | |
|---|---|---|---|---|---|---|---|
| الطعام | nourriture | الماء | eau | البرتقال | oranges | الملح | sel |
| الأكل | idem | الشاي | thé | التفاح | pommes | الفلفل | poivre |
| اللحم ج لحوم | viande | القهوة | café | الموز | bananes | الكركم | curcuma |
| لحم البقر | du boeuf | الشوكولاطة | chocolat | الليمون | citrons | الدارسين | cumin |
| لحم الغنم | de l'agneau | الحليب | lait | الإجاص | prunes | الريحان | basilic |
| لحم الخنزير | du porc | الكحول | alcool | التمر | dattes | النعناع | menthe |
| الدجاج | du poulet | الخمر | idem | الكمثرى | poires | | |
| الرز | riz | الخمور = الكحوليات | boissons alcoolisées | الزيتون | olives | | |
| البرغل | bourghoul (boulgour) | النبيذ | vin | الرمان | grenades | | |
| المعكروني | pâtes | الكوكاكولا | coca-cola | | | | |
| الخبز | pain | الويسكي | whisky | | | | |
| الخضروات | légumes | الفودكا | vodka | | | | |
| الباذنجان | aubergine | العصير | jus | | | | |
| الفاصولياء | haricots | عصير البرتقال | jus d'orange | | | | |
| الكسكسي | couscous | عصير الليمون | jus de citron | | | | |
| الطاجين | tajine | عصير العنب | jus de raisin | | | | |
| السكر | sucre | عصير الرمان | jus de grenade | | | | |
| الملح | sel | | | | | | |
| البصل | oignon | | | | | | |
| الثوم | aïl | | | | | | |

**Son : 5**  **Son : 6**  **Son : 7**  **Son : 8**

Compléter librement chaque phrase avec un mot des listes ci-dessus :

.............. الولايات المتحدة الأمريكية هي واشنطن .
.............. من الحيوانات المهددة بالانقراض .
.............. قليلة في الصحراء .
المسلمون لا يأكلون .............. مبدئيًا .

القطب .............. ليس تحته أرض .
المغاربة يحبون شرب الشاي بـ .............. .
فرنسا ليس لها .............. مشتركة مع الجزائر .
.............. شيء أساسي في الأكلات الآسيوية .

**Ex 60 p 285**

.............. فرنسا أكبر من .............. إسبانيا .
يقال إن .............. فيه الكثير من فيتامين سي .
قمة الإيفرست تقع في .............. الهمالايا .
.............. النيل ينبع في أثيوبيا ويمر بالسودان ومصر .
من القائل : كل .............. تؤدي إلى روما ؟
.............. يفصل بين نصفي الكرة الشمالي والجنوبي .
شراب .............. اخترعه صيدلي أمريكي .
.............. هو الشراب المفضل عند الروس .
.............. لا يعيش في أوربا .
.............. الأمازون هي أكبر .............. واحدة في العالم .
.............. يفصل بين بريطانيا وفرنسا .
لا يوجد .............. على سطح القمر .
عدد .............. في الصين يزيد على المليار .

## الأسبوع العشرون

**Lexique autour d'une spécialité : histoire** — extrait des "Glossaires rudimentaires"

### A — Son : 9

| | |
|---|---|
| Abbassides (les —) | العباسيون |
| abbaye | الدَّيْر ج أدْيِرة |
| Aghlabides (les —) | الأغالبة |
| Alides | شيعة علي / الطالبيّون (ق) |
| Allaouites (les —) | العلويّون |
| allégeance | البَيْعة |
| Almohades (les —) | الـمُوَحِّدون |
| Almoravides (les —) | الـمُرابطون |
| anathème | اللَّعْنة |
| Anatolie | الأناضول |
| Ancien Testament (l'—) | العَهْد القَديم |
| apostasie | الرِّدّة |
| archaïque | قديمٌ جدّاً |
| archéologie (l'—) | عِلْم الآثار |
| archevêché | الأبَرَشيّة / الـمُطْرانيّة |
| archevêque | رَئيس الأساقفة |
| assassinat | الاغْتيال |
| assemblée | الـمَجْلس |
| assiéger | حاصَرَ يُحاصِر |
| Athènes | أثينا |
| auxiliaire | التَّابِع |
| Ayyubides (les —) | الأيّوبيّون |

### B — Son : 10

| | |
|---|---|
| barbare | بَرْبَري / وَحْشي |
| bataille | الـمَعْركة ج مَعارك |
| bateau | السَّفينة ج سُفن |
| Bible (la —) | الكِتاب الـمُقَدَّس |
| bourgade | البَلْدة |
| butin | الغَنيمة ج غَنائم / الفَيْء ج أفياء |
| Byzance | بيزنطة |
| Byzantins (les —) | الرّوم (ق) / البيزنطيون (ح) |

### C — Son : 11

| | |
|---|---|
| Caire (Le —) | القاهرة |
| califat | الخِلافة |
| calife | الخَليفة ج خُلَفاء |
| campagne (militaire) | الحَمْلة ج حَمَلات |
| capitale | العاصِمة ج عَواصم (ح) / الـمَدينة (ق) |
| capitulation | الاسْتِسْلام |
| capituler | اسْتَسْلَمَ يَسْتَسْلِم |
| caravansérail | الخان ج خانات |
| Carthage | قَرْطاجة / قرطاج |
| cathédrale | الكاتَدْرائيّة / الكَنيسة الرَّئيسيّة |
| cavalerie | الفُرْسان |
| cavalier | الفارس ج فُرْسان |
| Chaldéens (les —) | الكِلْدانيّون / الكِلْدان |
| chambellan | الحاجِب |
| château | القَصْر ج قُصور |
| château-fort | الحِصْن ج حُصون |
| châtelain | صاحب القَصْر |
| chef | الرَّئيس ج رُؤَساء / القائد ج قُوّاد |
| Chef de la Police | صاحب الشُّرْطة (ق) |
| chevalier | الفارس ج فُرْسان |
| christianisme | النَّصْرانيّة / الـمَسيحيّة |
| chronique | التَّاريخ |
| citadelle | القَلْعة ج قِلاع |
| cité | الـمَدينة ج مُدُن |
| clan | الآل (ق) / آل فلان / الفَخْذ |
| cloître | الدَّيْر ج أدْيِرة |
| concile | الـمَجْمَع الـمَسْكوني |
| conflit | النِّزاع ج نزاعات / الخِلاف ج خِلافات |
| confession, communauté | الطَّائفة ج طوائف |
| conquête | الغَزْو / الغَزْوة ج غَزَوات / الفَتْح ج فُتوحات |
| Constantinople | القُسْطَنْطينيّة |

| | |
|---|---|
| contexte | الوَضْع / الأوْضاع / السِّياق |
| Coptes (les —) | الأقْباط |
| Coran (le —) | القُرآن / الـمُصْحَف ج مَصاحِف |
| Cordoue | قُرْطُبة |
| côte (géo.) | السَّاحِل ج سَواحِل |
| cour (royale) | القَصْر / الحاشية |
| couronne | التَّاج ج تيجان |
| Croisés (les —) | الصَّليبيّون |
| Croisades (les —) | الحَمَلات الصَّليبيّة / الحُروب الصَّليبيّة |

### D — Son : 12

| | |
|---|---|
| Damas | دِمَشْق |
| déesse | إلهة |
| défaite | الهَزيمة ج هَزائم |
| devin | الكاهِن ج كُهّان / كَهَنة |
| diable | الشَّيْطان ج شياطين |
| diable (le —) | إبْليس |
| douve | الخَنْدَق ج خَنادق |
| Druzes (les —) | الدُّروز |
| dualisme | الثَّنَويّة |
| Duodécimains (les —) | الاثْناعَشَريّة |
| dynastie | الدَّوْلة (ق) / السُّلالة (ح) |

### E — Son : 13

| | |
|---|---|
| église | الكَنيسة ج كَنائس |
| élites | الخاصّة (ق) / الأعيان / الأشْراف |
| émeute | الثَّوْرة / الاضْطرابات / التَّمَرُّد |
| empereur | الإمْبراطور ج أباطِرة (ح) |
| empire | الإمْبراطوريّة (ح) |
| enceinte | السُّور ج أسْوار |
| Enfer (l'—) | الجَحيم = جَهَنَّم = النّار |
| enluminures | الـمُنَمْنَمات |
| ennemi | العَدُوّ ج أعداء |
| épices | البَهار ج بَهارات / التَّابِل ج تَوابِل |
| épidémie | الوَباء ج أوْبِئة |

# الأسبوع العشرون

**Manuel d'arabe en ligne Tome III**
**Les bases de l'arabe en 50 semaines** © G. Al-Hakkak 2013

Quelle préposition en arabe ? — enregistrement ici : http://www.al-hakkak.fr/prepositions-son.html

Extrait 6 de l'ouvrage intitulé «Quelle préposition en arabe ?» - ISBN : 9781704566153
Ce livre contient 106 séries dont sept sont reproduites dans ce volume à titre d'exemples.

**Difficulté 6/6 : Série 89 - Corrigé p. 203**

D'après أين عمري de إحسان عبد القدوس (Egypte, 1919-1991) — Son 105 : A B

١- إن العمر لا يحتسب ـــــ السنين ولكنه يحتسب ـــــ الإحساس، فقد تكون ـــــ الستين وتحس أنك ـــــ العشرين، وقد تكون ـــــ العشرين وتحس أنك ـــــ الستين / ٢- ضرب الهواء ـــــ قبضته كأنه يعلن تمرده ـــــ الدنيا و ـــــ القدر / ٣- كان عادل صورة ـــــ أبيه ولكنه أخذ ـــــ أمه صمته ومظهر الجد الذي يبدو ـــــ وجهه / ٤- تنهدت كأنها تستعين ـــــ الصبر ـــــ مصائب الزمن / ٥- نجح ـــــ إدارة مزارعه التي ورثها ـــــ أبيه ونجح ـــــ الحكومة ـــــ وصل ـــــ منصب وكيل وزارة / ٦- كانت ـــــ هذه الشهور الأربعة من يمثل دورا ـــــ خشبة المسرح / ٧- هي ـــــ كل ذلك ابتعدت ـــــ صباها الجميل وابتعدت ـــــ عمرها /

D'après الإمتاع والمؤانسة de التوحيدي (Irak-Iran, 923-1023) — Son 106 : A B

٨- ما تعاظم أحد ـــــ من دونه إلا ـــــ قدر ما تصاغر ـــــ من فوقه / ٩- قد مر ـــــ كلامك شيء يجب البحث ـــــه / ١٠- هو ـــــ حال لا محتمل ـــــ ها / ١١- إن الفلسفة حق لكنها ليست ـــــ الشريعة ـــــ شيء والشريعة حق لكنها ليست ـــــ الفلسفة ـــــ شيء وصاحب الشريعة مبعوث وصاحب الفلسفة مبعوث ـــــه وأحدهما مخصوص ـــــ الوحي والآخر مخصوص ـــــ بحثه والأول مكفي والثاني كادح وهذا يقول أمرت وعلمت وقيل ـــــي وما أقول شيئاً ـــــ تلقاء نفسي وهذا يقول رأيت ونظرت واستحسنت واستقبحت وهذا يقول نور العقل أهتدي ـــــه وهذا يقول ـــــي نور خالق الخلق أمشي ـــــ ضيائه وهذا يقول الله تعالى قال الملك وهذا يقول قال أفلاطن وسقراط / ١٢- اجتمع الناس اليوم ـــــ الشط فلما نزل الوزير ليركب المركب صاحوا وضجوا وذكروا غلاء القوت وتعذر الكسب وغلبة الفقر وتهتك صاحب العيال.

1. L'âge ne se compte pas en années ; il se mesure par le ressenti ; on peut avoir soixante ans et l'impression d'en avoir vingt, comme on peut avoir vingt ans et se sentir sexagénaire. / 2. Il donna un coup en l'air comme s'il déclarait sa rébellion contre la vie et le destin. / 3. ʿĀdil ressemblait parfaitement à son père, mais il tenait de sa mère son côté taciturne et le sérieux qui se reflète dans son visage. / 4. Elle poussa un soupir comme si elle cherchait l'aide de la patience face aux malheurs de la vie. / 5. Il réussit la gestion de ses fermes dont il avait hérité de son père et eut une bonne carrière au gouvernement qui lui permit d'être chef d'un cabinet ministériel. / 6. Elle était durant ces quatre mois comme quelqu'un qui jouait un rôle sur scène. / 7. Ainsi, elle s'éloigna de sa belle jeunesse et de son âge. / 8. La suffisance affichée face à un subalterne est à la mesure de l'insuffisance ressentie devant un supérieur. / 9. Ton propos mentionne un détail qui doit être approfondi. / 10. Il est dans un état qui le laisse totalement démuni. / 11. La philosophie dit vrai, mais elle n'a aucun rapport avec la loi divine, et celle-ci est vraie, mais elle n'a rien en commun avec la philosophie ; celui qui porte la Loi est envoyé, tandis que le philosophe reçoit ; l'un est spécialement destinataire d'une révélation, l'autre est spécialiste de ses recherches ; l'un est déchargé [de l'effort d'écrire], l'autre doit œuvrer ; l'un dit "j'ai reçu l'ordre, on m'a enseigné, on m'a dit et je ne dis rien de moi-même", l'autre dit "j'ai vu, regardé, apprécié et rejeté" ; l'un dit "je suis guidé par la lumière de la raison", l'autre dit "j'ai avec moi la lumière du Créateur de tous les vivants sur laquelle je marche" ; l'un dit "Dieu le Très Haut a dit", l'autre dit "Platon a dit et Socrate a dit". / 12. Une foule s'est regroupée aujourd'hui sur le rivage; quand le vizir descendit pour monter dans un bateau, ils crièrent, s'agitèrent et dénoncèrent les prix élevés et les pénuries en matière d'aliments, la difficulté de gagner sa vie, la propagation de la pauvreté et la souffrance des pères de famille.

# الأسبوع العشرين

**Chronologie bilingue fr-ar** — enregistrement ici : http://www.al-hakkak.fr/chronologie-son.html

**Extrait 6** de l'ouvrage intitulé «**Chronologie bilingue fr-ar**» - ISBN : 9781974214099
Ce livre contient environ 1500 dates dont sept séries sont reproduites dans ce volume à titre d'exemples.
*NB : la version arabe contient parfois davantage de détails, facilement repérables.*

**XIV<sup>ème</sup> siècle** — Rivalités entre Gênes et Venise.

القرن الرابع عشر - التنافس على أشده بين مدينتي جنوة والبندقية (فينيسيا)

**v. 1300** — Constitution de la première principauté ottomane. / Conversion des Bogomiles de Bosnie à l'Islam.

ح سنة ١٣٠٠ - قيام أول إمارة عثمانية أسسها عثمان بن أرطغرل الذي أعلن استقلاله عن سلطة السلاجقة / اعتناق سكان البوسنة الديانة الإسلامية

**1305** — Mosquée de l'Alhambra.

سنة ١٣٠٥ - تشييد مسجد الحمراء في غرناطة

**1309** — Chute de Gibraltar aux mains des Catholiques. / Le pape français Clément V quitte Rome pour Avignon.

سنة ١٣٠٩ - سقوط جبل طارق في قبضة الكاثوليكيين / البابا إكلمنضس (كليمنت) الخامس (فرنسي) يستقر في مدينة آفينيون في جنوب فرنسا

**1315** — Mort de Raymond Lulle, écrivain et missionnaire catalan, auteur de nombreux ouvrages en arabe.

سنة ١٣١٥ - وفاة رامون لول الكاتب الكتلاني الذي ألف العديد من الكتب باللغة العربية إلى جانب ما كتبه باللاتينية والكتلانية

**1321** — Mort à Ravenne de Dante (56 ans) auteur de la *Divine Comédie*.

سنة ١٣٢١ - وفاة دانتي مؤلف الكوميديا الإلهية في مدينة رافينا عن عمر ناهز السادسة والخمسين

**1325** — Début des voyages d'Ibn Battûta (1304-1377).

سنة ١٣٢٥ - بداية رحلات الرحالة المغربي ابن بطوطة الذي ولد سنة ١٣٠٤ وتوفي سنة ١٣٧٧

**1328** — Charles IV le Bel meurt sans héritier direct. Philippe VI devient roi et établit la dynastie des Valois.

سنة ١٣٢٨ - وفاة ملك فرنسا شارل الرابع الملقب بالجميل دون وريث / فيليب السادس يصبح أول ملوك فرنسا من سلالة الفالوازيين

**1334-44** — Palais des Papes à Avignon.

من سنة ١٣٣٤ إلى سنة ١٣٤٤ - تشييد قصر البابوات في مدينة آفينيون

**1337-1453** — Guerre de Cent ans.

من سنة ١٣٣٧ إلى سنة ١٤٥٣ - حرب المائة عام

**1347-52** — Peste Noire.

من سنة ١٣٤٧ إلى سنة ١٣٥٠ - انتشار الطاعون

**1350** — Début à Grenade de la construction de l'Alhambra.

سنة ألف وثلاثمائة وخمسين - بداية تشييد قصر الحمراء في غرناطة

**1362** — Les Ottomans s'emparent d'Andrinople.

سنة ١٣٦٢ - العثمانيون يحتلون مدينة الأندرونة في غرب الأناضول

**1365** — Pillage d'Alexandrie par les Européens.

سنة ١٣٦٥ - القوات الأوربية تنهب ميناء الإسكندرية في شمال مصر

**Grammaire** : un mot = traductions multiples

## MÊME

1- Nous vivons dans le même quartier. .....................................

2- Nous sommes tous du même pays. .....................................

3- C'est cette maison même que je veux louer. .....................................

4- Pourquoi ne prépares-tu pas ton repas toi-même ? .....................................

5- C'est du pareil au même. .....................................

6- Ce sont toujours les mêmes qui critiquent. .....................................

7- Même toi, tu ne me crois pas ! .....................................

8- Il est faible, voire même très faible. .....................................

9- Même si tu es gentil avec eux, ils se plaignent de toi. .....................................

10- C'est évident, quand même ! .....................................

11- Les voisins, ceux-là même qui sont partis, reviennent. .....................................

12- Je l'ai trouvé ici même. .....................................

13- Je n'ai pas l'habitude de dormir à même le sol. .....................................

14- Il en va de même pour le prochain voyage. .....................................

15- Ils ont tout de même le droit de rester ici. .....................................

16- Vous êtes à même de comprendre. .....................................

17- C'est aujourd'hui même que nous partons d'ici. .....................................

18- Vous êtes tous les mêmes ! .....................................

## CONSEIL

1- As-tu un conseil à me donner pour bien apprendre l'arabe ? .....................................

2- Il faut prendre conseil auprès d'un spécialiste. .....................................

3- Ton cousin est de bon conseil. .....................................

4- Sur le conseil d'un ami, j'ai décidé d'étudier l'histoire. .....................................

5- Attends un peu : la nuit porte conseil. .....................................

6- Le Conseil municipal a voté la hausse des taxes. .....................................

7- Mon cousin est conseil en assurance. .....................................

8- Ma mère travaille comme conseil judiciaire. .....................................

9- Son père est le président du Conseil d'Administration. .....................................

10- Nous allons tenir conseil. .....................................

11- Il n'écoute les conseils de personne. .....................................

12- Le Conseil constitutionnel a censuré la nouvelle loi. .....................................

**Grammaire** : un mot = traductions multiples

## COTE

1- Quelle est la cote du dollar aujourd'hui ?

2- Il a la cote, ce candidat.

3- La cote de popularité du président est trop basse.

4- Il s'est cassé une côte dans l'accident.

5- Ils marchent toujours côte à côte.

6- Tu dois apprendre le démarrage en côte.

7- Il faut monter la côte pour aller au village.

8- Je n'ai visité ni la Côte d'Azur ni la Côte d'Argent ni la Côte d'Emeraude.

## MOYEN

1- Les moyens de transport sont excellents dans votre ville.

2- Penses-tu que la fin justifie les moyens ?

3- J'aime bien étudier le Moyen-Âge.

4- Ce n'est ni bon ni mauvais : c'est moyen.

## FORT

1- Tu es plus forte que moi.

2- C'est fort compliqué.

3- Qui a construit ce fort et à quelle époque ?

4- Ici, c'est la jungle : c'est la loi du plus fort !

5- On lui a prêté main-forte.

6- Fort de ces conseils, il s'est lancé dans la compétition.

7- Tu y vas trop fort !

8- Ils ont essayé de voler le coffre-fort.

9- C'est plus fort que lui : dès qu'il voit un casino, il y va.

## PAIX

1- Il est mort hier soir : paix à son âme !

2- Ils ont décidé de faire la paix et de signer un traité de paix.

3- Fichez-moi la paix !

4- Je me sens en paix dans cette ville.

# الأسبوع العشرين

**Manuel d'arabe** en ligne — **Tome III**
**Les bases de l'arabe** en 50 semaines © G. Al-Hakkak 2013

| | |
|---|---|
| Ne t'ai-je pas dit qu'ils ne vont pas nous écouter ? | Pourquoi nous caches-tu la vue de ton beau visage ? |
| Ne vous ont-ils pas dit que les gens ici ne vous écouteront pas ? | Pourquoi nous cachent-ils la vue de leur beau château ? |
| Toi aussi, on t'a chassé avec une petite valise ! | Ce livre, vous ne devez pas nous empêcher de le voir. |
| Eux aussi, on les a chassés avec peu de choses ! | Ce film, ils ne doivent pas nous empêcher de le voir. |
| Tu nous reviens avec un visage et un discours différents. | Ce livre, nous ne devons pas l'empêcher de le lire. |

---

١ - يحجبون / منظر / عنا / القديمة / لماذا / المدينة ؟ -<

٢ - الناس / عن / تحجبون / الجميل / هذا / لماذا / منظر / القصر ؟ -<

٣ - ذكرى / من / بسيطة / إليكم / إنها / أحملها / باريس  -<

٤ - قصيراً / له / زماناً / إليهم / أن / نزل / عالماً  -<

٥ - إلينا / بوجوه / إنهم / اليوم / مختلفة / يعودون -<

---

**Déclinaisons**

| | | | |
|---|---|---|---|
| ١ - سمعت أمس أن ............... سوف يكون على الفصل العشرين . | ☐ الامتحانُ | ☐ الامتحانَ | ☐ الامتحانِ |
| ٢ - علمت من الراديو أن ............... سيكون غائماً اليوم . | ☐ الجوُ | ☐ الجوَّ | ☐ الجوِّ |
| ٣ - أخبرنا الجيران أن ............... سترفع الضرائب هذه السنة . | ☐ البلديةُ | ☐ البلديةَ | ☐ البلديةِ |
| ٤ - علمت أن في مدينتكم ............... يمينية . | ☐ بلديةٌ | ☐ بلديةً | ☐ بلديةٍ |
| ٥ - سمعت أن هناك ............... كبيرة بينك وبين صاحب العمل . | ☐ مشكلةٌ | ☐ مشكلةً | ☐ مشكلةٍ |
| ٦ - أنت تتكلم وكأن ............... ليست مهمة . | ☐ المشكلةُ | ☐ المشكلةَ | ☐ المشكلةِ |
| ٧ - أنا غير مهتم لأن هذه ............... ليست جديدة . | ☐ المشكلةُ | ☐ المشكلةَ | ☐ المشكلةِ |
| ٨ - لعل هذه ............... تنتهي بحل سعيد يرضي الجميع . | ☐ المشكلةُ | ☐ المشكلةَ | ☐ المشكلةِ |
| ٩ - أظن أن عندكم ............... حقيقية ! | ☐ مشكلةٌ | ☐ مشكلةً | ☐ مشكلةٍ |
| ١٠ - لن يكون هناك أية ............... بيننا وبينكم . | ☐ مشكلةٌ | ☐ مشكلةً | ☐ مشكلةٍ |

---

**culture générale**

| | | | | |
|---|---|---|---|---|
| ١ - لليبيا حدود مشتركة مع ............... بلدان . | ☐ ثلاثة | ☐ أربعة | ☐ خمسة | ☐ ستة |
| ٢ - للعراق حدود مشتركة مع ............... بلدان . | ☐ أربعة | ☐ خمسة | ☐ ستة | ☐ سبعة |
| ٣ - للأردن حدود مشتركة مع ............... بلدان . | ☐ ثلاثة | ☐ أربعة | ☐ خمسة | ☐ ستة |
| ٤ - للجزائر حدود مشتركة مع ............... بلدان . | ☐ أربعة | ☐ خمسة | ☐ ستة | ☐ سبعة |
| ٥ - للسعودية حدود مشتركة مع ............... بلدان . | ☐ خمسة | ☐ ستة | ☐ سبعة | ☐ ثمانية |

# الأسبوع العشرين

| | |
|---|---|
| Personne n'a le droit de se mêler des affaires de notre tribu ! | Demande à ton fils que tu as laissé seul ici ! |
| Si tu es en colère contre tes enfants, ne les frappe pas ! | Demande à ta femme que tu as laissée sans nouvelles ! |
| Si tu es en colère contre ton ordinateur, ne le casse pas ! | Es-tu sûr qu'il t'a dit que tu étais plus idiot que l'âne ? |
| Si tu le vendais, tu t'en débarrasserais. | Etes-vous sûrs qu'ils vous ont dit que vous étiez plus chers que leur argent ? |
| S'ils le vendaient, ils s'en débarrasseraient. | Personne n'a le droit de se mêler de nos affaires ! |

١ - <- ماذا / تنتقدها / الشديد / ؟ -> هذا / حتى / فعلت / الانتقاد
٢ - <- ماذا / تنتقدوهم / ؟ -> بهذا / حتى / قالوا / الشكل
٣ - <- الكلام / الأطفال / أعرف / لا / يفهمون / أن / هذا
٤ - <- الكلام / يصدقون / الناس / يعرفون / لا / أن / هذا
٥ - <- واحدة / لنا / ترتفع / الضرائب / قالوا / إن / إلا / مرة / لن

## Déclinaisons

١ - كانت ............... آمنة نسبياً قبل ظهور الإرهاب فيها . — بلادنا ☐ / بلادنا ☐ / بلادنا ☐
٢ - كانت مدينتنا ............... قبل هجوم الإرهابيين عليها . — هادئةٌ ☐ / هادئةً ☐ / هادئةٍ ☐
٣ - أصبحت قريتنا ............... بعد ابتعاد الإرهاب عنها . — آمنةٌ ☐ / آمنةً ☐ / آمنةٍ ☐
٤ - صارت قريتنا ............... بعد فتح المصنع فيها . — كبيرةٌ ☐ / كبيرةً ☐ / كبيرةٍ ☐
٥ - كان الجو ............... يوم أمس . — ممطرٌ ☐ / ممطراً ☐ / ممطرٍ ☐
٦ - لم تكن المدرسة ............... أمس . — مفتوحةٌ ☐ / مفتوحةً ☐ / مفتوحةٍ ☐
٧ - أصبح جارنا اليمني ............... جداً بعد فوزه بالماراثون . — مشهورٌ ☐ / مشهوراً ☐ / مشهورٍ ☐
٨ - صار لنا ............... من اليمن . — جارٌ ☐ / جاراً ☐ / جارٍ ☐
٩ - ليس لدينا ............... مع جيراننا . — مشكلةٌ ☐ / مشكلةً ☐ / مشكلةٍ ☐
١٠ - لم يعد لدينا ............... مع أي واحد من جيراننا . — مشكلةٌ ☐ / مشكلةً ☐ / مشكلةٍ ☐

## culture générale

١ - أصبح العراق جمهورية سنة ............... — ١٩٥٨ ☐ / ١٩٦٣ ☐ / ١٩٦٨ ☐ / ١٩٧١ ☐
٢ - أصبحت مصر جمهورية سنة ............... — ١٩٥٠ ☐ / ١٩٥٢ ☐ / ١٩٥٣ ☐ / ١٩٥٦ ☐
٣ - أصبحت ليبيا جمهورية سنة ............... — ١٩٦٩ ☐ / ١٩٧٠ ☐ / ١٩٧٩ ☐ / ١٩٨٥ ☐
٤ - أصبحت الجزائر جمهورية سنة ............... — ١٩٥٤ ☐ / ١٩٦٢ ☐ / ١٩٦٧ ☐ / ١٩٩٠ ☐
٥ - أصبحت اليمن جمهورية سنة ............... — ١٩٦١ ☐ / ١٩٦٢ ☐ / ١٩٦٣ ☐ / ١٩٦٤ ☐

## الأسبوع العشرين

| | |
|---|---|
| J'ai rempli ma vie avec le travail. | Ils se sont tus un moment puis ils se sont mis à rire. |
| Elle a rempli sa vie avec les études. | Il m'a appelé pour me donner des nouvelles. |
| Ils ne regardent que leurs enfants. | Je les ai appelés pour leur annoncer mon voyage. |
| Il ne regarde que son argent et sa maison. | Elle nous a écrit pour nous annoncer son mariage. |
| Il s'est tu un instant puis il cria. | Je ne regarde que le JT. |

---

١ - لا / إن / صداقتكم / ترون / كنتم / أننا / نستحق / فأخبرونا - ............

٢ - المساعدة / ترى / إن / لا / فلا / كنت / أنهم / يستحقون / تساعدهم - ............

٣ - حياتنا / المسلسلات / كله / لقد / التلفزيونية / فراغ / بـمشاهدة / ملأنا - ............

٤ - فراغ / كله / لقد / الروايات / ملأت / حياتي / بقراءة - ............

٥ - الناس / إلا / لا / على / شيئاً / يفعل / التلفزيون / التفرج - ............

---

**Déclinaisons**

| | | | |
|---|---|---|---|
| ١ - أعتقد أنني لن ............ الذهاب إلى العمل اليوم . | ☐ أستطيعُ | ☐ أستطيعَ | ☐ أستطعْ |
| ٢ - إنني أحلم بأن ............ حراً كالطير . | ☐ أكونُ | ☐ أكونَ | ☐ أكنْ |
| ٣ - سوف ............ لكم رسالة عندما أصل إلى صنعاء . | ☐ أرسلُ | ☐ أرسلَ | ☐ أرسلْ |
| ٤ - إنني أتعلم العربية لـ ............ مع أولاد عمي . | ☐ أتكلمُها | ☐ أتكلمَها | ☐ أتكلمْها |
| ٥ - إنني أدرس الفلسفة لكي ............ معنى الحياة . | ☐ أفهمُ | ☐ أفهمَ | ☐ أفهمْ |
| ٦ - إنني لحد اليوم لـم ............ معنى الحياة . | ☐ أفهمُ | ☐ أفهمَ | ☐ أفهمْ |
| ٧ - سوف أدرس وأتعلم وأفكر حتى ............ معنى الحياة . | ☐ أفهمُ | ☐ أفهمَ | ☐ أفهمْ |
| ٨ - أنا لا ............ قبل أن أتكلم وهذه هي مشكلتي ! | ☐ أفكرُ | ☐ أفكرَ | ☐ أفكرْ |
| ٩ - من ............ في مشاكل الشرق الأوسط يصبح مجنوناً ! | ☐ يفكرُ | ☐ يفكرَ | ☐ يفكرْ |
| ١٠ - إن ............ أن تفهم الحياة تتعب نفسك بلا فائدة . | ☐ تحاولُ | ☐ تحاولَ | ☐ تحاولْ |

---

**culture générale**

| | | | | |
|---|---|---|---|---|
| ١ - عاش الجاحظ في القرن ............ للميلاد . | ☐ السابع | ☐ الثامن | ☐ التاسع | ☐ العاشر |
| ٢ - عاش الـمتنبي في القرن ............ للميلاد . | ☐ السابع | ☐ الثامن | ☐ التاسع | ☐ العاشر |
| ٣ - عاش أبو حنيفة في القرن ............ للميلاد . | ☐ السابع | ☐ الثامن | ☐ التاسع | ☐ العاشر |
| ٤ - عاش هارون الرشيد في القرن ............ للميلاد . | ☐ السابع | ☐ الثامن | ☐ التاسع | ☐ العاشر |
| ٥ - عاش أبو تـمام في القرن ............ للميلاد . | ☐ السابع | ☐ الثامن | ☐ التاسع | ☐ العاشر |

الأسبوع العشرين

Personne ne veut écouter ce que je dis.

Il ne me reste avant les examens que quelques jours.

Il ne vous reste avant le voyage que quelques heures.

Ils veulent que tu te taises, ma fille !

Ils veulent que le peuple se taise.

Ne me posez pas de question aujourd'hui sur ma santé !

Ne lui pose pas de question sur son travail !

Comme d'habitude, ma grand-mère parle toute seule.

Comme d'habitude, ils font tout par eux-mêmes.

Mon avis n'a plus de valeur à leurs yeux.

---

١ - من / أن / إلى / ما / أحد / يستمع / كلامي / يريد -: ................................

٢ - أحد / إلى / يعد / له / لم / قيمة / كلامي / بالنسبة -: ................................

٣ - عن / لا / اليوم / تسألوني / الطعام -: ................................

٤ - أن / لأن / إنهم / أسكت / القضية / يريدون / انتهت -: ................................

٥ - أيام / غير / يبق / لي / في / لم / الحياة -: ................................

---

**Déclinaisons**

| | | | الجملة |
|---|---|---|---|
| ○ حزينٍ | ○ حزيناً | ○ حزينٌ | ١ - عاد ابني من المدرسة ............... بسبب نتائج امتحان العربية . |
| ○ مختبئٍ | ○ مختبئاً | ○ مختبئٌ | ٢ - بقي المجرم النازي كلاوس باربي ............... سنين طويلة . |
| ○ محتلةٍ | ○ محتلةً | ○ محتلةٌ | ٣ - بقيت غزة ............... سنين طويلة . |
| ○ رافعٍ | ○ رافعاً | ○ رافعٌ | ٤ - تقدم الجندي ............... العلم الأبيض . |
| ○ مندهشٍ | ○ مندهشاً | ○ مندهشٌ | ٥ - نظر الوزير إلى السكرتيرة ............... من كلامها . |
| ○ مندهشٍ | ○ مندهشاً | ○ مندهشٌ | ٦ - سكت الشيخ وهو ............... من كلام أولاده . |
| ○ مندهشان | ○ مندهشين | ○ مندهشون | ٧ - قرأ أهلي نتائجي ............... من نجاحي . |
| ○ باكيةٍ | ○ باكيةً | ○ باكيةٌ | ٨ - وصلت المرأة إلى المستشفى ............... . |
| ○ معتذرٍ | ○ معتذراً | ○ معتذرٌ | ٩ - أجاب الطبيب ............... عن تأخره عن الموعد . |
| ○ مبتسمٍ | ○ مبتسماً | ○ مبتسمٌ | ١٠ - فتح البواب الباب ............... لضيوفنا . |

---

**culture générale**

| | | | | |
|---|---|---|---|---|
| ○ ١٩٦٢ | ○ ١٩٥٨ | ○ ١٩٥٠ | ○ ١٩٣٤ | ١ - فازت البرازيل بكأس العالم لأول مرة سنة ............... . |
| ○ ٢٠٠٦ | ○ ١٩٨٢ | ○ ١٩٣٤ | ○ ١٩٣٠ | ٢ - فازت إيطاليا بكأس العالم لأول مرة سنة ............... . |
| ○ إنجلترا | ○ هنغاريا | ○ إيطاليا | ○ البرازيل | ٣ - في نهائي كأس العالم سنة ١٩٥٤ فازت ألمانيا على ............... . |
| ○ ٦-٣ | ○ ٥-٢ | ○ ٤-٢ | ○ ٣-١ | ٤ - في نهائي كأس العالم سنة ١٩٥٨ فازت البرازيل على السويد ............... . |
| ○ ٧-١ | ○ ٤-٣ | ○ ٤-١ | ○ صفر - ٢ | ٥ - في كأس العالم سنة ٢٠١٤ فازت ألمانيا على البرازيل ............... . |

# الأسبوع العشرون

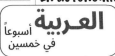

Je me suis retourné et j'ai vu le chien derrière moi.

Nous nous sommes retournés et nous avons vu le voleur derrière nous.

L'assistance a sursauté en entendant le mot « feu ».

Elle a sursauté en entendant ton nom.

Elle mit la main sur le cœur et leva les yeux au ciel.

Il se leva et ouvrit la porte.

Je voulais au moins lui écrire une lettre d'adieu.

Il voulais au moins te dire bonjour.

C'est notre dernier jour dans cette ville.

C'est votre dernier jour dans cette aventure.

---

١ - رفع / إلى / ثم / السماء / بكى / عينيه -  ..................................................

٢ - وأولاده / وراءنا / وزوجته / العمدة / فرأينا / التفتنا -  ..................................................

٣ - نريد / لهم / الأقل / أن / على / نقول / كنا / شكراً -  ..................................................

٤ - يوم / اليوم / في / هو / هذه / هذا / لنا / آخر / الجامعة -  ..................................................

٥ - الدرس / درس / لنا / في / هو / هذا / العربية / آخر -  ..................................................

---

## Déclinaisons

١ - شارك ................ كلهم في الإضراب .   ○ العاملون   ○ العاملين   ○ العاملات

٢ - شارك ................ الشركة كلهم في الإضراب .   ○ عاملون   ○ عاملو   ○ عاملي

٣ - لم يشارك ................ المؤسسة في المظاهرة .   ○ مهندسون   ○ مهندسو   ○ مهندسي

٤ - احتجت نقابة ................ على القانون الجديد .   ○ المهندسون   ○ المهندسين   ○ المهندسان

٥ - هتف ................ بسقوط الحكومة .   ○ المتظاهرون   ○ المتظاهرين   ○ المتظاهرات

٦ - هتف أكثر ................ بحياة رئيس البلاد .   ○ المتظاهرون   ○ المتظاهرين   ○ المتظاهرات

٧ - نادى ................ في المؤتمر بوقف إطلاق النار فوراً .   ○ المشاركون   ○ المشاركين   ○ المشاركات

٨ - وافق جميع ................ في المؤتمر على الاتفاق .   ○ المشاركون   ○ المشاركين   ○ المشاركات

٩ - اعترض بعض ................ في المؤتمر على الاتفاقية .   ○ المشاركون   ○ المشاركين   ○ المشاركات

١٠ - حصلت مشاجرة عنيفة بين ................ في المفاوضات .   ○ المشاركون   ○ المشاركين   ○ المشاركات

---

## culture générale

١ - الموسيقار الذي ألف بحيرة البجع هو ................ .   ○ موزارت   ○ بتهوفن   ○ هندل   ○ تشايكوفسكي

٢ - الموسيقار الذي ألف أنشودة الفرح هو ................ .   ○ باخ   ○ فيفالدي   ○ بتهوفن   ○ هايدن

٣ - الموسيقار الذي ألف أوبرا « المسيح » هو ................ .   ○ ليدز   ○ هايدن   ○ شوبرت   ○ هندل

٤ - الموسيقار الذي ألف «الفصول الأربعة» هو ................ .   ○ موزارت   ○ فيفالدي   ○ هايدن   ○ رحمانينوف

٥ - الموسيقار الذي ألف « حلاق إشبيلية » هو ................ .   ○ روسيني   ○ فردي   ○ بوتشيني   ○ مونتيفردي

# الأسبوع العشرون

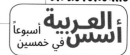

Il ne l'avait pas vu depuis vingt ans.

C'était un jeune homme bien bâti, plein d'énergie.

Me voilà qui reviens à la première occasion.

Les années sont-elles passées dans un travail incessant ?

Ils luttaient, tous les deux, contre un ennemi commun : la pauvreté.

J'étais en effet pauvre, mais la vie était clémente.

La vie est devenue très difficile.

Mais tu es croyant et la foi est un trésor inestimable.

Tu es enfermé dans un environnement particulier ; c'est là, le problème.

Devons-nous attendre encore vingt ans ?

---

١ - و / أنها / هل / يخطر / تملك / عمارة / فيلا / سيارة / بباله - >  ..............

٢ - في / أنها / لصاً / موظف / تخاطب / تعرف / هل / ثوب / كبير - >  ..............

٣ - على / على / كان / إقطاعيون / الملايين / البلد / ملذاتهم / يتسلط / يبذرون - >  ..............

٤ - من / لم / يا / أعماق / نكن / نضحك / قلوبنا / أ / صديقي - >  ..............

٥ - منها / كما / ولم / أحد / وخرجوا / دخل / دخلوها / ينجح / المدرسة / الأولاد - >  ..............

---

**Prépositions**

١ - رفع عينيه ............. النارجيلة .   ☐ على   ☐ عن   ☐ في

٢ - حمداً لله ............. السلامة يا بيك .   ☐ على   ☐ عن   ☐ من

٣ - لم يره ............. عشرين عاماً .   ☐ بـ   ☐ منذ   ☐ مع

٤ - كيف هان ............. مكانك المفضل ؟   ☐ بك   ☐ فيك   ☐ عليك

٥ - هل مرت السنوات ............. عمل متواصل ؟   ☐ من   ☐ في   ☐ منذ

٦ - قديماً كان العيش يتيسر ............. ببضعة قروش .   ☐ لك   ☐ منك   ☐ عنك

٧ - أما الفلاحين والعمال ............. تحسنت أحوالهم .   ☐ قد   ☐ لقد   ☐ فقد

٨ - قد يضحى بجيل ............. سبيل الأجيال القادمة .   ☐ على   ☐ في   ☐ من

٩ - ابتسم مستسلماً وهو مكب على عمله ............. تكاسل .   ☐ في   ☐ من   ☐ إلى

١٠ - داؤنا أننا ننظر ............. الوراء، دائماً نتوهم أن وراءنا فردوساً مفقوداً .   ☐ في   ☐ من   ☐ إلى

---

**culture générale**

١ - المغني الذي غنى بالفرنسية «لا تهجرني» هو ............. .   ☐ جوني هاليدي   ☐ لوي فيريه   ☐ جاك بريل   ☐ ساردو

٢ - المغني الذي غنى بالإنجليزية «غرباء في الليل» هو ............. .   ☐ توم جونز   ☐ فرانك سيناترا   ☐ بوب ديلان   ☐ رنغو

٣ - المغني الذي غنى بالفرنسية «سيدي الرئيس» هو ............. .   ☐ إيف مونتان   ☐ بوريس فيان   ☐ جورج براسانس

٤ - المغني الذي غنى بالإنجليزية «في الأمس» هو ............. .   ☐ مايكل جاكسون   ☐ جوني كاش   ☐ جون مكارتني

٥ - المغنية التي غنت بالفرنسية «لست نادمة على شيء» هي ............. .   ☐ إديت بياف   ☐ باربارا   ☐ سلين ديون

# الأسبوع العشرون

**Grammaire** : quelques verbes (forme VIII)

*Compléter chaque phrase en accordant le verbe :*

| | |
|---|---|
| 1. Mes enfants, depuis quand travaillez-vous ici ? | ١ - منذ متى ................ هنا يا أولادي ؟ (اشتغل يشتغل) |
| 2. Mes enfants, vous devez vous éloigner de ces choses. | ٢ - يجب أن ................ عن هذه الأشياء يا أولادي (ابتعد يبتعد) |
| 3. La meurtrière a-t-elle reconnu le crime ? | ٣ - هل ................ القاتلة بالجريمة ؟ (اعترف يعترف) |
| 4. Je pense qu'ils ne reconnaitront pas leur erreur. | ٤ - أظن أنهم لن ................ بخطئهم (اعترف يعترف) |
| 5. Pourquoi voulez-vous que je déménage de ce quartier ? | ٥ - لماذا تريدون أن ................ من هذا الحي ؟ (انتقل ينتقل) |
| 6. Je pense qu'ils vont bientôt déménager d'ici. | ٦ - أظن أنهم سوف ................ قريباً من هنا (انتقل ينتقل) |
| 7. Le nombre n'est pas encore atteint. | ٧ - لم ................ العدد بعد (اكتمل يكتمل) |
| 8. Le feu s'est soudainement déclaré dans le dépôt. | ٨ - ................ النيران فجأة في المخزن (اشتعل يشتعل) |
| 9. Ismaël, as-tu reçu ma dernière lettre ? | ٩ - هل ................ رسالتي الأخيرة يا إسماعيل ؟ (استلم يستلم) |
| 10. Je suis persuadé que notre équipe va gagner. | ١٠ - أنا متأكد من أن فريقنا سوف ................ (انتصر ينتصر) |
| 11. A-t-il reconnu le crime ou pas encore ? | ١١ - هل ................ بالجريمة أم لم ................ بعد ؟ (اعترف يعترف) |
| 12. Mes enfants, je ne comprends pas pourquoi vous comptez sur les autres. | ١٢ - لا أفهم لماذا ................ على الغير يا أولادي (اعتمد يعتمد) |
| 13. Je voudrais tester cet appareil. | ١٣ - أريد أن ................ هذا الجهاز (اختبر يختبر) |
| 14. Nous devons faire des économies. | ١٤ - يجب علينا أن ................ (اقتصد يقتصد) |
| 15. Ils ont fait beaucoup d'économie et ont épargné mille dinars. | ١٥ - لقد ................ كثيراً وجمعوا ألف دينار (اقتصد يقتصد) |
| 16. Est-ce vrai que Marilyn Monroe s'était suicidée ? | ١٦ - صحيح أن مارلين مونرو قد ................ ؟ (انتحر ينتحر) |

---

| | | | | | |
|---|---|---|---|---|---|
| ١ - لقد ................ سبع سنين في مصر . | ☐ اشتغلت | ☐ أشتغل | ١١ - هل ................ القاتل بالجريمة ؟ | ☐ اعترف | ☐ يعترف |
| ٢ - لقد ................ معنا في القاهرة . | ☐ يشتغلون | ☐ اشتغلوا | ١٢ - سمعت أنك سوف ................ ! | ☐ انتقلت | ☐ تنتقل |
| ٣ - أريد أن ................ في شركة عربية . | ☐ اشتغلت | ☐ أشتغل | ١٣ - ................ على نفسك لا علينا ! | ☐ اعتمد | ☐ أعتمد |
| ٤ - لن ................ إلا في الريف . | ☐ اشتغلت | ☐ أشتغل | ١٤ - حاول أن ................ قليلاً ! | ☐ اقتصد | ☐ تقتصد |
| ٥ - ما ................ إلا في المدينة . | ☐ اشتغلت | ☐ أشتغل | ١٥ - لماذا ................ عن الكلام ؟ | ☐ امتنع | ☐ تمتنع |
| ٦ - لا ................ كثيراً عن الدار ! | ☐ ابتعد | ☐ تبتعد | ١٦ - هل ................ الرسالة ؟ | ☐ استلمتم | ☐ تستلموا |
| ٧ - لن ................ عن أرضنا . | ☐ ابتعدنا | ☐ نبتعد | ١٧ - لم ................ شيء ثمين . | ☐ احترق | ☐ يحترق |
| ٨ - أفضل أن ................ من المركز . | ☐ اقتربت | ☐ أقترب | ١٨ - لم ................ أحد في هذه الحرب . | ☐ انتصر | ☐ ينتصر |
| ٩ - يجب أن ................ من حينا . | ☐ ابتعدتم | ☐ تقتربوا | ١٩ - صحيح أن هتلر ................ ؟ | ☐ انتحر | ☐ أنتحر |
| ١٠ - لا ................ النار يا ابني ! | ☐ اقترب | ☐ تقترب | ٢٠ - لقد ................ القصر بسبب الصاعقة . | ☐ احترق | ☐ يحترق |

# الأسبوع العشرين

**Exercices et texte littéraire moderne**

| | |
|---|---|
| Il est contraint de voir les mêmes visages et d'entendre les mêmes histoires. | يضطر إلى رؤية الوجوه نفسها وسماع الأحاديث نفسها |
| Il aimerait déambuler dans les marchés. | يتمنى أن يمشي في الأسواق |
| Il marche en regardant tout les yeux grands ouverts comme s'il voyait les choses pour la première fois. | يمشي محملقاً في كل شيء كأنه يراه للمرة الأولى |
| Comme si les bâtiments, les boutiques et les voitures étaient nouveaux pour lui. | كأنما الأبنية والحوانيت والسيارات جديدة عليه |
| Il purge une peine de prison à bord du bateau sans avoir commis une faute. | يقضي حكماً بالسجن على ظهر سفينة دون ذنب ارتكبه |

| | |
|---|---|
| En travaillant à la mer j'ai fait connaissance avec la plupart des ports du monde | خلال عملي في البحر تعرفت إلى معظم مرافئ العالم |
| Les jours que nous passions sur terre étaient agréables | كانت الأيام التي نقضيها على البر ممتعة |
| Le marin reste longtemps à bord. | البحار يمكث طويلاً على ظهر السفينة |
| Il ne voit que le ciel et l'eau. | لا يرى غير السماء والماء |
| Il ne fait que travailler et manger. | لا يفعل سوى العمل والأكل |

## Syntaxe

١- الصديق / خلال / تعرفت / هذا / على / الدراسة .

٢- الوقت / نقضيه / الدراسة / الذي / كان / لذيذاً / في .

٣- لا / النوم / اللعب / يفعلون / أولادي / سوى / و / كان .

٤- تقضي / بالسجن / أحد / كانت / حكماً / في / السجون .

٥- أتمنى / أمشي / شوارع / أن / كنت / في / باريس .

## Remploi de vocabulaire

١- خلال سفرنا تعرفنا ............ سياح من عمان .

٢- كانت الأيام ............ أقضيها في الجامعة جميلة .

٣- نحن نضطر ............ العمل والدراسة .

٤- أتمنى ............ أمشي معكم في المدينة .

٥- ............ أرى غير زبون واحد في المطعم .

٦- إنه يقضي ............ بالسجن عشر سنين .

٧- أتمنى أن ............ معكم في مطعم ياباني .

٨- أين تعرفت ............ خطيبتك ؟

٩- كان الوقت ............ نقضيه في الريف جميلاً .

١٠- هل أنت مضطر ............ العمل ؟

---

قال سعيد :

«خلال عملي في البحر، على إحدى سفن الشحن، تعرفت إلى معظم مرافئ العالم . كانت السفينة من عابرات المحيطات، تتسع لحمولة كبيرة جداً، وتضطر إلى الرسو أسبوعاً أو أسبوعين، ريثما يتم التفريغ والتحميل .

وكانت الأيام التي نقضيها على البر ممتعة، فالبحار يمكث طويلاً على ظهر السفينة المبحرة، لا يرى غير السماء والماء، ولا يفعل سوى العمل والأكل، محروماً من رؤية اليابسة، محروماً من المرأة والأولاد، غير قادر على السير إلا مسافة قصيرة، محددة، هي طول الباخرة وعرضها، يسهر الليالي والنهارات حول الدفة، أو يعمل في تنظيف السطح وطلاء بعض الأماكن التي تآكلت بفعل الملح والرطوبة، ويضطر إلى رؤية الوجوه نفسها، وسماع الأحاديث نفسها، وتكرار المشاهد والصور، ومعاناة شدائد البحر في الأنواء والعواصف .

البحار، في هذه الحال، يتشهى اليابسة، تصير الأرض عشقه، تصبح المرأة حلمه، يتمنى أن يمشي في الأسواق ويمشي محملقاً في كل شيء كأنه يراه للمرة الأولى، مندهشاً كأنما الأبنية والحوانيت والسيارات جديدة عليه، وكأنه يكتشف الوجوه الإنسانية بنظرة جديدة، ويشاهد القطط والكلاب والحيوانات بعد دهر من غيبتها عنه .

وحين تطول فرقة البحار لهذه الأشياء الأليفة، يشعر كأنه فصل عن عالم الناس، هجر من قبل الكائنات جميعاً، نفي عن اليابسة إلى أعماق المحيطات، فهو يقضي حكماً بالسجن على ظهر سفينة دون ذنب ارتكبه . وتتفاعل في ذاته مشاعر الضيق والعذاب والتمرد، ويتطلع من فوق حواجز الباخرة ونوافذ قمراتها إلى ما وراء المدى المائي بحنين لا يوصف، وتتولاه نوبات من السوداوية لا يبددها، أو لا ينساها إلا في شيئين : القمار والخمرة (...)

عن حنا مينا - حكاية بحار - ص ١٠٦

# الأسبوع العشرون

## Texte littéraire moderne — DIALOGUE LITTÉRAIRE - version simplifiée

### أمام طابور الإعدام

الضابط : تطلب شيئاً ؟
الملاك : لا . شكراً لكم .
الضابط : اعصبوا رأسه !
الملاك : لماذا تحجبون عني منظر الأرض الجميلة ؟
الضابط : نحجب عنك منظراً آخر .
الملاك : منظركم وأنت تسفكون دمي ! حتى هذا المنظر لا ينبغي أن تحجبوه عني .
الضابط : كفى، كفى . أمستعد ؟
الملاك : مستعد !
الضابط : ماذا تحمل في يمينك ؟
الملاك : لا تأخذوها مني !
الضابط : تفاحة ؟ ماذا تصنع بها الآن ؟
الملاك : إنها ذكرى أحملها من الأرض !
الضابط : أزفت الساعة !
الملاك : اللهم اشهد أني لم أرد التخلي عنهم، إنما هم ..

(ينطلق الرصاص إلى قلبه فيقطع كلامه ..)

**Son : 19**

---

في السماء .. تراتيل الملائكة وصلاة من أرجاء السماء ..
الملاك الثاني : عدت إلينا سريعاً !
الملاك الأول : ويل لساكني الأرض . إن إبليس نزل إليهم وبه غضب عظيم عالماً أن له زماناً قليلاً .
الملاك الثاني : ألم أقل لك إنهم لن يصغوا إلينا وإنك لاق منهم ما لقيت .
الملاك الأول : آه .. لكن مع ذلك ..
الملاك الثاني : ما هذه التفاحة ! أنت أيضاً طردوك من الأرض بتفاحة كما طرد آدم من السماء !
الملاك الأول : يا شجرة الحب !
الملاك الثاني : ماذا بك ! إنك تعود إلينا بوجه مختلف .
الملاك الأول : ما هذه الأصوات والتراتيل !
الملاك الثاني : تلك صلاة يقيمها رفاقك الملائكة من أجلك . فقد علموا أنك على الأرض في خطر .
الملاك الأول : من أجلي أنا يصلون ! ألا فلتكن صلاة الملائكة أجمعين من أجل أهل الأرض المساكين !

**Son : 20**

توفيق الحكيم - سلطان الظلام (1941) - صلاة الملائكة - الفصلان الخامس والسادس

---

### توفيق الحكيم

ولد سنة 1898 في الإسكندرية لأب مصري ولأم تركية . درس الحقوق في القاهرة وكتب عدة مسرحيات ثم سافر إلى باريس وأقام فيها من 1922 إلى 1928، وكتب عن تلك الفترة رواية «عصفور من الشرق». نشر سنة 1933 أولى رواياته بعنوان «عودة الروح» ثم واصل دون انقطاع كتابة الروايات والكتب الفكرية والمسرحيات التي بلغ عددها أكثر من ستين مسرحية. توفي سنة 1987.

**Son : 21**

---

## VERSION COMPLETE

### المنظر الخامس
### أمام طابور الإعدام

الضابط (للملاك) : تطلب شيئاً ؟
الملاك : لا . شكراً لكم .
الضابط (لأحد الجنود) : اعصب رأسه !
(يتقدم الجندي بعصابة سوداء ليخفي رأس الملاك وعينيه)
الملاك (يقصيه عنه برفق) : لماذا تحجبون عني منظر الأرض الجميلة في اللحظة الأخيرة ؟
الضابط : إنما نحجب عنك منظراً آخر .
الملاك : منظركم وأنتم تسفكون دمي ! حتى هذا المنظر لا ينبغي أن تحجبوه عني. فإني أعرف كيف أحكم على الرغم من ذلك وأرثي لكم . أنتم أيها الجنود الذين يصفونكم دائماً بـ «الشجعان» تمويهاً وتضليلاً ليخدعوكم عن حقيقة الحياة الإنسانية، ويغروكم بحياة الكواسر في الغابة : «تقتلون وتقتلون» ذلك كل عملكم «المجيد» ! وتلك كل حياتكم التي يريدونها لكم على هذه الأرض التي لا تبصرون جمالها ولا تسمعون غناءها لأنهم يغطون رؤوسكم وعيونكم بهذه الخوذات الثقيلة !

**Son : 22**

الضابط (صائحاً) : كفى، كفى . أمستعد ؟
الملاك : مستعد . اللهم اشهد أني قد صنعت من أجلهم ما استطعت !
الضابط (يلحظ يد الملاك) : ماذا تحمل في يمينك ؟
الملاك (يرفع يده بالتفاحة في حرص وخوف) : لا تأخذوها مني !
الضابط : تفاحة ؟ ماذا تصنع بها الآن ؟
الملاك (متوسلاً) : إنها خير ذكرى أحملها من الأرض !
الضابط (ينظر في ساعته) : أزفت الساعة !

---

(يصيح في الطابور فيرفع الجنود بنادقهم ويصوبونها إلى صدر الملاك)
الملاك : اللهم اشهد أني لم أرد تركهم ولا التخلي عنهم، إنما هم ..
(ينطلق الرصاص إلى فؤاده فيقطع عبارته ..)

**Son : 23**

### المنظر السادس

في السماء . تراتيل الملائكة وصلاة من أرجاء السماء !
الملاك الثاني (للملاك الأول) : عدت إلينا سريعاً !
الملاك الأول : ويل لساكني الأرض . إن إبليس نزل إليهم وبه غضب عظيم عالماً أن له زماناً قليلاً .
الملاك الثاني : ألم أقل لك إنهم لن يصغوا إلينا وإنك لاق منهم ما لقيت .
الملاك الأول (ناظراً إلى التفاحة في يده) : آه .. لكن مع ذلك ..
الملاك الثاني : ما هذه التفاحة ! أنت أيضاً طردوك من الأرض بتفاحة كما طرد آدم من السماء !
الملاك الأول (هامساً مترنماً) : يا شجرة الحب للكائنات . إن دمعك دمع السماء .
الملاك الثاني : ماذا بك ! إنك تعود إلينا بوجه غير الذي ذهبت به .
الملاك الأول (يصغي) : ما هذه الأصوات والتراتيل !
الملاك الثاني : تلك صلاة يقيمها رفاقك الملائكة من أجلك . فقد علموا أنك على الأرض في خطر .
الملاك الأول : من أجلي أنا يصلون ! ألا فلتكن صلاة الملائكة أجمعين من أجل أهل الأرض المساكين !

**Son : 24**

توفيق الحكيم - سلطان الظلام - صلاة الملائكة - الفصلان الخامس والسادس

## Texte littéraire moderne

|  |  |
|---|---|
| Je sais qu'un âne ne parle pas. | أعرف أن الحمار لا يتكلم |
| Qui achète ce cheval pur-sang ? | من يشتري هذا الحصان الأصيل ؟ |
| La publicité a fait des progrès : elle peut convaincre le cheval qu'il est un âne et l'âne qu'il est un cheval. | الدعاية قد تقدمت وتطورت أساليبها، وباتت تقنع الحصان بأنه حمار، وتقنع الحمار بأنه حصان . |
| Ne me demande pas : pose la question à ton âne ! | لا تسألني بل اسأل حمارك |
| Il m'a dit que le printemps ne vient qu'une fois dans l'année. | قال لي إن الربيع يأتي مرة واحدة في السنة |
| Personne n'a le droit de se mêler de mes affaires. | لا يحق لأحد التدخل في شؤوني |
| Qu'a-t-il fait pour se faire frapper ainsi ? | ماذا فعل حتى تضربه مثل هذا الضرب ؟ |

### لا داعي للاستغراب

عاد جحا إلى بيته، فوجد زوجته عابسة الوجه،
فسألها : ما بك ؟
فأجابت بنزق : لا تسألني بل اسأل حمارك الذي تركته مربوطاً بباب البيت .
قال جحا : وماذا فعل ؟ هل رفسك أم عضك ؟
قالت : مررت بجانبه، فغازلني وقال لي إني أجمل من القمر .
وكانت زوجة جحا قبيحة الوجه، سيئة الطباع،
فقال لها جحا مستغرباً : أمتأكدة أنه تكلم وقال لك إنك أجمل من القمر ؟
فقالت زوجة جحا : وقال لي أيضاً إن الربيع يأتي مرة واحدة في السنة، أما أنا فربيع دائم .
فبادر جحا إلى اختيار أغلظ عصا من عصيه،
وخرج من البيت، وانهال بالعصا على الحمار، فتجمع الناس حولهما، وقال أحد الرجال لجحا : ارحم حمارك يا جحا !

فقال جحا وهو مستمر في ضرب الحمار :
الحمار حماري، ولا يحق لأحد التدخل في شؤوني .
قال الرجل : وماذا فعل حتى تضربه مثل هذا الضرب القاسي ؟
قال جحا : لقد غازل زوجتي بألفاظ نابية .
فقال الرجل لجحا : كن عاقلاً يا جحا . الحمار لا يتكلم .
قال جحا : أعرف أن الحمار لا يتكلم، ولكنه خالف المألوف وتكلم فعلاً، وما قاله لزوجتي لا يقوله سوى حمار .
قال الرجل : إذا كنت غاضباً على حمارك، فلا تضربه، فقد يموت وتخسر ما دفعته ثمناً له بينما إذا بعته تخلصت منه واسترجعت أموالك .
ففكر جحا في كلام الرجل، فرأى أنه صائب، واقتاد حماره إلى السوق، وراح يصيح : من يشتري هذا الحصان الأصيل صاحب الحسب والنسب ؟
فتحلق حوله عدد من الناس، وقالوا له هازئين : هذا حمار، وليس حصاناً .

فقال لهم بثقة : بل هو حصان . انظروا إليه . إنه يمشي على أربع، والحصان يمشي على أربع. له ذيل، وللحصان ذيل . له أذنان، وللحصان أذنان .
وما إن قال ما قال حتى نهق الحمار، فصاح الناس بجحا : وهذا الصوت المنكر : أليس صوت حمار ؟
فقال لهم جحا : إذا كانت المشكلة فقط هي مشكلة الصوت المنكر، فلا يحق لكم الاعتراض لأنكم كل يوم تستمعون إلى أصوات أبشع ولا تستنكرون بل تصفقون إعجاباً وتقديراً .
وقد نجح جحا في بيع حماره بوصفه حصاناً، ولم يكن المشتري بالمغبون إذ فاز الحمار في أكثر من سباق للجياد الأصيلة .
ولما علم جحا بما جرى لم يدهش أو يستغرب، فالدعاية قد تقدمت وتطورت أساليبها، وباتت تقنع الحصان بأنه حمار، وتقنع الحمار بأنه حصان .

زكريا تامر - الأعمال القصصية / نداء نوح - ص ٣٣٧-٣٣٩

---

## PROVERBES ET CITATIONS

Essayer de deviner le sens de ces proverbes. Retenir ceux dont la signification est pertinente.

كل امرئ فيه ما يرمى به
كن وسطاً وامش جانباً
كما تزرع تحصد
كل ممنوع متبوع
الزائد كالناقص
كل غريب للغريب نسيب
كلامه ريح في قفص

Son : 29

ليس الخبر كالمعاينة
لكل مقام مقال
لا يلسع المؤمن من جحر مرتين
لا يفل الحديد إلا الحديد
لا عيش لمن يضاجع الخوف
ليس في الحب مشورة

Son : 30

## POESIE

Ecouter puis essayer de comprendre le sens. Apprendre à réciter par coeur. Attention à la syntaxe.

أقول وقد ناحت بقربي حمامة
أيا جارتا لو تشعرين بحالي
معاذ الهوى ما ذقت طارقة النوى
ولا خطرت منك الهموم ببال
أتحمل محزون الفؤاد قوادم
على غصن نائي المسافة عال
أيا جارتا ما أنصف الدهر بيننا
تعالي أقاسمك الهموم تعالي
تعالي تري روحاً لدي ضعيفة
تردد في جسم يعذب بالي
أيضحك مأسور وتبكي طليقة
ويسكت محزون ويندب سال
لقد كنت أولى منك بالدمع مقلة
ولكن دمعي في الحوادث غال

( أبو فراس الحمداني – القرن العاشر / عاش في سورية وسجن في القسطنطينية )

Son : 31

## الأسبوع العشرين

**Exercices et texte littéraire moderne**

| Français | Arabe |
|---|---|
| Je t'ai aimée d'un amour que jamais personne avant moi n'a pu ressentir. | لقد أحببتك حباً لم يحبه أحد من قبلي أبداً |
| J'ai entièrement comblé ma vie par toi. | لقد ملأت فراغ حياتي كله بك |
| Je ne regarde que toi et je ne ressens que par toi. | لا أنظر إلا إليك ولا أشعر إلا بك |
| Je ne rêve que de ton image. | لا أحلم إلا بطيفك |
| Ils finirent de lire. | فرغا من القراءة |
| Muhsin se tut un peu, cherchant à se souvenir | سكت محسن قليلاً، كمن يتذكر |
| Soudain, il cria. | صاح فجأة |
| Muhsin ajouta avec insistance et joie | أردف محسن مؤكداً وفرحاً |
| Alors, Abda prit la lettre et la remit dans l'enveloppe. | عندئذ تناول عبدة الخطاب بسرعة .. ووضعه داخل الغلاف |
| Il la colla pour lui donner son apparrence d'origine.. | ألصقه كي يعيده إلى الحالة الأولى |

Son : 32

### Remploi de vocabulaire

١- لقد أحبها حباً لم ................. أحد من قبله .

٢- لقد ملأنا فراغ ................. كله بالعمل .

٣- لا ينظرون إلا إليكم ولا يشعرون إلا ................. .

٤- لا ................. إلا بالرحيل من هذه البلاد .

٥- سأتصل بك عندما ................. من القراءة .

٦- سكت أبي ................. ثم حكى لنا القصة .

٧- تناولت الرسالة بسرعة ................. داخل الغلاف .

٨- نظفه ................. يعيده كما كان .

٩- لقد كرهته كرهاً لم ................. أحد من قبلي .

١٠- لا ................. إلا على برامج الترفيه في التلفزيون .

### Syntaxe

Exercice 71 corrigé p. 295

١- حياته / ملأ / القدم / فراغ / لقد / بكرة .

٢- مصلحتي / أنا / أنظر / إلى / إلا / لا .

٣- كمن / الأم / يتذكر / قليلاً / سكتت .

٤- بسرعة / أختي / وأكلتها / أخذت / البرتقالة .

٥- يقرأه / عمي / كي / أخذ / الكتاب .

---

( عزيزة الفؤاد « سنية هانم » ) !

لقد أحببتك حباً لم يحبه أحد من قبلي أبداً، وأخلصت لك إخلاصاً لا يضمر مثله أخ لأخيه، ولا والد لولده، وأجللتك إجلال العابد لمعبوده !

لقد ملأت فراغ حياتي كله بك، فلا أنظر إلا إليك ولا أشعر إلا بك، ولا أحلم إلا بطيفك، ولا أطرب لرؤية الشمس ساعة شروقها إلا لأني أرى فيها صورتك ( ... )

إن كنت ترين أني لا أستحق الوصال فأخبريني خيراً بما بذلت في حياتي من دموع وآلام وشحون وأحزان .. والسلام ختام .

Son : 33

المحب الولهان اليوزباشي سليم العطيفي )

وفرغا من القراءة، فالتفت عبدة إلى محسن وقال ساخراً :

- «بقا بذمتك معقول أن سليم يعرف يكتب كلمة واحدة من دول ؟!»

فسكت محسن قليلاً ، كمن يتذكر ، ثم صاح فجأة :

- «يا خبر ! .. تعرف صفحة ١٧٢ من رواية «ماجدولين» ؟ ناقلها بالحرف نقل مسطرة !!!»

فقال عبدة في شيء من سرور التشفي :

- «برافو عليه !»

وأردف محسن مؤكداً وفرحاً :

- «أنا كمان بقول في عقلي جرى إيه ؟ الصفحة دي أنا لسه قاريها أول امبارح .. آه .. فهمت .. مش قلت لك إن الرواية مش موجودة في مطرحها ؟!»

وعندئذ تناول عبدة الخطاب بسرعة .. ووضعه داخل الغلاف كما كان باحتراس وتمهل وحذر، وألصقه كي يعيده إلى الحالة الأولى، كأنه لم يفتح ..

عن توفيق الحكيم - عودة الروح (١٩٣٣) - ج ١ - ص ٢٢٩

Son : 34

# Texte littéraire moderne

| | |
|---|---|
| Tout est fini. | انتهى كل شيء |
| Il entend le grincement de la clé dans la serrure. | يسمع صرير المفتاح في الباب |
| Tu parles tout seul, comme d'habitude ? | تكلم نفسك كالعادة ! |
| Est-ce interdit ? | هل هذا ممنوع ؟! |
| Ne me posez pas de question aujourd'hui sur la nourriture ! | لا تسألوني اليوم عن الطعام ! |
| Quels sont tes désirs ? | ما هي رغباتك ؟ |
| Les désirs du condamné à mort. | رغبات المحكوم عليه بالموت |
| Comme si je partais à la plage. | كأني مسافر إلى شاطئ البحر ! |

Son : 35

| | |
|---|---|
| Le prisonnier fait les cent pas. | السجين يمشي جيئة وذهاباً |
| Il parle tout seul avec nervosité. | يكلم نفسه في حركات عصبية |
| Personne ne m'écoute plus. | لم يبق أحد يصغي إلي |
| Il ne me reste à vivre que quelques jours. | لم يبق لي في الحياة غير أيام |
| Je ne suis pas rassasié en parole. | لم أشبع كلاماً |
| Personne ne veut m'écouter. | ما من أحد يريد أن يستمع إلى كلامي |
| Je n'ai pas tout dit. | لم أقل كل شيء |
| Ils veulent que je me taise. | إنهم يريدون أن أسكت |
| L'affaire est finie. | القضية انتهت |
| Ce que je dis n'a plus d'importance. | كلامي لم يعد له قيمة |

(السجين يمشي جيئة وذهاباً يكلم نفسه في حركات عصبية ......)

السجين : نعم ... أكلم نفسي ... لم يبق أحد يصغي إلي ... ولم يبق لي في الحياة غير أيام ... وربما ساعات ... وبعدها الصمت الطويل ... سأشبع صمتاً ... ولكنني لم أشبع كلاماً ... ما من أحد يريد أن يستمع إلى كلامي، بعد أن قلت ما قلت ولكنني لم أقل كل شيء ... إنهم يريدون أن أسكت، لأن القضية انتهت ... وكلامي لم يعد له قيمة ولا أهمية بالنسبة إلى أحد ... أو بالنسبة إلى شيء ... حتى بالنسبة إلى هذه الحيطان والقضبان ... كل شيء حولي ينظر إلي وكأنه يقول لي : انتهى كل شيء ... فاذهب إلى المشنقة بلا ضجيج ... ولكن الحقيقة ... حقيقة ما حدث ... الحقيقة التي وراء الحوادث ... وراء القضبان ... وراء التحقيقات والملفات ... هذه الحقيقة التي أعرفها أنا ... أيريدون أن تذهب معي أيضاً إلى المشنقة، وبلا ضجيج ؟! ...

Son : 36

(يسمع صرير المفتاح في الباب ويطل السجان برأسه ......)

السجان : تكلم نفسك كالعادة !
السجين : نعم ... هل هذا ممنوع ؟!
السجان : لحظة واحدة !
السجين : لا تسألوني اليوم عن الطعام ! ...

هاتوا ما شئتم ... كفى مهزلة ! ... كفى أسئلة يقطر منها اللطف المتصنع ! ماذا تريد أن تأكل ؟ ... ما هي رغباتك ؟ ... رغبات المحكوم عليه بالموت ؟ ... هذا الطعام الجيد علامة الموت القريب ؟ ... تقدمونني إلى الموت ممتلئ المعدة بطعام ممتاز وفي فمي «سيجار» فخم كأني مسافر في عربة «بولمان» إلى شاطئ البحر ! ... نعم بحر النهاية ! ... لا يا سيدي السجان ... لا أريد اليوم طعاماً ... أريد كلاماً ...

(...)

عن توفيق الحكيم - «العالم المجهول» - بداية المسرحية

Son : 37

## POESIE

عيد بأية حال عدت يا عيد
بما مضى أم لأمر فيك تجديد

أما الأحبة فالبيداء دونهم
فليت دونك بيداً دونها بيد

( المتنبي ٩١٥-٩٦٥ / عاش في العراق وسورية ومصر )

وإذا أتتك مذمتي من ناقص
فهي الشهادة لي بأني كامل

( المتنبي ٩١٥-٩٦٥ / عاش في العراق وسورية ومصر )

إذا رأيت نيوب الليث بارزة
فلا تظنن أن الليث يبتسم

( المتنبي ٩١٥-٩٦٥ / عاش في العراق وسورية ومصر )

Son : 40

## PROVERBES ET CITATIONS

أعط القوس باريها
الحر تكفيه الإشارة
عصا الجبان أطول
علمان خير من علم
أعذر من أنذر
العبد من لا عبد له
عند الامتحان يكرم المرء أو يهان
عند النازلة تعرف أخاك

عناية القاضي خير من شاهدي عدل
غضب الجاهل في قوله وغضب العاقل في فعله
غنى المرء في الغربة وطن وفقره في الوطن غربة
الغائب حجته معه
قيدوا العلم بالكتابة
كلام كالعسل وفعل كالأسل

## سيرانو دي برجراك

**Son : 41**

| | |
|---|---|
| Cyrano se retourna et vit Christian derrière lui. | التفت سيرانو فرأى كرستيان وراءه |
| As-tu peur, Christian ? | أخائف أنت يا كرستيان ؟ |
| Cyrano tressaillit en entendant le mot "séparation". | انتفض سيرانو عند سماع كلمة الفراق . |
| Il mit la main sur le cœur. | وضع يده على قلبه |
| Il leva les yeux au ciel. | رفع عينيه إلى السماء |
| Il ne put rien dire. | لم يستطع أن يقول شيئاً |

### Exercices et texte littéraire moderne

| | |
|---|---|
| Je voulais au moins lui écrire une lettre d'adieux. | كنت أريد على الأقل أن أكتب لها كتاب وداع |
| Je ne sais comment cela fut. | لا أعلم كيف كان ذلك |
| C'est notre dernier jour sur terre. | هذا اليوم هو آخر أيامنا على وجه الأرض |
| Il sortit la lettre de sa poche et la lui remit. | أخرج الكتاب من جيبه فأعطاه إياه |
| Très étrange ! Que vois-je ! | غريب جداً ! ما هذا الذي أرى ! |
| Cyrano arracha la lettre d'entre ses mains. | اختطف سيرانو الكتاب من يده |

### Remploi de vocabulaire (Ex 72 p 295)

١- ................. وضعت الأم يدها على قلبها .
٢- رفعت البنت ................. إلى السماء .
٣- لا نعرف ................. حصل ذلك .
٤- من يعرف ................. بدأت المشكلة ؟
٥- هذا هو ................. أسبوع لنا في الخارج .
٦- ما هذا الكلام الذي ................. ؟!
٧- لماذا تريد أن تكتب لها ................. وداع ؟
٨- التفتت البنت فرأت ................. على الأرض .
٩- لا يستطيعون أن ................. شيئاً .
١٠- وضعوا أياديهم ................. قلوبهم .

### Syntaxe

١- أمها / وراءها / روكسان / فرأت / التفتت .

٢- أستطع / شيئاً / أفعل / لم / أن .

٣- في / آخر / البلاد / أيامنا / هذا / هذه .

٤- يعرف / ذلك / حدث / أحد / لا / كيف .

٥- على / أتكلم / كنت / أن / الأقل / أريد / معه .

## الدمعة

والتفت سيرانو فرأى كرستيان واقفاً وراءه مطرقاً جامداً، وقد انتشرت على وجهه غبرة سوداء من الحزن، فتقدم نحوه، وقال له : أخائف أنت يا كرستيان ؟ قال : بل حزين لأني سأفارقها. فانتفض سيرانو عند سماع كلمة الفراق ووضع يده على قلبه ورفع عينيه إلى السماء ولكنه لم يستطع أن يقول شيئاً، وصمت هنيهة ثم قال له: هون عليك الأمر يا صديقي فرحمة الله أوسع من أن تضيق بنا، فقال : كنت أريد على الأقل أن أكتب لها كتاب وداع أبثها فيه خواطر نفسي ولواعجها في ساعتي الأخيرة . قال : لقد حدثتني نفسي ليلة الأمس - ولا أعلم كيف كان ذلك - بهذا المصير الذي سنصير إليه الآن وأن هذا اليوم هو آخر أيامنا على وجه الأرض فكتبت إليها عن لسانك الكتاب الذي تريده وسأبعث به إليها الآن، قال : أرنيه، قال : ها هو ذا، وأخرج الكتاب من جيبه فأعطاه إياه، فأخذ يقرؤه حتى وصل إلى سطر من سطوره الأخيرة فتوقف ذاهلاً مدهوشاً وقال : غريب جداً ! ما هذا الذي أرى ! قال : ماذا ؟ قال : نقطة بيضاء على الورق كأنها دمعة . فاختطف سيرانو الكتاب من يده، وقال : أرني ! وظل يتأمل فيها مصعداً منحدراً، كأنه يفتش عن النقطة فلا يراها، فقال له كرستيان : إنها دمعة يا سيرانو ما في ذلك ريب ولا شك . فهل كنت تبكي ؟ فانتفض إلا أنه تجلد وتماسك وقال : نعم، قال، وما الذي أبكاك ؟ قال : ذلك شأن الشعراء دائماً، لا يتناولون موضوعاً من الموضوعات المحزنة للكتابة فيه عن لسان غيرهم، حتى يتأثروا به، كأنهم أبطاله وأصحاب الشأن فيه، ولقد بدأت في كتابة هذا الكتاب وأنت ماثل في ذهني لا تفارقه، فما زال يمتد بي الخيال ويطير بي في أجوائه حتى تمثل لي أنني أنا الحزين المتألم والمفارق المفجوع، وأن الذي أصفه إنما هي هموم نفسي وآلامها، فانحدرت من عيني بالرغم مني هذه الدمعة التي تراها . فنظر إليه كرستيان نظرة غريبة واختطف الكتاب من يده وقال له : دعه معي الآن، ثم طواه ووضعه في ثنايا قميصه وانصرف .

عن أدمون روستان، الشاعر (سيرانو دي برجراك) ترجمة مصطفى لطفي المنفلوطي - ص ١٥٠

**Son : 42**

## الأسبوع العشرين

Texte littéraire moderne

### أهلاً

| | |
|---|---|
| Il regardait le narguilé, puis leva les yeux. | رفع عينيه عن النارجيلة |
| Il le vit debout en train de le dévisager avec un regard de chasseur. | رآه واقفاً يرمقه بعين صياد |
| Ils s'observèrent pendant un moment. | مضت لحظة وهما يترامقان |
| Il lui fit signe, l'homme se mit alors en tailleur près de ses pieds. | أشار إليه فتقرفص عند قدميه |
| Il ne l'avait pas vu depuis vingt ans. | لم يره منذ عشرين عاماً، منذ انقطع عن المقهى القديم |
| Le voilà à présent asséché, le visage ridé, vieilli avant l'heure. | ها هو قد جف عوده وتغضن وجهه وأدركته شيخوخة مبكرة |
| Comment as-tu pu oublier ta place préférée ? | كيف هان عليك مكانك المفضل ؟ |
| Me voilà qui y reviens à la première disponibilité. | ها أنا أرجع إليه عند أول فراغ |
| Les années sont-elles passées à travailler ? | هل مرت الأعوام في عمل متواصل ؟ |
| Il y a vingt ans, ils luttaient ensemble contre un ennemi commun qui est la pauvreté, malgré une différence de situation. | منذ عشرين عاماً كانا يكافحان عدواً مشتركاً هو الفقر على اختلاف موقعهما منه |
| Toi non plus, tu n'as pas changé. | أنت أيضاً لم تتغير |
| Il rit avec ironie et pitié. | ضحك في سخرية ورثاء |
| J'étais en effet pauvre, mais la vie était clémente et facile. | كنت فقيراً حقاً ولكن الدنيا كانت رحيمة ويسيرة |
| On peut se demander s'il se rend compte que l'autre possède un immeuble, une villa et une voiture ! | ترى هل يخطر بباله أنه يملك عمارة وفيلا وسيارة ؟ |

Son : 43

| | |
|---|---|
| Peut-il imaginer qu'il est en train de parler à un vilain voleur, habillé en haut fonctionnaire ? | هل يتصور أنه يخاطب لصاً أريباً في ثوب موظف كبير ؟! |
| La vie est devenue très difficile. | الحياة أصبحت شاقة |
| Mais tu es croyant et la foi est un trésor inestimable. | لكنك مؤمن والإيمان كنز لا يقدر بمال |
| Autrefois, tu pouvais vivre avec quelques piastres, mais le pays était dominé par les grands propriétaires, qui gaspillaient une fortune sur leurs loisirs. | قديماً كان العيش يتيسر لك ببضعة قروش حقاً ولكن كان يتسلط على البلد إقطاعيون يبذرون الملايين على ملذاتهم |
| Ils ont disparus, mais ma condition de vie s'est empirée. | انتهى أمرهم ولكن حالي ازداد سوءاً |
| Quant aux paysans et aux ouvriers, leurs conditions se sont améliorées. | أما الفلاحين والعمال فقد تحسنت أحوالهم |
| Je ne rencontre que des gens qui se plaignent, comme moi. | إني لا ألقى إلا شاكياً مثلي |
| Tu es enfermé dans un environnement précis ; c'est là, le problème. | أنت محصور في بيئة معينة، هذه هي المسألة |
| Devons-nous attendre encore vingt ans ? | علينا أن ننتظر عشرين سنة أخرى ؟ |
| Peut-être faudra-t-il sacrifier une génération pour [sauver] les générations futures. | قد يضحى بجيل في سبيل الأجيال القادمة |
| Je les vois dans des voitures de luxe, comme autrefois. | أراهم في السيارات الفاخرة كأيام زمان |
| Peut-on comparer celui qui travaille avec celui qui hérite ? | أمن يعمل كمن يرث ؟ |

Son : 44

---

### أهلاً ... !

دقة أيقظته من شروده، دقة ماسح الأحذية التقليدية، رفع عينيه عن النارجيلة فرآه واقفاً يرمقه بعين صياد . مضت لحظة وهما يترامقان ثم تهلل وجه الرجل . هو أيضاً ابتسم .

- حمداً لله على السلامة يا بيك .
- أهلاً .. كيف حالك ؟

وأشار إليه فتقرفص عند قدميه فأعطاه حذاءه. لم يره منذ عشرين عاماً، منذ انقطع عن المقهى القديم . كان فتى يافعاً متين البنيان متدفق الحيوية، يطوف بأرجاء الحي في رشاقة النحلة، يمسح الأحذية، ويروي النوادر والملح .. ها هو قد جف عوده وتغضن وجهه وأدركته شيخوخة مبكرة .

Son : 45

- لم أرك من عمر طويل يا بيك ؟
- الدنيا !
- سافرت ؟
- كلا .
- وكيف هان عليك مكانك المفضل ؟
- ها أنا أرجع إليه عند أول فراغ .
- هل مرت الأعوام في عمل متواصل ؟
- نعم .
- ربنا معك .

منذ عشرين عاماً كانا يكافحان عدواً مشتركاً هو الفقر على اختلاف موقعهما منه .

- لم تتغير يا بيك والحمد لله .
- أنت أيضاً لم تتغير !
- أنا ؟!

ضحك في سخرية ورثاء .
- ربنا يقويك !

Son : 46

- كنت فقيراً حقاً ولكن الدنيا كانت رحيمة ويسيرة .
- هكذا كانت . ترى هل يخطر بباله أنه يملك عمارة وفيلا وسيارة . هل يتصور أنه يخاطب لصاً أريباً في ثوب موظف كبير ؟!
- الحياة أصبحت شاقة .
- جداً جداً جداً يا بيك .
- ولكنك مؤمن والإيمان كنز لا يقدر بمال .
- الحمد لله .
- قديماً كان العيش يتيسر لك ببضعة قروش حقاً ولكن كان يتسلط على البلد إقطاعيون يبذرون الملايين على ملذاتهم ..
- انتهى أمرهم يا بيك ولكن حالي ازداد سوءاً ..
- بسبب عملك فقط أما الفلاحين والعمال فقد تحسنت أحوالهم .
- إني لا ألقى إلا شاكياً مثلي ..

Son : 47

## Texte littéraire moderne de Naguib Mahfouz

- أنت محصور في بيئة معينة، هذه هي المسألة ..
- ومتى نتحسن بدورنا ؟
- كلّ آتٍ قريب .
- ولكن مرت عشرون سنة !
- ما هي إلا لحظات في عمر الزمان .
- علينا أن ننتظر عشرين سنة أخرى ؟
- لا أدري، قد يضحى بجيل في سبيل الأجيال القادمة .
- ولكني أرى يا بيك كثيرين من المحظوظين السعداء !
- مظاهر خادعة، لكل شكواه ومتاعبه .
- أراهم في السيارات الفاخرة كأيام زمان .
- هل تصورت أعباءهم القاتلة ؟ هل تصورت ما يؤدون للدولة من خدمات ؟ ثم أمن يعمل كمن يرث ؟

Son : 48

ابتسم مستسلماً وهو مكب على عمله في تكاسل ليطيل فرصة الحوار، وجعل ينظر إليه بمودة صافية، وفي نظرته تتجلى أشواق للذكريات المشتركة الماضية .

- هل أضايقك يا بيك ؟
- أبداً .. هات كل ما في قلبك !
- الله يكرمك، كنا نضحك ملء قلوبنا من الماضي .
- وممكن أن نضحك الآن أيضاً .
- ولكن ..
- ولكن داءنا أننا ننظر إلى الوراء، دائماً نتوهم أن وراءنا فردوساً مفقوداً ..
- ألم نكن نضحك من أعماق قلوبنا ؟
- تذكر، لقد رقصت يوم قامت الثورة .
- طبعاً، سكرت بالآمال، سكرنا جميعاً بالآمال ..
- ولقد تحققت الآمال، ولولا سوء الحظ، لولا الأعداء .. ماذا كنت تتوقع ؟
- زوال الظلم والفقر، لقمة متوفرة، مستقبل للأولاد ..
- حصل ذلك كله .

Son : 49

- دائماً نسمع ولكن الأولاد ضاعوا جميعاً ..
- واضح أنك تشكو كثرة العيال !
- إني أحمد الله ..
- المدارس مفتوحة لاستقبال الجميع .

- دخلوها وخرجوا كما دخلوا، ولم ينجح أحد .
- وما ذنب الثورة ؟
- لا ذنب لها، ولكننا نسكن جميعاً في حجرة واحدة ! وفي المدرسة لا يفهمون شيئاً ..
- إنكم تنشدون معجزة لا ثورة .
- إنه حال أبناء الفقراء جميعاً .
- كلا .
- الاستثناء لا يعول عليه .
- كان اليأس القديم أنسب لكم !
- ما زال المال مِلك الحظ كله .
- المسألة أن الأمور معقدة، أمور الدنيا كلها معقدة .

Son : 50

- خلنا في أنفسنا .
- ولكننا جزء من الدنيا .
- هل أنتظر حتى تحل مشاكل الدنيا ؟
- ليس كذلك بالضبط ولكنه تساؤل لا يخلو من حقيقة .

وضحك ليخفف من وقع قوله ثم استطرد :
- ولا تنس أننا في حالة حرب .
أرجع فردة الحذاء وتناول الأخرى ثم قال :
- وسبق ذلك الهزيمة .
- لا داعي لتذكيري بما لا يمكن أن ينسى .
- بعد أن نفختنا الآمال حتى طرنا في الجو .
- قيل كل ما يمكن أن يقال ..
- متى نحارب يا بيك ؟
- هل تنتظر من وراء الحرب حلاً لمشاكلك؟
- الحركة بركة .

Son : 51

- ربما اللقمة نفسها لن تجدها .
فهز منكبيه استهانة .
- سنحارب عندما نضمن النصر .
- لم ينبس ولكن وضح أنه لم يقتنع .
- هل تعرف معنى الحرب ؟ هل تتصور حالتنا إذا خربت المصانع والسدود والمواصلات ؟
- نفعل بهم مثلما يفعلون بنا .
- ستتوقف الحياة هنا .
- لكن، المهم أن نحرر أرضنا .
- هل تهمك الأرض حقاً أو أنك تريد الخراب ؟
- أريد أن أحيا في ظل العدل .
- يبدو أنك تريد أن تهدمها على رؤوس من فيها .

Son : 52

- لا والله يا بيك .
خيل إليه أنه يقصده بشيء ما .
- المهم النصر لا الانتقام .
- أنا لا أفهم .
- الأمور واضحة .
- يا بيك أنا أريد النصر والحياة المعقولة، خبرني كيف ومتى يتم ذلك ؟
- لا أدري متى ولكنه يتم بالصبر والعمل والإخلاص ..

كأنه أصم، يرفض التصديق والاقتناع، وقد أنجز عمله، أعطاه خمسة قروش بدلاً من قرشين، تهلل وجهه ودعا له بالستر، واعترف فيما بينه وبين نفسه بأنه في حاجة ماسة لذلك الدعاء، وبأنه يشاركه حيرته فضلاً عن المخاوف التي ينفرد بها وحده، ورآه يهم بالذهاب فسأله :
- ما رأيك فيما قلت ؟
- كلام جميل .
- وحقيقي أليس كذلك ؟

Son : 53

- مثل كلام الراديو .

شعر بأنه يذكره بكلام الراديو طيلة عشرين عاماً، شعر بأنه يوبخه فأوشك على الانفعال .
- ولكن بروح جديدة تماماً .
- نرجو ذلك .
- ألا تريد أن تصدق ؟
فرفع درجة صوته ليقنعه بإيمانه قائلاً :
- ما دمت تصدق فأنا أصدق .
ضحك ضحكة فاترة مقتضبة، وسأله الرجل:
- هل ترجع إلى المقهى كالأيام الخالية ؟
- إن شاء الله كلما سنحت فرصة ..
- عندما رأيتك فرحت ورجعت فجأة إلى الشباب .
ثم حياه وانصرف .
وصفق يطلب وقوداً للنارجيلة الخابية .

Son : 54

عن نجيب محفوظ - «الجريمة» (مجموعة قصصية)

## Index lexical

| Français | Arabe |
|---|---|
| Noms (substantifs) | الأسماء |
| Douleurs | الآلام |
| Souffrances psychologiques | - آلام النَّفس |
| Espoirs | الآمال |
| Héros | الأبطال |
| Bâtiments, édifices | الأبنية |
| Vénération (d'une grandeur) | الإجْلال |
| Atmosphères | الأجواء |
| Les mêmes discours | الأحاديث نَفْسُها |
| Un navire de cargaison | إحدى سُفُن الشَّحْن |
| Tristesses, regrets | الأحزان |
| Sincérité | الإخْلاص |
| Terre, terrain, territoires | الأرض ج الأراضي |
| Moyens, méthodes | الأساليب |
| Les gens importants | أصحاب الشَّأن |
| Voix | الأصوات |
| Fonds marins | أعماق المُحيطات |
| Termes injurieux | ألفاظ نابية |
| Argent, sommes d'argent | الأموال |
| Météorologie | الأنواء |
| Choix | الاختيار |
| Accueil | الاستقبال |
| Navire, bateau | الباخرة |
| Marin, matelot | البَحّار |
| La mer de la fin, dernière mer | بَحْر النهاية |
| Terre ferme | البَرّ |
| Rassemblement | التَّجَمُّع |
| Charger, télécharger | التَّحميل |
| Se mêler des affaires de | التَّدَخُّل في شُؤون ... |
| Question que l'on se pose | التَّساؤل |
| Déchargement | التَّفريغ |
| Estime, estimation | التَّقدير |
| Répétition | التَّكرار |
| Rébellion | التَّمَرُّد |
| Tempérer, prendre son temps avant d'agir | التَّمَهُّل |
| Nettoyage | التَّنظيف |
| Plis de la chemise | ثنايا القَميص |
| Révolution | الثَّورة |
| Partie | الجُزْء ج أجزاء |
| Pur-sang | الجياد الأصيلة |
| Poche | الجَيْب |
| Etat de guerre | حالة الحرب |
| Prudence, méfiance | الحَذَر |
| Le mouvement est une bénédiction ("quand ça bouge, c'est bon signe") | الحَرَكة بَرَكة |
| Mouvements partisans | الحَرَكات العَصَبيّة |
| Tristesse | الحُزن |
| Pur-sang | الحصان الأصيل |
| La réalité de ce qui s'est passé | حَقيقة ما حَدَث |
| Rêve | الحُلم |
| Chargement | الحُمولة |
| Barrière du navire | حَواجز الباخرة |
| Accidents, incidents, événements | الحوادث |
| Boutiques, magasins | الحَوانيت |
| Murs | الحيطان |
| Animaux | الحَيَوانات |
| Ruines | الخَراب |
| Discours | الخِطاب |
| Alcool, boisson alcoolisée | الخَمرة |
| Pensées intimes | خواطر النَّفْس |
| Maladie | الداء |
| Publicité | الدِّعاية |
| Gouvernail | الدُّفّة |
| Larme | الدَّمعة ج دموع |
| Le soi, l'égo | الذات |
| Souvenirs | الذكريات |
| Faute, délit | الذَّنب ج ذنوب |
| Esprit | الذهن |
| Queue | الذَّيْل |
| Têtes | الرُّؤوس |
| Vue | الرُّؤية |
| Clémence de Dieu | رَحْمة الله |
| Accostage | الرَّسو |
| Désirs | الرَّغَبات |
| Fin des injustices | زَوال الظُّلم |
| Dernière heure | الساعة الأخيرة |
| Compétition, course | السباق |
| Geôlier, gardien de prison | السَّجّان |
| Prisonnier, captif, détenu | السَّجين |
| Barrages | السُّدود |
| Joie de revanche | سرور التَّشَفّي |
| Toit, toiture | السَّطح |
| Pont (navire) | - سطح السَّفينة |
| Ligne | السَّطر ج سطور |
| "Et au revoir" (un point, c'est tout) | السَّلام ختام |
| Ciel | السَّماء |
| Ouïe, écoute | السَّماع |
| Plage | شاطئ البَحْر |
| Difficultés de navigation | شدائد البَحْر |
| Lever du soleil | الشُروق (شروق الشَّمس) |
| Grincement | الصَّرير |
| Silence | الصَّمت |
| Voix désagréable, disgracieuse | الصَّوت المُنْكَر |
| Image, illustration, photographie | الصُّورة ج صُوَر |
| Vacarme | الضَّجيج |
| Coups, frapper | الضَّرب |
| Bonne nourriture | الطَّعام الجَيِّد |
| Excellent nourriture | الطعام المُمتاز |
| Peinture (bâtiment, objet) | الطَّلاء |
| Longueur | الطول |
| Pont du navire | ظَهر السَّفينة |
| Adorateur, fidèle (religion) | العابد |
| Navires transcontinentaux | عابرات المُحيطات |
| Un certain nombre de gens | عَدَد من النَّاس |
| Souffrance | العَذاب |

**20** — MAJ 15 mars 2021 — الأسبوع العشرين

Manuel d'arabe en ligne Tome III
Les bases de l'arabe en 50 semaines
http://www.al-hakkak.fr
© G. Al-Hakkak 2013
En autonomie
العربية أسبوعاً أسبوعاً في خمسين

193

# الأسبوع العشرون

| | | | | | |
|---|---|---|---|---|---|
| Triste | حَزين | Souffrance | المُعاناة | Véhicule | العَرَبة |
| Qui a peur | خائف | Miracle | المُعْجِزة | Largeur | العُرْض |
| Permanent, durable | دائم | La clé est sur la porte | المِفْتاح في الباب | Passion amoureuse | العِشْق |
| Stupéfait | ذاهل | Dossiers | المَلَفّات | Signe d'une mort prochaine | عَلامة المَوْت القَريب |
| D'un mauvais caractère | سَيِّئ الطِباع | Moyens de transport | المُواصَلات | Tempêtes | العَواصِف |
| Qui est correct, juste | صائب | La mort | المَوْت | Œil | العَيْن |
| Pur | صافٍ (الصافي) | Amitié, affection | المَوَدّة | Poussière | الغُبْرة |
| Au visage renfermé, renfrogné | عابِس الوَجْه | Sujet | المَوْضوع ج موضوعات | Absence | الغَيْبة |
| Cher, rare, fort | عَزيز | Regard | النَظْرة | Cœur | الفُؤاد |
| En colère contre | غاضِب على | Point | النُقْطة | Séparation | الفِراق |
| Somptueux | فَخْم | Journée, jour (éclairé) | النَهار ج نهارات | La chaussure | فَرْدة الحِذاء |
| Joyeux, content | فَرِح | Hublots | نَوافِذ قُمُرات | Paire de chaussures | - الحِذاء |
| Sévère | قاسٍ قاسِية | Poussées de mélancolie, crises d'angoisse | نَوْبات مِنَ السَّوْداوية | Paradis | الفِرْدَوْس = الجَنّة |
| ...dit-il avec ironie | قال ساخِراً | Défaite | الهَزيمة | Groupe (musique), division (armée) | الفِرْقة |
| ...dit-il avec étonnement | قال مُنْدَهِشاً | Peines de l'esprit | هُموم النَّفْس | Bouche | الفَم |
| ...dit-il avec étonnement | قال مُتَعَجِّباً | Court instant | هُنَيْهة | Barreaux, bâtons | القُضْبان |
| ...dit-il en riant | قال ضاحِكاً | Visage | الوَجْه | Chat | القِطّة ج قِطَط |
| ...confirma-t-il | قال مُؤَكِّداً | Mêmes visages | الوُجوه نَفْسها | Jeu de hasard | القِمار |
| ...dit-il avec étonnement | قال مُسْتَغْرِباً | Papier | الوَرَق | Livre, lettre, missive, message | الكِتاب |
| ...objecte-t-il | قال مُعْتَرِضاً | Rencontre amoureuse, retrouvailles | الوِصال | Lettre d'adieux | كِتاب الوَداع |
| D'un visage hideux | قَبيح الوَجْه | Terre ferme | اليابِسة | Occasion de dialogue | فُرْصة الحِوار |
| Certain | مُؤَكَّد | | | Untel | فلان |
| Qui se présente devant | ماثِل أمام | Adjectifs | الصِفات وأسماء الفاعِل والمفعول | Sympathie, délicatesse, finesse | اللُطْف |
| Qui a pris la mer | مُبْحِر | | | Bouchée (fig. = nourriture) | اللُقْمة |
| Qui a la certitude | مُتَأَكِّد | Dernier | آخِر | Moyens de subsistance | - لقمة العَيْش |
| Qui souffre | مُتَأَلِّم | Nos derniers jours sur terre | - آخِر أيّامِنا على وَجْهِ الأرض | Tourments de l'âme | لَواعِج النَّفْس |
| Artificiel | مُتَصَنَّع | | | Cireur de chaussures | ماسِح الأحْذية |
| Amoureux, aimant | مُحِبّ | Le plus horrible | أبْشَع | Amoureux | المُحِبّ |
| Privé de | مَحْروم مِن | Le plus gros bâton | أغْلَظ عَصا | Distance | المَسافة |
| Qui rend triste | مُحْزِن | Familier, domestique (animal) | أليف | Futur, avenir | المُسْتَقْبَل |
| Condamné à mort | مَحْكوم عَلَيْهِ بالمَوْت | Humain, humanitaire | إنْسانيّ | Sentiments de malaise | مَشاعِر الضّيق |
| Qui scrute tout | مُحَمْلِق في كُلّ شَيْء | Plus vaste que | أوْسَع مِن | Spectateur, téléspectateur | المُشاهِد |
| Etonné | مَدْهوش | Trop vaste pour ne pas nous suffire | - أوسع من أن تَضيقَ بنا | Problème | المُشْكِلة |
| Attaché, ligoté | مَرْبوط | | | Potence | المِشْنَقة |
| Qui s'étonne | مُسْتَغْرِب | | | Usines | المَصانِع |
| Qui continue | مُسْتَمِرّ في | Gelé, immobile | جامِد | Destin, sort | المَصير |

# الأسبوع العشرين

## الأفعال — Verbes

|  |  |
|---|---|
| مُشْتَرَك | Commun |
| مُطْرِق | Songeur |
| مَعْبود | Adoré, vénéré |
| مُعَقَّد | Complexe, compliqué |
| مَغْبون | Trompé, victime d'escroquerie |
| مَفْجوع | Affligé |
| مفقود | Manquant, perdu |
| مُمْتِع | Amusant, divertissant |
| مُمْتَلِئ المَعِدة بـ | Qui l'estomac plein de |
| مَمْنوع | Interdit |
| مُنْدَهِش | Etonné |
| هازِئ | Moqueur |
| واقِف | Qui est debout |
| وَلْهان | Tourmenté par ses sentiments amoureux |

|  |  |
|---|---|
| أبْكى يُبْكي | Faire pleurer |
| - ما الذي أبْكاكَ ؟ | Qu'est-ce qui te fait pleurer ? |
| أجَلَّ يُجِلّ | Trouver qqn/qqch majectueux |
| - أجْلَلْتُكَ | Je rends gloire à ta majesté |
| أحَبَّ يُحِبّ | Aimer |
| أحْبَبْتُكَ | Je t'ai aimé(e) |
| أخْبَرَ يُخْبِر | Informer |
| - أخْبِرْني خَيْراً | Donne-moi de bonnes nouvelles |
| أخَذَ يقرؤُهُ | Il se mit à le lire |
| أخْرَجَ يُخْرِج | Sortir qqch/qqn, extraire |
| أخْلَصَ يُخْلِص | Etre fidèle |
| أرْدَفَ يُرْدِف | Ajouter à la suite (propos) |
| أرى يُري | Montrer |
| أرِني ! | Montre-moi ! |
| - أرِنيه ! | Montre-le-moi ! |
| أضْمَرَ يُضْمِر | Garder en soi |
| أطَلَّ يُطِلّ برأسِه | Avancer sa tête pour regarder (à partir d'un lieu élevé) |
| أعادَ يُعيد | Rendre, ramener |
| أعْطى يُعْطي | Donner |
| - أعْطاهُ إيّاهُ | Il le lui a donné |
| ألْصَقَ يُلْصِق | Coller |
| أيقظَ يوقظ | Réveiller qqn |
| ابتسم يبتسم (الابتسام) | Sourire |
| اتَّسَعَ يتَّسِع لـ | Etre assez spacieux |
| اخْتَطَفَ يخْتَطف | Enlever, kidnapper |
| - اختطف الكتابَ من يَدِه | Il lui arracha la lettre des mains |
| ارْحَمْ حمارَكَ ! | Aie pitié de ton âne ! |
| اسْتَحَقَّ يسْتَحِقّ | Mériter |
| اسْتَرْجَعَ يسْتَرْجِع | Récupérer |
| اسْتَطاعَ يسْتَطيع | Pouvoir |
| - لم يسْتَطِعْ | Il n'a pas pu |
| اسْتَمَعَ يسْتَمِع إلى | Ecouter |
| اسْتَنْكَرَ يسْتَنْكِر | Désapprouver |
| اشْترى يشْتَري | Acheter |
| اضْطُرَّ يُضْطَرّ إلى | Etre obligé de |
| اقْتادَ يقتاد إلى | Conduire qqn à |
| الْتَفَتَ يلْتَفت إلى | Se retourner |
| انْتَشَرَ ينْتَشِر | Se répandre, se déployer |
| انْتَفَضَ ينْتَفِض | Se secouer, se lever brusquement |
| انْتَهى كلُّ شَيْء | Tout est fini |
| انْحَدَرَ ينْحَدِر | Dégringoler |
| انْصَرَفَ ينْصَرِف | Partir |
| انْهالَ بالعَصا على الحمار | Il roua de coups l'âne |
| باتَ يُقْنِع | Il réussit à convaincre |
| بادَرَ يُبادِر إلى (المُبادَرة) | Prendre l'initiative de |
| باعَ يبيع (البَيْع) | Vendre |
| - بِعْتُهُ | Je l'ai vendu |
| بثَّ يبُثّ (البَثّ) | Diffuser |
| بذَلَ يبذل (البَذْل) | Dépenser (effort et argent) |
| بكى يبكي (البُكاء) | Pleurer |
| تآكلَ يتآكل (التآكُل) | Etre rongé, s'effriter |
| تأثَّرَ يتأثَّر بـ (التأثُّر) | Etre influencé par |
| تجَلَّدَ يتجَلَّد | Tenir bon, s'armer de courage |
| تحَلَّقوا حَوْلَه | Ils se mirent en cercle autour de lui |
| تخَلَّصَ يتخَلَّص من (التخلُّص) | Se débarrasser de |
| تذَكَّرَ يتذَكَّر (التذكُّر) | Se souvenir de |
| تشَهّى يتشَهّى | Se donner de l'appétit |
| تطَلَّعَ يتطَلَّع إلى (التطلُّع) | Attendre avec intérêt |
| تطَوَّرَ يتطَوَّر (التطوُّر) | Se développer |
| تعَرَّفَ يتعَرَّف إلى (التعرُّف) | Faire connaissance avec |
| تفاعَلَ يتفاعَل (التفاعُل) | Interagir |
| تقَدَّمَ يتقَدَّم (التقدُّم) | Avancer, se présenter, progresser |
| تقدّم يتقدّم نَحْوَهُ | Il avança vers lui |
| تمَّ يتم | Se terminer, s'achever, avoir lieu |
| - تم العمل | Le travail s'acheva |
| - تم بيع الدار | La maison fut vendue |
| تماسَكَ يتماسَك | Se contrôler, rester impassible |
| تمَثَّلَ يتمَثَّل لَه أنَّه | Il eut l'impression qu'il... |
| تمَنّى يتمَنّى أن | Espérer |
| تناوَلَ يتناوَل | Prendre avec les doigts |
| توَقَّفَ يتوَقَّف | S'arrêter |
| توَلّى يتولّى | Prendre en charge |
| توهَّم يتوهَّم | Avoir l'illusion |
| جعل ينظر بمَوَدّة | Il se mit à regarder avec tendresse |
| حدَّثَ يُحدِّث | Raconter |
| - حدَّثَتْني نفسي | J'ai eu envie de... |
| خالَفَ المألوف | Il transgressa la coutume |
| دُهِشَ يُدْهَش | Etre étonné |
| - لَمْ يُدْهَش | Il ne fut pas étonné |
| رأى يرى | Voir |
| راحَ يصيح | Il se mit à crier |
| رفَسَ يرفُس | Décrocher une ruade |
| رفَعَ يرفَع | Lever |
| - رفع عَيْنَيْه | Il leva les yeux |
| رقَصَ يرقُص (الرَّقْص) | Danser |
| سكِرَ يسكَر (السُّكْر) | S'enivrer, se saouler |

195

| Français | Arabe |
|---|---|
| Veiller des nuits entières | سهر يسهر الليالي |
| Voir, regarder | شاهَد يُشاهد (المُشاهَدة) |
| Etre rassasié de silence | شبع يشبع صَمتاً |
| Ressentir | شعر يشعُر (الشُعور) |
| Crier | صاحَ يصيح (الصِياح) |
| Aller jusqu'à | صار يصير إلى |
| Applaudir d'admiration | صَفَّق يُصَفِّق إعجاباً |
| Se taire | صمَت يصمُت (الصَمت) |
| Se perdre | ضاع يضيع (الضَياع) |
| Gêner | ضايق يُضايق (المُضايَقة) |
| Frapper | ضَرَب يَضرب (الضَرب) |
| Emporter dans les airs | طار يطير به (الطَيَران) |
| Etre long, durer, se prolonger | طال يطول |
| Apprécier une écoute | طرب يطرب (الطَرب) |
| Plier | طوى يطوي |
| Il le plia | طواهُ |
| Rester | ظَلَّ يَظَلّ |
| Il l'observa un moment de haut en bas | ظل يتأمَّل فيها مُصَعِّداً مُنحَدِراً |
| Mordre | عَضَّ يعَضّ |
| Il sut ce qui était arrivé | علم بما جرى |
| Faire la cour | غازَل يُغازل |
| Quitter qqn | فارَق يُفارق |
| Chercher activement | فَتَّش يُفَتِّش عَن |
| Finir | فرغ يفرغ من |
| Il fut séparé du monde des humains | فُصل عَن عالَم النّاس |
| ...dit-il avec ironie | قالَ ساخراً |
| ...dit-il avec étonnement | قال مُندهشاً |
| ...dit-il avec étonnement | قال مُتَعَجِّباً |
| ...dit-il en riant | قال ضاحكاً |
| ...confirma-t-il | قال مُؤكِّداً |
| ...dit-il avec étonnement | قال مُستغرباً |
| ...objecte-t-il | قال مُعترِضاً |
| Tu pourrais perdre | قَد تخسَر ما دَفَعتَه ثَمَناً لَه |
| le prix que tu avais payé pour l'acheter | |
| Il pourrait mourir | قَد يموت |
| Présenter | قَدَّم يُقَدِّم |
| Passer | قَضى يقضي |
| Purger une peine de prison | قَضى يقضي حُكماً بالسِّجن |
| Goutter | قطر يقطر |
| Ecrire à la place de qqn | كتب يكتب عَن لِسان فُلان |
| Je ne rêve que de ton image | لا أحلُم إلّا بطَيفِك |
| Je ne ressens les choses qu'à travers toi | لا أشعُرُ إلّا بك |
| Je ne regarde que toi | لا أنظُرُ إلّا إلَيك |
| Ne me parlez pas de nourriture | لا تَسألوني عَن الطَّعام |
| Personne n'a le droit | لا يحِقُّ لأحَد |
| Vous n'avez pas le droit de protester | لا يحِقُّ لَكُم الاعتِراض |
| Il ne voit que le ciel et l'eau | لا يَرى غَيرَ السَّماء والماء |
| Il ne fait que | لا يفعَلُ سِوى |
| Etre indescriptible | لا يُوصَف |
| Je ne suis pas rassasié de parole | لم أشبَع كَلاماً |
| Je n'ai pas tout dit | لم أقُل كلَّ شَيء |
| Il ne reste personne pour m'écouter | لم يَبقَ أحَدٌ يصغي إلَيَّ |
| Il ne me reste dans la vie que | لم يبق لي في الحَياة غَيرُ |
| Il n'a plus de valeur | لم يَعُد لَه قيمة |
| Mon imagination me permet toujours d'aller loin | ما زال يَمتَدّ بِيَ الخَيال |
| Passer par | مَرَّ يمُرّ بـ... |
| Je suis passé à côté de lui | مَرَرتُ بجانبِه |
| Faire les cent pas | مَشى يمشي جيئةً وَذَهاباً |
| Rester longtemps | مكث يمكث طويلاً |
| Remplir | ملأ يملأ |
| J'ai comblé ma vie avec toi | مَلأتُ فَراغَ حَياتي كُلَّه بِك |
| Regarder | نظر ينظر |
| Regardez-le ! | اُنظُروا إلَيه ! |
| Il fut expulsé de | نُفِيَ عَن |
| Braire | نهَق ينهَق |
| Amenez ce que vous voulez ! | هاتوا ما شِئتُم ! |
| Les créations l'abandonnèrent | هُجِر مِن قِبَل الكائنات |
| N'en sois pas accablé ! | هَوِّن عَلَيكَ الأمر ! |
| Décrire | وصَف يصف |
| Parvenir à | وصل يصل إلى |
| Poser, mettre | وضع يضع |
| Il posa la main sur le cœur | وضع يدَه على قَلبِه |
| Parler à soi-même | يُكَلِّم نَفسَه |

### Divers — تعابير ومصطلحات متفرقة

| Français | Arabe |
|---|---|
| Les gens importants | أصحاب الشأن |
| A l'état initial | إلى الحالة الأولى |
| Il est quadrupède | إنَّه يمشي على أربَع |
| Ils veulent me faire taire | إنَّهم يريدونَ أن أسكُت |
| Il capitula d'un sourire en s'adonnant à son travail | ابتسم مستسلماً وهو مُكِبّ على عمله |
| Avec prudence | باحتراس |
| Malgré | بالرَّغم من |
| Par rapport à quelqu'un | بالنِّسبة إلى أحد |
| Avec confiance | بثقة |
| Avec nostalgie | بحنين |
| Après une éternité | بَعد دَهر |
| Certains endroits | بَعض الأماكن |
| Par l'effet du sel et de l'humidité | بفِعل الـمِلح والرُّطوبة |
| Avec coquetterie | بنَزق |
| En tant que cheval | بوَصفِه حصاناً |
| Tandis que | بَينما |
| Il a effectivement parlé | تكَلَّم فعلاً |
| Pendant | خِلال = أثناء |

| | | | |
|---|---|---|---|
| La clé est sur la porte | الـمِفْتاح في الباب | A l'intérieur de l'enveloppe | داخِلَ الغِلاف |
| Dis ce que tu as sur le cœur ! | هاتِ ما في قلبِك ! | Laisse-le avec moi à présent | دَعْهُ مَعي الآن |
| Amenez ce que vous voulez ! | هاتوا ما شِئْتُمْ ! | Sans avoir commis de faute | دونَ ذَنْبٍ ارْتَكَبَهُ |
| Un petit instant | هُنَيْهة | Ainsi se comportent les poètes | ذلِكَ شَأْنُ الشُّعَراء |
| Ne sois pas accablé !, ne t'en fais pas | هَوِّنْ عَلَيْكَ الأَمْر ! | En attendant | رَيْثَما |
| | | Au moment de | ساعةَ |
| | | Au moins | على الأَقَلّ |
| | | A ce moment-là | عِنْدَئِذٍ |
| | | Avec paresse | في تكاسُل |
| | | Tu pourrais perdre tout ce que tu avais payé pour l'acheter | قَدْ تَخْسَر ما دَفَعْتَهُ ثَمَناً لَهُ |
| | | Il pourrait mourir | قَدْ يموت |
| | | On dirait qu'il ne fut pas ouvert | كَأَنَّهُ لـم يُفْتَحْ |
| | | Comme s'il le voyait pour la première fois | كأنه يراهُ للمَرّة الأولى |
| | | Comme s'il découvrait | كأنه يكْتَشِف |
| | | Assez de ces questions ! | كفى أَسْئِلةً ! |
| | | Assez de cette mascarade ! | كفى مَهْزَلةً ! |
| | | Chaque jour | كُلَّ يَوْم |
| | | Comme il avait été | كما كانَ |
| | | Sois sage, sois raisonnable | كُنْ عاقِلاً |
| | | Inutile de me rappeler ce qui ne saurait être oublié | لا داعيَ لتذكيري بِما لا يُمكن أن يُنسى |
| | | Pas besoin de s'étonner | لا داعيَ للاسْتِغْراب |
| | | Un seul instant | لَحْظة واحدة |
| | | J'avais dansé le jour où la révolution avait éclaté | لقد رقصتُ يومَ قامت الثورة |
| | | Ce n'est pas exactement ainsi | ليس كذلك بالضبط |
| | | La nuit passée | لَيْلةَ الأمْس |
| | | Il n'y a pas à en douter | ما في ذلكَ رَيْب |
| | | Il n'y a pas à en douter | ما في ذلك شَكّ |
| | | Personne ne veut (faire) | ما مِنْ أَحَدٍ يُريدُ أنْ |
| | | Au-delà de l'étendu aquatique | ما وَراءَ الـمَدى الـمائيّ |

# الأسبوع العشرين

**Citations, proverbes, dictons, maximes...** — Troisième et dernière série

**Ghalib Al-Hakkak** @GhalibHakkak · 22 juil. 2020
On a déjà من جدّ وجد qui nous incite à l'effort pour apprendre. Au cas où la paresse résiste, un autre proverbe vient expliquer pourquoi il faut se démener pour s'instruire. Hélas, c'est vrai (en substance) "Le savoir demande qu'on vienne le chercher : il ne vient pas de lui-même"

Son : www.al-hakkak/TGH/T31.mp3

**Ghalib Al-Hakkak** @GhalibHakkak · 20 juil. 2020
Les mots sont simples, mais l'idée est l'exigence de bien faire les choses, jusqu'au bout. Un bon jardinier nettoie ses outils. Un bon cuisinier fait la vaisselle. Et personne ne doit mal finir sa tâche. Et le droit à la paresse, alors ?!

Son : www.al-hakkak/TGH/T28.mp3

**Ghalib Al-Hakkak** @GhalibHakkak · 19 juil. 2020
Quel est le principal ennemi du savoir ? Etrange question ? Un proverbe très ancien dit en substance "Le pire ennemi du savoir c'est l'oubli". D'où un hadîth qui dit قيّدوا العلم بالكتابة. Bon, à l'époque du numérique, tout est noté, mais il faut chercher pour trouver !

Son : www.al-hakkak/TGH/T22.mp3

**Ghalib Al-Hakkak** @GhalibHakkak · 17 juil. 2020
Quand rien ne va plus, que faire ? Se donner deux baffes devant la glace ? Peut-être. Mais le proverbe arabe propose de rester calme, car aucune épreuve ne s'éternise. En substance "C'est une épreuve qui, comme toutes les autres, prendra fin" : al-hakkak.fr/TGH/T31.mp3

Son : www.al-hakkak/TGH/T31.mp3

**Ghalib Al-Hakkak** @GhalibHakkak · 16 juil. 2020
"Mangeons l'orge que nous avons au lieu de demander du blé à d'autres". Voilà en substance ce que dit le proverbe arabe. Trop facile à dire, mais ce n'est pas dépourvu de bon sens. C'est vrai qu'on n'est jamais mieux servi que par soi-même, et avec ses propres ressources.

Son : www.al-hakkak/TGH/T18.mp3

**Ghalib Al-Hakkak** @GhalibHakkak · 15 juil. 2020
"Les gens détestent ce qu'ils ignorent". C'est clair notamment pour l'alimentation. Mais quand il s'agit de personnes différentes, qui parlent une langue étrangère, l'animosité peut faire mal. Heureusement qu'il s'agit d'un phénomène limité. Et espérons que le proverbe se trompe.

Son : www.al-hakkak/TGH/T29.mp3

**Ghalib Al-Hakkak** @GhalibHakkak · 11 juil. 2020
En laissant ses vieux parents à leur sort, on donne un mauvais exemple à.... ses propres enfants. Et un jour, on se demande où est l'erreur. Le proverbe arabe est clair : (en substance) "En bien traitant tes parents, tu te rapproches de ta propre progéniture."

Son : www.al-hakkak/TGH/T20.mp3

**Ghalib Al-Hakkak** @GhalibHakkak · 11 juil. 2020
Que vaut un savoir dépourvu d'application ? Le débat est vaste, mais si l'on veut simplifier à l'excès pour exiger une utilité tangible à tout savoir, on peut citer ce proverbe : "Un savoir sans application pratique est comme un arbre sans fruits". Et l'esthétique alors ?!

Son : www.al-hakkak/TGH/T19.mp3

Son : 55

# 20 — الأسبوع العشرين

MAJ 15 mars 2021

Manuel d'arabe en ligne Tome III
Les bases de l'arabe en 50 semaines
http://www.al-hakkak.fr  © G. Al-Hakkak 2013

En autonomie

**Ghalib Al-Hakkak** @GhalibHakkak · 3 juil. 2020
La discrétion d'un bienfaiteur ne peut qu'ajouter à ses mérites. Voilà une citation (anonyme) qui en donne la recette : "Quand tu aides une personne, éloigne-toi, ne l'humilie pas, n'exige pas de remerciements, et détourne ton regard pour ne pas être témoin de son embarras"

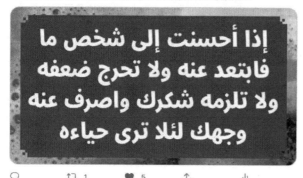

Son : www.al-hakkak/TGH/T4.mp3

**Ghalib Al-Hakkak** @GhalibHakkak · 9 juil. 2020
Les expressions ne manquent pas : "Reste zen", "calme-toi", "cool", etc. Les proverbes arabes évoquant l'attitude face à un épineux problème sont également légion. Celui-ci définit l'attitude "zen" par la durée et la profondeur de la patience souhaitée. Pas besoin de traduire !

Son : www.al-hakkak/TGH/T12.mp3

**Ghalib Al-Hakkak** @GhalibHakkak · 7 juil. 2020
Comment être bon citoyen à l'étranger ? Un vieux proverbe arabe le dit clairement. NB : قرية signifie ici "ville", alors que مدينة signifiait jadis "capitale" ou "chef-lieu". En substance : "Quand tu te trouves dans une ville [étrangère], jure par son dieu !". Très moderne, non ?

Son : www.al-hakkak/TGH/T6.mp3

**Ghalib Al-Hakkak** @GhalibHakkak · 6 juil. 2020
Les Arabes réservent à la patience une place de choix dans leurs proverbes, comme الصبر جميل / الصبر مفتاح الفرج / الشجاعة صبر ساعة etc. Voici une citation qui oppose deux formes de patience : celle qu'il faut pour supporter un mal et celle qu'il faut en attendant l'objet désiré

Son : www.al-hakkak/TGH/T7.mp3

**Ghalib Al-Hakkak** @GhalibHakkak · 11 juil. 2020
Difficile de maîtriser ses dépenses. Le poète al-Mutanabbî (m. 965) dit que celui qui passe son temps à compter ses sous pour éviter la misère s'y trouve déjà. De l'autre côté, le proverbe dit : "Qui dépense sans compter, périt sans s'en rendre compte". Qui croire ?

Son : www.al-hakkak/TGH/T17.mp3

**Ghalib Al-Hakkak** @GhalibHakkak · 10 juil. 2020
Quelle est la règle d'or pour réussir une association ? A vrai dire, s'il y en avait une, ça se saurait. Mais aussi cruel qu'il soit, le proverbe arabe ne manque pas de réalisme et de bon sens (en substance) : "Ou la concorde, ou chacun sa route".

Son : www.al-hakkak/TGH/T16.mp3

**Ghalib Al-Hakkak** @GhalibHakkak · 10 juil. 2020
Que y a-t-il de plus précieux que sa propre progéniture ? Ben voyons ! C'est évident ! Le proverbe arabe le dit clairement, sans discussion !

Son : www.al-hakkak/TGH/T15.mp3

**Ghalib Al-Hakkak** @GhalibHakkak · 2 juil. 2020
Quelle perception peut-on avoir de la beauté d'une personne ? Le poète arabe أبو العلاء المعري Al-Maarri, mort en 1044, nous dit dans ce vers où se trouve la vraie beauté :

Son : www.al-hakkak/TGH/T3.mp3

Son : 56

## قارئة الفنجان

| | |
|---|---|
| والشعر الغجري المجنون يسافر في كل الدنيا | جلست والخوف بعينيها تتأمل فنجاني المقلوب |
| إنها امرأة يا ولدي يهواها القلب هي الدنيا | قالت يا ولدي لا تحزن فالحب عليك هو المكتوب |
| لكن سماءك ممطرة وطريقك مسدود | يا ولدي قد مات شهيداً من مات فداءً للمحبوب |
| فحبيبة قلبك نائمة في قصر مرصود | |
| من يدخل حجرتها من يطلب يدها | بصرت ونجمت كثيراً لكني لم أقرأ أبداً |
| من يدنو من سور حديقتها | فنجاناً يشبه فنجانك |
| من حاول فك ظفائرها مفقود | بصرت ونجمت كثيراً لكني لم أقرأ أبداً |
| | أحزاناً تشبه أحزانك |
| ستفتش عنها في كل مكان | |
| وستسأل عنها موج البحر وتسأل فيروز الشطآن | مقدورك أن تمضي أبداً في بحر الحب بغير قلوع |
| وتجوب بحاراً وبحاراً وتفيض دموعك أنهارا | وتكون حياتك طول العمر كتاب دموع |
| وسيكبر حزنك حتى يصبح أشجارا | مقدورك أن تبقى مسجوناً بين الماء وبين النار |
| وسترجع يوماً مهزوماً مكسور الوجدان | فبرغم جميع حرائقه وبرغم جميع سوابقه |
| وستعرف بعد رحيل العمر بأنك كنت تطارد خيط دخان | وبرغم الحزن الساكن فينا ليل نهار |
| فحبيبة قلبك ليس لها أرض أو وطن أو عنوان | وبرغم الريح وبرغم الجو الماطر والإعصار |
| ما أصعب أن تهوى امرأة ليس لها عنوان | الحب سيبقى يا ولدي أحلى الأقدار |
| يا ولدي | بحياتك يا ولدي امرأة سبحان المعبود |
| | فمها مرسوم كالعنقود ضحكتها أنغام وورود |

**عبد الحليم حافظ** - مصر

قارئة الفنجان - شعر نزار قباني
تلحين محمد الموجي

| | | | | | | |
|---|---|---|---|---|---|---|
| celui qui demande sa main | من يطلب يدها | malgré le temps pluvieux | برغم الجو الماطر | Elle s'est assise, effrayée | جلست والخوف بعينيها |
| celui qui approche de la clôture de son jardin | من يدنو من سور حديقتها | la tempête | الإعصار | ma tasse retournée | فنجاني المقلوب |
| | | le plus beau des destins | أحلى الأقدار | ne sois pas triste | لا تحزن |
| celui qui essaie de défaire ses nattes | من حاول فك ظفائرها | dans ta vie il y a une femme | بحياتك امرأة | il est mort en martyr | مات شهيداً |
| absent, manquant | مفقود | Gloire au seigneur ! | سبحان المعبود | il s'est sacrifié pour le bien-aimé | مات فداءً للمحبوب |
| tu la chercheras | ستفتش عنها | sa bouche est dessiné comme une grappe de raisins | فمها مرسوم كالعنقود | j'ai lu le destin | بصرت ونجمت |
| partout | في كل مكان | | | ressembler | يشبه |
| tu demanderas après elle | ستسأل عنها | son rire est mélodies et roses | ضحكتها أنغام وورود | tu dois toujours aller | مقدورك أن تمضي أبداً |
| les vagues de la mer | موج البحر | les cheveux gitans et fous | الشعر الغجري المجنون | en mer d'amour | في بحر الحب |
| tu sillonneras des mers et des mers | تجوب بحاراً وبحاراً | il voyage partout dans le monde | يسافر في كل الدنيا | sans voiles | بغير قلوع |
| tes larmes couleront en rivières | تفيض دموعك أنهارا | le cœur l'aime | يهواها القلب | toute la vie | طول العمر |
| ta tristesse poussera en arbres | سيكبر حزنك حتى يصبح أشجاراً | c'est la vie, le monde | هي الدنيا | un livre de larmes | كتاب دموع |
| tu reviendras un jour défait | سترجع يوماً مهزوماً | mais ton ciel est pluvieux | لكن سماءك ممطرة | tu dois rester prisonnier | مقدورك أن تبقى مسجوناً |
| brisé dans ton être | مكسور الوجدان | ta voie est bloquée | طريقك مسدود | entre l'eau et le feu | بين الماء وبين النار |
| quand la vie sera passée | بعد رحيل العمر | l'aimée de ton cœur | حبيبة قلبك | malgré la tristesse qui nous habite | برغم الحزن الساكن فينا |
| tu courais après un fil de fumée | كنت تطارد خيط دخان | elle dort dans un château surveillé | نائمة في قصر مرصود | jour et nuit | ليل نهار |
| elle n'a ni terre ni adresse | ليس لها أرض أو عنوان | celui qui entre dans sa chambre | من يدخل حجرتها | malgré le vent | برغم الريح |

**Manuel d'arabe** *en ligne*

Tome III

**Les bases de l'arabe**

**en 50 semaines**

# Semaine 21

الأسبوع الواحد والعشرين

# Quelques précisions

**Rubriques habituelles :**

- Fiches thématiques (p. 204) : notamment les verbes relatifs aux sentiments et des activités intellectuelles.
- Mini-glossaire (p. 205) : la philosophie.
- Les prépositions (p. 206).
- Quelques dates (p. 207).
- Traduction autour de AVANT, APRES, RESTE, ORDRE, POSTE et PROPRE (pp. 208-209).
- Exercices rapides (pp. 210-215).
- Exercices sur les verbes de la forme X (p. 216).
- Textes (pp. 217-223).
- Lexique (pp. 224-227).
- Chansons (p. 230).

**Les textes :**

Page 217 : un court poème tiré de l'immense œuvre du poète syrien نزار قباني et qui a un titre simple : لماذا أكتب؟. Sur la même page, en avant goût du dernier tome de la méthode, un texte médiéval parfaitement accessible à ce stade ; l'anecdote qui date du IX$^e$ siècle montre une continuité étonnante de l'arabe à travers les siècles ; en effet, ancien n'est pas forcément synonyme de difficile et moderne n'est pas nécessairement facile.

Page 218 : deux autres poèmes courts de نزار قباني et encore un petit texte médiéval tiré du *Livre des idiots* d'Ibn Al-Jawzi.

Pages 219-222 : quatre extraits d'un monument de la littérature arabe du XX$^e$ siècle : كتاب الأيام (*Le Livre des Jours*) de طه حسين (Taha Hussein - 1889-1973) ; cette œuvre est un passage obligé pour tout étudiant de l'arabe; il s'agit du roman autobiographique d'un écrivain amoureux de la belle langue et soucieux comme d'autres d'inscrire la culture arabe dans un patrimoine universel ; l'œuvre est en trois parties ; seule la première, la plus belle, est représentée ici ; l'auteur parle de lui-même à la troisième personne en se qualifiant de صاحبنا (notre ami); le dernier extrait est un message qu'il adresse à sa fille, très émouvant ; mais c'est le troisième extrait qui est le plus significatif ; il résume en quelque sorte sa destinée en une page, l'incident qui bascula sa vie sans que son entourage en fût conscient.

Certains extraits ici sont précédés d'exercices et d'aide lexicale partielle ; cela pourrait aider à mieux savourer la lecture du texte ; et si la curiosité est trop forte, la lecture de la traduction française pourrait se révéler utile pour connaître un parcours exceptionnel qui commence dans un village pauvre d'Egypte et va jusqu'au fauteuil de ministre, en passant par les universités du Caire et par la Sorbonne à Paris (1).

Page 223 : pour clôturer ce troisième tome, une invitation à une écoute musicale de quelques poèmes ; cela commence par le dernier strophe d'une des plus célèbres chansons d'Umm Kulthûm (الأطلال), suivi du début d'une chanson de نجاة qui évoque la confusion des sentiments après une rupture amoureuse ; puis le début d'une chanson de أم كلثوم qui déclare que la rupture est définitive ; c'est ensuite la même grande chanteuse égyptienne qui évoque les souvenirs d'une histoire d'amour, toujours vive dans son cœur ; puis le début d'une chanson novatrice en son temps qui met un jeune homme face à la diseuse de bonne aventure qui lui annonce une histoire d'amour entourée de mystères ; vient ensuite le début d'une chanson des années 60 de نجاة qui sonne la révolte de la femme abandonnée ; enfin, c'est le début d'une chanson de فائزة أحمد qui exprime les blessures et la fierté d'une femme trahie.

Et pour atténuer les effets d'une écoute dense des chansons précédentes, la page 230 nous donne les paroles en dialecte égyptien d'une des plus belles chansons de حافظ عبد الحليم et qui a pour titre أهواك (je t'aime), emblématique d'une œuvre subtile et douce, très appréciée des jeunes de l'époque.

Bon travail !

---

(1) *Le Livre des Jours*, tr. par Gaston Wiet, Ed. Gallimard ; *La Traversée intérieure*, tr. par Guy Rocheblave, Ed. Gallimard.

# 21 — الأسبوع الواحد والعشرون

**MAJ 15 mars 2021**

*Manuel d'arabe en ligne — Tome III*
*Les bases de l'arabe en 50 semaines*
© G. Al-Hakkak 2013
http://www.al-hakkak.fr

**En autonomie** — العربية أسبوعاً في خمسين

## Vocabulaire général
— extraits des listes du vocabulaire multilingue : http://www.al-hakkak.fr/vocabulaire-arabe.html

### المشاعر والأحاسيس

|  |  |
|---|---|
| Sentiment d'échec, dépression | الإحباط |
| Trouble, perturbation | الارتباك |
| Satisfaction, bien-être | الارتياح |
| Penser à un absent | الاشتياق |
| Trouble, désordre | الاضطراب |
| Quiétude, tranquillité | الاطمئنان |
| Gêne | الانزعاج |
| Hésitation | التردّد |
| Pessimisme | التشاؤم |
| Tristesse | التعاسة |
| Optimisme | التفاؤل |
| Confiance | الثقة |
| Amour | الحبّ |
| Tristesse | الحزن |
| Enthousiasme | الحماسة |
| Tendresse | الحنان |
| Désir de retrouver un absent | الحنين |
| Perplexité | الحيرة |
| Peur | الخوف |
| déception | خيبة الأمل |
| Etonnement | الدهشة |
| Terreur | الرعب |
| Doute | الريبة |
| Bonheur | السعادة |
| Se sentir en sécurité | الشعور بالأمان |
| Doute | الشكّ |
| Désir de retrouver un absent | الشوق |
| Angoisse | ضيق النفس |
| Quiétude, tranquillité | الطمأنينة |
| Colère | الغضب |
| Jalousie | الغيرة |
| Joie | الفرح |
| Inquiétude | القلق |
| Haine | الكراهية |
| Haine | الكره |
| Enervement | النرفزة |

**Son : 1**

### أفعال - التواصل

|  |  |
|---|---|
| Téléphoner à | اتّصل هاتفيّاً بـ |
| Contacter | اتصل يتّصل بـ |
| Se réunir avec | اجتمع يجتمع بـ |
| Internet | الإنترنت |
| Rencontrer | التقى يلتقي بـ |
| Téléphoner à | تلفن يتلفن إلى |
| Discuter | تناقش يتناقش مع |
| Débattre avec | جادل يجادل |
| Inviter | دعا يدعو |
| Correspondre avec | راسل يراسل |
| E-mail | رسالة ألكترونيّة |
| Message oral | رسالة صوتيّة |
| Lettre ouverte | رسالة مفتوحة |
| Réseau | شبكة اتصال |
| Social | اجتماعيّ |
| Réseau de com. | شبكة اتصالات |
| Rédiger une lettre | كتب يكتب رسالة |
| Forum | منتدى |
| Adresser une invitation | وجّه يوجّه دعوة |

**Son : 2**

### أفعال - المشاعر

|  |  |
|---|---|
| Aimer | أحبّ يحبّ |
| Aimer passionément | عشق يعشق |
| Vénérer | عبد يعبد |
| Aimer avec passion | هوى يهوى |
| Etre follement amoureux de | هام يهيم بـ |
| Faire la cour à | غازل يغازل |
| Désirer de retrouver qqn | اشتاق يشتاق إلى |
| Désirer la présence d'un absent | حنّ يحنّ إلى |
| Penser à qqn | فكّر يفكّر بـ |

**Son : 5**

### أفعال - التعبير عن الرأي

|  |  |
|---|---|
| Soutenir | أيّد يؤيّد |
| Arguer | احتجّ يحتجّ بـ |
| Protester contre | احتجّ يحتجّ على |
| S'opposer à | اعترض يعترض على |
| Critiquer | انتقد ينتقد |
| Défier | تحدّى يتحدّى |
| Manifester | تظاهر يتظاهر |
| Discuter avec | تناقش يتناقش مع |
| Débattre avec | جادل يجادل |
| Soutenir, appuyer | ساند يساند |
| S'exprimer | عبّر عن رأيه |
| Couper la parole à | قاطع يقاطع |
| Résister | قاوم يقاوم |

**Son : 3**

### أفعال - الحواسّ

|  |  |
|---|---|
| Ressentir | أحسّ يحسّ بـ |
| Ecouter | أصغى يصغي |
| S'étouffer | اختنق يختنق |
| Trembler | ارتجف يرتجف |
| Retrouver l'équilibre | استعاد توازنه |
| Ecouter | استمع يستمع إلى |
| Etre troublé | اضطرب يضطرب |
| Regarder | تفرّج يتفرّج |
| Avoir le tournis | داخ يدوخ |
| Goûter | ذاق يذوق |
| Voir | رأى يرى |
| Entendre | سمع يسمع |
| Voir, regarder | شاهد يشاهد |
| Avoir froid | شعر بالبرد |
| Avoir chaud | شعر بالحرّ |
| Ressentir | شعر يشعر بـ |
| Sentir | شمّ يشمّ |
| Perdre l'équilibre | فقد توازنه |
| Toucher | لمس يلمس |
| Toucher | مسّ يمسّ |
| Regarder | نظر ينظر |

**Son : 6**

### أفعال - الذهنيات

|  |  |
|---|---|
| Se rendre compte | أدرك يُدرك |
| Déduire | استنتج يستنتج |
| Croire | اعتقد يعتقد |
| Imaginer | تخيّل يتخيّل |
| Se souvenir | تذكّر يتذكّر |
| Se demander | تساءل يتساءل |
| Imaginer | تصوّر يتصوّر |
| Penser (à tort) | حسب يحسب |
| Douter | شكّ يشكّ |
| Penser (sans certitude) | ظنّ يظنّ |
| Penser, réfléchir | فكّر يفكّر |
| Oublier | نسي ينسى |

**Son : 4**

### أفعال - الحركة

|  |  |
|---|---|
| Se dépêcher | أسرع يسرع |
| S'allonger | استلقى يستلقي |
| Se mouvoir, bouger | تحرّك يتحرّك |
| Grimper | تسلّق يتسلّق |
| S'arrêter | توقّف يتوقّف |
| S'asseoir | جلس يجلس |
| Tourner | دار يدور |
| Aller | ذهب يذهب |
| Revenir | رجع يرجع |
| Courir | ركض يركض |
| Accélérer | زاد يزيد في سرعته |
| Marcher | سار يسير |
| Monter | صعد يصعد |
| Revenir | عاد يعود |
| Se lever | قام يقوم |
| Ralentir | قلّل يقلّل من سرعته |
| Marcher | مشى يمشي |
| Dormir | نام ينام |
| Descendre | نزل ينزل |
| Se mettre debout, s'arrêter | وقف يقف |

**Son : 7**

---

Compléter librement chaque phrase avec un mot des listes ci-dessus :

دعني أكمل كلامي رجاءً، لا ......................... !

......................... بي عندما تصل إلى باريس !

......................... قليلاً قبل أن تقرر الزواج !

......................... عن آرائكم بكل حرية !

يوم أمس ......................... ساعة واحدة فقط .

قبل يومين ......................... إلى قمة برج إيفل .

ابن عمي سوف ......................... الجبل الأبيض .

......................... أمس إلى خطاب الرئيس .

إنني أشعر بـ ......................... بسبب الحرب .

إننا نشعر بـ ......................... بسبب الأزمة الاقتصادية .

إنهم يشعرون بـ ......................... في هذه المدينة .

إنه يشعر بـ ......................... منذ الحادث .

Ex 73 p 296

**Lexique autour d'une spécialité : philosophie** — extrait des "Glossaires rudimentaires"

## A — Son : 8

| | |
|---|---|
| accident | الحادِث ج حَوادِث / العارِض ج عَوارِض |
| acte | الفِعْل ج أفْعال |
| agent | الفاعِل |
| altérité | الغَيْريّة / الغَيْر |
| âme | الرّوح ج أرواح / النَّفْس ج نُفوس |
| anthropomorphisme | التَّشْبيه |
| argument | الحُجّة ج حُجَج |
| attribut | الصِّفة |
| autrui | الغَيْر |

## B — Son : 9

| | |
|---|---|
| beau | جَميل |
| beauté | الجَمال |
| bien | الخَيْر |
| bonheur | السَّعادة |

## C — Son : 10

| | |
|---|---|
| cause | السَّبَب ج أسْباب / العِلّة ج عِلَل |
| certitude | اليَقين |
| choix | الاختِيار ج اختِيارات |
| cohérence | التَّجانُس / التَّوافُق |
| commun | عامّ |
| concept | المَفْهوم |
| condition | الشَّرْط ج شُروط |
| conduite | السُّنّة / التَّصَرُّف ج تصرفات |
| configuration | الهَيْئة |
| connaissance | المَعْرِفة ج مَعارِف |
| connexion | الاقْتِران |
| conscience | الوَعْي / الضَّمير ج ضَمائر |
| conséquence | التَّبِعة / العاقِبة |
| contrariété | التَّضادّ |
| corps | الجِسْم ج أجْسام / الجِرْم (الفَضاء) / الجَسَد ج أجْساد (الإنْسان) |
| coutume | العادة / العُرْف |

| | |
|---|---|
| création | الإبْداع / الخَلْق |
| critique | النَّقْد / الانْتِقاد / المَأخَذ |
| culture | الثَّقافة |

## D — Son : 11

| | |
|---|---|
| déduction | الاسْتِنْتاج |
| définition | الحَدّ / التَّعْريف |
| démonstration | البُرْهان |
| désir | الرَّغْبة / الشَّهْوة |
| détail | التَّفْصيل ج تفاصيل |
| devenir (le —) | الصَّيْرورة |
| dialogue | الحِوار |
| dieu | الإلـه ج آلـهة |
| discussion | النِّقاش / الجَدَل |
| disposition | الاسْتِعْداد |
| droit | الحَقّ ج حُقوق |
| doute | الشَّكّ ج شُكوك |

## E — Son : 12

| | |
|---|---|
| égalité | المُساواة / التَّساوي |
| émanation | الفَيْض |
| entendement | الفَهْم |
| erreur | الخَطَأ / الغَلَط |
| ésothérisme | الباطِنيّة |
| espace | المَكان |
| esprit | العَقْل ج عُقول |
| essence | الماهِيّة |
| éthique (l'—) | الأخْلاق / الأخْلاقية |
| être | الكَيْنونة / الصَّيْرورة |
| évolution | التَّحَوُّل ج تحولات / الانْتِقال |
| existence | الوُجود |
| expérience | التَّجْرِبة ج تَجارِب / الخِبْرة |

## F — Son : 13

| | |
|---|---|
| faux | كاذِب |
| fin | الغاية |
| folie | الجُنون |
| forme | الصّورة ج صُوَر |

## H — Son : 14

| | |
|---|---|
| habitude | العادة |
| humanité | الإنْسانيّة / البَشَريّة / بَنو آدَم |
| homme | الإنْسان ج البَشر |

## I — Son : 15

| | |
|---|---|
| identité | الهُويّة |
| imagination | التَّخَيُّل |
| inconscient (adj.) | لاواعٍ (اللاواعي) / غَيْر واعٍ |
| inconscient (sub.) | اللاوَعْي |
| individu | الشَّخص ج أشخاص / الفَرْد ج أفْراد |
| infini (adj.) | لامُنْتَهٍ (اللامنتهي) |
| infini (l'—) | اللانِهاية |
| injustice | الظُّلْم / الباطِل / البُطْلان |
| instrument | الأداة ج أدَوات |
| intellect | العَقْل |
| intelligible | مَعْقول |
| intentions | المَعاني / المَقاصِد |
| interprétation | التَّأويل |

## J — Son : 16

| | |
|---|---|
| jugement | الحُكْم ج أحْكام |
| justice | العَدْل / العَدالة |

## L — Son : 17

| | |
|---|---|
| langage | اللُّغة |
| liberté | الحُرِّيّة |
| logique | المَنْطِق |
| loi | الشَّرْع / الشَّريعة ج شَرائع / القانون ج قَوانيـن |

## M — Son : 18

| | |
|---|---|
| mal | الشَّرّ |
| Matérialistes (les —) | الدَّهْريّون |
| matière | المادّة ج مَوادّ |
| mémoire | الذاكِرة |

# Quelle préposition en arabe ?

*Extrait 7 de l'ouvrage intitulé «Quelle préposition en arabe ?» - ISBN : 9781704566153*
Ce livre contient 106 séries dont sept sont reproduites dans ce volume à titre d'exemples.

## Difficulté 6/6 : Série 98 — Corrigé p. 206

**Son 123 : A B** — (Moyen-orient, 1933-2004) D'après التيه - مدن الملح de عبد الرحمن منيف

١- فجأة ، ......... الصحراء القاسية العنيدة ، تنبثق هذه البقعة الخضراء ، وكأنها انفجرت ......... باطن الأرض أو سقطت ......... السماء ، فهي تختلف ......... كل ما ......... ها ، أو الأحرى ليس ......... ها ما ......... ها أية صلة / ٢- وادي العيون ......... النسبة ......... القوافل شيء خارق ، أعجوبة لا يصدقها من يراها أول مرة ، ومن يراها لا ينساها ......... ذلك . ٣- الهجرة لازمتهم ......... أمد بعيد . فجأة يحسون أنهم تكاثروا، وأن الوادي لم يعد قادراً ......... احتمالهم ، ولا بد ......... الشباب القادرين ......... السفر ......... اكتشاف أماكن جديدة يشدون الرحال ......... ها ......... أجل الإقامة والرزق / ٤- لا يوجد واحد ......... الرجال ......... الوادي ، خاصة ......... سن معينة ، لم تستول ......... ـه رغبة السفر /

**Son 124 : A B** — (Iran-Irak, 839-923) D'après تاريخ الرسل والملوك / ج 9 de الطبري

٥- فاجتمع ......... ـه ......... ها ناس كثير وكانت ......... و ......... قواد عبد الله بن طاهر وقعات ........ ناحية الطالقان وجبالها فهزم هو وأصحابه فخرج هارباً يريد بعض كور خراسان كان أهله كاتبوه فلما صار ......... نسا و ......... ها والد ......... بعض من ......... مضى الرجل الذي ......... أهل نسا ......... والده ليسلم ......... ـه /

٦- فحبس ......... ـما ذكر ......... سامراء ......... مسرور الخادم الكبير ......... محبس ضيق يكون قدر ثلاث أذرع ......... ذراعين فمكث ......... ثلاثة أيام ثم حول ......... موضع أوسع ......... ذلك وأجري ......... ـه طعام ووكل ......... ـه قوم يحفظونه فلما كان ليلة الفطر واشتغل الناس ......... العيد والتهنئة احتال ......... الخروج ذكر أنه هرب ......... الحبس ......... الليل وأنه دلي ......... ـه حبل ......... كوة كانت ......... أعلى البيت يدخل ......... ـها الضوء فلما أصبحوا أتوا ......... الطعام الغداء افتقد فذكر أنه جعل لمن دل ......... ـه مائة ألف درهم وصاح ......... ذلك الصائح فلم يعرف ......... ـه خبر .

---

**Histoire d'un rebelle** —

1. Soudain, au milieu du sévère et têtu désert, émerge cette surface verte, comme si elle avait jailli des entrailles de la terre ou était tombée du ciel, car différente de tout ce qui l'entoure, ou plutôt sans aucun lien entre elle et le reste. / 2. La Vallée d'al-ʿuyūn (sources) pour les caravanes est quelque chose d'extraordinaire, une merveille qui paraît à première vue irréelle, mais qui la visite (voit) ne l'oublie pas par la suite. / 3. La migration est leur destinée depuis longtemps. Soudain, ils ont l'impression d'être trop nombreux, que la vallée ne peut pas tous les accueillir et que les jeunes capables de voyager et d'explorer d'autres lieux doivent partir pour s'y installer et gagner leur vie. / 4. Il n'y a pas un seul homme dans la vallée, surtout à un certain âge, qui ne fût investi par le désir de partir. /

5. Un grand nombre de gens se rallièrent à lui ; il eut plusieurs accrochages avec les troupes de ʿAbdullâh ibn Tâhir dans la région de Al-Tâliqân et ses montagnes ; il fut défait ainsi que ses hommes et il s'enfuit en direction d'une contrée du Khurâsân dont les habitants lui avaient envoyé des messages [de ralliement] ; quand il parvint à Nasâ où se trouvait le père d'un de ses hommes, celui-ci alla saluer son père. / 6. Il fut emprisonné, d'après ce qui a été rapporté, à Samarra, auprès du grand eunuque Masrûr, dans une cellule étroite qui mesurait trois par deux coudées ; il y resta trois jours puis il fut déplacé vers un endroit plus large et fut nourri ; des gens furent chargés de le surveiller ; quand vint la veille du premier jour de la Fête d'al-Fiṭr (fin du ramadan), alors que tout le monde était occupé par la fête et la présentation des vœux, il trouva le moyen de sortir ; on raconte qu'il s'enfuit la nuit, qu'une corde lui avait été descendue d'une ouverture qui se trouvait au plafond de la pièce laissant passer la lumière ; quand ce fut le matin, on lui apporta le repas de midi et son absence fut constatée ; on dit qu'une récompense de cent mille dirhams était promise à celui qui conduirait jusqu'à lui; le crieur public l'annonça, [mais] rien ne fut connu de lui ensuite.

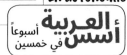

**Chronologie bilingue fr-ar** — enregistrement ici : http://www.al-hakkak.fr/chronologie-son.html

Extrait 7 de l'ouvrage intitulé «Chronologie bilingue fr-ar» - ISBN : 9781974214099
Ce livre contient environ 1500 dates dont sept séries sont reproduites dans ce volume à titre d'exemples.
*NB : la version arabe contient parfois davantage de détails, facilement repérables.*

**1789** — Révolution Française. / 5 mai: Convocation des états généraux. / 14 juillet : Prise de la Bastille. / 4 août : Abolition des privilèges et fin de l'Ancien Régime. / 26 août : Déclaration des droits de l'homme. / George Washington premier président des USA. / Avènement du sultan Sélim III. / Avènement de l'Emir Bashîr II, qui aura gouverné le Liban jusqu'à sa mort en 1842.

سنة ١٧٨٩ - الثورة الفرنسية / ٥ أيار - مايو : استدعاء المجالس العامة / ١٤ تموز - يوليو : سقوط سجن الباستيل / ٤ آب - أغسطس : إلغاء الامتيازات التي كان يتمتع بها النبلاء ورجال الدين ونهاية النظام القديم / ٢٦ آب - أغسطس : إعلان حقوق الإنسان / جورج واشنطن يصبح أول رئيس للولايات المتحدة الأمريكية / بداية عهد السلطان العثماني سليم الثالث / بداية عهد الأمير بشير الثاني الشهابي في لبنان وهو آخر الأمراء الفعليين للبنان وقد دام حكمه حتى وفاته سنة ١٨٤٢

**1789-92** — Monarchie constitutionnelle.

من سنة ١٧٨٩ إلى سنة ١٧٩٢ - حكم الملكية الدستورية في فرنسا

**1790** — Mort de Adam Smith (67 ans), philosophe et économiste britannique. / Colonisation de la Nouvelle Zélande par les Britanniques.

سنة ١٧٩٠ - وفاة آدم سميث (٦٧ سنة) وهو فيلسوف وعالم اقتصادي بريطاني كلاسيكي / بداية الاستعمار البريطاني لنيوزيلندا

**1791** — Mort à Vienne de Wolfgang Amadeus Mozart (35 ans). / Traité de Avitchov qui consacre le recul turc en Europe. / 28 octobre : Olympe de Gouges propose à l'Assemblée nationale une "déclaration des droits de la femme et de la citoyenne", mais sa demande sera rejetée.

سنة ١٧٩١ - وفاة الموسيقار فولجانج أماديوس موزارت في فيينا (عاش ٣٥ عاماً) / معاهدة أفيتشوف التي تؤكد تراجع الأتراك في أوربا / في ٢٨ تشرين الأول - أكتوبر تقترح الكاتبة الفرنسية أولامب دي جوج إعلانا لحقوق المرأة لكن المجلس الوطني الفرنسي يرفض التصويت عليه بينما تم تبني إعلان مماثل لحقوق الإنسان في ٢٦ آب - أغسطس سنة ١٧٨٩

**1792** (10 août) — Chute de la monarchie et début de la république le 22 septembre. / Mort de Muhammad b. Abdulwahab, fondateur du wahabisme, qui inspire beaucoup de salafistes.

سنة ١٧٩٢ (١٠ آب - أغسطس) - سقوط الملكية وبداية العهد الجمهوري في ٢٢ أيلول - سبتمبر / وفاة محمد بن عبد الوهاب الداعية الذي أسس المذهب الوهابي المتشدد والذي تنتسب إليه الكثير من الحركات السلفية الحالية

**1792-94** — République des Sans-Culottes. Régime de la Convention.

من سنة ١٧٩٢ إلى سنة ١٧٩٤ - ثورة العامة في فرنسا وقيام نظام الجمعية الوطنية

**1793** (21 janvier) — Exécution de Louis XVI, guillotiné sur l'actuelle place de la Concorde à Paris. / Le palais royal du Louvre devient un musée public.

سنة ١٧٩٣ (٢١ كانون الثاني - يناير) - إعدام الملك لويس السادس عشر بالمقصلة في ساحة الكونكورد الحالية في مدينة باريس / قصر اللوفر الملكي يتحول إلى متحف ويفتح أبوابه للجمهور

**1794** (14 février) — La Convention abolit l'esclavage.

سنة ١٧٩٤ (١٤ شباط - فبراير) - الجمعية تلغي العبودية

**Grammaire** : un mot = traductions multiples

## AVANT

1- Jules César fut assassiné en l'an 44 avant Jésus-Christ.
2- Nous finissons le travail avant 20 heures.
3- Ils sont arrivés avant l'heure.
4- C'était bien avant.
5- Il est parti avant hier.
6- Je ne reviendrai pas avant longtemps.
7- Avant de te marier, finis tes études !
8- Il faut prendre tes médicaments avant manger.
9- Ne l'appelez pas avant qu'elle ait fini son travail !
10- Ma maison est juste avant la Mairie, de ce côté-là.
11- Avant tout, il faut penser aux enfants.
12- Le jour d'avant, j'étais en voyage.
13- Qui sera à l'avant ?
14- En avant !
15- En avant toutes !
16- C'est la fuite en avant chez eux.
17- Mets tes points forts en avant !
18- Il était à l'avant de la manifestation.
19- Cette atmosphère me rappelle l'Avant-Guerre.
20- Ne sois pas triste : il faut aller de l'avant !
21- Cet artiste fait partie de l'avant-garde.

## APRES

1- L'Hégire eut lieu 622 ans après Jésus-Christ.
2- Après des années d'études, je commence à travailler.
3- Après vous !
4- Après la pluie, le beau temps !
5- Après cela, nous avons repris le travail.
6- Je m'en suis souvenu des années après.
7- On part après manger.
8- J'ai tout compris, mais après coup.
9- Je suis après toi, dans la liste d'attente.
10- Pourquoi le professeur me crie-t-il après ?
11- Pourquoi s'acharnent-ils après toi ?
12- Après tout, c'est votre problème !
13- D'après la police, notre voisin est un escroc.
14- A-t-il raison d'après toi ?
15- Dix ans après, elle revint au village.
16- Nous sommes revenus le jour d'après.
17- Et après ?

# 21

**Grammaire** : un mot = traductions multiples

## RESTE

1- Il ne fait rien : il reste assis devant son ordinateur !

2- Il vous reste cinq minutes !

3- Et le reste ?

4- Du reste, il ne sait pas bien écrire l'arabe.

5- Qui reste ici ?

6- Il est parti sans demander son reste.

7- Que faites-vous des restes de vos somptueux repas ?

8- Elle passa le reste de sa vie à écrire et dessiner.

## ORDRE

1- Il faut mettre de l'ordre dans tes affaires. C'est un ordre !

2- Il faut faire les choses dans l'ordre.

3- Il purge une peine d'un an pour trouble à l'ordre public.

4- Il s'est adressé à l'Ordre des médecins.

5- Quelles sont les ordres ?

6- Il faut classer le vocabulaire par ordre alphabétique.

7- Cette une question d'ordre privé.

8- Quel est l'ordre du jour ?

## POSTE

1- La Poste s'est beaucoup améliorée depuis quelque temps.

2- Je cherche un poste de responsabilité.

3- Chacun à son poste !

## PROPRE

1- Je cherche un dictionnaire de noms propres.

2- Ta voiture n'est pas propre.

3- Je lui remis la lettre en mains propres.

4- Tu es fou, au sens propre du terme !

5- Il a construit sa maison avec ses propres moyens.

6- Le propre d'un honnête homme est d'être altruiste.

# الأسبوع الواحد والعشرون

J'écris pour que la justice gagne contre l'oppression.

Nous écrivons pour que la vérité triomphe du mensonge.

Nous parlons pour sauver les gens de l'exploitation.

Je parle pour te sauver de tes erreurs.

Elle écrit pour sauver les enfants des risques de l'ignorance.

Il écrit pour sauver celle qu'il aime.

Elle lutte pour sauver ceux qu'elle aime.

Rien ne nous protège de la mort que la Femme.

Rien ne te protège du néant que ta culture.

Rien ne vous protège de la misère que votre mémoire.

١ - <- تعدد / النساء / نناضل / ننقذ / إننا / من / حتى / الزوجات ..............

٢ - <- يكتبون / كي / الظلام / النور / إنهم / ينتصر / على ..............

٣ - <- تتكلمون / الخوف / تنتصر / إنكم / على / حتى / الحرية ..............

٤ - <- يعلم / يصرخون / بأحوالهم / كي / إنهم / الناس ..............

٥ - <- حتى / التقاليد / إنهن / يدرسن / يتحررن / من ..............

## Déclinaisons

١ - ليس في الأسبوع الواحد إلا .............. أيام .   ○ سبعةُ   ○ سبعةَ   ○ سبعةِ

٢ - لا يوجد في السنة الواحدة إلا .............. فصول .   ○ أربعةُ   ○ أربعةَ   ○ أربعةِ

٣ - لا يوجد في السنة الواحدة غير .............. فصول .   ○ أربعةُ   ○ أربعةَ   ○ أربعةِ

٤ - لم أقرأ لفكتور هوجو إلا .............. البؤساء .   ○ كتابُ   ○ كتابَ   ○ كتابِ

٥ - لن أزور في باريس هذه السنة إلا .............. .   ○ متحفٌ واحدٌ   ○ متحفاً واحداً   ○ متحفٍ واحدٍ

٦ - فهمت كل شيء ما عدا .............. الأخير .   ○ الفصلُ   ○ الفصلَ   ○ الفصلِ

٧ - فهمت كل شيء عدا .............. الأخير .   ○ الفصلُ   ○ الفصلَ   ○ الفصلِ

٨ - قرأت كل كتب فكتور هوجو ما خلا .............. البؤساء .   ○ كتابُ   ○ كتابَ   ○ كتابِ

٩ - لم أفهم من كلامك أية .............. !   ○ كلمةٌ   ○ كلمةً   ○ كلمةٍ

١٠ - ألم أفهم من هذا الدرس ولا .............. واحدة !   ○ كلمةٌ   ○ كلمةً   ○ كلمةٍ

## culture générale

١ - الصيام عند المسلمين يدوم .............. يوماً تقريباً .   ○ عشرين   ○ ثلاثين   ○ أربعين   ○ خمسين

٢ - الصيام عند المسيحيين يدوم .............. يوماً .   ○ عشرين   ○ ثلاثين   ○ أربعين   ○ خمسين

٣ - الصيام عند اليهود .............. .   ○ موجود   ○ غير موجود   ○ فترة واحدة   ○ عدة فترات

٤ - الصيام عند الهندوس يختلف من .............. إلى آخر .   ○ عام   ○ شخص   ○ بلد   ○ قرن

٥ - الصيام السياسي هو الإضراب عن .............. .   ○ العمل   ○ الكلام   ○ الطعام   ○ التظاهر

# 21 — الأسبوع الواحد والعشرين

**MAJ 15 mars 2021**

*Manuel d'arabe en ligne Tome III — Les bases de l'arabe en 50 semaines* © G. Al-Hakkak 2013

http://www.al-hakkak.fr — En autonomie

Ex 77 p 300

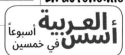

Mon problème n'est pas avec le pain que je mange.

Notre problème n'est pas avec l'eau que nous buvons.

Notre principal problème est avec le travail et la liberté.

Leur principal souci concerne l'avenir de leurs enfants.

Si le destin décidait que tu sois président, voici mes conseils...

Si le destin décidait que vous soyez riches, voici mes demandes...

Habite dans un quartier calme !

Travaille dans une grande entreprise !

Efface de ta mémoire le mot liberté !

Effacez de votre vocabulaire le mot repos !

---

١ - و / زوجة / يملأون / عندي / البيت / وفية / صغار -

٢ - مع / في / مشكلتي / العربية / النحو / ليست -

٣ - فرنسا / مشاكلنا / ليست / الشرطة / في / مع -

٤ - تتحدثوا / لا / شؤون / عن / والثورة / الفقر -

٥ - ما / كل / كونوا / في / تكتبونه / غامضين -

---

## Déclinaisons

| # | Phrase | Option 1 | Option 2 | Option 3 | Option 4 |
|---|--------|----------|----------|----------|----------|
| ١ | شارك في « العشاء الأخير » المسيح والأحبار ........ | ☐ الاثنا عشرَ | ☐ الاثني عشرَ | ☐ الاثنا عشرةَ | |
| ٢ | حكم بعد النبي محمد الخلفاء الراشدون ........ | ☐ الأربعُ | ☐ الأربعةُ | ☐ الأربعةَ | |
| ٣ | صارت نفرتيتي ملكة وعمرها ........ عاماً . | ☐ ستَّ عشرةَ | ☐ ستةَ عشرَ | ☐ سبعةَ عشرَ | |
| ٤ | حصلت على البكالوريا وعمري ........ سنة . | ☐ سبعَ عشرةَ | ☐ سبعةَ عشرَ | ☐ ستَّ عشرةَ | |
| ٥ | عاش فكتور هوجو في القرن ........ . | ☐ التاسعَ عشرَ | ☐ الثامنَ عشرَ | ☐ السابعَ عشرَ | |
| ٦ | كلف بناء القصر ........ دينار . | ☐ ألفَ ألفٍ | ☐ ألفُ ألفٍ | ☐ ألفَ ألفَ | |
| ٧ | في شهر سبتمبر / أيلول ........ يوماً . | ☐ ثلاثون | ☐ ثلاثين | ☐ واحد وثلاثون | |
| ٨ | في السنة الكبيسة ثلاثمائة و ........ يوماً . | ☐ ستٌّ وستون | ☐ ستَّ وستين | ☐ ستِّ وستين | ☐ ستاً وستين |

---

## culture générale

| # | Phrase | Op1 | Op2 | Op3 | Op4 | Op5 |
|---|--------|-----|-----|-----|-----|-----|
| ١ | ........ يؤمنون بوجود الجنة والنار . | ☐ اليهود | ☐ المسلمون | ☐ المسيحيون | ☐ الهندوس | ☐ البوذيون |
| ٢ | ........ يؤمنون بيوم القيامة . | ☐ اليهود | ☐ المسلمون | ☐ المسيحيون | ☐ الهندوس | ☐ البوذيون |
| ٣ | ........ يؤمنون بوجود إله واحد . | ☐ اليهود | ☐ المسلمون | ☐ المسيحيون | ☐ الهندوس | ☐ البوذيون |
| ٤ | ........ يؤمنون بوجود الملائكة . | ☐ اليهود | ☐ المسلمون | ☐ المسيحيون | ☐ الهندوس | ☐ البوذيون |
| ٥ | ........ يؤمنون بأن الكون خُلق في سبعة أيام . | ☐ اليهود | ☐ المسلمون | ☐ المسيحيون | ☐ الهندوس | |
| ٦ | ........ يؤمنون بتناسخ الأرواح . | ☐ اليهود | ☐ المسلمون | ☐ المسيحيون | ☐ الهندوس | ☐ البوذيون |
| ٧ | ........ لا يؤمنون بوجود إله في السماء . | ☐ الهندوس | ☐ البوذيون | ☐ التاويون | ☐ المانويون | ☐ القرامطة |

Je me souviens de ce film comme si je l'avais vu hier.

Elle se souvient de ce roman comme si elle l'avait lu hier.

Je me souviens que ce marché était très long.

Je me souviens que ce quartier était très beau.

Te souviens-tu comment était ce restaurant ?

Il ne se souvient pas du visage de cette femme.

Elle ne se souvient pas du nom de cette rue.

Je me souviens que cet hôtel était dans le sud de la ville.

Je pense que cet enfant était leur dernier.

Il n'y avait entre nos deux villages que quelques kilomètres.

١ - أن / من / وقتاً / لا / هذا / يستطيع / يذكر / اليوم / بعينه -<

٢ - وبين / إلا / الدار / لم / بينه / باب / خطوات / يكن / قصار -<

٣ - عن / إلى / كان / يمتد / يمينه / قناة / السياج / صغيرة -<

٤ - رآه / هذا / كأنه / هو / السياج / أمس / يذكر -<

٥ - هذه / هم / الحفلة / حضروها / يذكرون / أمس / كأنهم -<

**Déclinaisons**

١ - أتعجب من استعمالك ............... كل يوم وأنت من أنصار البيئة !   ☐ السيارةُ   ☐ السيارةَ   ☐ السيارةِ

٢ - سمعت عن شرائك ............... جديدة : مبروك !   ☐ دراجةٌ   ☐ دراجةً   ☐ دراجةٍ

٣ - أرجو منك كتابة ............... ثانية عندما تصل إلى هناك .   ☐ رسالةٌ   ☐ رسالةً   ☐ رسالةٍ

٤ - لا بد من كتابتك ............... ثانية عندما تصل إلى هناك .   ☐ رسالةٌ   ☐ رسالةً   ☐ رسالةٍ

٥ - سمعت عن فتح ابنك ............... جديدة في الشانزليزيه !   ☐ مغازةٌ   ☐ مغازةً   ☐ مغازةٍ

٦ - تتحدث الأخبار عن رفض النقابة ............... على الاتفاق .   ☐ التوقيعُ   ☐ التوقيعَ   ☐ التوقيعِ

٧ - هل ندم أوديب على قتله ............... ؟   ☐ أبوه   ☐ أباه   ☐ أبيه

٨ - سمعت عن تأليف بنتك ............... جديدة .   ☐ روايةٌ   ☐ روايةً   ☐ روايةٍ

٩ - عاش بتهوفن أياماً صعبة قبل تأليفه ............... الخامسة .   ☐ السيمفونيةُ   ☐ السيمفونيةَ   ☐ السيمفونيةِ

١٠ - أُعدم رافاياك في ساحة عامة بعد اغتياله ............... هنري الرابع .   ☐ الملكُ   ☐ الملكَ   ☐ الملكِ

**culture générale**

١ - فيلم « العرّاب » أخرجه ............... .   ☐ سكورسيزيه   ☐ كوبولا   ☐ هتشكوك   ☐ فيلليني

٢ - فيلم « أطول يوم في التاريخ » أخرجه ............... .   ☐ برنهارد ويكي   ☐ كين أناكين   ☐ داري زانوك   ☐ أندرو مارتون   ☐ جيرد أوزوالد

٣ - فيلم « الطيور » أخرجه ............... .   ☐ سكورسيزيه   ☐ كوبولا   ☐ هتشكوك   ☐ فيلليني

٤ - فيلم « زوربا اليوناني » أخرجه ............... .   ☐ سكورسيزيه   ☐ كاكويانيس   ☐ كوستا غافراس   ☐ أوناسيس

٥ - فيلم « لورانس العرب » أخرجه ............... .   ☐ كوبولا   ☐ سبيلبيرغ   ☐ دافيد لين   ☐ فيلليني

# الأسبوع الواحد والعشرون

**Manuel d'arabe en ligne Tome III**
**Les bases de l'arabe en 50 semaines** © G. Al-Hakkak 2013

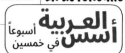

Depuis ce jour-là, notre fils est devenu juge.

Depuis cette date, notre fille est devenue avocate.

Notre jeune voisin était petit et mince.

Notre vieille voisine était grosse et grande.

Quant à lui, ce titre lui plut au début.

Quant à elle, cette idée ne lui plut pas au début.

A peine quelques jours passés qu'il décida d'arrêter ses études.

A peine quelques jours passés qu'elle décida de créer sa propre entreprise.

Il eut le sentiment que la vie était injuste.

J'eus le sentiment que la société était pleine d'hypocrisie.

---

١ - مدرسة / عمي / في / أصبح / أستاذاً / ثانوية / ابن -> ........................

٢ - محامية / أصبحت / في / خالي / مكتب / بنت / كبير -> ........................

٣ - هذا / في / أعجبنا / الفيلم / الأمر / أول -> ........................

٤ - قاضياً / ينتظر / يصبح / كان / حقاً / أن -> ........................

٥ - تنتظر / حقاً / محامية / تصبح / كانت / أن -> ........................

---

**Déclinaisons**

١ - إن ............ جيداً فإنك سوف تفهم كل شيء .  ○ تنتبهُ  ○ تنتبهَ  ○ تنتبهْ

٢ - لو ............ سيد الدنيا لأعلنت المساواة بين الرجل والمرأة .  ○ كنت  ○ أكونُ  ○ أكنْ

٣ - إذا ............ أن تتعلم العربية وحدك فأنت بطل !  ○ استطعت  ○ تستطيعُ  ○ تستطعْ

٤ - إن ............ أن تتعلم العربية وحدك فأنت بطل !  ○ استطعت  ○ تستطيعُ  ○ تستطعْ

٥ - من ............ أن يتعلم العربية وحده فهو بطل !  ○ استطاع  ○ يستطيعُ  ○ يستطعْ

٦ - مهما ............ فإنك لن تقنعني بهذه الفكرة .  ○ قلت  ○ تقولُ  ○ تقلْ

٧ - إن ............ لا تدري فتلك مصيبة .  ○ كنت  ○ تكونُ  ○ تكونَ

٨ - ماذا أقول له لو يسألني إن ............ أهواه ؟!  ○ جاء / كنت  ○ يجيء / أكون  ○ يجيء / كنت

٩ - إذا ............ ظمآن فلا نزل القطر !  ○ مت  ○ أموتُ  ○ أمتْ

١٠ - إذا ............ مذمتي من ناقص    فهي الشهادة لي بأني كامل  ○ أتتك  ○ تأتيك  ○ تأتك

---

**culture générale**

١ - مؤلف كتاب « الجريمة والعقاب » هو ............ .  ○ شكسبير  ○ ديستويفسكي  ○ هيجل  ○ سارتر

٢ - مؤلف كتاب « قصة مدينتين » هو ............ .  ○ شكسبير  ○ ديكنز  ○ شتانبك  ○ هاردي

٣ - مؤلف كتاب « هكذا تكلم زرادشت » هو ............ .  ○ نيتشة  ○ هيجل  ○ جوته  ○ ماركس

٤ - مؤلف كتاب « حلم ليلة صيف » هو ............ .  ○ شكسبير  ○ ديكنز  ○ شتانبك  ○ هاردي

٥ - مؤلف كتاب « الغريب » هو ............ .  ○ سارتر  ○ كامو  ○ مونديانو  ○ لوكليزيو

Je suis confiant d'avoir réussi mes examens.

Elle est confiante d'avoir appris le poème par cœur.

Ce jour-là était une catastrophe.

Ce jour-là était le plus beau jour de sa vie.

Je croyais que tu étais bon élève !

Je pensais que l'école te plaisait !

Doit-elle reprocher à ses amis de l'avoir oubliée ?

Dois-je reprocher à mes parents de m'avoir inscrit à l'école ?

Je n'ai pas pu faire un seul pas en direction de la voiture.

Je n'ai pas pu apprendre un seul mot d'arabe aujourd'hui.

---

١ - إلى / بدون / يذهب / المدرسة / منها / ويعود / واجبات -:

٢ - القصيدة / كانت / بأنها / واثقة / حفظت -:

٣ - عليه / يكد / من / حتى / الدار / لم / نادت / أمه / يخرج -:

٤ - في / نجحت / كنا / أنك / الامتحان / نحسب -:

٥ - من / لم / أن / كلمة / يتذكر / واحدة / القصيدة / يستطع -:

---

**Désinences casuelles**

١ - قال النائب ذلك ............ عن مشروع القانون الجديد .   ○ دفاعٌ   ○ دفاعاً   ○ دفاعٍ

٢ - فعلنا ذلك ............ إلى توحيد البلاد ورفض تقسيمها .   ○ سعيٌ   ○ سعياً   ○ سعيٍ

٣ - قلنا ذلك ............ في أن تعم روح التضامن بين الناس .   ○ أملٌ   ○ أملاً   ○ أملٍ

٤ - أعطيتهم ألف دينار ............ للأضرار التي لحقت بسيارتهم .   ○ تعويضٌ   ○ تعويضاً   ○ تعويضٍ

٥ - وزعت الحلوى على الأولاد ............ لهم على نجاحهم .   ○ تشجيعٌ   ○ تشجيعاً   ○ تشجيعٍ

٦ - أنت أقل الطلاب ............ للدرس : مبروك عليك !   ○ انتباهٌ   ○ انتباهاً   ○ انتباهٍ

٧ - ابنك أكثر الأولاد ............ .   ○ كلامٌ   ○ كلاماً   ○ كلامٍ

٨ - تقدم جيشنا ............ .   ○ شمالٌ   ○ شمالاً   ○ شمالٍ

٩ - يتميز طلابنا على طلاب الجامعات الأخرى ............ .   ○ ثقافةٌ وعلمٌ   ○ ثقافةً وعلماً   ○ ثقافةٍ وعلمٍ

١٠ - زادت بلادنا على جيرانها ............ .   ○ عددٌ ومساحةٌ   ○ عدداً ومساحةً   ○ عددٍ ومساحةٍ

---

**culture générale**

١ - مؤلف كتاب « البخلاء » هو ............ .   ○ ابن المقفع   ○ المسعودي   ○ اليعقوبي   ○ الجاحظ

٢ - مؤلف كتاب « اللص والكلاب » هو ............ .   ○ طه حسين   ○ نجيب محفوظ   ○ الغيطاني   ○ الأسواني

٣ - مؤلف كتاب « كليلة ودمنة » هو ............ .   ○ ابن المقفع   ○ الجاحظ   ○ ابن قتيبة   ○ الهمذاني

٤ - مؤلف كتاب « رسالة الغفران » هو ............ .   ○ المتنبّي   ○ المعرّي   ○ المقرّي   ○ ابن عبد ربه

٥ - مؤلف كتاب « النبي » هو ............ .   ○ طه حسين   ○ جبران   ○ أبو ماضي   ○ أمين معلوف

# الأسبوع الواحد والعشرين

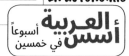

Les enfants admirent toujours leurs pères et mères.

Ils essaient d'être comme leurs frères aînés en tout.

Ils imaginent qu'ils étaient, pendant leur enfance, comme maintenant.

N'est-ce pas exact, ce que je dis ?

Ton père est le meilleur homme du pays.

N'aimerais-tu pas vivre comme il vivait ?

J'ai ouvert dans ton coeur naïf une porte pour la tristesse.

Je ne te dirai rien sur ce qu'était la vie de ton père.

Ce jour-là tu pourra savoir que ton père t'a énormément aimée.

Je n'aime pas qu'un enfant se moque de son père.

---

١ - من / عمرك / إنك / لساذجة / في التاسعة / طيبة النفس / سليمة القلب / وأنت -> ..................

٢ - مثلاً / عليا / يعجب / الأطفال / ويتخذونهم / في الحياة / بآبائهم / وأمهاتهم -> ..................

٣ - مثلهم / كل / يحاولون / يكونوا / في / شيء / أن -> ..................

٤ - مما / إن / خيراً / كان / كما / أو / أباك / تعيشين / يعيش -> ..................

٥ - تحبين / ألست / أن / كان / كما / يعيش / تعيشي -> ..................

٦ - باباً / فتحت / قلبك / أبواب / إلى / الساذج / من / الحزن -> ..................

٧ - من السن / لن / تتقدم / أحدثك / حتى / بشيء / هذا / بك / قليلاً -> ..................

---

## Divers

| | | | | |
|---|---|---|---|---|
| ١ - .......... أن في قراءة الكتب الأدبية فائدة لكل الناس ؟ | وألا تعلم ○ | أولا تعلم ○ | وأتعلم لا ○ |
| ٢ - .......... عندك فكرة أخرى غير هذه ؟ | وأما ○ | أوما ○ | أو ما ○ |
| ٣ - .......... على حق في هذه القضية ؟ | فألسنا ○ | أفلسنا ○ | هل لسنا ○ |
| ٤ - .......... ما شاء ، فهذا لا يهمني أبداً ! | يفعل ○ | افعل ○ | فليفعل ○ |
| ٥ - .......... على استعداد لأن ساعة الرحيل اقتربت ! | نكون ○ | فلنكن ○ | ولنكون ○ |
| ٦ - .......... الخلف بينكم ؟! | إلام ○ | علام ○ | حتام ○ |
| ٧ - .......... تظن أن المهاجرين من أكثر الناس كداً وسعياً ؟ | هلا ○ | ألا ○ | أفلا ○ |
| ٨ - .......... تخشى على الأولاد من البرد ؟ | إما ○ | إلا ○ | ألا ○ |
| ٩ - .......... تتكلمين مع أهلك ؟ | بماذا ○ | بم ○ | بما ○ |
| ١٠ - .......... تخبرنا بما حدث لك ؟ | لملم ○ | لم لم ○ | لما لم ○ |

---

## culture générale

| | | | | |
|---|---|---|---|---|
| ١ - أكبر مدينة في أمريكا الشمالية هي .......... | نيويورك ○ | واشنطن ○ | مكسيكو ○ | شيكاغو ○ | لوس أنجيلوس ○ |
| ٢ - أكبر مدينة في أمريكا الجنوبية هي .......... | ريو ○ | بوينس آيرس ○ | ليما ○ | برازيليا ○ | بوجوتا ○ |
| ٣ - أكبر مدينة في إفريقيا هي .......... | الجزائر ○ | القاهرة ○ | جوهانسبورغ ○ | كوناكري ○ | أبيدجان ○ |
| ٤ - أكبر مدينة عربية هي .......... | القاهرة ○ | بغداد ○ | الخرطوم ○ | دمشق ○ | مكة ○ |
| ٥ - أكبر مدينة في آسيا هي .......... | طوكيو ○ | بكين ○ | دلهي ○ | شنغهاي ○ | طهران ○ |

# 21 — الأسبوع الواحد والعشرون

**Manuel d'arabe en ligne — Tome III**
**Les bases de l'arabe en 50 semaines** © G. Al-Hakkak 2013

**Grammaire** : quelques verbes (forme X)

Ex 82 p 305

*Compléter chaque phrase en accordant le verbe :*

| | |
|---|---|
| 1. Je voudrais me renseigner sur les raisons du retard de l'avion. | ١ - أريد أن .............. عن سبب تأخر الطائرة (استفسر يستفسر) |
| 2. Vous devez vous renseigner sur les raisons. | ٢ - يجب عليكم أن .............. عن السبب (استفسر يستفسر) |
| 3. Quand allez-vous utiliser l'arabe pour parler, mes enfants ? | ٣ - متى .............. العربية في الكلام يا أولادي ؟ (استعمل يستعمل) |
| 4. Salima, tu dois utiliser le nouveau téléphone. | ٤ - يجب أن .............. التلفون الجديد يا سليمة (استعمل يستعمل) |
| 5. Ils ne veulent utiliser que la nouvelle voiture. | ٥ - لا يريدون أن .............. إلا السيارة الجديدة (استعمل يستعمل) |
| 6. Qui vous accueillera à l'aéroport ? | ٦ - من سوف ..............كم في المطار ؟ (استقبل يستقبل) |
| 7. Qui vous a accueillis à votre arrivée ? | ٧ - من ..............كم عندما وصلتم ؟ (استقبل يستقبل) |
| 8. Pourquoi ne nous as-tu pas accueillis à notre arrivée à l'aéroport. | ٨ - لم لم .............. نا عندما وصلنا إلى المطار ؟ (استقبل يستقبل) |
| 9. Comment récupères-tu ton argent de cet avare ? | ٩ - كيف .............. مالك من هذا البخيل ؟ (استرجع يسترجع) |
| 10. Combien veux-tu investir en bourse ? | ١٠ - كم تريدين أن .............. في البورصة ؟ (استثمر يستثمر) |
| 11. Quand la France a-t-elle colonisé l'Algérie ? | ١١ - متى .............. فرنسا الجزائر ؟ (استعمر يستعمر) |
| 12. Les Français ont colonisé l'Algérie en 1830. | ١٢ - الفرنسيون .............. الجزائر في ١٨٣٠ (استعمر يستعمر) |
| 13. Ce sont les Américains qui ont utilisé la bombe atomique au Japon. | ١٣ - الأمريكان هم الذين .............. القنبلة الذرية في اليابان (استخدم يستخدم) |
| 14. Personne n'apprécie la nouvelle loi. | ١٤ - لا أحد .............. القانون الجديد (استحسن يستحسن) |
| 15. Nous n'avons pas apprécié cette loi. | ١٥ - نحن لم .............. هذا القانون (استحسن يستحسن) |
| 16. Les gens n'ont pas apprécié cette loi et ne l'apprécieront jamais. | ١٦ - الناس لم .............. هذا القانون ولن .............. ه أبداً (استحسن يستحسن) |

---

| | | | |
|---|---|---|---|
| ١ - متى .............. أرضنا ؟ | ○ يسترجعوا | ○ نسترجع | ○ استرجعوا |
| ٢ - أريد أن .............. مالي ! | ○ استرجعت | ○ أسترجع | |
| ٣ - متى .............. أولادك ؟ | ○ تسترجع | ○ تسترجعي | |
| ٤ - كيف .............. البترول ؟ | ○ تستخرجون | ○ تستخرجوا | |
| ٥ - هل .............. النفط في البحر ؟ | ○ يستخرجون | ○ يستخرجوا | |
| ٦ - هل .............. الغاز للطبخ ؟ | ○ تستخدم | ○ تستخدمي | |
| ٧ - هل .............. السيارة كل يوم ؟ | ○ تستخدم | ○ تستخدمي | |
| ٨ - أي بلد .............. ليبيا ؟ | ○ استعمر | ○ استعمرت | |
| ٩ - أي بلد .............. الجزائر ؟ | ○ استعمر | ○ استعمرت | |
| ١٠ - متى .............. الجزائر ؟ | ○ استعمر | ○ استعمرت | |

| | | | |
|---|---|---|---|
| ١١ - أريد أن .............. في البترول . | ○ أستعمر | ○ أستثمر | |
| ١٢ - أريد أن .............. الوفد بنفسي . | ○ أستقبل | ○ أستوطن | |
| ١٣ - بودي أن .............. سيارتك . | ○ أستوطن | ○ أستعمل | |
| ١٤ - إنني .............. هذه الفكرة . | ○ أستحسن | ○ أستغفر | |
| ١٥ - هذا حرام ! .............. الله . | ○ أستفسر | ○ أستغفر | |
| ١٦ - أريد أن .............. مالي . | ○ أستثمر | ○ أسترجع | |
| ١٧ - سوف .............. أهلي في المحطة . | ○ أستقبل | ○ أستوطن | |
| ١٨ - لن .............. السيارة القديمة . | ○ أستقبل | ○ أستعمل | |
| ١٩ - لن .............. بلادكم . | ○ نستقبل | ○ نستفسر | |
| ٢٠ - لن .............. أرضكم . | ○ نستقبل | ○ نستوطن | |

# Un poème moderne de Nizar Qabbani et un texte classique d'Ibn Qutayba

|  |  |  |  |
|---|---|---|---|
| ...du pouvoir des milices. | من حكم المليشيات | J'écris pour faire exploser les choses. | أكتب كي أفجّر الأشياء |
| J'écris pour sauver les femmes. | أكتب حتى أنقذ النساء | L'écriture est une explosion. | الكتابةُ انفجار |
| J'écris pour sauver les mots. | أكتب حتى أنقذ الكلمة | J'écris pour que la lumière l'emporte sur l'obscurité. | أكتبُ كي ينتصر الضوءُ على العتمة |
| J'écris pour sauver celle que j'aime. | أكتب كي أنقذَ من أحبها | Le poème est une victoire. | القصيدةُ انتصار |
| ...des villes de la non-poésie et du non-amour. | من مدن اللاشعر، واللاحب | J'écris pour que me lisent les épis de blé. | أكتبُ كي تقرأني سنابلُ القمح |
| J'écris pour en faire une messagère. | أكتب كي أجعلَها رسولة | Et pour que me lisent les arbres. | وكي تقرأني الأشجار |
| Rien ne nous protège de la mort, si ce n'est la femme et l'écriture. | لا شيء يحمينا من الموت، سوى المرأة .. والكتابة | J'écris pour que la rose me comprenne. | أكتبُ كي تفهمَني الوردة |
|  | **Son : 19** | J'écris pour sauver le monde. | أكتب حتى أنقذَ العالم |

| | | |
|---|---|---|
| من مشانق الرقابة .. | أكتب .. | لـماذا أكتب ؟ |
|  | حتى أنقذَ العالمَ من أضراس هولاكو .. | أكتب .. |
| أكتب .. كي أنقذَ من أحبها | ومن حكم المليشيات، ومن جنون قائد العصابة | كي أفجرَ الأشياءَ، والكتابةُ انفجار |
| من مدن اللاشعر، واللاحب، والإحباطِ، والكآبة | أكتب .. | أكتبُ .. |
| أكتب .. كي أجعلَها رسولة | حتى أنقذَ النساءَ من أقبية الطغاة، | كي ينتصرَ الضوءُ على العتمة، |
| أكتب .. كي أجعلها أيقونة | من مدائن الأموات، | والقصيدةُ انتصار .. |
| أكتب .. كي أجعلها سحابة | من تعدد الزوجاتِ، | أكتبُ .. |
|  | من تشابه الأيام، | كي تقرأني سنابلُ القمح، |
| لا شيء يحمينا من الموت، سوى المرأة .. والكتابة .. | والصقيعِ، والرتابة | وكي تقرأني الأشجار |
|  | أكتب .. | أكتبُ .. |
| **Son : 20** | حتى أنقذَ الكلمةَ من محاكم التفتيشِ .. | كي تفهمَني الوردةُ، والنجمةُ، والعصفورُ، |
|  | من شمشمة الكلابِ، | والقطةُ، والأسماكُ، والأصدافُ، والمحار .. |
| نزار قباني - **الأعمال الكاملة** - ج ٦ - ص ١٦-١٨ (١٩٨٦) | | |

## Arabe classique - anecdote historique du IXᵉ siècle

**Son : 21**

|  |  | |  |
|---|---|---|---|
| Un jour, il sortit. | خرج في بعض الأيام = خرج يوماً | | حكي أن الحجاج خرج في بعض الأيام للتنزه. فصرف عنه أصحابه وانفرد بنفسه. فلاقى شيخاً من بني عجل، فقال له : من أين أنت يا شيخ ؟ قال من من هذه القرية. قال : ما رأيكم بحكام البلاد ؟ قال : كلهم أشرار يظلمون الناس ويختلسون أموالهم. قال : وما قولك في الحجاج ؟ قال : هذه أنجس الكل - سود الله وجهه ووجه من استعمله على هذه البلاد ! فقال الحجاج : تعرف من أنا ؟ قال : لا والله. قال : أنا الحجاج. قال : وأنت تعرف من أنا ؟ قال : لا. قال أنا زيد بن عامر، مجنون بني عجل، أصرع كل مرة، في مثل هذه الساعة ! |
| Il congédia ses compagnons. | صرف عنه أصحابه = طلب من أصحابه أن يتركوه وحده | | |
| Il s'isola. | انفرد بنفسه = بقي وحده | | |
| Que penses-tu d'al-Hajjâj ? | ما قولك في الحجاج ؟ = ما رأيك في الحجاج ؟ | | |
| Il le nomma gouverneur. | استعمله = عيّنه والياً | | |

|  |  |  |  |
|---|---|---|---|
| détourner l'argent | اختلس يختلس المال | se promener | التنزه |
| impur, souillé | نجس | rencontrer | لاقى يلاقي |
| Je suis à toi ! | أنا فداك | vieillard | الشيخ |
| fou, idiot | مجنون | opinion | الرأي |
| avoir une crise d'épilepsie | صُرع يُصرع | gouverneur | الحاكم ج حكام |
| une fois | مرةً | être maléfique, mauvais | شرير ج أشرار |
| comme | مثل | commettre une injustice | ظلم يظلم |
| heure | الساعة | | |

**Son : 22**

عن ابن قتيبة (ت ٨٨٩ م) - عيون الأخبار

**Deux poèmes modernes de Nizar Qabbani et un texte classique d'Ibn al-Jawzi**

| | | | |
|---|---|---|---|
| Inscris-toi dans une école qui enseigne l'analphabétisme ! | ادخل إلى مدرسة تعلم الأمية | Toi, qui me demandes ce dont j'ai besoin ! | يا سائلي عن حاجتي |
| Ecris sans doigts ! | اكتب بلا أصابع | Je remercie Dieu pour la santé et le pain. | الحمد لله على الصحة والرغيف |
| Sois sans cause à défendre ! | كن بلا قضية | ...ce que dit la presse quotidienne... | ما تقول الصحف اليومية .. |
| Essuie les chaussures du Sublime Etat ! | امسح حذاء الدولة العلية | J'ai des enfants qui remplissent la maison. | عندي صغار يملأون البيت |
| Efface du dictionnaire le mot "liberté" ! | اشطب من القاموس كلمة الحرية | Et une femme fidèle. | وزوجة وفية .. |
| Ne parle pas de la pauvreté ni de la révolution ! | لا تتحدث عن شؤون الفقرِ والثورة . | Mon problème n'a rien à voir avec le pain que je mange. | مشكلتي ليست مع الخبز الذي آكله |
| Ne critique pas les institutions répressives ! | لا تنتقد أجهزة القمع | Ni avec l'eau que je bois. | ولا مع الماء الذي أشربه |
| Sois ambigü dans tout ce que tu écris ! | كن غامضاً .. في كل ما تكتب | Mon principal problème concerne la liberté. | مشكلتي الأولى هي الحرية .. |

**Son : 23** — **Son : 24**

## النصائح الذهبية .. في أدب الكتابة النفطية

لو شاءت الأقدار أن تكون كاتباً يجلس تحت جبة الصحافة النفطية فهذه نصائحي إليك :

١- ادخل إلى مدرسة تعلم الأمية .
٢- اكتب بلا أصابع .. وكن بلا قضية .
٣- امسح حذاء الدولة العلية .
٤- اشطب من القاموس كلمة الحرية .
٥- لا تتحدث عن شؤون الفقرِ، والثورةِ، في الشوارع الخلفية .
٦- لا تنتقد أجهزة القمع، ولا تضع أنفك في المسائل القومية .
٧- كن غامضاً .. في كل ما تكتبُ، والزم مبدأ التقية .
٨- خصص عمودَك اليوميَّ للأزياءِ .. والأزهارِ .. والفضائح الجنسية .
٩- لا تتذكر أنبياء القدس .. أو ترابها .. فإنها حكاية منسية .
١٠- لا ترث بيروتَ التي ترملت .. فالقتل فيها عادة يومية .
١١- لا تتعرض للسلاطين إذا تعهروا .. أو قامروا .. أو تاجروا .. فهذه مسألة شخصية .
١٢- ولا تقل لحاكم : إن قباب قصره مصنوعة من جثث الرعية ...

نزار قباني - **الأعمال الكاملة** - ج ٦

## المشكلة

يا سائلي عن حاجتي
الحمد لله على الصحة والرغيف
وما تقول الصحف اليومية ..
عندي صغار يملأون البيت
وزوجة وفية ..
وفي الخوابي حنطة وزيت ..
لكنما مشكلتي ..
ليست مع الخبز الذي آكله
ولا مع الماء الذي أشربه
مشكلتي الأولى هي الحرية ..

**Son : 25** — **Son : 26** — **Son : 27**

### Arabe classique - anecdote du XIIe siècle

| | |
|---|---|
| Il ne dit pas la vérité. | يقول غير الصحيح = لا يقول الحقيقة |
| Que dis-tu à cela, jeune homme ? | ما تقول يا غلام ؟ = ما هو جوابك أيها الشاب |
| Y a-t-il une prière sans récitation du Coran ? | أتكون الصلاة بلا قراءة ؟ = هل هناك صلاة دون قراءة القرآن ؟ |
| Chez un de nos voisins. | من بعض جيراننا = من أحد الجيران |

قدم رجل ابناً له إلى القاضي : يا سيدي القاضي، إن ابني هذا يشرب الخمر ولا يصلي .
فقال له القاضي : ما تقول يا غلام فيما حكاه أبوك عنك ؟
فقال : يقول غير الصحيح، إني أصلي ولا أشرب الخمر .
فقال أبوه : أتكون الصلاة بلا قراءة ؟
فقال القاضي : يا غلام ! أتقرأ شيئاً من القرآن ؟
قال : نعم، وأجيد القراءة .
قال : اقرأ !
فقال : بسم الله الرحمن الرحيم
علق القلب ربابا       بعد ما شابت وشابا
إن دين الله حق       لا أرى فيه ارتيابا
فقال أبوه : والله أيها القاضي ما تعلم هاتين الآيتين إلا البارحة، لأنه سرق مصحفاً من بعض جيراننا .
فقال القاضي : ويحك يا غلام ! تعرف كلام الله ولا تعمل به !

عن ابن الجوزي (ت ١٢٠١ م) - **أخبار الحمقى والمغفلين**

| | | | |
|---|---|---|---|
| être épris de | علق يعلق | présenter ; ici : emmener | قدم يقدم |
| coeur | القلب | juge | القاضي |
| vieillir | شاب يشيب | alcool | الخمر |
| religion, foi | الدين | accomplir la prière | صلى يصلي |
| véritable | حق | jeune homme | الغلام |
| doute | الارتياب | vrai | صحيح |
| verset | الآية | prière | الصلاة |
| le Coran | المصحف | lecture (ici : du Coran) | القراءة |
| Malheur à toi ! | ويحك ! | maîtriser | أجاد يجيد |

# Exercices et texte littéraire moderne de Taha Hussein

|  |  |
|---|---|
| Il ne se souvient pas du nom de ce jour-là. | لا يذكر لهذا اليوم اسماً |
| Il ne peut se rappeler de ce jour-là un moment précis. | لا يستطيع أن يذكر من هذا اليوم وقتاً بعينه |
| (Ce moment) tombait à l'aube ou au soir de ce jour-là. | كان يقع من ذلك اليوم في فجره أو في عشائه |
| Il penche pour cette hypothèse parce qu'il se souvient que son visage... | يرجح ذلك لأنه يذكر أن وجهه ... |
| La chaleur du soleil ne l'a pas effacé. | لم تذهب به حرارة الشمس |
| Parce que malgré son ignorance de la réalité de la lumière et de l'obscurité... | لأنه على جهله حقيقة النور والظلمة ... |
| Il penche pour cette hypothèse parce qu'il se souvient presque qu'il... | يرجح ذلك لأنه يكاد يذكر أنه ... |
| Il se souvient de cette clôture comme s'il l'avait vue hier. | هو يذكر هذا السياج كأنه رآه أمس |
| Il se souvient que les roseaux de cette clôture étaient plus hauts que lui. | يذكر أن قصب هذا السياج كان أطول من قامته |
| Il lui était difficile d'aller au-delà. | كان من العسير عليه أن يتخطاه إلى ما وراءه |
| Elle prenait fin sur un canal qu'il a connu quand il a été plus âgé. | كانت تنتهي إلى قناة عرفها حين تقدمت به السن |

Son : 28

## Remploi de vocabulaire

١- ماذا وراء هذا ................. العالي ؟

٢- أنا أخاف من ................. ! أشعل النور !

٣- في أي ................. سافرتم إلى الأرجنتين ؟

٤- من ................. علينا أن نقبل بهذا .

٥- هل ................. متى حصل التسونامي ؟

٦- لا ................. أن أتذكر بالضبط .

٧- سياج دارنا ................. به العاصفة .

٨- الأطفال والعجائز لا يتحملون حرارة ................. .

٩- إلى أين ................. هذا الشارع ؟

١٠- لماذا لا تبني ................. لدارك ؟

## Syntaxe

Ex 83 p 306

١- الحر / شيء / والرطوبة / تلقينا / فيه / هواء / من .

٢- كثيرين / يكادون / ناساً / شاهدوا / أنهم / يذكرون .

٣- أمس / كأننا / نذكر / عشناه / اليوم / هذا .

٤- المدينة / مدينته / أكبر / أن / كانت / من / يذكر / هذه .

٥- تأثير / له / في / هو / حياتي / كان / عظيم / كاتب .

---

لا يذكر لهذا اليوم اسماً، ولا يستطيع أن يضعه حيث وضعه الله من الشهر والسنة، بل لا يستطيع أن يذكر من هذا اليوم وقتاً بعينه، وإنما يقرب ذلك تقريباً .

وأكبر ظنه أن هذا الوقت كان يقع من ذلك اليوم في فجره أو في عشائه . يرجح ذلك لأنه يذكر أن وجهه تلقى في ذلك الوقت هواء فيه شيء من البرد الخفيف الذي لم تذهب به حرارة الشمس . ويرجح ذلك لأنه على جهله حقيقة النور والظلمة، يكاد يذكر أنه تلقى حين خرج من البيت نوراً هادئاً خفيفاً لطيفاً

كأن الظلمة تغشى بعض حواشيه . ثم يرجح ذلك لأنه يكاد يذكر أنه حين تلقى هذا الهواء وهذا الضياء لم يؤنس من حوله حركة يقظة قوية، وإنما آنس حركة مستيقظة من نوم أو مقبلة عليه . وإذا كان قد بقي له من هذا الوقت ذكرى هذا السياج الذي يقوم أمامه من القصب، والذي لم يكن بينه وبين باب الدار إلا خطوات قصار . هو يذكر هذا السياج كأنه رآه أمس . يذكر أن قصب هذا السياج كان أطول من قامته . فكان من العسير عليه أن يتخطاه إلى ما وراءه . ويذكر أن قصب هذا السياج كان

مقترباً كأنما كان متلاصقاً، فلم يكن يستطيع أن ينسل في ثناياه . ويذكر أن قصب هذا السياج كان يمتد من شماله إلى حيث لا يعلم له نهاية وكان يمتد عن يمينه إلى آخر الدنيا من هذه الناحية . وكان آخر الدنيا من هذه الناحية قريباً، فقد كانت تنتهي إلى قناة عرفها حين تقدمت به السن، وكان لها في حياته - أو قل في خياله - تأثير عظيم . (...)

Son : 29

طه حسين - **كتاب الأيام** - ج ١ - ص ٣-٤

# الأسبوع الواحد والعشرون

**Exercices et texte littéraire moderne de Taha Hussein**

|  |  |
|---|---|
| Il attendait d'être un véritable cheikh. | كان ينتظر أن يكون شيخاً حقاً |
| Il était difficile de le convaincre. | كان من العسير إقناعه |
| Trop petit pour porter un turban. | أصغر من أن يحمل العمة |
| Comment le convaincre ? | كيف السبيل إلى إقناعه بذلك |
| Quelques jours à peine après cela il eut assez du titre de "cheikh". | وما هي إلا أيام حتى سئم لقب الشيخ |
| Il ressentit que la vie est pleine d'injustice et de mensonges. | أحس أن الحياة مملوءة بالظلم والكذب |

|  |  |
|---|---|
| Notre ado est devenu cheikh. | أصبح صبينا شيخاً |
| Il avait à peine neuf ans. | لم يتجاوز التاسعة |
| Qui sait le Coran par coeur est un cheikh. | من حفظ القرآن فهو شيخ |
| Quel que soit son âge. | مهما تكن سنه |
| Notre jeune cheikh était petit. | كان شيخنا الصبي قصيراً |
| Au début, ce titre lui plaisait. | أعجبه هذا اللفظ في أول الأمر |

Son : 30

## Syntaxe (Ex 84 p 306)

١- مجانين / أصبح / اليوم / هذا / الناس / منذ .

٢- في / فقد / هذا / أما / أول / أعجبنا / نحن / الأمر / الفيلم .

٣- الحقيقة / أسابيع / الناس / هي / عرف / ما / حتى / إلا .

٤- والغش / الدنيا / بالكذب / أحسست / مملوءة / أن .

٥- أن / هذه / كلها / لم / يلبثوا / المشاكل / نسوا .

## Remploi de vocabulaire

١- من درس الطب فهو ................ .

٢- ابني لم ................ بعد السابعة من عمره .

٣- ابني يلعب كرة السلة لأنه ................ .

٤- أعجبني ................ الجديد لسكورسيزي .

٥- كنت ................ أن أشفى ثم أعود للعمل .

٦- كان من ................ الوصول إلى حل .

٧- أنت ................ من أن تفهم هذه المشكلة .

٨- ما هي إلا ساعات ................ فهمت المشكلة .

٩- كيف السبيل ................ حل هذه المشكلة ؟

١٠- أحسسنا بأن ................ هنا مملوءة بالمشاكل .

---

منذ هذا اليوم أصبح صبينا شيخاً وإن لم يتجاوز التاسعة، لأنه حفظ القرآن، ومن حفظ القرآن فهو شيخ مهما تكن سنه . دعاه أبوه شيخاً، ودعته أمه شيخاً، وتعود سيدنا أن يدعوه شيخاً أمام أبويه، أو حين يرضى عنه، أو حين يريد أن يترضاه لأمر من الأمور . فأما فيما عدا ذلك فقد كان يدعوه باسمه، وربما دعاه بـ «الواد» . وكان شيخنا الصبي قصيراً نحيفاً شاحباً زري الهيئة على نحو ما، ليس له من وقار الشيوخ ولا من حسن طلعتهم حظ قليل أو كثير . وكان أبواه يكتفيان من تمجيده وتكبيره بهذا اللفظ الذي أضافه إلى اسمه كبراً منهما وعجباً به ولا تلطفاً به ولا تحبباً إليه . أما هو فقد أعجبه هذا اللفظ في أول الأمر، ولكنه كان ينتظر أن يكون شيخاً حقاً فيتخذ العمة ويلبس الجبة والقفطان، وكان من العسير إقناعه بذلك وهو أصغر من أن يحمل العمة، ومن أن يدخل في القفطان ... وكيف السبيل إلى إقناعه بذلك وهو شيخ قد حفظ القرآن ! وكيف يكون الصغير شيخاً ! وكيف يكون من حفظ القرآن صغيراً ! هو إذن مظلوم ... وأي ظلم أشد من أن يحال بينه وبين حقه في العمة والجبة والقفطان !

وما هي إلا أيام حتى سئم لقب الشيخ، وكره أن يدعى به، وأحس أن الحياة مملوءة بالظلم والكذب، وأن الإنسان يظلمه حتى أبوه، وأن الأبوة والأمومة لا تعصم الأب والأم من الكذب والعبث والخداع .

ثم لم يلبث شعوره هذا أن استحال إلى ازدراء للقب الشيخ، وإحساس بما كان يملأ نفس أبيه وأمه من الغرور والعجب . ثم لم يلبث أن نسي هذا كله فيما نسي من الأشياء (...)

Son : 31

طه حسين - **كتاب الأيام** - ج ١ - ص ٣٧-٣٨

# الأسبوع الواحد والعشرين

Exercices et texte littéraire moderne de Taha Hussein

| | | | |
|---|---|---|---|
| Il lui posa des questions ordinaires. | سأله أسئلة عادية | Il va à l'école et en revient sans avoir rien à faire. | يذهب إلى الكتاب ويعود منه في غير عمل |
| Cette question eut sur lui l'effet de la foudre. | وقع عليه هذا السؤال وقع الصاعقة | Il est certain d'avoir appris le Coran par coeur | هو واثق بأنه قد حفظ القرآن |
| Il ne put avancer d'un pas. | لم يستطع أن يتقدم خطوة | Ce jour-là était vraiment maudit. | كان هذا اليوم مشئوماً حقاً |
| Il se mit à répéter ce mot. | أخذ يردد هذا اللفظ | Il y a goûté pour la première fois l'amertume de la honte. | ذاق فيه لأول مرة مرارة الخزي |
| Il lui dit calmement : lève-toi ! | قال له في هدوء : قم ! | Il revint de l'école, tranquille. | عاد من الكتاب مطمئناً |
| Je pensais que tu avais appris le Coran. | كنت أحسب أنك حفظت القرآن | A peine est-il rentré chez lui que son père l'appelle. | لم يكد يدخل الدار حتى دعاه أبوه |
| Il ne sait pas s'il faut adresser les reproches à lui-même pour avoir oublié le Coran. | لا يدري أيلوم نفسه لأنه نسي القرآن | Son père le reçut avec joie. | تلقاه أبوه مبتهجاً |
| Doit-il reprocher à son père de l'avoir mis à l'épreuve ? | أيلوم أباه لأنه امتحنه | | |

Son : 32

## Syntaxe

Ex 85 p 306

## Remploi de vocabulaire

١- بالباص / الأولاد / منها / يذهب / ويعودون / المدرسة / منها / إلى .

٢- اليوم / سعيدة / عادت / مساء / من / مطمئنة / العمل / ذلك .

٣- الإرهابي / ندخل / وقع / نكد / الانفجار / السوق / لم / حتى / هذا .

٤- التركية / أحسب / لقد / تتكلمون / كنت / أنكم / اللغة .

٥- أم / أم / نلوم / أنلوم / لا / الدولة / أنفسنا / ندري / البلدية .

١- أذهب إلى العمل في ................. وأعود منه في المساء .

٢- أنا واثق ................. ستنجح !

٣- كانت ................. السنة مشؤومة حقاً .

٤- ذقنا في تلك السنة مرارة ................. .

٥- عادوا من السفر ................. .

٦- لم نكد نصل إلى المطار ................. علمنا بالإضراب .

٧- وقع علينا هذا الخبر ................. الصاعقة .

٨- لم نستطع ................. نفعل شيئاً .

٩- كنت أحسب أنك ................. كلامي !

١٠- قال ................. في هدوء : قوموا !

---

ومضى على هذا شهر وشهر وشهر، يذهب صاحبنا إلى الكتاب ويعود منه في غير عمل، وهو واثق بأنه قد حفظ القرآن، وسيدنا مطمئن إلى أنه حفظ القرآن، إلى أن كان اليوم المشئوم ... كان هذا اليوم مشئوماً حقاً، ذاق فيه صاحبنا لأول مرة مرارة الخزي والذلة والضعة وكره الحياة . عاد من الكتاب عصر ذلك اليوم مطمئناً راضياً، ولم يكد يدخل الدار حتى دعاه أبوه بلقب الشيخ، فأقبل عليه ومعه صديقان له . فتلقاه أبوه مبتهجاً، وأجلسه في رفق، وسأله أسئلة عادية، ثم طلب إليه أن يقرأ «سورة الشعراء» .

وما هي إلا أن وقع عليه هذا السؤال وقع الصاعقة، ففكر وقدر وتحفز واستعاذ بالله من الشيطان الرجيم، وسمى الله الرحمن الرحيم، ولكنه لم يذكر من سورة الشعراء إلا أنها إحدى سور ثلاث، أولها «طسم»، فأخذ يردد «طسم» مرة ومرة ومرة، دون أن يستطيع الانتقال إلى ما بعدها . وفتح عليه أبوه بما يلي هذه الكلمة من سورة الشعراء، فلم يستطع أن يتقدم خطوة . قال أبوه : فاقرأ «سورة النمل»، فذكر أن أول سورة النمل كأول سورة الشعراء «طس»، وأخذ يردد هذا اللفظ . وفتح عليه أبوه،

فلم يستطع أن يتقدم خطوة أخرى ... قال أبوه : فاقرأ «سورة القصص»، فذكر أنها الثالثة، وأخذ يردد «طسم»، ولم يفتح عليه أبوه هذه المرة، ولكنه قال له في هدوء : قم ، فقد كنت أحسب أنك حفظت القرآن، فقام خجلاً يتصبب عرقاً . وأخذ الرجلان يعتذران عنه بالخجل وصغر السن، ولكنه مضى لا يدري أيلوم نفسه لأنه نسي القرآن، أم يلوم سيدنا لأنه أهمله، أم يلوم أباه لأنه امتحنه !

(...)

Son : 33

طه حسين - **كتاب الأيام** - ج ١ - ص ٣٩-٤١

**Texte littéraire moderne de Taha Hussein**

| | |
|---|---|
| Tu es naïve, au cœur sain et à l'esprit bon. | إنك لساذجة سليمة القلب طيبة النفس |
| Tu as neuf ans. | أنت في التاسعة من عمرك |
| Les enfants admirent leurs pères et mères. | يعجب الأطفال بآبائهم وأمهاتهم |
| Ils les prennent pour modèles parfaits. | يتخذونهم مثلاً عليا في الحياة |
| Ils essaient d'être comme eux en tout. | يحاولون أن يكونوا مثلهم في كل شيء |
| Ils s'en vantent (de les avoir comme parents) | يفاخرون بهم |
| Ils imaginent qu'ils étaient... | يخيل إليهم أنهم كانوا ... |
| Pendant leur enfance | أثناء طفولتهم |
| Comme ils sont maintenant | كما هم الآن |
| Les idéaux | المثل العليا |
| Ils sont dignes d'être | يصلحون أن يكونوا ... |
| Un très bon exemple (à suivre) | قدوة حسنة وأسوة صالحة |
| N'est-ce pas exact, ce que je dis ? | أليس الأمر كما أقول ؟ |
| Ton père est le meilleur et le plus honorable parmi les hommes. | إن أباك خير الرجال وأكرمهم |

| | |
|---|---|
| Il vivait comme tu vis toi-même, ou mieux encore. | كان يعيش كما تعيشين أو خيراً مما تعيشين |
| N'aimerais-tu pas vivre comme il vivait ? | ألست تحبين أن تعيشي كما كان يعيش |
| Je l'ai connu durant cette phase de sa vie. | لقد عرفته في هذا الطور من أطوار حياته |
| J'ai ouvert dans ton cœur naïf une porte pour la tristesse. | فتحت إلى قلبك الساذج باباً من أبواب الحزن |
| Je ne te dirai rien sur ce qu'était la vie de ton père. | لن أحدثك بشيء مما كان عليه أبوك |
| Je ne t'en dirai rien jusqu'à ce que tu sois un peu plus grande. | لن أحدثك بشيء من هذا حتى تتقدم بك السن قليلاً |
| Tu peux lire, comprendre et juger. | تستطيعين أن تقرئي وتفهمي وتحكمي |
| Ce jour-là tu pourras savoir que ton père t'a énormément aimée. | يومئذ تستطيعين أن تعرفي أن أباك أحبك حقاً |
| Je sais que dans ton cœur il y a une vraie tendresse. | أعرف أن في قلبك رقة ولياً |
| Je t'ai vue un jour assise sur les genoux de ton père. | لقد رأيتك ذات يوم جالسة على حجر أبيك |
| ...alors qu'il te racontait l'histoire d'Œdipe roi. | وهو يقص عليك قصة «أوديب ملكاً» |
| Aussitôt tu as explosé en sanglots. | ما هي إلا أن أجهشت بالبكاء |
| Il n'aime pas qu'un enfant se moque de son père. | ما أحب أن يضحك طفل من أبيه |

Son : 34

---

إنك يا ابنتي لساذجة سليمة القلب طيبة النفس . أنت في التاسعة من عمرك، في هذه السن التي يعجب فيها الأطفال بآبائهم وأمهاتهم، ويتخذونهم مثلاً عليا في الحياة، يتأثرونهم في القول والعمل، ويحاولون أن يكونوا مثلهم في كل شيء، ويفاخرون بهم إذا تحدثوا إلى أقرانهم أثناء اللعب، ويخيل إليهم أنهم كانوا أثناء طفولتهم كما هم الآن مثلاً عليا يصلحون أن يكونوا قدوة حسنة وأسوة صالحة .

أليس الأمر كما أقول ؟ ألست ترين أن أباك خير الرجال وأكرمهم؟ ألست ترين أنه قد كان كذلك خير الأطفال وأنبلهم ؟ ألست مقتنعة أنه كان يعيش كما تعيشين أو خيراً مما تعيشين ؟ ألست تحبين أن تعيشي الآن كما كان يعيش أبوك حين كان في الثامنة من عمره ؟ ومع ذلك فإن أباك يبذل من الجهد ما يملك وما لا يملك، ويتكلف من المشقة ما يطيق وما لا يطيق، ليجنبك حياته حين كان صبياً .

لقد عرفته يا ابنتي في هذا الطور من أطوار حياته . ولو أني حدثتك بما كان عليه حينئذ لكذبت كثيراً من ظنك، ولخيبت كثيراً من أملك، ولفتحت إلى قلبك الساذج ونفسك الحلوة باباً من أبواب الحزن، حرام أن يفتح إليهما وأنت في هذا الطور اللذيذ من الحياة . ولكني لن أحدثك بشيء مما كان عليه أبوك في ذلك الطور الآن . لن أحدثك بشيء من هذا حتى تتقدم بك السن قليلاً، فتستطيعين أن تقرئي وتفهمي وتحكمي، ويومئذ تستطيعين أن تعرفي أن أباك أحبك حقاً، وجد في إسعادك حقاً، ووفق بعض التوفيق لأن يجنبك طفولته وصباه .

Son : 35

---

نعم يا ابنتي ! لقد عرفت أباك في هذا الطور من حياته . وإني لأعرف أن في قلبك رقة ولياً . وإني لأخشى لو حدثتك بما عرفت من أمر أبيك حينئذ أن يملكك الإشفاق وتأخذك الرأفة فتجهشي بالبكاء .

لقد رأيتك ذات يوم جالسة على حجر أبيك وهو يقص عليك قصة «أوديب ملكاً» وقد خرج من قصره بعد أن فقأ عينيه لا يدري كيف يسير، وأقبلت ابنته «أنتيجون» فقادته وأرشدته . رأيتك ذلك اليوم تسمعين هذه القصة مبتهجة من أولها، ثم أخذ لونك يتغير قليلاً قليلاً وأخذت جبهتك السمحة تربد شيئاً فشيئاً . وما هي إلا أن أجهشت بالبكاء وانكببت على أبيك لثماً وتقبيلاً، وأقبلت أمك فانتزعتك من بين ذراعيه، وما زالت بك حتى هدأ روعك . وفهمت أمك وفهم أبوك وفهمت أنا أيضاً أنك إنما بكيت لأنك رأيت أوديب الملك مكفوفاً لا يبصر ولا يستطيع أن يهتدي وحده، فبكيت لأبيك بكيت لأوديب .

نعم ! وإني لأعرف أن فيك عبث الأطفال وميلهم إلى اللهو والضحك وشيئاً من قسوتهم، وإني يا ابنتي لأخشى إن حدثتك بما كان عليه أبوك في بعض أطوار صباه أن تضحكي منه قاسية لاهية . وما أحب أن يضحك طفل من أبيه، وما أحب أن يلهو به أو يقسو عليه . (...)

Son : 36

طه حسين - كتاب الأيام - ج ١ - ص ١٤٥-١٤٧

ие
# Poèmes chantés modernes (extraits)

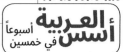

Sept extraits de poèmes en arabe littéral, chantés par Umm Kulthûm, Najat, Abdulhalim Hafiz et Fa'iza Ahmad. Les poètes sont Ibrahim Naji (Égypte), Nizar Qabbani (Syrie), Ahmad Fathi (Égypte) et Ahmad Rami (Égypte). Le vocabulaire est intégré au lexique de fin de chapitre. Bonne écoute et bonne recherche du sens et de la suite de chaque morceau.

يا حبيبي كل شيء بقضاء ما بأيدينا خلقنا تعساء
ربما تجمعنا أقدارنا ذات يوم بعد ما عز اللقاء
فإذا أنكر خل خله وتلاقينا لقاء الغرباء
ومضى كل إلى غايته لا تقل شئنا فإن الحظ شاء

**الأطلال** - للشاعر إبراهيم ناجي (مصر)

غناء أم كلثوم - ألحان رياض السنباطي

Son : 37

ماذا أقول له لو جاء يسألني
إن كنت أكرهه أو كنت أهواه
ماذا أقول إذا راحت أصابعه
تلملم الليل عن شعري وترعاه

**ماذا أقول له** - للشاعر نزار قباني (سورية)

غناء نجاة الصغيرة - ألحان محمد عبد الوهاب

Son : 38

أنا لن أعود إليك مهما استرحمت دقات قلبي
أنت الذي بدأ الملالة والصدود وخان حبي
فإذا دعوت اليوم قلبي للتصافي لن يلبي
كنت لي أيام كان الحب لي أمل الدنيا ودنيا أملي
حين غنيتك لحن الغزل بين أفراح الغرام الأول

**قصة الأمس** - للشاعر أحمد فتحي (مصر)

غناء أم كلثوم - ألحان رياض السنباطي

Son : 39

ذكريات عبرت أفق خيالي بارقاً يلمع في جنح الليالي
نبهت قلبي من غفوته وجلت لي ستر أيام خوال
كيف أنساها وقلبي لم يزل يسكن جنبي إنها قصة حبي

**ذكريات** - للشاعر أحمد رامي (مصر)

غناء أم كلثوم - ألحان رياض السنباطي

Son : 40

جلست والخوف بعينيها .. تتأمل فنجاني المقلوب
قالت يا ولدي لا تحزن .. فالحب عليك هو المكتوب
يا ولدي قد مات شهيداً من مات فداء للمحبوب

**قارئة الفنجان** - للشاعر نزار قباني (سورية)

غناء عبد الحليم حافظ - ألحان بليغ حمدي

Son : 41

أيظن أني لعبة بيديه .. أنا لا أفكر في الرجوع إليه
اليوم عاد وكأن شيئاً لم يكن .. وبراءة الأطفال في عينيه
ليقول لي إني رفيقة دربه .. وبأنني الحب الوحيد لديه

**أيظن** - للشاعر نزار قباني (سورية)

غناء نجاة الصغيرة - ألحان محمد عبد الوهاب

Son : 42

لا تدخلي .. لا
وسددت في وجهي الطريق
بمرفقيك
وزعمت لي ..
أن الرفاق أتوا إليك
أهُمُ الرفاق أتوا إليك ؟
أم أن سيدة لديك
تحتل بعدي ساعديك ؟
وصرخت محتدماً :
" قفي" !!
والريح تمضغ معطفي
والذل يكسو موقفي ..
لا تعتذر ، أبداً ..
ولا تتأسفِ !
أنا لست آسفةً عليك ..
لكن على قلبي الوفي
قلبي الذي لم تعرفِ ..
يا من على جسر الدموع
تركتني
أنا لست أبكي منك
بل أبكي عليك ....

**رسالة من امرأة** - للشاعر نزار قباني (سورية)

غناء فائزة أحمد - ألحان محمد سلطان

Son : 43

## Index lexical

|  |  |
|---|---|
| Noms (substantifs) | الأسماء |
| La fin du monde | آخِر الدُّنيا |
| Désolé | آسِف |
| Paternité, fierté | أُبُوَّة |
| Appareil répressif | أجْهِزة القَمْع |
| Littérature, politesse, bonnes manières | الأدَب |
| Fleurs | الأزْهار |
| Vêtements | الأزْياء |
| Poissons | الأسْماك |
| Le bon exemple (à suivre) | الأسْوة الصالحة |
| Doigts | الأصابع |
| Coquilles, coquillages | الأصْداف |
| Molaires (dents) | الأضْراس |
| Joies | الأفْراح |
| Horizon | الأفْق / الأُفُق |
| Les caves des tyrans | أقْبِية الطُّغاة |
| Destin, destinées | الأقْدار |
| Semblables | الأقْران |
| Espoir | الأمَل |
| Mères | الأُمَّهات |
| Maternité | الأمومة |
| Dépression | الإحْباط |
| Faire une dépression | - يشعُر بالإحْباط |
| Ressentir | الإحْساس بـ |
| Mépris | الازْدِراء |
| Victoire | الانْتِصار |
| Aller à, se déplacer vers | الانْتِقال إلى |
| Explosion | الانْفِجار |
| Innocence | البَراءة |
| Une partie de son contour | بَعْض حَواشيه |
| Grande influence | التأثير العَظيم |
| Effort de séduction | التحَبُّب إلى |
| Poussière, terre | التُّراب |
| Succession de jours semblables | تَشابُه الأيّام |
| Bonne entente | التَّصافي |
| Polygamie | تعَدُّد الزَّوجات |
| Dire "Dieu est plus grand" (الله أكبر) | التَّكْبير |
| Glorification | التَّمْجيد |
| Révolution | الثَّورة |
| Toge | الجُبَّة |
| Cadavres | الجُثَث |
| Pont | الجِسر |
| Nuit avancée | جُنْح اللَّيل |
| Folie du chef de la bande | جُنون قائد العِصابة |
| Chaleur du soleil | حَرارة الشَّمس |
| Mouvement | الحَركة |
| Liberté | الحُرِّيّة |
| Beauté de leur visage | حُسْن طَلْعتهم |
| Peu ou prou, plus ou moins | حَظّ قَليل أوْ كَثير |
| La hasard a voulu | - الحَظّ شاء |
| Réalité de la lumière et de l'obscurité | حَقيقة النّور والظُّلمة |
| Histoire oubliée | حكاية مَنسِيّة |
| Règne des milices, pouvoir de... | حُكْم المـيليشيات |
| Blé | الحِنْطة |
| Pain | الخُبْز |
| Timidité, pudeur, honte | الخَجَل |
| Tromperie, ruse | الخِداع |
| Petits pas | الخُطوات القِصار |
| Bien-aimé | الخِلّ = الحبيب |
| Peur | الخَوْف |
| Imagination, silhouette | الخَيال |
| Coups du cœur | دقّات القلب |
| Larmes | الدُّموع |
| Bras | الذراع ج أذرُع |
| Ses bras | - ذِراعاهُ / ذِراعَيْه |
| Souvenir | الذِّكرى ج ذِكرَيات |
| Humiliation (subie) | الذِّلَّة |
| Monotonie | الرَّتابة |
| Les sujets (d'un souverain) | الرَّعيّة |
| Pain, galette de pain | الرَّغيف |
| Camarades, compagnons | الرِّفاق |
| Compagne, âme sœur | رفيقة الدَّرب |
| Délicatesse | الرِّقّة |
| Vent | الريح |
| Fidèle épouse | الزَّوجة الوَفِيّة |
| Huile | الزَّيْت |
| Bras | الساعد |
| Âge | السِّنّ = العُمْر |
| Sourate des Poètes (Coran) | سورة الشُّعَراء |
| Sourate des Récits (Coran) | سورة القَصَص |
| Sourate des Fourmis (Coran) | سورة النَّمْل |
| Clôture | السِّياج |
| Affaires de pauvreté | شُؤون الفَقْر |
| Sentiment | الشُّعور |
| Gauche | الشِّمال = اليَسار |
| Reniflement de chien | شَمْشَمة الكِلاب |
| Ruelles secondaires | الشَّوارع الخَلْفيّة |
| Une sorte de sévérité | شَيء مِن القَسْوة |
| Jeunesse | الصَّبا |
| Jeune, adolescent | الصَّبيّ |
| Santé | الصِّحّة |
| Quotidiens (presse) | الصُّحُف اليَوميّة |
| Rejet, bouderie | الصُّدود |
| Jeune âge | صِغَر السِّنّ |
| Neige | الصَّقيع |
| Vilenie | الضَّعة |
| Enfance | الطُّفولة |
| Phase, étape | الطَّوْر ج أطوار |
| Penser, imaginer (sans certitude) | الظَّنّ = التَّصَوُّر |
| Habitude quotidienne | عادة يَوميّة |
| Jeu absurde | العَبَث |
| Jeux innocents des enfants | عَبَث الأطفال |
| Fierté, orgueil | العُجْب |
| Première partie de la nuit | العِشاء |

| | | | | | |
|---|---|---|---|---|---|
| Moineau | العُصْفور | Potences de la censure | مَشانِق الرِّقابة | Joyeux | مُبْتَهِج |
| Turban | العِمّة | Grande difficulté | المَشَقّة | Eveillé | مُسْتَيْقِظ |
| Colonne quotidienne (journal) | العَمود اليَوْميّ | Manteau | المِعْطَف | De mauvaise augure | مَشْئوم (مشؤوم) |
| Fierté excessive, orgueil | الغُرور | Reproche | المَلامة | Fait de | مَصْنوع مِن |
| Faire la cour | الغَزَل | Prédisposition des enfants à jouer | مَيْل الأطفال إلى اللّهْو | Ayant confiance en | مُطْمَئِنّ إلى |
| Assoupissement | الغَفْوة | | | Victime d'injustice | مَظْلوم |
| Aube | الفَجْر | Etoile | النَّجْمة | Qui s'apprête à | مُقْبِل على |
| Scandales sexuels | الفَضائح الجِنْسِيّة | Conseils d'or | النَّصائح الذَّهَبِيّة | Si proches comme s'ils étaient collés | مُقْتَرِب كأنَّما كان مُتَلاصِقاً |
| Dômes du palais | قِباب القَصْر | Esprit | النَّفْس | | |
| Meurtre | القَتْل | Sommeil | النَّوْم | Persuadé que | مُقْتَنِع أنّ |
| Honorable exemple (à suivre) | القُدْوة الحَسَنة | Air | الهَواء | Plein d'injustices et de mensonges | مَمْلوء بالظُّلم والكَذِب |
| Roseaux | القَصَب | Dignité des vieillards | وَقار الشُّيوخ | | |
| Palais, château | القَصْر | Effet de foudre | وَقْع الصاعِقة | Mince | نَحيف |
| Poème long | القَصيدة | Droite | اليَمين | Pétrolier | نَفْطيّ |
| Chatte | القِطّة ج قِطَط | | | Ayant confiance en | واثِق بـ |
| Toge, manteau d'homme | القُفْطان | **Adjectifs** | **الصفات** | Fidèle | وَفِيّ |
| Cœur | القَلْب | | | Eveillé | يَقِظ |
| Canal | القَناة | Fin du monde | آخِر الدُّنْيا | | |
| Mélancolie | الكَآبة | Trop petit pour | أصْغَر مِن أنْ | **Verbes** | **الأفعال** |
| Ecole (coranique) | الكُتّاب | Le plus honorable des hommes | أكْرَم الرِّجال | | |
| Ecriture | الكِتابة | Le plus noble parmi les enfants | أنْبَل الأطفال | Ressentir une présence rassurante | آنَسَ يُؤْنِس |
| Mensonge | الكَذِب | Malheureux | تَعْساء | Voir, appercevoir | أبْصَرَ يُبْصِر |
| Le mot "liberté" | كَلِمة الحُرِّيّة | C'est injuste que ce soit ouvert | حَرام أنْ يُفْتَح | Elle m'a ramené les souvenirs de nuits passées | أتَتْني ذِكَر أيّام خَوال |
| Le non-amour | اللاحُبّ | Beau, doux | حُلْو | | |
| Prononciation, son (parole) | اللَّفْظ | Pain | الخُبْز | Avec douceur, il le fit asseoir | أجْلَسَه في رِفْق |
| Surnom, nom de famille | اللَّقَب | Meilleur des enfants | خَيْر الأطفال | Il éclata en sanglots | أجْهَشَ يُجْهِش بالبُكاء |
| Souplesse (fig.), tendresse (objet) | اللّين | Meilleur des hommes | خَيْر الرِّجال | Il t'a vraiment aimé(e) | أحَبَّكَ حَقّاً |
| Idéaux | المُثُل العُلْيا | D'allure misérable | زَرِيّ الهَيْئة | Sentir/ressentir que | أحَسَّ يُحِسّ أنّ |
| Huitres | المَحار | Naïf | ساذَج | Les deux hommes se mirent à lui chercher des excuses | أخَذَ الرَّجُلان يعْتَذِران عَنْه بـ |
| Inquisition (Espagne) | مَحاكِم التَفْتيش | Au cœur pur | سَليم القَلْب | | |
| Cités des morts | مَدائِن الأموات | Tolérant | سَمْح | Il commença à pâlir | أخَذَ لَوْنُه يتَغَيَّر |
| Ecole qui enseigne | مَدْرَسة تُعَلِّم الأُمِّيّة | Pâle | شاحِب | Il se mit à répéter | أخَذَ يُرَدِّد |
| Villes de la non-poésie | مُدُن اللاشِعْر | Bon d'esprit | طَيِّب النَّفْس | Son front se mit se crisper | أخَذَتْ جَبْهَتُه تَرْبَد |
| Coude | المِرْفَق | Etrangers | الغُرَباء | Il eut pitié de | أخَذَتْه تأخُذُه الرَّأفة بـ... |
| Question personnelle | المَسْألة الشَّخْصِيّة | Court | قَصير | Guider, indiquer la voie | أرْشَدَ يُرْشِد |
| Questions nationales | المَسائِل القَوْمِيّة | Fort | قَوِيّ | Ajouter | أضافَ يُضيف |

| | | | | | |
|---|---|---|---|---|---|
| Il se leva honteux et couvert de sueur | قامَ خَجِلاً يَتَصَبَّبُ عَرَقاً | Se charger de | تَكَلَّفَ يتَكَلَّفُ بـ | Le mot lui plut | أَعْجَبَهُ هذا اللَّفْظ |
| Parier | قامَرَ يُقامِر | Son père l'accueillit avec joie | تَلقاهُ أَبوهُ مُبْتَهِجاً | Il est allé vers lui | أَقْبَلَ عَلَيْه |
| Estimer, mesurer | قَدَّرَ يُقَدِّر | Recevoir | تَلَقَّى يَتَلَقَّى | Venir | أَقْبَلَ يُقْبِل |
| Rapprocher | قَرَّبَ يُقَرِّب | Il a tout fait pour te rendre heureux/heureuse | جَدَّ في إسْعادِكَ حَقّاً | Il ressentit autour de lui la présence rassurante de | أَنِسَ يَأْنَسُ مِنْ حَوْلِه |
| Etre sévère avec | قَسا يقسو على | Eviter qqch à qqn | جَنَّبَ يُجَنِّب | Négliger | أَهْمَلَ يُهْمِل |
| Raconter | قَصَّ يقُصُّ قِصَّة | Apprendre le Coran par cœur | حَفِظَ يحْفَظ القُرْآن | Se doter de, prendre (décision) | اتَّخَذَ يَتَّخِذ |
| Démentir | كَذَّبَ يُكَذِّب | Trahir | خانَ يخون (الخيانة) | Porter un turban | اتَّخَذَ يَتَّخِذ العِمَّة |
| Il détesta d'être ainsi appelé | كَرِهَ أَنْ يُدْعى بِه | Craindre | خَشِيَ يَخْشى | Demander pitié | استرحم يسترحم |
| Détester, haïr | كَرِهَ يكره | Consacrer qqch à | خَصَّصَ يُخَصِّصُ لـ | Il prononça : "Dieu nous préserve du maudit diable" | استَعاذَ بالله مِنَ الشَّيْطانِ الرَّجيم |
| Sois sans cause (à défendre) | كُنْ بِلا قَضِيَّة | Précise ! | - خَصِّصْ ! | Efface du dictionnaire | اشْطُبْ مِنَ القاموس |
| Sois ambigu | كُنْ غامِضاً | Décevoir | خَيَّبَ يُخَيِّب | Se contenter de | اكْتَفى يكْتَفي بـ |
| Je croyais que tu avais appris le Coran par cœur | كُنْتُ أَحْسَبُ أَنَّكَ حَفِظْتَ القُرْآن | Il connut le goût amer de la honte | ذاقَ يذوقُ مَرارةَ الخِزْي | Adopte le principe de la précaution | الزَمْ مَبْدَأَ التَقِيَّة |
| Pour en faire une icône | كَيْ أَجْعَلَها أَيْقونة | Privilégier une hypothèse | رَجَّحَ يُرَجِّح | Mettre à l'épreuve, tester | امْتَحَنَ يمْتَحِن |
| Pour en faire une messagère | كَيْ أَجْعَلَها رَسولة | Etre satisfait de lui | رَضِيَ يرْضى عَنْهُ | S'étendre | امْتَدَّ يمْتَدّ |
| Pour en faire un nuage | كَيْ أَجْعَلَها سَحابة | Veiller sur qqn/qqch | رعى يرعى (الرعاية) | Cire les chaussures de l'Etat glorieux | امْسَحْ حِذاءَ الدَّوْلةِ العَلِيَّة |
| Pour faire exploser les choses | كَيْ أَفَجِّرَ الأشْياء | S'ennuyer | سَئِمَ يسْأَم | Ôter | انْتَزَعَ يَنْتَزِع |
| Pour sauver celle que j'aime | كَيْ أُنْقِذَ مَنْ أُحِبُّها مِن | Il prononça la formule de "Au nom de Dieu le Clément et le Miséricordieux" | سَمَّى اللهِ الرَّحْمَنِ الرَّحيم | S'adonner à (activité) | انْكَبَّ يَنْكَبُّ على |
| Pour que me comprenne la rose | كَيْ تَفْهَمَني الوَرْدة | | | Tu t'es jeté(e) sur ton père pour le couvrir de baisers | - انْكَبَبْتَ على أَبيكَ لَثْماً وتَقْبيلاً |
| Pour que me lisent les arbres | كَيْ تَقْرَأَني الأشْجار | Il lui demanda de | طَلَبَ إلَيْهِ أَنْ | | |
| Pour que me lisent les épis | كَيْ تَقْرَأَني سَنابِلَ القَمْح | Opprimer | ظَلَمَ يظْلِم | Trouver tout seul | اهْتَدى يهْتَدي وَحْدَه |
| Pour que la lumière l'emporte sur les ténèbres | كَيْ يَنْتَصِرَ الضَّوْءُ على العَتْمة | Il revint comme si de rien n'était | عادَ وكأنَّ شيئاً لَمْ يكُنْ | Faire un effort | بَذَلَ يبْذُلُ مِنَ الجُهْد |
| Ne parle pas de | لا تتَحَدَّثْ عَنْ | Les rencontres devinrent rares | عَزَّ يعِزُّ اللِقاء | Etre influencé par | تَأَثَّرَ يَتَأَثَّرُ بـ = قَلَّدَ يُقَلِّد |
| Ne te souviens pas des prophètes de Jérusalem | لا تتَذَكَّرْ أنْبياءَ القُدْس | Rendre infaillible | عصَمَ يعصِم من | Faire commerce | تاجَرَ يُتاجِر |
| Ne critique pas les sultans/rois | لا تتَعَرَّضْ للسَّلاطين | Couvrir | غَشِيَ يغْشى | Dépasser, aller au-delà | تَجاوَزَ يتَجاوَز |
| N'hérite pas | لا تَرِثْ | Rivaliser en fierté | فاخَرَ يُفاخِرُ بـ | Il n'a que neuf ans | - لَمْ يتَجاوَزْ التاسِعة |
| Ne te mêle pas de | لا تضَعْ أَنْفَكَ في | Son père lui indiqua le mot suivant | فتَحَ عَلَيْهِ أبوهُ بِما يَلي هذه الكَلِمة | Se tenir prêt | تَحَفَّزَ يتَحَفَّز |
| Ne dis pas à un gouverneur | لا تقُلْ لحاكِم | Ouvrir | فتَحَ يفْتَح | Dépasser | تَخَطَّى يتَخَطَّى |
| Ne critique pas | لا تنْتقِدْ | Crever ses yeux | فَقَأ يفقأ عَيْنَيْه | Se contenter | تَرَضّى يتَرَضَّى |
| S'en prendre à soi-même | لامَ يلوم نَفْسَهُ | Penser, réfléchir | فَكَّرَ يُفَكِّر | Devenir veuf | تَرَمَّلَ يتَرَمَّل |
| Répondre favorablement | لَبَّى يُلَبِّي (التَلْبِية) | Conduire, guider, diriger | قادَ يقود | Se prostituer | تَعَهَّرَ يتَعَهَّر |
| Il porta la toge et le manteau de laine | لَبِسَ يلْبَسُ الجُبَّة والقُفْطان | Il lui dit calmement | قالَ لَهُ في هدوء | S'habituer | تَعَوَّدَ يتَعَوَّد |
| | | | | Avoir un âge avancé | تَقَدَّمْتَ تتَقَدَّم بِهِ السِنّ |

| | | |
|---|---|---|
| Il lui est difficile de | مِنَ العَسيرِ عَلَيْهِ أَنْ | Une parmi trois sourates | إحْدى سُوَرٍ ثَلاث | Il vit toujours à côté de moi | لَمْ يَزَلْ يَسكن جنبي |
| De ce côté-là | مِنْ هذه النَّاحية | Une partie de son contour | بَعْض حَواشيه | Il ne put avancer d'un pas | لَمْ يَسْتَطِعْ أَنْ يَتَقَدَّم خُطْوة |
| Quel que soit son âge | مَهْما تَكُنْ سِنُّهُ | Sans doigts | بِلا أَصابِع | | |
| Il est donc opprimé | هو إذَنْ مَظلوم | Il eut un âge avancé | تَقَدَّمَتْ تَتَقَدَّم بِهِ السِّنّ | A peine est-il entré dans la maison que... | لَمْ يَكَدْ يَدخُلِ الدَّارَ حَتَّى |
| Une heure précise | وَقْت بِعَيْنه | Merci à Dieu pour... | الحَمْد لله على ... | Il ne pouvait se glisser à travers | لَمْ يَكُنْ يَسْتَطيع أَنْ يَنْسَلَّ في ثَنَاياهُ |
| Et voilà que | وَما هِيَ إلَّا أَنْ | Mieux que | خَيْراً مِمَّا | | |
| A peine quelques jours sont-ils passés que... | وَما هِيَ إلَّا أَيَّام حَتَّى | Sans pouvoir | دون أَنْ يَسْتَطيع | Il ne tarda pas à se transformer en | لَمْ يَلْبَثْ أَنْ اسْتَحالَ إلى |
| Toi qui me demandes ce que je veux | يا سائلي عَنْ حاجَتي | Un jour, un beau jour | ذاتَ يَوْم | Il ne tarda pas à oublier | لَمْ يَلْبَثْ أَنْ نَسِيَ |
| | | Excepté la femme et l'écriture | سِوى المَرْأَة والكِتابَة | Ramasser | لَمْلَم يُلملم |
| Ils ont l'impression que | يُخَيَّل إلَيْهِم أَنَّ | Il revint comme si de rien n'était | عاد وكأنَّ شيئًا لَمْ يَكُنْ | Il paya de sa vie pour | ماتَ فِداءً لـ |
| Il se souvient presque qu'il... | يَكاد يذكر أَنَّهُ | | | Il ne le lâcha pas avant de | ما زال بِهِ حَتَّى |
| Ce jour-là | يَوْمَئِذ | L'après-midi de ce jour-là | عَصْر ذلك اليَوْم | Un mois s'écoula depuis | مَضى على هذا شَهْر |
| | | Malgré son ignorance | على جَهْلِه | Aller, passer | مَضى يَمْضي = ذهب يذهب |
| | | D'une certaine manière | على نَحْوٍ ما | Chacun alla son chemin | - مَضى كلّ إلى غايَتِه |
| | | J'ai des enfants | عِنْدي صِغار | Oublier | نَسِيَ يَنسى |
| | | Au début | في أَوَّل الأَمْر | Etre empêché d'accéder à son dû | يُحال بَيْنَهُ وبَيْنَ حَقِّه في |
| | | A neuf ans | في التَّاسِعَة مِنْ عُمْرِه | | |
| | | A ce moment-là | في ذلك الوَقْت | Ils ont l'impression que | يُخَيَّل إلَيْهِم أَنَّ |
| | | Sans rien à faire | في غَيْر عَمَل = بدون عَمَل | Il l'appelle par son prénom | يدعوهُ باسْمِه |
| | | Parmi d'autres choses qu'il oublia | فيما نَسِيَ مِنَ الأشْياء | Les enfants admirent | يُعْجَبُ الأَطْفال بِـ |
| | | Qui rappelle un peu le léger froid | فيه شَيْءٌ مِنَ البَرْد الخَفيف | Il se souvient presque qu'il... | يَكاد يذكر أَنَّهُ |

| Divers | تعابير ومصطلحات متفرقة |
|---|---|

| | | |
|---|---|---|
| Tout est déjà écrit (par le destin) | كلّ شيء بقَضاء | | |
| Comment parvenir à... ? | كَيْفَ السَّبيل إلى ... ؟ | Il commença à pâlir | أَخَذَ لَوْنُهُ يَتَغَيَّر |
| Pour une raison quelconque | لِأَمْرٍ مِنَ الأُمور | Il se mit à répéter | أَخَذَ يُرَدِّد |
| Il ne tarda pas à oublier | لَمْ يَلْبَثْ أَنْ نَسِيَ | Son front se mit à se crisper | أَخَذَتْ جَبْهَتُهُ تَرْبَدّ |
| Il ne le lâcha pas avant de | ما زال بِهِ حَتَّى | Ne vois-tu pas que ton père... | أَلَسْتِ تَرَيْنَ أَنَّ أَباكِ ... ؟ |
| Ce qu'il supporte et ce qu'il ne supporte pas (= tout) | ما يُطيق وما لا يُطيق | N'est-ce pas comme je le dis ? | أَلَيْسَ الأَمْرُ كما أَقول |
| Ce qu'il possède et ce qu'il ne possède pas (= tout) | ما يَمْلِكُ وما لا يَمْلِك | Que y a-t-il de plus injuste que de... | أَيُّ ظُلْم أَشَدُّ مِنْ أَنْ |
| Un mois passa après cela | مَضى على هذا شَهْر | | |
| Il s'approche de | مُقبِل على | | |

# Homographie

L'une des difficultés de l'arabe pour un francophone vient des homographes, ces mots qui sans les voyelles brèves paraissent parfaitement identiques. Or ils se prononcent différemment et ont un sens différent. Un seul exemple pour illustrer le problème : حكم pourrait être arbitre (حَكَم), sagesses (حِكَم), régime ou statut (حُكْم), jugement (حُكُم), faire arbitrer (حَكِّم), "a été condamné" (حُكِمَ عليه), "fais arbitrer !" (حَكِّمْ), etc. Cette difficulté devient avec la pratique un atout car la graphie ne change pas et une fois qu'elle est fixée dans la mémoire le lien peut se faire avec les différents sens grâce à la pratique.

Mais il y a une autre source d'ambiguïté, peut-être plus délicate. Ce sont les mots construits à partir de plusieurs éléments. Par exemple un verbe construit avec son objet direct, comme كَتَبَهُ qui peut se confondre avec كُتُبُهُ à côté d'autres possibilités. Plus délicat encore sont les mots qui se voient accoler une préposition ou une particule composée d'une seule lettre, comme par exemple بعيد dans احتفل بعيد ميلاد بنته. Une attention permanente est exigée ici pour ne pas confondre بِعيد avec بَعيد (loin) qui rendrait l'énoncé totalement inintelligible.

Voici donc quelques listes indicatives de mots ayant la même orthographe (sans voyelles brèves) avec leur sens pour inviter l'étudiant à se familiariser avec les "frontières" internes dans un mot "complexe".

---

**Mots commençant par un ب**

بَعيد (الأُفُق بعيد) L'horizon est loin

بُعَيْدَ (رجع بعيد الغروب) Il est revenu juste (après le coucher du soleil)

بعيد (تحتفل القرية اليوم بعيد الميلاد) Aujourd'hui, le village fête Noël

بُحَيْرة (بحيرة كبيرة) Un grand lac

بحيرة (أشعر بحيرة كبيرة) Je suis très perplexe

بخيل (إنه بخيل) Il est avare

بخَيْل (جاء بخيل أصيلة) Il a apporté des (purs-sangs)

بَدين (رجل بدين) Un homme gros

بدين (لا يؤمن بدين مُعَيَّن) Il ne croit pas à (une religion précise)

بدَيْن (ارتبط بدين طويل الأمد) Il a (contracté une dette à long terme)

بُرهان (هل عندك برهان على هذا ؟) As-tu une (preuve à cela)

برهان (ابتلى برهان داره) Il fut accablé par la (mise en hypothèque de sa maison)

بطريق (بطريق الروم) Le patrice byzantin

بطريق (طائر البطريق) Le pingouin

بطريق (أخذ بطريق طويلة) Il s'engagea dans (un long chemin)

بَطْن (وجد خاتمًا في بطن السمكة) Il trouva (une bague dans le ventre du poisson)

بطنّ (جاءنا بطن من الأغذية) Il nous apporta (une tonne de vivres)

بُنَيَّة Fillette

بنيّة (قال هذا بنية حسنة) Ce qu'il dit partait (d'une bonne intention)

**Mots commençant par un ف**

فلْم Un film

فلَمْ (إذا كان جائعاً فلم يأكل ؟) S'il avait (faim, pourquoi n'a-t-il pas mangé)

فلَمَّ (انزعج من كلامنا فلم حاجاته ورحل) Il fut mécontent de nos propos ; il ramassa (ses affaires et partit)

فَرْش (في داره فرش عادي) Sa maison est (modestement équipée)

فَرَشَّ (التهب السجاد فرش عليه الماء) Le tapis (s'est enflammé : il l'aspergea d'eau)

فَرْق (هناك فرق كبير بين الدولار والين) Il y a (un grand écart entre le dollar et le yen)

فَرَق (رأى بؤسه فرق له) Il remarqua sa (misère et eut pitié pour lui)

فَرِّق (فرق تسُدْ) Divise pour régner

فرَق (فرق كرة القدم النسائية في تزايد مستمر) Les équipes de football féminin sont en (nombre croissant)

فَقَدَ (فقد صاحبنا حافظته) Notre ami a égaré (son portefeuilles)

فقَدْ (إن لم يُجِبْ فقد يكون مشغولاً) S'il ne

## Mots commençant par un ل

لَمْ (لم أفهم كلامك)
Je n'ai pas compris ce que tu as dit

لَمَّ (لمَّ حوائجه ورحل)
Il ramassa ses affaires et partit

لِمَ (لم رحلت ؟)
Pourquoi es-tu parti ?

لُمْ (لم نفسك قبل أن تلوم الآخرين)
Mets-toi en question avant de blâmer les autres

لِلَّجنة (يجب إعداد القاعة للجنة الدستورية)
Il faut préparer la salle pour la commission constitutionnelle

لِلَجنة (يجب الدعوة للجنة خاصة بالقضية)
Il faut convoquer une commission spéciale pour l'affaire

لِلْجَنَّة (للجنة صور مختلفة حسب الأديان)
Le paradis revêt des aspects divers selon les religions

لقطة (في هذا الفلم لقطة نادرة)
Il y a dans ce film une scène rarissime

لقطّة (اشتريت الحليب لقطة الجيران)
J'ai acheté le lait pour la chatte des voisins

## Mots commençant par un و

وَلِيّ (فلان هو ولي العهد)
Untel est l'héritier du trône

وَلِيَ (فلان ولي فلاناً)
Untel a succédé à Untel

وَلِي (لي هنا دكان صغير ولي في العاصمة دكان آخر)
J'ai ici une petite boutique et j'en ai une autre dans la capitale

## Mots commençant par un ك

كَمَال (مال كمال لكمال)
L'argent de Kamâl est à Kamâl

كَمَال (هذا المال كمال البخلاء نسمع عنه ولا نراه)
Cet argent est comme celui des avares ; on en entend parler mais on ne le voit pas

كُحْل (عندي كحل صنع في اليمن)
J'ai un khôl préparé au Yémen

كَحَلّ (لا بأس بهذه الفكرة كحل مؤقت)
C'est une bonne idée comme solution provisoire

كُرْد (هؤلاء من كرد إيران)
Ce sont des Kurdes d'Iran

كَرَدّ (جاء خطاب الرئيس كرد على المتظاهرين)
Le discours du président est comme une réponse aux manifestants

كَرِيم (هذا الرجل كريم)
Cet homme est généreux

كَرِيم (فاطمة كريم كلاهما ذكيتان)
Fatima est comme Rim ; toutes deux sont intelligentes

كَفِيل (ليس لي كفيل)
Je n'ai pas de garant

كَفِيل (إنه حزين كفيل نشأ في حديقة الحيوانات)
Il est triste comme un éléphant qui a grandi dans un zoo

كَنِيس (هذا المبنى كنيس)
Cet édifice est une synagogue

كَنِيس (مدن الجنوب كنيس تعتمد على السياحة)
Les villes du Sud, comme Nice, dépendent du tourisme

---

répond pas, il est peut-être occupé

فَساد (أكبر مشكلة هي فساد الأخلاق)
Le plus gros problème est l'immoralité

فَسادَ (وحّد القبائل فساد على البلاد)
Il unifia les tribus et devint le maître du pays

فَصْل (في هذا الكتاب فصل خاص بالأشجار)
Dans ce livre il y a un chapitre consacré aux arbres

فَصْل (إن أردت النجاح في الامتحان فصل قبل بدايته)
Si tu veux réussir à l'examen, arrive avant qu'il ne commence

فَصَلِّ (صلّ أينما شئت وإلا فصل في مسجد أو كنيسة)
Prie où tu voudras, sinon prie dans une mosquée ou dans une église

فَصْل (نحن الآن في فصل الربيع)
Nous sommes au printemps

فُطور (هذا أطيب فطور أتناوله منذ مدة طويلة)
C'est le petit-déjeuner le plus délicieux que je prends depuis longtemps

فَطَوَّر (أرث مالاً من جدِّه فطور دكانه حتى صار مغازة كبيرة)
Il eut un héritage de son grand-père ; il développa alors sa boutique pour en faire un grand magasin

فُطور (في هذا الجدار فطور كثيرة)
Il y a beaucoup de fissures dans ce mur

فَقِيد (مات صاحبنا غير فقيد)
Notre ami mourut et personne ne le regretta

فُقِيدَ (قبضت عليه الشرطة ففقيد إلى المحكمة)
La police l'arrêta et il fut conduit au tribunal

## أهواك

عبد الحليم حافظ
مصر

أهواك واتمنى لو أنساك وانسى روحي وياك

وان ضاعت يبقى فداك لو تنساني

والقاك تجافيني وانسى جفاك واشتاق لعذابي معاك

والقى دموعي فاكراك أرجع تاني

في لقاك الدنيا تجيني معاك ورضاها يبقى رضاك

وساعتها يهون في هواك طول حرماني

والاقيك مشغول وشاغلني بيك وعيني تيجي في عينيك

وكلامهم يبقى عليك وانت تداري

واراعيك واصحى من الليل أناديك وابعت روحي تصحيك

قوم ياللي شاغلني بيك جرب ناري

أهواك .........

---

En noir : dialecte égyptien / en gris : arabe littéral

أهواك = أهواك / أحبك
Je t'aime.

اتمنى لو أنساك = أتمنى لو نسيتك
J'aimerais t'oublier.

ان ضاعت يبقى فداك = إن ضاعت كانت فداك
Si je la perds, ce serait pour toi.

لو تنساني = إن نسيتني
Si tu m'oubliais...

القاك تجافيني = أجدك تجافيني
Je te retrouve fâché.

في لقاك الدنيا تجيني معاك = عندما ألتقي بك
تأتيني الدنيا معك
Quand je te vois, je vois venir la vie.

رضاها يبقى رضاك = رضاها هو رضاك
Sa bonne humeur vient de la tienne.

ساعتها يهون في هواك طول حرماني = عندئذ
A ce moment-là, mon
يهون في هواك طول حرماني
attente paraît légère.

الاقيك مشغول = أجدك مشغولاً.
Je te trouve occupé.

شاغلني بيك = تشغلني بك
Tu m'occupes l'esprit.

عيني تيجي في عينيك = تلتقي أعيننا
Nos yeux se rencontrent.

كلامهم يبقى عليك = تتكلم عنك
Ils parlent de toi.

انت تداري = تتظاهر بعدم الانتباه
Tu fais semblant de ne pas remarquer.

اراعيك - أراعيك
Je te chérie.

اصحى من الليل أناديك = أصحى ليلاً وأناديك
Je me réveille la nuit et je t'appelle.

ابعت روحي تصحيك = أرسل روحي لتوقظك
J'envoie mon âme te réveiller.

قوم ياللي شاغلني بيك = قم يا من شغلت فكري
Lève-toi, toi qui me préoccupes.

جرب ناري = جرب ناري
Goûte au feu qui me ronge.

**Manuel d'arabe** *en ligne*

Tome III

# Le corrigé des exercices

الإجابات الصحيحة

لتمارين الكتاب

## Corrigé de la page 14

ليس في مدينتنا ........................

ليس في مدينتنا مركز / ضواح / ساحة / وسائل للنقل / سوق / مجار / دار للبلدية / عمارات / حديقة عامة / مكتبة ...

ابن عمي مجنون ينام دائما في ........................

ابن عمي مجنون ينام دائما في غرفة الجلوس / غرفة المعيشة / المطبخ / الحمام / الحديقة / على السطح / في السوق / في الدكان ...

ماذا نأكل اليوم ! لا شيء في ........................ !

ماذا نأكل اليوم ! لا شيء في الدار / المطبخ / الثلاجة ! ...

أنا أكره ........................ . هي أصعب شيء !

أنا أكره العلوم / الفلسفة / الفيزياء / الكيمياء / العربية / العلوم السياسية / النظريات / الأعمال الأدبية ... . هي أصعب شيء !

عندنا ........................ جديدة من سورية .

عندنا طالبة / تلميذة / أستاذة / مدرّسة / معلمة / طاولة / طبلة / كتب / ... جديدة من سورية .

أحب ........................ الفرنسي وخاصةً لامارتين .

أحب الشعر / الأدب ... الفرنسي وخاصةً لامارتين .

لماذا تكتبون على ........................ ؟

لماذا تكتبون على الكتاب / الجدار / الحائط / الغلاف / ... ؟

أريد أن أكتب ........................ عن حياتي .

أريد أن أكتب قصة / كتاباً / نصاً / شعراً ... عن حياتي .

في هذا الكتاب أربعة ........................ .

في هذا الكتاب أربعة فصول .

ليس في هذه المدينة إلا ........................ واحد .

ليس في هذه المدينة إلا سوق / شارع / دكان ... واحد .

هذه البناية بلا ........................ .

هذه البناية بلا سرداب / طابق أعلى / مصعد / سطح ... .

من هو ........................ هذا الكتاب ؟

من هو كاتب / مؤلف ... هذا الكتاب ؟

أريد أن أذهب إلى السينما لأن ........................ عاطل .

أريد أن أذهب إلى السينما لأن التلفزيون عاطل .

هل هناك دار بلا ........................ ؟!

هل هناك دار بلا طابق أرضي / مطبخ / غرفة للجلوس / غرفة للمعيشة / غرفة للنوم / تواليت / حمام ؟!

أنا أفضل العلوم على ........................ .

أنا أفضل العلوم على الفلسفة / الأدب / العلوم الإنسانية / العلوم السياسية / الشعر / التاريخ ... .

أريد أن أدرس العلوم ........................ لأعمل في السياسة .

أريد أن أدرس العلوم السياسية لأعمل في السياسة .

........................ هذه الدار جميلة جداً .

إن / واجهة / غرفة الجلوس في / غرفة المعيشة في / حديقة في / ... هذه الدار جميلة جداً .

أين هو ........................ الجزار ؟

أين هو دكان الجزار ؟

**TOUT**

NB : souvent ici il s'agit d'une traduction parmi bien d'autres.

1- J'ai tout vu. — رأيت كل شيء

2- Tout le village est venu. — جاء كل سكان القرية

3- C'est tout le problème. — هذه هي المشكلة

4- Il en a fait toute une affaire. — لقد بالغ في أهمية المسألة

5- J'ai tout mon temps. — لست مستعجلاً

6- Ce sont des gens tout ce qu'il y a de plus respectables. — إنهم أناس من أشرف الناس

7- Tu as tout intérêt à bien apprendre le français ! — إن من مصلحتك أن تتعلم الفرنسية جيداً

8- Il est parti à toute allure. — لقد انطلق ذاهباً

9- Sa maison est de toute beauté. — إن داره من أجمل ما يكون

10- Il avait pour tout repas un morceau de pain. — لم تكن وجبته تتعدى قطعة من رغيف الخبز

11- Je n'ai pas envie de faire partie du Tout-Paris. — لا رغبة عندي في الانضمام إلى أعيان باريس

12- Elle était toute à son travail. — لقد كرست كل اهتمامها بالعمل

13- Ils sont partis tous les deux. — لقد ذهبا كلاهما

14- Il est revenu chez lui toutes affaires cessantes. — لقد ترك كل شيء وعاد فوراً إلى داره

15- Toutes proportions gardées, cette bagarre m'a rappelé la Grande Guerre. — هذه المشاجرة رغم تفاهتها ذكرتني بالحرب العالمية الأولى

16- A tous les coups, c'est lui ! — لا شك في أنه هو السبب

17- Tout le monde est venu. — لقد جاء الجميع

18- Il a tout dans sa boutique. — عنده كل شيء في الدكان

19- Pour tout dire, ce projet ne peut pas réussir. — بصراحة هذا المشروع لا يمكن أن ينجح

20- Après tout, c'est ton affaire. — مهما يكن من أمر فالمسألة عائدة إليه

21- Il y avait en tout et pour tout trois personnes. — كان هناك ثلاثة أشخاص لا غير

22- Il est devenu tout rouge de colère. — لقد اسود وجهه غضباً

23- Il se croit tout puissant. — يظن أنه قادر على كل شيء

24- Tout est de ma faute. — كل هذا بسببي

25- Il est tout seul. — إنه وحده

26- Tout est bien qui finit bien. — المهم أن كل شيء انتهى بسلام

27- Dites-moi ce que vous voulez, une fois pour toutes ! — قولوا لي ماذا تريدون ولننته من القضية !

**Corrigé de la page 19**

NB : souvent ici il s'agit d'une traduction parmi bien d'autres.

## CERTAIN

1- C'est une défaite certaine qui les attend. — إن هزيمة محتومة تنتظرهم / إنهم سائرون إلى هزيمة محتومة

2- Rien n'est moins certain que leur défaite. — إن هزيمتهم شيء مفروغ منه

3- Sa victoire aux élections est probable, mais pas certaine. — إن فوزه في الانتخابات محتمل ولكن غير مؤكد

4- Il est certain de sa victoire. — إنه متأكد من فوزه

5- Je suis certain qu'il va gagner. — أنا واثق من فوزه / أنا متأكد من فوزه

6- En es-tu sûr et certain ? — هل أنت متأكد من ذلك ؟

7- Un certain nombre d'amis soutiennent mon projet. — بعض الأصدقاء يساندون مشروعي

8- La crise financière durera un certain temps. *Son : 5* — سوف تدوم الأزمة المالية بعض الوقت

9- La situation s'est améliorée jusqu'à un certain point. — لقد تحسن الوضع إلى حد ما

10- Les embouteillages s'aggravent à certaines heures de la journée. — الزحام يشتد في ساعات معينة من النهار

11- Notre nouvelle maire est une femme d'un certain âge. — عمدتنا الجديدة امرأة كهلة

12- Il a rencontré un certain succès, mais pas encore un succès certain. — لقد لاقى بعض النجاح ولكنه لم ينجح تماماً بعد

13- Certains ici pensent qu'il ne faut rien changer. — البعض هنا يظن أنه يجب عدم تغيير أي شيء

14- Certains d'entre eux ont voté contre la réforme. — البعض منهم صوت ضد الإصلاح

15- Aux yeux de certains, il n'y a pas besoin d'amender la constitution. *Son : 6* — في نظر البعض لا حاجة لتعديل الدستور

## QUELQUE

1- Le fugitif se cache quelque part dans la forêt. — الهارب يختبئ في مكان ما من الغابة / ... مختبئ ...

2- L'accusé a quelque chose à cacher au tribunal. — المتهم لديه ما يخفيه عن المحكمة / ... يخفي شيئاً ...

3- Cela signifie en quelque sorte que la réunion n'aura pas lieu aujourd'hui. — هذا معناه أن الاجتماع لن ينعقد اليوم

4- Je ne peux vous aider, de quelque manière que ce soit. — لا أستطيع مساعدتكم بأي شكل من الأشكال

5- Depuis quelque temps, je me sens plutôt pessimiste. — منذ بعض الوقت أحس بالتشاؤم

6- J'ai quelques problèmes avec mon ordinateur. — عندي مشاكل مع كمبيوتري / حاسوبي

7- J'avais quelques rendez-vous en ville. — كان لدي بعض المواعيد في المدينة

8- Il me reste quelque dix pages à lire. — بقي لي حوالي عشر صفحات وأنتهي من القراءة

9- Notre nouveau président a quarante ans et quelque. — رئيسنا الجديد يزيد قليلاً على الأربعين سنة

10- Quelque chose ne va pas ? *Son : 7* — هل هناك مشكلة ؟

# Corrigé de la page 20

١ - هل هي ......... حقيقة ؟ ○ مسافر ● مسافرة

٢ - ونحن، ماذا ......... هنا ؟ ○ أفعل ● نفعل

٣ - ربما لا تجدوني عندما ......... ○ تعودين ● تعودون

٤ - هل أنتم ......... ؟ ● ذاهبون ○ ذاهبات

٥ - سوف يجدونه عندما ......... ● يعودون ○ تعودون

٦ - أ......... زلت تدرس العربية ؟ ● ما ○ لا

٧ - ابن خالتي ......... كل يوم . ● يزورني ○ تزورني

٨ - لا أذهب إلى السوق ...... يوم الجمعة . ● إلا ○ ألا

٩ - هي قسمتنا على ......... حال . ○ أي ● كل

١٠ - كنت أتمنى ......... تسكن بعيداً . ○ إلا ● ألا

١١ - يزورنا في البيت ......... من الأقارب ● عدد ○ أحد

١٢ - يدور الحديث بيننا ...... كرة القدم . ○ من ● عن

١٣ - ......... المواصلات في العاصمة . ○ انقطع ● انقطعت

١٤ - سأقص عليكم القصة كما ......... . ● أعرفها ○ أعرفه

١٥ - من ......... هذا الكلام ؟! ● يصدق ○ يصدقون

١٦ - زاد في الشطرنج ......... . ● بغلة ○ حصاناً

١٧ - سلطان ......... خير من فتنة تدوم . ● غشوم ○ غاشم

١٨ - صاحب ......... أعمى . ○ الحاج ● الحاجة

١٩ - أزهد الناس في ......... جيرانه . ○ العالَم ● العالِم

٢٠ - ما الحب ......... للحبيب الأول . ○ ليس ● إلا

Son : 8 — Son : 9

## Conditionnel

١ - ......... كنت ملكاً لسكنت بين الناس في دار صغيرة . ○ إذا ○ إن ● لو

٢ - ......... لم أكن مشغولاً أمس لجئت لزيارتكم . ○ إذا ○ إن ● لو

٣ - ......... ساعدتني اليوم ساعدتك غداً . ● إذا ● إن ○ لو

٤ - ......... ذهبت إلى السوق فاشتر لي جريدة اليوم رجاءً . ● إذا ○ إن ○ لو

٥ - لو تعلمت الألمانية ......... كتب هيجل كلها . ○ أقرأ ○ قرأت ● لقرأت

٦ - ......... جد وجد و......... زرع حصد . ○ ما ● من ○ مهما

٧ - إن كنت لا تدري ......... مصيبة . ○ تلك ● فتلك ○ هي

٨ - لو كنت أدري ......... بصراحة . ○ تكلمت ● لتكلمت ○ ما تكلمت

٩ - أينما تعلمتم العربية ......... تتعلموها في أقل من سنة . ● فلن ○ لن ○ فلم

١٠ - إن ......... طبيباً فساعدني كي أشفى من هذا المرض ! ○ أنت ● كنت ○ تكون

Son : 10

## culture générale

١ - يمكن السفر من فرنسا إلى الجزائر بـ......... . ○ السيارة ● الطائرة ○ المترو ○ القطار

٢ - في العالم العربي ......... ممالك فقط . ○ ثلاث ● أربع ○ خمس ○ ست

٣ - اللغة ......... تكتب اليوم بالحروف العربية . ● الفارسية ○ التركية ○ الكردية ○ الأرمنية

٤ - للعراق حدود مشتركة مع ...... دول عربية . ○ ثلاث ● أربع ○ خمس ○ ست

٥ - الكاتب ......... كتب باللغة العربية . ○ الطاهر بن جلون ● توفيق الحكيم ○ نجيب محفوظ ○ كاتب ياسين

Son : 11

# Corrigé de la page 21

| | | |
|---|---|---|
| ١ - هل هم ............ حقيقة ؟ | ● مسافرون ○ مسافرات | |
| ٢ - إلى ............ أنتم مسافرون ؟ | ○ أين ● متى | |
| ٣ - هل أنت مسافرة أم ............ ؟ | ○ نائمة ● باقية | |
| ٤ - هل هناك من لا يعرف أين ............ ؟ | ● يسكن ○ يكون | |
| ٥ - والأولاد والبنات ، ماذا ............ ؟ | ● يفعلون ○ يفعلن | |
| ٦ - ربما لا تجدونا عندما ............ . | ● تعودون ○ تعودين | |
| ٧ - لا أحد يعرف متى ............ . | ○ نسافر ● نعود | |
| ٨ - ............ السفر يتوقف على الجو . | ● موعد ○ ساعة | |
| ٩ - سأبقى هنا و ............ أسافر . | ○ لم ● لن | |
| ١٠ - ربما لن تجدي أحداً عندما ............ ! | ○ عدت ● تعودين |

Son : 12

١ - تذهبين / سليمة / أين / يا / إلى ؟ -> إلى أين تذهبين يا سليمة ؟
٢ - تعود / في / لا / عندما / الدار / ربما / تجده -> ربما لا تجده في الدار عندما تعود .
٣ - إلى / لا / إسماعيل / لبنان / يذهب / ربما -> ربما لا يذهب إسماعيل إلى لبنان .
٤ - أين / كيف / لا / دارك / تدري / هي ؟ -> كيف لا تدري أين هي دارك ؟
٥ - سوف /الحميد / أين / إلى / تسافر / عبد / يا ؟ -> إلى أين سوف تسافر يا عبد الحميد ؟
٦ - بالضبط / أين / ربما / يذهب / لا / إلى / هو / يعرف . -> ربما هو لا يعرف إلى أين يذهب بالضبط !
٧ - أين / الآن / تعرفين / لا / كيف / أهلك ؟ -> كيف لا تعرفين أين أهلك الآن ؟

Son : 13

Désinences casuelles

| | | | |
|---|---|---|---|
| ١ - أنا ............ في السوربون . | ● طالبٌ | ○ طالباً | ○ طالبٍ |
| ٢ - عندي ............ في اليمن . | ● صديقٌ | ○ صديقاً | ○ صديقٍ |
| ٣ - لست ............ . | ○ يمنيٌ | ● يمنياً | ○ يمني |
| ٤ - عندي مشكلة ............ | ● كبيرةٌ | ○ كبيرةً | ○ كبيرةٍ |
| ٥ - سمعت عن مظاهرة ............ في العاصمة . | ○ كبيرةٌ | ○ كبيرةً | ● كبيرةٍ |
| ٦ - كل ............ لها حل . | ○ مشكلةٌ | ○ مشكلةً | ● مشكلةٍ |
| ٧ - كم ............ عندك في الدار ؟ | ○ كتابٌ | ● كتاباً | ○ كتابٍ |
| ٨ - عندي خمسة وخمسون ............ | ○ كتابٌ | ● كتاباً | ○ كتابٍ |
| ٩ - أريد ............ عربية بلا سكر . | ● قهوةٌ | ○ قهوةً | ○ قهوةٍ |
| ١٠ - ليس عندي ............ لا في الدراسة ولا في العمل ! | ● رغبةٌ | ○ رغبةً | ○ رغبةٍ |

Son : 14

Son : 15

culture générale

| | | | | |
|---|---|---|---|---|
| ١ - ............ كانت عاصمة العباسيين . | ○ دمشق | ● بغداد | ○ المدينة | ○ القاهرة |
| ٢ - ............ كانت عاصمة الفاطميين . | ○ دمشق | ○ بغداد | ○ المدينة | ● القاهرة |
| ٣ - ............ كانت عاصمة الأمويين في الأندلس . | ○ غرناطة | ○ إشبيلية | ● قرطبة | ○ عربونة |
| ٤ - ............ كانت عاصمة العثمانيين . | ○ بيزنطة | ● الإستانة | ○ دمشق | ○ القسطنطينية |
| ٥ - ............ كانت عاصمة العباسيين لفترة قصيرة . | ○ الكوفة | ○ البصرة | ● سامراء | ○ الموصل |

**Corrigé de la page 22** — Manuel d'arabe en ligne, Tome III — Les bases de l'arabe en 50 semaines

## Exercice 1

١ - هل أنت فرنسي ........... أجنبي ؟ — ●أم / ○و
٢ - أهلك عرب ........... فرنسيون ؟ — ●أم / ○كانوا
٣ - هل إخوتك أغنى منك أم ........... ؟ — ○فقراء / ●أفقر
٤ - ربما هي ........... شرطة ! — ●ضابطة / ○رئيس
٥ - ربما هو ........... في الجامعة . — ●طالب / ○تلميذ
٦ - جئنا من ........... بعيدة جداً . — ○مكان / ●منطقة
٧ - جاؤوا ........... مكان بعيد جداً . — ●من / ○إلى
٨ - ........... إلى بلد بعيد ليسكنوا فيه . — ○ذهبوا / ●جاؤوا
٩ - لماذا ........... إلى بلد بعيد ؟ — ○جئت / ●رحلت
١٠ - نحن بشر ........... تـمامـاً . — ●مثلكم / ○مثلنا

**Son : 16**

## Exercice 2

١ - أم / أم / من / من / من / هو / هل / الكويت / اليمن / لبنان : هل هو من الكويت أم من اليمن أم من لبنان ؟
٢ - أم / اليوم / هل / أمكم / تعبانة / مريضة ؟ : هل أمكم تعبانة اليوم أم مريضة ؟
٣ - السيارة / سيارة / ربـما / إسعاف / هذه / هي ! : ربـما هذه السيارة هي سيارة إسعاف !
٤ - ما / في / عنده / طالب / امتحان / هل / الجامعة / يوجد : هل يوجد طالب في الجامعة ما عنده امتحان ؟
٥ - اليوم / كمبيوتر / صحفي / هل / يوجد / عنده / ما ؟ : هل يوجد اليوم صحفي ما عنده كمبيوتر ؟
٦ - و / لقد / مريضة / جدته / تعبانة / كانت . : لقد كانت جدته مريضة وتعبانة .

**Son : 17**

## Désinences casuelles

١ - أنا بحاجة إلى ........... جديد . — ●كتابٍ
٢ - قرأت أمس كتاباً ........... . — ●جديداً
٣ - هذا الكتاب ........... . — ●ممتازٌ
٤ - ليس هذا الكتاب ........... . — ●جديداً
٥ - هذا ........... يبحث في تاريخ الجزيرة العربية . — ●الكتابُ
٦ - أفضل هذا ........... على الكتاب السابق . — ●الكتابُ
٧ - عفواً ، لـم أفهم شيئاً من ........... — ●كلامك
٨ - لـم أفهم ........... كله . — ●كلامَك
٩ - من هو ........... الجديد في أمريكا ؟ — ●الرئيسُ
١٠ - قُتل ........... الأمريكي جون كندي سنة ١٩٦٣ . — ●الرئيسُ

**Son : 18**

## Culture générale

**Son : 19**

١ - ........... مدينة قديمة تقع في سورية . — ●تدمر
٢ - ........... مدينة قديمة تقع في لبنان . — ●صيدا / ●صور
٣ - ........... مدينة قديمة تقع في العراق . — ●أور / ●الحضر
٤ - ........... مدينة قديمة تقع في إيران . — ●الري
٥ - ........... مدينة قديمة تقع في الجزيرة العربية . — ●مدائن صالح

١ - ما ............ عنوان الشركة ؟ ● هو ○ هي
٢ - أهلك عرب ............ فرنسيون ؟ ● أم ○ أو
٣ - هل إخوتك أغنى منك أم ............ ؟ ○ فقراء ● أفقر
٤ - لماذا في ............ الأحيان فقط ؟ ● بعض ○ كل
٥ - إذا كنت في البيت ............ بك بالتلفون . ○ اتصلت ● سأتصل

٦ - أريد لبنتي أن ............ في بيت قريب . ● تسكن ○ سكنت
٧ - كم يستغرق ............ إلى الشمال ؟ ● السفر ○ السفرة
٨ - ............ يتوقف على الجو . ● عملنا ○ أعمالنا
٩ - يجب أن ............ الآن . ○ بدأنا ● نبدأ
١٠ - لماذا تريدون تعليمها ............ ؟ ○ عربية ● العربية

**Son : 20**

١ - أم / من / هل / ذلك / هذا / أغلى / الكتاب / أرخص : هل هذا الكتاب أغلى من ذلك أم أرخص ؟

٢ - من / هل / هذه / أقرب / أبعد / تلك / المدينة / أم ؟ : هل هذه المدينة أقرب من تلك أم أبعد ؟

٣ - أبطأ / أسرع / هذا / ذلك / القطار / أم / هل / من : هل هذا القطار أسرع من ذلك أم أبطأ ؟

٤ - إليه / في / إذا / كان / ذهبت / الدار . : إذا كان في الدار ذهبت إليه .

٥ - كانت / ساعدتها / في / إذا / إلى / مساعدة / حاجة . : إذا كانت في حاجة إلى مساعدة ساعدتها .

**Son : 21**

| | | | | |
|---|---|---|---|---|
| ١ - لـم أعمل أمس لأنني كنت ............ . | ○ مريضٌ | ● مريضاً | ○ مريضٍ | |
| ٢ - أنا لست ............ اليوم . | ○ مريضٌ | ● مريضاً | ○ مريضٍ | |
| ٣ - من قال إنني ............ ؟ | ● مريضٌ | ○ مريضاً | ○ مريضٍ | |
| ٤ - هو دائماً ............ بسبب صداع مزمن . | ● مريضٌ | ○ مريضاً | ○ مريضٍ | |
| ٥ - مجتمعنا ............ بالعنصرية والتعصب والأنانية . | ● مريضٌ | ○ مريضاً | ○ مريضٍ | |
| ٦ - تكلم الطبيب طويلاً مع ............ . | ○ المريضُ | ○ المريضَ | ● المريضِ | |
| ٧ - هل يشفى ............ بالأدوية التقليدية ؟ | ● المريضُ | ○ المريضَ | ○ المريضِ | |
| ٨ - هذا الطبيب الغريب يعالج ............ بالأعشاب . | ○ المريضُ | ● المريضَ | ○ المريضِ | |
| ٩ - عالجنا أمس في المستشفى عشرين ............ . | ○ مريضٌ | ● مريضاً | ○ مريضٍ | |
| ١٠ - الأستاذ غائب لأنه ............ . | ● مريضٌ | ○ مريضاً | ○ مريضٍ | |

Désinences casuelles

**Son : 22**
**Son : 23**

| | | | | |
|---|---|---|---|---|
| ١ - ............ شاعر من شعراء الأندلس . | ○ أبو تمام | ○ المتنبي | ○ المعري | ● ابن زيدون |
| ٢ - ............ شاعر من شعراء الشام . | ○ أبو تمام | ○ المتنبي | ● المعري | ○ ابن زيدون |
| ٣ - ............ شاعر من شعراء مصر . | ● الشاب الظريف | ○ صفي الدين الحلي | ○ المعري | ○ أحمد شوقي |
| ٤ - ............ شاعر من شعراء سورية . | ○ أبو تمام | ○ نزار قباني | ● المعري | ○ ابن زيدون |
| ٥ - ............ شاعر من شعراء الاغتراب . | ○ إيليا أبو ماضي | ● جبران خليل جبران | ○ ميخائيل نعيمة | ○ أحمد رامي |

culture générale

## Corrigé de la page 24

١ - أود قهوة ولكن بلا ......... ● سكر ○ شاي
٢ - هل تود الاستراحة قبل ......... ؟ ● السفر ○ النوم
٣ - هل تودون الأكل ......... الحديقة ؟ ○ قبل ● في
٤ - هل نأتي إلى ......... من أجل الأكل ؟! ● السينما ○ المطعم
٥ - هل نذهب إلى ......... من أجل المال ؟ ● الطبيب ○ العمل
٦ - نحن مثلكم لا ... ......... القهوة . ○ تحبون ● نحب
٧ - هم مثلنا لا ......... في عمارة . ● يسكنون ○ نسكن
٨ - أليس ابن عمك إسماعيل ......... ؟ ○ طالب ● طالباً
٩ - أليست بنت عمك ......... ؟ ● صحفية ○ صحفيات
١٠ - أليس رئيسكم ......... ؟ ○ يميني ● يمينياً

**Son : 24**

١ - الموسيقى / هي / تفضل / مثلي / الكلاسيكية -> هي مثلي تفضل الموسيقى الكلاسيكية .
٢ - الفن / ولكن / تاريخ / التاريخ / تدرس / تفضل / هي -> هي تدرس التاريخ ولكنها تفضل تاريخ الفن .
٣ - العمل / يفضل / الدراسة / ولكن / يحب / هو -> هو يحب العمل ولكنه يفضل الدراسة .
٤ - أن / أن / يفضل / يحب / يعمل / يدرس / ولكن / هو -> هو يحب أن يعمل ولكن يفضل أن يدرس .
٥ - أن / يريد / ولكنه / يسافر / فقير -> يريد أن يسافر ولكنه فقير .
٦ - عربي / ولكنني / أتكلم / الأصل / لا / العربية -> لا أتكلم العربية ولكنني عربي الأصل .
٧ - ولكنها / تفهم / عربية / العربية / لا / هي / الفصحى -> هي عربية ولكنها لا تفهم العربية الفصحى .
٨ - فرنسي / فرنسا / لا / هو / ولكنه / في / يسكن -> هو فرنسي ولكنه لا يسكن في فرنسا .
٩ - ذكي / متكاسل / ولكنه / هو -> هو ذكي ولكنه متكاسل .
١٠ - بالنعناع / منكم / يفضل / من / الشاي ؟ -> من منكم يفضل الشاي بالنعناع ؟

**Son : 25**

١ - ليس هذا الشاب ......... . ○ طالبٌ ● طالباً ○ طالبٍ
٢ - كان ابن عمي ......... في جامعة أوكسفورد . ○ طالبٌ ● طالباً ○ طالبٍ
٣ - ليس في جامعتنا ......... من أهل مسقط . ● طالبٌ ○ طالباً ○ طالبٍ
٤ - ساعدني في ترجمة النص ......... من اليمن . ● طالبٌ ○ طالباً ○ طالبٍ
٥ - أحسن ......... في صفنا هو من اليمن . ○ طالبٌ ○ طالباً ● طالبٍ
٦ - أتعلم العربية مع ......... يمني . ○ طالبٌ ○ طالباً ● طالبٍ
٧ - أصبح ابني ......... في جامعة السوربون . ○ طالبٌ ● طالباً ○ طالبٍ

*Désinences casuelles*

**Son : 26**

**Son : 27**

١ - ......... هي عاصمة البحرين . ○ أبو ظبي ○ الدوحة ● المنامة ○ الشارقة
٢ - ......... هي عاصمة السودان . ○ أم درمان ● الخرطوم ○ أسوان ○ أسمرة
٣ - ......... هي عاصمة عُمان . ○ عَمّان ● مسقط ○ صنعاء ○ صور
٤ - ......... هي عاصمة السعودية . ○ مكة ○ المدينة ○ نجران ● الرياض
٥ - ......... هي عاصمة المغرب . ● الرباط ○ الدار البيضاء ○ مراكش ○ طنجة

*culture générale*

239

١ - منذ ................ تحس بالتعب ؟ ○ أين ● متى

٢ - ............ تحس بالوجع، في الرأس أم في البطن ؟ ● أين ○ متى

٣ - هل تحسين بالوجع في ............ ؟ ○ رأسها ● رأسك

٤ - متى بدأ الوجع ................ ؟ ○ بسرعة ● بالضبط

٥ - رأسي هو .............. يؤلمني . ● الذي ○ التي

٦ - العمل هو الذي ............... . ● يتعبني ○ يفهمني

٧ - سافروا قبل ........... بكثير . ○ هو ● ذلك

٨ - درست في الجامعة .......... البكالوريا . ○ قبل ● بعد

٩ - صرت أباً ............. الزواج . ● بعد ● بعيد

١٠ - أهلي هم ............. زوجوني . ○ الذي ● الذين

**Son : 28**

١ - العربي / الكتاب / الجميل / هذا / ما ؟ -> ما هذا الكتاب العربي الجميل ؟

٢ - ضد / العجيب / القانون / الغريب / الفقراء / ما / هذا ؟ -> ما هذا القانون العجيب الغريب ضد الفقراء ؟

٣ - بالتاريخ / كم / الكتاب / هذا / ثـمنه / الخاص ؟ -> هذا الكتاب الخاص بالتاريخ كم ثـمنه ؟

٤ - الجديد / عمره / في / هذا / اللاعب / كم / النادي ؟ -> هذا اللاعب الجديد في النادي كم عمره ؟

٥ - كم / المغنية / عمرها / هذه / العجيبة ؟ -> هذه المغنية العجيبة كم عمرها ؟

٦ - ومن / السوداء / ما / الحقيبة / صاحبها / الغريبة / هذه ؟ -> ما هذه الحقيبة السوداء الغريبة ومن صاحبها ؟

٧- في / من / الشارع / النائم / الغريب / الرجل / هذا ؟ -> من هذا الرجل الغريب النائم في الشارع ؟

**Son : 29**

**Désinences casuelles**

١ - رأيت ............................. أمس في السوق . ○ ابنُ عمِّك ● ابنَ عمِّك ○ ابنِ عمِّك

٢ - أظن أن جارتنا تحب ............................. . ○ ابنُ عمِّك ● ابنَ عمِّك ○ ابنِ عمِّك

٣ - لماذا لا تريدين أن تتزوجي من ............................. يا بنتي ؟ ○ ابنُ عمِّك ○ ابنَ عمِّك ● ابنِ عمِّك

٤ - أين ............................. الكبيـر حالياً ؟ ● ابنُك ○ ابنَك ○ ابنِك

٥ - أين كان ............................. الصغيـر أمس ؟ ● ابنُك ○ ابنَك ○ ابنِك

٦ - أليس هذا الولد ............................. الصغيـر ؟ ○ ابنُك ● ابنَك ○ ابنِك

٧ - صحيح أنك سوف تطلقيـن ............................. ؟ ○ زوجُك ● زوجَك ○ زوجِك

٨ - تريدين أن تنفصلي عن ............................. ، هذا غيـر ممكن ! ○ زوجُك ○ زوجَك ● زوجِك

٩ - ابن عمك هو ............................. وسيبقى زوجك إلى الأبد ! ● زوجُك ○ زوجَك ○ زوجِك

١٠ - وماذا عن حقوق ............................. يا أبـي ؟ ○ الـمرأةُ ○ الـمرأةَ ● الـمرأةِ

**Son : 30**

**Son : 31**

**culture générale**

١ - ..................... هو من غنى أغنية « كليوباترة » . ● عبد الوهاب ○ عبد الحليم ○ فريد الأطرش ○ وديع الصافي

٢ - ..................... هي من غنت « زهرة المدائن » . ○ أم كلثوم ○ أسمهان ● فيـروز ○ نجاة

٣ - ..................... هو من غنى « بلادي بلادي » . ○ عبد الوهاب ● السيد درويش ○ عبد الحليم ○ زكريا أحمد

٤ - ..................... هي من غنت « رباعيات الخيام » . ● أم كلثوم ○ أسمهان ○ فيـروز ○ نجاة

٥ - ..................... هو من غنى « أهواك » . ○ عبد الوهاب ● عبد الحليم ○ فريد الأطرش ○ وديع الصافي

# Corrigé de la page 26

## Exercice 1

١ - كانت الأوزة لذيذة ................ . ● الطعم ○ طعم
٢ - الطلاب يطالبون ................ أجور التسجيل . ○ خفض ● بخفض
٣ - هذا الرجل يقول ................ لص . ● إني ○ أنني
٤ - إنه يزعم ................ سرقته . ● إنني ○ أنني
٥ - طالبته ................ فرفض ردها . ● بها ○ عنها
٦ - ................ لا يستطيع أن يفعل ذلك ؟ ○ هل ● أ
٧ - هل أنت قادر ................ هذا ؟ ● على ○ من
٨ - حكمت المحكمة بغرامة ................ . ○ عنك ● عليك
٩ - ما هو دليلك ................ هذا ؟ ● على ○ عن
١٠ - أجب رجاءً ................ هذا السؤال ! ○ في ● عن

Son : 32

## Exercice 2

١ - المجالس / المجلس / هذا / الدولية / بعض / يذكرنا -> هذا المجلس يذكرنا ببعض المجالس الدولية
٢ - شعبية / النص / الصبا / حكاية / في / على / يقوم / سمعتها / هذا -> هذا النص يقوم على حكاية شعبية سمعتها في الصبا
٣ - القاضي / مصلحة / فران / صداقة / قصة / وبين / نشأت / إنها / بينه -> إنها قصة فران نشأت بينه وبين القاضي صداقة مصلحة
٤ - أولادي / هذه / طعام / لطعامي / الأوزة / أعددتها / و -> هذه الأوزة أعددتها لطعامي وطعام أولادي
٥ - هذا / هذه / كانت / يا / قل / لك / لنا / متى / الأوزة / منذ -> قل لنا يا هذا منذ متى كانت لك هذه الأوزة
٦ - المحكمة / للفران / بغرامة / عليك / تدفعها / حكمت / لقد -> لقد حكمت المحكمة عليك بغرامة تدفعها للفران

Son : 33

## Désinences casuelles

١ - لا أظن أنها ................ في كتاب . ● مكتوبةٌ ○ مكتوبةً ○ مكتوبةٍ
٢ - أرسلت إليك ................ أمس . ○ نصفها ● نصفَها ○ نصفُها
٣ - أتى الفران وخلفه ................ من الناس . ● جماعةٌ ○ جماعةً ○ جماعةٍ
٤ - هذا الرجل يقول إنني ................ ● لصٌّ ○ لصاً ○ لصٍّ
٥ - قال شيئاً لا يدخل ................ . ○ العقلُ ● العقلَ ○ العقلِ
٦ - أنت كافر ................ حلت عليك اللعنة . ● زنديقٌ ○ زنديقاً ○ زنديقٍ
٧ - من يدفع لي ................ ؟ ○ ثمنها ● ثمنَها ○ ثمنِها
٨ - منذ متى كانت لك هذه ................ ؟ ● الأوزةُ ○ الأوزةَ ○ الأوزةِ
٩ - هذا ................ لإثبات حق كل واحد . ● مهمٌّ ○ مهماً ○ مهمٍ
١٠ - ما هو ................ على هذا ؟ ● دليلُك ○ دليلَك ○ دليلِك

Son : 34

## Culture générale

١ - محمود درويش ................ . ○ صحفي ● شاعر ○ روائي ○ مغني ○ فيلسوف
٢ - نجيب محفوظ ................ . ● روائي مصري ○ روائي مغربي ○ شاعر مصري ○ شاعر مغربي
٣ - توفيق الحكيم ................ . ● روائي ● شاعر ● مفكر ● مؤلف مسرحي
٤ - الطاهر بن جلون ................ . ○ روائي مصري ● روائي مغربي ○ شاعر مصري ○ شاعر مغربي
٥ - روايات أمين المعلوف مكتوبة باللغة ................ . ○ العربية الفصحى ○ العربية العامية ● الفرنسية

Son : 35

# Corrigé de la page 27

| | |
|---|---|
| 1. Qui a décidé d'augmenter les impôts ? | ١ - من قرّر أن يرفع الضرائب ؟ (قرر يقرر) |
| 2. Mes parents passent le bonjour aux tiens. | ٢ - أهلي يسلّمون على أهلك (سلم يسلم) |
| 3. Mesdames et Messieurs, bonjour. Voici le journal. | ٣ - سيداتي سادتي نحييكم ونقدّم لكم نشرة الأخبار (قدم يقدم) |
| 4. Le gouvernement a repoussé la date limite pour le paiement des impôts. | ٤ - مدّدت الحكومة المهلة لدفع الضرائب (مدد يمدد) |
| 5. Jamila, comment expliques-tu cette phrase ? | ٥ - كيف تفسّرين هذه الجملة يا جميلة ؟ (فسر يفسر) |
| 6. Qui te parlait dans la rue ? | ٦ - من كان يكلّمك في الشارع ؟ (كلم يكلم) |
| 7. Pourrais-tu photographier la maison ? | ٧ - هل تستطيع أن تصوّر الدار ؟ (صور يصور) |
| 8. Comment le gouvernement fixe-il les impôts ? | ٨ - كيف تحدّد الحكومة الضرائب ؟ (حدد يحدد) |
| 9. Qui t'a donné la possibilité d'habiter dans cette maison ? | ٩ - من مكّنك من السكن في هذه الدار ؟ (مكن يمكن) |
| 10. Pourquoi me menacez-vous de porter plainte ? | ١٠ - لماذا تهدّدونني برفع شكوى يا ناس ؟ (هدد يهدد) |
| 11. Comment la mairie a-t-elle préparer le terrain pour augmenter les taxes ? | ١١ - كيف مهّدت البلدية لرفع الضرائب ؟ (مهد يمهد) |
| 12. Comment expliquez-vous cette affaire ? | ١٢ - كيف تفسرون هذه القضية يا ناس ؟ (فسر يفسر) |
| 13. Pouvez-vous énumérer les présidents français ? | ١٣ - هل تستطيعون أن تعدّدوا رؤساء فرنسا ؟ (عدد يعدد) |
| 14. Qui t'a remis la clé de la voiture ? | ١٤ - من سلّمك مفتاح السيارة ؟ (سلم يسلم) |
| 15. Mes enfants, qu'avez-vous décidé ? | ١٥ - ماذا قرّرتم يا أولادي ؟ (قرر يقرر) |
| 16. Pourquoi ne fixes-tu pas la date du mariage en été ? | ١٦ - لماذا لا تحدّد موعد الزواج في الصيف ؟ (حدد يحدد) |

**Son : 36**

| | | | | | | |
|---|---|---|---|---|---|---|
| ١ - أريد .......... | ○ أكلمك | ● أن أكلمك | | | | |
| ٢ - كيف .......... هذا ؟ | ● تفسر | ○ أن تفسر | | | | |
| ٣ - ماذا تريدين أن .......... ؟ | ○ تصورين | ● تصوري | | | | |
| ٤ - لماذا تريد .......... ؟ | ● أن تكلمني | ○ تكلمني | | | | |
| ٥ - أبي .......... عليك . | ○ يسلم | ● تسلم | | | | |
| ٦ - سوف .......... لك هدية . | ○ قدمت | ● أقدم | | | | |
| ٧ - لقد .......... الرحيل من هنا . | ● قررت | ○ أقرر | | | | |
| ٨ - قد .......... العقد مع النادي . | ○ أن أجدد | ● أجدد | | | | |
| ٩ - متى .......... موعد الزواج ؟ | ● تحددون | ○ تحددوا | | | | |
| ١٠ - متى .......... المدير ؟ | ● تكلمين | ○ أن تكلمي | | | | |

**Son : 37**

| | | |
|---|---|---|
| ١١ - لماذا .......... ؟ | ● هددوك | ○ يهددوك |
| ١٢ - يجب .......... نفسك . | ● أن تسلم | ○ تسلم |
| ١٣ - كيف .......... المشروع ؟ | ● حضرت | ○ أن تحضر |
| ١٤ - .......... أن أذهب الآن . | ● أفضل | ○ أن أفضل |
| ١٥ - لا أستطيع .......... الآن . | ○ أحدثكم | ● أن أحدثكم |
| ١٦ - كيف .......... المشروع ؟ | ● تطورين | ○ أن تطوري |
| ١٧ - لماذا .......... لي هدية ؟ | ● تقدم | ○ أن تقدم |
| ١٨ - هل تستطيع أن .......... ؟ | ● تصورنا | ○ صورتنا |
| ١٩ - هل تريد أن .......... المدينة ؟ | ○ صورت | ● تصور |
| ٢٠ - يجب أن .......... عن نفسك . | ● تعبري | ○ تعبرين |

**Son : 38**

لويس الرابع عشر هو الذي قال : ............ أنا .

لويس الرابع عشر هو الذي قال : الدولة أنا .

كارل ماركس هو الذي كتب كتاب «............» .

كارل ماركس هو الذي كتب كتاب « رأس المال » .

ماركو بولو ............ إيطالي مشهور .

ماركو بولو رحالة إيطالي مشهور .

أهم ............ السعودية هو البترول .

أهم خيرات / مصادر السعودية هو البترول .

ليس لبريطانيا ............ بل «قانون عام» .

ليس لبريطانيا دستور بل «قانون عام» .

ابني يتعلم النحت في مدرسة ............ .

ابني يتعلم النحت في مدرسة الفنون الجميلة .

............ السريع في فرنسا اسمه تي جي في .

القطار السريع في فرنسا اسمه تي جي في .

هناك ............ عربية كبيرة في فرنسا .

هناك مكتبة / مدرسة عربية كبيرة في فرنسا .

............ الحنفي هو أقدم المذاهب السنية .

المذهب الحنفي هو أقدم المذاهب السنية .

اللوفر هو أكبر ............ في فرنسا .

اللوفر هو أكبر متحف في فرنسا .

اشتهر مايكل أنجيلو بالرسم و............ .

اشتهر مايكل أنجيلو بالرسم والنحت والعمارة .

قال يوليوس قيصر : كل ............ تؤدي إلى روما .

قال يوليوس قيصر : كل الطرق تؤدي إلى روما .

أريد ............ داري ولكن لا أحد يريد شراءها .

أريد أن أبيع داري ولكن لا أحد يريد شراءها .

لماذا تريد ............ سيارة جديدة وأنت فقير ؟

لماذا تريد أن تشتري سيارة جديدة وأنت فقير ؟

............ قليلة في النيجر لأن الماء قليل .

الغابات قليلة في النيجر لأن الماء قليل .

............ غير الشرعية تزداد بين إفريقيا وأوربا .

الهجرة غير الشرعية تزداد بين إفريقيا وأوربا .

............ توتال هي واحدة من أكبر شركات البترول .

شركة توتال هي واحدة من أكبر شركات البترول .

بدأت الأزمة الاقتصادية بعد إفلاس أحد ............ الأمريكية .

بدأت الأزمة الاقتصادية بعد إفلاس أحد البنوك الأمريكية .

سوف يتم ............ على الاتفاق غداً .

سوف يتم التوقيع على الاتفاق غداً .

الدول الفقيرة تشتكي من ............ .

الدول الفقيرة تشتكي من الأزمة المالية / التضخم / قلة الموارد الغذائية / الديون الخارجية ...

وزير الاقتصاد يشتكي من ............ .

وزير الاقتصاد يشتكي من ديون الدولة / ازدياد البطالة / الأزمة المالية / الإضرابات ...

## PRENDRE

1- Il a pris ses valises et est parti.
2- Il a pris un cachet d'aspirine.
3- Il a pris en main les négociations avec le syndicat.
4- Le médecin ne peut nous prendre aujourd'hui.
5- Je prends sur moi la préparation du repas.
6- Il a pris le message au pied de la lettre.
7- Il a pris l'habitude de se promener le soir.
8- On ne prend plus personne à l'entreprise.
9- On le prenait pour un savant.
10- Il a pris ses voisins en amitié.
11- Pour qui me prenez-vous ?
12- Il prend ses désirs pour des réalités.
13- Il est sorti prendre l'air.
14- Ce travail me prend tout mon temps.
15- Il a pris le ballon en pleine figure.
16- Prenez-le vivant !
17- Il faut le prendre par la douceur.
18- Il a été pris en flagrant délit.
19- Ils ont pris les armes.
20- Ils ont pris la fuite.

لقد جمع حقائبه ورحل
تناول قرصاً من الأسبرين
تولى بنفسه المفاوضات مع النقابة
الطبيب لا يستطيع أن يستقبلنا اليوم
سآخذ على عاتقي إعدادَ الطعام
لقد طبق الرسالة حرفياً
اعتاد على أن يتنزه مساء
لا نوظف أحداً إضافياً في الشركة
كانوا يتصورونه عالماً
أصبح جيرانه من أصدقائه
إنكم واهمون بشأني
يتصور أن ما يتمناه هو الواقع بعينه
لقد خرج ليستنشق الهواء
إن هذا العمل يكلفني وقتي كله
لقد أصابته الكرة في وجهه
خذوه حياً !
يجب معاملته باللين
لقد قبض عليه بالجرم المشهود
لقد حملوا السلاح
لقد فروا

Son : 2

## REVENIR

1- Quand va-t-il revenir ?
2- J'espère qu'il va vite revenir à lui !
3- Il est revenu sur sa parole.
4- Ils ont perdu ! Je n'en reviens pas !
5- La situation revient à la normale.
6- Cet argent lui revient de droit.
7- Nos achats reviennent à mille euros.
8- Partir aujourd'hui ou demain, cela revient au même.
9- Cela revient à dire que c'est lui qui a raison.
10- Après deux lavages, les rideaux sont bien revenus.

متى سيعود ؟
آمل أنه سيستعيد وعيه بسرعة !
لقد خان وعده
لقد انهزموا ! غير معقول !
إن الوضع يعود إلى حالته الطبيعية
هذا المال من حقه
ما اشتريناه يبلغ الألف يورو
لا فرق في أن نسافر اليوم أو غداً
معنى هذا أنه هو المصيب
بعد غسلتين استعادت الستائر بياضها

Son : 3

## PRIER

1- Les musulmans pratiquants doivent prier cinq fois par jour.
2- Je te prie de me croire !
3- Je vous en prie ! C'est normal !
4- Il a accepté l'invitation sans se faire prier.
5- Je vous prie d'assister à la cérémonie.
6- Prière de ne pas fumer.

المسلم إذا أدى واجباته الدينية صلى خمس مرات في اليوم
أرجوك أن تصدقني
لا شكر على واجب
لقد قبل الدعوة دون تردد
أرجو منكم التفضل بحضور الحفل
الرجاء عدم التدخين

Son : 4

## CHOSE

1- La chose que je déteste le plus c'est l'hypocrisie.
2- Chaque chose en son temps, mes amis !
3- La moindre des choses serait d'admettre tes erreurs.
4- De deux choses l'une : ou mon salaire est revalorisé ou je démissionne.
5- Il faut regarder les choses en face !
6- Allons au fond des choses !
7- Il faut faire la part des choses.
8- Par la force des choses !
9- Ce sont des choses qui arrivent.
10- Il ne faut jamais faire les choses à moitié.
11- Le hasard fait bien les choses.
12- Il faut mettre les choses au point.
13- Depuis longtemps, je m'intéresse à la chose publique.
14- Il vaut mieux parler d'autre chose.
15- C'est quelque chose que je ne comprends pas.
16- Ne reste pas muet : dis quelque chose !
17- Il a quelque chose à cacher !
18- Sa mort m'a fait quelque chose.

أكثر ما أكره هو النفاق / أكره شيء عندي هو النفاق
يا أصدقائي كل شيء في حينه
أقل ما يجب هو الاعتراف بالأخطاء
أمامكم خياران لا ثالث لهما إما زيادة مرتبي أو أن أستقيل
يجب مواجهة الواقع دون لف ودوران / ... دون مواربة
لنتعمق في الموضوع إلى آخره
يجب ألا تختلط علينا الأمور
هذا طبيعي / بحكم الواقع
يحصل ذلك أحياناً / هذا شيء وارد
يجب دائماً إتمام الأمور إلى آخرها
إنها صدفة سعيدة
يجب توضيح الأمور
إنني منذ فترة طويلة أهتم بالمصلحة العامة
من الأفضل الانتقال بالحديث إلى مسألة أخرى
هذا شيء لا أفهمه / ... لا أتقبله
لا تسكت قل شيئاً
إن لديه ما يريد إخفاءه
لقد تأثرت كثيراً لوفاته

Son : 5

## RIEN

1- Il n'y a rien dans le réfrigérateur.
2- Ne t'inquiète pas pour le prix : c'est trois fois rien.
3- Nous sommes venus pour rien : le musée n'ouvre pas le mardi.
4- Je n'ai rien vu, rien entendu.
5- Il ne se plaint de rien.
6- Je n'en sais rien.
7- Ils ne veulent rien comprendre de nos revendications.
8- Elle n'a rien pu dire.
9- Qui ne tente rien, n'a rien.
10- Il est parti sans rien dire.
11- Vous ne comprenez rien à rien, ma parole !
12- Leur discours ne me fait rien du tout.
13- Cela ne vaut rien. Tu peux l'avoir pour rien !
14- Son nom ne me dit rien.
15- Cela ne fait rien et cela ne sert rien de pleurer !
16- En moins de rien, elle a compris le problème.
17- Elle n'a rien que sa misérable cabane.
18- Il est parti comme si de rien n'était.
19- Il n'a rien d'un méchant homme.
20- Je n'y suis pour rien !

لا شيء في الثلاجة
لا تخش الثمن فهو رخيص جداً
مجيئنا لا فائدة منه فالمتحف لا يفتح أبوابه يوم الثلاثاء
لم أر شيئاً ولم أسمع شيئاً
إنه لا يشتكي من شيء
إنه لا يعرف ذلك
إنهم يرفضون تفهم مطالبنا
لم تقدر على قول شيء / لم تقدر أن تنبس بكلمة
من لم يحاول لم يحصل على شيء أبداً
راح ولم ينبس بكلمة / ... ببنت شفة
أراكم لا تفهمون شيئاً البتة
كلامهم لا يؤثر بي أبداً
لا قيمة لهذا ويمكنك الحصول عليه بثمن رخيص
لا أذكر أني سمعت اسمه يوماً
غير مهم ولا فائدة من البكاء
لقد فهمت المشكلة فوراً
ليس لديها غير كوخها البائس
راح وكأن شيئاً لم يكن
لا تتصوروا أنه سيء الأخلاق
لا ذنب لي في هذا / أنا بريء من هذا

Son : 6

## Corrigé de la page 52

|  |  |
|---|---|
| C'est mon grand-père qui a construit la maison. | جدي هو الذي شيد الدار . |
| C'est lui qui a écrit cette belle lettre. | هو الذي كتب هذه الرسالة الجميلة . |
| C'est moi qui ai peint ce tableau. | أنا الذي رسم هذه اللوحة . |
| Est-ce toi qui as dit cela ? | هل أنت الذي قال هذا ؟ |
| Est-ce vous qui avez construit ce palais ? | هل أنتم الذين بنوا هذا القصر ؟ |

Son : 7

|  |  |
|---|---|
| Comment est la maison de tes rêves ? | كيف هي دار أحلامك ؟ |
| Comment est le travail de vos rêves ? | كيف هو عمل أحلامكم ؟ |
| L'homme de mes rêves est grand, beau et riche. | فتى أحلامي طويل وجميل وغني . |
| Le travail de mes rêves est facile, proche et gratifiant. | وظيفة أحلامي سهلة وقريبة ومربحة . |
| La voiture de mes rêves est spacieuse, rapide et bon marché. | سيارة أحلامي واسعة وسريعة ورخيصة . |

Son : 8

١ - «نوتردام» / «فكتور هوجو» / قصة / الذي / ألف / هو -> فكتور هوجو هو الذي ألف قصة البؤساء .

٢ - ألف / الذي / هو / «دانتي» / «الكوميديا الإلهية» -> دانتي هو الذي ألف الكوميديا الإلهية .

٣ - «نجيب محفوظ» / الذي / هو / ألف / «اللص والكلاب» / رواية -> نجيب محفوظ هو الذي ألف رواية اللص والكلاب .

٤ - الجديد / في / الدستور / ما / رأيك / هو ؟ -> ما هو رأيك في الدستور الجديد ؟

٥ - هذه / ما / في / الفكرة / رأيك ؟ -> ما رأيك في هذه الفكرة ؟

٦ - دار / كيف / أهلك / في / الجديدة / هي / الريف ؟ -> كيف هي دار أهلك الجديدة في الريف ؟

Son : 9

### Désinences casuelles

| Phrase | Réponse |
|---|---|
| ١ - ................ بحاجة إلى سور . | دارُكم |
| ٢ - أظن أن ................ قديمة جداً . | دارَكم |
| ٣ - سمعت أن في ................ بئر ماء عميقاً جداً . | دارِكم |
| ٤ - كانت ................ سابقاً مدرسة القرية . | دارُكم |
| ٥ - ليست هذه ................ بل تلك التي أمامها . | دارَهم |
| ٦ - علمت أن ................ لها قيمة تاريخية كبيرة . | دارَهم |
| ٧ - سمعنا أن ................ سوف يترشح للرئاسة . | ابنَك |
| ٨ - هل تظن أن ................ سوف يفوز في الانتخابات ؟ | ابنُك |
| ٩ - هل سوف تساعد ................ في الحملة الانتخابية ؟ | ابنَك |
| ١٠ - من سيكون شريك ................ في الانتخابات ؟ | ابنِك |

Son : 10

### culture générale

| Phrase | Réponse |
|---|---|
| ١ - ........ هو من قال : الدولة أنا . | لويس الرابع عشر |
| ٢ - ........ هو من قال : العلم نور . | النبي محمد |
| ٣ - ........ هو من قال : خسرنا معركة ولم نخسر الحرب . | ديغول |
| ٤ - ........ هو من قال : تلك كلمة حق أريد بها باطل . | علي بن أبي طالب |
| ٥ - ........ هو من قال : ما أخذ بالقوة لا يسترد إلا بالقوة . | جمال عبد الناصر |

Son : 11

# Corrigé de la page 53

La bibliothèque n'est pas un endroit pour manger !

ليست المكتبة مكاناً للأكل !

Le marché n'est pas un endroit pour se reposer.

ليس السوق مكاناً للراحة !

Je suis venu te parler d'un gros problème.

جئت لأحدثك عن مشكلة كبيرة .

Nous sommes venus vous proposer un grand projet.

جئنا لنقترح عليكم مشروعاً كبيراً .

Ils sont venus nous réclamer leur argent.

جاؤوا ليطالبونا بأموالهم .

Il est préférable de parler de cela à la maison.

من الأفضل التحدث عن هذا في الدار .

Il est préférable de penser au problème ensemble.

من الأفضل التفكير معاً في المشكلة .

Moi, je travaille avec mon argent ; toi, tu travailles avec l'argent des autres.

أنا أعمل بمالي وأنت تعمل بمال الآخرين .

Moi, je travaille ; toi, tu dors !

أنا أعمل وأنت تنام !

Tu n'es pas simplement un homme : tu es parlementaire !

أنت لست رجلاً فقط أنت نائب برلماني !

**Son : 12**  **Son : 13**

---

١ - عن / مهمة / معكم / جداً / جئنا / مشكلة / لنتحدث -> جئنا لنتحدث معكم عن مشكلة مهمة جداً .

٢ - نتناقش / هذا / عن / بعد / الأفضل / الموضوع / فيما / أن -> الأفضل أن نتناقش عن هذا الموضوع فيما بعد .

٣ - حل / نتمكن / أن / بسرعة / المشكلة / من / من / المهم -> من المهم أن نتمكن بسرعة من حل المشكلة .

٤ - نتكلم / الوزير / هذه / مع / عن / أن / المشكلة / الأحسن -> الأحسن أن نتكلم عن هذه المشكلة مع الوزير .

٥ - جيداً / لك / تفكر / أن / السفر / الأفضل / قبل / من -> من الأفضل لك أن تفكر جيداً قبل السفر .

٦ - بعقلي / أبداً / لا / أنا / وأنت / تفكر / أفكر -> أنا أفكر بعقلي وأنت لا تفكر أبداً !

**Son : 14**

| | | | |
|---|---|---|---|
| ○ امرأةٍ | ● امرأةً | ○ امرأةٌ | ١ - أنت لست ............ فقط ، أنت راقصة معروفة . |
| ○ امرأةٍ | ○ امرأةً | ● امرأةٌ | ٢ - بحياتك يا ولدي ............ سبحان المعبود . |
| ● امرأةٍ | ● امرأةً | ○ امرأةٌ | ٣ - هيلاري كلنتون ربما تكون أول ............ رئيسة لأمريكا . |
| ○ امرأةٍ | ● امرأةً | ○ امرأةٌ | ٤ - هناك ثلاثون ............ في شركتنا . |
| ● امرأةٍ | ○ امرأةً | ○ امرأةٌ | ٥ - يريد شيخ القبيلة أن يتزوج من ............ رابعة . |
| ● المرأةِ | ○ المرأةَ | ○ المرأةُ | ٦ - هل سمعت عن إعلان حقوق ............ ؟ |
| ● المرأةِ | ○ المرأةَ | ○ المرأةُ | ٧ - يوم ٨ مارس / آذار يسمى « يوم ............ » . |
| ● المرأةِ | ○ المرأةَ | ○ المرأةُ | ٨ - هل هناك مساواة في بلادك بين الرجل و ............ ؟ |
| ○ المرأةِ | ● المرأةَ | ○ المرأةُ | ٩ - أظن أن ............ لم تتحرر بعد . |
| ○ المرأةِ | ○ المرأةَ | ● المرأةُ | ١٠ - لا بد أن تتحرر ............ العربية في يوم من الأيام . |

*Désinences casuelles*

**Son : 15**
**Son : 16**

| | | | |
|---|---|---|---|
| ○ ماري أنطوانيت | ○ شارلوت كورديه | ● جان دارك | ١ - ............ عاشت في زمن الملك شارل السابع . |
| ○ حفصة | ○ سكينة | ● عائشة | ○ خديجة | ٢ - هي آخر زوجات النبي محمد . |
| ○ زرقاء اليمامة | ● ليلى بوحيرد | ○ الخنساء | ٣ - ............ قاومت الاستعمار الفرنسي لبلادها . |
| ○ أسماء | ● زبيدة | ○ عائشة | ○ فاطمة | ٤ - كانت زوجة هارون الرشيد وأم الأمين . |
| ● أسماء | ○ زبيدة | ○ عائشة | ○ فاطمة | ٥ - ............ بنت أبي بكر هي أم عبد الله بن الزبير . |

*culture générale*

|  |  |
|---|---|
| Depuis quand es-tu revenu du voyage ? | منذ متى عدت من السفر ؟ |
| Depuis quand ont-ils fini leurs études ? | منذ متى انتهوا من دراستهم ؟ |
| Je suis venu ici pour étudier l'Histoire ancienne. | جئت إلى هنا لدراسة التاريخ القديم . |
| Elle est venue dans notre université pour apprendre les langues. | جاءت إلى جامعتنا لتتعلم اللغات . |
| Pourquoi restes-tu devant ma porte ? | لماذا تبقى أمام بابي ؟ |
| Pourquoi ne cherches-tu pas un nouveau travail ? | لماذا لا تبحث عن عمل جديد ؟ |
| Si je te revoyais dans notre quartier, j'appellerais la police. | إذا رأيتك من جديد في حينا فسوف أتصل بالشرطة . |
| Si je venais habiter ici, je changerais de quartier. | إذا جئت لأسكن هنا فسوف أسكن في حي آخر . |
| Pourquoi me détestent-ils tous ? | لماذا يكرهونني كلهم ؟ |
| Comment gagnent-ils leur pain ? | كيف يكسبون رزقهم ؟ |

**Son : 17**     **Son : 18**

١ - واحد / السجن / من / أسبوع / منذ / خرجت -> خرجت من السجن منذ أسبوع واحد .

٢ - برلين / سنوات / من / منذ / جامعة / ثلاث / تخرجت / الحرة -> تخرجت من جامعة برلين الحرة منذ ثلاث سنوات .

٣ - أقبض / فسوف / أخرى / عليك / إذا / مرة / رأيتك -> إذا رأيتك مرة أخرى فسوف أقبض عليك .

٤ - جديد / فسوف / عليكم / هنا / إذا / من / أقبض / رأيتكم -> إذا رأيتكم هنا من جديد فسوف أقبض عليكم .

٥ - خرجت / السجن / يا / من / متى / ثعلب ؟ -> متى خرجت من السجن يا ثعلب ؟

٦ - غداً / آخر / عن / سأبحث / عمل ؟ -> سأبحث غداً عن عمل آخر .

**Son : 19**

**Désinences casuelles**

| # | Phrase | الفرنسيون | الفرنسيين |
|---|---|---|---|
| ١ | النواب ............ في البرلمان الأوربي عددهم أربع وأربعون . | ■ | ☐ |
| ٢ | ............ يصوتون عادةً لاختيار الرئيس مرة كل خمس سنوات . | ■ | ☐ |
| ٣ | لا يوجد عند ............ فصل بين الرجال والنساء في الحفلات العائلية . | ☐ | ■ |
| ٤ | اللاعبون ............ المشهورون بكرة القدم أكثرهم من أصل أجنبي . | ■ | ☐ |
| ٥ | النواب ............ أغلبيتهم الساحقة من الرجال . | ■ | ☐ |
| ٦ | حرب المائة عام كانت بين الإنكليز و ............ . | ☐ | ■ |
| ٧ | فولتير وروسو وديدرو من الفلاسفة ............ المعروفين . | ☐ | ■ |
| ٨ | أكثر الملوك ............ كانوا يسكنون بعيداً عن باريس . | ☐ | ■ |
| ٩ | عدد ............ اليوم هو ٦٥ مليون نسمة . | ☐ | ■ |
| ١٠ | كان عدد ............ سنة ١٨٠٠ حوالي ٢٩ مليون نسمة . | ☐ | ■ |

**Son : 20**

**Son : 21**

**culture générale**

| # | Phrase | Choix |
|---|---|---|
| ١ | ............ كاتب فرنسي عاش في القرن الثامن عشر . | ■ فولتير   ■ ديدرو   ☐ فكتور هوجو   ☐ بلزاك |
| ٢ | ............ كاتب ألماني عاش في القرن التاسع عشر . | ☐ هيجل   ■ نيتشه   ■ جوته   ■ برخت |
| ٣ | ............ كاتب إيطالي عاش في القرن السادس عشر . | ☐ بترارك   ■ ماكيافيللي   ■ فازاري   ☐ دانتي |
| ٤ | ............ كاتب إنكليزي عاش في القرن السابع عشر . | ■ شكسبير   ☐ لورد بايرون   ☐ أغاثا كرستي   ☐ لويس كارول |
| ٥ | ............ كاتب أمريكي عاش في القرن العشرين . | ■ مارك توين   ■ همنجواي   ■ شتاينبك   ■ بول أوستر |

| | Corrigé de la page 55 | Manuel d'arabe en ligne  Tome III  
Les bases de l'arabe en 50 semaines  © G. Al-Hakkak 2013 | http://www.al-hakkak.fr  En autonomie |

Aujourd'hui j'ai été surpris par un loup !
طلع عليّ اليوم ذئب .

Ce matin, nous avons été surpris par un renard !
طلع علينا صباح اليوم ثعلب .

Un jour, mon grand-père s'est installé pour parler à ses voisins.
جلس جدي يوماً يتحدث إلى جيرانه .

Je me suis mis dans le jardin pour parler à mes frères.
جلست في الحديقة أتحدث إلى إخوتي .

Le film a commencé, alors nous nous sommes tus jusqu'à la fin.
بدأ الفيلم فسكتنا حتى انتهى .

Ils ne voulaient pas dire cela.
ما كانوا يقصدون ذلك .

Il n'y a pas de chômeurs dans notre village.
لا يوجد عاطل في قريتنا .

Il n'y a pas de problème dans notre entreprise.
لا يوجد مشكلة في شركتنا .

Il n'y a pas de mendiants dans notre ville.
لا يوجد متسول في مدينتنا .

Il n'y a pas de pauvres dans notre pays.
لا يوجد فقير في بلدنا .

**Son : 22**     **Son : 23**

١ - جيرانه / يتحدث / جدي / إلى / يوماً / جلس -> جلس جدي يوماً يتحدث إلى جيرانه .

٢ - إلى / في / الحديقة / أتحدث / جلست / إخوتي -> جلست في الحديقة أتحدث إلى إخوتي .

٣ - فانتظرنا / انتهت / حتى / في / هبت / الدار / العاصفة -> هبت العاصفة فانتظرنا في الدار حتى انتهت .

٤ - حتى / فسكتنا / بدأ / انتهى / الفيلم -> بدأ الفيلم فسكتنا حتى انتهى .

٥ - الكلمة / تقصد / هذه / كانت / البنت / ما -> ما كانت البنت تقصد هذه الكلمة .

٦ - ما / ما / يقولون / يقصدون / كانوا -> ما كانوا يقصدون ما يقولون .

**Son : 24**

Désinences casuelles

١ - إن في قريتنا ................ جديدة من رومانيا .   ○ طبيبٌ   ● طبيبةً   ○ طبيبٍ

٢ - سمعت أن في مدينتكم ................ تُدرس فيها اللغة العربية .   ○ جامعةٌ   ● جامعةً   ○ جامعةٍ

٣ - بنتي الصغرى تريد أن تكون في المستقبل ................ معروفة .   ○ طبيبةٌ   ● طبيبةً   ○ طبيبةٍ

٤ - أريد أن أدرس التاريخ في ................ فرنسية معروفة .   ○ جامعةٌ   ○ جامعةً   ● جامعةٍ

٥ - في مستشفانا نحن بحاجة إلى ................ متخصصة بطب الأطفال .   ○ طبيبةٌ   ○ طبيبةً   ● طبيبةٍ

٦ - أشهر ................ في فرنسا هي السوربون .   ○ جامعةٌ   ● جامعةً   ○ جامعةٍ

٧ - أنا لا أنام الليل لأن زوجتي ................ طوارئ !   ● طبيبةُ   ○ طبيبةَ   ○ طبيبةِ

٨ - هناك ................ أمريكية في القاهرة وفي بيروت وفي باريس .   ● جامعةٌ   ○ جامعةً   ○ جامعةٍ

٩ - ................ الشركة تقول إن النبيذ مضر بالصحة ! لـماذا تقول هذا ؟   ● طبيبةُ   ○ طبيبةً   ○ طبيبةِ

١٠ - هناك في اليابان أكثر من ................ واحدة خاصة بالبنات .   ○ جامعةٌ   ○ جامعةً   ● جامعةٍ

**Son : 25**

**Son : 26**

culture générale

١ - الموسيقار الألماني ................ مات سنة ١٨٢٧ .   ○ باخ   ● بتهوفن   ○ هايدن   ○ شوبرت

٢ - الموسيقار الألماني باخ مات سنة ................ .   ○ ١٦٤٣   ● ١٧٥٠   ○ ١٧٥٩   ○ ١٧٩١

٣ - الموسيقار الإيطالي فيفالدي مات سنة ................ .   ○ ١٦٤٣   ● ١٧٤١   ○ ١٨٦٨   ○ ١٩٠١

٤ - الموسيقار الفرنسي ................ التقى بلويس الرابع عشر .   ○ دبوسي   ○ رافيل   ● لولي   ○ بيزيه

٥ - الموسيقار الإنكليزي ................ مات وعمره ٣٦ سنة .   ○ برتن   ● بورسيل   ○ هندل   ○ ماكارتني

## Corrigé de la page 56

|  |  |
|---|---|
| Regardez si le temps a changé ! | انظروا هل تغير الجو ! |
| Regardons par la fenêtre si le temps a changé ! | لننظر من النافذة هل تغير الجو ! |
| Je vais donc me reposer une heure ou deux. | سأستريح إذن ساعة أو ساعتين . |
| Nous allons donc rester au village une semaine ou deux. | سنبقى إذن في القرية أسبوعاً أو أسبوعين . |
| Nous allons donc descendre dans cet hôtel une nuit ou deux. | سننزل إذن في هذا الفندق ليلةً أو ليلتين . |

**Son : 27**

|  |  |
|---|---|
| Mon Dieu ! La ville a changé ! | يا إلهي ! لقد تغيرت المدينة ! |
| L'épouse a alors regardé par la fenêtre. | فنظرت الزوجة من النافذة . |
| La grand-mère a alors regardé par la porte. | فنظرت الجدة من الباب . |
| Le grand-père est alors sorti de la maison. | فخرج الجد من الدار . |
| L'enfant s'est alors réveillé. | فاستيقظ الطفل . |

**Son : 28**

١ - هل / يا / الجو / انظري / تغير / بنتي -> انظري يا بنتي هل تغير الجو !

٢ - يا / توقف / أولادي / هل / انظروا / المطر -> انظروا يا أولادي هل توقف المطر !

٣ - ابني / هدأت / يا / هل / انظر / العاصفة -> انظر يا ابني هل هدأت العاصفة !

٤ - إلى / الشمالية / يعد / سافر / ولم / أمريكا -> سافر إلى أمريكا الشمالية ولم يعد .

٥ - أوربا / شمال / إلى / ولم / سافروا / يعودوا -> سافروا إلى شمال أوربا ولم يعودوا .

٦ - أهلها / ولم / سافرت / تعد / بلاد / إلى -> سافرت إلى بلاد أهلها ولم تعد .

**Son : 29**

### Désinences casuelles

| Phrase | Choix 1 | Choix 2 (✓) |
|---|---|---|
| ١ - عندي ......... فيلماً عربياً . | ثلاثين | ثلاثون ● |
| ٢ - قرأت لحد الآن أكثر من ......... رواية فرنسية وعربية . | تسعون | تسعين ● |
| ٣ - لم يبق في حسابي في البنك غير ......... يورو . | أربعون | أربعين ● |
| ٤ - عدد المدعوين لحفلة زواجنا ......... . | خمسين | خمسون ● |
| ٥ - لي أربعة و ......... من أبناء العم والعمة والخال والخالة . | أربعين | أربعون ● |
| ٦ - أوباما هو الرئيس الأمريكي الرابع و ......... | الأربعين | الأربعون ● |
| ٧ - عدد الدول العربية هو اثنان و ......... دولة . | عشرين | عشرون ● |
| ٨ - في باريس ......... دائرة إدارية . | عشرين | عشرون ● |
| ٩ - مات شارل ديغول سنة ألف وتسعمائة و ......... | سبعين ● | سبعون |
| ١٠ - عدد سكان فرنسا سنة ٢٠١٥ هو حوالي خمسة و ......... مليون نسمة . | ستين ● | ستون |

**Son : 30**

**Son : 31**

### culture générale

| Phrase | 1817 | 1839 | 1876 | 1895 |
|---|---|---|---|---|
| ١ - تم اختراع التليفون سنة ......... اخترعه جراهام بل . | ○ | ○ | ● | ○ |

| Phrase | 1825 | 1879 | 1895 | 1923 |
|---|---|---|---|---|
| ٢ - تم اخراع السينما سنة ......... اخترعها الأخوان لوميير . | ○ | ○ | ● | ○ |

| Phrase | 1935 | 1940 | 1945 | 1950 |
|---|---|---|---|---|
| ٣ - تم اختراع القنبلة الذرية سنة ......... اخترعها الأمريكان . | ○ | ○ | ● | ○ |

| Phrase | 1923 | 1928 | 1934 | 1939 |
|---|---|---|---|---|
| ٤ - تم اختراع التلفزيون سنة ......... في أمريكا . | ● | ○ | ○ | ○ |

| Phrase | 1852 | 1876 | 1879 | 1895 |
|---|---|---|---|---|
| ٥ - تم اختراع الإنارة الكهربائية سنة ......... اخترعها أديسون . | ○ | ○ | ● | ○ |

## Corrigé de la page 57

**Son : 33**

Je lisais tout, ce qui comptait ou ne comptait pas pour moi.
كنت أقرأ كل شيء ما يهمني وما لا يهمني

J'ai grandi dans un environnement traditionnel.
نشأت في بيئة تقليدية

Ma mère ne sait ni lire ni écrire. Ma femme non plus.
أمي لا تعرف القراءة ولا الكتابة وزوجتي لا تعرف القراءة ولا الكتابة

Notre famille était de condition modeste.
كانت عائلتنا بسيطة الحال

J'étais le cadet d'une fratrie de quatre garçons et d'une fille.
كنت الثاني من بين أربعة أولاد وبنت

**Son : 32**

أنا رجل بسيط

تزوجت من بنت عمي وأنا في العشرين

لم أحصل على الشهادة الابتدائية

لا أدخن ولا أشرب

هوايتي الوحيدة هي قراءة الصحف

---

١ - في / عشر / أنا / الشهر / قدره / سائق / جنيهاً / مرتب / خمسة -> أنا سائق بمرتب قدره خمسة عشر جنيهاً في الشهر

٢ - في / من / و / أنا / عمري / عمي / العشرين / ابنة / تزوجت -> تزوجت من ابنة عمي وأنا في العشرين من عمري

٣ - في / و / ما / لا / كل / يهمني / يهمني / شيء / أقرأ / الجريدة / كنت -> كنت أقرأ كل شيء في الجريدة ما يهمني وما لا يهمني

٤ - لو / لي / لما / اليد / الكلام / قرأته / قدمت / بخط / نفس -> لو قدمت لي نفس الكلام بخط اليد لما قرأته

٥ - عن / ما / ما / هو / أهتم / يكتب / أكثر / البنات / بقراءته -> أكثر ما أهتم بقراءته هو ما يكتب عن البنات

٦ - إلى / التي / كانت / البنت / تدعو / تحيرني / الآراء / حرية -> كانت الآراء التي تدعو إلى حرية البنت تحيرني

**Son : 34**

---

| | | | |
|---|---|---|---|
| ١ - لم يكن أبي .......... . | ☐ غنيٌّ | ■ غنياً | ☐ غني |
| ٢ - أنفق أبي خمسين .......... من عمره في العمل . | ☐ عامٌ | ■ عاماً | ☐ عامٍ |
| ٣ - .......... من يعرفون أنه هز المملكة . | ☐ قليلين | ■ قليلون | ☐ قليلات |
| ٤ - إن دمي ليس .......... . | ☐ ملكيٌّ | ■ ملكياً | ☐ ملكيٍ |
| ٥ - أي طبقة هذه التي يتحدثون .......... ؟ | ☐ منها | ■ عنها | ☐ عليها |
| ٦ - كانت مصر أكثر .......... على الفن . | ☐ انفتاحٌ | ■ انفتاحاً | ☐ انفتاحٍ |
| ٧ - أمضى أبي بقية أيام .......... في مصر . | ☐ حياتهُ | ☐ حياتَه | ■ حياتهِ |
| ٨ - كان أبو خليل .......... راسين عن الفرنسية . | ■ يترجمُ | ☐ يترجمَ | ☐ يترجمْ |
| ٩ - تصوروا .......... أراد أن يحول الخانات إلى مسارح . | ☐ إنسانٌ | ■ إنساناً | ☐ إنسانٍ |
| ١٠ - وضع أبو خليل الحجر .......... في بناء المسرح الغنائي المصري . | ☐ الأول | ■ الأول | ☐ الأولى |

**Son : 35**

**Son : 36**

| | | | | |
|---|---|---|---|---|
| ١ - الشاعر نزار قباني نشأ في .......... | ☐ بيروت | ☐ بغداد | ■ دمشق | ☐ القاهرة | ☐ الإسكندرية |
| ٢ - «أيظن» قصيدة لنزار قباني .......... | ■ غناها عبد الوهاب | ☐ غناها عبد الحليم | ☐ غنتها نجاة |
| ٣ - «رسالة من تحت الماء» قصيدة لنزار قباني .......... | ☐ غناها عبد الوهاب | ■ غناها عبد الحليم | ☐ غنتها نجاة |
| ٤ - «قارئة الفنجان» قصيدة لنزار قباني .......... | ☐ غناها عبد الوهاب | ■ غناها عبد الحليم | ☐ غنتها نجاة |
| ٥ - «ماذا أقول له» قصيدة لنزار قباني .......... | ☐ غناها عبد الوهاب | ☐ غناها عبد الحليم | ■ غنتها نجاة |

culture générale

## Son : 37

| | |
|---|---|
| Comment as-tu rencontré ton mari ? | كيف لاقيت زوجك ؟ |
| Je ne l'ai pas rencontré ! | لم ألاقه ! |
| Comment tu ne l'as pas rencontré ? et comment l'as-tu épousé ? | كيف لم تلاقيه ! وكيف تزوجت منه ؟ |
| Mes parents l'ont choisi pour moi. | أهلي اختاروه لي . |
| C'est-à-dire que tu l'as rencontré après le mariage ! | يعني لاقيته بعد الزواج ! ! |
| Oui. Comme ma mère a rencontré mon père. | نعم مثلما لاقت أمي أبي . |
| C'est étrange ! | هذا شيء عجيب ! |
| Non. Pas étrange. C'est le sort. | لا . ليس عجيباً . هي القسمة والنصيب . |

## Son : 38

| | |
|---|---|
| Tu sembles souffrir de la migraine ! | يبدو أنك تعاني من الصداع ! |
| Et je souffre aussi d'un rhume ! | وأعاني أيضا من الزكام ! |
| Un rhume ! C'est peut-être la cause de la migraine ! | زكام ! ربما هو سبب الصداع . |
| Non. J'ai une migraine chronique ! | لا . عندي صداع مزمن ! |
| Une migraine chronique ! C'est une catastrophe ! | صداع مزمن ! هذه مصيبة ! |
| En effet, une grosse catastrophe. | فعلاً ، مصيبة كبرى ! |
| C'est le sort ! | هي قسمة ونصيب ! |
| Comme tu dis. Mais je suis étudiant en médecine ; je vais me spécialiser en oto-rhino-laryngologie et je trouverai un remède à cette maladie ! | معك حق ، ولكنني أدرس الطب وسأتخصص بالأنف والأذن والحنجرة وأجد علاجاً لهذا المرض ! |

---

1. Mon père est parti en voyage il y a une semaine.  
١ - سافر أبي قبل أسبوع (سافر يسافر)

2. Quand pars-tu en voyage, Salima ?  
٢ - متى تسافرين يا سليمة ؟ (سافر يسافر)

3. Pourquoi les Américains ont-ils fait la guerre au Viet-Nam ?  
٣ - لماذا حارب الأمريكان في فيتنام ؟ (حارب يحارب)

4. Est-ce que tes parents aident les pauvres de la ville actuellement ?  
٤ - هل يعاون أهلك الفقراء في المدينة حالياً ؟ (عاون يعاون)

5. Qui va s'associer à tes enfants dans ce projet ?  
٥ - من سوف يشارك أولادك في هذا المشروع ؟ (شارك يشارك)

6. Je voudrais t'aider, mais je ne le peux pas actuellement.  
٦ - أريد أن أساعدك ولكن لا أستطيع الآن (ساعد يساعد)

7. J'ai rencontré le maire dans son bureau hier.  
٧ - قابلت العمدة في مكتبه أمس (قابل يقابل)

8. Les étudiants n'essaient pas d'apprendre vite.  Son : 39  
٨ - الطلاب لا يحاولون أن يتعلموا بسرعة (حاول يحاول)

9. Pourquoi le parlement n'a-t-il pas encore discuté ce projet ?  
٩ - لماذا لـم يناقش البرلمان هذا المشروع لحد الآن ؟ (ناقش يناقش)

10. Quand Mohammed Ali a-t-il affronté Joe Frazer la dernière fois ?  
١٠ - متى نازل محمد علي جو فريزر لآخر مرة ؟ (نازل ينازل)

11. Dieu te bénisse, mon enfant !  
١١ - بارك الله فيك يا ابني ! (بارك يبارك)

12. Les Français ont-ils résisté aux Allemands dès le début de la guerre ?  
١٢ - هل قاوم الفرنسيون الألمان منذ بداية الحرب ؟ (قاوم يقاوم)

13. Pourquoi n'avez-vous pas essayez, mes enfants ?  
١٣ - لـم لم تحاولوا يا أولادي ؟ (حاول يحاول)

14. Est-ce que ta sœur t'a écrit lorsqu'elle est partie en voyage ?  
١٤ - هل راسلتـك أختك عندما سافرت ؟ (راسل يراسل)

15. Comment faites-vous face au problème aujourd'hui, mes enfants ?  
١٥ - كيف تواجهون المشكلة اليوم يا أولادي ؟ (واجه يواجه)

16. Qu'est-ce qui vous a gêné dans ce film ?  Son : 40  
١٦ - ماذا ضايقكم في هذا الفيلم ؟ (ضايق يضايق)

ليس لي ابن عم ولا ابن ......... ولا ابن ......... ولا ابن ......... .

**ليس لي ابن عم ولا ابن عمة ولا ابن خال ولا ابن خالة .**

اليوم عندي وجع شديد في ..................... .

**اليوم عندي وجع شديد في الرأس / الصدر / البطن / الظهر / الكتف / الذراع / الساق / القدم ... .**

ابني ............. لا يسمع شيئاً .

**ابني أطرش / عنيد لا يسمع شيئاً .**

الملحدون لا يؤمنون لا بالجنة ولا ..................... .

**الملحدون لا يؤمنون لا بالجنة ولا بالنار / بالجحيم / بجهنم .**

............................. في لبنان دامت ١٥ سنة .

**الحرب الأهلية في لبنان دامت ١٥ سنة .**

مجلس ............. هو البرلمان .

**مجلس الشعب هو البرلمان .**

كرة ............. رياضة شعبية في البلدان العربية .

**كرة القدم رياضة شعبية في البلدان العربية .**

في كرة ............. هناك سبعة لاعبين في كل فريق .

**في كرة السلة / اليد هناك سبعة لاعبين في كل فريق .**

لويس الخامس عشر هو ......... لويس الرابع عشر .

**لويس الخامس عشر هو حفيد لويس الرابع عشر .**

عدد ............. في العالم أكبر من عدد الأغنياء .

**عدد الفقراء في العالم أكبر من عدد الأغنياء .**

هناك كلمتان فرنسيتان مشتقتان من كلمة ............. .

**هناك كلمتان فرنسيتان مشتقتان من كلمة ديوان .**

الكاتب الفرنسي بروست مات من مرض ............. .

**الكاتب الفرنسي بروست مات من مرض السل .**

كازيمودو ..................... .

**كازيمودو أحدب .**

يقال إن بتهوفن أصبح ............. في آخر عمره .

**يقال إن بتهوفن أصبح أطرش في آخر عمره .**

لا ............. بيننا . نحن متفقون على كل شيء .

**لا خلاف بيننا . نحن متفقون على كل شيء .**

Corrigé de la page 80

NB : souvent ici il s'agit d'une traduction parmi bien d'autres.

## RENDRE

1- Il faut rendre les livres à la bibliothèque.
يجب إرجاع الكتب للمكتبة

2- Il faut lui rendre la pareille !
يجب الرد عليه بالمثل

3- Il faut rendre à César ce qui appartient à César !
إن لقيصر ما لقيصر

4- Il faut lui rendre la monnaie de sa pièce !
يجب الرد عليه بما يستحق

5- Il s'est rendu, puis il a rendu l'âme.
لقد استسلم ثم أسلم الروح

Son : 2

## BEAU

1- C'est beau.
هذا جميل

2- C'est un bel oiseau.
إنه طير جميل

3- C'est bel et bien terminé.
لقد قضي الأمر

4- Mon fils obtient de beaux résultats.
نتائج ابني جيدة

5- Je voudrais une belle tranche de boeuf.
بودي قطعة كبيرة من لحم البقر

6- Au beau milieu de la ville, il y a la cathédrale.
في وسط المدينة تماماً تقوم الكاتدرائية

7- C'est un beau gâchis !
يا له من تبذير !

8- Ton fils est un bel égoïste !
إن ابنك أناني لا خير فيه !

9- Il s'agite comme un beau diable !
إنه يتحرك كالشيطان !

10- Nous avons beau essayé, il ne veut rien comprendre.
مهما حاولنا رفض الإصغاء إلينا

11- Les problèmes reprennent de plus belle.
عادت المشاكل كما كانت

Son : 3

## VENIR

1- Mon oncle va venir nous rendre visite.
سيأتي عمي لزيارتنا

2- Je te vois venir !
إني أرى ما تعني ! / إني أرى ما تقصد إليه !

3- Il est venu à notre rencontre.
لقد جاء لاستقبالنا

4- Une idée m'est venue à l'esprit.
خطرت ببالي فكرة

5- Je ne sais pas où il veut en venir.
لا أدري ما قصده من ذلك

6- Il faut venir à bout de cet exercice.
علينا أن نأتي من هذا التمرين على آخره

7- Nos voisins en sont venus aux mains.
لقد تشاجر جيراننا بالأيدي

8- Le mot "magasin" vient d'un mot arabe.
كلمة «مغازة» أصلها عربي

9- Je viens de boire un café.
شربت قهوة قبل قليل

Son : 4

## FEMME

1- La femme de mon voisin me fait penser à Madame Bovary.
إن زوجة جاري تذكرني بمدام بوفاري

2- Notre voisin a fini par épouser sa femme de ménage.
لقد تزوج جارنا من خادمته في آخر المطاف

3- Ma tante est sage-femme et c'est est une femme sage.
عمتي / خالتي قابلة / ولادة وهي امرأة حكيمة

4- Ma grand-mère n'est pas une femme à se soumettre.
إن جدتي ليست من النساء الخاضعات

5- Mon grand-père cherche toujours la femme de sa vie.
إن جدي قضى عمره في البحث عن الزوجة المثالية / فتاة أحلامه

6- Notre nouvelle voisine est une jeune femme très charmante.
إن جارتنا الجديدة شابة لطيفة جداً

7- Ma mère est une femme âgée. Je dois l'aider.
إن أمي عجوز وعلي مساعدتها

8- Qui a dit "ce que femme veut, Dieu le veut" ?
من القائل : إرادة المرأة من إرادة الله ؟

Son : 5

NB : souvent ici il s'agit d'une traduction parmi bien d'autres.

## CAUSE

1- Je suis en retard à cause des embouteillages.  
إنني تأخرت بسبب الزحام

2- La perte de son emploi est la cause de sa tristesse.  
إن فقدانه عمله هو السبب في حزنه

3- Je vais défendre votre cause.  
سوف أدافع عن قضيتكم

4- Il faut défendre la cause des victimes du terrorisme.  
يجب الدفاع عن حقوق / قضية ضحايا الإرهاب

5- Qui dans ton pays défend la cause palestinienne ?  
من في بلادك يدافع عن القضية الفلسطينية ؟

6- Il n'y a pas de cause à effet dans cette affaire.  
ليس هناك دوافع معينة في هذه القضية

Son : 6

## CHEF

1- Le chef de l'Etat était accompagné par le chef du gouvernement.  
كان رئيس الدولة برفقة رئيس الوزراء

2- Un chef d'orchestre ne doit pas travailler comme un chef d'entreprise.  
يجب على قائد الأوركسترا ألا يعمل كمدير شركة

3- Mon cousin est chef de projet dans une grande entreprise.  
ابن عمي مسؤول عن مشروع في شركة كبيرة

4- Mon fils est devenu chef cuisinier.  
صار ابني طباخاً بارزاً

5- C'est le chef-d'œuvre de Mozart.  
هذه هي رائعة موزارت

6- Notre ville est le chef-lieu du département.  
مدينتنا هي المركز الرسمي للمحافظة

7- Il y a trois chefs d'accusation.  
هناك ثلاث تهم

8- Elle a pris cette décision de son propre chef.  
لقد اتخذت هذا القرار دون تدخل من أحد

9- Mon frère rêve de devenir chef de gare.  
أخي يحلم بأن يصبح ناظراً في محطة قطارات

10- C'est moi le chef ici !  
إنني أنا صاحب القرار هنا !

Son : 7

## COMME

1- Il parle comme il écrit.  
إن كلامه يبدو مكتوباً مسبقاً / إنه يتكلم وكأنه يقرأ نصاً مكتوباً

2- Elle est comme sa mère.  
إنها مثل أمها / إنها تشبه أمها

3- Il est pour moi comme un frère.  
إنه بالنسبة لي بمثابة الأخ / ... في منزلة الأخ / كأنه أخي

4- Je l'ai employé comme gardien.  
لقد استخدمته حارساً / لقد وظفته كحارس

5- Il parle dans l'ascenseur comme s'il connaissait tout le monde.  
إنه يتكلم في المصعد وكأنه يعرف كل من معه

6- Il boit comme un trou.  
إنه يشرب كالرمل

7- Qu'avez-vous lu comme romans arabes ?  
ماذا قرأتم من الروايات العربية ؟

8- Il souriait comme pour attirer notre attention.  
كان يبتسم من أجل جذب اهتمامنا به

9- J'ai comme un doute concernant ce projet de loi.  
إنني أشك بعض الشيء في مشروع القانون هذا

10- Comme vous ne voulez pas voter ce projet, je le retire de l'ordre du jour.  
بما أنكم ترفضون التصويت على هذا المشروع فإني أسحبه من جدول الأعمال

11- Elle gagne comme cinq mille euros par mois.  
إنها تكسب حوالي خمسة آلاف يورو في الشهر

12- Il y a dans ce bois comme une cabane.  
في هذه الغابة ما يشبه الكوخ

Son : 8

13- Notre champion est mort d'une crise cardiaque à 20 ans ; comme quoi, personne n'est à l'abri de la mort. Comme c'est triste.  
لقد توفي بطلنا من أزمة قلبية وهو في العشرين من عمره وهذا يذكرنا بأن لا أحد في مأمن من الموت . يا له من شيء محزن !

# Corrigé de la page 82

## (Section 1 - haut droite)

1 - أنت يا ابني ......... حق . → **على**
2 - جئت إليك ......... لك : مبروك ! → **لأقول**
3 - لا أحبه ......... يسخر مني . → **لأنه**
4 - أحب اللغة العربية ......... صعبة ! → **لأنها**
5 - أدرس كثيراً ......... العربية صعبة . → **لأن**
6 - ......... يجب أن أذهب إلى العمل . → **كان**
7 - إنه لا يملك غير ......... . → **نفسه**
8 - هل هذه هي ......... الحقيقية ؟ → **حكايتك**
9 - أين ذلك ......... يسمى بالقائد ؟ → **الذي**
10 - ما ......... الجو جميلاً فأنا سعيد ! → **دام**

Son : 9

## (Section 2 - haut gauche)

11 - لن أصنع بكم ......... . → **شيئاً**
12 - إنك ستصبح ......... الأميرة . → **زوج**
13 - هل تتصورون أننا ......... معكم ؟ → **سنعمل**
14 - ماذا تفعل ......... الحياة الآن ؟ → **في**
15 - إذا عملت معنا ......... سوف تفهم . → **فإنك**
16 - لا تؤخر عمل ......... إلى غد ! → **اليوم**
17 - من جد وجد ومن ......... حصد . → **زرع**
18 - لا رسول كـ ......... . → **الدرهم**
19 - لولا الخبز لما ......... الله . → **عُبِد**
20 - ليس كل من سود ..... قال أنا حداد . → **وجهه**

Son : 10

## Négation

1 - ......... تقدم رجال كثيرون لطلب يد أميرة البلاد . → **ما**
2 - شمس النهار هي ......... بنتي . → **ليست**
3 - ......... هذه الأميرة هي بنت سلطان كبير . → **ليست**
4 - ..... ليس شعار الربيع العربي : الشعب يريد إسقاط النظام ؟ → **أ**
5 - ليس ما حدث في بلادنا ......... . → **ثورة** / **انقلاباً**
6 - ......... شك في أن دولة القانون سوف تنتصر . → **لا**
7 - ......... الحياة الحقيقية كما تظن . → **ليست**
8 - لـم ......... أحد ما حدث في مصر هذه السنة . → **يفهم**
9 - أحد يفهم ما يحدث الآن في الشرق الأوسط . → **لـم**
10 - لـم ......... بعد الأزمة الاقتصادية . → **تنته**

Son : 11
Son : 12

## (Section bas)

1 - أصبح جمال عبد الناصر رئيساً لمصر سنة ......... . → **١٩٥٤**
2 - محمد مرسي بقي رئيساً لـمصر ......... . → **سنة واحدة**
3 - ......... ليس لها دستور . → **إسرائيل**
4 - الأميرال نلسون مات بعد انتصاره في معركة ......... . → **الطرف الأغر**
5 - انتصرت قوات مونتغمري على قوات رومل في ......... . → **شمال ليبيا**

٦- هذه المدينة أعجبتنا. :

Cette ville nous plaît (nous a plu).

٧- كان يجب أن نتناقش في الموضوع. :

Il fallait qu'on en discute.

٨- إني لا أملك غير هذا المبلغ. :

Je ne possède que cette somme.

٩- لقد نفد صبري. :

Je n'en peux plus.

١٠- هذه هي النتيجة. :

Voilà le résultat.

١- جئنا لنرفع شكوى على البلدية. :

Nous sommes venus porter plainte.

٢- أتوجد قضية أخرى اليوم ؟ :

Y a-t-il une autre affaire aujourd'hui ?

٣- لا أفهم ماذا يريدون مني. :

Je ne comprends ce qu'ils veulent de moi.

٤- كل مواطن له الحق في التعبير عن رأيه. :

Chaque citoyen a le droit de s'exprimer.

٥- تأخرنا قليلاً :

Nous sommes un peu en retard.

---

| | | | |
|---|---|---|---|
| 1- Tu n'as pas raison. : | أنت لست على حق | 11- Un instant, s'il vous plaît ! : | لحظة من فضلك ! |
| 2- Il est allé porter plainte contre moi. : | راح يرفع شكوى علي | 12- Que feras-tu de nous ? : | ماذا ستفعل بنا ؟ |
| 3- Toi aussi, tu as tort. : | أنت أيضاً على خطأ | 13- Que savez-vous bien faire ? : | ماذا تجيد من الأعمال ؟ |
| 4- Y a-t-il un autre problème ? : | هل هناك مشكلة أخرى ؟ | 14- Tu seras le mari de la princesse. : | ستكون زوجاً للأميرة |
| 5- Que veulent-ils de toi ? : | ماذا يريدون مني ؟ | 15- Dans ce cas, comment vivra-t-il ? : | كيف سيعيش في هذه الحالة ؟ |
| 6- Ce livre m'a plu. : | هذا الكتاب أعجبني | 16- Il n'y a pas plus simple que cela. : | ليس أسهل من هذا |
| 7- Je ne possède que moi-même. : | لا أملك إلا نفسي | 17- Qui cherche trouve. : | من جد وجد |
| 8- Je devais aller au marché. : | كان يجب أن أذهب إلى السوق | 18- Ne remets pas au lendemain ce que tu dois faire le jour-même ! : | لا تؤجل عمل اليوم إلى غد |
| 9- Ce n'est pas de sa faute. : | الذنب ليس ذنبه | 19- Rien ne mérite autant d'enfermement que la langue. | لا شيء يستحق كل هذه التضييق |
| 10- Est-ce ton vrai nom ? : | هل هذا اسمك الحقيقي ؟ | | |

Son : 13    Son : 14

---

Livre Premier - Chapitre Premier.
**MILAN EN 1796.**

Le 15 mai 1796, le général Bonaparte fit son entrée dans Milan à la tête de cette jeune armée qui venait de passer le pont de Lodi, et d'apprendre au monde qu'après tant de siècles César et Alexandre avaient un successeur. Les miracles de bravoure et de génie dont l'Italie fut témoin en quelques mois réveillèrent un peuple endormi ; huit jours encore avant l'arrivée des Français, les Milanais ne voyaient en eux qu'un ramassis de brigands, habitués à fuir toujours devant les troupes de Sa Majesté Impériale et Royale : c'était du moins ce que leur répétait trois fois la semaine un petit journal grand comme la main, imprimé sur du papier sale.

Stendhal, *La Chartreuse de Parme*, début du texte.

الكتاب الأول - الفصل الأول - ميلانو سنة ١٧٩٦

في الخامس عشر من شهر مايو سنة ١٧٩٦ دخل الجنرال بونابرت في ميلانو على رأس جيشه الشاب بعد أن عبر جسر لودي ووجه رسالة إلى العالم كله أن خليفة قيصر والإسكندر قد جاء بعد قرون طويلة. الشعب الإيطالي النائم منذ شهور استيقظ في ثمانية أيام على معجزات الشجاعة والعبقرية بعد أن كان يرى في الفرنسيين شلة من اللصوص اعتادوا الفرار إزاء القوات الإمبراطورية والملكية. هذا ما كانت على أي حال تقوله لهم جريدة في حجم اليد مطبوعة على ورق قذر تصدر ثلاث مرات في الأسبوع.

ستندال : شارترز دي بارم

Son : 15

## Corrigé de la page 84

١- ماذا أقول له إن جاء يسألني عنك ؟ :

Que lui dire s'il venait me poser la question ?

٢- لولاك لكنا بلا عمل :

Sans toi, nous serions sans travail.

٣- سوف أكون رئيس الجمهورية إن شاء الله ! :

Je serai le prsident de la république, si Dieu le veut !

٤- إذا سأل عني أحد فقولوا إني مريض ! :

Si quelqu'un me demande, dites que je suis souffrant !

٥- مهما فعلت فلن تزول المشكلة :

Quoi que tu fasses, le problème ne disparaîtra pas.

٦- كيفما كتبت الرسالة فلن يجيب عليها :

De quelque façon que tu écrives la lettre, il ne te répondra pas.

٧- لو كنت محله فماذا تفعل ؟ :

Que ferais-tu si tu étais à sa place ?

٨- لو كنت تدري لما قلت هذا الكلام :

Si tu savais ce qu'il en est, tu ne dirais pas cela.

٩- لولا الإنترنت لما تعلمنا بسرعة :

Sans l'Internet, nous n'aurions pas appris vite.

١٠- سوف أساعدكم وإن كنت مريضاً :

Je vous aiderai, même si je suis malade.

---

1. S'il fait beau, j'irai me promener.

إن / إذا كان الجو جميلاً تنزهت

2. S'il fait beau, passe chez nous !

إن / إذا كان الجو جميلاً فتعال لزيارتنا

3. Si tu as besoin d'aide, je ne pourrai pas t'aider.

إن / إذا كنت بحاجة إلى مساعدة فلن أستطيع مساعدتك

4. Si nous partions maintenant, nous ne serions pas en retard.

إن / إذا خرجنا الآن فلن نتأخر

5. Si je partais en voyage, ce serait vers la Tunisie.

إن سافرت فسوف أسافر إلى تونس

6. Si j'avais su, je ne serais pas venu.

لو عرفت لما جئت

7. Qui veut apprendre, apprendra.

من أراد أن يتعلم تعلم

8. Quoi que tu fasses, nous serons avec toi.

مهما فعلت فإننا معك

9. Où que tu sois, nous te rendrons visite.

أينما كنت فسنأتي لزيارتك

10. Si j'étais roi, il n'y aurait pas de pauvres dans mon royaume.

لو كنت ملكاً لما كان في مملكتي فقراء

Son : 16

11. Si tu lis le journal, tu sauras tout.

إذا قرأت الجريدة عرفت كل شيء

12. Si tu continues à trop manger, tu seras obèse.

إذا ظللت تأكل بنهم فإنك ستصاب بالسمنة

13. Si j'étais président, je n'augmenterais pas les impôts.

إن كنت الرئيس فلن أزيد الضرائب

14. S'il n'avait pas été trop vieux, il aurait été un bon président.

لو لم يكن مسناً لكان رئيساً جيداً

15. Si les élections avaient lieu aujourd'hui, tu les gagnerais.

لو جرت الانتخابات الآن لفزت بها

16. S'il n'y avait pas de neige, je serais venu vous voir hier.

لولا الثلج لجئت لزيارتكم أمس

17. Si ton voisin tombait malade, aide-le !

إن مرض جارك فساعده !

18. Si tu avais lu le journal, tu aurais tout su.

لو كنت قرأت الجريدة لعلمت بكل شيء

19. Si tu étais vraiment mon ami, parle-moi franchement !

إن كنت حقاً صديقي فكلمني بصراحة !

20. Si j'avais su que l'arabe était aussi difficile, j'aurais appris l'esperanto.

لو كنت أعلم أن العربية بهذه الصعوبة لتعلمت الإسبرانتو

Son : 17

---

Magdeleine à Suzanne
11 avril

Ta lettre m'a fait un grand plaisir, ma chère Suzanne ; tes récits et tes descriptions ont pour moi toute la pompe et tout le charme de la féerie ; ces riches parures, ces fêtes magnifiques dont tu me parles ont rempli mes rêves pendant deux nuits ; pour moi, je ne sais que dire en retour, il n'y a rien ici de pareil, et je n'ai rien à t'apprendre, sinon que les pruniers sont en fleur et que le vent tiède du printemps apporte dans ma chambre, au moment où je t'écris, l'odeur des premières violettes et des premières grappes de lilas.

Alphonse Karr, *Sous les Tilleuls*, p. 1.

من ماجدلين إلى سوزان - الحادي عشر من أبريل

عزيزتي سوزان لقد سرتني جداً رسالتك بما فيها من أخبار ووصف ساحر . لقد حلمت ليلتين كاملتين بالحفلات الرائعة التي تتحدثين عنها . أما أنا فلا أدري ماذا أقول بدوري فلا شيء هنا يشبه ما تصفين وليس عندي ما تجهلينه غير أن أشجار الإجاص تغطيها الأزهار وأن نسمة الربيع الدافئة تأتي إلى غرفتي وأنا أكتب لك برائحة البنفسج والليلك .

Son : 18

ألفونس كار : تحت ظلال الزيزفون - الصفحة الأولى

## Corrigé de la page 85

| | | | | | | | | | |
|---|---|---|---|---|---|---|---|---|---|
| Cour d'assises | محكمة الجنايات | Faute, délit | مخالفة | Affaire | قضية | Accusé | المدعى عليه | Juge | القاضي |
| Cour d'appel | محكمة الاستئناف | Trahison | الخيانة | Enquête | التحقيق | Charge | التهمة | | |
| Cour de cassassion | محكمة النقض | Trouble à l'ordre public | الإخلال بالأمن العام | Juge d'instruction | قاضي التحقيق | Sentence | الحكم | Plaidoirie | المرافعة |
| Tribunal religieux | المحكمة الشرعية | Complot contre l'Etat | التآمر على الدولة | Agression | اعتداء | Condmaner à | الحكم بـ | Accusation | الاتهام | Juge | الحاكم |
| TPI | المحكمة الابتدائية | Diffamation | الإشهار | Vol | سرقة | Condamner qqn à | حكم عليه بـ | Boxe des accusés | قفص الاتهام | Avocat | المحامي |
| TJI | محكمة العدل الدولية | Droits de l'Homme | حقوق الإنسان | Meurtre | قتل | Prison | السجن | Accusé | المتهم | Procureur | المدعي العام |
| T. Sûreté de l'Etat | محكمة أمن الدولة | Justice | العدالة | Assassinat | اغتيال | Amende | غرامة | Témoin | شاهد ج شهود | Tribunal, cour | المحكمة |
| | | Equité | الإنصاف | Viol | اغتصاب | Travaux forcés | الأعمال الشاقة | Plainte | دعوى | Procès | المحاكمة |
| | | Justice | العدل | Escroquerie | احتيال | Peine de mort | الإعدام | Plaignant | المدعي | Défense | الدفاع |

---

جاء عمي .
جاء عمي ليطلب مالاً .
جاء عمي ليطلب مالاً من أبي .
جاء عمي البارحة ليطلب مالاً من أبي .
جاء عمي مساء البارحة ليطلب مالاً من أبي .
لقد جاء عمي مساء البارحة ليطلب مالاً من أبي .

Son : 19

يعرفها عبد الكريم .
يعرفها عبد الكريم ويعرف أهلها .
يعرفها عبد الكريم ويعرف أهلها وجيرانها .
إن عبد الكريم يعرفها ويعرف أهلها وجيرانها .
إن عبد الكريم لا يعرفها ولا يعرف أهلها ولا جيرانها .
إن عبد الكريم لا يعرفها البتة ولا يعرف أهلها ولا جيرانها .
إن صديقي عبد الكريم لا يعرفها البتة ولا يعرف أهلها ولا جيرانها .

Son : 22

يترك أولاده قرب قريتي .
يترك أولاده المجانين قرب قريتي .
يترك أولاده المجانين قرب قريتي المسكينة .
إنه يترك أولاده المجانين قرب قريتي المسكينة .
إنه دائماً يترك أولاده المجانين قرب قريتي المسكينة .
إنه دائماً يترك أولاده الوحوش المجانين قرب قريتي المسكينة .

Son : 20

أنت على حق .
أنت على حق يا أخي .
أنت والله على حق يا أخي .
أنت والله على حق يا أخي لا شك في ذلك .
أنت والله على حق يا أخي لا شك في ذلك .. صدقني .

Son : 23

رجعت الأميرة لتستريح .
رجعت الأميرة لتستريح في قصرها .
رجعت الأميرة لتستريح ساعة في قصرها .
رجعت الأميرة عند الظهر لتستريح ساعة في قصرها .
رجعت الأميرة عند الظهر لتستريح ساعة في قصرها الرائع .

Son : 21

من أين لك هذا ؟
من أين لك هذا المال ؟
قل لي .. من أين لك هذا المال ؟
قل لي بصراحة .. من أين لك هذا المال ؟
قل لي بصراحة .. من أين لك صار لك هذا المال ؟

Son : 24

---

Je ne garerai plus jamais ma voiture devant ton garage.

لن أترك سيارتي أبداً أمام جراجك .

N'a-t-il pas raison ?

أليس على حق ؟

N'a-t-elle pas tort ?

أليست على خطأ ؟

Vous avez tous raison.

إنكم جميعاً على حق .

Personne n'a raison dans cette affaire.

لا أحد على حق في هذه القضية .

Bien sûr que j'ai raison !

طبعاً أنا على حق !

Son : 26

لقد جاء ليشتري بقرة نورماندية .

لقد جئت لأبيع داري .

لقد جاءت لتشتري بعض الفواكه .

لقد سافر جيراننا إلى مصر ليزوروا الأهرامات .

إنها تترك سيارتها دائماً أمام بابي .

هل أستطيع أن أترك حصاني قرب دارك ؟

لماذا تترك كتبك على مكتبي ؟

Son : 25

# Corrigé de la page 86

Qui est le principal joueur de votre équipe ?
من هو اللاعب الرئيسي في فريقكم ؟

Qui est le principal collaborateur du président ?
من هو المساعد الرئيسي للرئيس ؟

Actuellement, il ne fait rien pour nous aider.
إنه لا يفعل شيئاً حالياً لمساعدتنا .

Actuellement, mes enfants ne font rien.
إن أولادي لا يفعلون شيئاً حالياً .

Actuellement, les médecins ne peuvent rien faire contre ma maladie.
إن الأطباء لا يستطيعون شيئاً ضد مرضي حالياً .

**Son : 28**

Est-ce que tous les Français partent en vacances ?
هل يسافر كل الفرنسيين في العطلة ؟

Est-ce que tous les élèves trichent pendant les examens ?
هل يغش كل التلاميذ في الامتحان ؟

Est-ce que tous les enfants parlent pendant qu'ils mangent ?
هل يتكلم كل الأطفال أثناء الأكل / وهم يأكلون ؟

Ne connais-tu pas la route principale ?
ألا تعرف الشارع الرئيسي ؟

Ils ne connaissent pas le sujet principal.
إنهم لا يعرفون الموضوع الرئيسي .

**Son : 27**

---

١ - التي / هذا / تركبون / أريد / بها / تذاكركم / القطار -> أريد تذاكركم التي تركبون بها هذا القطار .

٢ - كيف / القطار / الركوب / سير / أثناء / استطعتم -> كيف استطعتم الركوب أثناء سير القطار ؟

٣ - ستفعل / بهؤلاء / الشرعيين / الشرطة / غير / ماذا / المهاجرين -> ماذا ستفعل الشرطة بهؤلاء المهاجرين غير الشرعيين ؟

٤ - في / من / أنزلكم / السفينة / نصله / أول / سوف / ميناء -> سوف أنزلكم من السفينة في أول ميناء نصله .

٥ - في / تقبله / ابني / سوف / أول / أسجل / مدرسة -> سوف أسجل ابني في أول مدرسة تقبله .

٦ - في / تقبلني / سوف / أعمل / شركة / أول -> سوف أعمل في أول شركة تقبلني .

**Son : 29**

---

| | ☐ طالباتٌ | ● طالباتٍ |
|---|---|---|
| ١ - كانت بناتي ............... في جامعة السوربون . | طالباتٌ ☐ | طالباتٍ ● |
| ٢ - هؤلاء البنات لسن ............... في جامعتنا . | طالباتٌ ☐ | طالباتٍ ● |
| ٣ - أصبحت بنات جيراننا ............... في كلية الحقوق . | طالباتٌ ☐ | طالباتٍ ● |
| ٤ - في جامعتنا ............... كثيرات من البلدان العربية . | طالباتٌ ● | طالباتٍ ☐ |
| ٥ - نحن في جمعية تساعد ............... الأجنبيات الفقيرات . | الطالباتُ ☐ | الطالباتِ ● |
| ٦ - ............... في بلادنا لا يستطعن الدراسة مع الطلاب . | الطالباتُ ● | الطالباتِ ☐ |
| ٧ - كل ............... يردن أن يتعلمن اللغات الأجنبية الحية . | الطالباتُ ☐ | الطالباتِ ● |
| ٨ - هل تعرف هؤلاء ............... ؟ | الطالباتُ ☐ | الطالباتِ ● |
| ٩ - ربما يوجد بين هؤلاء ............... بعض قائدات المستقبل ! | الطالباتُ ☐ | الطالباتِ ● |
| ١٠ - أعتقد أن ............... أقوى من الطلاب في الدراسات الإنسانية . | الطالباتُ ● | الطالباتِ ☐ |

Désinences casuelles

**Son : 30**
**Son : 31**

---

| | ١٩١٨ | ١٩٤٥ | ١٩٤٨ | ١٩٥٤ |
|---|---|---|---|---|
| ١ - تأسست منظمة الأمم المتحدة سنة ........ | ☐ | ● | ☐ | ☐ |
| | ١٩٤٥ | ١٩٤٦ | ١٩٤٧ | ١٩٤٨ |
| ٢ - تأسست منظمة اليونسكو سنة ........ | ☐ | ☐ | ☐ | ● |
| | ١٩٤٥ | ١٩٥٠ | ١٩٥٥ | ١٩٦٠ |
| ٣ - تأسس صندوق النقد الدولي سنة ........ | ● | ☐ | ☐ | ☐ |
| | ١٩٤٥ | ١٩٦٥ | ١٩٧٠ | ١٩٩٥ |
| ٤ - تأسست منظمة التجارة العالمية سنة ........ | ☐ | ☐ | ☐ | ● |
| | ١٩٤٨ | ١٩٥٤ | ١٩٥٨ | ١٩٦٢ |
| ٥ - تأسست منظمة الصحة العالمية سنة ........ | ☐ | ☐ | ☐ | ● |

culture générale

# Corrigé de la page 87

**Manuel d'arabe en ligne Tome III**
**Les bases de l'arabe en 50 semaines**
© G. Al-Hakkak 2013
http://www.al-hakkak.fr
En autonomie

Je suis venu d'un pays lointain à la recherche d'un ami.
جئت من بلد بعيد أبحث عن صديق

Sais-tu ce qui t'attend si tu échouais ?
هل تعرف ما ينتظرك إذا فشلت ؟

C'est très beau ! Magnifique !
هذا جميل جداً ! رائع !

J'attends vos ordres.
إنني في انتظار أوامركم

Parle-moi avec précision : que sera ma vie avec toi ?
قل لي بدقة كيف ستكون حياتي معك !

Son : 32

Comment peut-on s'en assurer ?
كيف التأكد من ذلك ؟

J'en ai rêvé et mes rêves ne se démentent jamais.
حلمت بذلك وأحلامي لا تكذب

Comme j'en suis heureux !
ما أسعدني بذلك !

Ses cheveux sont en or et en argent.
شعره من ذهب وفضة

Et maintenant, quelle est ta décision, ma fille ?.
والآن ما هو قرارك يا بنتي ؟

Son : 33

---

١ - يا / يا / و / عليكم / مولانا / مولاي / السلطان / السلام / الأميرة -> السلام عليكم يا مولانا السلطان ويا مولاتي الأميرة

٢ - إلى / من / أ / الحد / أنت / هذا / نفسك / واثق -> أواثق أنت من نفسك إلى هذا الحد ؟

٣ - منك / بي / الزواج / واحداً / و / أنت / بعد / ماذا / شيئاً / صانع / أريد / أن / لي / تقول -> أريد منك شيئاً واحداً هو أن تقول لي ماذا أنت صانع بي بعد الزواج

٤ - و / و / و / نحن / نحن / نطيع / نلبي / تطلبين / تأمرين / تأمرين -> تأمرين ونحن نطيع وتطلبين ونحن نلبي

٥ - بي / لك / أني / أنت / فماذا / صانع / زوجة / افترض / صرت -> افترض أني صرت زوجة لك فماذا أنت صانع بي ؟

٦ - و / هو / يا / ما / الآن / ابنتي / قرارك -> والآن ما هو قرارك يا ابنتي ؟

Son : 34

---

**Désinences casuelles**

١ - إن في قريتنا ......... . ○ حمام كبير ● حماماً كبيراً

٢ - كان في قريتنا ......... بناه جدي . ● حمام ○ حماماً

٣ - عمدة القرية يريد أن يبني ......... . ○ حمام جديد ● حماماً جديداً

٤ - فُتح في قريتنا ......... . ● حمام شعبي جديد ○ حماماً شعبياً جديداً

٥ - كان عندنا في القرية ......... يزوره السواح من كل البلدان . ● حمام ○ حماماً

٦ - أصبح عندنا في القرية ......... من أجمل الحمامات في العالم . ● حمام ○ حماماً

٧ - صار حمام قريتنا القديم ......... يزوره السواح من كل مكان . ○ متحف ● متحفاً

٨ - لم ......... الحمامات الشعبية كثيرة في المدن الحديثة . ● تعد ○ يعودوا

٩ - ليت ......... يفتح أبوابه في مدينتنا ! ○ حمام شعبي جديد ● حماماً شعبياً جديداً

١٠ - لعل في هذه القرية ......... نستطيع الاغتسال فيه . ○ حمام ● حماماً

Son : 35

Son : 36

---

**culture générale**

١ - الكاتب الذي ألف «البؤساء» هو ......... ○ هيجل ○ تولستوي ○ كانت ● فكتور هوجو

٢ - الكاتب الذي ألف «اللص والكلاب» هو ......... ○ بلزاك ● نجيب محفوظ ○ طه حسين ○ ستاندال

٣ - الكاتب الذي ألف «السمفونية الرعوية» هو ......... ○ بلزاك ● موباسان ○ جيد ○ فلوبير

٤ - الكاتب الذي ألف «كتاب الأيام» هو ......... ○ جيد ○ بلزاك ● طه حسين ○ نجيب محفوظ

٥ - الكاتب الذي ألف «الغريب» هو ......... ○ سارتر ● كامو ○ بلزاك ○ طه حسين

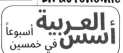

|  |  |
|---|---|
| Que voulez-vous de moi ? | ماذا تريدون مني ؟ |
| Je me suis dit : pourquoi pas ? | قلت لنفسي : لم لا ؟ |
| Comment m'imaginais-tu ? | كيف كنت تتصورني ؟ |
| Il fallait que je trouve de quoi payer le prix de cette veste. | كان علي أن أجد ما أدفع به ثمن هذه الجاكيتة |
| Ce n'est pas de sa faute. | ليس الذنب ذنبه |

Son : 37

|  |  |
|---|---|
| Un instant, s'il vous plaît ! | لحظة من فضلكم ! |
| Que sais-tu faire ? Sais-tu faire la cuisine ? | ماذا تجيد ؟ هل تجيد الطبخ ؟ |
| C'est cela donc qui m'attend avec toi ? | أهذا إذن ما ينتظرني معك ؟ |
| Dans ce cas, comment vivrions-nous ? | في هذه الحالة كيف سنعيش ؟ |
| Je ne comprends pas ce que tu dis. | لا أفهم ما تقول |

Son : 38

١ - في / أ / هذه / القاعة / غيري / أخرى / فتاة / توجد -> أيوجد في هذه القاعة فتاة أخرى غيري ؟

٢ - في / من / له / ليد / كل / البلد / الحق / التقدم / الأميرة -> كل من في البلد له الحق في التقدم ليد الأميرة

٣ - قد / ذا / أنا / ها / المهم / إليكم / جئت -> المهم ها أنا ذا قد جئت إليكم

٤ - في / هذه / مثل / كيف / الحالة / نعيش -> كيف نعيش في مثل هذه الحالة ؟

٥ - أن / أني / هل / معك / أعيش / تتصور / يمكن -> هل تتصور أني يمكن أن أعيش معك ؟

٦ - في / لا / ما / فلماذا / دام / دخولي / مباحاً / أدخل / المباراة -> ما دام مباحاً دخولي في المباراة فلماذا لا أدخل ؟

Son : 39

| | | | | Grammaire : le duel |
|---|---|---|---|---|
| ١ - الأب والأم يسميان أيضاً ............ . | ○ الأبوان | ○ الأمان | ● الوالدان | |
| ٢ - هذا الممثل ............ . | ○ عينه زرقاء | ○ عيونه زرقاء | ● عيناه زرقاوان | |
| ٣ - تشارلز ديكنز هو مؤلف «قصة ............» . | ○ مدينتان | ● مدينتين | ○ مدينتين اثنتين | |
| ٤ - جمع أذن هو آذان ولكن لكل إنسان ............ فقط . | ○ أذنان | ● أذنين | | |
| ٥ - يتكون البرلمان الفرنسي من ............ للنواب والشيوخ . | ○ مجلسان | ● مجلسين | | |
| ٦ - لإمارة الأندور ............ هما أسقف أورخيل ورئيس فرنسا . | ● أميران | ○ أميرين | | |
| ٧ - ليس للحصان ............ فقط كالإنسان بل أربعة أرجل . | ● رجلان | ○ رجلين | | |
| ٨ - كل حذاء يتكون من ............ . | ○ فردتان | ● فردتين | ○ فردة واحدة | |
| ٩ - لهذه الممثلة ............ . | ● عينان عسليتان | ○ عينين عسليتين | ○ عيون عسلية | |
| ١٠ - هذا الطفل يتيم مات ............ في حادث سيارة . | ● والداه | ○ والديه | | |

Son : 40
Son : 41

| | | | | Culture générale |
|---|---|---|---|---|
| ١ - المعمار الذي صمم ساحة الكابيتول في روما هو ............ | ○ غاودي | ○ دافنشي | ● مايكل أنجلو | |
| ٢ - المعمار الذي صمم كاتدرائية برشلونة هو ............ | ● غاودي | ○ دافنشي | ○ مايكل أنجلو | |
| ٣ - المعمار الذي صمم كنيسة القديس بطرس في روما هو ............ | ○ غاودي | ○ دافنشي | ● مايكل أنجلو | |
| ٤ - المعمار الذي صمم متحف غوغنهايم في نيويورك هو ............ | ○ غاودي | ○ لوكربزييه | ● لويد رايت | |
| ٥ - المعمار الذي صمم مبنى معهد العالم العربي في باريس هو ............ | ● جان نوفيل | ○ لوكربزييه | ○ بيرو | |

## Corrigé de la page 89

### Son : 42

من أخرج السيارة من الكراج ؟ :
Qui a sorti la voiture du garage ?

ليس أنا . لم أخرجها ! :
Pas moi. Je ne l'ai pas sortie !

ومن أخرجها إذن ؟ :
Qui l'a sortie alors ?

ربما أنت ، أخرجتها ونسيت .
Toi peut-être : tu l'as sortie et tu as oublié.

أنا أدخلتها فقط ولم أخرجها ! :
moi, je l'ai juste rentrée, pas sortie !

وماذا يعنيك ، ما دامت بخير ! :
Mais quelle importance ! Si elle va bien.. !

نعم ولكن العداد ازداد ٣٠٠ كم ! :
Oui, mais le compteur indique 300 km de plus !

دعك من السيارة وتعال لتأكل ! :
Laisse la voiture et viens manger !

### Son : 43

هل أكملت كلامك ؟ :
As-tu terminé de parler ?

لا ، لم أنته ! :
Non. Je n'ai pas terminé.

هل يمكن أن تسرعي لنأكل قليلاً ؟ :
Pourrais-tu accélérer pour qu'on mange ?

قل لي أولاً لماذا تهمل الدار ! :
Dis-moi d'abord pourquoi tu négliges la maison !

أنا لا أهمل لا الدار ولا ربة الدار ! :
Je ne néglige ni la maison ni la maîtresse de maison !

لماذا أصبحت أنانياً ؟ :
Pourquoi tu es devenu égoïste ?

أقسم لك أنني لا أفكر إلا بك ! :
Je te jure que je ne pense qu'à toi !

وأنا أخبرك بأنني سأطلب الطلاق ! :
Et moi je t'informe que je demande le divorce !

أستغفر الله ! :
Seigneur !

### Son : 44

أخبرني ، لماذا أنت بلا عمل ؟ :
Dis-moi, pourquoi tu n'as pas de travail ?

أرسل خمس رسائل كل يوم ولا نتيجة ! :
J'envoie cinq lettres par jour et rien !

هناك وظيفة في شركتنا ! :
Il y a un emploi dans notre entreprise !

أي وظيفة ؟ قل لي ! أسرع ! :
Quel emploi ? Dis-moi ! Dépêche-toi !

سائق لسيارة المدير ! :
Chauffeur du PDG !

المدير ! مدير الشركة ؟ :
Le directeur ! Le directeur de l'entreprise ?

نعم ، المدير العام ، عمل ممتاز ! :
Oui, le directeur général. Un excellent emploi !

وكم هو راتب هذا العمل الممتاز ؟ :
Et quel est le salaire de cet excellent emploi ?

ضعف الحد الأدنى للأجور ! :
Le double du SMIC !

ضعف الحد الأدنى ! هذا يكفي لمصاريف إجازة السياقة ! :
Deux fois le SMIC ! Cela suffit pour payer le permis.

تعني ... ليس لديك إجازة للسياقة ! :
Tu veux dire... que tu n'as pas le permis !

### Son : 45

ماذا حدث في المطعم ؟ لماذا أغلقته ؟ :
Qu'est-il arrivé au restaurant ? Pourqoui l'as-tu fermé ?

أغلقته بسبب البلدية ! :
Je l'ai fermé à cause de la mairie.

لماذا ؟ ماذا فعلت البلدية ؟ :
Pourquoi ? Qu'a-t-elle fait, la mairie ?

أخبرتني أن الإجازة انتهت ! :
Elle m'a informé que mon permis est périmé !

ولماذا لا تطلب إجازة جديدة ؟ :
Et pourquoi tu ne demandes pas un nouveau permis ?

العمدة أعلن عن أعمال هنا .
Le maire a annoncé des travaux ici !

ولكن ربما يمكنك أن تنتقل . . :
Mais peut-être que tu peux aller ailleurs.

أنتقل إلى أين ؟ :
Je déménage pour aller où ?

افتح المطعم في شارعنا ! :
Ouvre le restaurant dans notre rue !

مستحيل ! زوجتي السابقة تعمل هناك ! :
Impossible ! Mon ex-femme travaille là-bas.

عفواً . نسيت ذلك . ساعدك الله ! :
Pardon ! J'ai oublié ça. Courage !

## Corrigé de la page 92

### EXERCICE : vocabulaire

١- جئنا من بلاد بعيدة جداً .

٢- أنا واثق من نفسي إلى حد بعيد .

٣- أمرنا بين يدي القاضي .

٤- جئت أطلب يد الأميرة .

٥- نريد منكم شيئاً واحداً .

٦- سنشيد لكم داراً كبيرة / جديدة / جميلة ...

٧- نحن على استعداد للعمل معكم .

٨- سيعرف الناس أنك / أنها تعرف الكثير .

٩- ماذا يعمل في يومه ؟

١٠- هل تعرفون ماذا / من / ما ينتظركم ؟

Son : 46

### EXERCICE : syntaxe

١- هل هي واثقة من نفسها إلى هذا الحد ؟

٢- أريد منكم أن تخبروني ماذا أنتم فاعلون .

٣- ستعرفون أننا نملك الكثير من الأفكار .

٤- هل أنت واثق من نفسك إلى هذه الدرجة ؟

٥- نريد منك أن تخبرينا ماذا أنت فاعلة .

Son : 47

## Corrigé de la page 93

### EXERCICE : vocabulaire

١- نحن في انتظار نتائج الامتحان .

٢- هذه الدار لا تصلح لنا مسكناً .

٣- هذا أحسن ما يتمناه الإنسان .

٤- رأيت هذا في المنام ليلة أمس .

٥- أنا في انتظارك / انتظاركم منذ ساعة !

٦- هذه السيارة لا تصلح لسفرة طويلة .

٧- هذا أجمل ما سمعته .

٨- هذه أجمل أغنية / قصيدة / حكاية سمعتها .

٩- هل أنت في حاجة إلى شيء مني ؟

١٠- هذا الكلام لا يصلح جواباً لسؤالي .

Son : 48

### EXERCICE : syntaxe

١- إنني أقرأ كل ما يكتبون في الصحف .

٢- كيف يمكن التأكد من هذا الخبر ؟

٣- إنني لست عبدة لكي أسكن في الإصطبل .

٤- تصور أنني سأكون رئيساً للبلدية !

٥- الحاج عبد الفتاح هو صاحب الجريدة الجديدة .

Son : 49

## Corrigé de la page 94

### EXERCICE : vocabulaire

١- أين الرجل الذي يسمى شيخ القبيلة ؟

٢- هل يوجد مدينة أخرى غير دبي في هذه الإمارة ؟

٣- هذا الكلام من خيال الناس ؟

٤- كل من في البلاد له الحق في التظاهر .

٥- قال لنفسه لماذا لا يتظاهر هو أيضاً .

٦- كان يجب أن نجمع ثمن الدراسة .

٧- حتى هذا الكتاب الصغير لم أكن أملكه .

٨- إنني لا أصدق ما أسمع / ما أرى .

٩- هل هذا هو الحل / الطريق ... الوحيد .

١٠- ما دامت هي لا تعمل فأنا لا أعمل .

Son : 50

### EXERCICE : syntaxe

١- كان يجب أن أقرأ هذا الكتاب .

٢- إنها لا تملك غير هذه الدار .

٣- هل هذه هي الحكاية الأصلية ؟

٤- هل يوجد في هذه الشركة رجل غيره ؟

٥- كل من في هذه المدينة له الحق في التظاهر .

Son : 51

# Corrigé de la page 108

بودي أن أتعلم العزف على ................. .

بودي أن أتعلم العزف على البيانو / الكمنجة / الناي / الطبلة / الدربكة / القيثارة / الجيتار / العود / القانون / الترومبيت ... .

يعجبني ................. هذا الفيلم .

يعجبني سيناريو / إخراج / ممثلو ... هذا الفيلم .

أود أن أستمع إلى ................. .

أود أن أستمع إلى أغنية / أوبرا / موسيقى كلاسيكية / موسيقى شرقية / الراديو ... .

سمعت أن ................. اخترعت سنة ١٨١٧ .

سمعت أن الدراجة الهوائية اخترعت سنة ١٨١٧ .

صحيح أن ................. اخترعها الأخوان لومير ؟

صحيح أن السينما اخترعها الأخوان لومير ؟

يقال إن أول ................. فتح في لندن سنة ١٨٦٣ .

يقال إن أول مترو / خط للمترو / خط لمترو الأنفاق ... فتح في لندن سنة ١٨٦٣ .

................. هي أشهر صحيفة يومية في فرنسا .

اللوموند / الفيغارو ... هي أشهر صحيفة يومية في فرنسا .

هناك في ................. مسابقة غنائية في كل سنة هي الأوروفزيون .

هناك في أوربا مسابقة غنائية في كل سنة هي الأوروفزيون .

لا أدري كيف سيكون ................. غداً .

لا أدري كيف سيكون الطقس غداً .

لا أحب السفر بـ................. لأنني لا أجيد السباحة .

لا أحب السفر بالسفينة / بالباخرة لأنني لا أجيد السباحة .

بسبب الفيسبوك لم أعد أقرأ ................. .

بسبب الفيسبوك لم أعد أقرأ الجريدة / الكتب .

هذه رسالة غريبة ولا أدري من هو ................. .

هذه رسالة غريبة ولا أدري من هو مرسلها .

سمعت في ................. أن هناك مظاهرة .

سمعت في الأخبار / نشرة الأخبار / الراديو / التلفزيون أن هناك مظاهرة .

من كتب ................. هذا الفيلم ؟

من كتب سيناريو هذه الفيلم .

ابن خالي يعمل في دار ................. المصرية .

ابن خالي يعمل في دار الإذاعة المصرية .

اسمعوا هذا ................. ! لقد استقال الوزير !

اسمعوا هذا الخبر العاجل ! لقد استقال الوزير !

سوف أرسل لك الرسالة بالبريد ................. .

سوف أرسل لك الرسالة بالبريد المضمون .

ما هي ................. اليوم ؟

ما هي عناوين الأخبار اليوم ؟

Son : 1

**NB** : souvent ici il s'agit d'une traduction parmi bien d'autres.

## FAIRE

| | |
|---|---|
| 1- Que faire ? | ما العمل ؟ |
| 2- Mon fils a fait un tableau magnifique. | لقد رسم ابني لوحة رائعة . |
| 3- Je voudrais faire un poème pour ton anniversaire. | أريد أن أنظم قصيدة بـمناسبة عيد ميلادك . |
| 4- Cent dirham ! Cela ne fait pas assez. | مائة درهم ! هذا لا يكفي ! |
| 5- Faisons un pas en leur direction ! | لنتنازل خطوة في اتجاههم ! |
| 6- Il fait semblant d'être malade. | إنه متمارض . |
| 7- Je fais des recherches sur l'histoire de Paris. | إني أقوم ببحوث عن تاريخ باريس . |
| 8- Je voudrais faire du tennis. | أريد أن أتعلم التنس . |
| 9- Ils ont fait match nul. | لقد تعادلوا / لقد تعادلا . |
| 10- Le ministre a fait une déclaration. | لقد أدلى الوزير بتصريح . |
| 11- Nous n'avons plus rien à faire ici. | لم يعد لدينا ما نفعله هنا . |
| 12- Que fait-il dans la vie ? | ماذا يعمل ؟ |
| 13- Elle fait des études d'ingénieur. | إنها تدرس الهندسة . |
| 14- Je voudrais faire de l'allemand. | أريد أن أتعلم الألمانية . |
| 15- J'ai fait trois années d'études. | لقد درست ثلاث سنوات . |
| 16- Ils t'ont fait beaucoup de compliments. | لقد أثنوا عليك كثيراً / لقد مدحوك كثيراً . |
| 17- Il faut faire le nécessaire. | لا بد من القيام بالواجب . |
| 18- Tu fais une erreur. | إنك على خطأ / إنك ترتكب خطأ . |
| 19- Il le fait exprès. | إنه متعمد . |
| 20- Tu ferais mieux de t'arrêter. | الأحسن لك أن تكف عن هذا . |
| 21- Il faut faire les valises ? | يجب إعداد الحقائب . |
| 22- Il veut faire élaguer les arbres. | إنه يريد أن يشذب الأشجار . |
| 23- Cette chanson me fait penser à mon pays. | هذه الأغنية تذكرني ببلادي . |
| 24- Il faut faire manger les enfants. | يجب إطعام الأطفال . |
| 25- Il ne parle pas aussi bien que tu le fais. | إنه لا يجيد الكلام مثلك . |
| 26- Cet homme s'est fait seul. | هذا الرجل صنع نفسه بنفسِه . |
| 27- Petit à petit, l'oiseau fait son nid. | الطير يبني عشه شيئاً فشيئاً . |
| 28- Il se fait tard. | لقد تأخر الوقت . |
| 29- Si je me trompe, je me fais moine. | إن أخطأت دخلت الدير . |
| 30- Je ne parviens pas à me faire à ce genre de travail. | لا أستطيع التعود على مثل هذا العمل . |
| 31- Peu à peu, il se fera à cette idée. | سيتعود شيئاً فشيئاً على هذه الفكرة . |
| 32- Il faut se faire une idée précise de la question. | يجب أن تكون لنا معرفة دقيقة بالمسألة . |
| 33- Je ne suis pas fait pour ce travail. | إني لم أخلق لمثل هذا العمل . |
| 34- C'en est fait de moi. | لقد خسرت كل شيء . |
| 35- Cela m'a fait mal au coeur. | لقد فطر هذا قلبي . |
| 36- La réparation est faite. | انتهى التصليح / تم التصليح . |
| 37- Je voudrais me faire couper les cheveux. | أريد أن أقص شعري . |
| 38- Je vais me faire extraire une dent de sagesse. | سوف أقلع واحدة من أسنان العقل . |
| 39- Ce fromage n'est pas encore fait. | هذه الجبنة ليست مختمرة . |
| 40- Ses paroles ont fait leur effet. | لقد كان لكلامه تأثير واضح . |

NB : souvent ici il s'agit d'une traduction parmi bien d'autres.

## CONDITION

1- Elle a épousé un homme de condition modeste.  
لقد تزوجت من رجل بسيط الحال

2- Les conditions de notre vie ici sont insupportables.  
إن ظروف معيشتنا هنا لا تحتمل

3- Ton mari n'est pas en condition de courir le marathon.  
إن زوجك ليس في حالة تسمح له بالمشاركة في الماراثون

4- Pensez-vous que je remplis les conditions exigées pour cet emploi ?  
هل تعتقدون أن قدراتي تلائم هذه الوظيفة ؟

5- On peut réussir, à condition de se mettre tout de suite au travail.  
إن باستطاعتنا النجاح على شرط البدء فوراً في العمل

6- Les conditions ne sont pas favorables pour une telle initiative.  
إن الظروف غير ملائمة لمبادرة كهذه

Son : 6

## GRAND

1- Mes grand-parents se disputent tout le temps.  
جدي وجدتي لا يكفان عن التشاجر

2- Ton grand-père est un grand homme. Il est très âgé.  
إن جدك رجل عظيم وهو كبير السن

3- Notre premier ministre est grand de taille.  
رئيس وزرائنا طويل القامة

4- Il ne reste pas grand-chose dans le réfrigérateur.  
لم يكد يبقى شيء في الثلاجة

5- Ma fille fait ses études dans une grande-école.  
بنتي تدرس في مدرسة عليا

6- La porte de l'université est grand-ouverte.  
إن باب الجامعة مفتوح على مصراعيه

7- Le nom de Guadalquivir vient de l'arabe et signifie "Grand fleuve".  
اسم نهر «غوادلكيفير» أصله عربي وهو «الوادي الكبير»

Son : 7

## FIN

1- La fin ne justifie pas les moyens.  
الغاية لا تبرر الوسيلة

2- C'est très fin de sa part.  
إن هذا يدل على ذكائه / حنكته / دهائه / براعة تفكيره

3- C'est la fin du film.  
إنها نهاية الفيلم

4- Le nom du coupable ne se révèle qu'à la fin du livre.  
اسم المذنب لا ينكشف إلا في نهاية الكتاب

5- La réunion aura lieu fin mai.  
سنعقد الاجتماع في نهاية شهر مايو

6- Je viendrai vous voir en fin de semaine.  
سوف آتي لزيارتكم في نهاية الأسبوع / يوم الجمعة / في آخر الأسبوع

7- On dit qu'Hitler mit fin à ses jours en compagnie de sa maîtresse Eva Braun.  
يقال إن هتلر انتحر بصحبة عشيقته إيفا براون

8- La réunion prit fin à minuit.  
انتهى الاجتماع عند منتصف الليل

9- A cette fin, j'ai demandé rendez-vous avec le maire.  
من أجل هذا طلبت موعداً للقاء بالعمدة

10- A quelle fin font-ils cela ?  
لأية غاية يفعلون هذا ؟

11- Le roi a opposé une fin de non-recevoir aux demandes de l'opposition.  
لقد رفض الملك مطالب المعارضة رفضاً قاطعاً

12- Quel est le fin mot de cette affaire ?  
ما هي خلاصة هذه القضية ؟

13- Cette lettre est écrite sur un papier très fin.  
هذه الرسالة مكتوبة على ورق رقيق جداً

14- Toi, tu parles des vins français en fin connaisseur !  
إنك تتكلم عن خبرة عن النبيذ الفرنسي

15- Y a-t-il du sable fin sur cette plage ?  
هل هناك رمل ناعم على هذا الشاطئ ؟

Son : 8

| | |
|---|---|
| أقترح عليك أن نعمل معًا | Je te propose de travailler ensemble. |
| لا بد لنا من أن نعمل | Nous devons travailler. |
| قررت أن أرحل عن هذه البلاد | J'ai décidé de quitter ce pays. |
| سأحاول أن أتصل بكم قبل أن أسافر | J'essaierai de vous contacter avant de partir en voyage. |
| يجب أن ترجعوا بسرعة إلى البيت | Vous devez vite rentrer à la maison. |
| يجب أن تتصلوا بي قبل أن تخرجوا من الدار | Vous devez me contacter avant de sortir de la maison. |
| يجب أن تتصلي بي بعد أن تصلي إلى المكتب | Tu dois me contacter une fois arrivée au bureau. |
| سوف أحاول أن أتصل بك بعد أن أصل إلى المطار | J'essaierai de te contacter une fois arrivé à l'aéroport. |
| هل تستطيع أن تترجم لي هذه الجملة ؟ | Pourrais-tu me traduire cette phrase ? |
| من يستطيع أن يفهم هذه العبارة ؟ | Qui peut comprendre cette expression ? |
| لا أستطيع أن أعمل اليوم | Je ne peux pas travailler aujourd'hui. |
| لا أقدر على أن أقبل هذا الكلام | Je ne peux pas accepter ce propos. |
| من يقدر على أن يصبر على هذا الظلم ! | Qui peut supporter cette injustice ! |
| يجب عليك أن تتعلم العربية وأن تدرس التاريخ العربي | Tu dois apprendre l'arabe et étudier l'histoire. |
| لا أحب أن أقرأ الصحف اليومية ولا أن أستمع إلى الأخبار بالراديو | Je n'aime pas lire les quotidiens ni écouter les infos à la radio. |
| يجب أن تفكر في أن تعمل | Tu dois penser à travailler. |
| سوف يأتي عندنا بعد أن يصل إلى باريس | Il viendra chez nous quand il sera à Paris. |
| سوف يذهب إلى أمريكا بعد أن ينتهي من الامتحان | Il ira en Amérique quand il aura fini l'examen. |
| سوف أذهب إليه بعد أن ينتهي من الامتحان | J'irai le voir quand il aura fini l'examen. |
| سوف يسافر بعد أن أنتهي من تصليح السيارة | Il partira une fois que j'aurai fini de réparer la voiture. |
| يجب أن نصلح السيارة قبل أن تغيب الشمس | Nous devons réparer la voiture avant le coucher du soleil. |
| يجب أن ننتهي من العمل قبل أن يرجع جدنا | Nous devons finir le travail avant le retour de notre grand-père. |
| لا بد لنا من أن نقرأ كل هذه الكتب قبل أن يجيء موعد الامتحان | Nous devons lire tous ces livres avant que n'arrive l'heure de l'examen. |

| | |
|---|---|
| أقترح عليك العمل معاً | = |
| لا بد لنا من العمل | |
| قررت الرحيل عن هذه البلاد | |
| سأحاول الاتصال بكم قبل السفر | |
| يجب عليكم الرجوع بسرعة إلى البيت | |
| يجب عليكم الاتصال بي قبل الخروج من الدار | |
| يجب عليك الاتصال بي بعد الوصول إلى المكتب | |
| سوف أحاول الاتصال بك بعد الوصول إلى المطار | |
| هل تستطيع ترجمة هذه الجملة لي ؟ | |
| من يستطيع فهم هذه العبارة ؟ | |
| لا أستطيع العمل اليوم | |
| لا أقدر على قبول هذا الكلام | |
| من يقدر على الصبر على هذا الظلم ! | |
| يجب عليك تعلم العربية ودراسة التاريخ العربي | |
| لا أحب قراءة الصحف اليومية ولا الاستماع إلى الأخبار بالراديو | |
| يجب عليك التفكير في العمل | |
| سوف يأتي عندنا بعد الوصول إلى باريس | |
| سوف يذهب إلى أمريكا بعد الانتهاء من الامتحان | |
| سوف أذهب إليه بعد انتهائه من الامتحان | |
| سوف يسافر بعد انتهائي من تصليح السيارة | |
| يجب تصليح السيارة قبل غياب الشمس | |
| يجب الانتهاء من العمل قبل رجوع جدنا | |
| لا بد لنا من قراءة كل هذه الكتب قبل مجيء موعد الامتحان | |

**Corrigé de la page 117**

Traduire en arabe, en utilisant un *masdar* dans chaque phrase :

| | |
|---|---|
| 1. Je voudrais écrire un roman. | أريد كتابة رواية / أريد تأليف رواية |
| 2. J'irai travailler au Qatar. | سأذهب للعمل في قطر |
| 3. Il m'a proposé d'étudier ensemble. | اقترح علي الدراسة معاً |
| 4. Vous devez travailler ici. | عليكم العمل هنا |
| 5. Elle a décidé de quitter ce travail. | قررت ترك هذا العمل |
| 6. Il nous a contactés avant de partir en voyage. | اتصل بنا قبل السفر |
| 7. Tu dois vite rentrer à la maison. | عليك الرجوع بسرعة إلى البيت |
| 8. Vous devez nous contacter avant de sortir du travail. *Son : 15* | عليكم الاتصال بنا قبل الخروج من العمل |
| 9. Vous devez me contacter une fois arrivés à la maison. | عليكم الاتصال بي عند وصولكم إلى البيت |
| 10. Je te contacterai une fois sorti de l'école. | سأتصل بك عند خروجي من المدرسة |
| 11. Pourrais-tu me réparer ce téléphone ? | هل تستطيع تصليح تليفوني هذا ؟ |
| 12. Qui peut comprendre cette phrase ? | من يستطيع فهم هذه الجملة ؟ |
| 13. Je ne peux pas travailler avec vous. | لا أستطيع العمل معكم |
| 14. Je ne peux pas accepter ce projet. | لا أستطيع قبول هذا المشروع |
| 15. Qui peut supporter cette folie ! | من يستطيع الصبر على هذا الجنون ؟ |
| 16. Je dois apprendre le latin et étudier l'histoire. *Son : 16* | علي تعلم اللاتينية ودراسة التاريخ |
| 17. Nous devons penser à nous exprimer. | علينا التفكير في التعبير عن آرائنا |
| 18. Tu viendras chez nous quand tu seras à Paris ? | هل ستأتي إلينا عندما تكون في باريس ؟ |
| 19. Il ira en Amérique quand il sera guéri. | سيذهب إلى أمريكا بعد شفائه |
| 20. J'irai le voir quand je serai guéri. | سأذهب لرؤيته بعد شفائي |
| 21. Il t'écrira une fois qu'il aura fini son tarvail. | سيكتب لك بعد انتهائه من عمله |
| 22. Nous devons réparer la voiture avant de partir en voyage. | علينا تصليح السيارة قبل السفر |
| 23. Vous devez lire tous ces articles pour comprendre le problème. | عليك قراءة كل هذه المقالات من أجل فهم المشكلة |
| 24. Je dois continuer à étudier et à travailler. | علي الاستمرار في الدراسة والعمل |
| 25. Nous devons vivre deux ans aux Emirats. | علينا السكن سنتين في الإمارات |
| 26. Il nous est indispensable de réussir le BAC cette année. | لا بد لنا من النجاح في البكالوريا هذه السنة |
| 27. Je dois revenir à Dubaï avant septembre. | علي العودة إلى دبي قبل سبتمبر |
| 28. Nous devons quitter les Emirats avant 2016. | علينا مغادرة الإمارات قبل ٢٠١٦ |
| 29. Je voudrais réfléchir avant de choisir mes études supérieures. | أريد التفكير قبل اختيار مجال دراستي الجامعية |
| 30. J'aimerais pouvoir lire aussi bien l'arabe que le français. *Son : 17* | أود التمكن من القراءة بالعربية وبالفرنسية على السواء |

## Grammaire

1 - حواء هي ...... أكلت التفاحة . ○ الذي ● التي
2 - يا أولادي ماذا ...... من العلوم ؟ ○ تعرف ● تعرفون
3 - ...... نفرتيتي في متحف برلين . ● تمثال ○ قبر
4 - يبدو عليكم ...... من هذا العمر . ○ قليل ● أقل
5 - يا ...... أنا عبدك وأنت سيد البلاد ! ● مولاي ○ مولاتي
6 - سألته ...... إذا كان سيبقى هنا . ● عما ○ عن
7 - الناس لم يتوصلوا إلى السعادة ...... ● قبل ○ بعد
8 - لن أدرس ...... الفلسفة . ● سوى ○ سواء
9 - كل مجهول ...... معلوماً . ○ يوما ما ● سيصير
10 - أنا لن ...... دون حب المهنة . ● أعمل ○ عملت

11 - نسمع كثيراً ...... الخلفاء الأربعة . ○ من ● عن
12 - كانت الكمبيوترات في ...... غالية . ○ المستقبل ● الماضي
13 - من الأفضل لكم أن تلعنوا و...... أحياء . ○ أنت ● أنتم
14 - لا تثق بأحد ...... بنفسك . ● سوى ○ إلا
15 - المال شيء لا بد ...... . ● منه ○ منها
16 - من كان لك كله كان ...... كله . ○ منك ● عليك
17 - من أطاع غضبه ...... أدبه . ● أضاع ○ وجد
18 - من غضب من ...... رضي بلا شيء. ● شيء ○ لا شيء
19 - من ...... المرء أن يكون خصمه عاقلاً . ● تعاسة ○ سعادة
20 - من لم يصبر على كلمة سمع ...... . ● كلمات ○ كلاماً

Son : 18 / Son : 19

## Grammaire

1 - فرنسا هي ...... دولة في أوربا الغربية . ● أكبر ○ أصغر ● أجمل
2 - فرنسا ...... من ألمانيا . ● أكبر ○ أصغر ○ أوسع
3 - الأراضي التركية في أوربا ...... من أراضي لوكسمبورج . ● أكبر ○ أقل ○ أوسع
4 - المملكة المتحدة ...... من إيطاليا . ○ أكبر ● أصغر ○ أكثر سكاناً
5 - ...... هي أكبر بلد في القارة الأوربية . ○ روسيا ○ أوكرانيا ● فرنسا
6 - أكبر البلدان الأسكندنافية هي ...... ○ السويد ○ فنلندا ● النرويج
7 - الدولة الأوربية الأقرب إلى القطب الشمالي هي ...... ○ النرويج ○ فنلندا ● روسيا
8 - أقدم نظام ملكي في أوربا هو النظام ...... ○ البلجيكي ● البريطاني ○ الإسباني
9 - أقوى الدول الأوربية بكرة القدم في ٢٠١٠ هي ...... ○ إيطاليا ○ ألمانيا ● إسبانيا
10 - أكثر بلد أوربي يمارس الاستفتاء الشعبي هو ...... ○ النمسا ● سويسرا ○ ألمانيا

Son : 20

## Culture générale

1 - تقول المانوية إن هناك إلهاً للخير وإلهاً ...... ○ للجمال ● للحب ○ للشر ○ للموت
2 - ثالث أكبر ديانة انتشاراً اليوم هي ...... ○ الإسلام ○ البوذية ○ اليهودية ● الهندوسية
3 - الكونفشيوسية انتشرت منذ أكثر من ألفين وخمسمائة سنة في ...... ○ اليابان ● الصين ○ فيتنام ○ الهند
4 - الزردشتية تعتبر ...... والشمس رمزاً للحكمة . ○ القمر ● الماء ○ النار ○ النور
5 - الديانة السيخية أخذت أصولها من الهندوسية و...... ● الإسلام ○ المسيحية ○ اليهودية ○ البوذية

Son : 21

## Corrigé de la page 119

Louis-XIV est le plus célèbre des rois de France.

١- لويس الرابع عشر هو أشهر ملوك فرنسا :

Alexandre de Macédoine est le plus célèbre parmi les empereurs antiques.

٢- الإسكندر المقدوني هو أشهر الأباطرة القدماء :

La ville de Damas est plus ancienne que celle de Bagdad.

٣- مدينة دمشق أقدم من مدينة بغداد :

La ville du Caire est plus grande que celle d'Alexandrie.

٤- مدينة القاهرة أكبر من مدينة الإسكندرية :

Le mandat présidentiel aux USA est plus court qu'en France.

٥- مدة الرئاسة في أمريكا أقصر مما هي عليه في فرنسا :

Le nombre des Américains est plus élevé que celui des Russes.

٦- عدد الأمريكان أكبر من عدد الروس :

Le niveau de vie en Suisse est le plus élevé en Europe.

٧- المستوى المعيشي في سويسرا أعلى مستوى في أوربا :

La vie est plus chère à Vienne qu'à Paris.

٨- الحياة في فيينا أغلى مما هي عليه في باريس :

Le soleil est plus grand et plus loin que la lune.

٩- الشمس أكبر من القمر وأبعد منه :

La terre est plus grande que Mars et plus proche du soleil.

١٠- الأرض أكبر من المريخ وأقرب منه إلى الشمس :

---

11- Il n'y a rien de plus beau qu'un verre d'eau. : لا شيء أحسن من كأس ماء

12- Rien n'est plus facile qu'un examen d'arabe. : لا شيء أسهل من امتحان العربية

13- La ville de Paris est la plus grande. : مدينة باريس هي الأكبر

14- L'Egypte est le pays arabe le plus peuplé. : مصر هي البلد العربي الأكثر سكاناً

15- Le Caire est la plus grande ville arabe. : القاهرة هي أكبر مدينة عربية

16- Qui parmi vous est le plus grand ? : من منكم هو الأكبر ؟

17- Quelle langue est la plus facile ? : ما هي اللغة الأسهل ؟

18- Quel problème est le plus grave ? : ما هي المشكلة الأكبر ؟

19- Quel est le plus gros problème ? : ما هي أكبر مشكلة ؟

20- Quel est votre plus beau souvenir ? : ما هي أحلى ذكرياتكم ؟

Son : 23

---

1- Je suis plus grande qu'elle. : أنا أكبر منها

2- Tu es plus riche que moi. : أنت أغنى / أثرى مني

3- Nous sommes plus pauvres qu'eux. : نحن أفقر منهم

4- Il est plus pauvre que moi, mais plus heureux. : هو أفقر مني ولكن أسعد

5- C'est la ville de Paris qui est la plus belle. : باريس هي المدينة الأجمل

6- C'est lui le plus stupide. : هو الأغبى

7- C'est vous les plus chanceux. : أنتم الأسعد حظاً

8- C'est nous les plus malchanceux. : نحن الأسوأ حظاً

9- Il est grand, voire le plus grand. : هو طويل بل هو الأطول

10- Elle est intelligente, et je dirais même la plus intelligente. : هي ذكية بل الأذكى

Son : 22

---

(...) وأنا عارف بخطورة ما أنا مقدم عليه . أما هؤلاء الذين أتهمهم فأنا لا أعرفهم ، لم ألتق بهم أبداً ، وليس لي حقد عليهم ولا كره لهم ، إنهم مجرد كيانات وأرواح شريرة ضارة بالمجتمع ، والخطوة التي أقوم بها هنا ليست إلا خطوة ثورية للإسراع في بزوغ الحقيقة والعدالة . لا أعشق إلا النور باسم الإنسانية التي طالما عانت والتي تستحق السعادة .

إن احتجاجي المتفجر ليس إلا صرخة من سلاحي ، فليجرؤوا على تقديمي إلى محاكمتي وليكن التحقيق في وضح النهار ، إني في الانتظار .

وتفضل يا سيادة الرئيس بقبول كل احترامي وتقديري

إيميل زولا : إني أتهم - جريدة الأورور - ١٣ يناير ١٨٩٨

Son : 24

(...) Et c'est volontairement que je m'expose.
Quant aux gens que j'accuse, je ne les connais pas, je ne les ai jamais vus, je n'ai contre eux ni rancune ni haine. Ils ne sont pour moi que des entités, des esprits de malfaisance sociale. Et l'acte que j'accomplis ici n'est qu'un moyen révolutionnaire pour hâter l'explosion de la vérité et de la justice. Je n'ai qu'une passion, celle de la lumière, au nom de l'humanité qui a tant souffert et qui a droit au bonheur.
Ma protestation enflammée n'est que le cri de mon arme.
Qu'on ose donc me traduire en cour d'assises et que l'enquête ait lieu au grand jour ! J'attends.
Veuillez agréer, monsieur le Président, l'assurance de mon profond respect.
Emile Zola, J'accuse, *l'Aurore*, 13 janvier 1898. Dernières lignes.

## Corrigé de la page 120

٦- عزيزة لها بيت وزوج وأطفال، مثلي تماماً :
Aziza a un foyer, un mari et des enfants, tout comme moi.

١- ركبت السيارة وأنا أفكر في ما سأقوله لهم عن سبب تأخري :
Je suis monté dans la voiture en réfléchissant à ce que je pourrais leur dire à propos de mon retard.

٧- لم أفهم المشكلة إلا بعد أن حدثت الكارثة :
Je ne m'en suis rendu compte qu'après la catastrophe.

٢- قلت هذا للسائق وأنا أرى عزيزة تنزل من السيارة :
J'ai dit cela au chauffeur alors que je voyais Aziza descendre de la voiture.

٨- لم أتدارك الموقف إلا بعد فوات الأوان :
Je n'ai réagi que trop tard.

٣- حاول أن يتكلم لتوضيح المشكلة ولكنه لم يستطع :
Il a essayé de parler pour expliquer le problème, mais il n'en a pas été capable.

٩- شعرها يبدو أكثر نعومة من شعري :
Ses cheveux paraissent plus doux que les miens.

٤- حاولت أن أتحرك لإيقاف السيارة ولكنني لم أستطع :
J'ai essayé de bouger pour arrêter la voiture, mais je n'ai pas pu le faire.

١٠- قامتها تبدو أطول من قامتي قليلاً :
Elle paraît légèrement plus grande que moi.

٥- تضاءل صوتي حتى أصبح شبيهاً بالوشوشة :
Ma voix diminuait jusqu'à ressembler à un chuchottement.

---

1- C'est ma maison, pas la sienne.
إنها داري لا داره / إنها داري لا دارها

2- J'ai essayé de parler, mais je n'ai pas pu.
حاولت أن أتكلم ولكنني لم أستطع

3- Chacun est descendu devant sa maison.
كل واحد نزل عند داره

4- Il était sûr que j'étais Aziza.
كان متأكداً من أنني عزيزة

5- Elle n'a pas protesté.
لم تحتج / لم تعترض

6- Je n'ai compris la situation que trop tard.
لم أفهم الوضعية إلا بعد فوات الأوان

7- Nous sommes arrivés trop tard.
لقد وصلنا بعد فوات الأوان

8- Comme moi, il est très pauvre.
هو فقير جداً مثلي

9- Comme lui, j'ai beaucoup de problèmes.
لدي مشاكل كثيرة مثله

10- Même sa maison ressemble à la mienne.
حتى داره تشبه داري

Son : 25

11- Nous sommes sûrement différents.
إننا بالتأكيد نختلف عن بعضنا البعض

12- Je vis à côté de voisins qui ne me ressemblent pas.
إنني أسكن إلى جانب جيران لا يشبهونني

13- Elle a épousé un homme qui ne lui ressemble pas.
لقد تزوجت من رجل لا يشبهها

14- J'ai essayé de crier.
حاولت أن أصرخ

15- Il est fatigué et veut dormir tranquillement.
إنه تعب وهو يريد أن ينام في هدوء

16- Elle est malade et veut se reposer.
إنها مريضة وهي تريد أن تستريح

17- Quand elle est revenue, elle a demandé à manger.
عندما عادت طلبت الطعام

18- Les parents ont mangé, ainsi que leurs enfants.
لقد أكل الوالدان وأطفالهما كذلك

19- Je suis resté tout seul à ranger la maison.
بقيت وحدي أرتب الدار

20- A peine l'ai-je regardé qu'il s'est mis à rire.
ما إن نظرت إليه حتى صار يضحك

Son : 26

---

A dix heures, les enfants s'abandonnèrent à leur sommeil. Je suis resté tout seul pour remettre de l'ordre dans les lieux et préparer mes vêtements du lendemain. J'attendais le retour de la mère. J'ai regardé la télévision. Je baillais. La chambre à coucher m'appelait avec insistance. A peine me suis-je levé que j'ai entendu la porte s'ouvrir annonçant le retour de la mère. Elle a demandé si les enfants étaient couchés. Elle a mangé puis s'est mise devant la télévision. Elle baillait longuement puis s'est endormie. Et moi, je suis resté à regarder dans le vide.

استسلم الأولاد للنوم في العاشرة وبقيت وحدي أرتب ما هو حولي وأجهز ملابسي للغد . كنت أنتظر عودة الأم . تفرجت على التلفزيون وأنا أتثاءب . وكانت غرفة النوم تناديني بإصرار وما إن نهضت حتى سمعت الباب ينفتح ويعلن عودة الأم . سألت إن كان الأطفال قد رقدوا وتناولت الطعام ثم جلست إزاء التلفزيون وكانت تتثاءب طويلاً ثم غفت وبقيت أنا أنظر في الفراغ .

Son : 27

## Corrigé de la page 121

| | | | | | | | |
|---|---|---|---|---|---|---|---|
| تنزهنا ○ | نتنزه ● | ١١ - سوف ............... في البارك . | | أتعلم ● | أتنزه ○ | ١ - أريد أن ............... العربية . |
| تمرنت ○ | أتمرن ● | ١٢ - يجب أن ............... للمباراة . | | تذكري ○ | تتنزهي ● | ٢ - هل تريدين أن ............... في المدينة ؟ |
| تذكرت ○ | أتذكر ● | ١٣ - لا أستطيع أن ............... . | | تتقدمون ○ | تتذكرون ● | ٣ - هل ............... الطفولة ؟ |
| تذكرت ● | أتذكر ○ | ١٤ - لقد ............... كل شيء . | | يتسلم ○ | يتقدم ● | ٤ - هل ............... أولادك في الدراسة ؟ |
| تدمرت ● | تدمر ○ | ١٥ - لقد ............... النيبال بالزلزال . | | تتنزهون ● | تتندمون ○ | ٥ - أين ............... عادة ؟ |
| تهدمت ● | تهدم ○ | ١٦ - لقد ............... الدار بسبب القصف . | | تتندم ● | تتكسر ○ | ٦ - هل ............... على شيء ؟ |
| تندمت ○ | تتندم ● | ١٧ - قد ............... على هذا القرار . | | تتبرعين ● | تتندمين ○ | ٧ - هل ............... بشيء للضحايا ؟ |
| تطورت ○ | تطور ● | ١٨ - قد ............... إفريقيا ذات يوم . | | تقدمتم ○ | تسلمتم ● | ٨ - هل ............... الرسالة ؟ |
| تعودت ○ | تعود ● | ١٩ - يجب أن ............... على العمل ! | | تتفرغ ● | تتنزه ○ | ٩ - متى ............... للدراسة ؟ |
| تحررنا ○ | نتحرر ● | ٢٠ - لا بد أن ............... . | | تتكسر ○ | تتردد ● | ١٠ - أنت دائماً ............... ، لماذا ؟ |

**Son : 29** — **Son : 28**

---

1. Salima, où apprends-tu l'arabe ?
   ١ - أين تتعلمين العربية يا سليمة ؟ (تعلم يتعلم)

2. Qui veut apprendre l'arabe par l'Internet ?
   ٢ - من يريد أن يتعلم العربية بالإنترنت ؟ (تعلم يتعلم)

3. Quand apprenez-vous l'arabe, mes enfants ?
   ٣ - متى تتعلمون العربية يا أولادي ؟ (تعلم يتعلم)

4. Salima, as-tu reçu la lettre ?
   ٤ - هل تسلمت الرسالة يا سليمة ؟ (تسلم يتسلم)

5. Je pense que vous avez beaucoup progressé depuis un an.
   ٥ - أظن أنكم تقدمتم كثيراً منذ سنة (تقدم يتقدم)

6. Je vais me promener une heure, puis je réfléchirai au problème.
   ٦ - سوف أتنزه ساعة ثم أفكر في المشكلة (تنزه يتنزه)

7. Cette assiette est solide : elle est incassable.
   ٧ - هذا الإناء قوي لا يتكسر (تكسر يتكسر)

8. Ces voitures sont solides : elles ne tombent pas en panne.
   ٨ - هذه السيارات قوية لا تتعطل (تعطل يتعطل)

9. Je vous demande de ne pas hésiter dans le match d'aujourd'hui.
   ٩ - أريد منكم ألا تترددوا في مباراة اليوم (تردد يتردد)

10. Cette ville s'est beaucoup développée depuis vingt ans.
    ١٠ - لقد تطورت هذه المدينة كثيراً منذ عشرين سنة (تطور يتطور)

11. Pourquoi ces pays ne se développent-ils pas ?
    ١١ - لماذا لا تتطور هذه البلدان ؟ (تطور يتطور)

12. Notre maison comprend cinq chambres.
    ١٢ - تتكون دارنا من خمس غرف (تكون يتكون)

13. Ma fille, quand vas-tu te consacrer aux études ?
    ١٣ - متى تتفرغين للدراسة يا بنتي ؟ (تفرغ يتفرغ)

14. Je vais faire un don de mille dinars au Croissant Rouge.
    ١٤ - سوف أتبرع بألف دينار للهلال الأحمر (تبرع يتبرع)

15. Pourquoi ne donnes-tu rien pour soutenir ce projet ?
    ١٥ - لم لم تتبرع بشيء لمساندة هذا المشروع ؟ (تبرع يتبرع)

16. Je pense qu'ils ne vont pas hésiter.
    ١٦ - أظن أنهم لن يترددوا (تردد يتردد)

**Son : 30**

## Corrigé de la page 122

**EXERCICE : vocabulaire**

١- أريد أن أشرب عصير تفاح من فضلك !

٢- اجلس قليلاً وتكلم عن حياتك وعملك !

٣- غير معقول / ممكن / مقبول ... أن لا تفهم العربية !

٤- جارتنا تعيش وحدها بلا أولادها .

٥- أهلي يزورونني كل أسبوع .

٦- أظن أنه لا يخرج من الدار أبداً .

٧- كيف حال أولادك ؟

٨- كان يجب أن يكون لك زوج .

٩- لا أخرج إلا في الصباح .

١٠- أما زلت تسكن في هذا الحي ؟

Son : 31

**EXERCICE : syntaxe**

١- أما زلتم تدرسون العربية ؟

٢- لا أسافر إلا بين حين وحين .

٣- أتمنى ألا تكونوا وحدكم .

٤- يعيش وحيداً مع أولاده الصغار .

٥- يخيل إلي أنها لا تأكل إلا القليل .

Son : 32

## Corrigé de la page 124

**EXERCICE : vocabulaire**

١- سألنا والدنا عما إذا كنا نقبل .

٢- سألت والدتي عما إذا كانت ستسافر .

٣- أريد هذه الساعة / الدار / السيارة ... الأخرى .

٤- البلد لم يتوصل إلى الديمقراطية بعد .

٥- الأولاد لم يتوصلوا إلى النضوج بعد .

٦- نحن لم نتوصل إلى الاستقلال بعد .

٧- لن آكل اليوم إلا الخبز .

٨- لن أدرس في الجامعة سوى الفلسفة / اللغات / التاريخ .

٩- إن كل قليل سيصير يوماً ما كثيراً .

١٠- إن كل بعيد سيصير يوماً ما قريباً .

Son : 33

**EXERCICE : syntaxe**

١- كل رخيص سيصير يوماً غالياً .

٢- لن أسافر سوى إلى الشرق .

٣- أنا لم أتوصل بعد إلى الشفاء .

٤- سألت الجيران عما إذا كانوا سيسافرون .

٥- لم يتوصل الشعب بعد إلى الحرية .

Son : 34

## Corrigé de la page 126

**EXERCICE : vocabulaire**

١- لا أعرف لماذا بعث في طلبنا .

٢- الأولاد لا يحبون ما تطبخه من طعام .

٣- لا أحد يستطيع أن يقضي على هذه المشكلة .

٤- لقد تقدمت به السن .

٥- امضوا في طريقكم !

٦- الناس يطالبونكم بالحرية / بالعدل / بالإنصاف ...

٧- إنه يستطيع أن يتكلم معهم .

٨- الشعب يؤمن بأنك شريف .

٩- إني مؤمنة بأن الجيران أشراف / أوفياء / مخلصون .

١٠- الأولاد يحبون ما تحكيه من حكايات .

Son : 35

**EXERCICE : syntaxe**

١- لا نعرف لماذا سألوا عنا .

٢- الناس لا يحبون تفكيره الغريب .

٣- لا أستطيع أن أقضي على هذا المرض .

٤- لقد تقدمت بها السن كثيراً .

٥- الناس يطالبون الطبيب بإنقاذ المرضى الفقراء .

Son : 36

# Corrigé de la page 136

| | |
|---|---|
| وزير الزراعة الحالي في فرنسا هو ............... . | وزير الزراعة الحالي في فرنسا هو ............... . |
| وزير الدفاع الحالي في أمريكا هو ............... . | وزير الدفاع الحالي في أمريكا هو ............... . |
| وزير الخارجية الحالي في إيطاليا هو ............... . | وزير الخارجية الحالي في إيطاليا هو ............... . |
| وزير الداخلية الحالي في فرنسا هو ............... . | وزير الداخلية الحالي في فرنسا هو ............... . ثمرة |
| ثمرة النخلة هي التمرة . | النخلة هي ............... . |
| ثمرة شجرة البرتقال هي البرتقالة . | ثمرة شجرة البرتقال هي ............... . |
| تذبل أوراق الشجر / أوراق الأشجار في فصل الخريف . | تذبل ............... الأشجار في فصل الخريف . |
| أوراق شجرة الزيزفون / اليوكالبتوس ... تستعمل كدواء . | أوراق شجرة ............... تستعمل كدواء . |
| النظام الحالي في فرنسا برلماني / ديمقراطي ... . | النظام الحالي في فرنسا ............... . |
| النظام الحالي في روسيا برلماني ... . | النظام الحالي في روسيا ............... . |
| النظام الحالي في الصين هو نظام الحزب الواحد وهو نظام برلماني أيضاً . | النظام الحالي في الصين ............... . |
| النظام الحالي في اليابان برلماني / ديمقراطي ... . | النظام الحالي في اليابان ............... . |
| ما هو سبب استقالة نيكسون سنة ١٩٧٤ ؟ | ما هو سبب ............... نيكسون سنة ١٩٧٤ ؟ |
| النظام الحالي في آيرلندا الجنوبية هو جمهوري . | النظام الحالي في آيرلندا الجنوبية هو ............... . |
| لا يحق للقاصرين التصويت في الانتخابات . | لا يحق للقاصرين ............... في الانتخابات . |
| قامت الثورة الفرنسية عام ١٧٨٩ . | قامت ............... الفرنسية عام ١٧٨٩ . |
| هناك الكثير من أشجار النخيل في العراق . | هناك الكثير من أشجار ............... في العراق . |
| قرر الرئيس تعليق الدستور وإجراء انتخابات جديدة مسبقة . | قرر الرئيس ............... الدستور وإجراء ............... جديدة مسبقة . |
| نبات عباد الشمس يدور كما تدور الشمس . | نبات ............... يدور كما تدور الشمس . |
| مناجم الماس كانت كثيرة في جنوب إفريقيا . | مناجم ............... كانت كثيرة في جنوب إفريقيا . |
| بنيتو موسوليني هو الذي أسس الفاشية في إيطاليا . | بنيتو موسوليني هو الذي أسس ............... في إيطاليا . |
| كانت الملكية في بريطانيا مطلقة ثم أصبحت دستورية . | كانت الملكية في بريطانيا ............... ثم أصبحت ............... . |
| النخلة تعطي التمر . | ............... تعطي التمر . |
| المرجان يوجد في البحر . | ............... يوجد في البحر . |
| وزارة الخارجية تهتم بالعلاقات مع الدول الأخرى . | وزارة ............... تهتم بالعلاقات مع الدول الأخرى . |
| وزارة الداخلية تهتم بالجرائم داخل البلاد . | وزارة ............... تهتم بالجرائم داخل البلاد . |
| وزارة العدل تهتم بتطبيق القوانين . | وزارة ............... تهتم بتطبيق القوانين . |
| وزارة الزراعة بسلامة الأغذية . | وزارة ............... بسلامة الأغذية . |
| وزارة الدفاع تهتم بشؤون الجيش . | وزارة ............... تهتم بشؤون الجيش . |

Son : 1

وزير الزراعة الحالي في فرنسا هو ............... .
وزير الدفاع الحالي في أمريكا هو ............... .
وزير الخارجية الحالي في إيطاليا هو ............... .
وزير الداخلية الحالي في فرنسا هو ............... .
ثمرة النخلة هي التمرة .
ثمرة شجرة البرتقال هي البرتقالة .
تذبل أوراق الشجر / أوراق الأشجار في فصل الخريف .
أوراق شجرة الزيزفون / اليوكالبتوس ... تستعمل كدواء .
النظام الحالي في فرنسا برلماني / ديمقراطي ... .
النظام الحالي في روسيا برلماني ... .
النظام الحالي في الصين هو نظام الحزب الواحد وهو نظام برلماني أيضاً .
النظام الحالي في اليابان برلماني / ديمقراطي ... .
ما هو سبب استقالة نيكسون سنة ١٩٧٤ ؟
النظام الحالي في آيرلندا الجنوبية هو جمهوري .
لا يحق للقاصرين التصويت في الانتخابات .
قامت الثورة الفرنسية عام ١٧٨٩ .
هناك الكثير من أشجار النخيل في العراق .
قرر الرئيس تعليق الدستور وإجراء انتخابات جديدة مسبقة .
نبات عباد الشمس يدور كما تدور الشمس .
مناجم الماس كانت كثيرة في جنوب إفريقيا .
بنيتو موسوليني هو الذي أسس الفاشية في إيطاليا .
كانت الملكية في بريطانيا مطلقة ثم أصبحت دستورية .
النخلة تعطي التمر .
المرجان يوجد في البحر .
وزارة الخارجية تهتم بالعلاقات مع الدول الأخرى .
وزارة الداخلية تهتم بالجرائم داخل البلاد .
وزارة العدل تهتم بتطبيق القوانين .
وزارة الزراعة بسلامة الأغذية .
وزارة الدفاع تهتم بشؤون الجيش .

**Corrigé de la page 144**

NB : souvent ici il s'agit d'une traduction parmi bien d'autres.

**BON**

1- Je cherche un bon médecin. — إني أبحث عن طبيب ممتاز .
2- Tu es bon pour le service militaire. — إنك صالح للخدمة العسكرية .
3- Ces pommes sont bonnes à jeter. — هذه التفاحات لا تصلح إلا للمزبلة .
4- Ton ami est un bon à rien. — صديقك لا خير فيه .
5- A quoi bon continuer à discuter ? — ما الفائدة من النقاش ؟
6- Il faut ranger les livres à la bonne place. — يجب ترتيب الكتب كل كتاب في مكانه .
7- Il est parti pour de bon. — لقد رحل بلا عودةٍ .
8- Il faut une bonne fois pour toutes arriver à l'heure. — من الآن فصاعداً لا بد من احترام المواعيد .
9- Il lui a donné une bonne gifle. — لقد صفعه صفعة لن ينساها .
10- Il faut tenir bon. — لا بد من الصمود والثبات .
11- Il fait bon vivre à la campagne. — ما أجمل الحياة في الريف !
12- Il y a du bon et du mauvais dans ce livre. — في هذا الكتاب ما هو جيد وما هو ضعيف .
13- Cette solution a aussi du bon. — لهذا الحل بعض الجوانب المفيدة .
14- J'ai perdu le bon de livraison. — لقد أضعت ورقة التسليم .
15- Vous avez bon coeur. — إنك طيب القلب .
16- Soyez bons avec les animaux. — كونوا رحماء بالحيوانات .
17- Pour réussir ses études, il faut avoir de bonnes lectures. — النجاح في الدراسة يتطلب قراءة الكتب الجيدة .
18- Es-tu sûr d'être assis à la bonne place ? — هل أنت متأكد أنك جالس في المكان الصحيح ؟
19- J'ai une bonne histoire à vous raconter. — سأقص عليكم قصة ظريفة !
20- Nous sommes sur la bonne voie. — إننا سائرون على الطريق الصحيح .

**BIEN**

1- Cet homme danse bien. — هذا الرجل راقص ماهر .
2- Tu as bien fait de rester. — لقد أحسنت بالبقاء .
3- Tes enfants ne se conduisent pas bien. — أولادك يسيؤون التصرف .
4- Il a bien pris mes critiques. — لقد تقبل انتقاداتي بروح إيجابية .
5- C'est bien fait. — خير ما حصل .
6- Bien fait pour lui : il le méritait ! — إنه يستحق ما حصل له .
7- J'aime boire le thé bien chaud. — إني أحب شرب الشاي حاراً .
8- C'est bien étonnant ! — هذا مدهش حقاً .
9- Bien souvent, je pense à l'avenir. — إني غالباً ما أفكر بالمستقبل .
10- Il ne déteste pas l'effort, bien au contraire. — إنه لا يبخل بالجهد بل العكس .
11- Mon fils me donne bien du souci. — إن ابني يقلقني كثيراً .
12- Il y a bien une heure qu'il est parti. — لقد مضى منذ ساعة على الأقل .
13- Es-tu bien dans cette chemise ? — هل أنت مرتاح من هذا القميص ؟
14- Cette maison a l'air bien. — تبدو هذه الدار مناسبة .
15- J'accepte, bien que rien ne m'y oblige. — إني موافق رغم أن لا شيءٍ يرغمني على ذلك .
16- Ils m'ont dit beaucoup de bien de toi. — لقد قالوا لي خيراً كثيرا عنك .
17- La liberté est le bien le plus précieux. — إن الحرية هي أثمن شيء في الحياة .
18- J'ai perdu tous mes biens. — لقد فقدت كل مالي .
19- Je voudrais laisser un bien à mes héritiers. — بودي ترك إرث لورثتي .
20- Eh bien ! C'est d'accord ! — إذن اتفقنا !

277

**Corrigé de la page 145** — Manuel d'arabe en ligne Tome III — Les bases de l'arabe en 50 semaines — © G. Al-Hakkak 2013

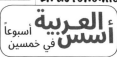

NB : souvent ici il s'agit d'une traduction parmi bien d'autres.

## LETTRE

1- Nous devons écrire une lettre au ministre de l'Education.
يجب أن نكتب رسالة إلى وزير التربية والتعليم .

2- Pourquoi prends-tu tout à la lettre ?
لماذا تصدق كل شيء بالحرف الواحد ؟

3- Il y a vingt-huit lettres dans l'alphabet arabe.
هناك ثمانية وعشرون حرفاً في الأبجدية العربية .

4- Cette décision-là est restée lettre morte.
لقد ظل هذا القرار حبراً على ورق .

5- Il ne faut pas prendre ce que je dis au pied de la lettre.
لا تطبقوا / تفهموا كلامي حرفياً / ... بالحرف الواحد !

6- Je préfère les belles lettres à la littérature religieuse.
إنني أفضل الكتابات الأدبية على الكتابات الدينية .

7- Le nouvel ambassadeur prépare ses lettres de créance.
إن السفير الجديد يعد أوراق اعتماده .

8- Mon fils fait des études de lettres à l'université.
إن ابني يدرس الأدب / الآداب في الجامعة .

*Son : 6*

## NOUVELLE

1- Nous avons une nouvelle directrice.
لدينا مديرة جديدة .

2- Nous avons appris la nouvelle du putch par la radio.
لقد علمنا بخبر الانقلاب من الراديو .

3- Je n'ai plus de nouvelles de mes anciens voisins.
لا خبر عندي عن جيراننا السابقين .

4- Aux dernières nouvelles, le fugitif a été aperçu dans la capitale.
لقد شوهد الهارب / الفار في العاصمة حسبما قيل مؤخراً .

5- Pas de nouvelles, bonne nouvelle.
انعدام الأخبار عن الغائب دليل على أنه بخير .

6- Je cherche un recueil de nouvelles de Naguib Mahfouz.
إنني أبحث عن مجموعة قصصية لنجيب محفوظ .

7- Un évangéliste se donne pour mission de répandre la "Bonne Nouvelle".
المبشرون يسعون إلى نشر البشرى .

*Son : 7*

## PLACE

1- Il n'y a plus de place dans cet avion.
لم يعد هناك مكان في هذه الطائرة .

2- Je voudrais réserver une place côté fenêtre.
أود حجز مقعد قرب النافذة .

3- Nous avions rendez-vous Place de la République.
لقد كنا على موعد / تواعدنا ... في ساحة الجمهورية .

4- Pourrais-tu conduire à ma place ?
هل يمكن لك أن تقود السيارة بدلاً عني ؟

5- Il nous faut davantage de place.
إننا بحاجة إلى مكان أكبر .

6- Excusez-moi ! Cette place est la mienne ! Voici mon billet !
سامحوني ! هذا المقعد مقعدي وهذه بطاقتي !

7- Rien n'a changé ici : tout est à sa place.
لم يتغير شيء هنا وكل شيء في محله .

8- Qui va à la chasse, perd sa place.
من غاب خاب .

9- Mettez-vous à ma place : je n'avais pas le choix.
افهموني فلم يكن لي خيار آخر .

10- Tu vas occuper une bonne place dans notre entreprise.
سوف تشغل وظيفة جيدة في شركتنا .

11- Au marathon, j'ai occupé la dernière place.
لقد كنت الأخير في سباق الماراثون .

12- Il faut lui parler franchement et le remettre à sa place.
يجب مصارحته وتذكيره بواقع حاله .

*Son : 8*

| | |
|---|---|
| 1. Il est né au XI<sup>ème</sup> siècle. | ولد في القرن العشرين |
| 2. Il est mort au XIX<sup>ème</sup> siècle. | مات في القرن التاسع عشر |
| 3. Nous sommes au XXI<sup>ème</sup> siècle. | نحن في القرن الواحد والعشرين |
| 4. Il a vécu à l'époque de Louis XIV. | عاش في عصر لويس الرابع عشر |
| 5. C'est Ravaillac qui a tué Henri IV. *(Son : 9)* | رافاياك هو الذي قتل هنري الرابع |
| 6. L'actuel roi du Maroc est Mohamed VI. | ملك المغرب الحالي هو محمد السادس |
| 7. Elisabeth II est la fille de George VI. | أليزابيث الثانية هي بنت جورج السادس |
| 8. La Première Guerre mondiale. | الحرب العالمية الأولى |
| 9. La Révolution française eut lieu au XVIII<sup>ème</sup> siècle. | الثورة الفرنسية حدثت في القرن الثامن عشر |
| 10. Obama est le 44<sup>ème</sup> président des USA. | أوباما هو الرئيس الرابع والأربعون للولايات المتحدة الأمريكية |
| 11. Il est onze heures. *(Son : 10)* | الساعة الآن هي الحادية عشرة |
| 12. J'ai cinquante-six romans arabes. | عندي ست وخمسون رواية عربية |
| 13. J'ai dix-sept dirhams. | عندي سبعة عشر درهما |
| 14. Il y a au moins quarante-sept femmes dans cette usine. | هناك على الأقل سبع وأربعون امرأة في هذا المصنع |
| 15. Il y a soixante-quinze hommes dans cette mine. | هناك خمسة وسبعون رجلاً في هذا المنجم |
| 16. Dans cette caravane il y a dix-huit voitures. *(Son : 11)* | في هذه القافلة ثماني عشرة سيارة |
| 17. Il a trente-six ans. | عمره ست وثلاثون سنة |
| 18. Il est mort à quatre-vingt-trois ans. | مات في الثالثة والثمانين من عمره |
| 19. Elle est morte centenaire. | ماتت وعمرها مائة سنة |
| 20. Il est en cinquième. | هو في السنة الخامسة |
| 21. Je suis en première année de licence. *(Son : 12)* | أنا في السنة الأولى من الليسانس |
| 22. Au marathon, j'ai été le dernier. | كنت الأخير في الماراثون |
| 23. J'ai mille trois-cents timbres arabes. | عندي ثلاثمائة طابع عربي |
| 24. J'ai sept-cent-trois livres arabes. | عندي سبعمائة وثلاثة كتب عربية |
| 25. J'ai acheté cent-cinq romans arabes. | اشتريت مائة وخمس روايات عربية |
| 26. Il est en dernière année. *(Son : 13)* | هو في السنة الأخيرة |
| 27. Les premiers problèmes ont commencé dès la première année. | بدأت المشاكل الأولى منذ السنة الأولى |
| 28. Le premier à l'avoir vu était son voisin. | جاره هو أول من رآه |
| 29. C'est son frère qui lui a parlé en dernier. | أخوه هو آخر من كلمه |
| 30. Celle-ci est la dernière phrase.. *(Son : 14)* | هذه هي الجملة الأخيرة |

# Corrigé de la page 150

## Son : 15

1 - هؤلاء الأولاد كم ............ ؟  ● عددهم  ○ عددها
2 - هل تحس بالوجع ............ شهر ؟  ● قبل  ○ منذ
3 - رحل جدي ............ ذلك بكثير .  ● قبل  ○ منذ
4 - الدكان الجديد هو ............ يفتح كل يوم .  ● الذي  ○ التي
5 - حدث ذلك ليلة عرس ............ ابن عمي .  ● نور  ○ نور الدين
6 - لـم ............ لي الوقت للعمل .  ○ اتسع  ● يتسع
7 - لو عرفناه ............ كان مجهولاً .  ○ ما  ● لـما
8 - النجاح ............ على الإرادة .  ● يتوقف  ○ تتوقف
9 - لكنه ............ صغيراً .  ● لا يزال  ○ لا زال
10 - أنتم ............ كلامه .  ○ يقدرون  ● تقدرون

## Son : 16

11 - هو رجل ............ الموسيقى .  ● حرفته  ○ حرفتها
12 - إنه ............ الكلام مع الناس .  ● يكره  ○ تكره
13 - الخباز ............ إلى طحين جيد .  ● يحتاج  ○ يحتاجون
14 - تساوي ............ صداقة كل الناس .  ● صداقته  ○ صديقه
15 - لست ............ من هذا الكلام .  ○ متأكد  ● متأكداً
16 - من الحيلة ............ الحيلة .  ○ تكرار  ● ترك
17 - وعد الحر ............ .  ○ دِين  ● دَيْن
18 - خير ............ في الحياة كتاب .  ○ جالس  ● جليس
19 - يحج والناس ............ .  ○ ذاهبون  ● راجعون
20 - يوم السفر ............ السفر .  ● نصف  ○ منتصف

## les nombres — Son : 17

1 - أنا بحاجة إلى ............ .  ● خمسة كتب  ○ خمس كتب  ○ خمسة كتاب
2 - عندي ............ كتاباً .  ○ خمس عشرة  ● خمسة عشر  ○ خمسة عشرة
3 - في الجامعة العربية اثنان وعشرون ............  ○ عضوٌ  ● عضواً  ○ عضوٍ
4 - عدد الشهور في السنة هو ............ .  ● اثنا عشر  ○ اثنا عشرة  ○ اثنتا عشرة
5 - أشهر الحكايات العربية هي في كتاب ألف ............ وليلة .  ○ ليلةٌ  ○ ليلةً  ● ليلةٍ
6 - مات هنري الرابع في بداية القرن ............  ● السابع عشرة  ○ السابع عشر  ○ السابعة عشر
7 - في مجلس الأمن الدولي ............ عضواً .  ● خمسة عشر  ○ خمس عشرة  ○ خمس عشر
8 - في مجلس الأمن الدولي خمسة ............ دائمين .  ○ عضو  ○ عضواً  ● أعضاء
9 - سكان فرنسا في عام ٢٠١٤ هم حوالي خمسة وستين ............ .  ○ مليونٌ  ● مليوناً  ○ مليونٍ
10 - من أشهر الحكايات حكاية علي بابا و............ حرامي .  ○ الأربعون  ○ أربعون  ● الأربعين

## culture générale — Son : 18

1 - ............ هو من قال : الدولة أنا / أنا الدولة .  ○ شارلمان  ○ ريشليو  ○ كولبير  ● لويس الرابع عشر
2 - ............ هو من قال : العلم نور .  ● النبي محمد  ○ فولتير  ○ شكسبير  ○ ماوتسي تونغ
3 - ............ هو من قال : خسرنا معركة ولم نخسر الحرب .  ● ديغول  ○ كليمنصو  ○ قيصر  ○ نابليون بونابرت
4 - ............ هو من قال : تلك كلمة حق أريد بها باطل .  ● عمر بن الخطاب  ○ علي بن أبي طالب  ○ عثمان بن عفان  ○ هارون الرشيد
5 - ............ هو من قال : ما أخذ بالقوة لا يسترد إلا بالقوة .  ○ أنور السادات  ○ حسني مبارك  ● محمد مرسي  ○ جمال عبد الناصر

## Corrigé de la page 151

٦- الملك محمد الخامس هو جد الملك محمد السادس :

Le roi Mohamed V est le grand-père du roi Mohamed VI.

٧- فريق كرة القدم يتكون من أحد عشر لاعباً :

Une équipe de football comprend onze joueurs.

٨- فريق كرة السلة يتكون من خمسة لاعبين :

Une équipe de basket-ball comprend cinq joueurs.

٩- انتهت الحرب العالمية الثانية عام ألف وتسعمائة وخمسة وأربعين . :

La 2ème Guerre mondiale prit fin en 1945.

١٠- يضم الاتحاد الأوربي سبعة وعشرين عضواً :

L'Union européenne comprend vingt-sept membres.

---

١- عمره خمسة وعشرون عاماً :

Il a vingt-cinq ans.

٢- مات أبو العلاء المعري في القرن الحادي عشر :

Abu'l-ᶜalâ' Al-Maᶜarri mourut au XIᵉ siècle.

٣- لويس الرابع عشر هو الذي شيد قصر فرساي :

C'est Louis XIV qui a construit le palais de Versailles.

٤- نابليون الثالث هو ابن أخ نابليون بونابرت :

Napoléon III est le neveu de Napoléon Bonaparte.

٥- عاش فكتور هوجو في القرن التاسع عشر :

Victor Hugo vécut au XIXᵉ siècle.

---

1- J'ai trente cinq ans et mon frère a vingt huit ans.

عمري خمسة وثلاثون عاماً وأخي عمره ثمانية وعشرون عاماً

2- Louis XIV a vécu au dix-septième siècle.

عاش لويس الرابع عشر في القرن السابع عشر

3- J'habite dans le quinzième arrondissement de Paris.

أسكن في الدائرة الخامسة عشرة في باريس

4- Je n'ai que quatre-vingt-quinze euros.

ليس عندي إلا خمسة وتسعون يورو

5- Il est parti il y a vingt-quatre heures.

لقد خرج / ذهب / سافر منذ أربع وعشرين ساعة

6- Il est vingt heures.

الساعة الآن هي الثامنة مساءً

7- Hassan II est mort le vingt-trois juillet mille neuf cents quatre-vingt-dix-neuf.

مات الحسن الثاني في الثالث والعشرين من يوليو سنة ١٩٩٩

8- Elisabeth II est la fille de George VI.

أليزابيث الثانية هي بنت جورج السادس

9- La banque m'a fait un prêt de vingt-cinq mille euros.

منحني البنك قرضاً بخمسة وعشرين ألف يورو

10- Il fait vingt-quatre degrés cet après-midi.

درجة الحرارة عصر اليوم هي أربع وعشرون

**Son : 19**  **Son : 20**

---

La dernière tempête en date à s'abattre cet hiver sur le Royaume-Uni a provoqué un certain chaos samedi.

Deux morts, plus de 140 000 foyers privés d'électricité, fortes perturbations dans les transports ferroviaires et routiers, des centaines d'arbres déracinés, restaurant évacué, glissement de terrain: c'est le bilan du passage de la tempête au Royaume-Uni.

Une femme a été tuée et un homme blessé vendredi soir à Londres par l'effondrement partiel d'un immeuble sur leur véhicule. Un octogénaire, qui effectuait une croisière, a péri quand un hublot de son paquebot a volé en éclats sous la force des vagues, dans la Manche.

Ouest-France

سببت آخر عاصفة هبت على المملكة المتحدة يوم السبت نوعاً من الفوضى . فإضافة إلى قتيلين انقطع الكهرباء عن مائة وأربعين ألف مسكن وارتبكت خطوط السكك الحديدية وانقلعت مئات الأشجار بجذورها وتم إخلاء أحد المطاعم وحصل انهيار في التربة في إحدى المناطق . هذه هي حصيلة العاصفة التي مرت على المملكة المتحدة .

وقد قتلت امرأة وجرح رجل مساء الجمعة في لندن جراء انهيار جزئي لإحدى المباني وسقوطها على سيارتهما ، بينما قتل رجل في الثمانين من عمره في قارب نزهة عندما تحطم زجاج إحدى نوافذه تحت ضغط الأمواج في بحر المانش .

عن صحيفة «ويست فرانس»

**Son : 21**

Corrigé de la page 152

## Son : 22

1 - اقترب مني رجل ......... مظهر غريب . ● ذا ○ ذو
2 - تابعت المشهد ......... يتم تصويره . ● الذي ○ التي
3 - يتم التصوير وسط جمع من ......... ● الفنانين ○ الفنانون
4 - ليس في تلك الصحراء سوى نخلة ......... ● واحدة ○ وحيدة
5 - في المشهد ......... عربي وأعجمي . ● رجلين ○ رجلان
6 - سمحت الرقابة ......... فيلم عن عمر . ● بإنتاج ○ لإنتاج
7 - قلت ......... : خطوة عظيمة . ○ مهنئ ● مهنئاً
8 - قمت ......... سريعة في بعض الملاهي . ● بجولة ○ على جولة
9 - كان المشهد هو نفس ......... السابق . ○ مشهد ● المشهد
10 - إنه نفس الممثل ونفس ......... ● المنظر ○ منظر
11 - لقد ......... دراهم ولا أدري أين . ● دفنت ○ أدفن

## Son : 23

12 - كان ......... أن تجعل عليها علامة . ● يجب ○ تجب
13 - ......... أرى العلامة . ● لست ○ ليست
14 - إني أنتج ......... في وقت واحد . ○ فيلمان ● فيلمين
15 - صورنا عمر للفيلم ......... وجها للفيلم الثاني . ○ الواحد ● الأول
16 - رأيتني عقب ذلك ......... ● أركض ○ يركض
17 - لم ......... أأركض وراء هدف أم هرباً من أحد . ● أدر ○ أدري
18 - انصر ......... ظالماً أو مظلوماً . ○ أخوك ● أخاك
19 - وعد ......... دين . ● الحر ○ العبد
20 - يبني قصراً ......... مصراً . ○ ويشيد ● ويهدم
21 - يحج والناس ......... ● راجعون ○ راجعين
22 - ......... جليس في الحياة كتاب . ● خير ○ الخير

## les nombres

1 - أنا بحاجة إلى سبعين ......... ○ كتباً ● كتاباً ○ كتب
2 - عندي ......... كتاباً . ○ خمسة ● خمسون ○ ألف وخمسة
3 - مات شارل ديغول عام ألف وتسعمائة و ......... ● سبعون ○ سبعين ○ سبعة عشر
4 - فازت فرنسا بكأس العالم لكرة القدم عام ألف وتسعمائة وثمانية و ......... ● تسعين ○ تسعون ○ تسعون
5 - في الاتحاد الأوربي بعد البركسيت سبعة و ......... بلداً . ● عشرون ○ عشرين
6 - في مجلس الأمن الدولي ......... عشرة دولة . ● خمس ○ خمسة ○ خمسة و
7 - في السنة الواحدة اثنا عشر ......... ○ شهور ○ أشهر ● شهراً
8 - في السنة الواحدة أربعة ......... ○ فصل ● فصول ○ فصلاً
9 - في السمفونية الخامسة لبتهوفن ......... حركات . ● أربع ○ أربعة ○ خمس
10 - في مجلس النواب الفرنسي خمسمائة و ......... وسبعون نائباً . ● سبعة ○ سبعة ○ سبع

## Son : 24
## Son : 25

## culture générale

1 - ......... هو من قال : جد مهنة تعجبك ولن تعمل يوماً في حياتك . ○ ماني ● كونفشيوس ○ زرادشت
2 - ......... هو من قال : لم يعرفوا أن ذلك مستحيل ففعلوه . ● مارك توين ○ شكسبير ○ موليير ○ ماوتسي تونغ
3 - ......... هو من قال : الجار قبل الدار . ○ المأمون ○ الأمين ○ المعتصم ● مجهول
4 - ......... هو من قال : لا نريد شرعاً فيه قال وقالوا بل شرعاً فيه قلنا ونقول . ○ عرفات ○ بورقيبة ● أتاتورك
5 - ......... هو من قال : رحم الله امرءاً عرف قدر نفسه . ○ المسيح ○ موسى ○ عمر ● النبي محمد

**Corrigé de la page 153**

| | |
|---|---|
| 1. Quand la voie sera-t-elle rouverte ? | متى ينفتح الطريق ؟ (انفتح ينفتح) |
| 2. Quand ces assiettes se sont-elles cassées ? | متى انكسرت هذه الأواني ؟ (انكسر ينكسر) |
| 3. Penses-tu que la Grande Bretagne va se séparer de l'Union Européenne ? | هل تظن أن بريطانيا سوف تنفصل عن الاتحاد الأوربي ؟ (انفصل ينفصل) |
| 4. Pourquoi ne vous retirez-vous pas des négociations ? | لماذا لا تنسحبون من المفاوضات ؟ (انسحب ينسحب) |
| 5. Je viens de me blesser au travail. | انجرحت قبل قليل وأنا أعمل (انجرح ينجرح) |
| 6. Le dinosaure s'est éteint depuis longtemps. | انقرض الديناصور منذ زمان طويل (انقرض ينقرض) |
| 7. Toutes ces habitudes idiotes disparaîtront. | سوف تنقرض كل هذه العادات السخيفة (انقرض ينقرض) |
| 8. Je pense que les Britanniques ne se sépareront pas de l'Europe. | أظن أن البريطانيين لن ينفصلوا عن أوربا (انفصل ينفصل) |
| 9. Pourquoi l'Europe s'est-elle divisée à propos de la Turquie ? | لماذا انقسمت أوربا بشأن تركيا ؟ (انقسم ينقسم) |
| 10. Pourquoi tes parents n'ont-ils pas apprécié ma visite ? | لماذا انزعج أهلك من زيارتي ؟ (انزعج ينزعج) |
| 11. Je ne pense pas que tu vas déranger mes parents. | لا أظن أن أهلي سوف ينزعجون منك (انزعج ينزعج) |
| 12. Quand l'Amérique va-t-elle se retirer d'Afghanistan ? | متى تنسحب أمريكا من أفغانستان ؟ (انسحب ينسحب) |
| 13. Quand les Américains se retireront-ils d'Afghanistan ? | متى ينسحب الأمريكان من أفغانستان ؟ (انسحب ينسحب) |
| 14. Je ne pense pas que notre équipe perdra face au Brésil. | لا أظن أن فريقنا سوف ينهزم ضد البرازيل (انهزم ينهزم) |
| 15. Quand la bombe a-t-elle explosé ? | متى انفجرت القنبلة ؟ (انفجر ينفجر) |
| 16. Ne t'en fais pas, ma fille ! | لا تنزعجي يا بنتي ! (انزعج ينزعج) |

Son : 26

---

| | | | | | | | |
|---|---|---|---|---|---|---|---|
| أنجرح ☐ | انجرحت ● | ١١ - لقد ............ أثناء المباراة . | | ينكسر ☐ | انكسر ● | ١ - لقد ............ التليفون . |
| ينجرح ☐ | انجرح ● | ١٢ - لقد ............ جدي أثناء الحرب . | | ينفصل ☐ | انفصل ● | ٢ - لقد ............ جارنا عن زوجته . |
| تنجرحوا ● | تنجرحون ☐ | ١٣ - أرجو ألا ............ ! | | تنفصلي ☐ | انفصلت ● | ٣ - لماذا ............ عن زوجك ؟ |
| ينسحب ● | انسحب ☐ | ١٤ - يجب أن ...... العدو من أرضي . | | انفصل ☐ | انفصلت ● | ٤ - لماذا ............ كرواتيا عن صربيا ؟ |
| ينسحبوا ● | ينسحبون ☐ | ١٥ - على الأعداء أن ............ ! | | ينقرض ☐ | انقرض ● | ٥ - لماذا ............ الديناصور ؟ |
| انفجر ☐ | انفجرت ● | ١٦ - ............ القنبلة في السوق . | | ينقرض ● | انقرض ☐ | ٦ - قد ............ الفيل أيضاً . |
| انفجرن ☐ | انفجرت ● | ١٧ - ٣ سيارات مفخخة ............ . | | ينهزم ☐ | انهزم ● | ٧ - لقد ............ النازيون سنة ١٩٤٥ . |
| انهزموا ☐ | انهزم ● | ١٨ - وأخيراً ............ الإرهابيون ! | | انهزمت ● | انهزم ☐ | ٨ - لقد ............ فريقنا . |
| انقسموا ☐ | انقسم ● | ١٩ - ............ العرب في كل شيء . | | انزعجوا ☐ | انزعج ● | ٩ - لماذا ............ أهلك ؟ |
| انقسمت ☐ | انقسم ● | ٢٠ - ............ الفرنسيون بشأن الأجانب . | | منزعجون ☐ | منزعج ● | ١٠ - هل أنت ............ ؟ |

Son : 28   Son : 27

## Corrigé de la page 154

### EXERCICE : vocabulaire

١- في هذه الحكاية شيء من تاريخنا .

٢- في هذا الكلام / القول / المقال شيء من الحكمة .

٣- في هذه المقالة شيء من المنطق .

٤- لم يتسع له الوقت ليكتب مذكراته .

٥- لم تسمح له الظروف بأن يحج / يذهب إلى مكة .

٦- لـماذا أصروا على البقاء هناك ؟

٧- لـماذا أصر على البقاء في بيته ؟

٨- لو ساعدناه لـما كان حزيناً .

**Son : 29**

٩- لو استسلمنا / هربنا ... لـما كنا أحياء .

١٠- لو أيدناه لـما كان / بقي / أصبح مسجوناً .

### EXERCICE : syntaxe

١- في هذا النص شيء من الشعر .

٢- في هذه القصة شيء من السحر .

٣- لم تسمح له الظروف بأن يكتب مذكراته .

٤- لـماذا أصررتم على الرحيل من هنا ؟

٥- لو كان سهلاً لـما درسناه بجد .

**Son : 30**

## Corrigé de la page 156

### EXERCICE : vocabulaire

١- أريد لكم أن تكونوا سعداء .

٢- يريدون لنا أن نكون سعداء .

٣- متى نستطيع أن نأكل البيتزا ؟

٤- متى تستطيعون أن تذهبوا إلى السينما ؟

٥- يجب أن نعمل اليوم .

٦- هل يجب أن أتكلم الإنجليزية في الشركة ؟

٧- لا يهمنا أين نسكن / نعمل / ندرس ...

٨- ألا يهمك كيف سوف تسافر / تعمل / تدرس .. ؟

٩- هذه الحكاية تستغرق وقتاً طويلاً .

١٠- كم تستغرق دراسة الكمبيوتر ؟

**Son : 31**

### EXERCICE : syntaxe

١- لـماذا تريدون لي أن أغادر بلادي ؟

٢- كم يستغرق السفر إلى إسطنبول ؟

٣- متى تستطيع أن تقرأ الكتاب ؟

٤- هذا العمل يستغرق وقتاً طويلاً .

٥- أين تستطيع أن تبني دارك ؟

**Son : 32**

## Corrigé de la page 159

### EXERCICE : syntaxe

١- و / لا / إلا / فكرة / تنفيذها / تأتيه / يحاول -> لا تأتيه فكرة إلا ويحاول تنفيذها .

٢- إلى / فجعله / له / الملك / أخباره / سكرتيراً / وصلت -> وصلت أخباره إلى الملك فجعله سكرتيراً له .

٣- و / المرأة / تنظف / تكويها / ملابسها / أخذت -> أخذت المرأة تنظف ملابسها وتكويها .

٤- و / لم / إلى / إلا / بعد / الموعد / تأخر / يصل / ساعة -> تأخر ولم يصل إلى الموعد إلا بعد ساعة .

٥- و / بلا / سنة / حل / الناس / للمشكلة / مرت / بقي -> مرت سنة وبقي الناس بلا حل للمشكلة .

٦- لكي / لك / أن / معه / الشاي / الغداء / يطيب / يجب / تشرب -> لكي يطيب لك الغداء يجب أن تشرب معه الشاي .

**Son : 33**

| | |
|---|---|
| ....... الولايات المتحدة الأمريكية هي واشنطن . | عاصمة الولايات المتحدة الأمريكية هي واشنطن . |
| ....... من الحيوانات المهددة بالانقراض . | الأسد / الفيل / النمر / وحيد القرن / الفهد / الكركدن / ... من الحيوانات المهددة بالانقراض . |
| ....... قليلة في الصحراء . | الأشجار / المياه / الآبار / النباتات / ... قليلة في الصحراء . |
| المسلمون لا يأكلون ....... مبدئياً . | المسلمون لا يأكلون لحم الخنزير مبدئياً . |
| القطب ....... ليس تحته أرض . | القطب الشمالي ليس تحته أرض . |
| المغاربة يحبون شرب الشاي بـ....... . | المغاربة يحبون شرب الشاي بالنعناع . |
| فرنسا ليس لها ....... مشتركة مع الجزائر . | فرنسا ليس لها حدود مشتركة مع الجزائر . |
| ....... شيء أساسي في الأكلات الآسيوية . | الرز شيء أساسي في الأكلات الآسيوية . |
| فرنسا أكبر من ....... إسبانيا . | مساحة / عاصمة فرنسا أكبر من مساحة / عاصمة إسبانيا . |
| يقال إن ....... فيه الكثير من فيتامين سي . | يقال إن البرتقال فيه الكثير من الفيتامين سي . |
| قمة الإيفرست تقع في ....... الهمالايا . | قمة الإيفرست تقع في جبال الهمالايا . |
| ....... النيل ينبع في أثيوبيا ويمر بالسودان ومصر . | نهر النيل ينبع في أثيوبيا ويمر بالسودان ومصر . |
| من القائل : كل ....... تؤدي إلى روما ؟ | من القائل : كل الطرق تؤدي إلى روما ؟ |
| ....... يفصل بين نصفي الكرة الشمالي والجنوبي . | خط الاستواء يفصل بين نصفي الكرة الشمالي والجنوبي . |
| شراب ....... اخترعه صيدلي أمريكي . | شراب الكوكاكولا اخترعه صيدلي أمريكي . |
| ....... هو الشراب المفضل عند الروس . | الفودكا هو الشراب المفضل عند الروس . |
| ....... لا يعيش في أوربا . | الجمل / الفيل / الأسد ... لا يعيش في أوربا . |
| ....... الأمازون هي أكبر واحدة في العالم . | غابة الأمازون هي أكبر واحدة في العالم . |
| ....... يفصل بين بريطانيا وفرنسا . | بحر المانش يفصل بين بريطانيا وفرنسا . |
| لا يوجد ....... على سطح القمر . | لا يوجد ماء على سطح القمر . |
| عدد ....... في الصين يزيد على المليار . | عدد السكان في الصين يزيد على المليار . |

NB : souvent ici il s'agit d'une traduction parmi bien d'autres.

## MÊME

1- Nous vivons dans le même quartier.  
إننا نسكن في الحي نفسه .

2- Nous sommes tous du même pays.  
إننا جميعاً من بلد واحد .

3- C'est cette maison même que je veux louer.  
هذه هي الدار التي أريد استئجارها .

4- Pourquoi ne prépares-tu pas ton repas toi-même ?  
لماذا لا تعد طعامك بنفسك ؟

5- C'est du pareil au même.  
لا فرق في هذا .

6- Ce sont toujours les mêmes qui critiquent.  
الانتقاد يأتينا دائماً من نفس الأشخاص .

7- Même toi, tu ne me crois pas !  
حتى أنت لا تصدقني !

8- Il est faible, voire même très faible.  
إنه ضعيف بل وضعيف جداً .

9- Même si tu es gentil avec eux, ils se plaignent de toi.  
حتى وإن كنت طيباً فإنهم يشتكون منك .

10- C'est évident, quand même !  
هذا واضح كل الوضوح !

11- Les voisins, ceux-là même qui sont partis, reviennent.  
الجيران الذين رحلوا عادوا .

12- Je l'ai trouvé ici même.  
لقد وجدته هنا بالضبط .

13- Je n'ai pas l'habitude de dormir à même le sol.  
لست معتاداً على النوم على الأرض بلا فراش .

14- Il en va de même pour le prochain voyage.  
هذا ينطبق على السفرة القادمة .

15- Ils ont tout de même le droit de rester ici.  
يحق لهم مع ذلك البقاء هنا .

16- Vous êtes à même de comprendre.  
إنكم قادرون على فهم ذلك .

17- C'est aujourd'hui même que nous partons d'ici.  
اليوم موعد الرحيل من هنا .

18- Vous êtes tous les mêmes !  
إنكم على شاكلة واحدة !

## CONSEIL

1- As-tu un conseil à me donner pour bien apprendre l'arabe ?  
بماذا تنصحني كي أتعلم العربية جيداً ؟

2- Il faut prendre conseil auprès d'un spécialiste.  
يجب استشارة أخصائي .

3- Ton cousin est de bon conseil.  
ابن عمك إنسان نصوح .

4- Sur le conseil d'un ami, j'ai décidé d'étudier l'histoire.  
سوف أتبع نصيحة أحد الأصدقاء وأدرس التاريخ .

5- Attends un peu : la nuit porte conseil.  
انتظر قليلاً فلعل الصباح يأتيك بالرأي السديد .

6- Le Conseil municipal a voté la hausse des taxes.  
لقد صوت المجلس البلدي على زيادة الضرائب .

7- Mon cousin est conseil en assurance.  
ابن عمي مستشار في التأمين .

8- Ma mère travaille comme conseil judiciaire.  
أمي تعمل كمستشارة عدلية .

9- Son père est le président du Conseil d'Administration.  
أبوه يرأس مجلس الإدارة .

10- Nous allons tenir conseil.  
سوف نعقد اجتماعاً / نحن بصدد عقد اجتماع .

11- Il n'écoute les conseils de personne.  
إنه لا يستمع لنصيحة من أي كان .

12- Le Conseil constitutionnel a censuré la nouvelle loi.  
لقد ألغى المجلس الدستوري القانون الجديد .

NB : souvent ici il s'agit d'une traduction parmi bien d'autres.

## COTE

1- Quelle est la cote du dollar aujourd'hui ?  ما هو معدل الدولار اليوم ؟

2- Il a la cote, ce candidat.  هذا المرشح له شعبية متزايدة .

3- La cote de popularité du président est trop basse.  شعبية الرئيس منخفضة جداً .

4- Il s'est cassé une côte dans l'accident.  انكسرت إحدى أضلاعه في الحادث .

5- Ils marchent toujours côte à côte.  إنهم يمشون دائماً جنباً إلى جنب .

6- Tu dois apprendre le démarrage en côte.  عليك أن تتعلم تشغيل السيارة في طريق صاعد .

7- Il faut monter la côte pour aller au village.  يجب الصعود على السفح للوصول إلى القرية .

8- Je n'ai visité ni la Côte d'Azur ni la Côte d'Argent ni la Côte d'Emeraude.  لم أزر لا ساحل المتوسط ولا ساحل الأطلسي ولا ساحل المانش .

Son : 5

## MOYEN

1- Les moyens de transport sont excellents dans votre ville.  إن وسائل النقل ممتازة في مدينتكم .

2- Penses-tu que la fin justifie les moyens ?  هل تعتقد بأن الغاية تبرر الوسيلة ؟

3- J'aime bien étudier le Moyen-Âge.  إنني أحب دراسة العصر الوسيط / ... القرون الوسطى .

4- Ce n'est ni bon ni mauvais : c'est moyen.  إن هذا ليس بالجيد ولا بالسيء إنه متوسط .

Son : 6

## FORT

1- Tu es plus forte que moi.  أنت أقوى مني .

2- C'est fort compliqué.  إن هذا معقد جداً .

3- Qui a construit ce fort et à quelle époque ?  من شيد هذا الحصن وفي أي عصر ؟

4- Ici, c'est la jungle : c'est la loi du plus fort !  هنا يسود قانون الغاب أي حكم الأقوى .

5- On lui a prêté main-forte.  لقد ساعدناه .

6- Fort de ces conseils, il s'est lancé dans la compétition.  لقد شارك في المسابقة متحصناً بهذه النصائح / التوصيات .

7- Tu y vas trop fort !  إنك تبالغ في الأمر .

8- Ils ont essayé de voler le coffre-fort.  لقد حاولوا سرقة الخزينة .

9- C'est plus fort que lui : dès qu'il voit un casino, il y va.  إنه لا يقاوم هذا الإغراء فكلما رأى كازينو دخلها .

Son : 7

## PAIX

1- Il est mort hier soir : paix à son âme !  لقد توفي مساء أمس - رحمه الله / عليه الرحمة .

2- Ils ont décidé de faire la paix et de signer un traité de paix.  لقد قرروا التصالح وتوقيع معاهدة صلح .

3- Fichez-moi la paix !  دعوني وشأني !

4- Je me sens en paix dans cette ville.  إنني أحس بالأمان في هذه المدينة .

Son : 8

# Corrigé de la page 178

Ne t'ai-je pas dit qu'ils ne vont pas nous écouter ?

ألم أقل لك إنهم لن يصغوا إلينا ؟

Ne vous ont-ils pas dit que les gens ici ne vous écouteront pas ?

ألم يقولوا لكم إن الناس هنا لن يصغوا إليكم ؟

Toi aussi, on t'a chassé avec une petite valise !

أنت أيضاً طردوك بحقيبة صغيرة ؟

Eux aussi, on les a chassés avec peu de choses !

هم أيضاً طردوهم بأشياء قليلة ؟

Tu nous reviens avec un visage et un discours différents.

إنك تعود إلينا بوجه مختلف وبكلام مختلف .

**Son : 10**

Pourquoi nous caches-tu la vue de ton beau visage ?

لماذا تخفي / تخفين عنا رؤية وجهك الجميل ؟

Pourquoi nous cachent-ils la vue de leur beau château ?

لماذا يخفون عنا رؤية قصرهم الجميل ؟

Ce livre, vous ne devez pas nous empêcher de le voir.

هذا الكتاب يجب ألا تحرمونا من رؤيته .

Ce film, ils ne doivent pas nous empêcher de le voir.

هذا الفيلم يجب ألا يحرمونا من مشاهدته .

Ce livre, nous ne devons pas l'empêcher de le lire.

هذا الكتاب يجب أن لا نحرمه من قراءته .

**Son : 9**

---

١ - يحجبون / منظر / عنا / القديمة / لماذا / المدينة -> لماذا يحجبون عنا منظر المدينة القديمة ؟

٢ - الناس / عن / تحجبون / الجميل / هذا / لماذا / منظر / القصر ؟ -> لماذا تحجبون عن الناس منظر هذا القصر الجميل ؟

٣ - ذكرى / من / بسيطة / إليكم / إنها / أحملها / باريس -> إنها ذكرى بسيطة أحملها إليكم من باريس .

٤ - قصيراً / له / زماناً / إليهم / أن / نزل / عالماً -> نزل إليهم عالماً أن له زماناً قصيراً .

٥ - إلينا / بوجوه / إنهم / اليوم / مختلفة / يعودون -> إنهم يعودون إلينا اليوم بوجوه مختلفة .

**Son : 11**

---

## Désinences casuelles

| | | | |
|---|---|---|---|
| ١ - سمعت أمس أن ................. سوف يكون على الفصل العشرين . | ○ الامتحانُ | ● الامتحانَ | ○ الامتحانِ |
| ٢ - علمت من الراديو أن ................. سيكون غائماً اليوم . | ○ الجوُّ | ● الجوَّ | ○ الجوِّ |
| ٣ - أخبرنا الجيران أن ................. سترفع الضرائب هذه السنة . | ○ البلديةُ | ● البلديةَ | ○ البلديةِ |
| ٤ - علمت أن في مدينتكم ................. يمينية . | ○ بلديةٌ | ● بلديةً | ○ بلديةٍ |
| ٥ - سمعت أن هناك ................. كبيرة بينك وبين صاحب العمل . | ○ مشكلةٌ | ● مشكلةً | ○ مشكلةٍ |
| ٦ - أنت تتكلم وكأن ................. ليست مهمة . | ○ المشكلةُ | ● المشكلةَ | ○ المشكلةِ |
| ٧ - أنا غير مهتم لأن هذه ................. ليست جديدة . | ○ المشكلةُ | ● المشكلةَ | ○ المشكلةِ |
| ٨ - لعل هذه ................. تنتهي بحل سعيد يرضي الجميع . | ○ المشكلةُ | ● المشكلةَ | ○ المشكلةِ |
| ٩ - أظن أن عندكم ................. حقيقية ! | ○ مشكلةٌ | ● مشكلةً | ○ مشكلةٍ |
| ١٠ - لن يكون هناك أية ................. بيننا وبينكم . | ○ مشكلةٌ | ○ مشكلةً | ● مشكلةٍ |

**Son : 12**

**Son : 13**

## culture générale

| | | | | |
|---|---|---|---|---|
| ١ - لليبيا حدود مشتركة مع ................. بلدان . | ○ ثلاثة | ○ أربعة | ○ خمسة | ● ستة |
| ٢ - للعراق حدود مشتركة مع ................. بلدان . | ○ أربعة | ○ خمسة | ● ستة | ○ سبعة |
| ٣ - للأردن حدود مشتركة مع ................. بلدان . | ○ ثلاثة | ● أربعة | ○ خمسة | ○ ستة |
| ٤ - للجزائر حدود مشتركة مع ................. بلدان . | ○ أربعة | ○ خمسة | ● ستة | ○ سبعة |
| ٥ - للسعودية حدود مشتركة مع ................. بلدان . | ○ خمسة | ○ ستة | ● سبعة | ○ ثمانية |

**Corrigé de la page 179**

Demande à ton fils que tu as laissé seul ici !
اسأل ابنك الذي تركته وحده هنا !

Demande à ta femme que tu as laissée sans nouvelles !
اسأل زوجتك التي تركتها دون خبر !

Es-tu sûr qu'il t'a dit que tu étais plus idiot que l'âne ?
أمتأكد أنت أنه قال إنك أغبى من الحمار ؟

Etes-vous sûrs qu'ils vous ont dit que vous étiez plus chers que leur argent ?
أمتأكدون أنتم أنهم قالوا إنكم أعز من مالهم ؟

Personne n'a le droit de se mêler de nos affaires !
لا يحق لأحد التدخل في شؤوننا .

Son : 14

Personne n'a le droit de se mêler des affaires de notre tribu !
لا يحق لأحد التدخل في شؤون قبيلتنا .

Si tu es en colère contre tes enfants, ne les frappe pas !
إن كنت غاضباً على أولادك فلا تضربهم !

Si tu es en colère contre ton ordinateur, ne le casse pas !
إن كنت غاضباً على كمبيوترك فلا تكسره !

Si tu le vendais, tu t'en débarrasserais.
إن بعته تخلصت منه .

S'ils le vendaient, ils s'en débarrasseraient.
إن باعوه تخلصوا منه .

Son : 15

١ - الانتقاد / فعلت / حتى / هذا / ماذا / تنتقدها / الشديد ؟ -> ماذا فعلت حتى تنتقدها هذا الانتقاد الشديد ؟

٢ - الشكل / قالوا / حتى / بهذا / ماذا / تنتقدوهم ؟ -> ماذا قالوا حتى تنتقدوهم بهذا الشكل ؟

٣ - هذا / أن / يفهمون / لا / أعرف / الأطفال / الكلام . -> أعرف أن الأطفال لا يفهمون هذا الكلام .

٤ - هذا / أن / لا / يعرفون / الناس / يصدقون / الكلام . -> يعرفون أن الناس لا يصدقون هذا الكلام .

٥ - لن / مرة / إلا / إن / قالوا / الضرائب / لنا / ترتفع / واحدة . -> قالوا لنا إن الضرائب لن ترتفع إلا مرة واحدة .

Son : 16

| | | | | |
|---|---|---|---|---|
| ١ - كانت ................ آمنة نسبياً قبل ظهور الإرهاب فيها . | ● بلادُنا | ○ بلادَنا | ○ بلادِنا | |
| ٢ - كانت مدينتنا ................ قبل هجوم الإرهابيين عليها . | ○ هادئةً | ● هادئةً | ○ هادئةٌ | |
| ٣ - أصبحت قريتنا ................ بعد ابتعاد الإرهاب عنها . | ○ آمنةٌ | ● آمنةً | ○ آمنةٍ | |
| ٤ - صارت قريتنا ................ بعد فتح المصنع فيها . | ○ كبيرةٌ | ● كبيرةً | ○ كبيرةٍ | |
| ٥ - كان الجو ................ يوم أمس . | ○ ممطرٌ | ● ممطراً | ○ ممطرٍ | |
| ٦ - لم تكن المدرسة ................ أمس . | ● مفتوحةً | ○ مفتوحةً | ○ مفتوحةٍ | |
| ٧ - أصبح جارنا اليمني ................ جداً بعد فوزه بالماراثون . | ○ مشهورٌ | ● مشهوراً | ○ مشهورٍ | |
| ٨ - صار لنا ................ من اليمن . | ● جارٌ | ○ جاراً | ○ جارٍ | |
| ٩ - ليس لدينا ................ مع جيراننا . | ● مشكلةٌ | ○ مشكلةً | ○ مشكلةٍ | |
| ١٠ - لم يعد لدينا ................ مع أي واحد من جيراننا . | ● مشكلةٌ | ○ مشكلةً | ○ مشكلةٍ | |

Désinences casuelles

Son : 17

Son : 18

| | ١٩٥٨ | ١٩٦٣ | ١٩٦٨ | ١٩٧١ |
|---|---|---|---|---|
| ١ - أصبح العراق جمهورية سنة ........ | ● | ○ | ○ | ○ |
| ٢ - أصبحت مصر جمهورية سنة ........ | ○ ١٩٥٠ | ○ ١٩٥٢ | ● ١٩٥٣ | ○ ١٩٥٦ |
| ٣ - أصبحت ليبيا جمهورية سنة ........ | ● ١٩٦٩ | ○ ١٩٧٠ | ○ ١٩٧٩ | ○ ١٩٨٥ |
| ٤ - أصبحت الجزائر جمهورية سنة ........ | ○ ١٩٥٤ | ● ١٩٦٢ | ○ ١٩٦٧ | ○ ١٩٩٠ |
| ٥ - أصبحت اليمن جمهورية سنة ........ | ● ١٩٦١ | ○ ١٩٦٢ | ○ ١٩٦٣ | ○ ١٩٦٤ |

culture générale

# Corrigé de la page 180

J'ai rempli ma vie par le travail.
ملأت حياتي بالعمل .

Elle a rempli sa vie par les études.
ملأت حياتها بالدراسة .

Ils ne regardent que leurs enfants.
لا ينظرون إلا إلى أولادهم / لا يهتمون إلا بأولادهم .

Il ne regarde que son argent et sa maison.
لا يهتم إلا بـماله وبداره .

Il s'est tu un instant puis il cria.
سكت لحظة ثم صرخ .

**Son : 19**

Ils se sont tus un moment puis ils se sont mis à rire.
سكتوا لحظة ثم جعلوا يضحكون .

Il m'a appelé pour me donner des nouvelles.
اتصل بي ليحدثني عن أحواله .

Je les ai appelés pour leur annoncer mon voyage.
اتصلت بهم لأخبرهم بسفري .

Elle nous a écrit pour nous annoncer son mariage.
كتبت إلينا لتعلن علينا زواجها .

Je ne regarde que le JT.
لا أشاهد إلا نشرة الأخبار .

**Son : 20**

١ - لا / إن / صداقتكم / ترون / كنتم / أننا / نستحق / فأخبرونا -> إن كنتم ترون أننا لا نستحق صداقتكم فأخبرونا !

٢ - المساعدة / ترى / إن / لا / فلا / كنت / أنهم / يستحقون / تساعدهم -> إن كنت ترى أنهم لا يستحقون المساعدة فلا تساعدهم !

٣ - حياتنا / المسلسلات / كله / لقد / التلفزيونية / فراغ / بمشاهدة / ملأنا -> لقد ملأنا فراغ حياتنا كله بـمشاهدة المسلسلات التلفزيونية .

٤ - فراغ / كله / لقد / الروايات / ملأت / حياتي / بقراءة -> لقد ملأت فراغ حياتي كله بقراءة الروايات .

٥ - الناس / إلا / لا / على / شيئاً / يفعل / التلفزيون / التفرج -> لا يفعل الناس شيئاً إلا التفرج على التلفزيون .

**Son : 21**

## Désinences casuelles

١ - أعتقد أنني لن ............... الذهاب إلى العمل اليوم . → أستطيعَ

٢ - إنني أحلم بأن ............... حراً كالطير . → أكونَ

٣ - سوف ............... لكم رسالة عندما أصل إلى صنعاء . → أرسلُ

٤ - إنني أتعلم العربية لـ ............... مع أولاد عمي . → أتكلمَها

٥ - إنني أدرس الفلسفة لكي ............... معنى الحياة . → أفهمَ

٦ - إنني لحد اليوم لـم ............... معنى الحياة . → أفهمْ

٧ - سوف أدرس وأتعلم وأفكر حتى ............... معنى الحياة . → أفهمَ

٨ - أنا لا ............... قبل أن أتكلم وهذه هي مشكلتي ! → أفكرُ

٩ - من ............... في مشاكل الشرق الأوسط يصبح مجنوناً ! → يفكرُ

١٠ - إن ............... أن تفهم الحياة تتعب نفسك بلا فائدة . → تحاولْ

**Son : 22**

**Son : 23**

## culture générale

١ - عاش الجاحظ في القرن ............... → التاسع

٢ - عاش المـتنبي في القرن ............... → العاشر

٣ - عاش أبو حنيفة في القرن ............... → الثامن

٤ - عاش هارون الرشيد في القرن ............... → الثامن

٥ - عاش أبو تـمام في القرن ............... → الثامن

## Corrigé de la page 181

|  |  |
|---|---|
| Personne ne veut écouter ce que je dis. | لا أحد يريد أن يستمع إلى كلامي . |
| Il ne me reste avant les examens que quelques jours. | لم يبق لي قبل الامتحان إلا أيام قليلة . |
| Il ne vous reste avant le voyage que quelques heures. | لم يبق لكم قبل السفر غير ساعات قليلة . |
| Ils veulent que tu te taises, ma fille ! | يريدون منك أن تسكتي يا بنتي ! |
| Ils veulent que le peuple se taise. | يريدون من الشعب أن يسكت . |

Son : 24

|  |  |
|---|---|
| Ne me posez pas de question aujourd'hui sur ma santé ! | لا تسألوني اليوم عن صحتي ! |
| Ne lui pose pas de question sur son travail ! | لا تسأله عن عمله ! |
| Comme d'habitude, ma grand-mère parle toute seule. | جدتي تتكلم وحدها كالعادة . |
| Comme d'habitude, ils font tout par eux-mêmes. | إنهم يفعلون كل شيء بأنفسهم كالعادة . |
| Mon avis n'a plus de valeur à leurs yeux. | لم يعد لرأيي قيمة بالنسبة إليهم . |

Son : 25

١ - من / أن / إلى / ما / أحد / يستمع / كلامي / يريد -> ما من أحد يريد أن يستمع إلى كلامي .

٢ - أحد / إلى / يعد / له / لم / قيمة / كلامي / بالنسبة -> كلامي لم يعد له قيمة بالنسبة إلى أحد .

٣ - عن / لا / اليوم / تسألوني / الطعام -> لا تسألوني اليوم عن الطعام !

٤ - أن / لأن / إنهم / أسكت / القضية / يريدون / انتهت -> إنهم يريدون أن أسكت لأن القضية انتهت .

٥ - أيام / غير / يبق / لي / في / لم / الحياة -> لم يبق لي في الحياة غير أيام .

Son : 26

**Désinences casuelles**

| | | | |
|---|---|---|---|
| ١ - عاد ابني من المدرسة ............ بسبب نتائج امتحان العربية . | ○ حزينٌ | ● حزيناً | ○ حزينٍ |
| ٢ - بقي المجرم النازي كلاوس باربي ............ سنين طويلة . | ○ مختبئٌ | ● مختبئاً | ○ مختبئٍ |
| ٣ - بقيت غزة ............ سنين طويلة . | ○ محتلٌ | ● محتلة | ○ محتلٍ |
| ٤ - تقدم الجندي ............ العلم الأبيض . | ○ رافعٌ | ● رافعاً | ○ رافعٍ |
| ٥ - نظر الوزير إلى السكرتيرة ............ من كلامها . | ○ مندهشٌ | ● مندهشاً | ○ مندهشٍ |
| ٦ - سكت الشيخ وهو ............ من كلام أولاده . | ● مندهشٌ | ○ مندهشاً | ○ مندهشٍ |
| ٧ - قرأ أهلي نتائجي ............ من نجاحي . | ○ مندهشون | ● مندهشين | ○ مندهشان |
| ٨ - وصلت المرأة إلى المستشفى ............ . | ○ باكيةٌ | ● باكيةً | ○ باكيةٍ |
| ٩ - أجاب الطبيب ............ عن تأخره عن الموعد . | ○ معتذرٌ | ● معتذراً | ○ معتذرٍ |
| ١٠ - فتح البواب الباب ............ لضيوفنا . | ○ مبتسمٌ | ● مبتسماً | ○ مبتسمٍ |

Son : 27

Son : 28

| | | | | |
|---|---|---|---|---|
| ١ - فازت البرازيل بكأس العالم لأول مرة سنة ............ . | ○ ١٩٣٤ | ○ ١٩٥٠ | ● ١٩٥٨ | ○ ١٩٦٢ |
| ٢ - فازت إيطاليا بكأس العالم لأول مرة سنة ............ . | ○ ١٩٣٠ | ● ١٩٣٤ | ○ ١٩٨٢ | ○ ٢٠٠٦ |
| ٣ - في نهائي كأس العالم سنة ١٩٥٤ فازت ألمانيا على ............ . | ○ البرازيل | ○ إيطاليا | ● هنغاريا | ○ إنجلترا |
| ٤ - في نهائي كأس العالم سنة ١٩٥٨ فازت البرازيل على السويد ............ . | ○ ١-٣ | ○ ٢-٤ | ● ٢-٥ | ○ ٣-٦ |
| ٥ - في كأس العالم سنة ٢٠١٤ فازت ألمانيا على البرازيل ............ . | ○ ٢ - صفر | ○ ١-٤ | ○ ٣-٤ | ● ١-٧ |

# Corrigé de la page 182

|  |  |
|---|---|
| Il se leva et ouvrit la porte. | قام / نهض وفتح الباب . |
| Je voulais au moins lui écrire une lettre d'adieu. | كنت أريد أن أكتب له على الأقل رسالة وداع . |
| Il voulais au moins te dire bonjour. | كان يريد على الأقل أن يسلم عليك . |
| C'est notre dernier jour dans cette ville. | اليوم هو آخر يوم لنا في هذه المدينة . |
| C'est votre dernier jour dans cette aventure. | اليوم هو آخر يوم لكم في هذه المغامرة . |

**Son : 30**

|  |  |
|---|---|
| Je me suis retourné et j'ai vu le chien derrière moi. | التفت فرأيت الكلب ورائي . |
| Nous nous sommes retournés et nous avons vu le voleur derrière nous. | التفتنا فرأينا اللص وراءنا . |
| L'assistance a sursauté en entendant le mot « feu ». | انتفض الحاضرون عند سماعهم كلمة «حريق» . |
| Elle a sursauté en entendant ton nom. | انتفضت عند سماعها اسمك . |
| Elle mit la main sur le cœur et leva les yeux au ciel. | وضعت يدها على قلبها ورفعت عينيها إلى السماء . |

**Son : 29**

١ - رفع / إلى / ثم / السماء / بكى / عينيه -> رفع عينيه إلى السماء ثم بكى / بكى ثم رفع عينيه إلى السماء .

٢ - وأولاده / وراءنا / وزوجته / العمدة / فرأينا / التفتنا -> التفتنا فرأينا وراءنا العمدة وزوجته وأولاده .

٣ - نريد / لهم / الأقل / أن / على / نقول / كنا / شكراً -> كنا نريد على الأقل أن نقول لهم شكراً .

٤ - يوم / اليوم / في / هو / هذه / لنا / آخر / هذا / الجامعة -> هذا اليوم هو آخر يوم لنا في هذه الجامعة .

٥ - الدرس / درس / لنا / في / هو / هذا / العربية / آخر -> هذا الدرس هو آخر درس لنا في العربية .

**Son : 31**

| | | | |
|---|---|---|---|
| ١ - شارك ............ كلهم في الإضراب . | ● العاملون | ○ العاملين | ○ العاملات |
| ٢ - شارك ............ الشركة كلهم في الإضراب . | ○ عاملون | ● عاملو | ○ عاملي |
| ٣ - لم يشارك ............ المؤسسة في المظاهرة . | ○ مهندسون | ● مهندسو | ○ مهندسي |
| ٤ - احتجت نقابة ............ على القانون الجديد . | ○ المهندسون | ● المهندسين | ○ المهندسان |
| ٥ - هتف ............ بسقوط الحكومة . | ● المتظاهرون | ○ المتظاهرين | ○ المتظاهرات |
| ٦ - هتف أكثر ............ بحياة رئيس البلاد . | ○ المتظاهرون | ● المتظاهرين | ○ المتظاهرات |
| ٧ - نادى ............ في المؤتمر بوقف إطلاق النار فوراً . | ● المشاركون | ○ المشاركين | ○ المشاركات |
| ٨ - وافق جميع ............ في المؤتمر على الاتفاق . | ○ المشاركون | ● المشاركين | ○ المشاركات |
| ٩ - اعترض بعض ............ في المؤتمر على الاتفاقية . | ○ المشاركون | ● المشاركين | ○ المشاركات |
| ١٠ - حصلت مشاجرة عنيفة بين ............ في المفاوضات . | ○ المشاركون | ● المشاركين | ○ المشاركات |

**Son : 32**

**Son : 33**

*culture générale*

| | | | |
|---|---|---|---|
| ١ - الموسيقار الذي ألف بحيرة البجع هو ............ . | ○ موزارت | ○ بتهوفن | ○ هندل | ● تشايكوفسكي |
| ٢ - الموسيقار الذي ألف أنشودة الفرح هو ............ . | ○ باخ | ○ فيفالدي | ● بتهوفن | ○ هايدن |
| ٣ - الموسيقار الذي ألف أوبرا «المسيح» هو ............ . | ○ ليدز | ○ هايدن | ○ شوبرت | ● هندل |
| ٤ - الموسيقار الذي ألف «الفصول الأربعة» هو ............ . | ○ موزارت | ● فيفالدي | ○ هايدن | ○ رحمانينوف |
| ٥ - الموسيقار الذي ألف «حلاق إشبيلية» هو ............ . | ● روسيني | ○ فردي | ○ بوتشيني | ○ مونتيفردي |

# Corrigé de la page 183

Il ne l'avait pas vu depuis vingt ans.
لم يكن قد رآه منذ عشرين عاماً .

C'était un jeune homme bien bâti, plein d'énergie.
إنه شاب قوي البناء وذو حيوية فائقة .

Me voilà qui reviens à la première occasion.
ها أنا ذا أعود في أول فرصة .

Les années sont-elles passées dans un travail incessant ?
هل مرت السنين في عمل متواصل ؟

Ils luttaient, tous les deux, contre un ennemi commun : la pauvreté.
كانا يكافحان عدواً مشتركاً .

Son : 34

J'étais en effet pauvre, mais la vie était clémente.
كنت فقيراً حقاً ولكن الحياة كانت رحيمة .

La vie est devenue très difficile.
لقد أصبحت الحياة شاقة .

Mais tu es croyant et la foi est un trésor inestimable.
ولكنك مؤمن والإيمان لا يقدر بثمن .

Tu es enfermé dans un environnement particulier ; c'est là, le problème.
إنك منحبس في بيئة معينة وهذه هي المشكلة .

Devons-nous attendre encore vingt ans ?
هل علينا الانتظار عشرين عاماً أخرى ؟

Son : 35

١ - و / أنها / هل / يخطر / تملك / عمارة / فيلا / سيارة / بباله -> هل يخطر بباله أنها تملك عمارة وفيلا وسيارة ؟

٢ - في / أنها / لصاً / موظف / تخاطب / تعرف / هل / ثوب / كبير -> هل تعرف أنها تخاطب لصاً في ثوب موظف كبير ؟

٣ - على / على / كان / إقطاعيون / الملايين / البلد / ملذاتهم / يتسلط / يبذرون -> كان يتسلط على البلد إقطاعيون يبذرون الملايين على ملذاتهم .

٤ - من / لم / يا / أعماق / نكن / نضحك / قلوبنا / أ / صديقي -> ألم نكن نضحك يا صديقي من أعماق قلوبنا ؟

Son : 36

٥ - منها / كما / إلى / ولم / أحد / وخرجوا / دخل / دخلوها / ينجح / المدرسة / الأولاد -> دخل الأولاد إلى المدرسة ولم ينجح أحد وخرجوا منها كما دخلوا .

## Prépositions

١ - رفع عينيه .......... النارجيلة . — **عن**
٢ - حمداً لله .......... السلامة يا بيك . — **على**
٣ - لم يره .......... عشرين عاماً . — **منذ**
٤ - كيف هان .......... مكانك المفضل ؟ — **عليك**
٥ - هل مرت السنوات .......... عمل متواصل ؟ — **في**
٦ - قديماً كان العيش يتيسر .......... ببضعة قروش . — **لك**
٧ - أما الفلاحين والعمال .......... تحسنت أحوالهم . — **فقد**
٨ - قد يضحى بجيل .......... سبيل الأجيال القادمة . — **في**
٩ - ابتسم مستسلماً وهو مكب على عمله .......... تكاسل . — **في**
١٠ - دأبنا أننا ننظر .......... الوراء، دائماً نتوهم أن وراءنا فردوساً مفقوداً . — **إلى**

Son : 37
Son : 38

## culture générale

١ - المغني الذي غنى بالفرنسية «لا تهجرني» هو .......... — **جاك بريل**
٢ - المغني الذي غنى بالإنجليزية «غرباء في الليل» هو .......... — **فرانك سيناترا**
٣ - المغني الذي غنى بالفرنسية «سيدي الرئيس» هو .......... — **بوريس فيان**
٤ - المغني الذي غنى بالإنجليزية «في الأمس» هو .......... — **جون مكارتني**
٥ - المغنية التي غنت بالفرنسية «لست نادمة على شيء» هي .......... — **إديت بياف**

| # | Français | Arabe |
|---|---|---|
| 1 | Mes enfants, depuis quand travaillez-vous ici ? | ١ - منذ متى تشتغلون هنا يا أولادي ؟ (اشتغل يشتغل) |
| 2 | Mes enfants, vous devez vous éloigner de ces choses. | ٢ - يجب أن تبتعدوا عن هذه الأشياء يا أولادي (ابتعد يبتعد) |
| 3 | La meutrière a-t-elle reconnu le crime ? | ٣ - هل اعترفت القاتلة بالجريمة ؟ (اعترف يعترف) |
| 4 | Je pense qu'ils ne reconnaitront pas leur erreur. | ٤ - أظن أنهم لن يعترفوا بخطئهم (اعترف يعترف) |
| 5 | Pourquoi voulez-vous que je déménage de ce quartier ? | ٥ - لماذا تريدون أن أنتقل من هذا الحي ؟ (انتقل ينتقل) |
| 6 | Je pense qu'ils vont bientôt déménager d'ici. | ٦ - أظن أنهم سوف ينتقلون قريباً من هنا (انتقل ينتقل) |
| 7 | Le nombre n'est pas encore atteint. | ٧ - لم يكتمل العدد بعد (اكتمل يكتمل) |
| 8 | Le feu s'est soudainement déclaré dans le dépôt. | ٨ - اشتعلت النيران فجأة في المخزن (اشتعل يشتعل) |
| 9 | Ismaël, as-tu reçu ma dernière lettre ? | ٩ - هل استلمت رسالتي الأخيرة يا إسماعيل ؟ (استلم يستلم) |
| 10 | Je suis persuadé que notre équipe va gagner. | ١٠ - أنا متأكد من أن فريقنا سوف ينتصر (انتصر ينتصر) |
| 11 | A-t-il reconnu le crime ou pas encore ? | ١١ - هل اعترف بالجريمة أم لم يعترف بعد ؟ (اعترف يعترف) |
| 12 | Mes enfants, je ne comprends pas pourquoi vous comptez sur les autres. | ١٢ - لا أفهم لماذا تعتمدون على الغير يا أولادي (اعتمد يعتمد) |
| 13 | Je voudrais tester cet appareil. | ١٣ - أريد أن أختبر هذا الجهاز (اختبر يختبر) |
| 14 | Nous devons faire des économies. | ١٤ - يجب علينا أن نقتصد (اقتصد يقتصد) |
| 15 | Ils ont fait beaucoup d'économie et ont épargné mille dinars. | ١٥ - لقد اقتصدوا كثيراً وجمعوا ألف دينار (اقتصد يقتصد) |
| 16 | Est-ce vrai que Marilyn Monroe s'était suicidée ? | ١٦ - صحيح أن مارلين مونرو قد انتحرت ؟ (انتحر ينتحر) |

Son : 39

١ - لقد ......... سبع سنين في مصر . ☐ اشتغلت ■ أشتغل
٢ - لقد ......... معنا في القاهرة . ■ اشتغلوا ☐ يشتغلون
٣ - أريد أن ......... في شركة عربية . ☐ اشتغلت ■ أشتغل
٤ - لن ......... إلا في الريف . ■ أشتغل ☐ اشتغلت
٥ - ما ......... إلا في المدينة . ■ اشتغلت ☐ أشتغل
٦ - لا ......... كثيراً عن الدار ! ☐ ابتعد ■ تبتعد
٧ - لن ......... عن أرضنا . ■ نبتعد ☐ ابتعدنا
٨ - أفضل أن ......... من المركز . ■ اقتربت ☐ أقترب
٩ - يجب أن ......... من حينا . ☐ اقتربتم ■ تقتربوا
١٠ - لا ......... من النار يا ابني ! ■ اقترب ☐ تقترب

Son : 40

١١ - هل ......... القاتل بالجريمة ؟ ■ اعترف ☐ يعترف
١٢ - سمعت أنك سوف ......... ! ☐ انتقلت ■ تنتقل
١٣ - ......... على نفسك لا علينا ! ■ اعتمد ☐ أعتمد
١٤ - حاول أن ......... قليلاً ! ☐ اقتصد ■ تقتصد
١٥ - لماذا ......... عن الكلام ؟ ☐ امتنع ■ تمتنع
١٦ - هل ......... الرسالة ؟ ■ استلمتم ☐ تستلموا
١٧ - لم ......... شيء ثمين . ☐ احترق ■ يحترق
١٨ - لم ......... أحد في هذه الحرب . ☐ انتصر ■ ينتصر
١٩ - صحيح أن هتلر ......... ؟ ■ انتحر ☐ أنتحر
٢٠ - لقد ......... القصر بسبب الصاعقة . ■ احترق ☐ يحترق

Son : 41

## Corrigé de la page 185

**EXERCICE : vocabulaire**

١- لقد وضعت الأم يدها على قلبها .
٢- رفعت البنت عينيها / يديها إلى السماء .
٣- لا نعرف متى / كيف / لماذا ... حصل ذلك .
٤- من يعرف كيف / متى / لماذا ... بدأت المشكلة ؟
٥- هذا هو أول / آخر أسبوع لنا في الخارج .
٦- ما هذا الكلام الذي تقوله / تقولونه ... ؟!
٧- لماذا تريد أن تكتب لها رسالة وداع ؟
٨- التفتت البنت فرأت كتاباً / رسالةً ... على الأرض .
٩- لا يستطيعون أن يفعلوا / يقولوا ... شيئاً .
١٠- وضعوا أياديهم على قلوبهم .

Son : 42

**EXERCICE : syntaxe**

١- التفتت روكسان فرأت أمها وراءها .
٢- لم أستطع أن أفعل شيئاً .
٣- هذا آخر أيامنا في هذه البلاد .
٤- لا أحد يعرف كيف حدث ذلك .
٥- كنت أريد على الأقل أن أتكلم معه .

Son : 43

## Corrigé de la page 188

**EXERCICE : vocabulaire**

١- لقد أحبها حباً لم يحبه أحد من قبله .
٢- لقد ملأنا فراغ حياتنا كله بالعمل .
٣- لا ينظرون إلا إليكم ولا يشعرون إلا بكم .
٤- لا حل إلا بالرحيل من هذه البلاد .
٥- سأتصل بك عندما أنتهي من القراءة .
٦- سكت أبي قليلاً / طويلاً ... ثم حكى لنا القصة .
٧- تناولت الرسالة بسرعة ووضعتها داخل الغلاف .
٨- نظفه كي يعيده كما كان .
٩- لقد كرهته كرهاً لم يكرهه أحد من قبلي .
١٠- لا أتفرج إلا على برامج الترفيه في التلفزيون .

Son : 44

**EXERCICE : syntaxe**

١- لقد ملأ فراغ حياته بكرة القدم .
٢- أنا لا أنظر إلا إلى مصلحتي .
٣- سكتت الأم قليلاً كمن يتذكر .
٤- أخذت أختي البرتقالة وأكلتها بسرعة .
٥- أخذ عمي الكتاب كي يقرأه .

Son : 45

## Corrigé de la page 190

**EXERCICE : remploi de vocabulaire**

١- خلال سفرنا تعرفنا على سياح من عمان .
٢- كانت الأيام التي أقضيها في الجامعة جميلة .
٣- نحن نضطر إلى العمل والدراسة .
٤- أتمنى أن أمشي معكم في المدينة .
٥- لا أرى غير زبون واحد في المطعم .
٦- إنه يقضي حكماً بالسجن عشر سنين .
٧- أتمنى أن آكل معكم في مطعم ياباني .
٨- أين تعرفت على خطيبتك ؟
٩- كان الوقت الذي نقضيه في الريف جميلاً .
١٠- هل أنت مضطر إلى العمل ؟

Son : 46

**EXERCICE : syntaxe**

١- تعرفت على هذا الصديق خلال الدراسة .
٢- كان الوقت الذي نقضيه في الدراسة لذيذاً .
٣- كان أولادي لا يفعلون سوى اللعب والنوم .
٤- كانت تقضي حكماً بالسجن في أحد السجون .
٥- كنت أتمنى أن أمشي في شوارع باريس .

Son : 47

دعني أكمل كلامي رجاءً ، لا ................ !

دعني أكمل كلامي رجاءً ، لا تقاطعني !

................ بـي عندما تصل إلى باريس !

اتصل بـي عندما تصل إلى باريس !

................ قليلاً قبل أن تقرر الزواج !

انتظر / فكر / تبصر ... قليلاً قبل أن تقرر الزواج !

................ عن آرائكم بكل حرية !

عبـروا عن آرائكم بكل حرية !

يوم أمس ................ ساعة واحدة فقط .

يوم أمس عملت / نـمت / درست / اشتغلت / لعبت ... ساعة واحدة فقط .

قبل يومين ................ إلى قمة برج إيفل .

قبل يومين صعدت / تسلقت إلى قمة برج إيفل .

ابن عمي سوف ................ الجبل الأبيض .

ابن عمي سوف يتسلق الجبل الأبيض .

................ أمس إلى خطاب الرئيس .

استمعت أمس إلى خطاب الرئيس .

إنني أشعر بـ ................ بسبب الحرب .

إنني أشعر بـالحزن / بالقلق / بالخوف / بالرعب / بعدم الطمأنينة ... بسبب الحرب .

إننا نشعر بـ ................ بسبب الأزمة الاقتصادية .

إننا نشعر بالقلق / بالغضب / بالخوف / ... بسبب الأزمة الاقتصادية .

إنهم يشعرون بـ ................ في هذه المدينة .

إنهم يشعرون بالأمان / بالطمأنينة / بالراحة / بعدم الراحة ... في هذه المدينة .

إنه يشعر بـ ................ منذ الحادث .

إنه يشعر بالألم / بالخوف / بالحزن / بالقلق / بالندم ... منذ الحادث .

NB : souvent ici il s'agit d'une traduction parmi bien d'autres.

## AVANT

1- Jules César fut assassiné en l'an 44 avant Jésus-Christ.
اغتيل يوليوس قيصر سنة ٤٤ قبل الميلاد .

2- Nous finissons le travail avant 20 heures.
إننا ننتهي من العمل قبل الثامنة مساء .

3- Ils sont arrivés avant l'heure.
لقد وصلوا قبل الموعد .

4- C'était bien avant.
قبل ذلك بكثير .

5- Il est parti avant hier.
لقد سافر أول أمس .

6- Je ne reviendrai pas avant longtemps.
لن أعود قبل مدة طويلة .

7- Avant de te marier, finis tes études !
قبل أن تتزوج انته من دراستك !

8- Il faut prendre tes médicaments avant manger.
يجب أن تتناول الدواء قبل الأكل .

9- Ne l'appelez pas avant qu'elle ait fini son travail !
لا تتصلوا بها قبل أن تنتهي من عملها !

10- Ma maison est juste avant la Mairie, de ce côté-là.
داري قبل البلدية من هذه الجهة .

11- Avant tout, il faut penser aux enfants.
فكروا بالأطفال قبلَ أي شيء آخر .

12- Le jour d'avant, j'étais en voyage.
لقد كنت مسافراً في اليوم السابق لذلك .

13- Qui sera à l'avant ?
من سيكون في الأمام ؟

14- En avant !
إلى الأمام !

15- En avant toutes !
لننطلق بسرعة إلى الأمام !

16- C'est la fuite en avant chez eux.
إنهم يتسارعون إلى حتفهم .

17- Mets tes points forts en avant !
ركز على مميزاتك .

18- Il était à l'avant de la manifestation.
لقد كان يترأس المظاهرة .

19- Cette atmosphère me rappelle l'Avant-Guerre.
هذا الجو يذكرني بعشية الحرب .

20- Ne sois pas triste : il faut aller de l'avant !
لا تحزن والصبر جميل !

21- Cet artiste fait partie de l'avant-garde.
هذا الفنان طليعي .

## APRES

1- L'Hégire eut lieu 622 ans après Jésus-Christ.
الهجرة كانت سنة ٦٢٢ بعد الميلاد .

2- Après des années d'études, je commence à travailler.
إني سوف أعمل بعد سنين من الدراسة .

3- Après vous !
تفضل !

4- Après la pluie, le beau temps !
بعد العاصفة تشرق الشمس .

5- Après cela, nous avons repris le travail.
لقد عدنا إلى العمل بعد ذلك .

6- Je m'en suis souvenu des années après.
لقد تذكرت ذلك بعد مرور سنين طويلة .

7- On part après manger.
سنسافر بعد الأكل .

8- J'ai tout compris, mais après coup.
لقد فهمت كل شيء ولكن ليس فوراً .

9- Je suis après toi, dans la liste d'attente.
إني بعدك في قائمة الانتظار .

10- Pourquoi le professeur me crie-t-il après ?
لماذا يصرخ الأستاذ في وجهي ؟

11- Pourquoi s'acharnent-ils après toi ?
لماذا يضايقونك ؟

12- Après tout, c'est votre problème !
على كل حال تلك هي مشكلتكم .

13- D'après la police, notre voisin est un escroc.
حسب ما تقوله الشرطة فإن جارنا نصاب .

14- A-t-il raison d'après toi ?
هل هو على حق برأيك ؟

15- Dix ans après, elle revint au village.
لقد عادت إلى القرية بعد عشر سنين .

16- Nous sommes revenus le jour d'après.
لقد عدنا في اليوم التالي .

17- Et après ?
ثم ماذا ؟

**Corrigé de la page 209**

NB : souvent ici il s'agit d'une traduction parmi bien d'autres.

## RESTE

1- Il ne fait rien : il reste assis devant son ordinateur !  
إنه لا يفعل شيئاً غير الجلوس أمام الحاسوب / الكمبيوتر

2- Il vous reste cinq minutes !  
بقي لديكم خمس دقائق / الباقي لديكم خمس دقائق

3- Et le reste ?  
والباقي ؟

4- Du reste, il ne sait pas bien écrire l'arabe.  
إنه إضافة إلى ذلك لا يحسن الكتابة بالعربية

5- Qui reste ici ?  
من يبقى هنا ؟

6- Il est parti sans demander son reste.  
لقد ذهب دون اعتراض

7- Que faites-vous des restes de vos somptueux repas ?  
ماذا تفعلون بما يتبقى من ولائمكم الفاخرة ؟

8- Elle passa le reste de sa vie à écrire et dessiner.  
لقد أمضت ما تبقى من عمرها في الكتابة والرسم

Son : 4

## ORDRE

1- Il faut mettre de l'ordre dans tes affaires. C'est un ordre !  
عليك ترتيب أغراضك وأنا آمرك بذلك !

2- Il faut faire les choses dans l'ordre.  
يجب القيام بالأمور الواحد بعد الآخر

3- Il purge une peine d'un an pour trouble à l'ordre public.  
إنه يقضي حكماً بالسجن سنة واحدة للإخلال بالنظام العام

4- Il s'est adressé à l'Ordre des médecins.  
لقد رفع القضية إلى نقابة الأطباء

5- Quelles sont les ordres ?  
ما هي الأوامر ؟

6- Il faut classer le vocabulaire par ordre alphabétique.  
يجب ترتيب المفردات بتسلسل أبجدي

7- Cette une question d'ordre privé.  
إنها مسألة ذات طابع خاص

8- Quel est l'ordre du jour ?  
ما هو جدول الأعمال ؟

Son : 5

## POSTE

1- La Poste s'est beaucoup améliorée depuis quelque temps.  
لقد تحسن البريد كثيراً منذ بعض الوقت

2- Je cherche un poste de responsabilité.  
إنني أبحث عن وظيفة ذات مسؤولية

3- Chacun à son poste !  
كل واحد في موقعه !

Son : 6

## PROPRE

1- Je cherche un dictionnaire de noms propres.  
إنني أبحث عن قاموس لأسماء العلم

2- Ta voiture n'est pas propre.  
سيارتك ليست نظيفة

3- Je lui remis la lettre en mains propres.  
لقد سلمته الرسالة يداً بيد

4- Tu es fou, au sens propre du terme !  
أنت مجنون بكل معنى الكلمة !

5- Il a construit sa maison avec ses propres moyens.  
لقد شيد الدار بماله الخاص

6- Le propre d'un honnête homme est d'être altruiste.  
إن أهم أخلاق الإنسان الشريف هو مساعدة الغير

Son : 7

# Corrigé de la page 210

**Manuel d'arabe en ligne** Tome III
**Les bases de l'arabe** en 50 semaines © G. Al-Hakkak 2013

J'écris pour que la justice gagne contre l'oppression.

إنني أكتب كي ينتصر العدل على الظلم .

Nous écrivons pour que la vérité triomphe du mensonge.

إننا نكتب كي تنتصر الحقيقة على الكذب .

Nous parlons pour sauver les gens de l'exploitation.

إننا نتكلم كي ننقذ الناس من الاستغلال .

Je parle pour te sauver de tes erreurs.

إنني أتكلم كي أنقذك من أخطائك .

Elle écrit pour sauver les enfants des risques de l'ignorance.

إنها تكتب كي تنقذ الأطفال من مخاطر الجهل .

**Son : 8**

Il écrit pour sauver celle qu'il aime.

إنه يكتب كي ينقذ من يحبها .

Elle lutte pour sauver ceux qu'elle aime.

إنها تناضل كي تنقذ من تحبهم .

Rien ne nous protège de la mort que la Femme.

لا ينقذنا من الموت سوى المرأة .

Rien ne te protège du néant que ta culture.

لا يحميك من العدم سوى ثقافتك .

Rien ne vous protège de la misère que votre mémoire.

لا يحميكم من البؤس سوى ذاكرتكم .

**Son : 9**

---

١ - الزوجات / حتى / من / إننا / ننقذ / النساء / تعدد -> إننا نناضل حتى ننقذ النساء من تعدد الزوجات .

٢ - على / ينتصر / إنهم / النور / الظلام / كي / يكتبون -> إنهم يكتبون كي ينتصر النور على الظلام .

٣ - الحرية / حتى / على / إنكم / تنتصر / الخوف / تتكلمون -> إنكم تتكلمون حتى تنتصر الحرية على الخوف .

٤ - الناس / إنهم / كي / بأحوالهم / يصرخون / يعلم -> إنهم يصرخون كي يعلم الناس بأحوالهم .

٥ - من / يتحررن / يدرسن / إنهن / التقاليد / حتى -> إنهن يدرسن حتى يتحررن من التقاليد .

**Son : 10**

---

## Désinences casuelles

| | | | |
|---|---|---|---|
| ١ - ليس في الأسبوع الواحد إلا ......... أيام . | ● سبعةُ | ○ سبعةَ | ○ سبعةِ |
| ٢ - لا يوجد في السنة الواحدة إلا ......... فصول . | ● أربعةُ | ○ أربعةَ | ○ أربعةِ |
| ٣ - لا يوجد في السنة الواحدة غير ......... فصول . | ○ أربعةُ | ○ أربعةَ | ● أربعةِ |
| ٤ - لـم أقرأ لفكتور هوجو إلا ......... البؤساء . | ○ كتابُ | ● كتابَ | ○ كتابِ |
| ٥ - لن أزور في باريس هذه السنة إلا ......... . | ○ متحفٌ واحدٌ | ● متحفاً واحداً | ○ متحفٍ واحدٍ |
| ٦ - فهمت كل شيء ما عدا ......... الأخير . | ○ الفصلُ | ○ الفصلَ | ○ الفصلِ |
| ٧ - فهمت كل شيء عدا ......... الأخير . | ○ الفصلُ | ○ الفصلَ | ● الفصلِ |
| ٨ - قرأت كل كتب فكتور هوجو ما خلا ......... البؤساء . | ○ كتابُ | ● كتابَ | ○ كتابِ |
| ٩ - لـم أفهم من كلامك أية ......... ! | ○ كلمةٌ | ○ كلمةً | ● كلمةٍ |
| ١٠ - لـم أفهم من هذا الدرس ولا ......... واحدة ! | ○ كلمةٌ | ● كلمةً | ○ كلمةٍ |

**Son : 11**
**Son : 12**

## culture générale

| | | | | |
|---|---|---|---|---|
| ١ - الصيام عند المسلمين يدوم ......... يوماً تقريباً . | ○ عشرين | ● ثلاثين | ○ أربعين | ○ خمسين |
| ٢ - الصيام عند المسيحيين يدوم ......... يوماً . | ○ عشرين | ● ثلاثين | ○ أربعين | ○ خمسين |
| ٣ - الصيام عند اليهود ......... . | ○ موجود | ○ غير موجود | ○ فترة واحدة | ● عدة فترات |
| ٤ - الصيام عند الهندوس يختلف من ......... إلى آخر . | ● عام | ○ شخص | ○ بلد | ○ قرن |
| ٥ - الصيام السياسي هو الإضراب عن ......... . | ○ العمل | ○ الكلام | ● الطعام | ○ التظاهر |

| | |
|---|---|
| Mon problème n'est pas avec le pain que je mange. | Si le destin décidait que vous soyez riches, voici mes demandes... |
| مشكلتي ليست مع الخبز الذي آكله . | إذا شاءت الأقدار أن تكونوا أغنياء فإليكم مطالبي ... |
| Notre problème n'est pas avec l'eau que nous buvons. | Habite dans un quartier calme ! |
| مشكلتنا ليست مع الماء الذي نشربه . | اسكن في حي هادئ ! |
| Notre principal problème est avec le travail et la liberté. | Travaille dans une grande entreprise ! |
| مشكلتنا الأساسية هي مع العمل والحرية . | اشتغل في شركة كبيرة ! |
| Leur principal souci concerne l'avenir de leurs enfants. | Efface de ta mémoire le mot liberté ! |
| همهم الأساسي يتعلق بمستقبل أولادهما . | اشطب من ذاكرتك كلمة الحرية ! |
| Si le destin décidait que tu sois président, voici mes conseils... | Effacez de votre vocabulaire le mot repos ! |
| إذا شاءت الأقدار أن تكون رئيساً فإليك نصائحي ... | اشطبوا من مفرداتكم كلمة الراحة ! |

**Son : 13**  |  **Son : 14**

---

١ - و / زوجة / يملأون / عندي / البيت / وفية / صغار -> عندي زوجة وفية وصغار يملأون البيت / عندي صغار يملأون البيت وزوجة وفية .

٢ - مع / مشكلتي / العربية / النحو / ليست -> مشكلتي في العربية ليست مع النحو .

٣ - فرنسا / مشاكلنا / ليست / في / الشرطة / مع -> مشاكلنا في فرنسا ليست مع الشرطة .

٤ - تتحدثوا / لا / شؤون / عن / والثورة / الفقر -> لا تتحدثوا عن شؤون الفقر والثورة !

٥ - ما / كل / كونوا / في / تكتبونه / غامضين -> كونوا غامضين في كل ما تكتبونه !

**Son : 15**

---

**Désinences casuelles**

| | الخيار ٣ | الخيار ٢ | الخيار ١ | الجملة |
|---|---|---|---|---|
| ١ | الاثنا عشرة ☐ | الاثني عشرَ ☐ | الاثنا عشرَ ● | شارك في « العشاء الأخير » المسيح والأحبار ......... . |
| ٢ | الأربعةَ ☐ | الأربعةُ ● | الأربعُ ☐ | حكم بعد النبي محمد الخلفاء الراشدون ......... . |
| ٣ | سبعةَ عشر ☐ | ستةَ عشر ● | ستَ عشرةَ ☐ | صارت نفرتيتي ملكة وعمرها ......... عاماً . |
| ٤ | ستَ عشرةَ ☐ | سبعةَ عشر ☐ | سبعَ عشرةَ ● | حصلت على البكالوريا وعمري ......... سنة . |
| ٥ | السابعَ عشر ☐ | الثامنَ عشر ☐ | التاسعَ عشر ● | عاش فكتور هوجو في القرن ......... . |
| ٦ | ألفَ ألفَ ☐ | ألفَ ألفٍ ● | ألفَ ألفٌ ☐ | كلف بناء القصر ......... دينار . |
| ٧ | واحد وثلاثون ☐ | ثلاثينَ ☐ | ثلاثون ● | في شهر سبتمبر / أيلول ......... يوماً . |
| ٨ | ستةَ وستين ☐ | ستةٌ وستين ☐ | ستةَ وستون ● | في السنة الكبيسة ثلاثمائة و......... يوماً . |

**Son : 16**
**Son : 17**

---

**culture générale**

| | | | | | الجملة |
|---|---|---|---|---|---|
| ١ | ☐ اليهود | ● المسلمون | ● المسيحيون | ☐ الهندوس | ☐ البوذيون | ......... يؤمنون بوجود الجنة والنار . |
| ٢ | ● اليهود | ● المسلمون | ● المسيحيون | ☐ الهندوس | ☐ البوذيون | ......... يؤمنون بيوم القيامة . |
| ٣ | ● اليهود | ● المسلمون | ● المسيحيون | ☐ الهندوس | ☐ البوذيون | ......... يؤمنون بوجود إله واحد . |
| ٤ | ☐ اليهود | ● المسلمون | ● المسيحيون | ☐ الهندوس | ☐ البوذيون | ......... يؤمنون بوجود الملائكة . |
| ٥ | ● اليهود | ● المسلمون | ☐ المسيحيون | ● الهندوس | | ......... يؤمنون بأن الكون خُلق في سبعة أيام . |
| ٦ | ☐ اليهود | ☐ المسلمون | ☐ المسيحيون | ● الهندوس | ☐ البوذيون | ......... يؤمنون بتناسخ الأرواح . |
| ٧ | ● الهندوس | ☐ البوذيون | ☐ التاويون | ☐ المانويون | ☐ القرامطة | ......... لا يؤمنون بوجود إله في السماء . |

# Corrigé de la page 212

Je me souviens de ce film comme si je l'avais vu hier.
أذكر هذا الفيلم وكأنني رأيته أمس .

Il ne se souvient pas du visage de cette femme.
لا يذكر ملامح تلك المرأة .

Elle se souvient de ce roman comme si elle l'avait lu hier.
تذكر هذه الرواية وكأنها قرأتها أمس .

Elle ne se souvient pas du nom de cette rue.
لا تذكر اسم ذلك الشارع .

Je me souviens que ce marché était très long.
أذكر أن هذا السوق كان طويلاً .

Je me souviens que cet hôtel était dans le sud de la ville.
أذكر أن ذلك الفندق كان في جنوب المدينة .

Je me souviens que ce quartier était très beau.
أذكر أن هذا الحي كان جميلاً جداً .

Je pense que cet enfant était leur dernier.
أظن أن ذلك الطفل كان أصغر أولادهما .

Te souviens-tu comment était ce restaurant ?
هل تذكر كيف كان هذا المطعم ؟

Il n'y avait entre nos deux villages que quelques kilomètres.
لم يكن يفصل قريتينا غير كيلومترات قليلة .

**Son : 19**  **Son : 18**

---

١ - أن / من / وقتاً / لا / هذا / يستطيع / يذكر / اليوم / بعينه -> لا يستطيع أن يذكر من هذا اليوم وقتاً بعينه .

٢ - وبين / إلا / الدار / لم / بينه / باب / خطوات / يكن / قصار -> لم يكن بينه وبين باب الدار إلا خطوات قصار .

٣ - عن / إلى / كان / يمتد / يمينه / قناة / السياج / صغيرة -> كان السياج يمتد عن يمينه إلى قناة صغيرة .

٤ - رآه / هذا / كأنه / هو / السياج / أمس / يذكر -> هو يذكر هذا السياج كأنه رآه أمس .

٥ - هذه / هم / الحفلة / حضروها / يذكرون / أمس / كأنهم -> هم يذكرون هذه الحفلة كأنهم حضروها أمس .

**Son : 20**

---

**Désinences casuelles**

١ - أتعجب من استعمالك ........... كل يوم وأنت من أنصار البيئة !  ● السيارةَ
٢ - سمعت عن شرائك ........... جديدة : مبروك !  ● دراجةً
٣ - أرجو منك كتابة ........... ثانية عندما تصل إلى هناك .  ● رسالةٍ
٤ - لا بد من كتابتك ........... ثانية عندما تصل إلى هناك .  ● رسالةً
٥ - سمعت عن فتح ابنك ........... جديدة في الشانزليزيه !  ● مغازةً
٦ - تتحدث الأخبار عن رفض النقابة ........... على الاتفاق .  ● التوقيعَ
٧ - هل ندم أوديب على قتله ........... ؟  ● أباه
٨ - سمعت عن تأليف بنتك ........... جديدة .  ● روايةً
٩ - عاش بتهوفن أياماً صعبة قبل تأليفه ........... الخامسة .  ● السيمفونيةِ
١٠ - أُعدم رافاياك في ساحة عامة بعد اغتياله ........... هنري الرابع .  ● الملكَ

**Son : 21**

---

**culture générale**

**Son : 22**

١ - فيلم « العرّاب » أخرجه ........... ● كوبولا
٢ - فيلم « أطول يوم في التاريخ » أخرجه ........... ● برنهارد ويكي
٣ - فيلم « الطيور » أخرجه ........... ● هتشكوك
٤ - فيلم « زوربا اليوناني » أخرجه ........... ● كاكويانيس
٥ - فيلم « لورانس العرب » أخرجه ........... ● سبيلبيرغ

**Corrigé de la page 213**

Depuis ce jour-là, notre fils est devenu juge.
بعد ذلك اليوم أصبح ابننا قاضياً .

Depuis cette date, notre fille est devenue avocate.
بعد هذا التاريخ أصبحت بنتنا محامية .

Notre jeune voisin était petit et mince.
كان جارنا الصغير قصيراً ونحيفاً .

Notre vieille voisine était grosse et grande.
كانت جارتنا العجوز طويلة وسمينة .

Quant à lui, ce titre lui plut au début.
أما هو فقد أعجبه هذا اللقب في أول الأمر .

*Son : 23*

Quant à elle, cette idée ne lui plut pas au début.
أما هي فلم تعجبها هذه الفكرة في البداية .

A peine quelques jours passés qu'il décida d'arrêter ses études.
ما هي إلا أيام وقد قرر التوقف عن الدراسة .

A peine quelques jours passés qu'elle décida de créer sa propre entreprise.
ما هي إلا أيام حتى قررت فتح شركتها الخاصة .

Il eut le sentiment que la vie était injuste.
شعر بأن الدنيا ظالمة .

J'eus le sentiment que la société était pleine d'hypocrisie.
شعرت أن المجتمع مليء بالنفاق والكذب .

*Son : 24*

---

١ - مدرسة / عمي / في / أصبح / أستاذاً / ثانوية / ابن -> أصبح ابن عمي أستاذاً في مدرسة ثانوية .

٢ - محامية / أصبحت / في / خالي / مكتب / بنت / كبير -> أصبحت بنت خالي محامية في مكتب كبير .

٣ - هذا / في / أعجبنا / الفيلم / الأمر / أول -> أعجبنا هذا الفيلم أول الأمر .

٤ - قاضياً / ينتظر / يصبح / كان / حقاً / أن -> كان ينتظر أن يصبح قاضياً حقاً .

٥ - تنتظر / حقاً / محامية / تصبح / كانت / أن -> كانت تنتظر أن تصبح محامية حقاً .

*Son : 25*

---

**A quel temps / aspect accorder le verbe ?**

| | Option 1 | Option 2 | Option 3 (✓) |
|---|---|---|---|
| ١ - إن ......... جيداً فإنك سوف تفهم كل شيء . | تنتبهُ | تنتبهَ | **تنتبهْ** ● |
| ٢ - لو ......... سيد الدنيا لأعلنت المساواة بين الرجل والمرأة . | **كنت** ● | أكونُ | أكنْ |
| ٣ - إذا ......... أن تتعلم العربية وحدك فأنت بطل ! | **استطعت** ● | تستطيعُ | تستطعْ |
| ٤ - إن ......... أن تتعلم العربية وحدك فأنت بطل ! | استطعت | **تستطيعُ** ● | تستطعْ |
| ٥ - من ......... أن يتعلم العربية وحده فهو بطل ! | استطاع | **يستطيعُ** ● | يستطعْ |
| ٦ - مهما ......... فإنك لن تقنعني بهذه الفكرة . | قلت | **تقولُ** ● | تقلْ |
| ٧ - إن ......... لا تدري فتلك مصيبة . | **كنت** ● | تكونُ | تكونَ |
| ٨ - ماذا أقول له لو يسألني إن ......... أهواه ؟! | **جاء / كنت** ● | يجيء / أكون | يجيء / كنت |
| ٩ - إذا ......... ظمآن فلا نزل القطر ! | **مت** ● | أموتُ | أمتْ |
| ١٠ - إذا ......... مذمتي من ناقص فهي الشهادة لي بأني كامل | **أتتك** ● | تأتيك | تأتك |

*Son : 26*

*Son : 27*

---

**culture générale**

| | Option 1 | Option 2 | Option 3 | Option 4 |
|---|---|---|---|---|
| ١ - مؤلف كتاب « الجريمة والعقاب » هو ......... | شكسبير | **ديستويفسكي** ● | هيجل | سارتر |
| ٢ - مؤلف كتاب « قصة مدينتين » هو ......... | شكسبير | **ديكنز** ● | شتانبك | هاردي |
| ٣ - مؤلف كتاب « هكذا تكلم زرادشت » هو ......... | **نيتشة** ● | هيجل | جوتة | ماركس |
| ٤ - مؤلف كتاب « حلم ليلة صيف » هو ......... | **شكسبير** ● | ديكنز | شتانبك | هاردي |
| ٥ - مؤلف كتاب « الغريب » هو ......... | سارتر | **كامو** ● | مونديانو | لوكليزيو |

| | |
|---|---|
| Je pensais que l'école te plaisait ! | Je suis confiant d'avoir réussi mes examens. |
| كنت أحسب أنك تحب المدرسة . | أنا واثق من أنني نجحت في الامتحان . |
| Doit-elle reprocher à ses amis de l'avoir oubliée ? | Elle est confiante d'avoir appris le poème par cœur. |
| أتلوم أصدقاءها لأنهم نسوها ؟ | كانت واثقة من أنها حفظت القصيدة . |
| Dois-je reprocher à mes parents de m'avoir inscrit à l'école ? | Ce jour-là était une catastrophe. |
| ألوم أهلي لأنهم سجلوني في المدرسة ؟ | كان ذلك اليوم مشؤوماً حقاً . |
| Je n'ai pas pu faire un seul pas en direction de la voiture. | Ce jour-là était le plus beau jour de sa vie. |
| لم أستطع أن أتقدم خطوة نحو السيارة . | كان ذلك اليوم أجمل يوم في حياتي . |
| Je n'ai pas pu apprendre un seul mot d'arabe aujourd'hui. | Je croyais que tu étais bon élève ! |
| لم أستطع أن أتعلم اليوم ولا كلمة عربية واحدة . | كنت أحسب أنك تلميذ جاد . |

**Son : 29**     **Son : 28**

١ - إلى / بدون / يذهب / المدرسة / منها / ويعود / واجبات -> يذهب إلى المدرسة ويعود منها بدون واجبات .

٢ - القصيدة / كانت / بأنها / واثقة / حفظت -> كانت واثقة بأنها حفظت القصيدة .

٣ - عليه / يكد / من / حتى / الدار / لم / نادت / أمه / يخرج -> لم يكد يخرج من الدار حتى نادت عليه أمه .

٤ - في / نجحت / كنا / أنك / الامتحان / نحسب -> كنا نحسب أنك نجحت في الامتحان .

٥ - من / لم / أن / كلمة / يتذكر / واحدة / القصيدة / يستطع -> لم يستطع أن يتذكر من القصيدة كلمة واحدة .

**Son : 30**

**Désinences casuelles**

| | | | |
|---|---|---|---|
| ١ - قال النائب ذلك ............ عن مشروع القانون الجديد . | دفاعٌ ○ | دفاعاً ■ | دفاعٍ ○ |
| ٢ - فعلنا ذلك ............ إلى توحيد البلاد ورفض تقسيمها . | سعيٌ ○ | سعياً ■ | سعيٍ ○ |
| ٣ - قلنا ذلك ............ في أن تعم روح التضامن بين الناس . | أملٌ ○ | أملاً ■ | أملٍ ○ |
| ٤ - أعطيتهم ألف دينار ............ للأضرار التي لحقت بسيارتهم . | تعويضٌ ○ | تعويضاً ■ | تعويضٍ ○ |
| ٥ - وزعت الحلوى على الأولاد ............ لهم على نجاحهم . | تشجيعٌ ○ | تشجيعاً ■ | تشجيعٍ ○ |
| ٦ - أنت أقل الطلاب ............ للدرس : مبروك عليك ! | انتباهٌ ○ | انتباهاً ■ | انتباهٍ ○ |
| ٧ - ابنك أكثر الأولاد ............ . | كلامٌ ○ | كلاماً ■ | كلامٍ ○ |
| ٨ - تقدم جيشنا ............ . | شمالٌ ○ | شمالاً ■ | شمالٍ ○ |
| ٩ - يتميز طلابنا على طلاب الجامعات الأخرى ............ . | ثقافةٌ وعلمٌ ○ | ثقافةً وعلماً ■ | ثقافةٍ وعلمٍ ○ |
| ١٠ - زادت بلادنا على جيرانها ............ . | عددٌ ومساحةٌ ○ | عدداً ومساحةً ■ | عددٍ ومساحةٍ ○ |

**Son : 31**

**Son : 32**

**culture générale**

| | | | |
|---|---|---|---|
| ١ - مؤلف كتاب « البخلاء » هو ............ . | ○ ابن المقفع | ○ المسعودي | ○ اليعقوبي | ■ الجاحظ |
| ٢ - مؤلف كتاب « اللص والكلاب » هو ............ . | ○ طه حسين | ■ نجيب محفوظ | ○ الغيطاني | ○ الأسواني |
| ٣ - مؤلف كتاب « كليلة ودمنة » هو ............ . | ■ ابن المقفع | ○ الجاحظ | ○ ابن قتيبة | ○ الهمذاني |
| ٤ - مؤلف كتاب « رسالة الغفران » هو ............ . | ○ المتنبّي | ■ المعرّي | ○ المقّري | ○ ابن عبد ربه |
| ٥ - مؤلف كتاب « النبي » هو ............ . | ○ طه حسين | ■ جبران | ○ أبو ماضي | ○ أمين معلوف |

**Corrigé de la page 215**

Les enfants admirent toujours leurs pères et mères.

الأطفال دائماً معجبون بآبائهم وأمهاتهم .

Ils essaient d'être comme leurs frères aînés en tout.

يحاولون أن يكونوا كإخوتهم الكبار في كل شيء .

Ils imaginent qu'ils étaient, pendant leur enfance, comme maintenant.

يتصورون أنهم في طفولتهم كما هم الآن .

N'est-ce pas exact, ce que je dis ?

أليس الأمر كما أقول ؟

Ton père est le meilleur homme du pays.

أبوك خير الرجال في البلد .

**Son : 33**

N'aimerais-tu pas vivre comme il vivait ?

ألا تود أن تعيش كما كان يعيش ؟

J'ai ouvert dans ton coeur naïf une porte pour la tristesse.

فتحت في قلبك الساذج باباً إلى الحزن .

Je ne te dirai rien sur ce qu'était la vie de ton père.

لن أقول لك شيئاً عما كانت عليه حياة أبيك .

Ce jour-là tu pourra savoir que ton père t'a énormément aimée.

سوف تعلمين يومذاك / يومئذ أن أباك أحبك حباً جماً .

Je n'aime pas qu'un enfant se moque de son père.

لا أحب أن يهزأ طفل من والده .

**Son : 34**

١ - من / عمرك / إنك / لساذجة / في التاسعة / طيبة النفس / سليمة القلب / وأنت -> إنك لساذجة طيبة النفس سليمة القلب وأنت في التاسعة من عمرك .

٢ - مثلاً / عليا / يعجب / الأطفال / ويتخذونهم / في الحياة / بآبائهم / وأمهاتهم -> يعجب الأطفال بآبائهم وأمهاتهم ويتخذونهم مثلاً عليا في الحياة .

٣ - مثلهم / كل / يحاولون / يكونوا / أن / شيء / في -> يحاولون أن يكونوا مثلهم في كل شيء .

٤ - مما / إن / خيراً / كان / كما / أو / أباك / تعيشين / يعيش -> إن أباك كان يعيش كما تعيشين أو خيراً مما تعيشين .

٥ - تحبين / ألست / أن / كان / كما / يعيش / تعيشي -> ألست تحبين أن تعيشي كما كان يعيش ؟

٦ - باباً / فتحت / قلبك / أبواب / إلى / الساذج / من / الحزن -> فتحت باباً من أبواب الحزن إلى قلبك الساذج .

٧ - من السن / لن / تتقدم / أحدثك / حتى / بشيء / هذا / بك / قليلاً -> لن أحدثك بشيء من هذا حتى تتقدم بك السن قليلاً .

**Son : 35**

| | | | |
|---|---|---|---|
| ○ وأعلم لا | ● أولا تعلم | ○ وألا تعلم | ١ - ............ أن في قراءة الكتب الأدبية فائدة لكل الناس ؟ |
| ○ أو ما | ● أوما | ○ وأما | ٢ - ............ عندك فكرة أخرى غير هذه ؟ |
| ○ هل لسنا | ○ أفلسنا | ● فألسنا | ٣ - ............ على حق في هذه القضية ؟ |
| ● فليفعل | ○ افعل | ○ يفعل | ٤ - ............ ما شاء ، فهذا لا يهمني أبداً ! |
| ○ ولنكون | ● فلنكن | ○ نكون | ٥ - ............ على استعداد لأن ساعة الرحيل اقتربت ! |
| ● حتام | ○ علام | ● إلام | ٦ - ............ الخلف بينكم ؟! |
| ○ أفلا | ● ألا | ○ هلا | ٧ - ............ تظن أن المهاجرين من أكثر الناس كداً وسعياً ؟ |
| ● ألا | ○ إلا | ○ إما | ٨ - ............ تخشى على الأولاد من البرد ؟ |
| ○ بما | ● بم | ● بماذا | ٩ - ............ تتكلمين مع أهلك ؟ |
| ○ لما لم | ● لم لم | ○ لملم | ١٠ - ............ تخبرنا بما حدث لك ؟ |

**Son : 36**

**Son : 37**

| | | | | |
|---|---|---|---|---|
| ○ لوس أنجلوس | ○ شيكاغو | ○ مكسيكو | ● واشنطن | ○ نيويورك | ١ - أكبر مدينة في أمريكا الشمالية هي ............ |
| ○ بوجوتا | ○ برازيليا | ○ ليما | ○ بوينس آيرس | ● ريو | ٢ - أكبر مدينة في أمريكا الجنوبية هي ............ |
| ○ أبيدجان | ○ كوناكري | ○ جوهانسبورغ | ● القاهرة | ○ الجزائر | ٣ - أكبر مدينة في إفريقيا هي ............ |
| ○ مكة | ○ دمشق | ○ الخرطوم | ○ بغداد | ● القاهرة | ٤ - أكبر مدينة عربية هي ............ |
| ○ طهران | ○ شنغهاي | ○ دلهي | ○ بكين | ● طوكيو | ٥ - أكبر مدينة في آسيا هي ............ |

culture générale

**Corrigé de la page 216**

| | |
|---|---|
| 1. Je voudrais me renseigner sur les raisons du retard de l'avion. | ١ - أريد أن أستفسر عن سبب تأخر الطائرة (استفسر يستفسر) |
| 2. Vous devez vous renseigner sur les raisons. | ٢ - يجب عليكم أن تستفسروا عن السبب (استفسر يستفسر) |
| 3. Quand allez-vous utiliser l'arabe pour parler, mes enfants ? | ٣ - متى ستستعملون العربية في الكلام يا أولادي ؟ (استعمل يستعمل) |
| 4. Salima, tu dois utiliser le nouveau téléphone. | ٤ - يجب أن تستعملي التلفون الجديد يا سليمة (استعمل يستعمل) |
| 5. Ils ne veulent utiliser que la nouvelle voiture. | ٥ - لا يريدون أن يستعملوا إلا السيارة الجديدة (استعمل يستعمل) |
| 6. Qui vous accueillera à l'aéroport ? | ٦ - من سوف يستقبلكم في المطار ؟ (استقبل يستقبل) |
| 7. Qui vous a accueillis à votre arrivée ? | ٧ - من استقبلكم عندما وصلتم ؟ (استقبل يستقبل) |
| 8. Pourquoi ne nous as-tu pas accueillis à notre arrivée à l'aéroport. | ٨ - لم لم تستقبلنا عندما وصلنا إلى المطار ؟ (استقبل يستقبل) |
| 9. Comment récupères-tu ton argent de cet avare ? | ٩ - كيف تسترجع مالك من هذا البخيل ؟ (استرجع يسترجع) |
| 10. Combien veux-tu investir en bourse ? | ١٠ - كم تريدين أن تستثمري في البورصة ؟ (استثمر يستثمر) |
| 11. Quand la France a-t-elle colonisé l'Algérie ? | ١١ - متى استعمرت فرنسا الجزائر ؟ (استعمر يستعمر) |
| 12. Les Français ont colonisé l'Algérie en 1830. | ١٢ - الفرنسيون استعمروا الجزائر في ١٨٣٠ (استعمر يستعمر) |
| 13. Ce sont les Américains qui ont utilisé la bombe atomique au Japon. | ١٣ - الأمريكان هم الذين استخدموا القنبلة الذرية في اليابان (استخدم يستخدم) |
| 14. Personne n'apprécie la nouvelle loi. | ١٤ - لا أحد يستحسن القانون الجديد (استحسن يستحسن) |
| 15. Nous n'avons pas apprécié cette loi. | ١٥ - نحن لم نستحسن هذا القانون (استحسن يستحسن) |
| 16. Les gens n'ont pas apprécié cette loi et ne l'apprécieront jamais. | ١٦ - الناس لم يستحسنوا هذا القانون ولن يستحسنوه أبداً (استحسن يستحسن) |

**Son : 38**

| | | | | | | |
|---|---|---|---|---|---|---|
| أستثمر ● | أستعمر ○ | ١١ - أريد أن ......... في البترول . | | نسترجع ● | يسترجعوا ○ | ١ - متى ......... أرضنا ؟ |
| أستوطن ○ | أستقبل ● | ١٢ - أريد أن ......... الوفد بنفسي . | | استرجعت ○ | أسترجع ● | ٢ - أريد أن ......... مالي ! |
| أستعمل ● | أستوطن ○ | ١٣ - بودي أن ......... سيارتك . | | تسترجع ● | تسترجعي ○ | ٣ - متى ......... أولادك ؟ |
| أستغفر ○ | أستحسن ● | ١٤ - إنني ......... هذه الفكرة . | | تستخرجون ● | تستخرجوا ○ | ٤ - كيف ......... البترول ؟ |
| أستغفر ● | أستفسر ○ | ١٥ - هذا حرام ! ......... الله . | | يستخرجون ● | يستخرجوا ○ | ٥ - هل ......... النفط في البحر ؟ |
| أسترجع ○ | أستثمر ● | ١٦ - أريد أن ......... مالي . | | تستخدم ● | تستخدمي ○ | ٦ - هل ......... الغاز للطبخ ؟ |
| أستوطن ○ | أستقبل ● | ١٧ - سوف ......... أهلي في المحطة . | | تستخدم ● | تستخدمي ○ | ٧ - هل ......... السيارة كل يوم ؟ |
| أستوطن ● | أستقبل ○ | ١٨ - لن ......... السيارة القديمة . | | استعمرت ○ | استعمر ● | ٨ - أي بلد ......... ليبيا ؟ |
| نستفسر ○ | نستعمر ● | ١٩ - لن ......... بلادكم . | | استعمرت ● | استعمر ○ | ٩ - أي بلد ......... الجزائر ؟ |
| نستوطن ● | نستقبل ○ | ٢٠ - لن ......... أرضكم . | | استعمرت ● | استعمر ○ | ١٠ - متى ......... الجزائر ؟ |

**Son : 40**   **Son : 39**

## Corrigé de la page 219

### EXERCICE : vocabulaire

١- ماذا وراء هذا السياج / الجدار ... العالي ؟

٢- أنا أخاف من الظلام ! أشعل النور !

٣- في أي شهر / فصل / سنة .. سافرتم إلى الأرجنتين ؟

٤- من الواجب علينا أن نقبل بهذا .

٥- هل تعرف متى حصل التسونامي ؟

٦- لا أستطيع أن أتذكر بالضبط .

٧- سياج دارنا ذهبت / عصفت به العاصفة .

٨- الأطفال والعجائز لا يتحملون حرارة الصيف .

٩- إلى أين يذهب / ينتهي ... هذا الشارع ؟

١٠- لـماذا لا تبني سياجاً لدارك ؟

Son : 41

### EXERCICE : syntaxe

١- تلقينا هواء فيه شيء من الحرارة والرطوبة .

٢- يكادون يذكرون أنهم شاهدوا ناساً كثيرين .

٣- نذكر هذا اليوم كأننا عشناه أمس .

٤- يذكر أن هذه المدينة كانت أكبر من مدينته .

٥- هو كاتب عظيم كان له تأثير كبير في حياتي .

Son : 42

## Corrigé de la page 220

### EXERCICE : vocabulaire

١- من درس الطب فهو طبيب .

٢- ابني لم يبلغ بعد السابعة من عمره .

٣- ابني يلعب كرة السلة لأنه طويل .

٤- أعجبني الفيلم الجديد لسكورسيزي .

٥- كنت أنتظر أن أشفى ثم أعود للعمل .

٦- كان من الصعب / السهل ... الوصول إلى حل .

٧- أنت أغفل من أن تفهم هذه المشكلة .

٨- ما هي إلا ساعات حتى فهمت المشكلة .

٩- كيف السبيل إلى حل هذه المشكلة ؟

١٠- أحسسنا بأن الحياة هنا مملوءة بالمشاكل .

Son : 43

### EXERCICE : syntaxe

١- منذ هذا اليوم أصبح الناس مجانين .

٢- أما نحن فقد أعجبنا الفيلم في أول الأمر .

٣- ما هي إلا أسابيع حتى عرف الناس الحقيقة .

٤- أحسست أن الدنيا مملوءة بالكذب والغش .

٥- لم يلبثوا أن نسوا هذه المشاكل كلها .

Son : 44

## Corrigé de la page 221

### EXERCICE : vocabulaire

١- أذهب إلى العمل في الصباح وأعود منه في المساء .

٢- أنا واثق أنك ستنجح !

٣- كانت تلك السنة مشؤومة حقاً .

٤- ذقنا في تلك السنة مرارة الفشل / الخزي / الذلة ....

٥- عادوا من السفر بسرعة / أمس / تعبين ....

٦- لم نكد نصل إلى المطار حتى علمنا بالإضراب .

٧- وقع علينا هذا الخبر وقع الصاعقة .

٨- لم نستطع أن نفعل شيئاً .

٩- كنت أحسب أنك تفهم كلامي !

١٠- قال لهم في هدوء : قوموا !

Son : 45

### EXERCICE : syntaxe

١- يذهب الأولاد إلى المدرسة ويعودون منها بالباص .

٢- عادت من العمل مساء ذلك اليوم مطمئنة سعيدة .

٣- لم نكد ندخل السوق حتى وقع هذا الانفجار الإرهابي .

٤- لقد كنت أحسب أنكم تتكلمون اللغة التركية .

٥- لا ندري أنلوم أنفسنا أم نلوم البلدية أم نلوم الدولة .

Son : 46

**Manuel d'arabe** *en ligne*

Tome III

# Annexe 2

# Lexique classé par ordre alphabétique

مفردات الكتاب

# Index lexical arabe-français

**Manuel d'arabe** en ligne **Tome III**
**Les bases de l'arabe** en 50 semaines
http://www.al-hakkak.fr
© G. Al-Hakkak 2013
**En autonomie**

ء ا ب ت ث ج ح خ د ذ ر ز س ش ص ض ط ظ ع غ ف ق ك ل م ن هـ و ي

العربية أسبوعاً في خمسين

## Vocabulaire de l'ensemble de ce troisième tome, classé par ordre alphabétique

Cet ensemble lexical est multifonctionnel : c'est un mini-dictionnaire, un répertoire pour mémoriser le vocabualire rencontré dans les différents chapitres, un outil de révision. Donc il faut le visiter et revisiter de temps en temps pour activer sa mémoire.

Quelques précisions techniques s'imposent :

1. Le *masdar* (nom verbal) est indiqué avec chaque verbe, sauf lorsqu'il n'est habituellement pas utilisé en arabe.

2. Certains verbes réapparaissent à la fin du lexique, accordés à هو .

3. Le pluriel est normalement indiqué, sauf lorsque cela n'est pas utile, comme dans le cas du pluriel régulier, aussi bien du masculin que du féminin. Parfois, l'entrée indique un pluriel. Dans ce cas, le singulier est rappelé entre parenthèses, précédé de «1» pour مفرد - singulier ). Par exemple : آراء (1 رَأْي)

4. Le féminin est indiqué lorsqu'il ne se construit pas avec une *tâ' marbûta* ( ة ) et il est précédé d'un م pour مؤنّث . Ex. : يقظ م يقظى .

5. Le comparatif est donné avec من : il est facile de deviner le superlatif correspondant.

6. Certains noms propres sont fournis en guise de rappel de leur importance.

7. Certaines œuvres sont également indiquées, entre guillemets.

8. De nombreuses entrées corresppndent à une phrase citée telle qu'elle figure dans l'un des textes de ce volume.

9. Les voyelles brèves ne sont pas systématiquement indiquées. Quand un terme se répète, surtout à proximité, quand sa forme est très courante, quand on sait d'expérience que l'erreur est rare dans un endroit précis d'un mot, l'économie est faite de la voyelle brève. Globalement, il est bénéfique de se libérer de ces voyelles même dans

## Début ▼

|  |  |
|---|---|
| Fatiguer qqn | أتْعَبَ يُتعب (الإتّعاب) |
| Savoir bien faire, maîtriser | أتْقَنَ يُتقن (الإتقان) |
| Four | الأتون = فِرْن |
| Venir | أتى يأتي |
| Il n'est pas venu | لم يأتِ |
| C'est son tour de parler | أتى يأتي دَوْرُهُ في الكلام |
| Susciter, provoquer | أثار يُثير (الإثارة) |
| En roulant, en marchant | أثناء السَيْر |
| Répondre | أجاب يُجيب (الإجابة) |
| Réponds-moi ! | أجِبني ! |
| Louer [un bien à qqn] | أجَّر يُؤَجِّر (التأجير) |
| Il le fit asseoir avec tendresse | أجْلَسَهُ في رِفق |
| Vénérer, rendre grâce à une majesté | أجَلَّ يُجِلَّ (الإجلال) |
| Je t'ai vénéré(e) | أجْلَلْتُكَ |
| Les appareils de répression | أجْهِزَة القَمْع |
| Fondre en larmes | أجْهَشَ يُجْهِش بالبُكاء |
| Atmosphères | الأجْواء (1 جَوّ) |
| Générations | الأجْيال (1 جيل) |
| Histoires, récits, hadiths | الأحاديث (1 حَديث) |
| Les mêmes histoires | الأحاديث نَفْسُها |
| Aimer | أحَبَّ يُحِبّ (الحُبّ) |
| Je t'ai aimé(e) | أحْبَبْتُكَ |

|  |  |
|---|---|
| Les dieux | الآلهة (1 إلـه) |
| Espoirs | الآمال (1 أمَل) |
| Croire (religion, pensée...) | آمن يُؤمن (الإيمان) |
| Croire en | آمن يُؤمن بـ |
| Se sentir proche de | آنَسَ يُؤنس |
| Est-ce toi, vraiment ? | أأنت حقّاً ... ؟ |
| Père | الأب ج آباء |
| Cher père, ô papa | أبَتِ = يا أبي |
| Jamais | أبداً |
| La chose la plus simple | أبْسَط شَيْء |
| Plus horrible que | أبْشَع من |
| Voir | أبْصَرَ يُبْصِر |
| Héros | الأبطال (1 بَطَل) |
| Plus loin que | أبْعَد من |
| Eloigner qqch ou qqn | أبعد يُبعد (الإبعاد) |
| Faire pleurer | أبْكى يُبْكي |
| Bâtiments, édifices, constructions | الأبْنية (1 بِناء) |
| Paternité | الأبُوّة |
| Blanc | أبْيَض م بَيْضاء |
| Le souvenir de nuits passées m'est revenu | أتتني ذِكرى أيام خَوال |
| Veux-tu [entendre] la vérité ? | أتُريدينَ الحقيقة ؟ |

|  |  |
|---|---|
| Puits | الآبار (1 بِئر) |
| Préférer | آثرَ يُؤْثِر = فضَّل يُفضِّل |
| Faire des reproches à qqn | آخَذَ يُواخذ = عاتَبَ يُعاتِب |
| Ne m'en veux pas ! | لا تُواخذني ! |
| Dernier / la fin | آخر / الآخر |
| Nos derniers jours sur Terre | آخر أيّامنا على وَجْهِ الأرض |
| Ses derniers jours | آخِر أيّامِه |
| La fin du monde | آخر الدُنْيا |
| Et à la fin, enfin | وفي الآخر = وأخيراً |
| Premier et dernier / début et fin | الأوّل والآخر |
| Opinions, avis | الآراء (1 رَأْي) |
| Désolé ! | آسِف = مُتَأَسِّف |
| Douleurs | الآلام (1 ألَم) |
| Douleurs de l'âme, souffrances psychologiques | آلام النَفْس |

308

# Index lexical arabe-français

Manuel d'arabe en ligne Tome III — Les bases de l'arabe en 50 semaines — © G. Al-Hakkak 2013 — http://www.al-hakkak.fr — En autonomie

ء ا ب ت ث ج ح خ د ذ ر ز س ش ص ض ط ظ ع غ ف ق ك ل م ن ه و ي

|  |  |
|---|---|
| Je t'aime vraiment | أَحِبُّكَ حَقّاً |
| Evénements | الأحداث (١ حَدَث) |
| Tristesses | الأحزان (١ حُزن) |
| Sentir que | أحَسَّ يُحِسّ أنّ (الإحساس) |
| Ressentir | أحَسَّ يُحِسّ بـ (الإحساس) |
| Bien jouer la comédie | أحسن التمثيل |
| Bien faire qqch | أحْسَنَ يُحسِن (الإحسان) |
| Rouge | أحمَر |
| Quartiers, les vivants | الأحياء (١ حَيّ) |
| Les vivants | الأحياء |
| Biologie | علم الأحياء |
| Parfois | أحياناً |
| Frère | الأخ ج إخوة / إخوان |
| Informer | أخبَر يُخبِر (الإخبار) |
| J'espère que tu vas m'annoncer une bonne nouvelle | أخبِريني خيراً |
| Sœur | الأخت ج أخوات |
| Prendre | أخَذ يأخُذ (الأخذ) |
| Commencer | أخذ يأخذ بـ = بدأ |
| Les deux hommes se mirent à lui trouver des excuses | أخَذ الرّجُلان يعتذِران عَنْه بـ |
| Il commence à pâlir | أخَذ لَونُه يتَغَيَّر |
| Il se mit à répéter | أخذ يُرَدِّد |
| Il se mit à le lire | أخذ يقرَؤُه |
| Son front se mit à suer | أخَذت جَبهَتُه تَزِدُ |
| Il eut pitié de | أخَذَتْه تأخُذُه الرَّأفةُ بـ... |
| Sortir qqch, mettre en scène | أخرَج يُخرِج (الإخراج) |
| Idiot, crétin | أخرَق |
| Etre fidèle, loyal | أخلَص يُخلِص (الإخلاص) |
| Enfin | أخيراً |
| Littérature, bienséance | الأدب ج آداب |
| Introduire, faire entrer | أدخَل يُدخِل (الإدخال) |
| Se rendre compte | أدرك يُدرك (الإدراك) = فهم يفهم |
| Etre addict à, être dépendant de | أدمن يدمن على (الإدمان) |
| Médicaments, remèdes | الأدوية (١ دَواء) |
| Accomplir le Petit pèlerinage | أدّى يؤدّي العُمرة (الأداء) |
| Lettré | الأديب ج أدباء |
| Radio et Télévision | الإذاعة والتلفزيون |
| Oreille | الأذُن ج آذان |
| Dégât (causé par autrui, ou par qqch) | الأذى |
| Faire voir, montrer | أرى يُري |
| Montre-moi ta force ! | أرِني قوَّتَك ! |
| Canapés, bancs, fauteuils | الأرائك (١ أريكة) |
| Les années 40 | الأربعينيات = الأربعينات |
| J'espère que tu ne m'en veux pas | أرجو ألّا تَعتِبَ عليَّ |
| Je te prie | أرجوك ! (الرّجاء) |
| Je vous prie | أرجوكُم ! |
| Plus clément que | أرحم من |
| Moins cher que | أرخص من |
| Ajouter (parole) | أردَفَ يُردِف |
| Envoyer | أرسل يُرسِل (الإرسال) |
| Guider, indiquer le chemin | أرشَدَ يُرشِد (الإرشاد) |
| La Terre | الأرض = الكرة الأرضيّة |
| Terre, terrain, sol | الأرض ج الأراضي |
| Par terre | على الأرض |
| Le Jour de la Terre | يوم الأرض |
| Les territoires occupés | الأراضي المُحتَلَّة |
| Obliger, contraindre | أرغَمَ يُرغِم (الإرغام) |
| Plus fin que, plus délicat que | أرقّ من |
| Montre-moi ! | أرني ! |
| Montre-le moi ! | أرنيه ! |
| Montrer, faire voir | أرى يُري |
| Canapé, banc, fauteuil | الأريكة ج أرائك |
| Effacer, enlever, faire disparaître qqch | أزال يُزيل (الإزالة) |
| Déranger, indisposer | أزعج يُزعِج (الإزعاج) |
| Fleurs | الأزهار (١ زَهرة) |
| Vêtements, habits | الأزياء (١ زِيّ) |
| Styles, manières, façons | الأساليب (١ أُسلوب) |
| Causes, raisons | الأسباب (١ سَبَب) |
| Raisons particulières | أسباب خاصّة |
| Une semaine durant | أسبوعاً |
| Professeur, monsieur | الأستاذ ج أساتذة |
| Famille | الأسرة ج أسر |
| Plus rapide que | أسرع من |
| Se dépêcher | أسرَعَ يُسرِع |
| Se dépêcher de | أسرع إلى ... |
| Ouvrir la porte rapidement | أسرع يفتح الباب |
| Noms, prénoms, substantifs | الأسماء (١ اسم) |
| Poissons | الأسماك (١ سَمَكة) |
| La chose la plus facile dans les livres | أسْهَل ما في الكُتُب |
| Pire que | أسوأ من |
| Modèle vertueux | الأسوة الصالحة |
| Ressembler à | أشبه يُشبه |
| Bandes magnétiques, films | الأشرطة (١ شريط) |
| Superviser | أشرَفَ يُشرِف على (الإشراف) |
| Poèmes | الأشعار |
| Travaux | الأشغال (١ شُغل) |
| Plus célèbres que | أشهر من |
| Mois | الأشهر (١ شَهر) |
| Atteindre, toucher (cible) | أصاب يُصيب (الإصابة) |
| Doigts | الأصابع (١ إصبَع) |
| Il fut endommagé | أصابَه أذى |
| Devenir | أصبَح يُصبِح |
| Je suis devenu grand-père | أصبَح لي أحفاد |
| J'ai désormais un foyer | أصبحتُ ذا مَسكَن |
| Amis, propriétaires | الأصحاب (١ صاحب) |
| Les maîtres (pays), patrons, responsables | أصحاب الأمر |
| Gens importants | أصحاب الشأن |
| Coquilles | الأصداف (١ صَدَفة) |
| Publier | أصدَرَ يُصدِر (الإصدار) |
| Amis | الأصدقاء (١ صديق) |
| Insister | أصَرَّ يُصِرّ على (الإصرار) |
| Ecouter avec attention | أصغى يُصغي إلى (الإصغاء) |
| Trop petit pour | أصغَر من أن |
| Origine | الأصل ج أصول |
| Originaire, original | أصليّ |
| Voix, sons, bruits | الأصوات (١ صَوت) |
| Eclairer | أضاء يضيء (الإضاءة) |

309

# Index lexical arabe-français

## Manuel d'arabe en ligne — Tome III
### Les bases de l'arabe en 50 semaines
© G. Al-Hakkak 2013 — http://www.al-hakkak.fr — En autonomie

العربية أسبوعاً في خمسين

ء ا ب ت ث ج ح خ د ذ ر ز س ش ص ض ط ظ ع غ ف ق ك ل م ن هـ و ي

|  |  |  |  |  |  |
|---|---|---|---|---|---|
| Vocabulaire impoli, vulgaire | الألْفاظ النابية | Enrichir | أغنى يُغني (الإغْناء) | Ajouter | أضافَ يُضيف (الإضافة) |
| Divertir, détourner l'attention de qqn | ألْهى يُلْهي | Joies, fêtes (fig.), mariage | الأفْراح (١ فَرْحة) | Ajouter en souriant | أضاف يُضيف مُبْتَسِماً |
| N'est-ce pas comme je le dis ? | ألَيْسَ الأمْرُ كَما أقول ؟ | Individus | الأفْراد (١ فَرْد) | Mollaires | الأضْراس (١ ضَرْس) |
| N'est-ce pas ? | ألَيْسَ كَذلِك ؟ | Meilleur que | أفْضَل من | Egarer qqn, tromper, dévoyer | أضلَّ يُضلّ (الإضْلال) |
| Familier | أليف | Il serait bien plus grandiose de | الأفْضَل والأعْظَم أن | Avoir une intention hostile | أضْمَرَ يُضْمِر (الإضْمار) |
| Animal domestique | حَيَوان أليف ج حيوانات أليفة | Gestes, actes, verbes | الأفْعال (١ فِعْل) | Faire voler | أطارَ يُطير |
| ... ou... ? | أمْ ... ؟ | Horizon | الأُفُق ج آفاق | Obéir | أطاعَ يُطيع (الإطاعة) |
| Mère | الأُمّ ج أُمَّهات | Bouches | الأفْواه (١ فو = فَم) | Supporter que | أطاق يُطيق أنْ |
| Les parents, pères et mères | الآباء والأمَّهات | Proches parents | الأقارِب (١ قريب) | Regarder d'en-haut | أطَلَّ يُطلّ برَأْسِه (الإطْلال) |
| Nation | الأمّة ج أُمَم | Résider | أقامَ يُقيم (الإقامة) | Tirer, lancer | أطْلَقَ يُطْلِق (الإطْلاق) |
| L'ONU | الأمم المتحدة | Venir vers | أقْبَل يُقبِل على (الإقْبال) | Tirer une balle | أطْلق رصاصة |
| Ordonner | أمَرَ يأمُر (الأمْر) | Il vint vers lui, il l'aborda | أقْبَلَ عَلَيْه | Libérer qqn | أطلق سَراحَه |
| C'est la princesse qui décide de ton sort | أمْرُكَ بَيْنَ يَدَيْ الأميرة | Caveaux | الأقْبِية (١ قَبْو) | Il a été libéré, relâché | أُطْلِق سَراحه |
| Tenir, appréhender | أمْسَك يُمْسِك بـ | Les cachots des tyrans | أقْبِية الطُغاة | Faire de l'ombre à, protéger du soleil | أظلَّ يُظلّ |
| Faire pleuvoir | أمْطَرَ الجَوّ | Les coups du destin | الأقْدار (١ قَدَر) | Rendre, ramener | أعادَ يُعيد (الإعادة) |
| Couvrir d'insultes (le —) | أمطره بالشتائم | Le destin voulut que | شاءت الأقْدار أنْ | Plaire à qqn | أعْجَبَ يُعْجِب (الإعْجاب) |
| Regarder attentivement | أمْعَنَ يُمْعِن النَظَر (الإمْعان) | Fours | أقْران (١ قِرْن) | Le mot lui plut | أعْجَبَهُ هذا اللَّفْظ |
| Etre possible | أمْكَنَ يُمْكِن أنْ (الإمْكان) | Plus proche que | أقرب من | Il l'admira | أُعْجِبَ بِه |
| Espoir, attente | الأمَل ج آمال | Jurer, faire le serment | أقْسَمَ يُقْسِم | Non-arabe | أعْجَمي |
| Mères | الأمَّهات (١ أمّ) | Faire un faux serment, commettre un parjure | أقسم كذباً | Préparer | أعدَّ يُعِدّ (الإعداد) |
| Les morts | الأموات = الـمَوْتى (١ مَيِّت) | Jurer par Dieu | أقسم بالله | Herbes | أعْشاب (١ عُشْب) |
| Biens et argent | الأموال (١ مال) | Jurer ses grands dieux | أقسم بالله العظيم | Nerfs | أعْصاب (١ عَصَب) |
| Maternité, amour maternel | الأمومة | Je jure sur l'honneur | أقسم بشَرَفي | Donner | أعْطى يُعطي |
| Commandeur des croyants | أمير الـمُؤْمِنين | Je veux dire | أقصد = أعني | Il le lui donna | أعْطاهُ إيّاهُ |
| Honnête, sûr | أمين | Moins facile | أقلّ سهولة | Donne-moi ton billet ! | أعْطِني تَذْكِرتَك ! |
| Etre oublié | أنْ يُنسى | Plus que | أكْثَر من | Le pire / le plus important | الأعْظَم والأدْهى |
| Il vaut mieux l'oublier | الأفضل أن ينسى | Le plus généreux des hommes | أكْرَم الرِّجال | Les fonds marins | أعْماق الـمُحيطات |
| Il faut l'oublier | يجب أن ينسى | Manger | أكَل يأكُل (الأكل) | Travaux | الأعْمال (١ عَمَل) |
| J'ai besoin de | أنا بحاجة إلى | Il m'a mangé, dévoré | أكَلَني | Travaux forcés | الأعْمال الشاقة = الأشْغال الشاقة |
| Elégance | الأناقة | Ne sais-tu pas ? | ألا تعرف ؟ | Œuvres artistiques | الأعْمال الفنية |
| Egoïsme | الأنانية | Ne le sais-tu pas ? | ألا تعرف ذلك ؟ | Œuvres complètes | الأعْمال الكاملة |
| L'enfant le plus noble | أنْبَل الأطْفال | Ne vois-tu pas que ton père... ? | ألَسْتَ تَرَيْنَ أنَّ أباك ... ؟ | Ordre du Jour | جدول الأعمال |
| Tu as raison | أنت على حقّ | Coller | ألْصَق يُلصِق (الإلْصاق) | Piliers de corail | أعْمِدة من الـمَرْجان |
| Avoir une descendance | أنْجَبَ يُنْجِب (الإنْجاب) | Mille fois | ألف مَرَّة | Dieu m'en garde ! | أعوذ بالله ! |
| Sauver de | أنْجى يُنْجي من | Les Mille et Une Nuits | ألف ليلة وليلة | Le plus gros bâton | أغْلَظ عَصا |
| | | Composer (livre, musique) | ألَّف يُؤَلِّف (التأليف) | Plus cher que | أغلى من |

# Index lexical arabe-français

**Manuel d'arabe en ligne Tome III — Les bases de l'arabe en 50 semaines** © G. Al-Hakkak 2013

ء ا ب ت ث ج ح خ د ذ ر ز س ش ص ض ط ظ ع غ ف ق ك ل م ن ه و ي

|  |  |
|---|---|
| Obéissance | الإطاعة |
| Exécution (peine capitale) | الإعدام |
| Condamner à mort | الحُكم بالإعدام |
| Tenter avec, par | الإغراء بـ |
| Persuasion, persuader | الإقناع |
| Couronne (fleurs) | الإكليل ج أكاليل |
| Etc. | إلخ = إلى آخره |
| Un dieu | الإله ج آلهة |
| Pour toujours | إلى الأبد |
| A l'état initial | إلى الحالة الأولى |
| Où il voudrait | إلى حَيْثُ يريد |
| A ce point | إلى هذا الحَدّ |
| Voici les titres du bulletin | إليكم عناوين نشرة الأخبار |
| Voici ce qui s'est passé | إلَيْكُم ما حدَث ... |
| Empire | الإمبراطورية |
| Possibilité | الإمكانية |
| Eclairage | الإنارة = الإضاءة |
| Production | الإنتاج |
| Etre humain, Homme | الإنسان |
| C'est quelqu'un de bien | هو إنسان |
| Humain, humanitaire | إنسانيّ |
| Equité | الإنصاف |
| Sauvetage | الإنقاذ |
| Il marche à quatre pattes | إنّه يمشي على أربع |
| Ils veulent que je me taise | إنّهُم يُريدون أنْ أسْكُتَ |
| Je suis à sa disposition | إني رَهْنُ إشارتها |
| J'attends | إني في الانتظار |
| Eclairage, explication | الإيضاح |
| Sourire | الابتسامة |
| Sourire | ابتَسَم يبتَسِم (الابتسام) |
| Il sourit malgré lui sans cesser de travailler | ابتسم مستسلماً وهو مُكِبّ على عمله |
| Cousin (maternel) | ابن الخال / ابن الخالة |
| Amener qqn/qqch à | اتّجَهَ يتّجِه بـ ... إلى ... (الاتّجاه) |
| Se procurer, se donner | اتّخَذَ يتّخِذ (الاتّخاذ) |
| Il porte un turban | اتّخَذَ العمّة |

|  |  |
|---|---|
| Garçons | الأولاد (١ وَلَد) |
| Enfants (de qqn), progéniture | الأبناء = الأولاد |
| Garçons et filles | الأولاد والبنات |
| Ecole de garçons et école de filles | مدرسة الأولاد ومدرسة البنات |
| Faire entrer qqch, introduire | أولج يولج = أدخل يُدخل |
| Quelle injustice est pire que de | أيّ ظُلمٍ أشَدّ مِنْ أنْ |
| Jours | الأيّام (١ يَوْم) |
| Un jour, un beau jour | في يوم من الأيام |
| Quelle ? | أيّة = أيّ |
| Aussi, également | أيضاً |
| Réveiller qqn, faire renaître qqch | أيقظ يوقظ (الإيقاظ) |
| Faire valoir le droit | إثبات الحقّ |
| Mesures (administratives, officielles) | الإجراءات (١ إجراء) |
| Mesures officielles | الإجراءات الرسمية |
| Mesures exceptionnelles | إجراءات استثنائية |
| Mesures provisoires | إجراءات مؤقتة |
| Célébrer la majesté de | الإجلال |
| Forte déception, déprime | الإحباط |
| Un | أحَدٌ م إحدى |
| Un ministre | أحد الوزراء |
| Un cargo | إحدى سُفن الشَّحن |
| Une parmi trois sourates | إحدى سُوَرٍ ثلاث |
| Ressentir | الإحساس بـ |
| Se sentir fatigué | الإحساس بالتعب |
| Avoir honte | الإحساس بالخجل |
| Regretter | الإحساس بالندم |
| Fidélité, loyauté | الإخلاص = الوفاء |
| Troubler l'ordre public | الإخلال بالأمن العام |
| Donc | إذن |
| Enelever les tâches | إزالة البُقَع |
| Mal agir envers, agresser | الإساءة إلى |
| Studio | الإستوديو = إستوديوهات |
| Publicité | الإشهار = الدعاية |
| Publicité commerciale | إشهار تجاري = دعاية تجارية |
| En plus | إضافة لـ = إلى |

|  |  |
|---|---|
| Faire descendre / révéler (religion) | أنزَلَ يُنزِل (الإنزال) |
| Se sentir bien auprès de | أنِس يأنس بـ |
| Sentir autour de lui | أنِسَ يأنس مِنْ حَوْله |
| Sauver | أنقذ يُنقذ (الإنقاذ) |
| Sauve-moi ! Au secours ! | أنقذني ! |
| La météo | الأنواء الجَوّية |
| Bulletin météorologique | نَشرة الأنواء الجوية |
| Genres, espèces, sortes | الأنواع (١ نَوع) |
| Les parents (d'une personne), les propriétaires | الأهْل |
| Habitants | أهل المدينة |
| Hommes et femmes politiques | أهل السياسة |
| Digne de, qui mérite de | أهل لـ / بـ |
| Il en est digne, il le mérite | هو أهل لذلك |
| Bienvenue ! | أهْلاً بك / بكم |
| Bienvenue ! | أهلاً وسهلاً |
| Négliger | أهمَل يُهمِل (الإهمال) |
| Importance | الأهمّية |
| | ذو أهمية / ذات أهمية |
| D'importance, d'une certaine importance | |
| Etre humilié | أهينَ يُهان (الإهانة) |
| Papiers officiels | الأوراق الرَسميّة |
| Les oies | الأوزّ |
| Une oie | الأوزّة |
| Une oie bien rôtie | أوزة محمرة |
| Plus spacieux que, ... vaste..., ...large... | أوْسَع من |
| C'est trop vaste pour nous paraître étroit / cela nous suffit largement | أوسع من أن تَضيقَ بنا |
| Bien fermer la porte | أوصَد يوصد الباب |
| Il m'a fermé la porte au nez | أوصد الباب دوني |
| Faire parvenir, conduire | أوصل يوصل (الإيصال) |
| Qu'est-ce qui nous a amenés à cette situation | ما الذي أوصلنا إلى هذه الحال ؟ |
| Pénétrer, aller loin dans | أوغَل يوغل في (الإيغال) |
| Arrêter, appréhender, interpeller | أوقف يوقف (الإيقاف) |
| Le début de l'amour | أوّل الحُبّ = بداية الحب |
| Premièrement | أولاً |

# Index lexical arabe-français

## ء ا ب ت ث ج ح خ د ذ ر ز س ش ص ض ط ظ ع غ ف ق ك ل م ن ه و ي

|  |  |
|---|---|
| Laisse-le parler ! | اتركه يتكلم |
| Etre suffisamment large pour | اتَّسَعَ يتَّسِع لـ (الاتِّساع) |
| Se mettre d'accord | اتَّفَق يتَّفِق (الاتِّفاق) |
| D'accord ! | اتَّفَقنا ! |
| Accusation | الاتِّهام |
| Fouettez-le ! | اجلدوهُ ! |
| Installe-toi bien ! | اجلِس وارتَح - اجلسي وارتاحي |
| Avoir besoin de | احتاج يحتاج إلى (الاحتِياج) |
| Occupation | الاحتلال |
| Occuper un pays | احتِلال بَلد |
| Supporter | احتَمَل يحتَمِل (الاحتِمال) |
| Etre probable | يُحتَمَل |
| Tricherie, escroquerie | الاحتِيال |
| Se cacher | اختَبَأ يختَبِئ (الاختِباء) |
| Résumer | اختَصَر يختَصِر (الاختِصار) |
| Enlever, kidnapper | اختَطَف يختَطِف (الاختِطاف) |
| Il lui arracha la lettre des mains | اختطف الكتاب من يَده |
| Disparaître, se cacher | اختفى يختفي (الاختِفاء) |
| Se cacher, être invisible | اختفى عن الأنظار |
| Choix | الاختِيار |
| Invoque le diable | ادْعُ الشَّيطانَ |
| Porter plainte contre | الادّعاء على |
| Trouble, être troublé | الارتِباك |
| Trembler | ارتعش يرتعش (الارتِعاش) |
| Commettre un crime | ارتَكَب يرتَكِب جَريمة (الارتِكاب) |
| Aie pitié de ton âne ! | ارحَم حمارَك ! |
| Mépris | الازدِراء |
| Louer (en tant que locataire) | استَأجَر يستَأجِر (الاستِئجار) |
| Il loua un appartement au centre-ville | استأجر شُقَّة في وسط المدينة |
| Fait de trouver bien qqch | الاستحسان |
| Mériter | استَحَقَّ يستَحِقّ (الاستحقاق) |
| Recours à un droit | استخدام حَقّ |
| Opposer son véto | استخدم حق الفيتو |
| Utiliser | استَخدَم يستَخدِم (الاستخدام) |
| Se reposer | استراح يستريح (الاستِراحة) |
| Récupérer | استَرجَعَ يستَرجِع (الاسترجاع) |
| Il a recouvré ses droits | استرجع حقوقه |
| Ils ont recouvré leurs terres | استرجعوا أراضيهم |
| Demander pitié | استرحم يسترحم (الاسترحام) |
| Se rendre, capituler | استسلم يستسلم (الاستسلام) |
| Se rendre à ses ennemis | استسلم إلى الأعداء |
| S'abandonner au sommeil | استسلم إلى النوم |
| Pouvoir | استَطاعَ يستَطيع (الاستطاعة) |
| Il n'a pas pu | لم يستطع |
| | استَعاذَ بالله مِنَ الشَّيْطانِ الرَّجيم |
| Il dit : Protège-moi Seigneur du diable maudit | = قال : أعوذ بالله من الشيطان الرجيم |
| Durer / s'abandonner à | استَغرَق يستَغرِق في (الاستغراق) |
| Il s'abandonna à un profond sommeil | استغرق في نوم عميق |
| Demander pardon (à Dieu) | استَغفَرَ يستَغفِر (الاستغفار) |
| Il dit : je demande pardon à Dieu | = قال : أستغفر الله |
| Tirer profit de | استَفاد يستَفيد من (الاستِفادة) |
| Accueil, accueillir | الاستِقبال |
| Se stabiliser | استَقَرَّ يستَقِرّ (الاستِقرار) |
| S'établir (dans un lieu) | استَقَرَّ يستَقِرّ في (الاستِقرار) |
| Trouver sa quiétude auprès de | استكان يستكين إلى (الاستكانة) |
| S'allonger, s'étendre | استَلقى يستَلقي (الاستِلقاء) |
| Continuer | استَمَرَّ يستَمِرّ في / بـ (الاستمرار) |
| Ecouter | استَمَع يستَمِع إلى (الاستماع) |
| Désavouer / méconnaître | استَنكَرَ يستَنكِر (الاستنكار) |
| Mettre la main sur, s'emparer de | استولى يستولي على (الاستِيلاء) |
| Se réveiller | استَيقَظَ يستَيقِظ (الاستيقاظ) |
| Se réveiller | استيقظ من نومه |
| Mettre la main sur qqch, prendre de force | الاستِيلاء على |
| Il s'empara des biens des gens | استولى على أموال الناس |
| Ecoute ! | اسمَعْ ! |
| Socialiste | اشتِراكي |
| Parti Socialiste | الحزْب الاشتراكي |
| Socialisme | الاشتراكية |
| Acheter | اشتَرى يشتَري (الاشتِراء -> الشِراء) |
| Avoir envie de (nourriture) | اشتَهى يشتَهي |
| Bannis du dictionnaire ! | أُشطُبْ مِنَ القاموس |
| Patientez jusqu'à | اصبِروا حتَّى (الصَّبر) |
| Conventionnel | اصطِلاحي |
| Etre obligé de | أُضطُرَّ يُضطَرّ إلى (الاضطِرار) |
| Répression, oppression | الاضطِهاد |
| Prendre connaissance | اطَّلَعَ يطَّلِع على (الاطِّلاع) |
| Agresser | اعتدى يعتدي على (الاعتِداء) |
| Objecter, s'opposer à | اعتَرَضَ يعتَرِض على (الاعتِراض) |
| Il lui coupa la route | اعترضه في الطريق |
| Avouer, admettre | اعترف يعترف بـ (الاعتِراف) |
| Assassiner | اغتال يغتال (الاغتِيال) |
| Se réjouir de | اغتَبَط يغتَبِط بـ (الاغتِباط) |
| Violer | اغتصب يغتصب (الاغتِصاب) |
| Assassinat | الاغتِيال |
| | اغْرَوْرَقَت تغْرَوْرَق عَيْناهُ بالدموع |
| Il eut les larmes aux yeux | |
| Accuser injustement qqn de | الافتِراء بـ ... على ... |
| | افترى بالسرقة على جيرانه |
| Il accusa injustement ses voisins de vol | |
| Suppose que... ! | افتَرِضْ أنَّ ... ! (الافتِراض) |
| Se séparer | افترق يفترق (الافتِراق) |
| | افترقا بعد شراكة طويلة |
| Ils se séparèrent après une longue association | |
| Conduire à | اقتادَ يقتاد إلى (الاقتِياد) |
| Investir un lieu de force | اقتحم يقتحم (الاقتِحام) |
| Les manifestants envahirent le château de Versailles | اقتحم المتظاهرون قصر فرساي |
| La police investit la maison du suspect | اقتحمت الشرطة دار المشبوه به |
| Proposition | الاقتِراح ج اقتراحات |
| Economie | الاقتِصاد |
| Nécessiter | اقتَضى يقتَضي (الاقتِضاء) |
| Saisir (occasion) | اقتَنَصَ يقتَنِص (الاقتِناص) |

312

# Index lexical arabe-français

Manuel d'arabe en ligne Tome III — Les bases de l'arabe en 50 semaines — © G. Al-Hakkak 2013 — http://www.al-hakkak.fr

ء ا ب ت ث ج ح خ د ذ ر ز س ش ص ض ط ظ ع غ ف ق ك ل م ن هـ و ي

|  |  |
|---|---|
| Se satisfaire de | اقتنع يقتنع بـ (الاقتناع) |
| C'est un ascète qui se contente de peu | إنه زاهد يقتنع بالقليل |
| Se contenter de | اكتفى يكتفي بـ (الاكتفاء) |
| | إنه جشع لا يكتفي بالقليل |
| Il est cupide et ne se contente pas de peu | |
| Se joindre à | التَحَقَ يلتَحِق بـ (الالتحاق) |
| Prêter attention à, se retourner pour voir | التَفَتَ يلتَفِت إلى (الالتفات) |
| Il se retourna | التفت إلى الوراء |
| Il ne fit pas attention à ce problème | لم يلتفت إلى هذه المشكلة |
| Rencontrer | التقى يلتقي بـ (الالتقاء) |
| Demander | التَمَسَ يلتَمِس (الالتماس) = طلب يطلب |
| Dieu merci pour... | الحَمْد لله على ... |
| Garde le silence ! | الزَم الصَمْت ! |
| Tiens-toi au principe de la *taqiyya* | الزَمْ مَبْدَأَ التَقِيّة |
| "Pour finir, je vous salue" | السَلام ختام |
| Différence | الفَرْق ج فُروق |
| Cour Suprême / Haute Cour | المحكمة العُليا |
| Le pouvoir (litt.) | الـمُلْك |
| Mettre à l'épreuve, faire passer un examen | امتَحَنَ يمْتَحِن (الامتحان) |
| S'étendre (en distance ou en durée) | امتَدَّ يمْتَدّ |
| Posséder | امتلك (الامتلاك) |
| Il est pauvre et ne possède que ses habits | إنه فقير لا يمتلك إلا ثيابه |
| Femme | امرأة (المرأة) ج نساء |
| C'est l'une des femmes les plus intelligentes | إنها امرأة من أذكى النساء |
| Cire les chaussures du Sublime Etat ! | امسَح حِذاءَ الدَوْلة العَلِيّة ! |
| Va ton chemin ! | امض في طريقك |
| Surgir, se mettre en avant | انبَرى ينبَري |
| Soudain, un bandit de grand chemin se présenta à nous | انبرى لنا فجأة أحد قطاع الطرق |

|  |  |
|---|---|
| Elire | انتَخَبَ ينتَخِب (الانتخاب) |
| Arracher | انتَزَعَ ينتَزِع (الانتزاع) |
| Se répandre | انتَشَرَ ينتَشِر (الانتشار) |
| Vaincre | انتَصَرَ ينتَصِر على (الانتصار) |
| Attendre | انتَظَرَ ينتَظِر (الانتظار) |
| Attendre jusqu'à | انتَظَرَ ينتَظِر حتى (الانتظار) |
| Absence totale de la foi | انتفاء الإيمان |
| Se soulever | انتَفَضَ ينتَفِض (الانتفاض) |
| La deuxième *Intifâda* | الانتفاضة الفلسطينية الثانية |
| Critiquer | انتَقَدَ ينتَقِد (الانتقاد) |
| Partir, changer de lieu | انتَقَلَ ينتَقِل (الانتقال) |
| Partir (d'un lieu) vers | انتقل إلى |
| Décéder | انتقل إلى رحمة الله |
| Il emménagea avec sa famille dans une maison plus large | انتقل بعائلته إلى دار أوسع |
| Déménager | انتقل ينتقل من |
| Il déménagea du vieux quartier pour habiter le nouveau | انتقل من الحي القديم إلى الحي الجديد |
| Finir, s'achever | انتهى ينتهي (الانتهاء) |
| Tout est fini | انتهى كل شيء |
| Le film est terminé | انتهى الفيلم |
| Finir (une action) | انتهى ينتهي من (الانتهاء) |
| Le réalisateur finit de mettre le film en scène | انتهى المخرج من إخراج الفيلم |
| Se solder par | انجَلى ينجَلي عن |
| Descendre (sur une pente) | انحَدَرَ ينحَدِر (الانحدار) |
| Ce fleuve coule jusqu'à la Méditerranée | ينحدر هذا النهر حتى البحر المتوسط |
| Se courber, se plier, se pencher | انحنى ينحني (الانحناء) |
| S'enrôler | انخَرَطَ ينخَرِط في (الانخراط) |
| Son fils a rejoint les rangs de l'armée | انخرط ابنه في صفوف الجيش |
| Se consacrer à/cesser | انصَرَفَ ينصَرِف إلى / عن (الانصراف) |
| L'avocat se mit à étudier le dossier de l'accusé | انصرف المحامي إلى دراسة الملف |
| Les gens se détournèrent de l'écoute des informations | انصرف الناس عن الاستماع إلى الأخبار |

|  |  |
|---|---|
| Adhérer à | انضَمَّ ينضَمّ إلى (الانضمام) |
| Se lancer | انطَلَقَ ينطَلِق إلى (الانطلاق) |
| Regarde-moi bien ! | انظُر جَيِّداً إلَيَّ ! (النَظَر) |
| Regardez-le ! | انظُروا إليه ! |
| Regarde ! (fém.) | انظُري ! |
| Explosion | الانفِجار ج انفجارات |
| L'explosion causa la mort de cinquante personnes | أدى الانفجار إلى مقتل خمسين شخصاً |
| La détonation fut entendue dans toute la ville | سُمِع دويّ الانفجار في كل أنحاء المدينة |
| Se jeter sur | انقَضَّ ينقَضّ على (الانقضاض) |
| Les moyens de communication furent coupés suite au séisme | انقطعت المواصلات إثر وقوع الزلزال |
| Coup d'Etat | الانقِلاب ج انقلابات |
| La tentative de coup d'Etat militaire fut manquée | فشلت محاولة الانقلاب العسكري |
| Se consacrer avec fougue à | انكَبَّ ينكَبّ على (الانكباب) |
| Tu as couvert ton père d'embrassades et de baisers | انكَبَبْتَ على أبيك لَثْماً وتَقْبيلاً |
| S'abattit sur son âne avec des coups de bâton | انهال بالعَصا على الحمار |
| Tomber des cordes (pluie) | انهَمَرَ ينهَمِر (الانهمار) |
| Parvenir à (but) | اهتدى يهتدي إلى (الاهتداء) |
| Trouver son chemin tout seul | اهتَدى يهتَدي وَحْدَه |
| Il trouva seul les causes du problème | اهتدى وحده إلى أسباب المشكلة |
| Misère | البُؤْس |
| Avec la permission de Dieu | بِإِذْن الله |
| Avec insistance | بإلحاح |
| Misérable | بائس |
| Vendeur de journaux | بائع الجَرائد |
| Il devint convaincant | بات يُقنِع |
| Avec méfiance | باحتراس |
| Navire, bateau | الباخِرة ج بواخر |
| Prendre l'initiative de | بادَرَ يُبادِر إلى (المُبادَرة) |

313

# Index lexical arabe-français

**Manuel d'arabe en ligne Tome III**
**Les bases de l'arabe en 50 semaines**
© G. Al-Hakkak 2013
http://www.al-hakkak.fr
En autonomie

ء ا ب ت ث ج ح خ د ذ ر ز س ش ص ض ط ظ ع غ ف ق ك ل م ن هـ و ي

|  |  |  |  |  |  |
|---|---|---|---|---|---|
| Lointain | بَعيد | Avec étonnement | بدَهْشة | Dispendieux, luxueux | باذخ |
| Prostituée | البَغيّ = العاهرة = المومس | Sans distinction | بدون تَمْييز = بلا تمييز | L'oie pondit un œuf | باضت الأوزة بيضة |
| Indûment, abusivement | بغَيْرِ وَجْهِ حَقّ | Sans aucun doute | بدون شَكّ = بلا شك | La poule pondit | باضت الدجاجة |
| Grâce à | بِفَضْل | Gros | بدين = سمين | Vendre | باع يبيع (البَيْع) |
| Sous l'effet du sel et de l'humidité | بِفِعْل الـمِلْح والرُّطوبة | Déployer (effort) | بذَل يذل (البَذْل) | En jurant ses grands dieux | بالأيْمان الـمُغَلَّظة |
| Les bovins, les vaches | البَقَر | Il fit beaucoup d'effort | بَذَل الكثير مِنَ الجُهْد | Il jura ses grands dieux | حلف بالأيمان المغلظة |
| Une vache | البَقَرة ج بقرات | Avec stupeur | بذُهول | Il jura ses grands dieux | أقسم بالأيمان المغلظة |
| Rester | بَقِيَ يبْقى (البَقاء) | La terre ferme | البَرّ = البرية = اليابسة | Par téléphone | بالتَلَفون |
| Avec tous [mes] respects, respectueusement | بكل احْتِرام | Sur terre et en mer | في البر وفي البحر | Il lui parla au téléphone | تكلم معه بالتلفون = ... بالهاتف |
| En toute liberté | بكل حُرّيّة | Innocence | البَراءة | Avec des pierres, des cailloux | بالْحَجَر |
| En toute franchise | بكل صراحة | Se mettre en avant, surgir | برَز يبْرُز (البروز) | Il le caillassa | رماه بالحجر = رماه بالحجارة |
| Très clairement, en toute clarté | بكل وضوح | Bénédictions | البَرَكات ١ بركة) | Bien que | بالرَّغْم من |
| Pleurer | بَكى يبْكي (البُكاء) | Volcan | البُرْكان ج براكين | Exactement | بالضَّبْط |
| Sans doigts | بلا أصابع | Innocent | بريء ج أبرياء | Naturellement | بالطَّبْع = طبْعاً |
| Sans rien du tout | بلا أيّ شيء | Extrêmement vite | بسرعة فائقة | Effectivement | بالفِعْل |
| Sans frontières, sans limites | بلا حُدود | Simple | بَسيط | Logiquement | بالـمَنْطق |
| Sans lois | بلا قَوانين | Les humains | البَشَر (١ إنسان / كائن بشري) | Par rapport à quelqu'un | بالنِّسْبة إلى أَحَد |
| Pays | بلاد ج بُلْدان | Franchement | بصَراحةً = صراحةً | De mon point de vue, me concernant | بالنسبة إليّ |
| La Perse | بلاد فارس | A voix haute | بصَوْت عال | Avec émotion | بانْفِعال |
| Une localité, une bourgade | البَلْدة | Autrement dit, en d'autres termes | بعِبارة أُخْرى | Avec beaucoup d'attention | باهتمام غَزير |
| [Dit] par toi-même, à ta manière | بلسانك | Envoyer chercher quelqu'un | بعَث يبعَث في طَلَب فُلان | Simplement | بِبَساطة |
| Vieillir, atteindre un âge avancé | بلَغ الشَّيْخوخة | Après une éternité | بَعْدَ دَهْر | Modestement | بتَواضع |
| Atteindre (une limite)/ devenir majeur | بلَغ يبْلُغ (البُلوغ) | Une fois trop tard | بعد فوات الأوان | Diffuser | بثَّ يبُثّ (البَثّ) |
| Avec la volonté de Dieu | بِـمَشيئة الله = إن شاء الله | Après longtemps | بعد مدّة طويلة | Avec confiance | بثقة |
| Une fille bien, de bonne moralité | بنْت حلال | Ensuite, après cela | بَعْدَئذ | A ses côtés | بجانبه |
| Avec dédain | بنَزَق | Après cela | بعدها | Avec mon corps | بجَسَدي |
| Par lui-même | بنفسه | Quelques chansons | بَعْض الأغاني | Avoir besoin de | بحاجة إلى |
| Par et pour toi-même | بنَفْسِكَ ولنَفْسِكَ | Certains lieux | بَعْض الأماكن | Marin, matelot, navigateur | البَحّار ج بحَارة |
| Quelqu'un de bien, bien élevé | بَني آدَم = آدَميّ | Quelques amendements, une petite modification | بَعْض التَعْديل | Chercher, rechercher | بحَث يبحَث عَن (البَحْث) |
| C'est une personne très humaine | هو بني آدم | Quelques serviteurs, certains serviteurs | بَعْض الخَدَم | La dernière mer, la mer de la fin | بَحْر النِّهاية |
| En tant que cheval | بوَصْفِه حصاناً | Une partie de sa bordure | بَعْض حواشيه | Avec nostalgie | بحَنين |
| Environnement | البيئة | Quelques cabarets du quartier des pyramides | بعض مَلاهي الهرم | Commencer | بدَأ يبدَأ (البَدْء) |
| Les œufs | البَيْض | | | Sembler | بدا يبدو |
| Œuf | البَيْضة ج بيضات | Certains d'entre eux | البعض منهم = بعضهم | Début | البداية |
| De temps en temps | بَيْنَ حين وحين | A l'adresse de / avec le titre de | بعُنْوان | Le début et la fin | البداية والنهاية |
| Devant le juge | بَيْنَ يَدَي القاضي | | | Au lieu de | بَدَلاً مِن |

# Index lexical arabe-français

## Manuel d'arabe en ligne Tome III — Les bases de l'arabe en 50 semaines

|  |  |
|---|---|
| Devant lui, auprès de lui | بين يديْه |
| Tandis que | بَيْنَما |
| Se rogner | تآكَلَ يتآكَل (التآكُل) |
| Comploter contre | تآمَرَ يتآمَر على (التآمُر) |
| Il a comploté contre l'Etat | تآمر على الدولة |
| Etre affecté par | تأثَّرَ يتأثَّر من (التأثُّر) |
| Il fut très affecté par le décès de sa mère | تأثر من وفاة والده |
| Etre influencé par | تأثَّرَ يتأثَّر بـ = قلَّدَ يُقَلِّد |
| Il fut influencé par le surréalisme | تأثر بالحركة السوريالية |
| Effet de la magie | تأثير السحر |
| Un grand effet, une influence profonde | تأثير عَظيم |
| Etre à la traîne | تأخَّرَ يتأخَّر في / عن (التأخُّر) |
| Il n'avançait pas dans ses études | تأخر في دراسته |
| Il fut en retard au rendez-vous | تأخر عن الموعد |
| S'assurer de | تأكَّدَ يتأكَّد من (التأكُّد) |
| Fait de composer livre, musique... | التأليف |
| Observer avec attention, méditer | تأمَّلَ يتأمَّل (التأمُّل) |
| Suivre (nouvelles), poursuivre | تابَعَ يُتابع (المُتابعة) |
| Commercer | تاجَرَ يُتاجِر (المُتاجَرة) |
| ...tantôt et ...tantôt | ... تارةً و... تارةً |
| Histoire (discipline) | التاريخ |
| Insignifiant, futile | تافه |
| Se saluer | تبادَلَ يَتبادَل التحيَّة (التبادُل) |
| Ils se saluèrent de loin, à cause de l'épidémie | تبادلا التحية عن بعد بسبب الوباء |
| Bailler | تثاءب يتثاءب (التثاؤب) |
| Dépasser | تَجاوَزَ يَتجاوَز (التجاوز) |
| Mon grand-père a franchi les 90 ans | تجاوز جدي التسعين من عمره |
| Oser faire qqch, avoir de l'audace | تجرَّأ يتجرَّأ على (التجرُّؤ) |
| Expérience | التَجرِبة ج تجارب |
| S'incarner | تَجسَّدَ يَتجسَّد (التجسُّد) |
| Rester placide, courageux | تجلَّدَ يَتجلَّد (التجلُّد) |
| Rassemblement | التَجمُّع |
| Se montrer très amical envers | تحبَّب يتحبَّب إلى (التحبُّب) |
| Sous, en dessous | تَحْتَ |
| Dans quelles circonstances ? | تَحْتَ أي ظُروف ؟ |
| S'adresser à, parler | تحدَّثَ يتحدَّث إلى / عن (التحدُّث) |
| Le ministre s'adressa aux députés | تحدث الوزير إلى النواب |
| Le ministre aborda la crise sanitaire | تحدث الوزير عن الأزمة الصحية |
| Défier | تحدَّى يتحدَّى (التحدّي) |
| Limitation / précision | التَحديد |
| Plus exactement | على وجه التحديد |
| Mouvoir, bouger | تحرَّكَ يتحرَّك (التحرُّك) |
| Se tenir prêt à agir | تحفَّزَ يتحفَّز (التحفُّز) |
| Enquête | التَحقيق |
| Une enquête est ouverte dans cette affaire | سيتم التحقيق في القضية |
| Elle est juge d'instruction | هي قاضية تحقيق |
| Ils formèrent un cercle autour de lui | تحلَّقوا حَولَه |
| Chargement | التَحميل |
| Elle apparaît un moment et disparaît un autre | تختفي تارة وتظهر تارة |
| Etre diplômé de | تخرَّجَ يتخرَّج من (التخرُّج) |
| Cet étudiant est diplômé dans une université réputée | تخرج هذا الطبيب من جامعة معروفة |
| Dépasser | تخطَّى يتخطَّى (التخطي) |
| Se débarrasser de | تخلَّصَ يتخلَّص من (التخلُّص) |
| Mariner le concombre dans du vinaigre | تخليل الخيار |
| Se mêler des affaires d'autrui | التَدخُّل في شؤون الآخرين |
| Se souvenir | تذكَّرَ يتذكَّر (التذكُّر) |
| Titre de transport, billet, ticket | التَذكِرة ج تذاكِر |
| Poussière, terre | التُراب |
| Plaider (devant la cour) | ترافَعَ يترافَع (الترافُع) |
| Elevage de volailles | تَربية الدَجاج |
| Hésiter | ترَدَّدَ يتردَّد (التردُّد) |
| Fréquenter | تردد يتردد على (التردُّد) |
| Tenter de s'entendre avec qqn | تَراضى يَتَراضى |
| Laisser | ترَكَ يترك (التَرْك) |
| Il me laissa une bonne impression | ترك أثراً في نفسي |
| Devenir veuf | تَرمَّلَ يتَرمَّل |
| Se marier | تزَوَّجَ يتزَوَّج (التزوُّج) |
| Notre ami se maria deux fois | تزوج صاحبنا مرتين |
| Epouser | تزَوَّجَ يتزَوَّج من (التزوُّج) |
| Notre ami épousa sa voisine | تزوج صاحبنا من جارته |
| Falsification, falsifier | التَزوير |
| Se poser des questions | التساؤل |
| Tolérance | التسامُح |
| Grimper, escalader | تسَلَّقَ يتسَلَّق (التسَلُّق) |
| S'appeler, se nommer | تُسَمَّى (التسمية) |
| Constance des jours | تَشابُه الأيَّام |
| Se quereller | تشاجر يتشاجر (التشاجُر) |
| Etre honoré de | تشَرَّفَ يتشَرَّف بـ (التشرُّف) |
| Je fus enchanté de faire sa connaissance | تشرَّفتُ بِمَعرِفَتِه |
| Enchanté ! | تشَرَّفنا ! |
| Se donner envie | تشَهَّى يتشَهَّى (التشَهّي) |
| Lutter (physiquement) | تصارَعَ يتصارَع (التصارُع) |
| Entente | التَصافي |
| Imaginer | تصَوَّرَ يتصَوَّر أنَّ (التصوُّر) |
| Photographie | التصوير |
| Diminuer | تضاءلَ يتضاءل (التضاؤل) |
| Exiger, avoir impérativement besoin de | تطَلَّبَ يَتطَلَّب |
| Espérer, attendre avec espoir | تطَلَّعَ يتطَلَّع إلى (التطلُّع) |
| Se développer, évoluer | تطَوَّرَ يتطَوَّر (التطوُّر) |
| Fatigué | تَعبان = مُتْعَب = تَعِب |
| Expression, locution | التَعبير ج تعابير |
| Exprimer | التعبير |
| Exprimer son opinion | التعبير عن الرأي |
| S'exprimer | التعبير عن النفس |
| S'étonner | تعَجَّبَ يتعَجَّب (التعجُّب) |
| Polygamie | تعَدُّد الزَوجات |
| Faire la connaissance de | تعَرَّفَ يتعَرَّف إلى / على (التعرُّف) |
| Tristes, malheureux | تُعَساء (1 تعيس) |
| Tribalisme, solidarité clanique | التعَصُّب |

315

# Index lexical arabe-français

Manuel d'arabe en ligne Tome III
Les bases de l'arabe en 50 semaines
© G. Al-Hakkak 2013
http://www.al-hakkak.fr
En autonomie
العربية أسبوعاً في خمسين

ء ا ب ت ث ج ح خ د ذ ر ز س ش ص ض ط ظ ع غ ف ق ك ل م ن هـ و ي

|  |  |  |  |  |  |
|---|---|---|---|---|---|
| Prendre en charge | تَوَلَّى يتولَّى (التولِّي) | Il a effectivement parlé | تَكَلَّمَ فِعْلاً | Enseignement | التَعْليم |
| S'imaginer (à tort) | توهّم يتوهّم (التوهُّم) | Se montrer sympathique | تلطَّف يتلطَّف (التلطُّف) | Enseignement supérieur | التعليم العالي |
| Se révolter | ثار يثور (الثَوْرة) | Recevoir qqch ou qqn | تَلقَّى يَتَلقَّى (التلقِّي) | Ministère de l'Ens. Sup. | وزارة التربية والتعليم |
| Troisièmement | ثالثاً | Son père l'accueillit avec joie | تَلقَّاهُ أبوهُ مُبْتَهِجاً | Faire exprès | تعمَّد يتعمَّد (التعمُّد) |
| Deuxièmement | ثانياً | Élève | التِلميذ ج تلاميذ | Se prostituer (fig.), vendre son âme | تَعَهَّرَ يتَعَهَّر |
| Se montrer bavard, trop parler | ثرثر يُثرثر (الثَرْثَرة) | Avoir lieu, s'achever, être fait | تَمَّ يتمّ | S'habituer à | تعوَّد يتعوَّد على (التعوُّد) |
| Bavardage | الثَرْثَرة | Le travail est fait, terminé | تم العمل | S'habituer de | تعوّد أنْ |
| Fortune | الثَرْوة | La maison fut vendue | تم بيع الدار | Changer, évoluer, se métamorphoser | تغيَّرَ يتغيَّر (التغيُّر) |
| Renard | الثَعْلَب ج ثعالب | L'épidémie fut vaincue | تم القضاء على الوباء | Détails (NB : pas de singulier) | التفاصيل |
| Culture | الثقافة | Les criminels furent jugés | تمت محاكمة المجرمين | Interagir | تَفاعَلَ يتَفاعَل (التفاعُل) |
| Culture domestique, gestion de foyer | الثقافة المَنْزِلِيَّة | Rester solidaires, soudés | تَماسَكَ يتَماسَك (التماسُك) | Regarder (TV, spectacle...) | تفرَّج يتفرَّج على (التفرُّج) |
| Confiance | الثقة | Tout à fait, complètement, totalement | تَماماً | Il a regardé la télévision | تفرج على التلفزيون |
| Trilogie | الثُلاثِيَّة | Il lui sembla qu'il... | تَمَثَّلَ يتمثَّل لَهُ أنَّهُ | Il a regardé le match | تفرج على المباراة |
| Neige, glace | الثَلْج ج ثُلوج | Glorification | التَمْجيد | Fait de vider | التفريغ |
| Quelques / il y a | ثَمَّةَ = ثَمَّ | Rébellion | التَمَرُّد | Coupe de vêtements, utiliser un "patron" | تَفْصيل الثياب |
| Prix, valeur | الثَمَن ج أثمان | Espérer, souhaiter | تَمَنَّى يتمنَّى (التمنِّي) | Tu peux disposer ! | تفضّل انصرف ! |
| Plis de la chemise | ثَنايا القَميص | Il espéra obtenir une bourse d'étude | تمنى الحصول على منحة دراسية | Réflexion, fait de penser | التفْكير |
| Révolution | الثَوْرة | Il espéra que son fils obtînt une bourse d'étude | تمنى أن يحصل ابنه على منحة دراسية | Philosopher | تفلسف يتفلسف (التفلسُف) |
| Habits, vêtements | الثياب (١ ثَوْب) | | | Se battre, se combattre | تقاتَل يتقاتَل (التقاتُل) |
| Thème | الثيمة = المَوْضوع | | | Partir à la retraite | تقاعَد يتقاعَد (التقاعُد) |
| Venir | جاء يجيء (المَجيء) | Agir doucement, sans précipitation | التَمَهُّل | Il a pris sa retraite | تقاعد عن العمل |
| Je suis venu(e) | جئتُ | Oubli d'une promesse | تَناسي الوَعْد | Avancer | تقدّم يتقدّم (التقدُّم) |
| Je suis venu pour porter plainte | جئتُ لأرْفَعَ شَكْوى | Prendre avec la main, aborder sujet | تَناوَلَ يتَناوَل (التناوُل) | Avance ! | تقدم ! |
| Je suis venu les bras levés [vers le ciel] pour invoquer Dieu | جئتُ مادّاً يَدَيَّ بالدُعاء | Prédiction, prédire, prophétie | التَنَبُّؤ بـ | Il alla vers lui | تقدم نَحْوَهُ |
| | | Nettoyage, nettoyer | التَنْظيف | Il vieillit | تَقَدَّمَتْ به السِنّ |
| Il vint avec peu de | جاء يجيء بقَليل من | Développement, développer | التَنْمية | Il se présenta pour | تَقَدَّمَ يتَقَدَّمَ لـ (التقدُّم) |
| Il vint pour réclamer | جاء يُطالب بـ | Déambuler | تهادى يتهادى | Demander la main de la princesse | التَقدُّم ليَد الأميرة |
| Prix Nobel | جائزة نوبل | Tenter de fuir une difficulté | التَهَرُّب من | Estime, estimation, estimer | التقدير |
| Sillonner | جاب يجوب | Accusation, élément à charge | التُهمة ج تُهم | Par estime pour | تَقديراً لـ... |
| "Prendre et donner" (fig.) | جاذَب يُجاذب (المُجاذَبة) | Questions en cascade | توالد الأسئلة | À peu près, environ | تقريباً |
| Figé | جامد | Supplier qqn | توَسَّل يتوَسَّل إلى (التوسُّل) | Traditionnel | تقليدي |
| Université | الجامعة ج جامعات | Parvenir à | توصَّل يتوصَّل إلى (التوصُّل) | Agrandissement, agrandir, scander "Allahu Akbar" | التَكْبير |
| Puits | الجُبّ = البِئر | Décéder | تُوُفِّيَ | | |
| Toge d'homme | الجُبَّة | Pour épargner effort et argent | توْفيراً للجُهْد والمال | Répétition, répéter | التَكْرار |
| Se montrer lâche | جبن يجبن | S'arrêter | توَقَّف يتوَقَّف (التوقُّف) | Prendre qqch en charge | تكلَّف يتكلَّف بـ (التكلُّف) |
| Cadavres | الجُثَث (١ جُثَّة) | Dépendre de | توَقَّف يتوَقَّف على = اعتمد يعتمد على | Parle plus fort, stp ! | تكلم بصوتٍ عالٍ رجاءً |

# Index lexical arabe-français

## Manuel d'arabe en ligne — Tome III
### Les bases de l'arabe en 50 semaines
© G. Al-Hakkak 2013 — http://www.al-hakkak.fr — En autonomie

ء ا ب ت ث ج ح خ د ذ ر ز س ش ص ض ط ظ ع غ ف ق ك ل م ن ه و ي

|  |  |
|---|---|
| Dépouille | الجُثْمان ج جثامين |
| L'Enfer | الجَحيم = جَهنَّم = النار |
| Grand-père, ancêtre | الجَدّ ج أجداد |
| Œuvrer, agir avec énergie | جدَّ بجِدّ (الجِدّ) |
| Il fit vraiment tout pour te rendre heureux | جدَّ في إسعادكَ حقًّا |
| Ruisseau | الجَداول ماء (١ جَدْوَل ماء) |
| Ordre du Jour | جدول الأعمال |
| Tableau technique | جدول بياني |
| Murs | الجُدْران (١ جدار) = حيطان (١ حائط) |
| Il mérite d'être volé, il risque d'être volé | جَدير بأنْ يُسرَق |
| Oser | جرُؤَ يجرُؤ |
| Tester, essayer | جرَّب يُجرِّب (التجْرِبة) |
| Blessure | الجُرْح ج جروح |
| Courir / avoir lieu | جرى يجري (الجَرْي) |
| Crime | الجَريمة ج جرائم |
| Partie, part | الجُزء ج أجزاء |
| Île, péninsule, presqu'île | الجَزيرة ج جُزُر |
| Péninsule arabique | الجزيرة العربية |
| Aljazeera (chaîne qatarie) | قناة الجزيرة (قطر) |
| Les Comores | جزر القمر |
| Corps | الجَسَد = الجِسْم = البَدَن |
| | ج أجساد = أجسام = أبدان |
| Pont | الجِسْر ج جسور |
| Corps (vivant ou objet) | الجِسْم ج أجسام |
| Faire en sorte que, disposer, se mettre à… | جعَل يجعَل |
| Il se mit à regarder amicalement | جعَل ينظُر بمَوَدّة |
| Il le dota de deux dinars chaque jour | جعَل له دينارين في كل يوم |
| Amener | جلَب يجلِب (الجَلْب) |
| Etre fouetté | جُلِدَ يُجلَد (الجَلْد) |
| S'asseoir | جلَس يجلِس (الجُلوس) |
| Surmonter la poitrine de qqn au sol | جلَس على صدره |
| Groupe (personnes) | الجَماعة |
| Un certain nombre de gens | جَماعة من الناس |
| Beauté | الجَمال |
| La beauté des visages | جَمال الوُجوه |
| Esthétique | الجمالية |
| Foule, grand rassemblement | الجَماهير (١ جُمهور) |
| Rassembler, réunir, regrouper | جمَع يجمَع (الجَمْع) |
| Collectionner | جمَّع يُجمِّع (التجميع) |
| Il a collectionné un grand nombre de recueils de poèmes | جمَّع عددًا كبيرًا من دواوين الشعر |
| Il a collectionné une grande quatité de timbres | جمع كميات كبيرة من الطوابع |
| Tous, toutes | جميعًا |
| Eviter qqch à qqn | جنَّب يُجنِّب (التجنيب) |
| Il voulut faire éviter à ses enfants d'être pauvres | أراد أن يجنب أولاده الفقر |
| Milieu de la nuit | جُنْح اللَّيل |
| Soldats | الجُنود (١ جُندي) |
| Folie | الجنون |
| La folie du chef de la bande | جنون قائد العصابة |
| Commettre un crime contre | جنى يجني على (الجِناية) |
| Ignorer | جهِل يجهَل (الجَهْل) |
| Réponse | الجَواب ج أجوبة |
| Passeport | جَواز السَّفَر ج جوازات السفر |
| Affamé, qui a faim | جوعان = جائع |
| Tour (dans événement à plusieurs tours), "round" | الجَوْلة |
| Purs-sangs | الجِياد الأصيلة |
| Poche | الجَيْب ج جيوب |
| Qui a obtenu qqch | حائز على |
| Titre porté par un homme qui a accompli le pèlerinage | الحاجّ |
| Hajj Abu Ali et Hajja | الحاجّ أبو علي والحاجّة أم علي |
| Umm Ali | |
| Aigu, aiguisé, vif | حادّ |
| Quartier | الحارة = الحيّ = المَحَلّة |
| Quartier | الحارة ج حارات |
| Gouverneur, leader, chef, juge | الحاكم ج حُكّام |
| Etat de guerre | حالة الحرب |
| Etat d'urgence | حالة الطوارئ |
| Déclaration de l'état de guerre | إعلان حالة الحرب |
| Déclaration de l'état d'urgence | إعلان حالة الطوارئ |
| Amour | الحُبّ |
| Grain de poussière | حبّة التراب |
| Grain de sable | حبّة الرَّمل |
| Prison | الحَبْس |
| Bien-aimé | الحَبيب ج أحِبّة |
| Pierre, morceau de pierre | الحِجارة = الحَجَر |
| Argument | الحُجّة ج حُجَج |
| Evénement | الحَدَث ج أحداث |
| Avoir lieu, survenir | حدَث يحدُث (الحُدوث) |
| Raconter, rapporter | حدَّث يُحدِّث (التَحَدُّث / الحديث) |
| J'ai eu envie de | حدَّثَتْني نفسي أنْ / بأنْ |
| Regarder les yeux bien ouverts | حدَّق يُحدِّق (التحديق) |
| Frontières, limites | الحُدود (١ حَدّ) |
| Moderne | حديث |
| Hadîth, citation attribué au Prophète | الحديث ج أحاديث |
| Jardin | الحَديقة ج حَدائق = البُستان ج بَساتين |
| Splendide jardin | حَديقة غَنّاء |
| Paire de chaussures | الحِذاء ج أحْذية |
| Méfiance, se méfier, être sur ses gardes | الحَذَر |
| Chaleur | الحَرارة |
| La chaleur du soleil | حَرارة الشَّمس |
| Température max. | دَرَجة الحَرارة القُصوى / … العُظْمى |
| Température min. | درجة الحرارة الصُّغرى |
| Acte ou objet illicite | الحَرام |
| Dommage qu'il soit ouvert | حَرام أنْ يُفتَح |
| Honte à vous | حَرام عَليكُم |
| Libérer | حرَّر يُحرِّر (التحرير) |
| Métier | الحِرْفة ج حِرَف |
| Brûler | حرَق يحرِق (الحَرْق) |
| Gestes nerveux | الحَرَكات العَصبيّة |
| Mouvement | الحَرَكة |
| Mouvement politique | حركة سياسية |
| C'est une bénédiction quand | في الحَرَكة بَرَكة |

317

# Index lexical arabe-français

Manuel d'arabe en ligne Tome III
Les bases de l'arabe en 50 semaines © G. Al-Hakkak 2013
http://www.al-hakkak.fr — En autonomie

العربية أسبوعاً في خمسين

ء ا ب ت ث ج ح خ د ذ ر ز س ش ص ض ط ظ ع غ ف ق ك ل م ن هـ و ي

|  |  |  |  |  |  |
|---|---|---|---|---|---|
| Alliance (politique, militaire...), pacte | الحِلْف ج أحْلاف | Lui / Monsieur | حضرته | cela bouge (proverbe) | |
| Pacte de Bagdad (1955-1979) | حلف بغداد | Elle / Madame | حضرتها | Lettres (alphabet) | الحُروف (١ حَرْف) |
| OTAN (1949-....) | حلف الناتو | Détruire, démolir | حطّم يُحطّم (التحطيم) | Liberté | الحُرّيّة |
| Rêve | الحُلْم ج أحلام | Chance, hasard | الحظّ | Liberté de choisir | حُرّيّة الخِيار |
| Le rêve de la vie | حلم العُمْر | Le hasard a voulu | الحظّ شاء | Liberté de mouvement | حرية التنقّل |
| Beau | حُلْو = جَميل = حسن | Un peu ou beaucoup de chance | حظّ قَليل أوْ كَثير | Liberté de voyager | حرية السَفَر |
| Patisseries | الحَلَوِيّات = الحَلْوى | Apprendre le Coran par cœur | حَفِظَ يحْفَظ القُرآن (الحِفْظ) | Soucieux de préserver qqch | حريص على |
| Auto-protection | حماية النَفْس | Petit-fils | الحَفيد ج أحفاد | Incendie | الحريق ج حَرائِق |
| Rouge (fém.) | حمراء | Droit | الحقّ ج حُقوق | Parti (politique) | الحِزْب ج أحْزاب |
| Porte | حَمَل يحمل (الحَمْل) | Le droit à l'auto-détermination | حقّ تقرير المصير | — Socialiste | الحزب الاشتراكي |
| Charge, poids | الحُمولة | Vraiment | حقّاً | — Baath (Syrie, et auparavant Irak) | حزب البَعْث |
| Protéger | حمى يحمي (الحِماية) | Vaste domaine | الحقْل الواسِع ج حُقول واسعة | — Républicain (US) | الحزب الجُمْهوري (أمريكا) |
| Chaleureux, tendre, affectueux | حَميم | Droits, le droit (discipline) | الحُقوق | — Démocrate (US) | الحزب الديمقراطي (أمريكا) |
| Languir de | حنّ يحنّ إلى (الحَنين) | Les droits de l'Homme | حقوق الإنسان | — Communiste | الحزب الشيوعي |
| Blé | الحِنْطة | Champs de blé | حُقول القَمْح | — Travailliste (GB) | حزب العُمّال (بريطانيا) |
| Barrières | الحَواجِز | Vérité, réalité | الحقيقة ج حَقائِق | — Conservateur (GB) | حزب المـحافظين (بريطانيا) |
| Evénements, accidents | الحَوادث (١ حادث) | Vraiment, réellement | حقيقةً | Tristesse, peine | الحُزْن ج أحزان |
| Dialogue | الحوار | La réalité de la lumière et de l'obscurité | حقيقة النّور والظُلْمة | Triste | حَزين |
| Sens (les cinq —) | الحَواسّ (١ حاسّة) | La vérité sur ce qui est arrivé | حقيقة ما حَدَث | Compte | الحِساب ج حسابات |
| Les cinq sens | الحواس الخَمْس | Véritable, vrai, réel | حَقيقي | Penser (sans certitude) | حسب يحسُب (الحُسْبان) |
| Boutiques, magasins | الحَوانيت (١ حانوت) | Histoire, conte, récit | الحِكاية | Compter | حسَب يحسب (الحِساب) |
| Autour de | حَوْلَ | Une histoire oubliée | حكاية مَنسيّة | Beauté | الحُسْن |
| Année | الحَوْل = السنة = العام | Pouvoir politique, régime | الحُكْم | La beauté de leur visage | حسن طلْعَتِهِم |
| Vivant | حَيّ | — démocratique | حكم ديـمقراطي | Beau | حَسَن = جَميل = حُلْو |
| Quartier | الحَيّ ج أحياء | — militaire | حكم عسكري / حكم العسكر | Bien | حَسَناً |
| Vie | الحَياة | — fasciste | حكم فاشي / فاشستي | Pur-sang | الحِصان الأصيل |
| Sa vie professionnelle, sa carrière | حَياتُه المـِهَنيّة | — de milices | حكم المِيليشيات | Obtenir | حصَل يحصُل على (الحُصول) |
| Là où | حَيْثُ | Condamner qqn | الحُكْم على | Inciter à | حَضّ يحُضّ على |
| Murs | الحيطان (١ حائط) = الجُدْران (١ جدار) | Il a été condamné à | حُكِمَ عليه بـ | Terme de politesse équivalent à "Monsieur", "Madame", suivi parfois de "Frère" / "Sœur" | حَضْرة، .... |
| Lorsque | حينَ = عِندَما = حينما = لمّا | Il jugea que, il pensa que | حكم يحكُم أنّ | Monsieur Frère Untel | حضرة الأخ فلان |
| Animaux | الحَيَوانات (١ حَيَوان) | Condamner qqn à | حَكم يحكُم بـ (الحُكْم) | Madame Sœur Unetelle | حضرة الأستاذة فلانة |
| Saluer | حيّى يُحيّي (التَحيّة) | Sagesse, maxime | الحِكْمة ج حِكَم | Monsieur Untel | حضرة السيد فلان |
| Qui a peur | خائِف ج خائفون | Sage | الحَكيم ج حُكماء | Monsieur le Directeur | حضرة المـدير |
| Traître | الخائن ج خَوَنة | Il lui plaît de | حلا يحلو له أنْ ... | Mesdames et Messieurs | حضراتكم |
| Etre déçu | خاب يخيب (الخَيْبة) | Il fut maudit | حلّت عليه اللعنة ! | Vous | حضرتك |
| Particulier, privé, personnel | خاصّ | | | | |

318

# Index lexical arabe-français

Manuel d'arabe en ligne Tome III
Les bases de l'arabe en 50 semaines © G. Al-Hakkak 2013

ء ا ب ت ث ج ح خ د ذ ر ز س ش ص ض ط ظ ع غ ف ق ك ل م ن ه و ي

|  |  |  |  |  |  |
|---|---|---|---|---|---|
| Entrer | دَخَل يدخُل (الدُخول) | Tribun | الخَطيب ج خُطباء | Surtout, notamment | خاصَّة |
| Fumer | دخَّن يُدخِّن (التدخين) | Dangereux | خَطير | Les élites (ancien) | الخاصَّة |
| Interdit de fumer | التدخين ممنوع | Alléger | خفَّف يُخفِّف (التخفيف) | S'adresser à | خاطَب يُخاطِب (المُخاطَبة) |
| Entrée, entrer | الدُخول | Qui parle à voix basse | خَفيض الصَّوت | Pensée (qui traverse l'esprit) | الخاطِرة ج خَواطِر |
| Cours, leçons, études | الدُروس (١ دَرْس) | Pendant | خِلالَ = أثناءَ | Les états d'âmes, les pensées intimes | خَواطِر النَّفْس |
| Darwiche | الدَرْويش ج دَراويش | Bien-aimé, amant | الخِلّ = الحبيب | Etre divergent, transgresser | خالَف يُخالِف (المُخالَفة) |
| Inviter | دعا يدعو (الدَعْوة) | Laisser | خلَّى يُخَلّي | Il fut anticonventionnel | خالف المـألوف |
| Invoquer Dieu | دعى يدعي (الدُعاء) | Libérer qqn | خلى سبيله | Caravansérail (ancien) | الخان ج خانات |
| Publicité | الدعاية | Les créatures | الخَلْق = الخليقة = المخلوقات | Trahir | خان يخون (الخيانة) |
| Laisse la loi de côté pour l'instant | دَعْكَ مِنَ القانون الآن | Créer | خلَق يخلُق (الخَلْق) | Case | الخانة ج خانات |
| Laisse-le tranquille | دَعْكَ منه ! | Alcool | الخَمْر ج خمور | Pain | الخُبْز |
| Laisse-moi parler | دَعْني أتَكَلَّم | De l'alcool | خَمْرة | Préparer le pain, faire cuir le pain | خَبْز الرَغيف |
| Laissez-moi parler | دعوني أتكلم ! | Levure de boulangerie | خُمْرة | Timidité, pudeur | الخَجَل |
| Laisse-le | دَعْهُ ! | Peur | الخَوْف | Etre timide, avoir honte | خجِل يخجَل (الخَجَل) |
| Laisse-le maintenant avec moi pour | دَعْهُ مَعي الآن | Effrayer | خَوَّف يُخَوِّف (التخويف) | Joue | الخَدّ ج خدود |
| Nous t'avons invité | دَعَوْناك (الدَعْوة) | Imagination | الخَيال | Tromperie | الخداع |
| Plainte | الدَعْوى ج دَعاوى | Trahison | الخيانة | Serviteurs, domestiques | الخَدَم (١ خادم) |
| Invitation | الدَعْوة ج دَعَوات | Décevoir | خَيَّب يُخَيِّب | Servir / travailler (Maghreb) | خدَم يخدِم (الخِدْمة) |
| Prétencieux | دَعِيّ | Le Bien | الخَير | Service / travail (Maghreb) | الخِدْمة |
| Buisson | الدَغْل ج أدْغال | Meilleur, mieux | خَيْر = أحسَن = أفضل | Service militaire | الخدمة العَسكَرية |
| Défense | الدفاع | Meilleurs enfants | خَيْر الأطْفال | Khédive (maître d'Egypte, 2ème moitié XIXe siècle) | الخَديو |
| Gouvernail | الدُفَّة | Meilleurs hommes | خَيْر الرِجال | | |
| Pousser | دفَع يدفَع (الدَفْع) | Le meilleur qu'espère un grand-père | خَيْر ما يَتَمَنّاهُ جَدّ | Ruines, désolation | الخَراب |
| Payer le prix, l'addition | دَفْع الثَمَن | | | Sortir | خرَج يخرُج (الخُروج) |
| Protéger les gens ("repousser le danger loin des gens") | دفع الأذى عن الناس | Mieux que, meilleur que | خَيْر مِن | Automne | الخَريف |
| | | Idem | خَيْراً مِمّا | Perte | الخَسارة ج خسائر |
| Enterrer | دفَن يدفِن (الدَفْن) | Assidu | دَؤوب | Bois | الخَشَب |
| Battements du cœur | دقّات القلب | Maladie, mal | الداء | Bois d'ébène | خشب الأبنوس |
| Docteur, médecin | الدكتور ج دَكاترة | Constant, chronique | دائم | Craindre | خَشِي يَخْشى (الخَشْية) |
| Doctorat | الدكتوراه | A l'intérieur de | داخلَ | Ecriture manuelle | خَطّ اليَد |
| Preuve | الدليل ج أدِلّة | Dans la maison | داخل الدار | Lettre (correspondance) | الخِطاب ج خطابات |
| Sang bleu | الدم الأزرق | Dans l'emballage | داخل الغِلاف | Danger | الخَطَر ج أخطار |
| Les larmes | الدَمْع | Tourner, faire le tour | دار يدور (الدَوَران) | Petits pas | الخُطوات القِصار |
| Larme | الدَمْعة ج دموع | La discussion tourna autour de | دار يدور الحَديث عَن | Fiançailles (singulier en arabe) | الخُطوبة |
| Le monde, la vie (d'ici-bas) | الدُنيا | Motif, motivation | الدافِع ج دَوافِع | Pas | الخُطوة ج خُطوات |
| Quelle vie ! | يا دنيا ! | Défendre | دافَع يُدافِع (المُدافَعة) | Fiancé(e) | الخَطيب / الخَطيبة |

319

# Index lexical arabe-français

**Manuel d'arabe en ligne Tome III**
**Les bases de l'arabe en 50 semaines**
http://www.al-hakkak.fr
© G. Al-Hakkak 2013
En autonomie
العربية أسبوعاً في خمسين

ء ا ب ت ث ج ح خ د ذ ر ز س ش ص ض ط ظ ع غ ف ق ك ل م ن هـ و ي

| | | | | | | |
|---|---|---|---|---|---|---|
| Printemps | الرَبيع | Ainsi agissent les poètes | ذلك شَأنُ الشُعَراء | La vie d'ici-bas et la vie dans l'au-delà | الحياة الدنيا والحياة الآخرة |
| Monotonie | الرَتابة | Critiquer (moralement), blâmer | ذمَّ يذُمُّ (الذَمّ) | Etre étonné, surpris | دُهِشَ يُدْهَش |
| Repriser un tissu | رتَّق الخُروق | Faute, délit, crime | الذَنب ج ذُنوب | Huile, gras | الدُهن ج دُهون |
| Usé (vêtement) | رَثّ | Or (métal) | الذَهَب | Tour, étage, rôle | الدَور ج أدوار |
| Vêtements usés | ثياب رثّة | Aller | ذهَب يذهَب (الذَهاب) | Patrouilles | الدَورِيّات (١ دَوريّة) |
| Rendre hommage à un mort | رثى يرثي (الرثاء) | Il retourna d'où il vint | ذهَب من حيثُ جاء | International | دُوَلي |
| Espérer, souhaiter | رجا يرجو (الرَجاء) | Esprit, intellect | الذِهن | Toujours | دَوماً = دائماً |
| Les hommes | الرِجال (١ رَجُل) | Ayant l'air, ayant une apparence... | ذو مَظهر ... | Sans | دونَ = بلا = من غَيْر |
| Pencher vers (hypothèse) | رجَّحَ يُرجِّح (الترجيح) | D'un air propre aux dirigeants | ذو مَظْهَر سيادي | Sans pouvoir (agir) | دونَ أنْ يَسْتَطيعَ |
| Homme politique | الرَجُل السياسي | Queue | الذَيل ج أذيال | Sans amour | دونَ حُبّ = بلا حُبّ |
| La pitié de Dieu | رَحْمة الله | Tête | الرَأس ج رُؤوس | Sans avoir commis un crime | دونَ ذَنب ارْتَكَبَه |
| Dieu ait pitié de lui | رَحِمَه الله | Voir | رأى يرى (الرُؤية) | Petits pays indépendants | الدُوَيْلات المُسْتَقِلّة |
| Clément, miséricordieux | رحمن | Je vis cela en rêve | رأيْتُ ذلِكَ في المَنام | Religion | الدين ج أديان = الديانة ج ديانات |
| Idem | رحيم | Idem | رأيتُ فيما يرى النائم | Islam | الدين الإسلامي |
| Vêtement, habit | الرِداء ج أرْدِية | Je me suis vu en train de courir | رأيْتَني أركض | Christianisme | الدين المسيحي |
| Nourriture, "pain quotidien" | الرِزق ج أرزاق | Je l'ai vu | رأيْتُهُ | Judaïsme | الدين اليهودي |
| Accostage | الرَسْو | Penser | رأى يرى أنْ = اعتقد يعتقد | Dette | الدَيْن ج دُيون |
| Messager (de Dieu) | الرَسول ج رُسُل | Proposer, suggérer | رأى يرى أنْ = اقترح يقترح أنْ | Loup | الذَئب ج ذِئاب |
| Etre satisfait de | رَضِيَ يرضى عَنْ (الرِضى) | Opinion | الرَأي ج آراء | Fondre | ذاب يذوب (الذَوَبان) |
| Fredonner | رطَن يرطُن بـ | Têtes | الرُؤوس (١ رَأس) | Ego, le "soi", essence | الذات ج ذوات |
| S'occuper de | رعى يرعى (الرِعاية) | La vue | الرُؤية | Un jour | ذاتَ يَوم |
| Sujets (d'un souverain) | الرَعِيّة | Odeur | الرائحة ج روائح | Cet homme lui-même | هذا الرجل ذاتُهُ |
| Désirs | الرَغَبات (١ رَغْبة) | Splendide, merveilleux | رائع | Cette femme elle-même | هذه المرأة ذاتُها |
| Vie aisée | رَغَد العَيْش | Aller, partir | راح يروح (الرَواح) | Lui/elle en personne | هو / هي بالذات |
| Malgré, bien que | رَغْمَ أنَّ = بالرغم من أنَّ | Il se mit à crier | راحَ يصيح | L'amour de soi, égoïsme | حبّ الذات |
| Galette de pain | الرَغيف ج أرْغِفة | Repos | الراحة = الاستراحة | Goûter | ذاقَ يذوق (الذَوْق) |
| Camarades | الرِفاق (١ رفيق) | Berger | الراعي ج رُعاة | Il goûta l'amertume de la honte | ذاقَ مَرارة الخِزي |
| Ruer, donner un coup de pied | رفَس يرفُس (الرَفْس) | Berger (dirigeant un troupeau) | راعي ماشِية | Etourdi, abasourdi | ذاهِل |
| Refuser | رفَض يرفُض (الرَفض) | Surveiller | راقَب يُراقِب (المُراقَبة) | Bras | الذِراع ج أذرُع |
| Il refusa de la rendre | رفض ردّها | Danseuse | الراقصة | Ses deux bras | ذِراعاهُ / ذِراعَيْه |
| Elever, soulever | رفَع يرفَع (الرَفع) | Passager (bus, train, bateau, avion...) | الراكِب ج رُكّاب | Intelligence | الذَكاء |
| Il leva les yeux | رفع عَيْنَيْه | Vouloir | رام يروم = أراد يريد | Rappeler qqch à qqn | ذكَّر يُذكِّر بـ (التذكير) |
| Partenaire (dans la vie) | رفيقة الدَرب / رفيق الدرب | Dieu, le Seigneur | الرَبّ = الإله | Souvenir | الذِكرى ج ذِكريات |
| Censure, surveillance | الرَقابة | Seigneur de l'Univers | رَبّ العالَمين | Servilité, soumission, humiliation | الذِلّة |
| Sommeil | الرُقاد = النَوْم | Peut-être | رُبَّما | Cela, celui-là | ذلِكَ |
| Quetter, attendre (événement) | رقَب يرقُب | Elever, éduquer | ربّى يُربّي (التَرْبية) | | |

# Index lexical arabe-français

| Français | Arabe | Français | Arabe | Français | Arabe |
|---|---|---|---|---|---|
| Tropique du Cancer | مدار السرطان | Huile | الزَّيْت | Délicatesse | الرِّقّة |
| Le cancer (maladie) | مرض السرطان | S'enquérir de qqn/qqch | سأل يسأل عَن (السُّؤال) | Danser | رقص يرقُص (الرَّقْص) |
| Vol, voler, dérober | السَّرقة | Question | السُّؤال ج أسئلة | S'élever, se hisser | رقي يرقى (الرُّقيّ) |
| Joie, contentement, satisfaction | السرور | Se lasser de | سَئِمَ يسأَم (السأَم) | Surveillant, guetteur, sentinelle, censeur | الرَّقيب ج رُقَباء |
| Plaisir de voir souffrir un rival | سرور التَّشَفّي | Touriste | السائح ج سيَّاح / سُوَّاح | Monter (mécanisme, appareil...) | رَكَّب يُرَكِّب (التَّركيب) |
| Couler (fig.), se répandre, s'appliquer (loi, règlement...) | سرى يسري (السَّرَيان) | Chauffeur, conducteur | السائق ج سُوَّاق | Monter (dans moyen de transport) | ركب يركب (الرُّكوب) |
| | | Qui se prosterne | ساجد | Courir | ركض يركُض (الرَّكْض) |
| Toit | السَّطْح ج سُطوح | Sorcier, magicien | ساحِر ج سَحَرة | Jeter | رمى يرمي (الرَّمْي) |
| Toit de la maison | سطح الدار | Chaud | ساخن | Il le jeta à la poubelle | رماه إلى المزبلة |
| Pont du navire | سطح السَّفينة | Naïf | ساذَج ج سُذَّج | Tirer qqch sur qqn ou qqch | رمى يرمي بـ (الرَّمْي) |
| Ligne (livre, texte...) | السَّطْر ج سُطور | Voleur | السارق ج سُرَّاق = لِصّ ج لُصوص | Il le caillassa | رماه بالحَصى |
| Bonheur | السعادة | Une heure durant | ساعةً | Il lui tira une balle | رماه برصاصة |
| Le bonheur de l'amour | سعادة الحُبّ | Au moment de | ساعةَ | Cil | الرَّمْش ج رُموش |
| Le bonheur de l'esprit | سعادة النَّفْس | Dernière heure | الساعة الأخيرة | Rmancier | الروائي |
| Monsieur le ministre Untel | سعادة الوزير فلان | Bras | الساعد ج سواعد | Roman, récit, version (d'un évenement) | الرواية ج روايات |
| Largesse de l'esprit, compréhension | سَعة الصَّدْر | Aider | ساعَد يُساعِد (الـمُساعَدة) | Âme | الروح ج أرواح |
| Œuvrer pour | سعى يسعى لـ / إلى (السَّعْي) | Dieu t'aide ! | ساعدَك الله | En attendant que | رَيْثَما |
| Hereux | سَعيد ج سُعداء | Qui est sans scrupule | ساقط المُروءة | Vent | الريح ج رياح |
| Tomber | سقط يسقُط (السُّقوط) | Traiter à égalité | ساوى يُساوي (الـمُساواة) | Plumes d'autruche | ريش النعام |
| La chute du tyran | سقوط الطاغية | Maudir, injurier | سبَّ يسُبّ (السَّبّ) | Rugir | زأَر يزأَر (الزَّئير) |
| La chute de la dictature | سقوط الدكتاتورية | Fauves | السباع (١ سَبْع) | Augmenter, croître | زاد يزيد (الزيادة) |
| Se taire | سكت يسكُت (السُّكوت) | Compétition, course | السباق ج سباقات | Eclaire-moi davantage | زِدني إيضاحاً |
| Rester les bras croisés face à, être laxiste | سكت يسكُت على (السُّكوت) | Cause | السَّبَب ج أسباب | Visiter, rendre visite | زار يزور (الزيارة) |
| Etre ivre, s'enivrer | سكر يسكر (السُّكر) | Fauve | السَّبْع ج سباع | Plantation, culture | الزَّرْع |
| Arme | السلاح ج أسلحة | Madame | السِّت = السيدة | D'allure misérable | زَريّ الهَيْئة |
| Armes de destruction massive | أسلحة الدَّمار الشامل | La Reine de la beauté | ست الحُسْن والجَمال | Se fâcher, bouder | الزَّعَل |
| Armes chimiques | الأسلحة الكيماوية | Géolier, gardien de prison | السَّجَّان | Prétendre | زعم يزعُم (الزَّعْم) |
| Armes nucléaires | الأسلحة النووية | Prison | السجن ج سجون | Provoquer un tremblement de terre | زَلزَلَ يُزَلزِل (الزلزلة) |
| Sultan | السُّلطان ج سلاطين | Prisonnier | السَّجين ج سُجَناء | Temps | الزَّمَن / الزَّمان |
| Livrer, saluer | سلَّم يُسَلِّم (التسليم) | Nuage | السحابة ج سُحُب | Mécréant, athée, dualiste... | الزنديق ج زنادقة |
| Il salua l'assistance | سلم على الحاضرين | Se moquer de | سخر يسخر من (السخر) | Mariage | الزواج |
| Il se livra, il se rendit | سلم نفسه | Ironie, moquerie | السُّخْرية | Disparition de l'injustice | زوال الظُّلم |
| Qui du bon cœur | سَليم القَلْب = طَيِّب القلب | Barrages | السدود (١ سَدّ / سُدّ) | Mari, époux | الزَّوج ج أزواج |
| Ciel | السماء ج سماوات | Lanterne | السَّراج ج أسرِجة | Epouse | الزَّوجة ج زوجات |
| | | Cancer | السَّرَطان | Mari/femme fidèle | الزوج الوفي / الزَّوجة الوَفِيّة |
| Qualités, aspects | السِمات (١ سِمة) = الصِّفات (١ صفة) | Signe du Cancer (Zodiac) | بُرج السرطان | Falsifier, truquer | زوَّر يُزَوِّر (التَّزوير) |

# Index lexical arabe-français

Manuel d'arabe en ligne Tome III
Les bases de l'arabe en 50 semaines
http://www.al-hakkak.fr
© G. Al-Hakkak 2013
En autonomie
العربية أسبوعاً في خمسين

ء ا ب ت ث ج ح خ د ذ ر ز س ش ص ض ط ظ ع غ ف ق ك ل م ن هـ و ي

|  |  |
|---|---|
| Tolérant | سَمْح = مُتَسَامِح |
| Permettre, autoriser | سَمَح سَمْح (السَّمَاح) |
| Entendre | سَمِع يَسْمَع (السَّمْع) |
| Entendre parler de | سَمِع يَسْمَع عَن (السَّمَاع) |
| Réputation | السُّمْعَة |
| Poissons | السَّمَك |
| Poisson | السَّمَكَة ج سمكات |
| Empoisonner | سَمَّم يُسَمِّم (التَّسْمِيم) |
| Nommer | سَمَّى يُسَمِّي (التَّسْمِيَة) |
| Dire : "Au nom de Dieu le Clément et le Miséricordieux" (formule sacrée - islam) | سمى الله الرَّحمنَ الرَّحيمَ = قال «بسم الله الرحمن الرحيم» |
| Ils (parents) lui donnèrent le prénom de son grand-père | سمياه باسم جده |
| Âge | السِّنّ = العُمر |
| Dent | السِّنّ ج أسنان |
| Dents de sagesse | أسنان العَقْل |
| Epis de blé | السَّنابل (١ سُنْبُلَة) |
| Année, an | السَّنة ج سنين / سَنَوات |
| Fait de veiller | السَّهَر |
| Veiller [souvent] la nuit | سهر يسهر الليالي |
| Soirée, veillée | السَّهْرَة |
| Que ce soit... ou... | سَوَاءٌ أ... أمْ ... |
| La couleur noire, l'ensemble de (ancien) | السَّواد |
| Il portèrent le noir en signe de deuil à sa mémoire | لبسوا السواد حداداً عليه |
| L'ensemble du peuple | سواد الشَّعب |
| L'ensemble des gens | سواد الناس |
| Sourate (chapitre du Coran) | السُّورَة ج سُوَر |
| La sourate des Poètes | سورة الشُّعَراء |
| La sourate des récits | سورة القَصص |
| La sourate des fourmis | سورة النَّمل |
| Sauf, mis à part, excepté | سوى |
| Exceptés la Femme et l'Ecriture | سوى المَرْأة والكتابة |
| Incommode, importun | سَيِّئ الطِّباع |
| Clôture | السِّياج ج أسيجة |
| La politique | السِّياسة |
| Homme politique | السِّياسي |
| Maître, monsieur | السَّيِّد ج سادة |
| Dame, madame | السَّيِّدة |
| Biographie, conduite (d'une personne) | السِّيرة ج سِيَر |
| Affaires de la pauvreté | شُؤون الفَقْر |
| Pâle | شاحب |
| Côte, rivage | شاطئ البَحْر |
| Poète | الشَّاعر ج شُعَراء |
| Difficile, pénible | شاقّ = صَعْب = مُنْهِك |
| Contrarier | شاكَس يُشاكِس (المُشاكَسة) |
| Témoin | الشَّاهد ج شُهود |
| regarder (spectacle, match, événement) | شاهَد يُشاهِد (المُشاهَدة) |
| Etre rassasié | شبع يشبَع (الشَّبَع) |
| Il est rassasié de silence | شبع صَمتاً |
| Hiver | الشِّتاء |
| Insulter | شتم يشتم (الشَّتم) |
| Les arbres (collectif) | الشَّجَر |
| Arbre | الشَّجَرة ج أشجار |
| Mendiant | الشَّحّاذ ج شحّاذون / شحّاذين |
| Personne, quelqu'un | الشَّخص ج أشخاص |
| Les tourments de la mer | شدائد البَحر |
| Le Mal | الشَّرّ ج شُرور |
| Boisson | الشَّراب ج أشربة |
| Etincelle | الشَّرارة |
| Boire | شرب يشرَب (الشُّرب) |
| Expliquer | شرح يشرَح (الشَّرح) |
| Oriental, de l'Est | شرقي |
| Entreprise, compagnie, société | الشَّركة ج شركات |
| Lever du soleil | الشُّروق (شروق الشَّمس) |
| Jeu d'échecs | الشَّطْرَنج |
| Peuple | الشَّعْب ج شُعوب |
| Populaire, folklorique | شعبي |
| Cheveux, poils | الشَّعر |
| Ses cheveux | شَعْر رَأسه |
| Poésie | الشِّعر |
| Ressentir | شعَر يشعُر (الشُّعور) |
| Cheveu, poil | الشَّعْرة |
| Sentiment | الشُّعور |
| Troubles (à l'ordre public) | الشَّغَب |
| Guérison, rétablissement | الشِّفاء |
| Lèvre | الشَّفة ج شفاه |
| Guérir, se rétablir | شَفِيَ يشفى (الشِّفاء) |
| Souffrance | الشَّقاء |
| Sentir, renifler | شَمَّ يشُمَّ (الشَّمَّ) |
| Reniflement de chien | شَمْشَمة الكلاب |
| Le Nord, la gauche (orientation) | الشَّمال |
| Soleil | الشَّمس ج شُموس |
| Diplôme, témoignage | الشَّهادة |
| Le baccalauréat | الشَّهادة الثَّانوية |
| Faux témoignage | شهادة زور |
| Certificat de naissance | شهادة ميلاد |
| Mois | الشَّهر ج أشهُر / شُهور |
| Apétissant | شهي المَنظر |
| Rues secondaires | الشَّوارع الخَلْفية = الشَّوارع الثَّانوية = الشَّوارع الفَرْعية |
| Chose | الشَّيء ج أشياء |
| Autre chose | شَيء آخر |
| Un peu de sévérité | شَيء من القَسْوة |
| Peu à peu | شيئاً فشيئاً |
| Edifier, construire | شَيَّد يُشَيِّد (التَّشييد) |
| Diable | الشَّيطان ج شياطين |
| Qui a raison, correct | صائب |
| Crier | صاح يصيح (الصِّياح) |
| Ami, propriétaire, ayant en charge | الصَّاحب ج أصحاب |
| Propriétaire de l'oie | صاحب الأوزة |
| Ayant droit | صاحب الحَقّ |
| Propriétaire de la maison | صاحب الدار |
| Qui se trouve au sommet d'une hiérarchie | صاحب الشَّأن |

| | | | | | |
|---|---|---|---|---|---|
| Faible | ضَعيف | Petit âge, jeunesse | صِغَر السِّنّ | Chef de la Police | صاحب الشرطة |
| Etroit | ضَيِّق | Etre pur, dégagé | صَفا يصفو (الصَّفاء) | Propriétaire de l'entreprise | صاحب الشركة |
| Invités | الضُيوف (١ ضَيْف) | Il fait beau | صفا الجَوّ | Mon ami | صاحبي |
| Avion | الطائرة | L'atmosphère est désormais propice | صفت الأجواء | Promulguer, homologuer | صادَقَ يُصادِق على (المُصادَقة) |
| Voler, s'envoler | طار يطير (الطَّيَران) | Qualités, aspects, adjectifs | الصفات (١ صفة) | Ratifier le traité | صادق على الاتفاقية |
| Il l'emporta | طار بِهِ | Applaudir | صَفَّقَ يُصَفِّق (التَّصفيق) | Promulguer la loi | صادق على القانون |
| La peste | الطاعون | Il a applaudi d'admiration | صفق إعجاباً | Devenir | صار يصير |
| Faire le tour de | طاف يطوف بـ (الطَّواف) | Ils ont applaudi avec enthousiasme | صفقوا بحرارة | Aller à, arriver à | صارَ يصير إلى = ذهب إلى / وصل إلى |
| Dentier | الطاقم الأسنان | Glace, neige | الصَّقيع | Fabriquer de ses mains | صاغ يصوغ بِيَدِه (الصِّياغة) |
| Equipage de l'avion | طاقم الطائرة | Etre bon, adéquat pour | صلُح يصلُح لـ | Pur | صافٍ (الصافي) |
| Durer, être long | طال يطول | Convenir comme habitation | صلُح يصلُح مَسكَناً | Jeûner | صام يصوم (الصَّوم) |
| Etudiant | الطالب ج طُلّاب / طَلَبة | Prier, faire la prière | صَلّى يُصَلّي (الصَّلاة) | Silencieux | صامت |
| Réclamer, revendiquer | طالب يُطالب بـ (المُطالَبة) | Silence, fait de se taire | الصَّمت | Enfance, adolescence | الصِّبا |
| Médecine | الطِّبّ | Se taire | صمَت يصمُت (الصَّمت) | Adolescent | الصَّبيّ ج صِبيان / صِبية |
| Médecine dentaire | طب الأسنان | Fabriquer / fabrication de paniers | صُنع السلال | Garçons et filles | صِبيان وبَنات |
| Pédiatrie | طب الأطفال | Fabriquer | صنَع يصنَع بـ (الصُّنع) | Santé | الصِّحّة |
| Dermatologie | طب الأمراض الجلدية | Fusées, roquettes, missiles | الصَّواريخ (١ صاروخ) | Ministère de la santé | وزارة الصحة |
| Cardiologie | طب الأمراض القلبية | Bruit, voix, son | الصَّوت ج أصوات | Désert | الصحراء ج صَحارى |
| Gynécologie | طب الأمراض النسائية | Le bruit d'une explosion | صوت انفجار | Le Sahara | الصحراء الكُبرى |
| Ophtalmologie | طب العيون | Le beuglement de l'âne | صوت الحَمير | Journaliste | الصُّحُفي = صحافي |
| Faire la cuisine | الطَّبْخ | Une voix insupportable | صوت مُنْكَر | Journal | الصحيفة ج صُحُف |
| Appliquer | طبَّق يُطبِّق (التطبيق) | Image, photographie | الصُّورة ج صُوَر | Journaux et magasines | صحف ومجلّات |
| Couche, classe (sociale...) | الطَّبَقة | Solfège | الصولفاج | Hebdomadaires | صحف أُسبوعية |
| Classe supérieure | الطبقة العُليا | Eté (saison) | الصَّيف | Quotidiens | صحف يَوميّة |
| Classe pauvre | الطبقة الفقيرة | Plateau (ustensil) | الصينية ج الصواني | Migraine chronique | الصُّداع المُزمِن |
| Classe moyenne | الطبقة المتوسطة | Officier | الضابط ج ضُبّاط | Amitié | الصَّداقة |
| Médecin | الطَّبيب ج أطبّاء | Etre perdu | ضاع يضيع (الضَّياع) | Poitrine | الصَّدْر ج صُدور |
| Dentiste | طبيب أسنان | Etre indisposé par | ضاق يضيق بـ | Croire qqch ou qqn | صدَّق يُصَدِّق (التصديق) |
| Vétérinaire | طبيب بيطري | Gêner, déranger, indisposer | ضايق يُضايق (المُضايَقة) | Dire vrai | صدَق يصدُق (الصِّدق) |
| Etre amendé | طرَأ يطرَأ عليه تَعْديل | Vacarme, brouhaha | الضجيج | Rejet, fait de repousser qqn ou d'éviter qqn ou qqch, bouder | الصُدود |
| Etre transporté par la beauté d'une musique, d'un chant | طرِب يطرَب (الطَّرَب) | Rire | ضحِك يضحَك (الضَّحك) | Ami | الصَّديق ج أصدقاء |
| Poser, mettre à terre, renverser | طرَح يطرَح (الطَّرح) | Victime | الضَّحيّة ج ضحايا | Les cris, fait de crier | الصُّراخ |
| Il posa une question embarrassante | طرح سؤالاً مُحرِجاً | Contre | ضدّ | Crier | صرَخ يصرُخ (الصُّراخ) |
| Il mit son adversaire à terre | طرح خصمه أرضاً | Frapper, donner un coup | ضرَب يضرِب (الضَّرب) | Grincement | الصَّرير |
| Renvoyer, chasser, virer | طرَد يطرُد (الطَّرْد) | Nécessaire | ضروري | Grincement de la porte | صرير الباب |
| | | Bassesse | الضَّعة | | |

# Index lexical arabe-français

Manuel d'arabe en ligne Tome III — Les bases de l'arabe en 50 semaines — © G. Al-Hakkak 2013

ء ا ب ت ث ج ح خ د ذ ر ز س ش ص ض ط ظ ع غ ف ق ك ل م ن هـ و ي

|  |  |
|---|---|
| Il a été renvoyé | طُرِدَ يُطْرَد |
| Bonnet pointu | الطُرْطور ج طراطير |
| Bord, bordure | الطَرَف ج أطراف |
| Chemin, route, voie | الطَريق ج طُرُق |
| Nourriture | الطَعام ج أطْعِمة |
| De la bonne nourriture | طَعام جَيِّد |
| Excellente nourriture | طعام مُمْتاز |
| Enfant | الطِفْل ج أطفال |
| Enfance | الطُفولة |
| Peinture (bâtiment, mobilier) | الطِلاء |
| Etudiants | الطُلّاب = طَلَبة (١ طالب) |
| Demander | طلَب يطلُب (الطَلَب) |
| Il lui demanda de | طلب إلَيْه أنْ |
| Il chercha à apprendre depuis son plus tendre âge | طلب العِلْم منذ الصِغَر |
| Demande, requête | الطلَب ج طلَبات |
| Etudiants | الطلَبة = طلاب (١ طالب) |
| Apparaître | طلَع يطلَع على (الطُلوع) |
| Le soleil se leva | طلَعَت الشَمْس |
| Des bandits de grand chemin nous ont surgi devant nous | طلع علينا قُطّاع طُرُق |
| Tout au long de sa vie | طِوال حَياتِه |
| Plier, tourner (fig.) | طوى يطوي |
| Il le plia | طواه |
| Phase | الطَوْر ج أطوار |
| Longueur | الطول |
| Toute la vie | طولَ العُمر |
| Qui a bon cœur | طَيِّب النَفْس |
| Bonté du cœur | طيبة القلب |
| Circonstances, conditions | الظُروف |
| Demeurer, rester | ظَلَّ يَظَلّ |
| Il continua à l'observer de bas en haut et de haut en bas | ظل يتأمَّل فيها مُصَعِّداً مُنْحَدِراً |
| Ombres | الظِلال (١ ظِلّ) |
| Injustice, méfait | الظُلْم |
| Opprimer, commettre une injustice contre qqn | ظلَم يظلِم |
| Pensée (sans certitude) | الظَنّ = التَصَوُّر |
| Penser (sans certitude) | ظنَّ يظُنّ (الظَنّ) |
| Il lui sembla que la crise était sans fin | ظنَّ أنَّ الأزمة بلا نهاية |
| Il pensa que c'était sans fin | ظنَّها بلا نهاية |
| Le pont du navire | ظَهْر السَفينة |
| Apparaître, paraître | ظهَر يظهَر (الظُهور) |
| Soudain, il se dressa devant nous | ظهر علينا فجأةً |
| Il apparut qu'il était innocent | ظهر أنه بريء |
| Adorateur, adepte | العابد ج عَبَدة / عُبّاد |
| Adorateur de la vache | عابد البَقَر |
| Adorateur de la cendre | عابد الرَماد |
| Adorateur du feu | عابد النار |
| Trans-océaniques | عابرات المُحيطات |
| Au visage renfrogné | عابس الوَجْه |
| Incapable, impuissant | عاجز |
| Qui ne sait comment remercier | عاجز عَن الشُكْر |
| Revenir, retourner | عاد يعود (العَوْدة) |
| Il revint comme si de rien n'était | عاد وكأنّ شيئاً لم يكن |
| Habitude quotidienne | العادة يَوْمِيّة ج عادات يومية |
| Juste (adj.) | عادل |
| S'opposer à | عارَض يُعارِض (المُعارَضة) |
| Les députés de l'opposition au parlement | نُوّاب المعارضة في البرلمان |
| Nous nous sommes opposés au gouvernement pour sa politique étrangère | عارضنا الحكومة على سياستها الخارجية |
| Vivre | عاش يعيش (العَيْش) |
| Capitale | العاصمة ج عواصم |
| Sentiment | العاطفة ج عواطف |
| Haut, élevé, sublime | عال / عالية |
| Le monde | العالَم |
| Savant | العالِم ج عُلَماء |
| Mondial | عالَميّ |
| An, année | العام ج أعوام = السنة ج سنين / سنوات |
| S'engager, promettre | عاهَد يُعاهِد (المُعاهَدة) |
| Il nous promit d'être fidèle à toutes à ses promettes | عاهدنا على الوفاء بكل وعوده |
| Traité de paix | مُعاهَدة السلم |
| Les gens, les fidèles (religion) | العِباد |
| Expression, locution | العِبارة |
| Une sorte de | عبارة عن |
| Les génies | العَباقِرة (١ عَبْقَري) |
| L'absurde | العَبَث |
| Insouciance des enfants | عبث الأطفال |
| Vénérer | عبَد يعبُد (العِبادة) |
| Génial | عَبْقَريّ ج عَباقِرة |
| Le génie | العَبْقَريّة |
| Faire des reproches amicales | عتَب يعتِب عَلى (العِتاب) |
| Fierté (excessive), orgueil, narcisime | العُجْب |
| Incroyable ! Etonnant ! Vraiment !? | عَجَباً ! |
| Incapacité, impuissance | العَجْز |
| Pétrir | عجَن يعجِن (العَجْن) |
| Préparer la pâte (pain) | عَجْن العَجين |
| Etonnant ! | عَجيبة ! = عجيب ! |
| Etre considéré comme | عُدَّ يُعَدّ |
| Il est considéré comme l'un des meilleurs médecins | إنه يُعَدّ واحداً من أفضل الأطباء |
| Justice | العَدالة = العَدْل |
| Plusieurs | عِدَّة |
| Depuis plusieurs années | منذ عدة سَنوات |
| Nombre | العَدَد ج أعداد |
| Un certain nombre de gens | عدد مِنَ النّاس |
| Le néant | العَدَم |
| Ne pas sortir | عدم الخُروج |
| Ne pas voyager | عدم السَفَر |
| Souffrance | العَذاب |
| Vierges | العَذارى (١ عَذْراء) |
| La vierge | العَذْراء ج عَذارى |
| Voiture, wagon, véhicule, charette, carrosse | العَرَبة |
| Noces, fête du mariage | العُرْس ج أعراس |
| Dénigrer, diffamer, exposer | عرَّض يُعرِّض (التَعْريض) |

# Index lexical arabe-français

**Manuel d'arabe en ligne Tome III**
**Les bases de l'arabe en 50 semaines** © G. Al-Hakkak 2013
http://www.al-hakkak.fr — En autonomie

| Français | Arabe |
|---|---|
| S'exposer au danger | عرّض نفسَه للخطر |
| Largeur | العُرْض |
| La rencontre se fait rare | عزّ يعزّ اللقاء |
| Jouer (sur un instrument) | عزَف يعزِف على (العَزْف) |
| Renoncer à faire qqch | عزَف يعزِف عن (العُزوف) |
| Etre déterminé à faire qqch | عزَم يعزِم على (العَزْم) |
| Cher (à qqn) | عزيز ج أعزّاء |
| Cher ami... | إلى الصديق العزيز |
| Chers amis... | إلى الأصدقاء الأعزاء |
| Très difficile | عَسير = صعب جداً |
| Nid | العُشّ ج أعشاش |
| Première partie de la nuit, soir | العشاء |
| Prière du soir | صَلاة العشاء |
| Dîner | العَشاء |
| Il dîna avec ses amis | تناوَل العشاء مع أصحابه |
| Herbe | العُشْب ج أعشاب |
| Amour passionné | العشق |
| Aimer passionnément | عشِق يعشَق (العشْق) |
| Tribu | العشيرة ج عَشائر |
| Moineaux | العَصافير (1 عُصفور) |
| La deuxième moitié de l'après-midi, 16h env. | العَصر |
| Vers 16h de jour-là | عَصْرَ ذلكَ اليَوْم |
| Moineau | العُصْفور ج عَصافير |
| Rendre infaillible (conn. religieuse), protéger | عصَم يعصِم من |
| Jus de fruit | العَصير |
| Jus d'orange | عصير بُرْتقال |
| Jus de pomme | عصير تفاح |
| Jus de grenade | عصير رمان |
| Jus de citron | عصير ليمون |
| Mordre | عضَّ يعضّ (العَضّ) |
| Avoir de l'empathie pour | عطَف يعطِف على (العَطْف) |
| Os, ossements | العظام (1 عَظْم) |
| Glorifier | عظَّم يُعظِّم (التعظيم) |
| Grandiose | عظيم |
| Pureté morale, intégrité morale | العَفاف = العِفّة |

| Français | Arabe |
|---|---|
| Pardon | العَفْو |
| Mille prisonniers furent amnistiés | قَرار بالعفو عن ألف سجين |
| Pardon ! Excuse-moi, excusez-moi, etc. | عفواً |
| Par la suite, après cela | عَقِبَ ذلك |
| "Espérons que ce sera pour toi la prochaine fois" (réponse classique en Egypte à des félicitations) | عُقْبى لَكَ |
| La raison | العَقْل |
| Mentalité | العَقْليّة |
| Les esprits, les cerveaux (fig.) | العُقول (1 عَقْل) |
| Remède, traitement médical, soins | العلاج |
| Signe, symptôme, indice | العَلامة |
| Signe d'une mort prochaine | علامة الـمَوْت القَريب |
| Savoir | علِم يعلَم بـ (العلْم) |
| Il su ce qui s'était passé | علم بما جرى |
| Je l'ai su il y a longtemps | علمت بذلك منذ زمن طويل |
| Science, savoir | العِلْم ج عُلوم |
| Enseigner | علَّم يُعَلِّم (التعْليم) |
| Sciences | العُلوم |
| — humaines | العلوم الإنسانية |
| — religieuses / théologie | العلوم الدينية |
| — politiques | العلوم السياسيّة |
| Dans la meilleure des hypothèses | على أحْسَن الفُروض |
| Pour le mieux | على أحْسَن ما يكون |
| De toute façon, en tout cas | على أيّ حال |
| Etre prêt à | على استِعْداد لـ... |
| Je suis prêt à travailler avec vous | أنا على استعداد للعمل معكم |
| Au moins | على الأقَلّ |
| Malgré son ignorance | على جَهْلِه |
| A propos... | على فكرة |
| De toute façon | على كلّ حال |
| Tout au long de sa vie | على مَدى حَياته |
| D'une certaine manière | على نحوٍ ما |
| Sous peu | عمّا قريب |

| Français | Arabe |
|---|---|
| Ouvriers | العُمّال (1 عامل) |
| Turban, coiffe portée par des religieux | العمّة |
| Âge, vie | العُمْر ج أعمار |
| Vie | العُمر = الحياة |
| Tout au long de la vie, longue vie | طولَ العمر |
| Travail, œuvre | العَمَل ج أعمال |
| Chronique quotidienne | العَمود اليَوْميّ |
| Avec mérite | عَنْ جَدارة |
| Il mérita de gagner l'élection | فاز بالانتخابات عن جدارة |
| Titres des livres | عَناوين للكُتب |
| Raisin, vigne | العِنَب |
| A ce moment-là, alors | عِنْدَئِذٍ = عندذاك = عندها |
| Lorsque | عِنْدَما |
| J'ai des enfants en bas âge | عندي صغار |
| Elément, race, genre | العُنْصُر ج عَناصر |
| Une femme, un personnel féminin | عنصر نسائيّ |
| Racisme | العُنْصُريّة |
| Adresse, titre | العُنْوان ج عَناوين |
| L'adresse de l'entreprise | عنوان الشَّرِكة |
| Le titre du livre | عنوان الكتاب |
| Le titre du film | عنوان الفيلم |
| L'adresse du destinataire | عنوان الـمُرْسَل إليه |
| L'adresse de l'expéditeur | عنوان الـمُرْسِل |
| Violent | عَنيف |
| Orages, tempêtes | العَواصف (1 عاصفة) |
| Défaut | العَيْب ج عُيوب |
| Quel est le défaut de cet appareil ? | أين العيب في هذا الجهاز ؟ |
| Il n'est pas convenable de ta part de faire cela | من العيب أن تفعل هذا |
| Œil | العَيْن ج عُيون / أعْين |
| Il a les yeux noirs | عيناه سوداوان |
| Absent | غائب |
| Quitter, partir | غادَرَ يُغادِر (الـمُغادَرة) |
| Etre jaloux | غار يغار (الغَيْرة) |
| Faire la cour à qqn | غازَل يُغازِل (الـمُغازَلة) |

325

# Index lexical arabe-français

Manuel d'arabe en ligne Tome III
Les bases de l'arabe en 50 semaines
http://www.al-hakkak.fr
© G. Al-Hakkak 2013

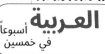

ء ا ب ت ث ج ح خ د ذ ر ز س ش ص ض ط ظ ع غ ف ق ك ل م ن هـ و ي

| | | | | | |
|---|---|---|---|---|---|
| Finir, terminer | فرغ يفرَغ من (الفَراغ) | Autre que moi | غَيْري | Qui est en colère, irrité | غاضب |
| Equipe, groupe (musique) | الفِرْقة ج فِرَق | Ne compte pas sur autrui | لا تعتمد على الغير | Il est en colère contre | غاضب على |
| Four | الفُرْن ج أفران | Mystères du Ciel | غُيوب السَّماء | Il est en colère à cause de | غاضب من |
| Echec | الفَشَل | Cœur | الفُؤاد ج أفْئِدة | C'est nuageux | غام الجَوّ |
| Renvoyer, virer, remercier | فصَل يفصِل (الفَصْل) | Se flatter, se mettre en valeur face à qqn de (qualité, avantage, etc.) | فاخَرَ يُفاخِر بـ (الـمُفاخَرة) | Tout ce que j'ai pu (réaliser, faire, comprendre, trouver, etc.) | غايةُ ما وصلت إليه هو ... |
| Il fut séparé du monde des gens | فُصِلَ عَنْ عالَم النَّاس | Elancé, haut, grand | فارع | Stupidité | الغَباء = الغَباوة |
| Scandales sexuels | الفَضائح الجِنْسِيّة | Quitter, se séparer de | فارَقَ يُفارِق (الـمُفارَقة) | Caractère de ce qui est sombre, poussiéreux... | الغُبْرة |
| Argent (métal) | الفِضّة | Gagner | فاز يفوز بـ / على (الفَوْز) | Stupide | غَبِيّ |
| Préférer | فَضَّلَ يُفَضِّل (التفْضيل) | Baiden a battu Trump | فاز بايدن على ترامب | Amende, contravention | الغَرامة ج غرامات |
| Faire | فعَل يفعَل (الفِعْل) | Notre équipe à remporté la coupe | فاز فريقنا بالكأس | Les étrangers (à un lieu), les inconnus | الغُرَباء (١ غَريب) |
| Creuver les yeux de qqn | فقَأ يفقَأ عين فلان | Vertueux, honorable | فاضل | Chambre, salle, pièce | الغُرْفة ج غُرَف |
| Pauvreté | الفقر | Honorable Frère Untel | إلى الأخ الفاضل فلان | Chambre de Commerce | غرفة التجارة |
| Seulement | فقَطْ | Etre supérieur à | فاق يفوق | Salle de séjour | غرفة المعيشة |
| Pauvre | فقير ج فُقَراء | Incalculable | فاق الحصر | Chambre à coucher | غُرْفة النَّوْم |
| Réfléchir, penser | فكَّر يُفكِّر (التفْكير) | Fruit | فاكهة ج فَواكه | Orgueil | الغُرور |
| Paysan, cultivateur, fermier, agriculteur | الفَلَّاح ج فلاحون | Ouvrir, conquérir | فتَح يفتَح (الفَتْح) | Courtoisie galante, fait de faire la cour à qqn | الغَزَل |
| Untel / Untel UNTEL | فُلان / فلان الفُلاني | Conquérir un pays | فتَح بَلد | Invasion, envahir | الغَزْو |
| Bouche | الفَم = فو ج أفْواه | Son père l'aida en indiquant ce qui venait après ce mot | فتَح عَلَيْه أبوهُ بما يَلي هذه الكَلِمة | Enveloppe fine (film), pellicule | الغِشاء |
| Artiste | الفنَّان ج فنَّانون | | | Couvrir | غَشِيَ يغْشى |
| Artistique, technique | فَنّي | Chercher, rechercher | فَتَّشَ يُفَتِّش عَنْ (التفْتيش) | Se mettre en colère | غضِب يغْضَب (الغَضَب) |
| Techniciens | الفنّيّون | Jeune homme | الفَتى ج فِتْيان | Il fut en colère contre ses voisins | غضب على جيرانه |
| Compréhension, comprendre | الفَهْم | L'époux idéal, l'homme rêvé | فَتى الأحْلام | Il fut en colère à cause du comportement de ses voisins | غضب من سلوك جيرانه |
| Anarchie, désordre, chaos | الفَوْضى | Aube, aurore | الفَجْر | | |
| Sur, au-dessus de | فَوْقَ | Charbon | الفَحْم الحَجَري | Moment d'inattention | الغَفْلة |
| La clé est sur la table | الـمفتاح فوق الطاولة | Luxueux, raffiné | فَخْم | Le voleur s'est introduit à l'insu des habitants de la maison | دخل اللص على غفلة من أهل الدار |
| En plus, de surcroit | وفوق ذلك ... | Papillons | الفَراشات | | |
| Au début | في أوَّل الأمْر | Le vide | الفَراغ | Un somme, assoupissement | الغَفْوة |
| A neuf ans | في التاسعة مِنْ عُمْرِه | Séparation, éloignement | الفِراق | Vaincre | غلَب يغلِب (الغَلْب / الغَلَبة) |
| De jour et de nuit | في اللَّيْل والنَّهار | Fournier | الفَرَّان | Il l'a vaincu à l'élection présidentielle | غلبه في الانتخابات الرئاسية |
| Avec stupéfaction | في انبهار | Content, joyeux | فرح | | |
| Parfois | في بَعْضِ الأوْقاتِ = في بعض الأحيان | Une chaussure | فرْدة الحِذاء | Jeunes hommes | الغِلْمان (١ غُلام) |
| Avec paresse, le geste lourd | في تكاسُل | Paradis | الفِرْدَوْس = الجَنّة | Absence | الغَيْبة |
| En lui-même | في ذاتِه | Etre déployé (tapis) | فُرِشَ يُفرَش | Autre / négation de l'adjectif et des participes | غَيْر |
| A ce moment-là | في ذلك الوَقْت | Occasion, opportunité de dialoguer | فُرْصة الحِوار | Irrésonnable, impensable | غَيْر مَعْقول |
| Dans un silence total | في صَمْت كامل | Secondaire | فَرْعِيّ | Inacceptable | غير مقبول |
| Il y a peu de temps | في عَهْدٍ قَريب | | | | |

# Index lexical arabe-français

**Manuel d'arabe en ligne Tome III — Les bases de l'arabe en 50 semaines** © G. Al-Hakkak 2013

ء ا ب ت ث ج ح خ د ذ ر ز س ش ص ض ط ظ ع غ ف ق ك ل م ن ه و ي

| Français | Arabe |
|---|---|
| En même temps | في عَيْنِ الوَقْت |
| Sans crainte ni pudeur | في غير خَشْية ولا حَياء |
| Sans travail, sans occupation | في غَيْرِ عَمَل = بدون عَمَل |
| Autrefois, jadis | في قَديم الزَّمان |
| Partout | في كُلّ مكان |
| Dans de pareils cas | في مِثْل هذه الحالة |
| Dans ce cas | في هذه الحال |
| A un certain moment | في وَقْت ما |
| En même temps | في وَقْت واحد |
| Un flot de larmes | فَيْض مِنَ الدُّموع |
| Par la suite | فيما بَعْد |
| Entre autres choses qu'il avait oubliées | فيما نَسِيَ مِنَ الأشياء |
| Ayant un peu de fraicheur | فيهِ شَيْءٌ مِنَ البَرْد الخَفيف |
| En disant avec vénération | قائلاً بإجلال... |
| Qui se tient debout | قائم |
| Se nourrir | قات يقوت |
| Combattre, se battre contre | قاتَل يُقاتِل (المُقاتَلة) |
| Il combattut ses ennemis jusqu'à ce qu'il fut tué | قاتل أعداءه حتى قُتِل |
| Meurtrier | القاتِل ج قَتَلة |
| Guider, diriger les gens | قاد يقود الناس (القِيادة) |
| Conduire à, jusqu'à | قاد يقود إلى (القِيادة) |
| Il conduisit ses partisans à se révolter contre le tyran | قاد أنصارَه إلى الثورة على الطاغية |
| Qui vient, prochain | قادم |
| La semaine prochaine | الأسبوع القادم |
| Comparer | قارَن يُقارن بَيْنَ (المُقارَنة) |
| Sévère | قاس م قاسية |
| Juge d'instruction | قاضي التحقيق |
| Juge | القاضي ج قُضاة |
| Salle | القاعة |
| Dire | قال يقول |
| ...s'émerveille-t-il | قال بانهار |
| ... dit-il confiant | قال بثقة |
| ...s'étonne-t-il | قال بدِهشة |
| ...ironise-t-il | قال ساخِراً |
| Il dit une chose invraisemblable | قال شيئاً لا يدخل العقل |
| ...dit-il en riant | قال ضاحِكاً |
| ...dit-il avec orgueil | قال في مُباهاة |
| ...lui dit-il calmement | قال لَهُ في هُدوء |
| ...insiste-t-il | قال مُؤكِّداً |
| ...s'étonne-t-il | قال مُتَعَجِّباً |
| ...s'étonne-t-il | قال مُسْتَغْرِباً |
| ...objecte-t-il | قال مُعْتَرِضاً |
| ...s'étonne-t-il | قال مُنْدَهِشاً |
| Se lever | قام يقوم (القيام) |
| Honteux, il se leva tout en sueur | قام خَجِلاً يَتَصَبَّب عَرَقاً |
| Il se réveilla et se leva | قام من نومه |
| Effectuer | قام يقوم بـ (القيام) |
| Il écrivit la lettre | قام بكتابة الرسالة |
| Il publia le livre | قام بنشر الكتاب |
| Parier (dans un jeu de hasard), parier (en prenant un risque) | قامَر يُقامِر (المُقامَرة) |
| Loi | القانون ج قَوانين |
| Les dômes du palais | قِباب القصر |
| Tombe, tombeau | القَبْر ج قُبور |
| Appréhender, arrêter qqn | قبَض يقبض على (القَبْض) |
| La police arrêta le suspect | قبضت الشرطة على المُتَّهَم |
| Il fut arrêté chez dans la maison de sa maîtresse | قُبِض عليه في دار عشيقته |
| Avant | قَبْلَ |
| Bien avant cela | قبل ذلك بكثير |
| Accepter | قبِل يقبَل (القَبول) |
| Les tombes | القُبور (1 قَبْر) |
| Laid de visage | قبيح الوَجْه |
| Tribu | القَبيلة = العَشيرة |
| Tribu | القبيلة ج قَبائل / العشيرة ج عشائر |
| Meurtre, homicide, tuer | القَتْل |
| Particule indiqant la certitude ou l'incertitude selon son environnement syntaxique | قَدْ |
| Tu risques de perdre ce que tu as payé pour l'avoir | قد تخْسَر ما دَفَعْتَهُ ثَمَناً لَهُ |
| Je le sais déjà | قد علمتُ بذلك |
| Il ne viendrait peut-être pas | قد لا يأتي .. |
| Il n'y en a peut-être pas | قد لا يوجد |
| Il risque d'être / d'arriver en retard | قد يتأخَّر |
| On attendra peut-être longtemps | قد يطول الانتظار |
| Cela peut arriver | قد يكون |
| Il pourrait mourir | قد يموت |
| Estimer, apprécier, évaluer | قدَّر يُقدِّر (التقدير) |
| Capacité de (faire qqch) | القُدرة على |
| Présenter | قدَّم يُقدِّم (التقديم) |
| Il présenta une nouvelle émission | قدم برنامجاً جديداً |
| On le présenta au tribunal | قدموه للمُحاكَمة |
| Il fut conduit au tribunal | قُدِّم للمحاكمة |
| Le bon exemple (à suivre), modèle vertueux | القُدوة الحَسَنة |
| Lecture, lire | القِراءة |
| | القَرار ج قَرارات |
| Rapprocher | قرَّب يُقرِّب (التقريب) |
| Décider | قرَّر يُقرِّر |
| Il en prit lui-même la décision | قرَّر ذلك بِنَفْسِه |
| Villageois | قَرَوي |
| Village | القَرْية ج قُرى |
| Sévir, se montrer sévère à l'encontre de | قسا يقسو على (القَسْوة) |
| Section arabe, département arabe | القِسْم العربي |
| Destin ("part donnée par le Destin") | القِسْمة |
| Idem | القسمة والنَصيب |
| Couper | قصَّ يقصّ |
| Le président inaugura le projet après avoir coupé lui-même le ruban | افتتح الرئيس المشروع بعد أن قص الشريط بنفسه |
| Raconter, conter, rapporter (récit) | قصَّ يقصّ قصّة |
| Roseaux | القَصَب |
| Histoire, récit, conte | القِصّة ج قِصَص |
| Vouloir dire, aller vers | قصَد يقصِد (القَصْد) |

327

## Index lexical arabe-français

**Manuel d'arabe en ligne Tome III**
**Les bases de l'arabe en 50 semaines**
© G. Al-Hakkak 2013
http://www.al-hakkak.fr
En autonomie
العربية أسبوعاً في خمسين

ء ا ب ت ث ج ح خ د ذ ر ز س ش ص ض ط ظ ع غ ف ق ك ل م ن هـ و ي

| | | | | | |
|---|---|---|---|---|---|
| J'avais | كانَ عِنْدي | Promener son regard | قلب طَرْفَيْه | Que veux-tu dire par ce mot ? | ماذا تقصد بهذه الكلمة ؟ |
| Il fallait | كانَ يَجِبُ أنْ | Le peu | القِلّة | Pourquoi es-tu allé dans la capitale ? | لماذا قصدت العاصمة ؟ |
| Il fallait y mettre un indice | كان يجب أن تجعلَ عليها علامة | Quel manque d'éducation !, mal élevé ! | قِلّة أدَب ! | Palais, château | القَصْر ج قُصور |
| Ils auraient dû se poser d'abord la question | كان يَجِبُ أنْ يسألوا أنْفسَهُمْ أوَّلاً | Peu de gens | قِلّة من الناس | Palais de l'Elysée | قصر الأليزيه |
| | | Je me suis dit | قُلْتُ لِنَفْسي | Château de Versailles | قصر فرساي |
| Prêtre, devin | الكاهن ج كَهَنة | J'ai présenté mes félicitations en disant... | قُلْتُ مهنّئاً ... | Le Grand-Palais | القصر الكبير |
| Foie | الكَبِد ج أكْباد | Cœurs | القُلوب (١ قَلْب) | Le Petit-Palais | القصر الصغير |
| Foie, entrailles du "rakh" (oiseau mytique) | كَبِد الرخّ | Peu, un peu | قليلاً | Long poème | القَصيدة ج قَصائد |
| Entrailles du ciel | كبد السماء | Je de hasard | القِمار | Court, petit de taille | قَصير |
| Vieillesse | الكِبَر | Lune (masculin en arabe) | القَمَر | Barreaux | القُضْبان (١ قضيب) |
| Ecrivains, secrétaires (ancien) | الكُتّاب (١ كاتب) | Lune du Temps | قَمَر الزَمان | Passer (temps), abattre | قَضى يقْضي |
| Livre, lettre (correspondance) | الكِتاب ج كُتُب | Canal, chaîne | القَناة ج قَنَوات | Il le mit KO | فاز عليه بالضربة القاضية |
| Discours d'adieu, lettre d'adieu | كتاب الوَداع | Coercitif, contraignant | قَهْري | Il effectua une peine de prison | قَضى حُكْماً بالسِّجْن |
| | كتاب = رسالة = خطاب | Les pieds du trône | قَوائم العَرْش ! | Il l'abattut | قَضى عليه |
| Ecriture | الكِتابة | Force, puissance | القُوّة ج قوى | C'en est fini | قُضِيَ الأمْر |
| Rédaction de romans, écrire un roman | كتابة الروايات | Nourriture | القوت = الطعام = الرزق | Affaire, cause | القَضِيّة ج قَضايا |
| Poussins | الكَتاكيت (١ كَتْكوت) | Fort | قَوِيّ | La cause palestinienne | القَضِيّة الفلسطينية |
| Ecrire en nom de qqn | كَتَب يكْتُب عَنْ لسان فُلان | Sieste | القَيْلولة | Une affaire complexe | قضية معقدة |
| Epaule | الكَتِف ج أكْتاف | Valeur | القيمة ج قِيَم | Train | القِطار ج قطارات |
| Beaucoup, abondant | كَثير | Mélancolie | الكَآبة | Chat | القِطّة ج قِطَط |
| Beaucoup, souvent | كَثيراً | Comme si | كأنّ | Goutter, s'égoutter | قطَر يقْطُر |
| Mensonge | الكَذِب | Il dirait qu'il n'a pas ouvert | كأنه لم يُفْتَح | Couper | قَطَع يقطَع (القَطْع) |
| Démentir | كَذَّبَ يُكَذِّب (التكذيب) | Comme s'il le voyait pour la première fois | كأنه يراه للمَرّة الأولى | Il décida de couper l'arbre | قرّر أن يقطع الشجرة |
| Balle, ballon | الكرة | Comme s'il découvrait | كأنه يكتَشف | Il se mit au travers de la route de son adversaire | قطع الطريق على خصمه |
| Basket-ball | كرة السَلّة | Ecrivain, secrétaire (ancien ou régional) | الكاتِب ج كُتّاب | | |
| Volley-ball | الكرة الطائرة | Secrétaire d'Etat (Maghreb) | كاتب الدَوْلة | Morceau, part | القِطْعة ج قِطَع |
| Football | كرة القَدَم | Greffier, notaire | كاتب العَدْل | Morceau de pain | قطعة خبز |
| Water-polo | كرة الماء | Ecrivain contemporain | كاتب مُعاصِر | Pièce d'art | قطعة فَنِيّة |
| Handball | كرة اليد | Qui peine dans son travail et sa vie | كادِح ج كادِحون | Morceau de musique | قطعة موسيقية |
| Consacrer sa vie à | كَرَّسَ يُكَرِّس حَياتَهُ لـ (التكريس) | Catastrophe | الكارِثة ج كَوارِث | Cesser de | قَعَد يقْعُد عَن (القُعود) |
| Détester, haïr | كرِه يكرَه (الكُرْه) | Mécréant, infidèle (religion) | الكافِر ج كُفّار | Boxe des accusés | قَفص الاتِّهام |
| Il détesta qu'on l'appelle ainsi | كره أنْ يُدْعى به | Comme d'habitude | كالعادة | Monteau d'homme | القُفْطان |
| Main (ouverte) | الكَفّ ج أكُفّ / الكَفّان - الكَفّين | Entier | كامِل | Dis exactement ce qu'il a dit ! | قُلْ نَصَّ كلامه |
| Assez ! Cela suffit ! | كفى ! = يكْفي ! | Etre (employé souvent pour préciser le temps) | كان يكون | Cœur | القَلْب ج قُلوب |
| Assez de questions ! | كفى أسْئِلة ! | Il représentait | كان ... يُمثّل ... | Fouiller, retourner | قلَب يُقلِّب (التَقْليب) |

# Index lexical arabe-français

*Manuel d'arabe en ligne Tome III — Les bases de l'arabe en 50 semaines © G. Al-Hakkak 2013 — En autonomie — http://www.al-hakkak.fr*

| Français | Arabe |
|---|---|
| Assez de mascarade ! | كفى مَهْزَلَةً ! |
| Tout est décidé par le Destin | كلّ شيء بقضاء |
| Chaque jour | كلّ يَوْم |
| Chiens | الكِلاب (١ كَلْب) |
| Parole, discours, ce qui est dit | الكَلام |
| Peine et effort déployés pour bien accueillir un invité | الكُلْفة والتَعَب |
| Mot | الكَلِمة ج كلمات |
| Le mot "liberté" | كلمة الحُرِّيّة |
| Le mot imprimé | كلمة مَطْبوعة |
| Parle-moi de manière précise ! | كلِّمْني كَلاماً مُحَدَّداً ! |
| A ses yeux, nous sommes toutes des femmes | كلّنا في عينيه نساء |
| En entier ou en partie | كلُّهُ أَوْ بَعْضُهُ |
| Faculté de Droit | كلِّيّة الحُقوق |
| Combien ? | كَمْ ؟ |
| Quantité | الكَمّ |
| Comme cela fut, comme c'était | كما كان |
| Violon | الكَمان = كَمَنْجة |
| Sois ! / Soyez ! | كُنْ / كوني / كونوا |
| Sois sans cause (à défendre) ! | كن بلا قَضِيّة |
| Sois sage ! | كن عاقلاً |
| Sois imprécis ! | كن غامضاً |
| Sois stupide ! | كن غَبِيّاً |
| J'espérais | كُنْتُ أَتَمَنّى |
| Je pensais que tu avais appris le Coran par cœur | كُنْتُ أَحْسَبُ أَنَّكَ حَفِظْتَ القُرآن |
| Balayer | كنس يكنس (الكَنْس) |
| Balayer la poussière | كنس الغُبار |
| Prêtres, devins | الكَهَنة (١ كاهن) |
| Astre, étoile | الكَوْكَب ج كواكب |
| Pour (suivi d'un verbe) | كَيْ = لِكَيْ = لِـ = مِنْ أَجْلِ = حَتَّى |
| Pour en faire une icône | كي أَجْعَلَها أَيْقونة |
| Pour en faire une messagère (de Dieu) | كي أَجْعَلَها رَسولة |
| Pour en faire un nuage | كي أَجْعَلَها سَحابة |
| Pour faire exploser les choses | كي أُفَجِّرَ الأَشْياء |
| Pour sauver celle que j'aime de | كي أُنْقِذَ مَنْ أُحِبُّها مِنْ |
| Pour que la rose me comprenne | كي تَفْهَمَني الوَرْدة |
| Pour que les arbres me lisent | كي تَقْرَأَني الأَشْجار |
| Pour que les épis de blé me lisent | كي تَقْرَأَني سَنابِلُ القَمْح |
| Pour que la lumière domine l'obscurité | كي يَنْتَصِرَ الضَّوْءُ على العُتْمة |
| Comment ? | كَيْفَ ؟ |
| — ça va ? / — allez-vous ? / — vas-tu ? | كيف الأَحْوال ؟ |
| — obtenir / arriver à | كيف السَبيل إلى ... ؟ |
| — va / vont... | كيف حال ... ؟ |
| — vas-tu ? / — allez-vous ? | كيف حالك / حالكم ؟ |
| — va ta santé ? | كيف صِحَّتُكَ ؟ |
| — un seul acteur joue-t-il les deux rôles ? | كيف يقوم بالدورَيْن ممثّل واحد ؟ |
| Pour une raison particulière | لأَمْرٍ مِنَ الأُمور |
| Parce que | لِأَنَّ |
| Je ne rêve que de toi ("ta silhouette") | لا أَحْلُمُ إلّا بِطَيْفِكِ |
| Je ne peux supporter | لا أَسْتَطيعُ أَنْ أَحْتَمِلَ |
| Je ne ressens rien qu'à travers toi | لا أَشْعُرُ إلّا بِكِ |
| Je ne sais pas | لا أَعْلَمُ = لا أَعْرِفُ = لا أَدْري |
| | لستُ أعلم = لستُ أعرفُ = لستُ أدري |
| Je ne regarde que toi | لا أَنْظُرُ إلّا إلَيْكِ |
| Il faut | لا بُدَّ .. / لا بُدَّ مِنْ ... |
| Il le faut | لا بُدَّ مِنْهُ |
| Ne parle pas de | لا تَتَحَدَّثْ عَنْ |
| Ne te rappelle pas les prophètes de Jérusalem | لا تَتَذَكَّرْ أَنْبياء القُدْس |
| Ne critique pas les sultans | لا تَتَعَرَّضْ للسَلاطين |
| N'hérite pas | لا تَرِثْ |
| Ne me demandez rien à propos des repas | لا تَسْأَلوني عَنِ الطَعام |
| Ne mets pas le nez dans | لا تَضَعْ أَنْفَكَ في |
| Ne dis pas à un chef / gouverneur | لا تَقُلْ لحاكم |
| Ne parle à personne | لا تُكَلِّمْ أَحَداً ! |
| Ne m'empêche pas de parler | لا تَمْنَعْني مِنَ الكَلام ! |
| Ne critique pas | لا تَنْتَقِدْ |
| Pas besoin de l'avoir | لا حاجةَ إلَيْهِ |
| On ne parle que de | لا حَديثَ إلّا عَنْ |
| Pas besoin de | لا داعِيَ لـ |
| Inutile de me rappeler ce qui est impossible | لا داعِيَ لتذكيري بما لا يُمكِن |
| Inutile de s'en étonner | لا داعِيَ للاسْتِغْراب |
| Je n'ai rien à voir avec lui | لا شَأْنَ لي بِهِ |
| Je n'ai aucun rapport avec lui | لا صِلةَ لي بِهِ |
| Pas moyen d'y échapper | لا مَفَرَّ مِنْ |
| Personne n'a le droit | لا يحقُّ لأَحد |
| Vous n'avez pas le droit de vous y opposer | لا يحقُّ لَكُم الاعْتِراض |
| Il ne voit que le ciel et l'eau | لا يَرى غَيْرَ السَماءِ والماء |
| Il ne fait que | لا يَفْعَلُ سوى |
| [Cela] ne suffit pas | لا يَكْفي |
| Cela m'est égale | لا يُهِمُّني |
| Il n'y en a pas | لا يوجد |
| Indescriptible | لا يُوصَف |
| Convenir à | لاءَمَ يُلائِم (المُلاءَمة) |
| Le non-amour | اللاحُبّ |
| Observe ! / Remarque ! / Regarde ! | لاحِظْ ! |
| Tergiverser, carresser | لاعَبَ يُلاعِب (المُلاعَبة) |
| | لاعَبَ شعرَه |
| Il s'en prend à lui-même | لامَ يلوم نَفْسَهُ |
| Il porta manteau et toge | لَبِسَ يلبس الجُبّة والقُفْطان |
| Répondre présent | لَبّى يُلبّي (التَلْبية) |
| Un seul instant | اللَحْظة واحدة |
| Viande | اللَحْم ج لُحوم |
| La viande de bœuf | لحم البَقَر |
| La viande de porc | لحم الخِنْزير |
| La viande de volaille | لحم الدَجاج |
| La viande d'agneau, de mouton | لحم الغَنَم |
| Nous en avons assez pour | لَدَيْنا ما يكفي لـ |
| Délicieux au goût | لذيذ الطَعْم |
| Langue (organe), synonyme ancien de | اللِسان ج أَلْسُن |

329

# Index lexical arabe-français

**Manuel d'arabe en ligne Tome III**
**Les bases de l'arabe en 50 semaines** © G. Al-Hakkak 2013
http://www.al-hakkak.fr — En autonomie

العربية أسبوعاً في خمسين

ء ا ب ت ث ج ح خ د ذ ر ز س ش ص ض ط ظ ع غ ف ق ك ل م ن هـ و ي

| Français | Arabe |
|---|---|
| (langue) | لغة |
| Voleur | اللصّ ج لُصوص = سارق ج سُرّاق |
| Sympathie, gentillesse | اللُطف |
| Jeu, jouer | اللعب |
| Jeu | اللُعبة ج لُعب |
| Espérons que tu vas tenir promesse | لَعلّكَ تفي بوَعدِكَ |
| Etre maudit | لعَنَ يُلعَن (اللعنة) |
| Malédiction | اللعنة ج لعنات |
| Enigme | اللغز ج ألغاز |
| Prononcer | لفظ يلفُظ (اللفظ) |
| Il en dit mot | لم يلفظ بكلمة |
| Vocable / Prononciation | اللفظ ج ألفاظ |
| Rencontre, retrouvailles | اللقاء ج لقاءات |
| Titre, nome de famille, surnom | اللقب ج ألقاب |
| Particule permettant d'attester un fait exprimé sous forme de phrase verbale | لقد |
| J'ai vieilli, mon âge avance | لقد تقدَّمَت بيَ السّنّ .. |
| J'ai dansé quand la révolution eut lieu | لقد رقصتُ يومَ قامت الثورة |
| Prise de vue | اللقطة ج لقطات |
| Bouché | اللقمة ج لقم |
| Pain quotidien | لقمة العيش |
| Trouver, rencontrer | لقيَ يلقى (اللقاء) |
| Tu peux ... | لكَ أن ... (= يحقّ لك أن / مُمكن لك أن ...) |
| Particule de négation indiquant également le passé | لَم |
| Je n'ai pas terminé mes études | لم أتمّ تعليمي |
| Je ne suis pas rassasié de parole | لم أشبَع كلاماً |
| Je n'ai pas tout dit | لم أقل كلّ شيء |
| Je n'ai pas obtenu plus que | لم أنَل أكثر من ... |
| Je n'ai plus personne pour m'écouter | لم يَبقَ أحدٌ يُصغي إليّ |
| Il ne me reste dela vie que | لم يبق لي في الحياة غيرَ |
| Il n'a que neuf ans | لم يتجاوَز التّاسعة |
| Je n'ai pas eu le temps | لم يَتّسع ليَ الوقت |
| Il ne s'étonna pas | لم يُدهَش |
| Il habite encore à côté de moi | لم يزل يسكن جنبي |
| Je n'avais jamais | لم يسبِق لي أن |
| Il n'a pas pu | لم يستطِع |
| Il ne put avancer d'un pas | لم يستطِع أن يتَقدَّم خُطوة |
| Il n'a plus de valeur | لم يَعُد له قيمة |
| A peine est-il entré dans la maison que | لم يكَد يدخُل الدّار حَتّى |
| Il ne pouvait se glisser à travers le grillage | لم يكُن يستطيعُ أن ينسَلّ في ثنايا السياج |
| Il ne tarda pas à devenir | لم يلبَث أن استَحالَ إلى |
| Il ne tarda pas à oublier | لم يلبَث أن نَسيَ |
| Il ne vécut pas assez longtemps, il est mort prématurément | لم يمتَدّ به العُمر |
| Apercevoir | لمح يلمَح |
| Touche | اللمسة ج لمسات |
| Ramasser, rassembler | لَملَمَ يُلملِم |
| Il a le droit de | له الحقّ في |
| Etats d'âme | لواعج النّفس |
| Sans, si ce n'est | لَولا |
| Couleur | اللون ج ألوان |
| Vive Saad ! | ليَحيَ سَعد ! (= يحيى سعد) |
| Pas plus que | ليسَ أكثَرَ من |
| Que cela ! | ليسَ إلا ! |
| Ce n'est pas exactement ainsi | ليس كذلك بالضبط |
| La nuit (en général) | اللَيل |
| Une nuit | اللَيلة ج اللّيالي |
| Hier soir | ليلة الأمس |
| Avant hier soir | ليلة أوّل أمس |
| Souplesse, laxisme | الليِن |
| Familier, habituel | مَألوف |
| Certain | مُؤَكّد |
| Auteur | المُؤَلِّف ج مؤلِّفون / مؤلِّفين |
| Croyant | مؤمن |
| Particule aux fonctions multiples. Voir exemples ici | ما |
| Qu'est-ce qui t'a fait pleurer ? | ما الذي أبكاكَ ؟ |
| Tu es encore petite | ما تزالينَ صَغيرة |
| Aussi longtemps que | ما دامَ |
| En quoi cela concerne le sujet ? | ما دخَلَ هذا في الموضوع |
| Que penses-tu de... ? | ما رأيُكَ في ... ؟ |
| Il le harcela jusqu'à | ما زالَ به حَتّى |
| Je vois encore | ما زالَ يمتَدّ بيَ الخيال |
| Travailles-tu toujours ? | ما زلتَ تعمَل |
| Admirable, Dieu merci ! | ما شاءَ الله ! |
| Quel âge as-tu ? | ما عُمرُكَ ؟ |
| Il n'a pas de prénom ? | ما عندَهُ اسم ؟ |
| Il n'y a pas de doute | ما في ذلك رَيب |
| Idem | ما في ذلك شَكّ |
| Personne ne veut que | ما مِن أحَدٍ يُريدُ أن |
| Au-delà des mers | ما وراءَ البحار |
| Au-delà l'étendu aquatique | ما وراءَ المَدى المائيّ |
| Ce qu'il supporte et ce qu'il ne supporte pas | ما يُطيق وما لا يُطيق |
| Ce qu'il possède et ce qu'il ne possède pas | ما يَملِكُ وما لا يملِك |
| Ce qui m'importe et ce qui ne m'inmporte pas | ما يهمّني وما لا يهمّني |
| Eau minérale | الماء المَعدَنيّ ج مياه معدنية |
| Mourir | مات يَموت (المَوت) |
| Il donna sa vie pour | ماتَ فداءً لـ... |
| Qui se tient debout devant | ماثل أمام |
| Imiter, ressembler à | ماثَلَ يُماثِل (المُماثَلة) |
| Matière | المادّة ج موادّ |
| Raconte ! / Que y a-t-il ? | ماذا وراءَك ؟ |
| Cireur de chaussures | ماسح الأحذية |
| Troupeau | الماشية |
| Adroit, compétent, qui maîtrise l'exercice | ماهر |
| Autorisé, licite | مُباح |
| Match | المُباراة ج مُباريات |
| Béni | مُبارك |
| Futile, sans véritable valeur, ordinaire | مُبتَذَل |

# Index lexical arabe-français

## Manuel d'arabe en ligne — Tome III
### Les bases de l'arabe en 50 semaines
© G. Al-Hakkak 2013 — http://www.al-hakkak.fr

ء ا ب ت ث ج ح خ د ذ ر ز س ش ص ض ط ظ ع غ ف ق ك ل م ن هـ و ي

|  |  |  |  |  |  |
|---|---|---|---|---|---|
| Cité des morts | مَدائن الأمْوات | Procès | المُحاكمة ج مُحاكَمات | Joyeux | مُبتَهِج |
| Période, temps, durée | المُدّة ج مُدَد | Avocat | المُحامي ج محامون / محامين | Qui prend la mer | مُبحِر |
| Flatter, faire l'éloge de | مدَح يمدَح (المَدْح / المَديح) | Amoureux | مُحِبّ | Certain, sûr de qqch | مُتأكّد |
| Revenu (argent) | المَدخول | Tendu, crispé | مُحتَقِن | Qui souffre | مُتألّم |
| Une école qui enseigne l'analphabétisation | مَدرَسة تُعَلّم الأمّيّة | Limité | مَحدود | Qui se dirige vers | مُتّجِه إلى |
| Accusé | المُدَّعى عليه | Privé de | مَحروم من | Marié | مُتزوّج |
| Plaignant | المُدَّعي | Attristant, regrettable | مُحزِن | Sans domicile fixe | مُتشرّد |
| Avocat général, procureur | المدعي العام | Procès-verbal de la contravention | مَحضَر المُخالَفة | Artificiel | مُتصنّع |
| Cités de la non-poésie | مُدن اللاشِعر | Gare, station, terminal | المَحَطّة ج محطات | Difficile à obtenir | مُتعسِّر |
| Etonné | مَدهوش | Gare du Nord | محطة الشمال | Répété, répétitif | مُتكرّر |
| Allongé, long | مَديد | Station de Chatelet | محطة شاتيليه | Enveloppé de sa abaya | مُتلفّع بعباءته |
| Directeur | المُدير ج مُدَراء | Terminal des bus | محطة الباصات / الحافلات | Qui prend son temps, qui y va doucement | مُتمَهِّل |
| Massacre | المَذبَحة ج مَذابِح | Cour, tribunal | المَحكَمة ج مَحاكم | Accusé | المُتَّهَم |
| Passer | مرّ يمُرّ (المرور) | Cour de la Sûreté de l'Etat | محكمة أمن الدَولة | Qui mène une vie moyenne | مُتوسّط الحال |
| Passer voir qqn | مرّ يمُرّ بـ... | Tribunal de Première Instance | محكمة ابتدائيّة | Comme | مثلَ = كـ... |
| Plaidoirie | المُرافعة | Cour d'Appel | محكمة الاستئناف | Les idéaux | المُثُل العُليا |
| Attaché | مَربوط | Cour d'Assises | محكمة الجنايات | Comme tout le monde | مثلَ كلّ الناس |
| Fois | المَرّة ج مَرّات | Tribunal International de Justice | محكمة العَدل الدُوليّة | Se présenter devant | مثل يمثل (المُثول) |
| Une fois par semaine | مَرّةً كلَّ أسبوع | Cour de Cassation | محكمة النَقض | Il se présenta devant la justice | مثل أمام القضاء |
| Une fois... | مرّةً | Tribunal légale (communautaire) | المحكمة الشَرعية | Il se présenta devant le juge | مثل بين يدي القاضي |
| Salaire mensuel | المُرتّب ج مرتبات | Le condamné | المَحكوم عَلَيه | Par exemple | مَثَلاً |
| Un salaire de... (montant) | مرتب قَدْرُه ... | Condamné à mort | محكوم عَلَيه بالمَوْت | Comme moi | مثلي |
| Un salaire modeste | مرتب متواضع | Condamné à être exécuté | محكوم عليه بالإعدام | Homosexuel | مثليّ |
| Je suis passé près de lui | مَررْتُ بجانبه | Condamné à la perpétuité | محكوم عليه بالسِجْن المُؤبّد | Société | المُجتَمَع |
| Qui regarde en direction de | مُرسِلاً بصرَه نحوَ ... | Condamné par contumace | محكوم عليه غيابيّاً | Glorifier | مجّد يَمجّد |
| Contraint de, obligé de | مُرغَم على | Rôti | مُحمَّر | Magazine | المَجلّة ج مجلات |
| Coude | المِرفَق | Qui scrute tout | مُحَملِق في كلّ شَيء | Magazine de l'art | مَجلّة الفنّ |
| Véhicule | المَركَبة = السيّارة | Epreuve, grande difficulté | المِحنة ج مِحَن | Conseil, assemblée, séance | المَجلِس ج مجالس |
| Centre | المَركَز ج مراكز | Bien informé | مُحيط بـ | Conseil de justice | مجلس العَدل |
| Epuisé | مُرهَق | Fait de s'adresser à autrui ou à une assemblée | المُخاطَبة | Groupe, collection | المَجموعة |
| Eventail | المِروَحة ج مَراوِح | Faute, contravention, fait de transgresser | المُخالَفة | Recueil de nouvelles | المَجموعة القَصَصيّة |
| Confortable | مُريح | Drogue, stupéfiant | المُخدّر ج مخدّرات | L'inconnu | المَجهول |
| Amer (fig.), douloureux | مَرير | Tendre, prolonger, allonger | مدّ يمُدّ (المَدّ) | Venue | المَجيء |
| Patient, malade | المَريض ج مَرضى | Il mis la main dans la poche | مَدّ يَدَه إلى جيبه | Coquillage | المَحار |
| Plaisanter | مزَح يمزَح (المُزاح) | Il donna la main à son grand-père pour l'aider à se relever | مدّ يده ليساعد جدّه على النهوض | Combattant | المُحارِب ج المحاربون / المحاربين |
| | | | | L'Inquisition (Moyen-Âge) | مَحاكِم التَفتيش |

# Index lexical arabe-français

*Manuel d'arabe en ligne Tome III — Les bases de l'arabe en 50 semaines — © G. Al-Hakkak 2013 — http://www.al-hakkak.fr — En autonomie*

العربية أسبوعاً في خمسين

ء ا ب ت ث ج ح خ د ذ ر ز س ش ص ض ط ظ ع غ ف ق ك ل م ن ه‍ و ي

| | | | | | |
|---|---|---|---|---|---|
| Qui aide | المُعين | Intérêt | المَصلَحة ج مصالح | Prétendu | مزعوم |
| Victime de tricherie | مَغبون | Fabriqué de, fait de | مَصنوع مِن | Question personnelle | المَسألة الشَّخصيّة |
| Clé | المِفتاح ج مَفاتيح | Drame | المُصيبة ج مَصائب | Responsable de | مسؤول عن |
| La clé est sur la porte | المِفتاح في الباب | Destin, destinée | المَصير ج مَصائر | Questions nationales | المَسائل القَوميّة |
| Inspecteur | المُفتِّش ج مفتشون / مفتشين | Comique, risible | مُضحِك | Aide | المُساعَدة |
| Accablé | مَفجوع | Aller, passer | مَضى يمْضي (المُضيّ) | Distance | مَسافة |
| Préféré | مُفَضَّل | | مَضى يمْضي = ذهب يذهب | Voyageur | المُسافِر |
| Perdu, égaré, manquant à l'appel | مفقود | Il m'emmena loin | مضى بي بعيداً | Hôpital | المُستَشفى ج مستشفيات |
| Utile | مُفيد | Un mois passa après cela | مَضى على هذا شَهر | Dont on s'étonne | مُستَغرَب |
| Résistance | المُقاوَمة | Chacun alla son chemin | مضى كلٌّ إلى غايته | Qui s'étonne | مستغرب |
| Qui est sur le point de (faire qqch) | مُقبِل على | Cuisine | المَطبَخ ج مطابخ | Futur, avenir | المُستَقبَل |
| Proche | مُقتَرِب | Pluie | المَطَر ج أمطار | Qui continue de | مُستَمِرّ في |
| Persuadé que | مُقتَنِع أنّ | Qui réfléchit en silence | مُطرِق | Eveillé, réveillé | مُستَيقِظ |
| Tué, victime de meurtre | مَقتول | Restaurant | المَطعَم ج مَطاعِم | Mosquée | المَسجِد ج مَساجِد |
| Siège social de l'entreprise | مَقرّ الشركة | Revendication, demande, requête | المَطلَب ج مَطالِب | Nettoyage des vitres | مَسح الزُّجاج |
| Voulu (sens ou lieu) | مقصود | Sublime requête | مَطلَب أسمى | Théâtre | المسرح ج مسارح |
| Extrait | المَقطَع ج مَقاطِع | Absolu | مُطلَق | Pièce de théâtre | المَسرَحيّة ج مسرحيات |
| Morceau (de musique) | المَقطوعة | Sûr de | مُطمَئِنّ إلى | Butin de vol | المَسروق ج مسروقات |
| Café (lieu) | المَقهى ج المَقاهي | Manifestations | المُظاهَرات (1 مظاهرة) | Effort | المَسعى ج المَساعي |
| Lieu, place, espace | المَكان ج أمكِنة | Victime d'injustice | مظلوم ج مَظاليم | Habitation | المَسكَن ج مَساكِن |
| Ecrit | مكتوب | Opposant | مُعارِض | Musulman | مُسلِم |
| Destin | المكتوب = القَدَر = القضاء والقدر | Opposition | المُعارَضة | Néfaste | مَشؤوم = مشوّم |
| Lettre (correspondance) | المكتوب ج مكاتيب = الرسالة | Souffrance | المُعاناة | Angoisses, déprime | مَشاعر الضّيق |
| Ecrit de la main | مكتوب بخطّ اليد | Adoré, vénéré | مَعبود | Potences de la censure | مَشانق الرّقابة |
| Demeurer, rester | مَكَث يمكُث طويلاً | Agressé | مُعتَدى عَلَيه | Scènes | المَشاهد (1 مشهَد) |
| Honoré | مُكَرَّم | Miracle | المُعجِزة | Commun, partagé | مُشتَرَك |
| Remplissage des jarres | مَلء الجرار | Exposition | المَعرِض ج معارض | Projet | المَشروع ج مَشاريع |
| Remplir | مَلأ يمْلأ (المَلء) | Bataille | المعركة ج معارك | Grande difficulté | المَشَقّة ج مَشاقّ |
| J'ai comblé tout le vide de ma vie avec ta présence | مَلأْت فراغ حياتي كلّه بك | Connu | مَعروف | Problème | المُشكِلة ج مَشاكل |
| | | Renforcé, soutenu | مُعَزَّز | Potence | المِشنَقة ج مَشانِق |
| Reproches | المَلامة | Manteau | المِعطَف ج معاطف | Scène | المشهد ج مشاهد |
| Traits de visage | المَلامح | Compliqué, complexe, sophistiqué | مُعَقَّد | Rôti | مَشوي |
| Dossiers | المَلَفّات | Raisonnable, envisageable | مَعقول | Marcher | مشى يمْشي (المَشي) |
| Roi des rois | مَلِك المُلوك | Enseignant | المُعَلِّم | Il se mit à faire les cents pas | صار يمشي جيئةً وذَهاباً |
| Ange | المَلَك ج مَلائكة | Concerné par | مَعنيّ بـ | Usines | المَصانع (1 مصنع) |
| Possessions, biens, avoirs | المِلك ج أملاك | Source (inépuisable) | المَعين | Qui insiste à | مُصِرّ على |

# Index lexical arabe-français

Manuel d'arabe en ligne Tome III
Les bases de l'arabe en 50 semaines © G. Al-Hakkak 2013
http://www.al-hakkak.fr — En autonomie

ء ا ب ت ث ج ح خ د ذ ر ز س ش ص ض ط ظ ع غ ف ق ك ل م ن هـ و ي

| | | | | | |
|---|---|---|---|---|---|
| Obtenir | نال ينال (النَّيْل) | Ce que désire le cœur | مُنية الفُؤاد | Le pouvoir | المُلْك |
| Dormir | نام يَنام (النَّوْم) | Mortel | مُهلك | Qui est au courant de, qui connaît bien qqch | مُلِمّ بـ |
| Vin | النَّبيذ | Important | مُهِمّ | Excellent | مُمْتاز ج ممتازون / ممتازين |
| Résultat | النَّتيجة ج نَتائج | Quelque soit | مَهما | Amusant, divertissant | مُمْتِع |
| Succès, réussite | النَّجاح | Quelque âge qu'il ait | مهما تَكُنْ سِنُّهُ | Qui a l'estomac rempli de | مُمْتَلِئ المَعِدة بـ |
| Réussir à | نجَح ينجَح في (النَّجاح) | Aussi petite soit-elle | مهما صغُرت | Procureur | مُمَثِّل النيابة |
| Etoile, "star" | النَّجْم ج نُجوم | Quel que soit son génie, il est ... | مهما كان عَبْقَرياً فَإِنّ | Plein d'injustices et de mensonges | مَمْلوء بالظُّلم والكَذِب |
| "Star de guichet" (acteur de seconde zone) | نجم الشُّبّاك | Quel que soit la demande | مهما يكن الطَّلب | Interdit, illicite | مَمْنوع |
| Etoile | النَّجْمة | Mission | المَهَمّة | Pour | مِنْ أجْل |
| Nous avons besoin de | نحن بحاجة إلى | Qui maîtrise la situation | مُهَيْمن على الأمور | Il vaut mieux pour toi de | مِنَ الأفْضل لَكَ أنْ = من الأحسن لك أنْ |
| Limoger, mettre de côté | نحَّى يُنحّي (التَّنحية) | Les moyens de transports | المُواصَلات | | |
| Laisse la loi de côté ! | نَحِّ القانونَ جانباً ! | Qui est d'accord avec | مُوافِق على | Il lui est très difficile de | مِنَ العَسير عَلَيْهِ أنْ |
| Mince (se dit d'une personne) | نَحيف | Positions | المَواقِف (١ مَوْقِف) | De ce côté, de ce point de vue | مِنْ هذه النَّاحية |
| Dattier | النَّخلة ج نخلات | La mort | المَوْت | Qui appelle, crieur public | المُنادي |
| Les dattiers (collectif - s'accorde au sing.) | النَّخيل | Amicale attitude, affection | المَوَدَّة | Mouchoirs | المَناديل (١ مَنْديل) |
| Conflit, dispute | النزاع ج نزاعات | Saison | المَوْسِم ج مَواسِم | Qui convient, adéquat | مُناسب |
| Implorons Dieu pour une fin favorable | نَسْأَلُ اللهَ حُسْنَ الختام | Musical | موسيقي | Postes de responsabilité, rangs | المَناصِب (١ مَنْصِب) |
| | | Sujet, question | المَوْضوع ج مَواضيع | Producteur | المُنتِج |
| Les femmes | النِّساء (١ امرأة / المَرْأة) | Employé | المُوَظَّف | Extrême splendeur | مُنتهى الرَّوعة |
| Oublier | نسِيَ ينسى (النِّسيان) | Rendez-vous | المَوْعد ج مَواعيد | D'une splendeur extrême | = في منتهى الروعة |
| Grandir (une personne), commencer, émerger (chose) | نشَأ ينشَأ (النُّشوء) | Position, situation | الموقف ج مواقف | Offrir, donner, faire don | منَح يمنَح (المَنْح) |
| | | Qui a un don, brillant | مَوهوب | Etonné, qui s'étonne | مُنْدَهش |
| Action politique | النَّشاط السياسي | Le mort | المَيِّت ج مَوْتى | Délégué | المندوب |
| Fait d'étendre le linge | نَشْر الغَسيل | Penchant des enfants pour le jeu | مَيْل الأطْفال إلى اللَّهو | Délégué technique ou artistique | المندوب الفَنّي |
| Le texte exact de l'annonce | نَصّ الإعْلان | Député, adjoint | النَّائب ج نُوّاب | Depuis | مُنْذُ |
| Conseils d'or | النَّصائح الذَّهَبيّة | Rare | نادر | Depuis quelques / plusieurs jours | منذ أيّامٍ |
| Chrétien | نَصْراني ج نَصارى = مسيحي ج مسيحيون | Appeler (à haute voix) | نادى يُنادي (المُناداة) | Depuis toujours | منذ الأزَل |
| Moitié | النِّصْف ج أنصاف | Feu, Enfer | النار ج نيران | Depuis hier | منذ الأمْس |
| Textes des lois | نصوص القوانين | Affronter | نازَل يُنازل (المُنازَلة) | Depuis longtemps | منذ زَمان |
| Textes légaux | النُّصوص القانونيّة | Il affronta son adversaire à mains nues | نازل خصمه دون سلاح | Depuis quelques / plusieurs heures | منذ ساعات |
| Régime, système, ordre | النِّظام ج أنْظمة | | | Depuis quand ? | منذ مَتى ؟ |
| Régime totalitaire | نظام استبْدادي | Brillant, étincelant | ناصع | La Justice (litt. : estrade de la justice) | مِنَصّة القَضاء |
| Régime républicain | نظام جُمهوري | Le chef (gare, école - Egypte) | الناظر | Zone, région, quartier | المِنْطقة ج مَناطِق |
| Régime dictatorial | نظام دكتاتوري | Applicable, en vigueur | نافذ المَفْعول | Logique | منطقي |
| Régime démocratique | نظام ديمقراطي | Fenêtre | النافذة ج نوافذ | Scène, vue | المَنْظر ج مناظر |
| Régime de monarchie absolue | نظام ملكي مُطلق | Discuter | ناقش يُناقش (المُناقشة) | Coupé du monde | مُنقطِع عن العالَم |

333

# Index lexical arabe-français

|  |  |  |  |  |  |
|---|---|---|---|---|---|
| Ensuite | وَبَعْدُ ! | Cil | الهُدْب ج أهْداب | Ordre public | النظام العامّ |
| Trouver | وجَد يجِد | But, objectif, finalité | الهَدَف ج أهْداف | Regarder | نظَر ينظُر |
| Il se trouva seul | وجَد نَفْسَهُ وحيداً | Il n'y a aucun doute | هذا لا شكّ فيه = هذا ما لا شك فيه | Regard | النَّظْرة |
| Il se trouva en train de chercher le sens de la vie | وجد نفسه يبحث عن معنى الحياة | S'enfuir | هرَب يهرُب | Paradis | النَّعيم = الجنة |
| Douleur, peine | الوَجَع ج أوْجاع | Pyramide | الهَرَم ج أهْرام | S'introduire à | نفَذ ينفُذ إلى (النُّفوذ) |
| Visage, face | الوَجْه ج وُجوه / أوْجُه | Se moquer | هزَأ يهزَأ (الهُزْء) | Il alla à sa chambre pour dormir | نفذ إلى غرفته لينام |
| Les visages sont les mêmes | الوُجوه نَفْسها | Il ridiculisa son adversaire | هزأ بخصمه | Esprit | النَّفْس ج نُفوس / أنْفُس |
| Solitude, unité | الوَحْدة | Il se moqua de lui | هزأ منه | Pétrole | النَّفْط = البترول |
| Monstre | الوَحْش ج وُحوش | Défaite | الهَزيمة ج هزائم | Pétrolier | نَفْطيّ |
| Sauvagerie | الوَحْشيّة | Chut ! | هُسّ ! | Avantage, utilité | النَّفْع = فائدة = مَنْفَعة |
| Inspiration, révélation (religion) | الوَحْي | Tomber en flot (pluie) | هطَل يهطِل المَطر (الهُطول) | Etre utile, profiter à | نفَع ينفَع (النَّفْع) |
| Seul, unique | وحيد | La mort | الهُلْك = الهَلاك = المَوْت | Etre en envoyé en exil loin de | نُفِيَ عَنْ |
| Souhaiter | ودّ يوَدّ | Souci | الهَمّ ج هُموم | Point | النُّقْطة ج نُقَط / نقاط |
| Derrière | وَراءَ = خَلْف | Chuchottement | الهَمْس | Pur | نقيّ |
| Rose (couleur) | وَرْدي | Chuchotter | همَس يهمُس (الهَمْس) | Myrmicéen | نَمْليّ |
| Papier (espèce) | الوَرَق | En chuchottant | هَمْساً | Jour, journée | النَّهار ج نهارات |
| Feuille de papier ou d'arbre | الوَرَقة ج أوْراق | Chuchottement | الهَمْهَمة | Se lever | نهَض ينهَض (النُّهوض) |
| Ministère de l'Information | وزارة الإعْلام | Etats d'âmes | هُموم النَّفْس | Beugler (âne) | نهَق ينهَق (النهيق) |
| Ministère des Affaires Etrangères | وزارة الخارجيّة | Court instant | الهُنَيْهة | Hublots | النَّوافذ القُمُرات |
| Ministère de l'Intérieur | وزارة الداخلية | Il est donc injustement traité | هو إذَنْ مَظْلوم | Poussées de noire mélancolie | نَوْبات مِنَ السَّوْداويّة |
| Ministère | وزارة ج وزارات | Il fait partie des rares personnes | هو من القلة النادرة | Note (de musique) | النوطة |
| Ministériel | وزاري | L'air | الهَواء | Sorte, genre, espèce | النَّوْع ج أنْواع |
| Ministre | الوَزير ج وُزَراء | Loisir, "violon-d'Ingre", passe-temps | الهواية | Sommeil | النَّوْم |
| Oreiller | الوسادة ج وَسائد | Ne t'en fais pas ! | هَوِّنْ عَلَيْكَ الأمْر ! | Le Nil | النيل (نَهر النيل) |
| Médiation, relation (en vue d'avoir une faveur) | الوَساطة | Amour, passion amoureuse | الهَوى = الحُبّ | Me voici venu ! | ها أنا ذا قَدْ جِئْتُ |
| Moyen (pour obtenir qqch) | الوَسيلة ج وَسائل | Moi aussi | وَأنا كذلك | Apporte ! Donne ! Apportez ! | هات / هاتِ / هاتوا ! |
| Echarpe | الوِشاح ج أوْشحة | Confiant de qqn | واثق بـ | Donnez ! | هاتوا ! |
| Retrouvailles | الوِصال | Confiant de qqch | واثق من | Dis ce que tu as sur le cœur ! | هات ما في قلبك ! |
| Commandements, recommandations | الوَصايا ( ١ وَصيّة) | Un des plus importants... | واحِد مِنْ أهَمّ ... | Apporte-le moi ! | هاته لي ! |
| Décrire, prescrire (médecine) | وصَف يصِف (الوَصْف) | Clair, évident | واضح | Apportez ce que vous voulez ! | هاتوا ما شِئْتُمْ ! |
| Arriver à | وصَل يصِل إلى (الوُصول) | En réalité, il est... | الواقع أنّه ... | Qui se moque, ironise | هازئ |
| Parvenir à une solution | الوُصول إلى حلّ | Qui est debout | واقف | Levée (d'un vent) | الهُبوب |
| Il mit sa main sur le cœur | وضَع يدَه على قَلْبه | Père | الوالد = الأب | Solgans scandés | الهُتافات |
| Mettre, poser | وضَع يضَع (الوَضْع) | Mère | الوالدة = الأمّ | Il fut déserté par les créatures | هُجِرَ مِنْ قِبَل الكائنات |
| Etre posé, déposé | وُضِع يوضَع | [Ton/Mon] père | والدي / أبوك | Migration, immigration, émigration, le Hégire | الهِجْرة |
|  |  | [Ta/Ma] mère | والدة = أمّك | Attaquer, se jeter sur | هجَم يهجم على (الهُجوم) |

# Index lexical arabe-français

|  |  |
|---|---|
| الوَظيفة ج وَظائف | Fonction, emploi |
| وفى يفي بـ (الوَفاء) | Honorer un engagement |
| وَفِيّ | Fidèle |
| وَقار الشُّيوخ | Charisme des vieux |
| الوَقت بِعَيْنِه | Même moment |
| الوَقت ج أوْقات | temps, moment |
| وَقع الصاعِقة | Effet de foudre |
| وَكذلك | Aussi, également, de même |
| وَكل يكل أمرَهُ إلى | S'en remettre à |
| وَكيل النيابة | Substitut du procureur |
| ولا حتّى | Ni même |
| الوِلادة | Naissance, accouchement |
| وُلِدَ يولَد (الوِلادة) | Naître ("être mis au monde") |
| وَلْهان م وَلْهى | Eperdument amoureux |
| وَلِيّ العَهْد | Héritier du trône |
| وَما هي إلّا أنْ | Et voilà que..., soudain |
| وَما هيَ إلّا أيّام حتّى | A peine quelques jours plus tard... |
| وهو داخِل إلى الجلسة | Alors qu'il entrait dans la salle d'audience |
| وَهُوَ كذلك | En effet |
| يا | Vocable spécifique du vocatif parfois employé par extension pour amplifier une expression |
| يا إلهي ! | Ô mon Dieu ! Ô Seigneur ! |
| يا حَضْرَة القاضي ! | Ô Monsieur le Juge ! |
| يا سائلي عَنْ حاجَتي | Ô toi qui me demandes ce dont j'ai besoin, ...ce que je veux |
| يا سِتّي ! = يا سيدتي ! | Madame ! |
| يا سَلام ! | Oh la la ! Quelle merveille ! |
| يا سي الشَّيْخ ! = يا سيدي الشيخ ! | Monsieur le cheikh ! |
| يا عَزيزَتي | Ma chère... |
| يا لَسَعادَتي بِذلك ! | Comme je suis heureux avec cela ! |
| يا ليت | Ah si seulement..., volontiers, avec plaisir |
| يا ليتك | Ah si seulement tu peux... |
| يا مَوْلاتي | Altesse ! |
| يا مَوْلايَ | Majesté, Altesse, Maître... |
| يائس | Désespéré |
| اليابِسة = البَرّ | La terre ferme |
| يجِبُ أنْ | Il faut |
| يجب أنْ نَبْدَأ بـ | Nous devons commencer par |
| يجب أنْ يكونَ لَهُ | Il doit avoir... |
| يجمُل به أنْ | Il ferait mieux de |
| يُحال بَيْنَهُ وَبَيْـنَ حَقِّه في | On l'empêcha de disposer de ce qui lui revenait |
| يحْتاج إلى = هو مُحتاج إلى | Il a besoin de |
| أحْسَنَ يُحْسِن (الإحْسان) | Maîtriser (un exercice) |
| يُحسِن الخَطّ | Il excelle en calligraphie |
| يحسن الطبخ | Il sait bien faire la cuisine |
| يحسن الكلام | Il parle bien, il s'exprimer bien |
| أحسن يحسن إلى (الإحْسان) = ساعد يُساعد | Faire une faveur, aider |
| يُخَيَّلُ إلَيَّ أنّ | J'ai l'impression que |
| يُخَيَّلُ إلَيْهِمْ أنّ | Ils ont l'impression que |
| اليَد ج الأيادي | Main |
| يداه مشلولتان | Il a les mains paralysées |
| رفع يديه مستسلماً | Il se rendit en levant les mains |
| يدْعوهُ باسْمِه | Il l'appelle par son prénom |
| يرمونه بالحصى | Ils le caillassent |
| يسيل له اللُّعاب | Il [vous] met l'eau à la bouche |
| يشعُر بالإحباط | Se sentir déprimé |
| يُعْجَبُ الأَطْفالُ بـ | Les enfants admirent |
| يعني | C'est-à-dire |
| يَقْتُلونَ وَيُقْتَلونَ (القَتْل) | Ils tuent et se font tuer |
| يقِظ م يَقْظى | Eveillé, réveillé, attentif |
| يقول مُشيراً إلى ... | Il dit en signalant qqn ou qqch |
| يكاد يذكر أنَّهُ | Il se rappelle presque qu'il |
| يُكَلِّم نَفْسَهُ | Il parle à lui-même |
| يُمْكِنُ أنْ (الإمْكان) | Il est possible que |
| اليَمين | La droite |
| يهودي ج يَهود | Juif |
| يَوْمَ ... | Le jour où |
| اليَوْم ج أيّام | Jour |
| يَوْمَئِذ = يومذاك | Ce jour-là |
| يوماً ما = يوماً | Un jour, un beau jour |
| يوماً كامِلاً | Une journée entière, toute une journée |

# Index lexical   arabe-français

Manuel d'arabe en ligne   Tome III
Les bases de l'arabe en 50 semaines   © G. Al-Hakkak 2013

ء ا ب ت ث ج ح خ د ذ ر ز س ش ص ض ط ظ ع غ ف ق ك ل م ن هـ و ي

**Manuel d'arabe** *en ligne*

Tome III

# Lexique
français - arabe

مفردات الكتاب

فرنسي - عربي

# Index lexical français-arabe

**Manuel d'arabe** en ligne **Tome III**
**Les bases de l'arabe** en 50 semaines © G. Al-Hakkak 2013
http://www.al-hakkak.fr
**En autonomie**
العربية أسبوعاً في خمسين

Cet ensemble lexical français-arabe est divisé en quatre parties :

1. Les noms (substantifs الأسماء), dont l'équivalent arabe est parfois un participe.
2. Les adjectifs (الصفات) qui correspondent parfois en arabe à des participes, présent (اسم الفاعل) et passé (اسم المفعول).
3. Les verbes (الأفعال) dont l'infinitif n'a pas d'équivalent unique en arabe ; on trouvera donc le verbe accordé à la 3ème personne du singulier, au passé (accompli) puis au présent (inaccompli), ainsi que le nom verbal ou d'action (المصدر), quand il est usité [1].
4. Quelques expressions, locutions, tournures qui n'acceptent pas forcément une traduction en mot-à-mot.

Le masdar (المصدر) peut se trouver avec les noms ou avec les verbes ou les deux à la fois.

L'objectif de cette division quadripartite est d'habituer l'étudiant à caractériser chaque mot en s'intéressant à sa fonction et à sa forme en vue de son utilisation avec précision et pertinence. Il ne s'agit ni d'un mini-dictionnaire ni d'un répertoire thématique. Il s'agit d'un ensemble qui pourrait nourrir un répertoire et aider la mémoire de l'élève à s'exercer et s'enrichir d'une manière pratique. Deux pages "blanches" permettent d'ajouter les fruits de recherches lexicales personnelles.

---

[1] La liste donnée ici correspond à la totalité des verbes utilisés dans l'ouvrage "Conjugaison arabe" de Ghalib Al-Hakkak, ISBN : 978-2344032321

---

## Début ▼

### Les noms (substantifs) الأسماء

#### A

|  |  |
|---|---|
| Absence | غِياب |
| Accident | حادِث ج حَوادِث |
| Accostage | رَسْو |
| Accueil | اسْتِقْبال |
| Accusation | اتِّهام / تُهْمة ج تُهَم |
| Accusé | مُتَّهَم (accusé de meurtre متهم بقتل) |
| Activité politique | نَشاط سِياسي |
| Adjoint | نائِب (Vice-président نائب رئيس) |
| Adolescent | صَبي ج صِبْيان / مُراهِق |
| Adorateur | عابِد ج عَبَدة (ad.de feu عبدة نار) |
| Adresse | عُنْوان |
| Affaire | قَضيَّة ج قَضايا |
| Affaires | أَعْمال (homme d›aff رجل أعمال) |
| Affection | مَوَدَّة / مَحَبَّة |
| Âge | عُمْر ج أَعْمار / سِنّ |
| Agression | اعْتِداء على / عُدْوان على - ضِدّ |
| Aide | مُساعَدة (aides humanitaires مساعدات إنسانية) |
| Air | هَواء |
| Alcool | خَمْر ج خُمور / كُحول |
| Aliment | غِذاء ج أَغْذِية |
| Âme | روح ج أَرْواح |
| Âme sœur | رَفيق - رَفيقة العمر / ... الدرب |
| Amende | غَرامة |
| Ami | صَديق ج أَصْدِقاء / صاحِب ج أَصْحاب / رَفيق ج رِفاق |
| Amitié | صَداقة / صُحْبة / أُلْفة |
| Amoureux | مُحِبّ / عاشِق |
| An | عام ج أَعْوام / سَنة ج سِنين |
| Ancêtre | جَدّ ج أَجْداد |
| Anesthésiant | مُخَدِّر ج مخدرات |
| Animal | حَيَوان ج حَيَوانات |
| Année | عام ج أَعْوام / سَنة ج سِنين |
| Années 40 | أربعينات |
| Annonce | إِعْلان ج إعلانات / بَيان ج بيانات |
| Apôtre | رَسول ج رُسُل |
| Appareil répressif | جِهاز قَمْعي |
| Appel | نِداء ج نداءات / دَعْوة ج دَعَوات |
| Approbation | اسْتِحْسان |
| Arbre | شَجَرة ج أَشْجار / شَجَرات |
| Argent | مال ج أَمْوال / نُقود / فُلوس |
| Argent (métal) | فِضّة |

338

# Index lexical français-arabe

|  |  |
|---|---|
| Argument | حُجّة ج حُجَج |
| Art | فَنّ ج فُنون (فنون جميلة Beaux-Arts) |
| Article (presse) | مَقال - مقالة ج مقالات |
| Article (commerce) | سِلْعة ج سِلَع |
| Artiste | فنّان |
| Assassinat | اغْتيال ج اغتيالات |
| Assoupissement | غَفْوة |
| Astre | نَجْم ج نُجوم |
| Atmosphère | جَوّ ج أجواء |
| Aube | فَجْر (فجرَ اليومِ ce matin à l'aube) |
| Auteur | مُؤلِّف (مؤلف الكتاب auteur du livre) |
| Avenir | مُسْتَقْبَل (مستقبل الأرض avenir de la Terre) |
| Avion | طائرة (طائرة مدنية avion civil) |
| Avocat | مُحامي ج محامون |
| Ayant-droit | صاحب الحَقّ ج أصحاب الحق |

## B

|  |  |
|---|---|
| Baccalauréat | شهادة الثانويّة العامّة (بكالوريا) |
| Baguet | مِجْداف ج مَجاذيف |
| Balayage | كَنْس (كنس الأرْصِفة balayage des trottoirs) |
| Bande | عِصابة (عصابة آل كابوني) |
| Barrage | سُدّ - سَدّ ج سُدود |
| Barreaux | قُضْبان |
| Barrière | حاجِز ج حَواجِز |
| Bataille | مَعْرَكة ج مَعارِك |
| Bateau | سَفينة ج سُفُن / باخِرة ج بَواخِر |
| Bâtiment | بِناية / مَبْنى ج مَبانٍ (المباني) |
| Bâton | قَضيب ج قُضْبان / عَصا ج عِصيّ |
| Bavardage | ثَرْثَرة |
| Beauté | جَمال / حُسْن / بَهاء |
| Bénédiction | بَرَكة |
| Berger | الراعي ج الرُّعاة |
| Bien-aimé | حَبيب ج أحِبّة / خَليل ج خِلّان |
| Bienveillance | رِعاية / فَضْل / طيبة |
| Billet | تَذْكِرة ج تَذاكِر / بِطاقة |
| Blé | قَمْح |
| Blessure | جُرْح ج جُروح |
| Bois (matière) | خَشَب |
| Bois d'ébène | خشب الأبنوس |
| Boisson | شَراب ج أشْرِبة |
| Boisson alcoolisée | خَمْر ج خُمور |
| Bonheur | سَعادة |
| Bonheur de l'esprit | سعادة النَفْس |
| Bonne entente | وِفاق / تَفاهُم / تَوافُق |
| Bonne nourriture | طعام جَيِّد |
| Bonnes manières | الأدَب |
| Bonnet de clown | طَرْطور |
| Bonté de cœur | طيبة القَلْب |
| Bord | حاشية ج حَواشٍ (حَواشي) |
| Bouche | فَم ج أفْواه / فَمُهُ = فاهُ |
| Bouchée (fig. = nourriture) | لُقْمة |
| Bouderie | جَفاء / صُدود |
| Boutique | دُكّان ج دَكاكين / حانوت ج حَوانيت / مَغازة / مَحَلّ ج محلات |
| Box des accusés | قَفَص الاتّهام |
| Bras | ذِراع ج أذْرُع / ساعِد ج سَواعِد |
| Buisson | دَغْل / حَرْش ج أحْراش |
| But | هَدَف ج أهْداف / غاية |

## C

|  |  |
|---|---|
| Cadavre | جُثّة ج جُثَث |
| Café (lieu) | مَقْهى ج مقاهٍ (المقاهي) |
| Cafouillage | ارْتِباك ج ارتباكات |
| Calcul | حِساب ج حسابات |
| Camarade | رَفيق ج رِفاق |
| Canal | قَناة ج قَنَوات |
| Canard | أوْزة ج أوَز / بَطّة |
| Cancer | السَرَطان |
| Capacité | قُدْرة / إمْكانيّة / أهْليّة |
| Capitale | عاصِمة ج عَواصِم |
| Captif | سَجين ج سُجَناء / أسير ج أسْرى |
| Captivité | أسْر / حَبْس / سجن |
| Caravansérail | خان ج خانات |
| Catastrophe | كارِثة ج كَوارِث |
| Catastrophe naturelle | كارثة طبيعية |
| Cause (raison) | سَبَب ج أسْباب |
| Cause (droit) | قَضيّة ج قضايا |
| Cave | قَبْو ج أقْبِية |
| Censure | رقابة |
| Centre | مَرْكَز ج مَراكِز / وَسَط |
| Certain nombre de | عَدَد من ... |
| Certificat de naissance | شهادة ميلاد |
| Cerveau | دماغ ج أدْمِغة |

339

# Index lexical français-arabe

| | | | | | |
|---|---|---|---|---|---|
| Cerveaux (fig.) | عَقْل ج عُقول | Circonstances | ظُروف | Coran | القُرْآن |
| Chaleur | حَرارة | Cireur de chaussures | ماسح أحْذية | Corps | جِسْم ج أجْسام / جَسَد ج أجْساد / بَدَن ج أبْدان |
| Chambre | غُرْفة ج غُرَف / بَيْت (في المغرب) | Cité | مَدينة ج مُدُن | | |
| Chambre à coucher | غرفة نَوْم | Classe (sociale) | طَبَقة (طبقة وُسْطى) | | |
| Champ | حَقْل ج حُقول | Clé | مِفْتاح ج مَفاتيح (مفتاح سيارة) | Couleur | لَوْن ج ألْوان |
| Champs de blé | حقول القَمْح | Clémence de Dieu | رَحْمة الله | Coupe des vêtements | تَفْصيل |
| Charbon | فَحْم | Clôture | سِياج ج أسْيِجة | Coups | دَقّات / ضَرَبات |
| Charge d'accusation | تُهْمة ج تُهَم | Clown | مُهَرِّج | Coups du cœur | دَقّات القَلْب |
| Chargement | شُحْنة | Cœur | قَلْب ج قُلوب / فُؤاد ج أفْئِدة | Cour | مَحْكمة ج مَحاكم / ساحة |
| Chat | قِطّ ج قِطَط | Collection | مَجْموعة | Cour d'Appel | محكمة الاسْتِئْناف |
| Château | قَصْر ج قُصور | Colonne quotidienne (journal) | عَمود يَوْمي | Cour d'Assises | محكمة الجِنايات |
| Chatte | قِطّة ج قِطَط | Combattant | مُقاتِل / مُحارِب | Cour de Cassation | محكمة النَقْض |
| Chauffeur | سائِق ج سُوّاق | Commissaire | ضابِط ج ضُبّاط | Cour de Sûreté de l'Etat | محكمة أمْن الدَوْلة |
| Chaussures | حِذاء ج أحْذية | Communauté | طائفة ج طَوائف | Couronne de fleurs | إكْليل ج أكاليل |
| Chef | رَئيس ج رُؤَساء / قائد ج قادة | Commune | بَلْدة | Cours | دَرْس ج دُروس |
| Chef (gare) | ناظِر (ناظر المحطّة) | Compagne | رَفيقة | Course | سِباق ج سِباقات |
| Chef de la Police (ancien) | صاحِب الشُرْطة | Compagnon | رَفيق ج رِفاق | Cousin maternel | ابن الخال / ابن الخالة |
| Chemin | طَريق ج طُرُق / دَرْب ج دُروب | Compétition | مُسابَقة | Création (la —) | الخَليقة |
| Chemise | قَميص ج قُمْصان | Compréhension | فَهْم / إدْراك / تَفَهُّم | Cri | صَرْخة |
| Cheveu | شَعْرة ج شَعَرات | Conditions | شُروط / ظُروف | Crieur public | المُنادي |
| Cheveux | شَعْر | Conflit | نِزاع ج نِزاعات / خِصام / شِجار | Crime | جَريمة ج جَرائم |
| Chien | كَلْب ج كِلاب (كلاب بوليسية) | Conquête d'un pays | فَتْح بَلَد / احْتِلال بلد | Crises d'angoisse | ضيق النَفْس |
| Choix | خيار / اخْتِيار | Conseil | مَجْلِس ج مَجالِس / نَصيحة ج نَصائح | Croyants | مُؤمِنون |
| Chroniques | تاريخ | Conte | حِكاية | Culture | ثَقافة |
| Chuchotement | هَمْس | Contravention | غَرامة | Culture domestique | الثَقافة المَنْزِليّة |
| Ciel | سَماء ج سَماوات | Contrée | مِنْطَقة ج مَناطِق | | |
| Cil | هُدْب ج أهْداب | Coquillage | الصَدَف | **D** | |
| Cinq sens | الحَواسّ الخَمْس | Corail | المَرْجان | Dame | سَيِّدة |

340

# Index lexical français-arabe

|  |  |  |  |  |  |
|---|---|---|---|---|---|
| Danseur | راقص | Dignité | عِزّة النَفْس / الكَرامة | | |
| Dattier | نَخْلة ج نخلات / نَخيل | Directeur | مُدير ج مُدَراء | Economie | اقتصاد |
| Début | بداية | Discours | خِطاب ج خطابات | Ecoute | اسْتِماع / إصْغاء |
| Déchargement | تَفْريغ | Discussion | مُناقَشة | Ecrire des romans | كتابة الروايات |
| Décision | قَرار ج قرارات | Dispute | شِجار / مُشاجَرة | Ecriture | كِتابة |
| Défaite | هَزيمة ج هَزائم | Distance | مَسافة | Ecriture manuelle | خَطّ اليَد / كتابة اليد |
| Défaut | عَيْب ج عُيوب | Division (armée) | فِرْقة ج فِرَق | Ecrivain | كاتِب ج كُتّاب |
| Défense | دِفاع | Docteur | دِكتور ج دَكاترة / طَبيب | Edifice | مَبْنى ج مبانٍ (المباني) |
| Délicatesse | رِقّة | Doctorat | دِكتوراه | Effet | أثَر / تَأْثير |
| Délit | ذَنْب ج ذُنوب / جِناية | Doigt | إصْبَع ج أصابِع | Effort | جُهْد ج جُهود |
| Demande | طَلَب ج طَلَبات | Dôme | قُبّة ج قِباب | Ego | الذات / أنا |
| Département | قِسْم ج أقسام | Dossier | مِلَفّ ج ملفات | Egoïsme | الأنانيّة |
| Dépression | إحْباط نفْسي | Douleur | ألَم ج آلام / وَجَع ج أوْجاع | Elevage de poulets | تَرْبية الدَجاج |
| Député | نائِب ج نُوّاب | Drame | مُصيبة ج مَصائِب | Emeutes | شَغَب / اضْطِرابات |
| Dernière heure | آخر ساعة / آخر لَحْظة | Drogue | مُخَدِّر ج مخدرات | Emigration | هِجْرة |
| Désert | صَحْراء ج صَحارى | Droit | حَقّ ج حُقوق | Emotion | عاطفة ج عَواطف / انْفِعال ج انفعالات |
| Désir | رَغْبة / شَهْوة | Droit (études) | حقوق | Empire | إمبراطورية |
| Destin | قَدَر ج أقدار | Droits de l'Homme | حقوق الإنسان | Emploi | وَظيفة ج وَظائف (وظيفة عمل) |
| Destinée | مَصير ج مصائر | Durée | مُدّة ج مُدَد / فَتْرة | Endroit | مَكان ج أماكن / مَحَلّ ج مَحَلات |
| Détenu | سَجين ج سُجَناء / مَوْقوف | | | Enfance | طُفولة |
| Dette | دَيْن ج دُيون | **E** | | Enfant | طِفْل ج أطْفال |
| Développement | تَطَوُّر ج تطورات / تطوير | Eau minérale | ماء مَعْدَني | Enquête | تَحْقيق ج تحقيقات |
| Diable | شَيْطان ج شياطين | Echarpe | وِشاح | Enseignant | أسْتاذ ج أساتِذة / مُعَلِّم / مُدَرِّس |
| Dialogue | حِوار ج حوارات | Echéance (dette) | اسْتِحْقاق ج استحقاقات | Enseignement | تَعْليم |
| Dieu | الله | Echec | فَشَل | Entrée | مَدْخَل |
| Dieu (un —) | إله ج آلهة | Echecs (jeu d'—) | الشطرنج | Entreprise | شَركة / مُقاوَلة (المغرب) |
| Diffamation | تَشْهير / قَذْف | Ecole | مَدْرَسة ج مَدارِس | Environnement | البيئة |
| Difficulté | صُعوبة / مَشَقّة | Ecole coranique | كُتّاب | | |

341

## Index lexical français-arabe

|  |  |
|---|---|
| Envoyé artistique | مندوب فنّي / مبعوث ... |
| Epaule | كَتِف ج أكْتاف |
| Epis de céréales | سَنابِل القَمْح |
| Epoque | عَصْر ج عُصور |
| Epouse | زَوْجة |
| Equité | إنْصاف |
| Escroquerie | حيلة ج حِيَل / احْتِيال |
| Espèce | نَوْع ج أنْواع |
| Espoir | أمَل ج آمال / رَجاء |
| Esprit | نَفْس ج أنْفُس / نُفوس |
| Estimation | تَقْدير ج تقديرات |
| Estime | تَقْدير / احْتِرام |
| Estrade | مَنَصّة |
| Etage | طابِق ج طوابِق / دَوْر ج أدْوار |
| Etape | مَرْحَلة ج مَراحِل |
| Etat de guerre | حالة حَرْب |
| Etendage | نَشْر غَسيل / غَسيل مَنْشور |
| Etoile | نَجْمة ج نُجوم / كَوْكَب ج كَواكِب |
| Etre humain | الإنْسان |
| Etudiant | طِب ج طُلّاب / طَلَبة |
| Evénement | حَدَث ج أحْداث |
| Examen | امْتِحان ج امتحانات |
| Exécution (peine de mort) | إعْدام ج إعدامات |
| Exemple (à suivre) | قُدْوة حَسَنة |
| Expérience | تَجْرِبة ج تَجارِب / خِبْرة |
| Explosion | انْفِجار ج انفجارات |
| Extrait | مَقْطَع ج مقاطع |

### F

|  |  |
|---|---|
| Fabrication | صِناعة |
| Faculté de droit | كُلِّية الحُقوق |
| Faits et gestes | أفْعال / سيرة |
| Falsification | تَزْوير |
| Famille | عائلة ج عَوائِل / أسْرة ج أُسَر |
| Faute | خَطأ ج أخْطاء / ذَنْب ج ذُنوب |
| | (faute d'orthographe خطأ إملائي) |
| Fauve | سَبْع ج سِباع (الأسَد سبع / النمْر سبع) |
| Faux-témoignage | شَهادة الزور |
| Femme | امْرأة ج نِساء (le Jour de la Femme يَوْم المرأة) |
| Fenêtre | نافذة ج نَوافذ |
| Fête de mariage | عُرْس ج أعْراس |
| Feuille | وَرَقة ج أوْراق |
| Fiancé(e) | خَطيب - خَطيبة |
| Fidèle (religion) | مُؤْمِن |
| Fierté | فَخْر / اعْتِزاز / افْتِخار |
| Fierté excessive | غُرور / عُجْب / تَكَبُّر |
| Filles | بَنات / فَتَيات |
| Fin des injustices | نهاية الظُّلْم |
| Fin du monde | نهاية العالَم |
| Finesse | رِقّة / دِقّة |
| Fleur | زَهْرة ج زُهور |
| Foi | إيمان / اعْتِقاد |
| Foie | كَبِد ج أكْباد |
| Fois | مَرّة (une ou deux fois مرة أو مرتين) |
| Folie | جُنون (c'est de la folie ! هذا جنون !) |
| Fonction | وَظيفة ج وَظائف |

|  |  |
|---|---|
| Fond | عُمْق ج أعْماق |
| Fonds marins | أعْماق البَحْر |
| Football | كُرة القَدَم (كأس العالم لكرة القدم) |
| Force | قُوّة ج قِوى (grandes puissances القوى العُظمى) |
| Fortune | ثَرْوة (richesses naturelles ثروات طبيعية) |
| Foudre | صاعِقة ج صَواعِق |
| Fouettage | جَلْد |
| Foule | جُمْهور ج جَماهير |
| Four | فُرْن ج أفْران |
| Fourmis | نَمْلة ج نملات / نَمْل |
| Fournier | فَرّان |
| Foyer | مَسْكِن / مَأوى / بَيْت |
| Frère | أخ ج إخْوة / إخْوان / شَقيق ج أشِقّاء |
| Frontières | حُدود (أطبّاء بلا حدود MSF) |
| Fruit | فاكِهة ج فَواكه (بُرْتُق فاكِهة) |
| Fusée | صاروخ ج صَواريخ |
| Futur | المُسْتَقْبَل |

### G

|  |  |
|---|---|
| Galette de pain | رَغيف ج أرْغِفة |
| Garçon | وَلَد ج أوْلاد (مدرسة للأولاد والبنات) |
| Gardien de prison | سَجّان |
| Gare | مَحَطّة |
| Gauche | يَسار (اليسار واليمين والوَسَط) |
| Génération | جيل ج أجْيال (G. futures الأجيال القادمة) |
| Génie | عَبْقَرية / عَبْقَري ج عَباقِرة |
| Genre | نَوْع ج أنْواع / جِنْس ج أجْناس |

# Index lexical français-arabe

|  |  |
|---|---|
| Genre féminin | الجِنْس الناعِم / النِساء |
| Gens (les —) | الناس |
| Geôlier | سَجّان |
| Glaçon | ثَلْج |
| Globe terrestre | الكُرة الأرْضيّة |
| Glorification | إجْلال / تَعْظيم |
| Gouverneur | حاكِم ج حُكّام / والي ج وُلاة |
| Grain de sable | حَبّة الرَمْل |
| Grand-père | جَدّ ج أجْداد |
| Grincement | صَرير |
| Groupe | جَماعة / مَجْموعة |
| Groupe (musique) | فِرْقة ج فِرَق |
| Guérison | شِفاء (الشفاء من مرَض) |

## H

|  |  |
|---|---|
| Habitation | مَسْكَن ج مَساكِن |
| Habits | مَلابِس / ثِياب |
| Habitude | عادة (كعادة) (comme d'habitude) |
| Hasard | صُدْفة ج صُدَف / حَظّ ج حُظوظ |
| Herbe | عَشْب ج أعْشاب |
| Héros | بَطَل ج أبْطال (بطل فيلم) (premier rôle) |
| Histoire | تاريخ / قِصّة ج قِصَص |
| Homme | رَجُل ج رِجال / إنْسان |
| Homme de lettres | أديب ج أُدَباء |
| Homme politique | رجل سياسي |
| Homme rêvé | فَتى الأحْلام |
| Honte | خَجَل / حَياء |
| Hôpital | مُسْتَشْفى ج مُسْتَشْفَيات |
| Horaire | مَوْعِد ج مَواعيد |
| Horizon | أُفُق ج آفاق |
| Hublot | نافِذة ج نَوافِذ |
| Huile | زَيْت ج زُيوت / دِهْن ج أدْهان |
| Huitres | مَحار |
| Humiliation (subie) | ذُلّ (يحسّ بذل) (il se sent humilié) |

## I

|  |  |
|---|---|
| Idéaux | مُثُل عُلْيا |
| Ile | جَزيرة ج جُزُر / جَزائِر |
| Illustration | صورة ج صُوَر |
| Image | صورة ج صُوَر |
| Imagination | خَيال |
| Immigration | هِجْرة |
| Impolitesse | قِلّة أدَب |
| Importance | أهَمّيّة |
| Importations | وارِدات / تَوْريدات |
| Incapacité | عَجْز / عَدَم قُدْرة |
| Incident | حادِث ج حَوادِث |
| Indice | عَلامة / إشارة |
| Individu | فَرْد ج أفْراد / شَخْص ج أشْخاص |
| Influence | تَأثير |
| Infraction | مُخالَفة |
| Injustice | ظُلْم |
| Innocence | بَراءة |
| Inquisition (Espagne) | مَحاكِم التَفْتيش |
| Inspecteur | مُفَتِّش |
| Instant | لَحْظة (لحظة من فضلك) (un instant svp) |
| Intelligence | ذَكاء (ذكاء اصطناعي) (int. artificiel) |
| Intérêt | فائدة ج فَوائِد / مَصْلَحة ج مَصالِح |
| Invasion | غَزْو / فَتْح / اجْتِياح |
| Invité | ضَيْف ج ضُيوف |
| Ironie | سُخْرية |

## J

|  |  |
|---|---|
| Jardin | حَديقة ج حَدائِق / جُنَيْنة ج جَنائِن / بُسْتان ج بَساتين (مغ) |
| Jeu | لُعْبة ج لُعَب |
| Jeu de hasard | قِمار |
| Jeune | شابّ ج شُبّان / فَتى ج فِتْيان |
| Jeune enfant | طِفْل ج أطْفال |
| Jeune homme | شابّ ج شُبّان / فَتى ج فِتْيان |
| Jeunesse | شَباب / عُمْر الشَباب |
| Joie | فَرَح ج أفْراح / فَرْحة / بَهْجة |
| Jour | يَوْم ج أيّام |
| Jour (partie claire) | النَهار (نهار وليل) |
| Journal | جَريدة ج جَرائِد / صَحيفة ج صُحُف |
| Journaliste | صُحُفي / صحافي |
| Journée | نَهار |
| Juge | القاضي ج قُضاة / حاكِم ج حُكّام |
| Juge d'instruction | قاضي التَحْقيق |
| Justice | العَدالة / القَضاء |

343

# Index lexical français-arabe

## L

|  |  |
|---|---|
| Langue | لُغة / لِسان ج ألسُن |
| Largeur | عَرْض (الطول والعرض) |
| Larme | دَمْعة ج دُموع (دموع التماسيح L. de crocodile) |
| Leçon | دَرْس ج دُروس |
| Lecture | القِراءة |
| Lettre (message) | رِسالة ج رَسائل |
| Lettre (alphabet) | حَرْف ج حُروف |
| Lettre d'adieux | رسالة وَداع |
| Lever du soleil | شُروق الشَمْس |
| Lèvre | شَفة ج شفاه |
| Liberté | حُرِّية (الحريات العامة libertés publiques) |
| Lieu | مَكان ج أمْكنة |
| Ligne | خَطّ ج خُطوط (خط أحمر) |
| Limitation | تَحْديد |
| Lion | أسَد ج أسُود |
| Littérature | أدَب ج آداب |
| Livre | كِتاب ج كُتُب |
| Loi | قانون ج قَوانين (مشروع قانون projet de L) |
| Loisir | هِواية |
| Longueur | طول (طول العُمْر toute la vie) |
| Loup | ذِئْب ج ذِئاب |
| Lumière | نور ج أنوار / ضَوْء ج أضواء |
| Lune | قَمَر (الشمس والقمر) |

## G

|  |  |
|---|---|
| Madame | سَيِّدة |
| Magasin | دُكّان ج دَكاكين / مَحَلّ ج مَحلات / مَغازة / حانوت ج حَوانيت |
| Magazine | مَجَلّة (مجلة ناشنال جيوغرافيك) |
| Magicien | ساحِر ج سَحَرة |
| Magie | السِحْر |
| Main | يَد ج أيدي / أيادي (اليد اليُمنى واليد اليُسرى) (وقف بين يديها il se tint devant elle) |
| Main ouverte | كَفّ ج كُفوف |
| Maison | دار ج دور / بَيْت ج بُيوت / مَنْزِل ج مَنازل / مَسْكن ج مَساكن |
| Maître | سَيِّد ج سادة |
| Maladie | مَرَض ج أمْراض (مرض السَرَطان le cancer) |
| Malédiction | لَعْنة (عليه اللعنة Qu'il soit maudit) |
| Manifestation | مُظاهَرة / تَظاهُرة |
| Manque d'éducation | قِلّة أدَب |
| Manteau | مِعطف ج مَعاطف |
| Manteau d'homme | جُبّة / قُفْطان |
| Marin | بَحّار ج بَحّارة / مَلّاح |
| Marque | عَلامة / إشارة / ماركة (تجارية) |
| Masses populaires | الجَماهير الشَعْبِيّة |
| Match | مُباراة ج مباريات |
| Matelot | بَحّار ج بَحّارة / مَلّاح |
| Maternité | الأُمومة |
| Matière | مادّة ج مَوادّ |
| Médecin | طَبيب ج أطِبّاء |
| Médecine | طِبّ (طب العُيون Ophtalmologie) |
| Médiation | وَساطة |
| Médicament | دَواء ج أدْوية |
| Méfiance | حَذَر / احْتراز |
| Mélancolie | الكآبة |
| Mêmes visages | الوُجوه نَفْسها / نَفْس الوُجوه |
| Mendiant | شَحّاذ / مُتَسَوِّل |
| Mensonge | كِذبة |
| Mépris | احْتِقار |
| Mer | بَحْر ج بِحار (البحر الأدرياتيكي / بحر الشمال) |
| Mère | أُمّ ج أُمّهات / والِدة |
| Mère (terme respectueux) | والِدة |
| Message | رِسالة ج رَسائل / كِتاب |
| Messager | رَسول ج رُسُل / حامل الرسالة |
| Mesures (adm.) | إجْراءات |
| Météorologie | الأنواء الجَوِّيّة |
| Méthode | طَريقة ج طُرُق / مَنْهَج / مِنْهاج |
| Métier | مِهنة ج مِهَن / حِرْفة ج حِرَف |
| Meurtre | قَتْل / جَريمة قتل |
| Migraine chronique | صُداع مُزْمِن |
| Migration | هِجْرة |
| Milices | ميليشيا ج ميليشيات |
| Ministère | وزارة (وزارة الداخلِيّة M. de l'Intérieur) |
| Ministère de l'information | وزارة الإعْلام |
| Ministère des aff. étrangères | وزارة الخارجِيّة |
| Ministre | وَزير ج وُزَراء (رئيس الوزراء PM) |
| Minorité | أقَلّية (الأقلية البرلمانية) |
| Miracle | مُعْجِزة |
| Misère | بُؤْس / فَقْر شَديد |
| Missile | صاروخ ج صَواريخ |
| Mission | مَهَمّة ج مَهامّ |
| Moineau | عُصْفور ج عَصافير |

# Index lexical français-arabe

Manuel d'arabe en ligne — Tome III
Les bases de l'arabe en 50 semaines © G. Al-Hakkak 2013
http://www.al-hakkak.fr

| Français | Arabe |
|---|---|
| Mois | شَهْر ج أَشْهُر / شُهور |
| Moitié | نِصْف ج أنصاف |
| Molaire (dents) | ضِرْس ج أضراس |
| Monde | العالَم (كأس العالم le Mundial) |
| Monotonie | الرَتابة (رتابة الحياة اليومية) |
| Monstre | وَحْش ج وُحوش |
| Moquerie | هُزْء / سُخْرية / تَهَكُّم |
| Morceau | قِطعة ج قِطع |
| Morceau de musique | مَقْطوعة |
| Mort (un —) | مَيِّت ج مَوْتى |
| Mosquée | مَسْجِد ج مَساجِد / جامِع ج جَوامِع |
| Mot | كَلِمة |
| Motif | سَبَب ج أسباب / حُجّة ج حُجَج / غَرَض ج أغراض / هَدَف ج أهداف |
| Mouchoir | مِنْديل ج مَناديل |
| Mouvement | حَرَكة (حركة سياسية M. politique) |
| Moyen (pour parvenir à une fin) | وَسيلة ج وَسائِل |
| Moyens de subsistance | وَسائِل العَيْش |
| Moyens de transport | وَسائِل النَقْل |
| Mur | جِدار ج جُدْران / حائِط ج حيطان |

## N

| Français | Arabe |
|---|---|
| Naissance | الولادة |
| Nation | أُمّة ج أُمَم (الأمم المتّحدة ONU) |
| Navigation | الملاحة |
| Navire | سَفينة ج سُفُن / باخِرة ج بَواخِر |
| Navire de cargaison | سَفينة شَحْن |
| Neige | ثَلْج ج ثُلوج / جَليد |
| Nerf | عَصَب ج أعصاب |
| Nettoyage | تَنْظيف |
| Nid | عُشّ ج أعشاش |
| Nil (le —) | نَهْر النيل (النيل الأبيض والنيل الأزرق) |
| Nom de famille | لَقَب ج ألقاب |
| Nombre | عَدَد ج أعداد |
| Note (d'explication) | مُلاحَظة |
| Note (musique) | نوطة |
| Nourriture | طَعام ج أطعِمة / مَأكولات / غِذاء |
| Nuage | سَحاب / سَحابة |
| Nuit | اللَيْل (الليل والنهار) / لَيْلة ج ليالٍ (الليالي) Les 1001N (ألف ليلة وليلة) |

## O

| Français | Arabe |
|---|---|
| Objectif | هَدَف ج أهداف |
| Objet | شَيء ج أشياء |
| Obscurité | ظَلام ج ظُلُمات / عُتْمة |
| Occasion | فُرْصة ج فُرَص |
| Occupation (d'un pays) | احتلال |
| Odeur | رائحة ج رَوائح |
| Oeil | عَيْن ج أعْيُن / عُيون (له عينان سوداوان) |
| Oeuf | البَيْض / بَيضة |
| Oeuvre | عَمَل ج أعمال |
| Officier | ضابِط ج ضُبّاط |
| Oie | أوَزّة / بَطّة |
| Ombre | ظِلّ ج ظِلال |
| Opinion | رَأي ج آراء |
| Oppression | اضطهاد / ظُلْم |
| Or (métal) | الذَهَب |
| Ordre | أمْر ج أوامِر / نِظام ج أنْظِمة |
| Ordre public | النظام العامّ |
| Oreille | أُذُن ج آذان (له أذنان كبيرتان) |
| Oreiller | مِخَدّة / أريكة ج أرائك |
| Orgueil | غُرور / فَخْر / تَكَبُّر / إباء / أنَفة / زَهْو |
| Origine | أصْل ج أصول |
| Os | عَظْم ج عِظام |
| Ossements | عِظام |
| Ouie | سَمْع / حاسّة السمع |
| Ouverture d'esprit | سَعة الصَدْر |

## P

| Français | Arabe |
|---|---|
| Pacte | حِلْف ج أحلاف |
| Pain | خُبْز |
| Palais | قَصْر ج قُصور |
| Panier | سَلّة ج سِلال |
| Papier | وَرَق |
| Papillon | فَراشة |
| Paradis | جَنّة / نَعيم / فِرْدَوْس |
| Parfum | عِطْر ج عُطور |
| Parole | كَلام |
| Parti politique | حِزْب ج أحزاب |
| Partie | جُزء ج أجزاء / قِسْم ج أقسام |
| Pas (un —) | خُطْوة ج خُطُوات |
| Passager | مُسافِر |
| Passe-temps | هواية |

345

# Index lexical français-arabe

|  |  |  |  |  |  |
|---|---|---|---|---|---|
| Passeport | جَواز السَفَر ج جوازات السفر | Pièce | قِطْعة ج قِطَع | Porte | باب ج أَبْواب |
| Passion amoureuse | عِشْق / هَوى | Pièce de théâtre | مَسْرَحِيّة | Position | مَوْقِع ج مَواقِع / مَوْقِف ج مَواقِف |
| Paternité | الأُبُوّة | Piston | وَساطة | Possession | مِلْك ج أَمْلاك |
| Pâtisseries | الحَلْوى / الحَلَوِيّات | Place | مَكان ج أَمْكِنة / أَماكِن | Possibilité | إمْكانِيّة |
| Patron | صاحِب العَمَل | Plage | شاطِئ ج شَواطِئ | Poste (la —) | البَريد |
| Pauvreté | الفَقْر | Plaidoirie | مُرافَعة | Poste (emploi) | وَظيفة ج وَظائِف |
| Pays | بَلَد ج بُلْدان / دَوْلة ج دُوَل | Plaignant | المُدَّعي | Potence | مِشْنَقة ج مَشانِق |
| Peine | أَلَم ج آلام / وَجَع ج أَوْجاع | Plainte | دَعْوى ج دَعاوى / شَكْوى ج شَكاوى | Poussées de mélancolie | نَوبات من الكآبة |
| Peinture (art) | رَسْم | Plantation | الزَرْع | Poussière | غُبار / تُراب |
| Peinture (bâtiment, objet) | صَبْغ / دَهْن | Plantes | المَزْروعات | Poussin | فَرْخ ج أَفْراخ / كتكوت ج كتاكيت |
| Pèlerin | حاجّ ج حُجّاج | Plateau | صينِيّة | Pouvoir | السُلْطة / القُدْرة / النُفوذ |
| Péninsule | شِبْه جَزيرة / جَزيرة | Pluie | المَطَر ج أَمْطار | Précision | توضيح ج توضيحات |
| Pensées intimes | خَواطِر | Plume d'autruche | ريشة نَعام | Prédictions | تَوَقُّعات / تَنَبُّؤات |
| Père | أب ج آباء / الوالد | Poche | جَيْب ج جُيوب | Presqu'île | شِبْه جَزيرة |
| Père (terme respectueux) | الوالد | Poème | قَصيدة / أَبْيات من الشِعْر | Prêtre (ancien) | كاهِن ج كَهَنة / كُهّان |
| Période | فَتْرة ج فَتَرات | Poème long | قَصيدة ج قَصائِد | Preuve | دَليل ج أَدِلّة |
| Perse (la —) | بِلاد فارِس | Poésie | الشِعْر | Prince charmant | فَتى الأَحْلام |
| Personne | شَخْص ج أَشْخاص | Poète | شاعِر ج شُعَراء | Prince héritier | وَلِيّ العَهْد |
| Personne importante | صاحِب شَأْن / ذو شَأْن | Poignet | مِعْصَم | Prise de vue (cinéma) | تَصْوير لَقْطة |
| Persuasion | إقْناع | Poil | شَعْرة | Prison | سِجْن ج سُجون |
| Petit-enfant | حَفيد ج أَحْفاد | Point | نُقْطة ج نُقاط | Prisonnier | سَجين ج سُجَناء |
| Petit-fils | حفيد ج أحفاد | Poissons | السَمَك / سَمَكات | Prix | سِعْر ج أَسْعار / ثَمَن ج أَثْمان |
| Petite ville | بَلْدة | Poitrine | صَدْر ج صُدور | Prix Nobel | جائِزة نوبل |
| Pétrole | نَفْط / بِتْرول | Politesse | الأَدَب | Problème | مُشْكِلة ج مَشاكِل |
| Peuple | شَعْب ج شُعوب | Politique | السِياسة | Procès | مُحاكَمة |
| Peur | خَوْف | Polygamie | تَعَدُّد الزَوْجات | Proches parents | الأَقارِب |
| Phase | مَرْحَلة | Pont | جِسْر ج جُسور | Procureur général | النائِب العامّ |
| Photographie | تَصْوير / صورة ج صُوَر | Pont (navire) | سَطْح السَفينة | | |

# Index lexical français-arabe

Manuel d'arabe en ligne Tome III
Les bases de l'arabe en 50 semaines © G. Al-Hakkak 2013
http://www.al-hakkak.fr
En autonomie

| Français | Arabe |
|---|---|
| Producteur | مُنْتِج |
| Production | إنْتاج |
| Professeur | أُسْتاذ ج أساتذة |
| Projet | مَشْروع ج مَشاريع |
| Prononciation | لَفْظ |
| Propos | قَوْل ج أقْوال / كَلام / حَديث ج أحاديث |
| Proposition | اقْتِراح ج اقتراحات |
| Propriétaire | مالك / صاحِب الدار |
| Propriété | مِلْك ج أمْلاك |
| Prostituée | بَغِيّ / عاهِر / داعِر |
| Prudence | الحَذَر / الانْتِباه |
| Publicité (Maghreb) | إشْهار |
| Publicité (Orient) | دِعاية |
| Pudeur | الحَياء / الخَجَل |
| Puits | بِـر ج آبار |
| Pur sang | حصان أصيل |
| Pyramide | هَرَم ج أهْرام |

## D

| Français | Arabe |
|---|---|
| Quartier | حَيّ ج أحْياء / حارة / مَحَلّة |
| Question | سُؤال ج أسْئِلة / مَسْألة ج مَسائِل |
| Question que l'on se pose | تَساؤُل ج تساؤلات |
| Queue | ذَيْل ج ذُيول |
| Quiétude | الأمان / الطُمَأنينة |
| Quotidien (presse) | جَريدة يَوْميّة ج جَرائد يومية / صَحيفة يومية ج صُحُف يومية |

## E

| Français | Arabe |
|---|---|
| Racisme | العُنْصُريّة |
| Radio-TV | الإذاعة والتَلَفِزْيون |
| Raisins | العِنَب |
| Raison (cerveau) | العَقْل ج عُقول |
| Raisons particulières | أسْباب خاصّة |
| Rapiécer (vêtement) | رَتْق المَلابِس |
| Rassemblement | تَجَمُّع ج تجمعات |
| Réalité | الحَقيقة / الواقِع |
| Rébellion | عِصْيان / تَمَرُّد |
| Récit | قِصّة ج قِصَص / رواية / سَرْد |
| Recueil de nouvelles | مَجْموعة قَصَصيّة |
| Regard | نَظْرة ج نَظَرات |
| Régime | نِظام ج أنْظِمة |
| Région | مِنْطَقة ج مَناطِق |
| Règne | حُكْم |
| Regrets | الأسَف / التَأسُّف |
| Reine de beauté | مَلِكة الجَمال |
| Rejet | الرَفْض |
| Religion | دين ج أدْيان |
| Renard | الثَعْلَب ج ثَعالِب |
| Rencontre | لِقاء ج لِقاءات |
| Rencontre amoureuse | وِصال |
| Rendez-vous | مَوْعِد ج مَواعيد |
| Répétition | إعادة / تَكْرار |
| Réponse | جَواب ج أجْوِبة / رَدّ ج رُدود |
| Repos | اسْتِراحة / راحة |
| Reprise (« round », boxe) | جَوْلة |
| Reproche | عِتاب / لَوْم |
| Réputation | سُمْعة |
| Résistance | المُقاوَمة |
| Restaurant | مَطْعَم ج مَطاعِم |
| Résultat | نتيجة ج نَتائج |
| Retrouvailles | الوِصال / اللِقاء مِنْ جَديد |
| Réussite | النَجاح |
| Revanche | الثَأر |
| Rêve | حُلم ج أحْلام |
| Revendication | مَطْلَب ج مَطالِب |
| Revenu | مَدْخول |
| Révolution | ثَوْرة |
| Revue | مَجَلّة (مجلة ديرشبيغل الألمانية) |
| Roi des rois | مَلِك المُلوك |
| Rôle | دَوْر ج أدْوار |
| Roman | رواية |
| Romancier | روائي |
| Roseaux | قُضْبان |
| Route | طَريق ج طُرُق / دَرْب ج دُروب |
| Ruelle | زُقاق ج أزِقّة |
| Ruines | حُطام / خَراب |
| Ruisseau | جَدْوَل ج جَداوِل |
| Ruse | حيلة ج حِيَل |

## S

| Français | Arabe |
|---|---|
| Sagesse | الحِكْمة |
| Saison | مَوْسِم ج مَواسِم |

347

## Index lexical français-arabe

| Français | Arabe |
|---|---|
| Salaire | مُرتَّب ج مرتبات / أَجْر ج أُجور |
| Salle | قاعة / صالة |
| Sang | الدَم ج دماء |
| Sans abri (un —) | مُتَشَرِّد |
| Santé | الصِحّة |
| Savant | عالِم ج عُلَماء |
| Scandale | فَضيحة ج فَضائح |
| Scène (cinéma) | مَشْهَد ج مَشاهد |
| Scène (théâtre) | خَشَبة الـمَسْرَح |
| Science | العِلْم ج عُلوم |
| Sciences politiques | العُلوم السياسيّة |
| Séance | جَلْسة |
| Section | شُعْبة ج شُعَب / قِسْم ج أقسام |
| Séduction | إغْراء |
| Sens | حاسّة ج حَواسّ (الحواسّ الخَمْس) |
| Sentence | حُكْم ج أَحْكام |
| Sentiment | شُعور ج مَشاعر |
| Séparation | فِراق |
| Service | خِدْمة ج خَدَمات |
| Sévérité | القَسْوة |
| Siège social de l'entreprise | الفَرْع الرَئيسي |
| Signe | عَلامة / إشارة |
| Silence | الصَمْت / السُكوت |
| Silhouette | خَيال |
| Sincérité | الإخْلاص |
| Situation | مَوْقِف ج مَواقِف |
| Sœur | أُخْت ج أَخَوات |
| Soi | الأنا / الذات |
| Soirée | سَهْرة ج سَهَرات |
| Sol | الأرْض (على الأرض par terre) |
| Soleil | الشَمْس ج شُموس |
| Solfège | الصولفاج |
| Somme (argent) | مَبْلَغ ج مَبالِغ |
| Sommeil | النَوْم |
| Son (parole) | لَفْظ ج ألفاظ |
| Son | صَوْت ج أصوات |
| Sorcier | ساحِر ج سَحَرة |
| Sort | مَصير ج مَصائر |
| Souffrance | العَذاب / الألَم ج آلام |
| Souffrances psychologiques | عذاب النَفْس |
| Souplesse (fig.) | مُرونة |
| Sourate | سورة ج سُوَر |
| Source | مَصْدَر ج مَصادِر / مَرْجِع ج مَراجِع |
| Source d'eau | مَنْبَع ج مَنابِع |
| Souvenir | ذِكْرى ج ذِكْرَيات |
| Spectateur | مُشاهِد |
| Spéculation | تَلاعُب / تَنَبُّؤات / تَوَقُّعات |
| Star | نَجْم ج نُجوم |
| Station | مَحَطّة |
| Studio | إستوديو |
| Substitut du procureur | نائب الـمُدَّعي العامّ |
| Succès | نَجاح |
| Suggestion | اقْتِراح ج اقتراحات |
| Sujet | مَوْضوع ج مَواضيع |
| Sujets (d'un souverain) | الرَعيّة |
| Sultan | سُلْطان |
| Surnom | لَقَب ج ألْقاب |
| Surveillance | رِقابة / مُراقَبة |
| Sympathie | العَطْف / الوَدّ / الحَنان |
| Système | نِظام ج أنْظِمة |

### T

| Français | Arabe |
|---|---|
| Tâches | أعْمال / أشْغال |
| Technicien | فَنّي |
| Téléspectateur | مُشاهِد |
| Témoin | شاهِد ج شُهود |
| Tempête | عاصِفة ج عَواصِف |
| Temps | الزَمَن / الوَقْت (في وقت واحد en même temps) / (كان يا ما كان في قديم الزمان il était une fois) |
| Tendresse | الحَنان / العَطْف |
| Tendresse (objet) | ليونة |
| Tentation | إغْراء |
| Termes injurieux | كلمات بَذيئة / ... جارِحة |
| Terrain | أرْض / قِطعة أرْض |
| Terre (la —) | الأرْض / الكُرة الأرْضيّة |
| Terre ferme | اليابِسة |
| Territoires | الأراضي (الأراضي المُختَلَفة Territoires occupées) |
| Tête | رَأس ج رُؤوس |
| Texte | نَصّ ج نُصوص |
| Textes des lois | النُصوص القانونية / الشَرائع |
| Théâtre | مَسْرَح ج مَسارِح |
| Thème | مَوْضوع ج مَواضيع |
| Ticket | تَذكِرة ج تَذاكِر |

# Index lexical français-arabe

| Français | Arabe |
|---|---|
| Timidité | الخَجَل |
| Titre de transport | تَذكِرة ج تَذاكِر / بطاقة السَفَر |
| Toge | جُبّة |
| Toit | سَطح ج سُطوح |
| Toiture | سَطح ج سُطوح |
| Tolérance | التَسامُح |
| Tombe, tombeau | قَبْر ج قُبور |
| Touriste | سائح ج سُيّاح / سُوّاح |
| Tourments de l'âme | عَذاب الروح |
| Tournée | جَوْلة |
| Trahison | خِيانة |
| Train | قِطار ج قِطارات |
| Travail | عَمَل ج أعمال / شُغْل ج أشغال |
| Travailleur pauvre | كادِح |
| Travaux forcés | الأشغال الشاقّة |
| Tribu | قَبيلة ج قَبائِل / عَشيرة ج عَشائِر |
| Tribun | خَطيب ج خُطَباء |
| Tribunal | مَحْكَمة ج مَحاكِم |
| Tribunal de Justice Int. | محكمة العَدْل الدُوَليّة |
| Tribunal de Première Instance | المحكمة الابتدائية |
| Tribunal religieux (Orient) | المحكمة الشَرعيّة |
| Trilogie | ثلاثيّة |
| Tristesse | الحُزْن / التَعاسة |
| Tromperie | الغِشّ / التَحايُل |
| Trouble à l'ordre public | إخْلال بالنظام العامّ |
| Troubles | اضطرابات |
| Troupeau | قَطيع ج قُطْعان |
| Turban | عِمّة / عَمامة ج عَمائم |
| Tyran | طاغِية ج طُغاة |

## U

| Français | Arabe |
|---|---|
| Université | جامعة |
| Untel | فُلان / فلان الفُلاني |
| Usine | مَعْمَل ج مَعامِل / مَصْنَع ج مَصانع |
| Utilisation | استعْمال |

## V

| Français | Arabe |
|---|---|
| Vacarme | ضَجيج / ضَوْضاء |
| Vache | بَقَرة |
| Vagabond | مُتَشَرِّد |
| Valeur | قيمة ج قِيَم |
| Vedette | نَجْم ج نُجوم |
| Végétation | زَرْع |
| Véhicule | عَرَبة |
| Veillée | سَهْرة |
| Vendeur de journaux | بائِع جَرائِد |
| Vent | ريح ج رياح |
| Ventilateur | مِرْوَحة ج مَراوِح |
| Verdict | حُكم ج أحكام |
| Vêtements | مَلابِس / ألبِسة / ثِياب |
| Viande | لَحْم ج لُحوم |
| Victime | ضَحيّة ج ضَحايا |
| Victoire | نَصر / انْتِصار ج انتصارات / فَوْز |
| Vie | الحَياة |
| Vie professionnelle | الحَياة المِهَنِيّة |
| Vieillard | شَيخ / عَجوز ج عَجَزة |
| Vieillesse | الشَيْخوخة |
| Vigne | العِنَب |
| Vilénie | الضَعة / الذُلّ |
| Village | قَرْية ج قُرى |
| Ville | مَدينة ج مُدُن |
| Vin | نَبيذ |
| Viol | اغْتِصاب |
| Violation | اغْتِصاب |
| Violon | كَمَنْجة / كَمان |
| Visage | وَجْه ج وُجوه |
| Vœu | أُمْنية ج أمانٍ (الأماني) |
| Voie | طَريق ج طُرُق / دَرْب ج دُروب |
| Voix | صَوْت ج أصوات |
| Voix désagréable | صوت نَكير |
| Vol | سَرِقة |
| Voleur | سارِق ج سُرّاق / لِصّ ج لُصوص |
| Voyageur | مُسافِر |
| Vue | مَشْهَد ج مَشاهِد |

## W

| Français | Arabe |
|---|---|
| Wagon | عَرَبة |

## Z

| Français | Arabe |
|---|---|
| Zone | مِنْطقة ج مَناطِق |

# Index lexical français-arabe

*Manuel d'arabe en ligne Tome III*
*Les bases de l'arabe en 50 semaines* © G. Al-Hakkak 2013

## Adjectifs

### A

| | |
|---|---|
| Abondant | كَثير |
| Absent | غائِب |
| Absolu | مُطلَق |
| Adoré | مَحبوب / مَعبود / مَعشوق |
| Affligé | خائِب |
| Amère | مُرّ |
| Ami | صَديق |
| Amoureux | مُحِبّ / عاشِق |
| Amusant | ظَريف |
| Appétissant | شَهِيّ |
| Artificiel | اصطِناعي |
| Artistique | فَنِّي |
| Attentiste | مُتَمَهِّل |
| Au cœur pur | صافي القَلب |
| Au visage renfermé | عابِس الوَجه |
| Autorisé | جائِز / مَسموح بِهِ |
| Ayant confiance en | واثِق بـ |

### B

| | |
|---|---|
| Beau | جَميل / حَسَن |
| Béni | مُبارَك |
| Blanc - blanche | أَبيَض - بَيضاء |
| Bon | جَيِّد |
| Bon d'esprit | طَيِّب النَفْس / طيب القَلب |

### C

| | |
|---|---|
| Certain | أكيد / مُتأكِّد |
| Chaleureux | حَميم |
| Chaud | حارّ / ساخِن |
| Chauffeur | سائِق |
| Cher | عَزيز |
| Chrétien | مَسيحي / نَصراني |
| Clair | واضِح |
| Clément | رَحيم / رَؤوف |
| Comique | مُضحِك |
| Commun | مُشتَرَك |
| Compagnon | صاحِب |
| Complexe, compliqué | مُعَقَّد |
| Condamné à mort | مَحكوم بالإعدام |
| Confiant | واثِق مِن نَفْسِه |
| Confortable | مُريح |
| Connu | مَعروف |
| Content | سَعيد |
| Coupé du monde | مُنعَزِل عَن الدُنيا |
| Court | قَصير |
| Croyant | مُؤمِن |

### D

| | |
|---|---|
| D'accord avec | مُتَّفِق مَع |
| D'allure misérable | بائِس الهَيئة |
| D'un blanc éclatant | ناصِع بَياضاً |
| D'un mauvais caractère | سَيِّئ الطِباع |
| D'un visage hideux | قَبيح الوَجه |
| D'une allure de maître | سِيادِيّ الهَيئة |
| D'une voix basse | خَفيض الصَوت |
| Dangereux | خَطير |
| Danseur | راقِص |
| De condition simple | بَسيط الحال |
| De mauvaise augure | مَشؤوم |
| De qualité ordinaire | عاديّ |
| Délégué | مَندوب / مَبعوث |
| Délicieux | لَذيذ |
| Dernier | أخير |
| Devin | كاهِن |
| Difficile | صَعب / عَسير |
| Dispendieux | مُبَذِّر / مُكْلِف / مُكَلِّف |
| Divertissant | مُريح / مُمتِع |
| Domestique (animal) | أليف |
| Doré | مُذَهَّب |
| Doux | حُلو / جَميل / حَسَن |
| Durable | دائِم / مُستَدام |

### E

| | |
|---|---|
| Ecrit | مَكتوب |
| Effrayé | خائِف |
| Elancé | فارِع |
| En colère contre | غاضِب على |
| Enrobé dans sa toge | مُلتَفّ في جُبَّتِه |
| Entier | كامِل |
| Envoyé | مَبعوث |

# Index lexical français-arabe

| Français | Arabe |
|---|---|
| Etonnant ! | عَجيب / مُدْهِش |
| Etonné | مُنْدَهِش / مُسْتَغْرِب |
| Etranger | غَريب (عن المنطقة) / أَجْنَبي (عن البلاد) |
| Etroit | ضَيِّق |
| Eveillé | يَقِظ / مُسْتَيْقِظ |
| Excellent | مُمْتاز |

## F

| Français | Arabe |
|---|---|
| Faible | ضَعيف |
| Familier | أَليف / أَنيس |
| Fatigant | مُتْعِب |
| Fatigué | تَعِب / تَعْبان |
| Fidèle | مُخْلِص |
| Fort | قَوِيّ |

## G

| Français | Arabe |
|---|---|
| Gelé | جامِد / مُتَجَمِّد |
| Génial | عَبْقَرِيّ |
| Grand (de taille) | طَويل |
| Grand (fig.), grandiose | عَظيم |
| Gros | سَمين |
| Haut | عالٍ (العالي) |
| Homosexuel | مِثْلِيّ |
| Honoré | مُكَرَّم / مُشَرَّف |
| Humain | إنْسانِيّ / طَيِّب القَلْب |
| Humanitaire | إنْسانِيّ |

## I

| Français | Arabe |
|---|---|
| Idiot | غَبِيّ / أَبْلَه |
| Immobile | ساكِن |
| Important | مُهِمّ |
| Incapable de | عاجِز عن |
| Inconnu | مَجْهول |
| Injuste | ظالِم |
| Innocent | بَريء |
| Interdit | مَمْنوع |
| International | دُوَلِيّ |

## J

| Français | Arabe |
|---|---|
| Joyeux | مُبْتَهِج |
| Juif | يَهودِيّ |
| Juste | عادِل |

## L

| Français | Arabe |
|---|---|
| Lauréat de | مُتَخَرِّج من |
| Le plus honorable | الأَشْرَف |
| Le plus horrible | الأَفْظَع |
| Le plus noble | الأَنْبَل |
| Lettré | أَديب |
| Limité | مَحْدود |
| Logique | مَنْطِقِيّ |
| Lointain | بَعيد |

## M

| Français | Arabe |
|---|---|
| Magique | ساحِر |
| Majestueux | جَليل |
| Malade | مَريض / عَليل |
| Malheureux | تَعيس / بائِس |
| Manquant | فَقيد / مَفْقود |
| Manuscrit | مَكْتوب باليَد |
| Marié | مُتَزَوِّج |
| Mécréant | كافِر |
| Meilleur que | أَحْسَن من |
| Mendiant | مُتَسَوِّل / شَحّاذ |
| Merveilleux | رائِع |
| Mince | نَحيف |
| Ministériel | وِزارِيّ |
| Misérable | بائِس |
| Moins cher | أَرْخَص |
| Mondial | عالَمي |
| Moqueur | هازِئ / ساخِر |
| Musicien | موسيقي |
| Musulman | مُسْلِم |

## N

| Français | Arabe |
|---|---|
| Naïf | ساذَج |
| Non arabe | أَعْجَمي |

## O

| Français | Arabe |
|---|---|
| Obèse | فائِق السِمْنة / بالِغ السمنة |
| Obstiné | عَنيد |
| Officier | ضابِط |

# Index lexical français-arabe

| | | | | | |
|---|---|---|---|---|---|
| Onéreux | غالي الثَمَن | Populaire | شَعبيّ | | |
| Opposant | مُعارِض | Préféré | مُفَضَّل | Réel | حَقيقيّ |
| Oriental | شَرْقيّ | Prétendu | مَزْعوم | Renforcé | مُعَزَّز |
| | | Prêtre (ancien) | كاهِن | Respecté | مُحْتَرَم |
| **P** | | Privé | خاصّ | Responsable de | مَسْؤول عن |
| Pâle | شاحِب اللَوْن | Privé de | مَحْروم من | Ridicule | سَخيف |
| Particulier | خاصّ | Prochain | قادِم | Romancier | رِوائيّ |
| Pauvre | فَقير | Pur | صافٍ (الصافي) / نَقيّ | Rose (couleur) | وَرْديّ |
| Pénible | شاقّ (عَمَل شاقّ) / ثَقيل الدم (وَلد ثقيل الدم) | | | Rôti | مَشْويّ |
| Perdu | ضائِع / مَفْقود | **Q** | | Rouge | أحْمَر |
| Permanent | دائِم / مُسْتَدام | Qui a faim | جائِع / جوعان | | |
| Permis | جائِز / مَسْموح به | Qui a la certitude | مُتَأكِّد | **S** | |
| Persévérant | مُواظِب / مُثابِر | Qui a peur | خائِف | Sage | حَكيم |
| Persuadé que | مُتَأكِّد من | Qui conteste | مُحْتَجّ / مُعْتَرِض | Sans scrupule | لَئيم |
| Pétrolier | نَفْطيّ | Qui continue | مُسْتَمِرّ | Savant | عالِم |
| Pire que | أسْوأ من | Qui convient | مُناسِب | Secondaire | ثانَويّ |
| Plein | مَمْلوء / مُمْتَلِئ | Qui est debout | واقِف | Sévère | قاسٍ (القاسي) |
| Plus proche que | أقْرَب مِنْ | Qui insiste | مُصِرّ | Simple | بَسيط |
| Plus abondant que | أكْثَر من | Qui ne se précipite pas | مُتَمَهِّل | Socialiste | اشْتِراكيّ |
| Plus célèbre que | أشْهَر من | Qui rend triste | مُحْزِن | Somptueux | فاخِر / باذِخ |
| Plus cher que | أغْلى من | Qui s'étonne | مُسْتَغْرِب / مُنْدَهِش / مُتَعَجِّب | Sorcier | ساحِر |
| Plus clément que | أرْحَم من | Qui souffre | مُتَألِّم | Sot - sotte | أبْلَه - بَلْهاء |
| Plus délicat que | أرَقّ من | Qui vient | قادِم / آتي | Soucieux de préserver | حَريص |
| Plus facile que | أسْهَل من | Qui vit de son labeur | كادِح | Sûr | أكيد / مُتَأكِّد |
| Plus loin que | أبْعَد من | | | | |
| Plus rapide que | أسْرَع من | **R** | | **T** | |
| Plus vaste que | أوْسَع من | Rare | نادِر | Talentueux | مَوْهوب |
| Politique | سِياسيّ | Redondant | مُتَكَرِّر | Technique | فَنّيّ / تَقْنيّ |

# Index lexical français-arabe

**Manuel d'arabe en ligne Tome III**
**Les bases de l'arabe en 50 semaines** © G. Al-Hakkak 2013
http://www.al-hakkak.fr — En autonomie

| Français | Arabe |
|---|---|
| Tolérant | مُتَسامِح |
| Traditionnel | تَقْليديّ |
| Traître | خائِن |
| Triste | حَزين / تَعيس |
| Trompé | مَخْدوع |
| Trop petit pour | أَصْغَر مِنْ أَنْ |

## U

| Français | Arabe |
|---|---|
| Usé (vêtement) | رَثّ |

## V

| Français | Arabe |
|---|---|
| Vagabond | مُتَشَرِّد |
| Vénéré | مَعْبود |
| Véritable | حَقيقيّ |
| Vertueux | فاضِل / تَقيّ |
| Victime d'escroquerie | مَغْبون |
| Victime d'injustice | مَظْلوم |
| Villageois | قَرَويّ |
| Violent | عَنيف |
| Vivant | حَيّ |
| Voulu | مُراد / مَطْلوب / مَرْغوب |
| Voyageur | مُسافِر |

## Verbes

### A

| Français | Arabe |
|---|---|
| Abattre - I | صرَع يصرَع |
| Abattre (S'—) sur - VII | انهال ينهال على - الانهيال |
| Aboyer - I | عوى يعوي - العُواء |
| Abreuver - I | سقى سقي - السَقْي |
| Absenter (S'—) - I | غاب يغيب - الغياب |
| Accepter - VIII | ارتضى يرتضي |
| Accompagner - III | صاحب يصاحب - المُصاحَبة |
| Accompagner - VIII | اصطحب يصطحب - الاصطحاب |
| Accrocher (S'—) - VI | تشابك يتشابك - التشابك |
| Accrocher (S'—) à - I | علِق يعلَق بـ |
| Accueillir - X | استقبل يستقبل - الاستقبال |
| Acheter - VIII | اشترى يشتري - (الشراء) |
| Achever - X | استكمل يستكمل |
| Achever (S'—) - I | تمّ يتِمّ - التَمام |
| Achever (S'—) - VIII | اكتمل يكتمل - الاكتمال |
| Achever qqch - IV | أتمّ يُتِمّ - الإتمام |
| Achever - IV | أكمل يُكمل - الإكمال |
| Acquérir - VIII | اقتنى يقتني - الاقتناء |
| Admettre (faute) - VIII | اعترف يعترف بـ - الاعتراف |
| Admettre (faute) - IV | أقرّ يُقرّ بـ - الإقرار |
| Adorer - I | عبَد يعبُد - العبادة |
| Affirmer - I | ذكر يذكر - الذكر |
| Affirmer - IV | أفاد يُفيد - الإفادة |
| Affronter - III | واجه يُواجه - المُواجهة |
| Affronter - III | نازل يُنازل - المُنازلة |
| Agiter (S'—) - I | هاج يهيج - الهَياج |
| Agresser - V 1 | تعدّى يتعدّى على - التَعَدّي |
| Aider - III | ساعد يُساعد - المُساعَدة |
| Aider - III | عاون يُعاون - المُعاوَنة |
| Aider (S'—) de qqn ou de qqch - X | استعان يستعين بـ - الاستعانة |
| Aimer - IV | أحبّ يُحبّ - المَحَبة |
| Aimer passionnément - I | عشِق يعشَق - العِشْق |
| Aimer passionnément - I | هوي يهوى - الهَوى |
| Allaiter - I | (رضَعت ترضَع) - الرضاعة |
| Aller - I | ذهَب يذهب - الذَهاب |
| Aller (S'en—) - I | راح يروح - الرَواح |
| Aller au rendez-vous - III | وافى يُوافي - المُوافاة |
| Aller dans le sens de - III | ماشى يُماشى - المُماشاة |
| Aller trop loin - VI | تمادى يتمادى - التَمادي |
| Allonger - II | طوّل يُطوّل - التطويل |
| Allonger - IV | أطال يُطيل - الإطالة |
| Analyser - II | حلّل يُحلّل - التحليل |
| Annoncer - IV | أعلن يُعلن - الإعلان |
| Apercevoir - I | لمَح يلمَح |
| Aplatir - II | سوّى يسوّي - التَسْوية |
| Appeler - III | نادى يُنادي - المُناداة |
| Appeler au secours - X | استغاث يستغيث - الاستغاثة |
| Apprécier - X | استحسن يستحسن - الاستحسان |
| Apprendre - V | تعلّم يتعلّم - التَعَلُّم |
| Approcher - I | دنا يدنو |

353

# Index lexical français-arabe

| Français | Arabe |
|---|---|
| Approcher (S'—) de - VIII | اقترب يقترب من - الاقتراب |
| Approvisionner - IV | أمدّ يمدّ - الإمداد |
| Arguer - II | علّل يعلّل - التعليل |
| Argumenter - II | علّل يعلّل - التعليل |
| Arracher - I | قلع يقلع - القلع |
| Arrêter (S'—) - I | وقف يقف - الوقوف |
| Arrêter qqn ou qqch - I | صدّ يصدّ - الصدّ |
| Arrêter qqn ou qqch - IV | أوقف يوقف - الإيقاف |
| Arriver - I | وصل يصل - الوصول |
| Assassiner - VIII | اغتال يغتال - الاغتيال |
| Asseoir (S'—) - I | قعد يقعد - القعود |
| Asseoir (S'—) en tailleur - Quad | تقرفص يتقرفص |
| Assiéger - III | حاصر يحاصر - المحاصرة |
| Associer (S'—) - VI | تشارك يتشارك - التشارك |
| Assurer la maintenance de qqch - I | صان يصور - الصيانة |
| Attacher - I | شدّ يشدّ - الشدّ |
| Attacher - II | قيّد يقيّد - التقييد |
| Attendre qq part - I | لبث يلبث |
| Atterrir - I | هبط يهبط - الهبوط |
| Attirer - I | جذب يجذب - الجذب |
| Attirer - X | استمال يستميل - الاستمالة |
| Attirer (attention) - I | لفت يلفت - اللفت |
| Attraper un gibier - VIII | اصطاد يصطاد - الاصطياد |
| Augmenter - VIII | ازداد يزداد - الازدياد |
| Ausculter - I | فحص يفحص - الفحص |
| Autoriser - I | سمح يسمح - السماح |
| Avancer - V | تقدّم يتقدّم - التقدّم |
| Aveugler - IV | أعمى يُعمي - الإعماء |
| Avoir confiance en - I | وثق يثق بـ - الثقة |
| Avoir de l'empathie pour - I | عطف يعطف على - العطف |
| Avoir de la rancune contre - I | حقد يحقد - الحقد |
| Avoir honte - I | خجل يخجل - الخجل |
| Avoir l'ambition de - I | طمح يطمح إلى - الطموح |
| Avoir le tournis - I | داخ يدوخ - الدوخان |
| Avoir lieu - I | حدث يحدث - الحدوث |
| Avoir lieu - I | حصل يحصل - الحصول |
| Avoir peur de - I | خاف يخاف من - الخوف |
| Avoir soif - I | عطش يعطش - العطش |
| Avoir sommeil - I | نعس ينعس - النعاس |
| Avoir une passion pour - I | عشق يعشق - العشق |
| Avouer - IV | أقرّ يقرّ بـ... - الإقرار |
| Avouer - VIII | اعترف يعترف بـ - الاعتراف |

### B

| Français | Arabe |
|---|---|
| Balayer - I | كنس يكنس - الكنس |
| Bénir (Dieu) - III | بارك يبارك - المباركة |
| Bien faire qqch - IV | أحسن يحسن - الإحسان |
| Blâmer - I | لام يلوم - اللوم |
| Blâmer - I | عاب يعيب - العيب |
| Blanchir - IX | ابيضّ يبيضّ |
| Blesser - I | جرح يجرح - الجرح |
| Blesser (Se—) - VII | انجرح ينجرح - الانجراح |
| Bleuir - IX | ازرقّ يزرقّ |
| Boire - I | شرب يشرب - الشرب |
| Bombarder - I | قصف يقصف - القصف |
| Bouder - I | جحد يجحد - الجحود |
| Bouillir - I | فار يفور - الفوران |
| Bouillir - I | غلى يغلي - الغليان |
| Braire - I | نهق ينهق - النهيق |
| Briser (Se—) - V | تكسّر يتكسّر - التكسّر |
| Brûler - VIII | احترق يحترق - الاحتراق |
| Brûler (Se—) - VII | انكوى ينكوي |

### C

| Français | Arabe |
|---|---|
| Cabrer (Se—) - I | برك يبرك - البركة |
| Cacher - I | حجب يحجب - الحجب |
| Cacher (info) - I | كتم يكتم - الكتم |
| Cacher (sentiment) - I | كبت يكبت - الكبت |
| Cacher qqch - II | خبّأ يخبّئ - التخبئة |
| Cacher qqch - IV | أخفى يخفي - الإخفاء |
| Cacher (Se—) - VIII | اختبأ يختبئ - الاختباء |
| Cacher (Se—) - VIII | اختفى يختفي - الاختفاء |
| Calmer (Se—) - I | هدأ يهدأ - الهدوء |
| Calmer qqn / qqch - II | هدّأ يهدّئ - التهدئة |
| Casser - I | كسر يكسر - الكسر |
| Casser (Se—) - V | تكسّر يتكسّر - التكسّر |
| Casser (Se—) - VII | انكسر ينكسر - الانكسار |
| Changer en - V | تحوّل يتحوّل - التحوّل |
| Chanter - II | غنّى يغنّي - (الغناء) |
| Chanter - V 1 | تغنّى يتغنّى بـ - التغنّي |

# Index lexical français-arabe

| Français | Arabe |
|---|---|
| Charger (marchandise) - I | شحَن يشحَن - الشَحْن |
| Chasser - I | صاد يصيد - الصَيْد |
| Chercher - I | بحَث يبحَث عن - البَحْث |
| Chercher à se réconcilier avec qqn - X | استرضى يسترضي الاسترضاء |
| Choisir - VIII | اختار يختار - الاختيار |
| Chuchoter - I | همَس يهمس - الهَمْس |
| Chuchoter - Quad | تمْتَم يُتمْتِم - التَمْتَمة |
| Coincer - I | حصَر يحصُر - الحَصر |
| Coller - I | لصُق يلصُق - اللَصق |
| Coloniser - X | استعمر يستعمر - الاستعمار |
| Colorier - II | لوّن يلوّن - التلوين |
| Combattre - III | قاتل يقاتل - المُقاتلة |
| Combattre (Se—) - VI | تقاتل يتقاتل - التَقاتُل |
| Commencer - I | بدأ يبدأ - البَدْء |
| Commenter - II | علّق يُعلّق على - التعليق |
| Commenter - II | فسّر يُفسّر - التفسير |
| Commettre un délit - VIII | ارتكب يرتكب - الارتكاب |
| Compacter - I | ضغَط يضغط - الضَغط |
| Compatir avec qqn - I | رقّ يرقّ لـ |
| Comporter en tyran (Se—) - X | استبدّ يستبدّ - الاستبداد |
| Composer (Se—) de - V | تكوّن يتكوّن من |
| Comprendre - I | فهِم يفهَم - الفَهم |
| Comprendre (litt.) - I | فقِه يفقَه - الفِقه |
| Comprendre (Se—) - VI | تفاهم يتفاهم - التفاهُم |
| Compter - I | عدّ يعُدّ - العَدّ |
| Compter (Se—) - VII | انعدّ ينعدّ |
| Compter sur - VIII | اعتمد يعتمد على - الاعتماد |
| Conclure un contrat - I | عقَد يعقِد - العَقْد |
| Conduire - I | قاد يقود - القيادة |
| Conduire (véhicule) - I | ساق يسوق - السياقة |
| Conduire qqn ou un animal - VIII | اقتاد قتاد - الاقتياد |
| Connaître - I | عرَف يعرف - المَعرفة |
| Conquérir - I | فتَح يفتَح - الفَتح |
| Conseiller - II | وصّى يُوصّي - التَوصية |
| Considérer - VIII | اعتبر يعتبر - الاعتبار |
| Construire - I | بنى يبني - البناء |
| Construire - IV | أنشأ يُنشئ - الإنشاء |
| Consulter - III | شاور يُشاور - المُشاوَرة |
| Consulter - X | استشار يستشير - الاستشارة |
| Consulter (Dieu) - X | استخار يستخير - الاستخارة |
| Consulter (Se—) - VI | تشاور يتشاور - التَشاوُر |
| Contenir - VIII | احتوى يحتوي على - الاحتواء |
| Contenter (Se—) de - VIII | اكتفى يكتفي بـ - الاكتفاء |
| Conter - I | قصّ يقُصّ - القَصّ |
| Conter - I | حكى يحكي - الحَكْي / الحكاية |
| Continuer - X | استمرّ يستمرّ - الاستمرار |
| Contredire (Se—) - VI | تناقض يتناقض - التَناقُض |
| Copier - I | نسَخ ينسَخ - النَسْخ |
| Correspondre avec qqn - III | راسل يُراسل - المُراسَلة |
| Correspondre - VI | تراسل يتراسل - التَراسُل |
| Corriger - II | صحّح يُصحّح - التَصحيح |
| Couler - I | سال يسيل - السَيَلان |
| Couper - I | قطَع يقطَع - القَطْع |
| Courir - I | ركَض يركُض - الرَكض |
| Courir - I | عدا يعدو - العَدْو |
| Couvrir de terre - I | طمَر يطمُر - الطَمْر |
| Craindre - I | خاف يخاف - الخَوْف |
| Craindre - I | هاب يهاب - الهَيْبة |
| Créer - IV | أنشأ يُنشئ - الإنشاء |
| Créer (Dieu) - I | خلَق يخلُق - الخَلْق |
| Crier - I | صاح يصيح - الصِياح |
| Crier (de peur) - I | صرَخ يصرُخ - الصُراخ |
| Crier un slogan - I | هتَف يهتِف - الهُتاف |
| Critiquer - I | شجَب يشجُب - الشَجب |
| Critiquer - VIII | انتقد ينتقد - الانتقاد |
| Croire - VIII | اعتقد يعتقد - الاعتقاد |
| Croître - I | زاد يزيد - الزيادة |
| Crucifier - I | صلَب يصلُب - الصَلْب |
| Cueillir - I | قطَف يقطُف - القَطْف |
| Cuisiner - I | طبَخ يطبُخ - الطَبْخ |

## D

| Français | Arabe |
|---|---|
| Danser - I | رقَص يرقُص - الرَقْص |
| Débarrasser (Se—) de - V | تخلّص يتخلّص من - التَخلّص |
| Débattre avec qqn - III | جادل يُجادل - المُجادَلة |
| Débattre avec qqn ou de qqch - III | ناقش يُناقش - المُناقشة |
| Déborder - I | فاض يفيض - الفَيض |

# Index lexical français-arabe

Manuel d'arabe en ligne — Tome III
Les bases de l'arabe en 50 semaines © G. Al-Hakkak 2013
http://www.al-hakkak.fr — En autonomie
العربية أسبوعاً في خمسين

|  |  |  |  |  |  |
|---|---|---|---|---|---|
| Déchirer - I | شقّ يشُقّ - الشَقّ | Dénoncer (scandale) - I | فضَح يفضَح - الفَضْح | Devenir bon marché - I | رخُص يرخُص - الرُخْص |
| Déchirer (Se—) - VII | انشقّ ينشقّ - الانشقاق | Dénoncer un contrat - I | فسَخ يفسَخ - الفَسْخ | Devenir chaud - I | سخُن يسخُن - السُخْنة |
| Décider - II | قرّر يُقرّر - التَقْرير | Dénouer - I | فكّ يفُكّ - الفَكّ | Devenir difficile - I | صعُب يصعُب - الصُعوبة |
| Déclarer qqch illicite - II | حرّم يُحرّم - التَحْريم | Dénouer (Se—) - VII | انفكّ ينفكّ - الانفكاك | Devenir difficile - I | عسُر يعسُر - العُسْر |
| Déclarer qqch licite - X | استحلّ يستحلّ - الاستحلال | Dénouer (Se—) - VII | انحلّ ينحلّ - الانحلال | Devenir facile - I | سهُل يسهُل - السُهولة |
| Décliner - Quad | تَدَهْوَر يَتَدَهْوَر - التَدَهْوُر | Dépasser - VI | تجاوز يتجاوز - التَجاوُز | Devenir fertile - I | خصُب يخصُب - الخُصوبة |
| Découvrir - I | كشَف يكشِف عن - الكَشْف | Dépêcher (Se—) - IV | أسرع يُسرع - الإسراع | Devenir généreux - I | كرُم يكرُم - الكَرامة |
| Décrire - I | وصَف يصِف - الوَصْف | Dépenser - I | صرَف يصرِف - الصَرْف | Devenir grand (fig.) - I | كبُر يكبُر - الكِبَر |
| Défaire - I | حلّ يحُلّ - الحَلّ | Dépenser - I | بذَل يبذِل - البَذْل | Devenir illicite - I | حرُم يحرُم - الحُرْم |
| Définir - II | عرّف يُعرّف - التَعْريف | Déplacer (Se—) - V | تنقّل يتنقّل - التنقّل | Devenir mat de peau - IX | اسمرّ يسمرّ |
| Dégrader (Se—) - V | تردّى يتردّى - التردّي | Déployer - I | بسَط يبسُط - البَسْط | Devenir mauvais - I | ساء يسوء - السَوْء |
| Dégringoler qqch - Quad | دحرج يُدحرج - الدَحْرَجة | Dépouiller qqn de qqch - I | سلَب يسلُب - السَلْب | Devenir meilleur - I | حسُن يحسُن - الحُسْن |
| Dégringoler - Quad | تدحرج يتدحرج - التدحرج | Descendre - I | هبَط يهبُط - الهُبوط | Devenir plus beau - I | جمُل يجمُل - الجَمال |
| Déguiser (Se—) - V | تنكّر يتنكّر - التنكّر | Descendre - I | نزَل ينزِل - النُزول | Devenir plus petit - I | صغُر يصغُر - الصُغْر |
| Déjeuner - V | تغدّى يتغدّى - (الغَداء) | Désirer - I | رغِب يرغَب - الرَغْبة | Devenir proche - I | قرُب يقرُب - القُرْب |
| Déléguer - I | وكّل يكِل - الوَكالة | Dessiner - I | رسَم يرسُم - الرَسْم | Devenir simple - I | بسُط يبسُط - البُسوطة |
| Déléguer - IV | أوكل يوكل | Détériorer (Se—) - Quad | تدهور يتدهور - التدهور | Dévier - VII | انحرف ينحرف عن - الانحراف |
| Demander qqch - I | طلَب يطلُب - الطَلَب | Détester - I | كرِه يكرَه - الكُرْه / الكَراهية | Dévoiler - I | كشَف يكشِف عن - الكَشْف |
| Demander des comptes à qqn - III | حاسب يُحاسب - المُحاسبة | Détruire (Se—) - V | تحطّم يتحطّم - التَحَطّم | Diminuer - I | نقَص ينقُص - النَقْص |
| Demander pardon - X | استغفر يستغفر - الاستغفار | Détruire (Se—) - V | تدمّر يتدمّر - التدمّر | Diminuer - I | نقَص ينقُص - النُقْص |
| Demander protection à - I | لاذ يلوذ بـ - اللَوْذ | Développer - II | طوّر يُطوّر - التطوير | Diminuer - I | قلّ يقِلّ - القِلّة |
| Déménager - VIII | انتقل ينتقل - الانتقال | Développer (Se—) - V | تطوّر يتطوّر - التطوّر | Dîner - V | تعشّى يتعشّى - (العَشاء) |
| Démettre - IV | أقال يُقيل - الإقالة | Devenir - I | صار يصير - الصَيْرورة | Dire - I | ذكَر يذكُر - الذِكْر |
| Démissionner - X | استقال يستقيل - الاستقالة | Devenir - IV | أصبح يُصبح | Dire - I | قال يقول - القَوْل |
| Démolir - I | هدَم يهدِم - الهَدْم | Devenir - IV | أمسى يُمسي | Dire vrai - I | صدَق يصدُق - الصِدْق |
| Dénoncer - I | شجَب يشجُب - الشَجْب | Devenir - IV | أضحى يُضحي | Diriger - I | قاد يقود - القِيادة |
| Dénoncer (accord) - I | نقَض ينقُض - النَقْض | Devenir blond - IX | اشقرّ يشقرّ | Disparaître - I | زال يزول - الزَوال |

# Index lexical français-arabe

Manuel d'arabe en ligne Tome III
Les bases de l'arabe en 50 semaines © G. Al-Hakkak 2013

| Français | Arabe |
|---|---|
| Disparaître - I | غاب يغيب - الغَياب |
| Disparaître (espèce) - VII | انقرض ينقرض - الانقراض |
| Disparaître progressivement | تلاشى يتلاشى - التلاشي |
| Disperser - I | نثَر ينثُر - النَثر |
| Disputer (Se—) - VI | تشاجر يتشاجر - التشاجُر / المُشاجَرة |
| Dissoudre (Se—) - VII | انحلّ ينحلّ - الانحلال |
| Distinguer - II | ميّز يُميّز - التَمييز |
| Distinguer (Se—) - VIII | امتاز يمتاز - الامتياز |
| Distribuer - II | وزّع يُوزّع - التوزيع |
| Divertir - II | رفّه يُرفّه عن - التَرْفيه |
| Divertir - II | سلّى يُسلّي - التَسْلية |
| Diviser - II | قسّم يُقسّم - التقسيم |
| Diviser (Se—) - VII | انقسم ينقسم - الانقسام |
| Dominer - I | ساد يسود - السيادة |
| Donner - IV | أعطى يُعطي - الإعطاء / العَطاء |
| Donner la possibilité à qqn de - II | مكّن يُمكّن من - التمكين |
| Donner procuration - I | وكّل يكل - الوكالة |
| Donner rendez-vous - III | واعد يُواعد - المُواعدة |
| Donner satisfaction à qqn - III | راضى يُراضي - المُراضاة |
| Donner un coup de poing - I | لكَم يلكُم - اللَكْم |
| Donner un coup de tête - I | نطَح ينطَح - النَطْح |
| Donner - I | منَح يمنَح - المِنْحة |
| Dormir - I | نام ينام - النَوْم |
| Douter - I | شكّ يشُكّ بـ / في - الشَكّ |
| Douter - VIII | ارتاب يرتاب - الارتياب |
| Durcir - I | صلُب يصلُب - الصُلْب |
| Durcir - VIII | اشتدّ يشتدّ |
| Durer - I | دام يدوم - الدَوام |

## E

| Français | Arabe |
|---|---|
| Eblouir - I | بهَر يبهَر |
| Ebranler - Quad | زعزع يُزعزع - الزعزعة |
| Ebranler (S'—) - Quad | تزعزع يتزعزع - التَزعزُع |
| Echanger des amabilités - VI | تجامل يتجامل - التَجامُل |
| Echouer - I | فشل يفشل - الفَشَل |
| Eclaircir (S'—) - I | صفا يصفو - الصَفاء |
| Economiser - VIII | اقتصد يقتصد - الاقتصاد |
| Ecorner - I | قرَض يقرض - القَرْض |
| Ecouler (S'—) (temps) - VII | انقضى ينقضي - الانقضاء |
| Ecraser (en voiture) - I | دهَس يدهَس - الدَهْس |
| Ecraser (piétiner) - I | داس يدوس - الدَوْس |
| Ecrire - I | كتَب يكتُب - الكتابة |
| Ecrire (S'—) - VI | تكاتب يتكاتب - التكاتُب |
| Ecrouler (S'—) - I | هوى يهوي |
| Ecrouler (S'—) - V | تهدّم يتهدّم - التهدّم |
| Ecrouler (S'—) - V | تدمّر يتدمّر - التدمّر |
| Ecrouler (S'—) - V | تحطّم يتحطّم - التحطّم |
| Ecrouler (S'—) - VII | انهار ينهار - الانهيار |
| Edifier - IV | أنشأ يُنشئ - الإنشاء |
| Editer - I | نشَر ينشُر - النَشر |
| Effacer - I | مسَح يمسَح - المَسْح |
| Effectuer - I | قام يقول بـ - القيام |
| Effectuer - IV | أجرى يُجري - الإجراء |
| Effondrer (S'—) - VI | تهاوى يتهاوى - التهاوي |
| Effondrer (S'—) - VII | انهار ينهار - الانهيار |
| Egaler (S'—) - VI | تساوى يتساوى - التساوي |
| Egarer (S'—) - I | تاه يتيه - التيه |
| Egorger - I | ذبَح يذبَح - الذَبْح |
| Elever - I | رفَع يرفَع - الرَفْع |
| Elever (enfant) - II | ربّى يُربّي - التَرْبية |
| Elever (S'—) - VIII | ارتقى يرتقي - الارتقاء |
| Eloigner (S'—) - I | بعُد يبعُد - البُعْد |
| Eloigner (S'—) - VIII | ابتعد يبتعد عن - الابتعاد |
| Embélir - II | حسّن يُحسّن - التحسين |
| Emerger - I | برَز يبرُز - البُروز |
| Emmagasiner - I | خزَن يخزن - الخَزْن |
| Emménager - VIII | انتقل ينتقل إلى - الانتقال |
| Empirer (S'—) - I | ساء يسوء - السَوْء |
| Employer - X | استخدم يستخدم - الاستخدام |
| Emprunter un chemin - I | سلَك يسلُك - السُلوك |
| Encourager - II | شجّع يُشجّع - التشجيع |
| Endurer - III | عانى يُعاني - المُعاناة |
| Endurer - V | تحمّل يتحمّل - التحمُّل |
| Enflammer (Se—) - VIII | التهب يلتهب - الالتهاب |
| Enfoncer (S'—) - I | غار يغور - الغَوْر |
| Enfuir (S'—) - I | فرّ يفرّ - الفرار |
| Enfuir (S'—) - VII | انهزم ينهزم - الانهزام |
| Engendrer - II | ولّد يولّد - التوليد |

357

# Index lexical français-arabe

| Français | Arabe |
|---|---|
| Enivrer (S'—) (par la musique) - I | الطَرَب - طرِب يطرَب |
| Enlever - I | الخَطْف - خطَف يخطِف |
| Ennuyer (S'—) - I | الضَجَر - ضجِر يضجَر |
| Ennuyer (S'—) - I - p. 69 | السَأم - سئِم يسأَم |
| Enquêter - V 1 | التَقَصّي - تقصّى يتقصّى عن |
| Enquêter - V 1 | التحرّي - تحرّى يتحرّى عن |
| Enseigner - II | التعليم - علّم يُعلّم |
| Ensorceler - I | السِحْر - سحَر يسحَر |
| Entacher - I | لطَخ يلطَخ |
| Entendre (S'—) - VI | التَفاهُم - تفاهم يتفاهم |
| Entendre (S'—) - VI | التراضي - تراضى يتراضى |
| Entendre (son) - I | السَماع - سمِع يسمَع |
| Enterrer - I | الطَمْر - طمَر يطمُر |
| Enterrer - I | الدَفْن - دفَن يدفِن |
| Entourer - VIII | الالتفاف - التفّ يلتفّ على |
| Entraîner (S'—) - V | التدرُّب - تدرّب يتدرّب |
| Enumérer - II | التعديد - عدّد يُعدِّد |
| Envier - I | الحَسَد - حسَد يحسد |
| Envoler (S'—) - I | الطَيَران - طار يطير |
| Envoyer - I | بعَث يبعَث |
| Envoyer - IV | الإرسال - أرسل يُرسل |
| Esclaffer (S'—) - Quad | القهقهة - قهقه يُقهقه |
| Espérer - I | الرَجاء - رجا يرجو |
| Espérer - V 1 | التمنّي - تمنّى يتمنّى |
| Essayer - III | المُحاولة - حاول يُحاول |
| Essuyer - I | المَسح - مسَح يمسَح |

| Français | Arabe |
|---|---|
| Etablir (S'—) qq part - X | الاستيطان - استوطن يستوطن |
| Etendre - I | المَدّ - مدّ يمُدّ |
| Etendre (S'—) - VIII | الامتداد - امتدّ يمتدّ |
| Etonner (S'—) de qqch / qqn - I | الدَهْشة - دهِش يدهَش من / لـ |
| Etrangler, étouffer - I | الخَنْق - خنَق يخنُق |
| Etre - I | الكَوْن / الكَيْنونة - كان يكون |
| Etre assez spacieux - I | وسِع يسَع |
| Etre bon - I | الطيبة - طاب يطيب |
| Etre cher (prix) - I | الغَلاء - غلا يغلو |
| Etre contradictoire - VI | التناقُض - تناقض يتناقض |
| Etre dérangé - VII | الانزعاج - انزعج ينزعج |
| Etre désespéré - I | الجَزَع - جزِع يجزَع |
| Etre déterminé à - I | العَزْم - عزَم يعزم على |
| Etre droit - X | الاستقامة - استقام يستقيم |
| Etre élevé (enfant) - V 1 | تربّى يتربّى |
| Etre épuisé (marchandise) - I | النَفاد - نفِد ينفَد |
| Etre étonné - I | الدَهْشة - دهِش يدهَش |
| Etre étroit - I | الضيق - ضاق يضيق |
| Etre fatigué - I | التَعَب - تعِب يتعَب |
| Etre ferme - V | التشدُّد - تشدّد يتشدّد |
| Etre fin - I | الرِقّة - رقّ يرِق |
| Etre généreux - I | الكَرَم - كرُم يكرُم |
| Etre guidé - VII | الانقياد - انقاد ينقاد |
| Etre indisposé - VII | الانزعاج - انزعج ينزعج |
| Etre injuste envers qqn - I | الظُلم - ظلَم يظلِم |
| Etre jaloux - I | الغيرة - غار يغار من |

| Français | Arabe |
|---|---|
| Etre le produit de qqch - I | نتَج ينتِج عن |
| Etre le symbole de - I | الرَمْز - رمَز يرمُز إلى |
| Etre légitime - I | الحَقّ - حقّ يحِقّ |
| Etre long - I | الطول - طال يطول |
| Etre lourd - I | الثُقْل - ثقُل يثقُل |
| Etre négligeable - I | الهَوان - هان يهون |
| Etre paralysé - VII | انشلّ ينشلّ |
| Etre paresseux - I | الكَسَل - كسِل يكسَل |
| Etre patient - I | الصَبْر - صبَر يصبِر |
| Etre perplexe - I | الحَيْرة - حار يحار |
| Etre perplexe - VIII | الاحتيار - احتار يحتار |
| Etre possible - IV | الإمكان - أمكن يُمكن |
| Etre pur - I | الصَفْو / الصَفاء - صفا يصفو |
| Etre répandu (info) - I | ذاع يذيع / شاع يشيع |
| Etre repassé (vêt.) - VII | انكوى ينكوي |
| Etre sain et sauf - I | السَلامة - سلِم يسلَم |
| Etre satisfait - I | الرِضى - رضِي يرضى |
| Etre triste - I | الحُزْن - حزِن يحزَن |
| Etre utile à qqn - IV | الإفادة - أفاد يُفيد |
| Etudier - I | الدِراسة - درَس يدرُس |
| Evaporer (S'—) - V | التبخُّر - تبخّر يتبخّر |
| Examiner - I | الفَحْص - فحَص يفحَص |
| Examiner - VIII | الاختبار - اختبَر يختبِر |
| Examiner - VIII | الامتحان - امتحن يمتحِن |
| Exceller - IV | الإجادة - أجاد يُجيد |
| Exceller - VIII | الامتياز - امتاز يمتاز |
| Excepter - X | الاستثناء - استثنى يستثني |

# Index lexical français-arabe

| Français | Arabe |
|---|---|
| Exécuter qqn - IV | أعدم يُعدم - الإعدام |
| Expérimenter - VIII | اختبر يختبر - الاختبار |
| Expliquer - I | شرَح يشرَح - الشَرح |
| Expliquer - II | فسّر يُفسّر - التفسير |
| Exploiter - X | استغلّ يستغلّ - الاستغلال |
| Exploser - VII | انفجر ينفجر - الانفجار |
| Exporter - II | صدّر يُصدّر - التصدير |
| Exposer - I | عرَض يعرض - العَرض |
| Expulser - I | طرَد يطرُد - الطَرد |
| Expulser (du pays) - II | سفّر يُسفّر - التسفير |
| Exterminer - IV | أباد يُبيد - الإبادة |
| Exterminer - IV | أفنى يُفني - الإفناء |
| Extraire - I | قلَع يقلَع - القَلع |
| Extraire - X | استخرج يستخرج - الاستخراج |
| Extraire (S'—) - VII | انسلّ ينسلّ - الانسلال |

## F

| Français | Arabe |
|---|---|
| Fabriquer - I | صنَع يصنَع - الصُنع |
| Faiblir - I | ضعُف يضعُف - الضُعف |
| Faillir - I | كاد يكاد |
| Faire (Se—) la guerre - VI | تحارب يتحارب |
| Faire allégence à qqn - III | والى يوالي - المُوالاة |
| Faire allégence à qqn - III | بايع يُبايع - المُبايعة |
| Faire connaissance - VI | تعارف يتعارف - التعارُف |
| Faire défection - VII | انشقّ ينشقّ - الانشقاق |
| Faire descendre - IV | أنزل يُنزل - الإنزال |
| Faire disparaître - IV | أزال يُزيل - الإزالة |
| Faire du pain - I | خبَز يخبُز - الخَبز |
| Faire du tourisme - I | ساح يسيح - السياحة |
| Faire entrer - IV | أدخل يُدخل - الإدخال |
| Faire espérer - II | أمّل يؤمّل |
| Faire exprès d'oublier - VI | تناسى يتناسى - التناسي |
| Faire face - III | واجه يُواجه - المُواجهة |
| Faire l'éloge - IV | أشاد يُشيد بـ - الإشادة |
| Faire l'éloge - IV | أثنى يُثني على - الإثناء |
| Faire l'éloge de - I | مدَح يمدَح - المَدح / المَديح |
| Faire la connaissance de - V | تعرّف يتعرّف على - التعرُّف |
| Faire la cuisine - I | طبَخ يطبُخ - الطَبخ |
| Faire le tour de qqch - I | طاف يطوف بـ - الطَواف |
| Faire oublier - IV | أنسى يُنسي |
| Faire plaisir - I | سرّ يسُرّ - السُرور |
| Faire pression sur qqn - I | ضغَط يضغُط على - الضَغط |
| Faire ramadan - I | صام يصوم - الصيام |
| Faire semblant d'être malade - VI | تمارض يتمارض - التمارُض |
| Faire semblant d'être occupé - VI | تشاغل يتشاغل - التشاغُل |
| Faire sortir qqn / sortir qqch - IV | أخرج يُخرج - الإخراج |
| Faire souffrir - IV | أشقى يُشقي |
| Faire trembler - Quad | زعزع يُزعزع - الزعزعة |
| Faire trembler - Quad | زلزل يُزلزل - الزلزلة |
| Faire un discours - I | خطَب يخطُب - الخُطبة |
| Faire un don - V | تبرّع يتبرّع بـ - التبرُّع |
| Faire un don à qqn - I | وهب يهَب - الهبة |
| Faire un tour - I | دار يدور - الدَورة / الدَوران |
| Faire un voyage - III | سافر يُسافر - (السَفر) |
| Faire une erreur - IV | أخطأ يُخطئ |
| Faire une piqûre - I | وخَز يخز - الوَخز |
| Faire venir - X | استقدم يستقدم - الاستقدام |
| Falloir - I | وجَب يجب - الوُجوب |
| Faner - I | ذبُل يذبُل - الذُبول |
| Féliciter - II | هنّأ يهنّئ - التَهنئة |
| Féliciter - III | بارك يُبارك - المُباركة |
| Fendre (Se—) - VII | انشقّ ينشقّ - الانشقاق |
| Fermer - IV | أغلق يُغلق - الإغلاق |
| Finir de (faire qqch) - VIII | انتهى ينتهي من - الانتهاء |
| Fixer les termes de qqch - II | حدّد يُحدّد - التحديد |
| Flotter - I | طفا يطفو |
| Fonder - IV | أنشأ يُنشئ - الإنشاء |
| Fonder - V | أسّس يؤسّس - التأسيس |
| Fondre - I | ذاب يذوب - الذَوبان |
| Fondre - I | ماع يميع - المَيَعان |
| Forger - I | سبَك يسبك |
| Fouetter - I | جلَد يجلد - الجَلد |
| Franchir - VIII | اجتاز يجتاز - الاجتياز |
| Frapper - I | ضرَب يضرب - الضَرب |
| Frapper (porte) - I | دقّ يدُقّ على - الدَقّ |
| Fredonner - V 1 | تغنّى يتغنّى بـ - التغنّي |
| Fréquenter qqn - III | عاشر يُعاشر - المُعاشرة |
| Fréquenter qqn - III | جالس يُجالس - المُجالسة |

# Index lexical français-arabe

## G

| Français | Arabe |
|---|---|
| Fuir - I | هرَب يهرُب - الهَرَب / الهروب |
| Gagner - I | ربِح يربَح - الربْح |
| Gagner (argent) - I | كسَب يكسِب - الكَسْب |
| Gagner (compétition) - I | فاز يفوز - الفَوْز |
| Garder - I | حرَس يحرُس - الحِراسة |
| Garder - I | حفِظ يحفَظ - الحِفْظ |
| Garder (auprès de soi) - X | استبقى يستبقي - الاستبقاء |
| Gêner - III | ضايق يُضايق - المُضايقة |
| Gifler - I | صفَع يصفَع - الصَفْع |
| Gommer - I | مسَح يمسَح - المَسْح |
| Goûter - I | ذاق يذوق - الذَوْق |
| Goutter - I | قطَر يقطُر |
| Gouverner - I | حكَم يحكُم - الحُكْم |
| Grandir - I | نشَأ ينشَأ - النُشوء |
| Grandir (jeune) - I | شبّ يشُبّ - الشَباب |
| Gratter - I | حكّ يحُكّ - الحَكّ |
| Gravir les échelons - VIII | ارتقى يرتقي - الارتقاء |
| Gronder - I | زجَر يزجُر - الزجْر |
| Grossir - I | سمُن يسمُن - السُمْنة |
| Guérir - VI | تشافى يتشافى - التشافي |
| Guérir qqn - IV | أشفى يُشفي - الإشفاء |
| Guider - IV | أرشد يُرشد - الإرشاد |

## H

| Français | Arabe |
|---|---|
| Habiter - I | سكَن يسكُن - السَكَن |
| Habituer (S'—) - V | تعوّد يتعوّد على - التعوّد |
| Habituer (S'—) - VIII | اعتاد يعتاد - الاعتياد |
| Haïr - I | كرِه يكرَه - الكُرْه / الكَراهية |
| Haleter - I | لهَث يلهَث |
| Hériter - I | ورِث يرِث - الوِرْث / الوِراثة |
| Hésiter - V | تردّد يتردّد - التردّد |
| Hisser (Se—) - I | علا يعلو - العُلُوّ |
| Honnorer (S'—) - VIII | اعتزّ يعتزّ بـ - الاعتزاز |
| Honorer - II | كرّم يُكرّم - التكريم |
| Honorer - IV | أكرم يُكرم - الإكرام |
| Honorer - IV | أعزّ يُعزّ |
| Humilier - IV | أذلّ يُذلّ - الإذلال |
| Hypothéquer - I | رهَن يرهَن - الرَهْن |

## I

| Français | Arabe |
|---|---|
| Ignorer (exprès) - VI | تجاهل يتجاهل - التجاهُل |
| Imaginer - V | تخيّل يتخيّل - التخيُّل |
| Imaginer - V | تصوّر يتصوّر - التصوُّر |
| Imiter - II | قلّد يُقلّد - التقليد |
| Imiter - III | حاكى يُحاكي - المُحاكاة |
| Immerger (S'—) - I | غطَس يغطِس - الغَطْس |
| Imposer - I | فرَض يفرُض - الفَرْض |
| Imprimer - I | طبَع يطبَع - الطَبْع / الطِباعة |
| Indiquer - IV | أشار يُشير إلى - الإشارة |
| Indiquer le chemin - I | دلّ يدُلّ |
| Infiltrer (S'—) - VII | اندسّ يندسّ |
| Informer - IV | أخبَر يُخبر - الإخبار |
| Inquiéter (S'—) - I | قلِق يقلَق - القَلَق |
| Inscrire - II | قيّد يُقيّد - التقييد |
| Insister - IV | ألحّ يُلحّ - الإلحاح |
| Insister - IV | أصرّ يُصرّ على - الإصرار |
| Insulter - I | شتَم يشتُم - الشَتْم / الشَتيمة |
| Intensifier (S'—) - VIII | اشتدّ يشتدّ - الاشتداد |
| Intensifier (S'—) - VIII | احتدّ يحتدّ |
| Interdire - I | منَع يمنَع - المَنْع |
| Introduire - IV | أدخل يُدخل - الإدخال |
| Introduire qqch en cachette - I | دسّ يدُسّ - الدَسّ / الدَسيسة |
| Inverser - I | قلَب يقلِب - القَلْب |
| Investir - X | استثمر يستثمر - الاستثمار |
| Inviter - I | دعا يدعو - الدَعْوة |
| Isoler - I | عزَل يعزِل - العَزْل |
| Isoler (S'—) - VII | انعزل ينعزل - الانعزال |

## J

| Français | Arabe |
|---|---|
| Jaillir - I | نبَع ينبَع - النَبْع |
| Jalouser - I | غار يغار - الغَيْرة |
| Jaunir - IX | اصفرّ يصفرّ - الاصفرار |
| Jeter - I | رمى يرمي - الرَمْي |
| Jeter - IV | ألقى يُلقي - الإلقاء |
| Jeûner - I | صام يصوم - الصَوْم |
| Joindre - I | لحِق يلحَق بـ - اللِحاق |
| Jouer - I | لعِب يلعَب - اللَعِب |
| Jouer (inst. musique) - I | عزَف يعزِف - العَزْف |
| Juger - I | حكَم يحكُم - الحُكْم |
| Juger - III | حاكم يُحاكم - المُحاكمة |

| | | | | | |
|---|---|---|---|---|---|
| Jurer - IV | أقسم يُقسم - (القَسَم) | | **M** | | |
| Justifier - II | علّل يُعلّل - التَعْليل | Mâcher - I | مضَغ يمضَغ - الـمَضْغ | Migrer - I | نزَح ينزَح عن / إلى - النُزوح |
| | | Maîtriser qqch - IV | أجاد يُجيد - الإجادة | Mobiliser - I | حشَد يحشد - الحَشْد |
| **L** | | Manger - I | أكَل يأكُل - الأكْل | Monter - I | صعِد يصعَد - الصُعود |
| Laisser - I | ترَك يتـرُك - التَرْك | Marcher - I | سار يسير - السَيْر | Mouiller (Se—) - VIII | ابتلّ يبتلّ - الابتلال |
| Laisser (Se—) entraîner à - VII | انجرّ ينجرّ إلى - الانجرار | Marcher - I | مشى يمشي - الـمَشي | Mourir - I | مات يموت - الـمَوْت |
| Laisser (Se—) guider - VII | انساق ينساق إلى - الانسياق | Marcher (armée) - I | زحَف يزحَف - الزَحْف | | |
| | | Maudire - I | لعَن يلعَن - اللَعْن | **N** | |
| Laisser (Se—) guider - VII | انقاد ينقاد إلى - الانقياد | Mélanger - I | خلَط يخلِط - الخَلْط | Nager - I | سبَح يسبَح - السَباحة |
| Laisser couler (une larme) - I | ذرَف يذرِف | Menacer - II | هدّد يُهدّد - التهديد | Nager - I | عام يعوم - العَوْم |
| Laisser qqch - IV | أبقى يُبقي - الإبقاء | Mener un raid - IV | أغار يُغير على - الإغارة | Nécessiter - VIII | اقتضى يقتضي |
| Lancer - I | رمى يرمي - الرَمْي | Mentionner - I | ذكَر يذكُر - الذكْر | Négliger - IV | أهمل يُهمل - الإهمال |
| Languir de - I | تاق يتوق إلى - التَوْق | Mentir - I | كذَب يكذب - الكَذب | Négocier avec qqn - III | فاوض يُفاوض - الـمُفاوضة |
| Languir de - VIII | اشتاق يشتاق إلى - الاشتياق | Mépriser - VIII | احتقر يحتقر - الاحتقار | Négocier avec qqn - III | ساوم يُساوم - الـمُساوَمة |
| Lever - I | رفَع يرفَع - الرَفْع | Mépriser - X | استصغر يستصغر - الاستصغار | Négocier - VI | تفاوض يتفاوض - التفاوُض |
| Lever (Se—) - I | نهَض ينهَض - النُهوض | Métamophoser (Se—) - V | تحوّل يتحوّل إلى - التَحَوُّل | Négocier - VI | تساوم يتساوم - التساوُم |
| Lever (Se—) - I | قام يقوم - القِيام | Mettre - I | وضَع يضَع - الوَضْع | Noircir - IX | اسودّ يسودّ - الاسوداد |
| Lever la tête pour mieux voir - I | رنا يرنو | Mettre (Se—) à faire qqch - I | جعَل / شرَع / بدَأ / أخَذ / صار / أصبح | Nommer (fonction) - II | عيّن يُعيّن - التعيين |
| Lézarder (Se—) - Quad | تزعزع يتزعزع - التزعزُع | | | Nommer (enfant) - II | سمّى يسمّي - التَسْمية |
| Lézarder (Se—) - VI | تداعى يتداعى - التداعي | Mettre (Se—) en rang - VII | اصطفّ يصطفّ - الاصطفاف | Nouer - I | عقَد يعقِد - العَقْد |
| Libérer - II | حرّر يُحرّر - التَحْرير | Mettre à l'épreuve - VIII | امتحن يـمتحن - الامتحان | Nouer - I | شدّ يشُدّ - الشَدّ |
| Libérer (Se—) - V | تحرّر يتحرّر - التحرُّر | Mettre au monde - I | ولَدت تلِد - الولادة | Nourrir - II | غذّى يُغذّي - التَغْذية |
| Ligoter - II | قيّد يُقيّد - التقييد | Mettre en détention - I | حبَس يحبِس - الحَبْس | Nourrir - IV | أطعم يُطعم - الإطعام |
| Limoger - I | عزَل يعزِل - العَزْل | Mettre en évidence - IV | أبان يُبين عن - الإبانة | Nourrir (Se—) - V 1 | تغذّى يتغذّى |
| Lire - I / 71 | قرَأ يقرَأ - القِراءة | Mettre par terre - I | طرَح يطرَح - الطَرْح | Noyer (Se—) - I | غرِق يغرَق - الغَرَق |
| Louer (Se—) - VII | انكرى ينكري | | | Nuire - IV | أضرّ يُضرّ بـ - الإضرار |

361

# Index lexical français-arabe

**Manuel d'arabe en ligne — Tome III**
**Les bases de l'arabe en 50 semaines** © G. Al-Hakkak 2013
http://www.al-hakkak.fr
**En autonomie** — العربية أسبوعاً في خمسين

## O

| Français | Arabe |
|---|---|
| Obtenir - I | حصَل يحصُل على - الحُصول |
| Obtenir - I | نال ينال - النَّيْل |
| Occuper qqn ou une place - I | شغَل يشغَل - الشَّغْل |
| Occuper (territoire) - VIII | احتلَّ يحتلُّ - الاحتلال |
| Œuvrer - I - p. 65 | سعى يسعى - السَّعْي |
| Offrir - IV | أهدى يُهدي - الإهداء |
| Offrir (par bonté) - I | منَّ يمُنُّ على - المَنّ |
| Opposer (S'—) - VI | تعارض يتعارض - التعارُض |
| Opprimer - I | قمَع يقمَع - القَمْع |
| Organiser - II | نظَّم يُنظِّم - التنظيم |
| Orner - I | نقَش ينقُش - النَّقْش |
| Ôter - I | نزَع ينزَع - النَّزْع |
| Ôter (vêt.) - I | خلَع يخلَع - الخَلْع |
| Oublier - I | نسي ينسى - النِّسيان |
| Oublier qqn - I | سلا يسلو - السُّلوان |
| Ouvrir - I | فتَح يفتَح - الفَتْح |
| Ouvrir (S'—) - VII | انفتح ينفتح - الانفتاح |
| Ouvrir la voie - I | فسَح يفسَح (الطريق) - الفَسْح |

## P

| Français | Arabe |
|---|---|
| Paraître (édition) - I | صدَر يصدُر - الصُّدور |
| Paraître - I | ظهَر يظهَر - الظُّهور |
| Paraître (de loin) - I | لاح يلوح |
| Paralyser - I | شلَّ يشلُّ - الشَّلّ |
| Pardonner - I | صفَح يصفَح عن - الصَّفْح |
| Pardonner - I | غفَر يغفِر - الغُفْران |
| Parer (Se—) - V | تجمَّل يتجمَّل - التجمُّل |
| Parler - V | تكلَّم يتكلَّم - التكلُّم |
| Parler à qqn - II | كلَّم يُكلِّم - المُكالَمة |
| Parler à qqn - II | حدَّث يُحدِّث - المحادَثة |
| Partager - I | قسَم يقسِم - القَسْم |
| Partager - II | قسَّم يُقسِّم - التقسيم |
| Participer - III | شارك يُشارك - المُشاركة |
| Partir en voyage - III | سافر يُسافر - (السَّفَر) |
| Parvenir (info) - I - p. 39 | نمى ينمى |
| Parvenir à - V | توصَّل يتوصَّل إلى - التوصُّل |
| Passer - I | فات يفوت - الفَوات |
| Passer (Se—) de qqch/qqn - X | استغنى يستغني عن - الاستغناء |
| Passer (temps) - I | مضى يمضي - المُضيّ |
| Passer (un temps) - IV | أمضى يُمضي - الإمضاء |
| Passer devant - I | سبَق يسبِق - السَّبْق |
| Passer la nuit - I | بات يبيت - البَيات |
| Passer par - I | مرَّ يمُرّ بـ - المُرور |
| Passionner - X | استهوى يستهوي - الاستهواء |
| Pêcher - I | صاد يصيد - الصَّيْد |
| Pencher - I | مال يميل - المَيْل |
| Pencher (Se—) - VII | انحنى ينحني - الانحناء |
| Penser - II | فكَّر يُفكِّر - التفكير |
| Penser (à tort) - I | حسب يحسَب - الحِسبان |
| Perdre - I | خسِر يخسَر - الخُسْران / الخَسارة |
| Perdre (Se—) - I | تاه يتيه - التَيَهان |
| Perdre (Se—) - I | ضاع يضيع - الضَّياع |
| Perdre qqch / qqn - I | فقَد يفقِد - الفُقدان / الفَقْد |
| Permettre - II | مكَّن يُمكِّن - التمكين |
| Permettre à qqn d'obtenir qqch - IV | أنال يُنيل - الإنالة |
| Peser - I | وزَن يزِن - الوَزْن |
| Pétrir - I | عجَن يعجِن - العَجْن |
| Photographier - II | صوَّر يُصوِّر - التصوير |
| Piétiner - I | داس يدوس - الدَّوْس |
| Piler - I | دكَّ يدُكّ - الدَّكّ |
| Piller - I | نهَب ينهَب - النَّهْب |
| Pincer (avec les doigts) - I | قرَص يقرُص - القَرْص |
| Piquer - I | غرَز يغرِز - الغَرْز |
| Piquer (insecte) - I | لسَع يلسَع |
| Plaindre (Se—) - I | شكا يشكو - الشِّكاية / الشَّكْوى |
| Plaindre (Se—) - V | تشكَّى يتشكَّى - التشكِّي |
| Plaindre (Se—) - VIII | اشتكى يشتكي - الاشتكاء |
| Plaisanter - I | مزَح يمزَح - المُزاح |
| Planter - I | زرَع يزرَع - الزَّرْع / الزِّراعة |
| Pleurer - I | بكى يبكي - البُكاء |
| Pleurer (litt.) - I | ناح ينوح - النَّوْح |
| Plier (Se—) - VII | انطوى ينطوي - الانطواء |
| Plonger - I | غطَس يغطِس - الغَطْس |
| Plonger - I | غاص يغوص - الغَوْص |
| Poignarder - I | طعَن يطعَن - الطَّعْن |
| Polir - I | حكَّ يحُكّ - الحَكّ |
| Porter (vêt.) - I | لبِس يلبَس - اللِّبْس |
| Poser - I | وضَع يضَع - الوَضْع |
| Poser (pb, question) - I | طرَح يطرَح - الطَّرْح |
| Poser une question - I | سأل يسأل - السُّؤال |

362

# Index lexical français-arabe

| | | |
|---|---|---|
| Posséder - I | ملَك يملِك - المِلْك | |
| Poursuivre en justice - III | قاضى يُقاضي - المُقاضاة | |
| Pousser (plante) - I | نبَت ينبُت - النُبوت / النَبات | |
| Pousser des youyous - Quad | زغرد يُزغرد - الزَغردة | |
| Pouvoir - I | قدَر يقدِر - القُدرة | |
| Pouvoir - X | استطاع يستطيع - الاستطاعة | |
| Pratiquer (foi) - V | تعبّد يتعبّد - التَعَبُّد | |
| Précéder - I | سبَق يسبِق - السَبْق | |
| Prêcher - I | وعَظ يعِظ - الوَعْظ | |
| Prendre - I | أخذ يأخُذ - الأخْذ | |
| Prendre avec sa main - VI | تناول يتناول - التناوُل | |
| Prendre partie pour - VII | انحاز ينحاز إلى - الانحياز | |
| Prendre soin de - VIII | اعتنى يعتني بـ - الاعتناء | |
| Prendre son indépendance - X | استقلّ يستقلّ عن - الاستقلال | |
| Préparer - II | حضّر يُحضّر - التحضير | |
| Préparer - IV | أعدّ يُعدّ - الإعداد | |
| Préparer (Se—) - X | استعدّ يستعدّ - الاستعداد | |
| Préparer le terrain - II | مهّد يُمهّد - التمهيد | |
| Présenter - II | قدّم يُقدّم - التَقديم | |
| Presser - I | ضغط يضغط - الضَغْط | |
| Presser qqch - I | كبَس يكبِس - الكَبْس | |
| Prétendre - I | زعَم يزعَم - الزَعْم | |
| Prêter - IV | أعار يُعير - الإعارة | |
| Privatiser - Quad | خصخص يُخصخص - الخَصْخصة | |
| Priver qqn de qqch - I | حرَم يحرُم - الحِرمان | |
| Profiter de - X | استفاد يستفيد من - الاستفادة | |
| Promener (Se—) - V | تنزّه يتنزّه - التنزّه | |
| Promener (Se—) - V | تجوّل يتجوّل - التجوُّل |
| Promener (Se—) à pied - V 1 | تمشّى يتمشّى - التمشي |
| Promettre - I | وعَد يعِد - الوَعْد |
| Prononcer une parole - I | لفَظ يلفُظ - اللفْظ |
| Proposer - I | عرَض يعرِض - العَرْض |
| Prospérer - Quad | ترعرع يترعرع |
| Protéger - I | حرَس يحرُس - الحِراسة |
| Protéger - I | صان يصون - الصيانة |
| Protéger - I | حمى يحمي - الحماية |
| Protéger (Se—) - VIII | احتمى يحتمي بـ - الاحتماء |
| Protéger des regards - I | ستَر يستُر - السِتْر |
| Purifier - II | صفّى يُصفّي - التَصْفية |
| Purifier - II | نقّى يُنقّي - التنقية |

## Q

| | |
|---|---|
| Qualifier (adj.) - I | وصَف يصِف - الوَصْف |
| Qualifier (adj.) - I | نعَت ينعَت - النَعْت |
| Quereller (Se—) -VI | تشاجر يتشاجر - التشاجُر |
| Quereller (Se—) -VI | تشابك يتشابك - التشابُك |
| Quereller (Se—) -VI | تخاصم يتخاصم - التخاصُم |
| Questionner - I | سأل يسأل - السُؤال |
| Quitter - I | هجَر يهجُر - الهَجْر / الهِجران |

## R

| | |
|---|---|
| Raconter - I | حكى يحكي - الحِكاية |
| Ramasser - I | لمّ يلُمّ - اللَمّ |
| Ramener - IV | أرجع يُرجِع - الإرجاع |
| Ramener - IV | أعاد يُعيد - الإعادة |
| Ramper - I | زحَف يزحَف - الزَحْف |
| Ranger - II | رتّب يُرتّب - الترتيب |
| Rapporter (dire) - I | روى يروي - الرواية |
| Rassembler - I | جمَع يجمَع - الجَمْع |
| Rassembler - I | حشَد يحشِد - الحَشْد |
| Rassurer - Quad | طمأن يُطمئن |
| Rattraper - I | لحِق يلحَق بـ - اللحاق |
| Recevoir qqch - V | تسلّم يتسلّم - التسلُّم |
| Recevoir qqch - VIII | استلم يستلم - الاستلام |
| Réciter (Coran) - I | تلا يتلو - التلاوة |
| Réciter (poésie) - IV | أنشد يُنشد - الإنشاد |
| Réciter (poésie) - IV | ألقى يُلقي - الإلقاء |
| Récolter - I | حصَد يحصُد - الحَصاد |
| Recommander - IV | أوصى يوصي بـ - (الوصاية) |
| Recommander (action) - II | وصّى يوصي بـ - التَوْصية |
| Reconnaître - VIII | اعترف يعترف - الاعتراف |
| Reconnaître (faute) - IV | أقرّ يُقرّ بـ - الإقرار |
| Recroqueviller (Se—) - Quad | |
| Reculer - VI | تقوقع يتقوقع - التقوقع |
| Reculer - VI | تراجع يتراجع - التراجُع |
| Récupérer - X | استردّ يستردّ - الاسترداد |
| Récupérer - X | استرجع يسترجع - الاسترجاع |
| Récupérer - X | استعاد يستعيد - الاستعادة |
| Refermer (Se—) - VII | انسدّ ينسدّ - الانسداد |
| Réfléchir - II | فكّر يُفكّر - التفكير |
| Refroidir (Se—) - I | برُد يبرُد |

## Index lexical  français-arabe

**Manuel d'arabe en ligne Tome III**
**Les bases de l'arabe en 50 semaines** © G. Al-Hakkak 2013
http://www.al-hakkak.fr
En autonomie
العربية أسبوعاً في خمسين

|  |  |  |  |  |  |
|---|---|---|---|---|---|
| Réfugier (Se—) auprès de - I | لجأ يلجأ - اللُّجوء | Renouveler - II | جدّد يُجدّد - التجديد | | |
| Refuser - I | رفَض يرفُض - الرَفْض | Rénover - II | جدّد يُجدّد - التجديد | Rétablir (Se—) - VI | تعافى يتعافى - التعافي |
| Refuser - VIII | امتنع يمتنع عن - الامتناع | Renseigner (Se—) - X | استفسر يستفسر - الاستفسار | Retenir par coeur - I | حفِظ يحفَظ - الحِفْظ |
| Regarder - I | نظَر ينظُر إلى - النَظَر | Renseigner (Se—) - X | استفهم يستفهم - الاستفهام | Retirer - I | سحَب يسحَب - السَحْب |
| Régler (problème) - II | سوّى يسوّي - التَسْوية | Renvoyer - I | طرَد يطرُد - الطَرْد | Retirer (Se—) - VII | انسحب ينسحب - الانسحاب |
| Regretter - I | ندِم يندَم على - النَدَم | Répandre - I | نشَر ينشُر - النَشْر | Retourner - I | رجَع يرجِع - الرُجوع |
| Regretter - V | تندّم يتندّم على - التندُّم | Répandre (Se—) (info) - I | ذاع يذيع - الذَياع / الذُيوع | Retourner - I | عاد يعود - العَوْدة |
| Regrouper - I | جمَع يجمَع - الجَمْع | | | Retransmettre (évén.) - Quad | تلفز يُتلفز - التَلْفَزة |
| Reigner - I | ساد يسود - السيادة | Répandre une rumeur - IV | أشاع يُشيع - الإشاعة | Réunir - I | جمَع يجمَع - الجَمْع |
| Rejeter - I | رفَض يرفُض - الرَفْض | Répandre une information - IV | أذاع يُذيع - الإذاعة | Réunir (Se—) - VIII | اجتمع يجتمع - الاجتماع |
| Rejoindre - I | لحِق يلحَق بـ - اللِحاق | Repentir (Se—) - I | تاب يتوب - التَوْبة | Réussir - I | نجَح ينجَح - النَجاح |
| Réjouir - I | سرّ يُسرّ - السُرور | Répéter - II | ردّد يُردّد - التَرديد | Revenir - I | رجَع يرجِع - الرُجوع |
| Réjouir (Se—) - I | فرِح يفرَح - الفَرَح | Répondre - I | ردّ يرُدّ - الرَدّ | Revenir - I | عاد يعود - العَوْدة |
| Remercier - I | شكَر يشكُر - الشُكْر | Répondre favorablement - X | استجاب يستجيب لـ - الاستجابة | Révolter (Se—) contre - I | ثار يثور - الثَوْرة |
| Remettre à plus tard - IV | أرجأ يُرجئ - الإرجاء | | | Rire - I | ضحِك يضحَك - الضَحِك |
| Remettre à plus tard - II | أجّل يؤجّل - التأجيل | Reposer (Se—) - X | استراح يستريح - الاستراحة | Rivaliser - VI | تنافس يتنافس - التنافُس |
| Rencontrer - I | لقِي يلقى - اللِقاء | Représenter qqn - I | ناب ينوب عن - النيابة | Rompre - I | فسَخ يفسَخ - الفَسْخ |
| Rencontrer - III | قابل يُقابل - المُقابلة | Réprimander - I | زجَر يزجُر - الزَجْر | Rougir - IX | احمرّ يحمرّ - الاحمرار |
| Rencontrer - III | لاقى يلاقي - المُلاقاة | Réprimander - I | لام يلوم - اللَوْم | Rouiller - I / 71 | صدِأ يصدَأ - الصَدَأ |
| Rencontrer (Se—) - VI | تقابل يتقابل - التَقابُل | Réprimer - I | قمَع يقمَع - القَمْع | Rugir - I - p. 69 | زأر يزأر - الزئير |
| Rendre - I | ردّ يرُدّ - الرَدّ | Reprocher - I | عاب يعيب - العَيْب | | |
| Rendre - IV | أعاد يُعيد - الإعادة | Répudier - II | طلّق يُطلّق - التَطليق | **S** | |
| Rendre (Se—) disponible - V | تفرّغ يتفرّغ لـ - التفرُّغ | Résider - IV | أقام يُقيم - الإقامة | Satisfaire, contenter - IV | أرضى يُرضي - الإرضاء |
| Rendre visite - I | زار يزور - الزيارة | Résister à qqn / qqch - III | قاوم يُقاوم - المُقاومة | Sauter - I | طفَر يطفُر - الطَفْر |
| Renforcer - II | قوّى يقوّي - التقوية | Résoudre - I | حلّ يحُلّ - الحَلّ | Sauter - I | قفَز يقفِز - القَفْز |
| Renforcer (Se—) - V 1 | تقوّى يتقوّى - التقوّي | Ressentir - I | شعَر يشعُر بـ - الشُعور | Sauter - I | وثَب يثِب - الوَثْب |
| Renoncer à qqch - VI | تنازل يتنازل عن - التنازُل | Rester - I | بقِي يبقى - البَقاء | Savoir - I | عرَف يعرِف - المَعْرِفة |
| | | Rétablir (Se—) - VI | تشافى يتشافى - التشافي | Scalper - I | سلَخ يسلَخ - السَلْخ |

# Index lexical français-arabe

| Français | Arabe |
|---|---|
| Sculpter - I | نحَت ينحَت - النَحْت |
| Secouer - I | هزّ يهزّ - الهَزّ |
| Secouer - Quad | زعزع يُزعزع - الزعزعة |
| Secouer - Quad | زلزل يُزلزل - الزلزلة |
| Secouer (pour nettoyer) - I | نفَض ينفُض - النَفْض |
| Séduire - I | فتَن يفتِن - الفَتْن / الفتنة |
| Séduire - X | استهوى يستهوي - الاستهواء |
| Sélectionner - VIII | اختار يختار - الاختيار |
| Sembler - I | بدا يبدو |
| Semer - I | بذَر يذُر - البَذْر |
| Sentir - I | شعَر يشعُر - الشعور |
| Séparer - I | فصَل يفصل - الفَصْل |
| Séparer (Se—) de - III | فارق يُفارق - المُفارقة |
| Séparer (Se—) de - VII | تفارق يتفارق - التفارُق |
| Serrer la main de qqn - III | صافح يُصافح - المُصافحة |
| Signer - II - 81 | وقّع يُوقّع على - التَوقيع |
| Signer - IV | أمضى يُمضي - الإمضاء |
| Sonner - I | قرَع يقرَع - القَرْع |
| Souffler - I | نفَخ ينفُخ - النَفْخ |
| Souffrir - III | عانى يُعاني - المعاناة |
| Souffrir - III | قاسى يُقاسي - المُقاساة |
| Souhaiter - I | رجا يرجو - الرَجاء |
| Souhaiter - I | ودّ يودّ - الوِدّ |
| Soulever (Se—) - I | هبّ يهبّ - الهُبوب |
| Soumettre (Se—) - I | خضَع يخضَع - الخُضوع |
| Soumettre (Se—) à Dieu - I | خشَع يخشَع - الخُشوع |
| Soutenir - I | نصَر ينصُر - النَصر |
| Souvenir (Se—) de - V | تذكّر يتذكّر - التذكّر |
| Stagner - I | ركَد يركُد - الرُكود |
| Suicider (Se—) - VIII | انتحر ينتحر - الانتحار |
| Suivre - I | تبَع يتبَع |
| Supporter (fardeau) - V | تحمّل يتحمّل - التَحَمُّل |
| Supporter (fardeau) - VIII | احتمل يحتمل - الاحتمال |
| Supposer - VIII | افترض يفترض - الافتراض |
| Supprimer qqch - I | حذَف يحذف - الحَذْف |
| Surpasser - I | فاق يفوق |
| Sursauter (peur) - I | فزع يفزَع - الفَزَع |
| Survenir - I | حدَث يحدُث - الحُدوث |

## T

| Français | Arabe |
|---|---|
| Taire (Se—) - I | سكَت يسكُت - السُكوت |
| Taire qqch - I | كتَم يكتُم - الكَتْم |
| Tarder - IV | أبطأ يُبطئ - الإبطاء |
| Tasser - I | دكّ يدكّ - الدَكّ |
| Teindre, peindre - I | صبَغ يصبُغ - الصَبغ / الصِباغة |
| Téléviser - Quad | تلفز يُتلفز - التلفزة |
| Tendre - I | مدّ يمُدّ - المَدّ |
| Tendre (Se—) - VII | امتدّ يمتدّ - الامتداد |
| Tenir (Se—) debout - I | وقف يقف - الوُقوف |
| Tenir bon - I | صمَد يصمُد - الصمود |
| Tenir bon - I | ثبَت يثبت - الثَبات |
| Terminer - VIII | انتهى ينتهي - الانتهاء |
| Tester - VIII | اختبر يختبر - الاختبار |
| Tirer - I | سحَب يسحَب - السَحْب |
| Tirer - I | جرّ يجرّ - الجَرّ |
| Tirer sur qqn ou qqch - I | رمى يرمي - الرَمْي |
| Tirer (balle) - IV | أطلَق يُطلق (الرصاص) - الإطلاق |
| Tomber - I | سقَط يسقُط - السُقوط |
| Tomber - I | وقع يقَع - الوُقوع |
| Tomber en décadence - VII | انحطّ ينحطّ - الانحطاط |
| Tomber en décadence - Quad | تدهور يتدهور - التدهوُر |
| Tomber en ruine - V | تهدّم يتهدّم - التهدُّم |
| Tomber malade - I | مرِض يمرَض - المَرَض |
| Toucher - I | لمَس يلمُس - اللَمْس |
| Toucher - III | لامس يُلامس - المُلامَسة |
| Tourner - I | دار يدور - الدَوَران |
| Trahir - I | غدَر يغدُر بـ - الغَدر |
| Trahir - I | خان يخون - الخِيانة |
| Trancher (affaire) - I | حسَم يحسم - الحَسْم |
| Transcrire - II | قيّد يُقيّد - التقييد |
| Transporter - I | نقَل ينقُل - النَقْل |
| Travailler - I | عمِل يعمَل - العَمَل |
| Travailler - VIII | اشتغل يشتغل - الاشتغال |
| Traverser - I | عبَر يعبُر - العُبور |
| Tromper (Se—) - IV | أخطأ يُخطئ |
| Tromper (Se—) - V | توهّم يتوهّم - التوهُّم |
| Trouer - I | ثقَب يثقُب - الثَقْب |
| Trouver - I | وجد يجد |

# Index lexical français-arabe

| | | | |
|---|---|---|---|
| Trouver - I | لقي يلقى - اللقاء | Violer - I | غصَب يغصِب - الغَصْب |
| Trouver qqch ennuyeux - I | ملّ يمَلّ - المَلَل | Violer - VIII | اغتصب يغتصب - الاغتصاب |
| Trouver qqch très grand - X | استكبر يستكبر - الاستكبار | Viser - X | استهدف يستهدف - الاستهداف |
| | | Visiter - I | زار يزور - الزيارة |
| Tuer - I | قتَل يقتُل - القَتْل | Vivre - I | عاش يعيش - العَيْش |
| | | Voir - I | رأى يرى - الرُؤْية |
| **U** | | Voler qqch - I | سرَق يسرُق - السرقة |
| | | Vouloir - I | رام يروم |
| Utiliser - X | استعمل يستعمل - الاستعمال | Vouloir - I | شاء يشاء - المَشيئة |
| Utiliser - X | استخدم يستخدم - الاستخدام | Vouloir - IV | أراد يُريد - الإرادة |
| | | Voyager - III | سافر يُسافر - (السَفَر) |

**V**

| | |
|---|---|
| Vaincre - I | قهَر يقهَر - القَهْر |
| Vaincre - I | هزَم يهزِم - الهَزْم / الهَزيمة |
| Vaincre - VIII | انتصر ينتصر على - الانتصار |
| Vaincre (lutte) - I | صرَع يصرَع |
| Vendre - I | باع يبيع - البَيْع |
| Vénérer - I | عبَد يعبُد - العبادة |
| Venir - I | أتى يأتي |
| Venir - I | ورد يرِد - الوُرود |
| Venir - I | جاء يجيء - المَجيء |
| Venir - IV | أقبل يُقبل - الإقبال |
| Venir à l'esprit - I | خطَر يخطُر (على البال) |
| Verdir - IX | اخضرّ يخضرّ - الاخضرار |
| Verser (liquide) - I | سكَب يسكُب - السَكْب |
| Vieillir - I | شاب يشيب |
| Vieillir - I | شاخ يشيخ |

**Manuel d'arabe** *en ligne*

Tome III

# Quelques éléments utiles en traduction

# Entre français et arabe

**Manuel d'arabe** en ligne **Tome III**
**Les bases de l'arabe** en 50 semaines © G. Al-Hakkak 2013

http://www.al-hakkak.fr

**En autonomie**

## Quelques éléments utiles en traduction

Ces pages sont consacrées à quelques éléments pratiques susceptibles d'aider à la traduction de texte. Il s'agit d'attirer l'attention sur l'absence de règles absolues en la matière. Un texte pourrait avoir de nombreuses versions équivalentes dans une deuxième langue. La qualité d'une traduction ne peut être appréciée à sa juste valeur d'une manière universelle, d'où l'absurdité de l'importance qu'on lui attribue dans les concours et examens. La question prend une dimension inquiétante quand elle touche à l'automaticité recherchée par tous les médias concernés par la langue arabe. Une langue soumise aux pressions de la traduction automatique risque fort d'admettre peu à peu une évolution sensible et susceptible de gêner la compréhension auprès de certains lecteurs. Ce qui suit vise davantage une sensibilisation et non une présentation de règles strictes. Et ne l'oublions pas : seule une bonne connaissance des deux langues permet une traduction acceptable.

Ces pages s'ajoutent à celles commencées dès le tome II dans le but d'attirer l'attention sur l'homographie - fréquente en arabe - et la polysémie. L'ensemble de toutes ces pages n'est qu'un bout de chemin en vue de bien mesurer la manière adéquate de passer d'une langue à l'autre. Des exercices supplémentaires dans ce domaine sont prévus dans le tome IV, à paraître cette année 2021.

---

On peut facilement admettre que le mot-à-mot conduit souvent à un problème de sens, entre faux, contre et non-sens. Mais la recherche de la symétrie entre les deux langues (un mot pour un mot, un adjectif pour un adjectif, un verbe pour un verbe, un singulier pour un singulier, etc.) nous guette en permanence. On imagine même une équivalence précise pour un préfixe ou pour un suffixe. On essaie de respecter le «temps» dans la langue du départ pour l'imposer à celle d'arrivée. Et la liste de ces pièges que nous tendent les deux langues est longue.

Regardons quelques exemples en ayant en tête l'idée que seule la pratique poursuivie permet de cerner les subtilités de l'arabe (notre objectif ici). Il en sera de même pour l'arabophone qui apprend le français. Et à ce stade, un travail en binôme peut donner de très précieux résultats.

### Préfixes et suffixes en français : comment les rendre en arabe ?

L'arabe n'a pas d'équivalent universel pour rendre le sens dans ce domaine. Un mot français qui voit sa signification inversée par l'ajout du préfixe in- / im- / ir-, par exemple, change totalement en arabe. Exemple : possible = مُمْكِن / impossible = مُسْتَحيل Cependant, la tentation est forte de se rapprocher du système français en utilisant la négation de l'adjectif غَيْر . Mais cela comporte un risque. D'une part, le sens se rapproche dans ce cas de «pas possible», et, d'autre part, cela appauvrit l'arabe.

Cela étant dit, certains préfixes du français ont trouvé dans l'arabe moderne quelques équivalents plus ou moins stables, comme «anti-» = المعادي لـ / «pré-» = ما قَبْل / multi- = مُتَعَدِّد / etc., mais dans ces trois exemples, le terme arabe indiqué ici est suivi d'un complément de nom et non d'un adjectif. La stabilité de ces équivalents est notable pour le premier et le deuxième exemples (antiraciste : معادي للعُنْصُريّة / préhistoire : ما قبل التاريخ ), mais elle l'est moins pour le troisième. Si l'on dit volontiers متعدد الأطراف pour «multilatéral», on voit parfois متعدد الجنسيات (multinaltional) concurrencé par دولي / عالمي (mondial / international).

L'emploi de غير s'est répandu pour certains adjectifs, avec parfois la variante construite avec لا . Mais souvent, le sens peut être obtenu naturellement avec la négation absolue (لا suivi d'un substantif, comme لا شيء ). Ainsi, «illimité» peut être rendu par لا محدود ou غير محدود ou d'une manière classique لا حَدَّ له . «Illicite», avec une connotation religieuse, pourrait devenir غير شرعي mais du point de vue théologique c'est حَرام . «Immoral» correspond à غير أخلاقي ou لا أخلاقي ou مُناقض للأخلاق ou encore quand il s'agit d'une personne مُنْعَدِم الضَمير ou منعدم الأخلاق .

Ces variations ne sauraient être ramenées à une formule unique, même si l'arabe des médias semble parfois nous

# Entre français et arabe

La liste des préfixes est longue (1) et ces quelques remarques n'ont pour objet que de sensibiliser l'étudiant et l'inviter à bien observer les deux langues et à relever dans ce domaine les exemples significatifs rencontrés dans les textes littéraires, souvent moins exposés à la pression d'autres langues et moins porteurs de néologismes.

Notons sur ce plan un problème sérieux qui résulte de l'usage d'un préfixe de nom composé identifiant un groupe, tel que *franco-—* ou *arabo-—*, notamment quand le préfixe se trouve entaché d'ambiguïté, comme c'est le cas pour *islamo-—* qui pourrait renvoyer aussi bien à «islam» qu'à «islamisme». L'actualité en France en 2020-2021 illustre bien les dégâts que peut occasionner une utilisation hasardeuse de certains termes construits sur ce modèle.

Avec les suffixes, la difficulté est semblable. Là aussi, l'idéal serait de trouver le mot juste en arabe, alors qu'on voit se répandre des «équivalents» modernes qui ne manquent pas d'altérer l'arabe ou d'en réduire l'intelligibilité auprès de la majorité des Arabes. Par exemple : le suffixe «-able» est parfois rendu par لـ قابل ou بـ جدير , ce qui risque et d'appauvrir le vocabulaire et de donner lieu à une redondance fâcheuse (2). Notons cependant que certains suffixes du français posent parfois problème, comme «-isme» et «-iste» à cause de

y conduire via la traduction automatique. Il serait bon au contraire d'y résister en mettant en valeur les équivalents classiques. Par exemple, dans le premier tome de cette méthode, il a été dit que le sens du préfixe «re-» doit être rendu par l'ajout, après le verbe, de من جَديد (de nouveau). La découverte progressive d'œuvres littéraires nous permet de constater qu'il y a d'autres manières d'y parvenir, notamment avec le verbe عاد يعود (revenir) qui remplit alors une fonction d'auxiliaire. Par exemple «il s'est remarié» pourrait certes être rendu par عاد وتزوج تزوّج من جديد ou تزوج ثانيةً mais aussi par عاد وتزوج ثانيةً ou encore par عاد ليتزوج ثانيةً . Avec le verbe «relire» on pourrait trouver en arabe أعاد القراءة et donc pour «il a relu le livre» أعاد قراءة الكتاب . Le recours à un verbe en arabe pour indiquer le sens d'un préfixe français est assez fréquent et demeure une option dans bien des cas. Par exemple, si «possible» est مُمْكن et impossible مستحيل ou غير ممكن on peut très bien trouver parfois لا يُمْكن et des variantes plus recherchées ou métaphoriques pourraient être لا سبيل إليه ou لا محلّ له من الإعراب parmi d'autres formulations possibles. On peut également employer ici le pseudo-verbe *laysa* ليس ممكناً .

Avec le préfixe «quasi-» dans un terme composé, l'emploi du verbe كاد يكاد est presque inévitable. L'emploi de l'adverbe تقريباً n'est pas satisfaisant ici. On dirait plutôt par exemple pour «quasi-impossible» لا يكاد أن يكون ممكناً .

---

(1) Quelques préfixes, parmi beaucoup d'autres, avec un exemple ou deux : a— (atypique غير معتاد) / anté— (anté-islamique ما قبل الإسلام) / anti— (antisémite معادي للسامية) / archi— (archiconnu معروف جداً / شهير) / bi— (bilatéral ثنائي / ثنائي الجانب) / con— (confédéral اتّحاديّ / جاهلي) / dé— (déraisonnable لا يتقبله المَنْطق / مُخالف للمَنْطق / غير معقول) / dés— (désagréable مُزْعِج) / ex-— (ex-président الرئيس السابق) / extra— (extraordinaire خارج عن المعهود / خارق للعادة / extraterritorial ما وراء الحدود / extra-muros خارجي / خارج الأسوار) / il— (illégal غير شرعي / غير مقبول , inacceptable غير مفهوم / مُبْهَم / in— (incompréhensible مستحيل / im— (impossible غير واضح / illisible / غير مشروع / ممنوع / محرّم / ir— (irresponsable داخل الأسوار) / intra— (intra-muros دُوَلي) / inter— (international تحت الأحمر) / infra— (infrarouge مرفوض / لا يمكن قبوله / غير مسؤول) / mal— (malheureux تعيس) / mé— (méconnaître جهل يجهل / أنكر يُنكِر) / mi— (minuit منتصف الليل) / multi— (multilatéral متهوّر / mal— (malheureux تعيس) متعدد / multinational متعدد الجنسيّات) / omni— (omniprésent موجود في كل مكان / omniscient عليم , omnipotent قدير) / poly— (polygamie تَعَدُّد الزَوْجات) / pré— (préétabli مُسْبَق) / post— (postindustriel ما بعد الصناعي) / pro— (propalestinien مُؤيِّد للقَضيّة الفلسطينية) / quasi— (quasi-impossible يكاد أن يكون مستحيلاً) / re— (relire أعاد يعيد القراءة , réécrire أعاد يعيد الكتابة) / super— (superstar نجم مُتَألِّق) / supra— (supranational يتجاوز الـمُسْتَوى الوَطَني) / trans— (transcontinental عابر للقارات), etc.

(2) Quelques suffixes à titre indicatif : —able (faisable مُمْكِن تحقيقه / يُمْكِن) / —ible (risible مثير للضحك) / —logue (archéologue عالم آثار) / —iste (extrémisme التطرّف) / libéralisme الليبرالية , communisme الشيوعية , socialisme الاشتراكية / —logie (archéologue علم الآثار) / —isme (socialiste اشتراكي , communiste شيوعي) / —phobe (islamophobe مناهض للإسلام / معادي للإسلام , claustrophobe لا يُطيق الانحباس , homophobe معادي للمثليّة) / —âtre (verdâtre مائل إلى الخُضْرة), etc.

# Entre français et arabe

l'utilisation pour les rendre du suffixe arabe propre à l'adjectif de relation au féminin (*nisba*). Ainsi, مسيحية peut signifier «christianisme» et «chrétienne», ليبرالية «libéralisme» et «libérale», etc. Par ailleurs, le suffixe arabe imitant la nisba وي / وية censé donner une acception péjorative n'est pas encore bien installé dans la langue.

Les suffixes suggérant un processus tel que —*iser* ou —*isation* (moderniser, mécaniser, automatiser, etc.) donnent lieu en arabe à des néologismes que l'on ne rencontre que dans les essais, politiques notamment. Des termes tels que مكننة (mécanisation), شرعنة (légalisation), خصخصة (privatisation), etc., ne sont pas bien assimilés du grand public. Il vaut mieux dans dans ce cas avoir recours à une périphrase claire qu'à un néologisme «savant».

## Entre singulier, duel et pluriel

De très nombreux mots français sont toujours au pluriel. C'est moins le cas en arabe, qui introduit une petite difficulté: le duel. Voici donc six listes qui se veulent utiles en vue d'un exercice de traduction de texte ou de rédaction.

● **Liste partielle de mots français toujours au pluriel**

abats / الأحشاء
abois : «être aux abois» / هو في أسْوَأ الأحْوال
accointances (sing. en ar.) / عَلاقة حَميمة / صَداقة حميمة
affres / الغَياهب
agapes (sing. en ar.) / الـمائدة عند أوائل النصارى
agissements / التصرفات
aguets / التَرقُّب - ترقّب يترقّب
annales / الحَوْليّات on trouve aussi الدَوْريّات
appointements (sing. en ar.) / الـمُرتَّب
archives (sing. en ar.) / الأرشيف
arrhes (sing. en ar.) / العَرَبون
beaux-arts / الفنون الجميلة
belles-lettres / روائع الأدب
catacombes / قُبور السَراديب
cisailles (sing. en ar.) / الـمِقَصّ / ce mot s'emploie aussi pour «ciseaux»
condoléances التَعازي ou le singulier التَعْزية /
confins / الأنحاء البعيدة - البِقاع - الثُغور - الـمناطق القاصية
coordonnées (sing. en ar.) / العُنْوان
décombres / الأنْقاض
dépens (sing. en ar.) / الحِساب / «aux dépens d'Untel» على حساب فلان
desiderata / الـمَطالب
doléances / الـمَطالب
entrailles / الأحشاء
environs / الضَواحي - الـمناطق الـمُحيطة بـ
épousailles / العُرْس ج أعْراس
félicitations / التهاني
festivités / الاحْتفالات
frais / الـمَصاريف
fiançailles (sing. en ar.) / الخُطوبة
funérailles (sing. en ar.) / التَشْييع
gens / الناس
gravats (sing. en ar.) / حُطام / رُكام
latrines / الـمَراحيض
liquidités (sing. en ar.) / النَقْد
mœurs / الأخْلاق / «les bonnes mœurs» الأخلاق الحميدة
mots-croisés / الكلمات الـمُتَقاطعة
munitions (sing. en ar.) / العَتاد
obsèques (sing. en ar.) / الـمَأتَم / NB : l'emploi du pluriel laisserait entendre qu'il y a plusieurs défunts.
ossements / العظام
ouailles / الرَعيّة / العباد
pourparlers / الـمُحادَثات
prémices / البَوادر
représailles (sing. en ar.) / الرَدْع / الرَدّ على اعتداء
retrouvailles (sing. en ar.) / الوِصال / اللقاء / لقاء الأحِبّة
rudiments / الـمَبادئ الأوَّليّة
sévices (sing. en ar.) / الأذى
ténèbres / الظُلمات
thermes / الحَمّام ج حَمّامات
vacances (sing. en ar.) / العُطلة

# Entre français et arabe

vapes : «être dans les vapes» يكاد يُغمى عليه /

victuailles : الـمَأكولات / الطَّعام ج أطعِمة /

vivres : الأغذية /

NB : on peut associer à cette liste le terme de «chaussures», souvent au pl. en fr. Son équivalent arabe est un singulier حذاء Quand il est employé au pluriel (أحْذية) il prend le sens de «paires de chaussures». «Une chaussure» = فَرْدة حذاء . Il en est de même pour «gants» (sing. en ar. قُفّاز) et «chaussettes» (جَوْرَب).

● **Exemples de mots arabes, parmi beaucoup d'autres, devant s'accorder au duel quand ils ne sont pas au singulier**

الوالدان / الوالدين : les deux parents - on peut également dire الأبْوان mais c'est plutôt vieillissant.

الحَرَمان الشَّريفان / الحرمين الشريفين : la Mecque et Médine

● **Petite liste de mots arabes qui doivent s'accorder au duel pour évoquer une personne**

الأُذُنان / الأذنين : les [deux] oreilles /

العَيْنان / العينين : les [deux] yeux /

الجَفْنان / الجفنين : les [deux] paupières /

الحاجبان / الحاجبين : les [deux] sourcils /

الخَدّان / الخدين : les [deux] joues /

الذراعان / الذراعين : les [deux] bras /

الكَتِفان / الكتفين : les [deux] épaules /

الثَّدْيان / الثديين : les [deux] seins /

اليَدان / اليدين : les [deux] mains /

الوِرْكان / الوركين : les [deux] fesses /

الخِصْيَتان / الخصيتين : les [deux] testicules /

الفَخْذان / الفخذين : les [deux] cuisses /

الرُّكْبَتان / الركبتين : les [deux] genoux /

الساقان / الساقين : les [deux] jambes /

القَدَمان / القدمين : les [deux] pieds /

الكَعْبان / الكعبين : les [deux] chevilles /

إلخ etc.

● **Petite liste de mots arabes évoquant un pluriel sans marque spécifique (les collectifs)**

الناس : les gens

البشر : les humains

النساء : les femmes (une femme = امْرَأة)

الشباب : les jeunes hommes (peut également signifier «la jeunesse»)

الطير : les oiseaux (un oiseau = طَير / des oiseaux = طُيور)

النمل : les fourmis (une fourmi = نَمْلة / des fourmis = نَملات)

الخيل : les chevaux (collectif n'excluant pas les juments ; un cheval = حصان / une jument = فَرَس)

الحَمير : les ânes (un âne = حمار)

الإبل : les chameaux (un chameau = جَمَل / une chamelle = ناقة)

النخيل : les dattiers (un dattier = نَخْلة / des dattiers = نخلات)

الشجر : les arbres (un arbre = شَجَرة / des arbres = شجرات)

الحجر : la pierre

البقر : les bovins (une vache = بَقَرة / des vaches = بقرات)

الماشية : les troupeaux

إلخ etc.

● **Petite liste de mots arabes toujours au pluriel avec une marque spécifique de pluriel**

المفاوضات : négociations

المعلومات : renseignements (servis dans un lieu public, par exemple) ou informations (à propos d'un sujet)

الاضطرابات : troubles (contre l'ordre public)

الاتصالات : communications (téléphone, internet, etc.)

المواصلات : moyens de transport

المخابرات : RG (renseignements généraux / police politique)

وسائل النقل : moyens de transports (divers véhicules, trains, avions, etc.

الأركان في الجيش : états-majors (armée)

العلاقات الدولية : relations internationales

المواجهات : affrontements

# Entre français et arabe

**Manuel d'arabe** en ligne **Tome III**
**Les bases de l'arabe** en 50 semaines © G. Al-Hakkak 2013

http://www.al-hakkak.fr

**En autonomie**

الخسائر : pertes

الاشتباكات : accrochages

الحيثيات : attendus (d'un jugement, par exemple)

التفاصيل : détails (NB : le singulier renvoie à une technique de couture)

التبعات : retombées (d'un événement), conséquences

التعقيدات : complications

الأحوال الاقتصادية : situation économique

الأنواء الجوية : la météo

المحادثات : pourparlers

الشؤون الوزارية : affaires ministérielles

الشؤون الاجتماعية / الخارجية : affaires sociales, affaires étrangères

الأحياء : biologie (litt. : «les vivants»)

الرياضيات : mathématiques (NB : le singulier signifie «sport»)

الملامح - ملامح الوجه : traits du visage

العادات والتقاليد : us et coutumes

المأكولات : alimentations

الإرهاصات : réactions partisanes

الانتخابات : élections (y compris pour l'élection présidentielle)

المحاسن : qualités, avantages

المساوئ : défauts, inconvénients

إلخ : etc.

● **Petite liste de mots arabes toujours au singulier, ayant parfois un pluriel non-usité**

الكون : l'univers

العالَم : le monde

الحياة : la vie (il a eu plusieurs vies = عاش حياته أكثر من مرة)

الموت : la mort

الجحيم : l'enfer

جهنم : l'enfer

القسمة والنصيب : le sort, le destin

## Le «mot» invisible

Quand on met en regard français et arabe, on est tenté d'évoquer des mots «invisibles» dans l'une ou l'autre langue, soit sous-entendu soit devenu signe de ponctuation. Voyons-en quelques éléments.

● **Conjonction de coordination** و

L'arabe a fréquemment recours à cette conjonction. Là où le français emploie des signes de ponctuation, comme le point, la virgule ou le point virgule, ajoutés à l'apparition d'une majuscule au début de la phrase suivante, l'arabe poursuit souvent le discours en insérant le و ou, quand il le faut, une autre conjonction : فَـ / ثُمَّ / أوْ. Il s'agit d'un détail important. Un arabophone traduisant pour la première fois un texte vers le français risque fort de multiplier les phrases commençant par «Et...». De même, un francophone traduisant vers l'arabe, risque de produire un texte qui manquerait de fluidité.

C'est dans un contexte d'énumération que l'on voit le mieux le contraste entre le français et l'arabe quand ce dernier n'est pas encore «contaminé» par les langues européennes. Le français emploie une virgule pour séparer les éléments énumérés et réserve la conjonction «et» pour le dernier d'entre eux. L'arabe a recours à autant de و que d'éléments à évoquer en plus du premier. Pour dire «Il y a quatre saisons dans une année : le printemps, l'été, l'automne et l'hiver», on dira en arabe في السنة الواحدة أربعة فصول هي الربيع والصيف والخريف والشتاء. Négliger cette règle serait dramatique si l'on veut préserver les liens avec le patrimoine littéraire, non seulement ancien ou très ancien mais également les œuvres littéraires modernes écrites par des auteurs attachés au respect de la grammaire arabe.

La disparition de la conjonction s'opère parfois dans le sens inverse : présente en français, absente en arabe. En français, deux ajectifs épithètes exigent d'être séparés d'un «et» (Cette maison grande et belle est...). L'arabe, dans un style classique, aligne dans ce cas les deux adjectifs à la suite (هذه الدار الكبيرة الجميلة...). Aujourd'hui, on a tendance à

# Entre français et arabe

insérer la conjonction و entre les deux adjectifs. Mais la règle classique reste de vigueur dans certaines expressions comme عجيب غريب (très étrange - littéralement : étrange et bizarre) ou la formule sacrée بسم الله الرحمن الرحيم (Au nom de Dieu, Clément et Miséricordieux).

● **Le verbe «être»**

Dans un bon apprentissage de l'arabe, venant d'une langue comme le français ou l'anglais, il est primordial de découvrir vite, dès la première heure, qu'au présent, le verbe être est sous-entendu, pas visible. Par exemple, pour dire «Je suis française», on dira أنا فرنسية et non أنا أكون فرنسية. Mais cette dernière formulation pourrait exister au cas où l'énoncé évoquerait une hypothèse. Le sens en serait alors «Moi, être française !». Il est possible que le contact massif avec les langues européennes ait conduit à l'apparition parfois, pas toujours, du pronom personnel à la place du verbe être, comme pour combler un vide (من هو صاحب الدكان ؟ = Qui est le propriétaire du magasin ?). Mais il est probable que cette tendance ait pour raison d'être ce qu'elle apporte comme clarté.

Le verbe «être» apparaît cependant au passé et au futur, que ce soit comme pseudo-verbe, dit également «exposant temporel» ou verbe à part entière, comme par exemple pour «Et ce fut le Jour-J», on dira وكان اليوم الموعود. Au futur, il en sera de même. Pour «Je serai avocate», on dira سأكون محامية. Mais le verbe pourrait aussi être suggéré sans apparaître. On cite souvent le poète anté-islamique امرؤ القيس qui, la veille d'une bataille perdue d'avance, mais qu'il fallait livrer malgré tout pour l'honneur, disait en substance اليوم خمر وغداً أمر (Aujourd'hui, buvons ! Et demain, ce sera une autre affaire, grave !). Sur le même modèle, on pourrait dire : غداً ساعتنا (Demain, ce sera notre heure).

● **Le pronom relatif**

C'est un point délicat. Les pronoms français «qui», «que», «lequel», «laquelle», «lesquels» et «lesquelles» ne trouvent pas toujours en face en arabe الذي / التي / اللذان / اللذين / الذين / اللواتي / من / ما. Parfois, le sens en est présent mais non incarné par un mot. Par exemple «L'homme qui parle à la télé est mon voisin» pourrait être rendu par الرجل الذي يتكلم في التلفزيون هو جاري. Mais si c'est «Un homme parle de nous à la télé» ce sera على التلفزيون رجل يتكلم عنا. Autrement dit, si l'antécédent est indéterminé en français, le relatif en arabe est sous-entendu. Cette règle est en général respectée par les arabophones qui naviguent entre français et arabe. Le problème vient plutôt du pronom relatif renvoyant à un antécédent déterminé. L'arabe pourrait éviter la symétrie en changeant la syntaxe. Par exemple «La femme qui habite en face est allemande». pourrait certes être المرأة التي تسكن أمامنا ألمانية mais cela pourrait être المرأة الساكنة أمامنا ألمانية. Il s'agit en réalité de la clarté du discours. Une multiplication excessive des relatifs en arabe pourrait engendrer une certaine ambiguïté. Par exemple المرأة التي تسكن pourrait correspondre à «la femme qui habiterait...», tandis que المرأة الساكنة c'est forcément «la femme qui habite...» Bref, il convient de surveiller ce point lors de la lecture des textes littéraires arabes et voir quand le français pencherait pour le pronom relatif, alors qu'il est absent en arabe.

---

## Le verbe

● **Le temps**

La symétrie n'est pas toujours souhaitable concernant la valeur temporelle et elle est parfois impossible. Il est fréquent de dire en français «il reste dix minutes» ou «je comprends». En arabe, on ne dira pas يبقى عشر دقائق ni أفهم. L'arabe emploie ici le passé (accompli, suffixé) ou, plus souvent, le participe actif ou présent : الباقي عشر دقائق / فاهم.

Un autre emploi particulier en français qui ne trouve pas son équivalent en arabe est le futur dans un récit évoquant un événement passé, comme dans les biographies, quand on dit par exemple «il terminera sa vie...» on dira en arabe توفي ou كان في آخر عمره ou عاش آخر أيامه ou مات etc. Mais jamais le futur ne sera ici naturel en arabe.

Ces quelques exemples sur deux détails, parmi beaucoup d'autres, ont pour objet d'attirer l'attention sur l'importance de la question. Seule la pratique assidue permettra d'avoir une

# Entre français et arabe

utilisation convenable du temps verbal lors de l'utilisation en parallèle des deux langues.

### ● La transivité

C'est peut-être l'un des domaines dans lesquels s'exercent les plus grandes interférences entre arabe et français. Il est essentiel de bien savoir si le verbe dans l'autre langue est direct, n'appelant pas de préposition pour agir sur son objet (أكل / شرب), ou indirect, et dans ce cas avec quelle préposition (اتجه / احتفل). Mais il est aussi important de savoir quels verbes sont intransitifs, n'ayant pas d'objet, ni direct ni indirect (عاش / مات). Par ailleurs, il faut connaître les verbes indirects qui changent de sens en changeant de préposition (احتج بـ / احتج على). Enfin il faut identifier les verbes qui peuvent être à la fois direct et indirect (اشتغل / اشتغل بـ / اشتغل في). Et il ne faut pas oublier, en arabe, les verbes qui prennent deux COD (أعطى / علّم / منح / وهب), et lesquels d'entre eux ont évolué à travers les siècles pour rendre l'un des objets indirect (أعطانيها ← أعطاني إيّاها). On trouvera à cet effet, dans l'ouvrage intitulé «*Quelle préposition en arabe ?*» (voir références en fin de ce volume), une liste non exhaustive d'environ 400 verbes couramment utilisés dans l'arabe moderne.

### ● Le passif

Il s'agit d'un autre point important dans ce face-à-face entre arabe et français. Le danger vient d'une imitation littérale du français. Quand le passif est employé en français, on découvre assez fréquemment l'agent qui a mené l'action. On dit par exemple «Telle loi a été abrogée par le gouvernement d'Untel.» En arabe, on ne devrait utiliser le passif que si l'on ignore l'identité de l'agent ou si on ne souhaite pas le préciser. On dirait alors الحكومة الفلانية ألغت القانون الفلاني. Mais la recherche inconsciente et regrettable de la symétrie a poussé une partie des Arabes à calquer la syntaxe française en ajoutant من قِبَل فلان ou من طَرَف فلان (par Untel). Or l'arabe classique offrait aussi le moyen d'identifier l'agent. Par exemple, pour dire «Ce livre a été écrit en turc par Untel.» on dirait كُتب هذا الكتاب بالتركية كَتبه فلان. Mais cela reste marginal. Une variante classique survit encore pour rendre le sens de «par Untel» على يد فلان. Mais globalement, il serait souhaitable de ne pas abuser du passif.

Un autre phénomène affecte le verbe dans le but de ne pas mentionner l'agent, c'est l'emploi d'un verbe auxiliaire suivi du nom verbal correspondant à l'action en question. Par exemple, pour dire «L'accord a été signé», on trouvera plus couramment تَمّ التَوْقيع على الاتّفاق au lieu de وُقِّع على الاتفاق. Une variante plutôt maghrébine remplace تَمّ par وَقع.

### ● Verbe ou participe ou adjectif ?

Il faut toujours avoir à l'esprit que la nature d'un mot en contexte de traduction n'est pas imposée par la langue du départ. Un mot comme «francophone» n'est pas forcément un adjectif en arabe. Il serait plus naturel de dire يتكلم الفرنسية. A l'inverse, «j'ai compris» ou «je comprends» serait plutôt فاهم / فاهمة. Le participe présent du français n'est presque jamais rendu par un participe en arabe quand il n'est ni adjectivé ni substantivé. Pour dire «en travaillant», l'arabe dirait وأنا أعمل ou بالعمل etc. Le sujet est vaste et ces quelques exemples ne sont donnés que pour alerter sur la nécessité absolue de bien observer les textes littéraires, de qualité. C'est un des objectifs de cette méthode que de proposer, après l'initiation (tomes I et II), des textes d'auteurs, choisis avec soin (tomes III à VII).

---

## Adjectifs et substantifs

Les nuances de beaucoup d'adjectifs français sont donnés en arabe via la forme verbale ou la forme de l'adjectif. Par ailleurs, la forme فعّال engendre des adjectifs qui, en français, sollicitent parfois l'adverbe «très». Par exemple, pour dire «très souriant», un seul mot suffit en arabe : بسّام. Un «fieffé menteur» كذّاب. Un «faux malade» مُتَمارِض. Cependant, pour «peu souriant» on pourrait trouver نادراً ما قليل الابتسام ou يبتسم, parmi d'autres possibilités pour rendre cette image. En revanche, pour «peu aimable», le seul mot مُزْعج suffirait. Il s'agit ici d'un participe présent adjectivé du verbe أزعج يُزعج (déranger) issu de la IV$^e$ forme dont les verbes sont très majoritairement transitifs directs. Parfois, c'est l'inverse qui se

# Entre français et arabe

produit et l'arabe rend un adjectif français en deux mots. Par exemple «destinataire» se traduit par مُرسَل إليه étant donné qu'il s'agit d'un participe passé d'un verbe indirect.

Parmi les substantifs, on trouve parfois un métier en arabe sur la forme فعّال dont l'équivalent français comprend plusieurs mots, comme بيّاع (vendeur ambulant), سجّاد (marchand de tapis), حجّاج (guide de pèlerins), etc. C'est l'inverse qui se produit avec les spécialités médicales. Un «ophtalmologue» est طبيب عيون, un «cardiologue» طبيب الأمراض القلبية, un dermatologue طبيب الأمراض الجلدية, etc.

Par ailleurs, un adjectif, comme cela a été dit plus haut, ne trouve pas forcément son équivalent dans un adjectif, et un substantif n'appelle pas forcément un substantif en arabe. Par exemple, le terme «francophone» se traduirait plutôt par يتكلم الفرنسية. Un «philatéliste» يجمع الطوابع. A l'inverse, «il joue les intermédiaires» nous donne يقوم بوساطة ou وسيط, «il dort» correspond à هو نائم. Parfois, c'est l'arabe qui ne se contente pas d'un seul terme. Pour «instituteur», on trouve habituellement معلّم في مدرسة ابتدائية, pour «cousin» ابن عم ou ابن خالة ou ابن عمة ou ابن خال.

Là aussi, le sujet est vaste et ce qui précède n'est qu'une énième invitation à observer les deux langues dans une démarche comparative permanente et surtout ne pas hésiter à retenir l'équivalent juste, même lorsqu'il ne correspond pas en terme de nombre de mots, ou même quand il est de nature différente.

## La répétition

Un arabophone qui apprend le français est surpris de voir les francophones à ce point réticents devant une répétition d'un même terme, voire d'un dérivé, sur la même page. L'horreur qu'ils expriment quand cela survient dans la même phrase laisse pantois leur interlocuteur. Qu'en est-il en arabe? Certes cela ne choque pas autant qu'en français, mais s'il y a une répétition inutile, ce serait une faiblesse de style. Par exemple, on peut dire قرأت كتاب التاريخ وكتاب الجغرافية (J'ai lu le livre d'histoire et celui de géographie) quand il s'agit de deux livres distincts, même s'il est également possible d'employer le duel (كتابيَ التاريخ والجغرافية). Mais il serait préférable de dire قرأت كتاباً بالعربية وآخر بالفرنسية et ne pas répéter كتاباً. Un autre exemple est significatif : quand le français emploie l'imparfait, l'arabe en rend le sens par l'association de كان et du verbe désignant l'action en question. Dans un texte français faisant succéder des verbes à l'imparfait, l'arabe pourrait se contenter dans une suite de phrases ayant le même sujet d'une seule occurrence de كان. Par exemple, pour «Il travaillait le jour avec son père et étudiait le soir à la fac ; le matin il se levait tôt et rentrait à midi à la maison pour déjeuner, etc.», un seul كان suffit :

كان يعمل مع أبيه ويدرس في الجامعة مساءً ينهض باكراً في الصباح ويرجع إلى الدار للغداء ... إلخ

La répétition de la conjonction de coordination و est en revanche naturelle en arabe alors que le «et» en français paraît à l'arabophone inexplicablement honni. Cela sera évoqué dans le point suivant consacré à la ponctuation.

## La ponctuation

● **Signes et mise en page**

La ponctuation a pour objet de guider la prosodie lors de lecture d'un texte. Un signe est une indication de l'intensité d'une pause et de sa durée, et de l'intonation qui convient pour mettre en lumière le sens. C'est ainsi que le français la codifie. Or l'arabe utilise des mots, parfois réduits à une seule lettre accolée au mot suivant, et sa syntaxe aide à repérer les articulations d'un texte. Le français a recours au retour à la ligne, pratique absente dans les manuscrits médiévaux, et certains livres religieux, dont le Coran, en sont dépourvus même dans les éditions modernes. L'arabe exprime une transition équivalente par l'emploi de conjonctions et par un changement significatif de syntaxe à même d'attirer l'attention du lecteur. L'apparition de وإن dans un texte est un repère important. Il en va de même pour وليت / ولعلّ. L'emploi de l'interrogatif أ suivi d'une particule de négation joue également ce rôle (ألا / ألم / ألن / أليس). Dans la langue moderne, des expressions comme ومن جهة أخرى / ومن جانب آخر etc. sont suffisantes pour guider une lecture adéquate.

Le français utilise le point, suivi d'un espace et d'une majuscule pour signifier un changement de phrase. L'arabe peut se contenter d'une conjonction et de veiller à un changement syntaxique. Par exemple, s'il y a énumération de substantifs définis par l'article à la fin d'une phrase, il serait risqué de commencer la phrase suivante avec un substantif également défini par l'article précédé d'un و.

La tendance actuelle qui met sous pression l'arabe face aux langues européennes ne manque pas de produire des dégâts notables. Par exemple, le français emploie parfois les deux points pour annoncer une surenchère, comme dans «La dictature ne réprime pas : elle tue.» L'arabe emploira ici بل et la phrase deviendra الدكتاتورية لا تضطهد بل تقتل. Impossible ici de calquer les deux points ou de les rendre par إنها par exemple.

Là aussi, le sujet est vaste et le propos ici est d'inviter l'étudiant à continuer à observer les textes littéraires de ce tome et du suivant, mais aussi les textes d'arabe médiéval accessibles en ligne sur le site www.al-hakkak.fr, en attendant les tomes VI et VII, pour parvenir à une autonomie suffisante à l'égard de la ponctuation dans les textes arabes. Cette dernière est relativement récente et n'intègre pas la langue d'une manière homogène et satisfaisante.

## Quelques éléments d'homographie

La question a été abordée pages 198 et 199. Ajoutons ici quelques exemples plus complexes.

Une première source de confusion possible vient de l'emploi de la *hamza* comme interrogatif à la place de هل. Cette substitution est obligatoire si la question ainsi introduite est à la forme négative. Par exemple, pour dire «Ne sais-tu pas cela ?» on dira ألا تعرف ذلك ؟. Mais cela se complique un peu si la question est coordonnée avec ce qui précède par و ou ف. Dans ce cas, la conjonction doit obligatoirement se placer après la *hamza*. On obtient alors أولا تعرف ذلك ؟. Sans voyelles brèves le premier mot graphique composé de trois éléments (أ + و + لا) peut se confondre avec أوّلاً (premièrement). Voyons donc quelques exemples du même type.

| | |
|---|---|
| Est-ce un film ou un téléfilm ? | أفِلْمٌ هذا أم تمثيلية ؟ / |
| N'avais-tu pas dit cela auparavant ? | أفَلَمْ تقل هذا من قبل ؟ / |
| Viendras-tu avant ou après la Fête ? | أبَعْدَ العيد تأتي أم قبله ؟ / |
| L'éloignement du travail de la ville est-il un problème ? | أبْعَدُ العمل عن المدينة مشكلة ؟ / |
| La Fête est plus loin que la fin des vacances. | العيد أبْعَدُ من نهاية العطلة / |
| Qui a éloigné ces gens de leur pays ? | من أبْعَدَ هؤلاء عن وطنهم ؟ / |
| Eloigne-toi de moi, s'il te plaît ! | أبْعِدْ عني رجاءً ! / |
| N'est-ce pas lui qui a dit cela ? | أوَلَيْسَ هو الذي قال هذا / |
| Ulysse est le héros de l'Odyssée | أوليسُ هو أحد أبطال الأوديسة / |
| Premièrement, deuxiemement et troisièmement... | أولاً وثانياً وثالثاً ... / |
| Il se leva en se tordant le bras droit de douleur. | نهض ثانياً ذراعه الأيمن من الألم / |
| Le peuple s'est-il révolté contre la dictature ? | أثارَ الشعب على الدكتاتورية ؟ / |
| Qui a suscité ces troubles ? | من أثارَ هذه الاضطرابات ؟ / |
| Les films de Hitchcock sont inoubliables. | أفْلامُ هتشكوك لا تنسى / |
| Et quelqu'un a-t-il blâmé tes parents pour ce que tu avais fait ? | أفَلامَ أحد أهلك على ما فعلت ؟ / |
| Tes films sont excellents. | أفلامُك ممتازة / |
| Alors, quelqu'un t'a-t-il blâmé pour avoir réalisé ces films ? | أفَلامَك أحد على هذه الأفلام ؟ / |
| Est-ce l'argent de Ahmad ou ton argent ? | أمالُ أحمد هذا أم مالك ؟ / |
| Qu'est-ce qui a fait pencher la Tour de Pise ? | ما الذي أمال برج بيزا ؟ / |

# Entre français et arabe

**Manuel d'arabe en ligne — Tome III**
**Les bases de l'arabe en 50 semaines** © G. Al-Hakkak 2013
http://www.al-hakkak.fr — En autonomie

العربية أسّس أسبوعاً في خمسين

|  |  |
|---|---|
| Il n'y a rien de plus vrai que l'expérience. | ليس أصْدَقَ من التجارب / |
| Je ne crois pas ce que j'entends. | لا أُصَدِّقُ ما أسمع / |
| Est-ce une vérité ou un mensonge ? | أَصِدْقٌ هذا أم كذب ؟ |
| | |
| Ahmad a accompagné ses parents à l'aéroport. | أوْصَلَ أحمد أهله إلى المطار / |
| Le train, est-il arrivé ou pas encore ? | أوْصَلَ القطار أم بعد ؟ |
| Accompagne les enfants à l'école ! | أوْصِلِ الأولاد إلى المدرسة ! |
| | |
| Quelqu'un a-t-il trouvé ma chatte au jardin ? | أوْجَدَ أحد قطتي في البستان ؟ |
| Qui a créé ce problème ? | من أوْجَدَ هذه المشكلة ؟ |
| Et a-t-il été sérieux dans ses études ou paresseux ? | أوَجَدَّ في الدراسة أم كسل ؟ |
| Et le grand-père de Ahmad a-t-il fait le pèlerinage ou non ? | أوَجُدُّ أحمد حاج أم لا ؟ |
| | |
| Est-ce Qays ou Abdulhamid ? | أقَيْسٌ هذا أم عبد الحميد ؟ |
| Je ne sais pas comment mesurer cette distance. | لا أدري كيف أقيس المسافة / |
| | |
| Ton projet a-t-il grandi ou est-il toujours petit ? | أكْبُرَ مشروعك أم ما زال صغيراً ؟ |
| C'est plus grand que ce que j'imaginais. | هذا أكْبَرُ مما تصورت / |
| Je voudrais agrandir cette photographie. | أريد أن أكْبِرَ هذه الصورة / |
| L'étendue de la ville te dérange-t-elle ? | أكِبَرُ المدينة يزعجك ؟ |
| | |
| Laissez-moi, Madame, embrasser vos mains pour exprimer ma gratitude. | دعيني أُقَبِّل يديك يا سيدتي شكراً لك / |
| L'automne est arrivé avec les nuits longues. | أقْبَلَ الخريف ومعه الليالي الطويلة / |
| Ont-ils migré avant ou après la guerre ? | أقَبْلَ الحرب هاجروا أم بعدها ؟ |
| Comment accepterais-je cela ? | كيف أقْبَلُ بهذا ! |
| Viens vers nous quand tu le pourras ! | أقْبِلْ علينا متى استطعت ! |
| Les pèlerins sont-ils arrivés ou sont-ils encore en route ? | أقَدِمَ الحجاج أم هم في الطريق ؟ |
| C'est la rue la plus ancienne de la ville. | هذا أقْدَمُ شارع في المدينة / |
| Laisse-moi t'offrir ce cadeau ! | دعيني أقَدِّم لك هذه الهدية ! |

|  |  |
|---|---|
| Est-ce le pied de l'enfant qui est blessé ou sa main ? | أقَدَمُ الطفل مجروحة أم يده ؟ |
| Viens chez nous quand tu le voudras ! | أقْدِمْ علينا متى شئت ! |
| | |
| Le président a-t-il tenu toutes ses promesses électorales ? | أوْفى الرئيس بكل وعوده الانتخابية ؟ |
| Y a-t-il dans ce que je dis quelque chose qui te dérange ? | أوفي ما أقول ما يزعجك ؟ |
| Moi, je donne à chacun son dû. | أنا أوفي كل ذي حق حقه / |

Et en guise de défi, essayer, sans aide, de deviner le sens des énoncés suivants !

أعيد هذا أم مأتم ؟

أعيد هذا عليك للمرة الأخيرة !

أعيد الناس أمس أم أول أمس ؟

أولا ترى ما أرى ؟

أولي العهد هو أم الملك ؟

أنا لا أولي هذا انتباهي

هذا بيان أولي يليه بيان مفصل

أعاد جدك من الحج ؟

من أعاد علينا هذه المصائب ؟

أورث أبوك من والده ؟

من أورث أباك هذا الدكان ؟

ألم تعلم بما حدث ؟

ألم الفراق يمحوه اللقاء

من ألم بكل حيثيات القضية ؟

377

# Manuel d'arabe *en ligne*
# Les bases de l'arabe en 50 semaines

## *Apprentissage en autonomie*     *Apprentissage en classe*

*Format identique : 21.6 x 27.9 cm - Volumes brochés - N & B*

**Manuel d'arabe** *en ligne*
**Tome I** (semaines 1 à 7)

500 pages : fiches, exercices, dialogues, lexique et annexes (corrigés, conjugaison, cartes muettes, répertoire de citations, lexique ar-fr, lexique fr-ar)

ISBN : **978-1537013015** / 75 €

Son et vidéos accessibles en ligne :
http://www.al-hakkak.fr/Arabe-Son-V43.html

**Manuel d'arabe** *en ligne*
**Tome I** (semaines 1 à 7)

*Conçu pour apprentissage en classe encadré par un professeur*

236 pages : fiches, exercices, dialogues, lexique et corrigés

ISBN : **9798636340973** / 35 €

Son et vidéos en ligne :
http://www.al-hakkak.fr/Arabe-Son-Sommaire.html

**Manuel d'arabe** *en ligne*
**Tome II** (semaines 8 à 14)

402 pages : fiches, exercices, dialogues, lexique et annexes (corrigés, répertoire de citations, lexique ar-fr, lexique fr-ar, sujets d'évaluation)

ISBN : **978-2339547075** / 68 €

Son accessible en ligne :
http://www.al-hakkak.fr/Arabe-Son-V42.html

**Manuel d'arabe** *en ligne*
**Tome II** (semaines 8 à 14)

*Conçu pour apprentissage en classe encadré par un professeur*

256 pages : fiches, exercices, dialogues, lexique et corrigés

ISBN : **9798636352389** / 37 €

Son accessible en ligne :
http://www.al-hakkak.fr/Arabe-Son-Sommaire.html

**Manuel d'arabe** *en ligne*
**Tome III** (semaines 15 à 21)

380 pages : fiches, exercices, dialogues

ISBN : **978-1973950851** / 64 €

Son accessible en ligne :
http://www.al-hakkak.fr/Arabe-Son-V42.html

**Manuel d'arabe** *en ligne*
**Tome III** (semaines 15 à 21)

*Conçu pour apprentissage en classe encadré par un professeur*

266 pages : fiches, exercices, corrigés

ISBN : **9798636357957** / 39 €

Son accessible en ligne :
http://www.al-hakkak.fr/Arabe-Son-Sommaire.html

NB : tomes IV à VII à paraître progressivement

# Les bases de l'arabe en 50 semaines

## Ouvrages complémentaires

**Conjugaison arabe -** **VERSION 3** (avril 2021)
    300 pages - 21.6 x 27.9 cm : 40 tableaux, 120 exercices,
    2500 items, corrigés, index de 900 verbes d'usage courant
    ISBN : **978-8743046621** / 36 €
    Son accessible en ligne :
    http://www.al-hakkak.fr/son-conjugaison-arabe-version-3.html

**Glossaires rudimentaires** - Français-arabe
Nouvelle édition - Version 5 (août 2017)
    Archéologie - Arts - Commerce - Droit - Economie Finances - Géographie
    - Histoire - Langues Mathématiques - Médecine - Métiers - Philosophie
    Religions - Sciences politiques - Sociologie - Spectacle Sport - Tourisme
    Env. 5000 termes - 240 p. - 15.3 x 22.8 cm
    ISBN : **978-1974211289** / 16 €

**Chronologie bilingue** - Français-arabe
Nouvelle édition - Version 5 (août 2017)
    N&B - 240 pages - 15.3 x 22.8 cm
    ISBN : **978-1974214099** / 16 €
    Son accessible en ligne :
    http://www.al-hakkak.fr/Chronologie/chronologie-son.html
    Disponible aussi en e-Book

**Anecdotes de Juha**
48 histoires avec vocabulaire et enregistrement
    Janvier 2018 - N&B - 96 pages - 15.3 x 22.8 cm
    ISBN : **978-1983786587** / 7 €
    Son accessible en ligne :
    http://www.al-hakkak.fr/Juha-son.html
    Disponible aussi en e-Book

**Prénoms arabes**
    Environ 2000 prénoms classés par forme, statut grammatical,
    genre, champ sémantique, etc.
    Juin 2019 - N&B - 424 pages - 15.3 x 22.8 cm
    ISBN : **978-1074800154** / 25 €

**Quelle préposition *en* arabe ?**
    Environ 2000 énoncés à compléter avec une préposition,
    avec traduction en français, corrigés et enregistrements en accès libre.
    Novembre 2019 - N&B - 210 pages - 15.3 x 22.8 cm
    ISBN : **978-1704544045** / 12 €

**Quelle préposition *en* arabe ?**
Version B (mise en page aérée)
    Environ 2000 énoncés à compléter avec une préposition,
    avec traduction en français, corrigés et enregistrements
    en accès libre.
    Novembre 2019 - N&B - 272 pages - 15.3 x 22.8 cm
    ISBN : **978-1704566153** / 18.50 €

**EDITION SPECIALE**

L'arabe pour les francophones  -  www.al-hakkak.fr     Ghalib Al-Hakkak

## Les bases de l'arabe en 50 semaines

**Manuel d'arabe** *en ligne*  - Edition spéciale
**Version 4.3B** - **Tome I** (semaines 1 à 7)
Apprentissage en autonomie
Avec en option un suivi payant par correspondance postale

*Format : 21.6 x 27.5 cm*

538 pages : fiches, exercices, dialogues, lexique et annexes (corrigés, conjugaison, cartes muettes, répertoire de citations, lexique ar-fr, lexique fr-ar)
**+ programme de suivi optionnel payant par correspondance**

Son et vidéos accessibles en ligne :
http://www.al-hakkak.fr/Arabe-Son-V43.html

## Au choix : 3 aspects, même contenu

**RELIE (hardcover)**                                   **BROCHE (paperback)**

| Volume **relié** couleur | Volume **relié** N&B | Volume **broché** couleur |
|---|---|---|
| ISBN : **9798761278240** | ISBN : **9798760508539** | ISBN : **9798760585684** |
| 538 pages | 538 pages | 538 pages |
| 115 € | 88 € | 92 € |

NB : chacun de ces trois volumes, au contenu identique, contient un formulaire d'inscription optionnelle à un suivi payant par correspondance, en 15 étapes, donnant droit à la correction de 15 tests écrits de 2 à 6 pages chacun. Le coût du suivi est décliné en trois parties : étapes 1 à 5 = 50 € / étapes 6 à 10 = 100 € / étapes 11 à 15 = 150 € / l'ensemble des 15 étapes = 250 €. Pour toute précision, écrire à : ghalib @al-hakkak.fr

# Les bases de l'arabe en 50 semaines
## Manuel d'arabe *en ligne*

*Pour apprentissage en classe*

Format : 21.6 x 27.5 cm

## *Volumes reliés (hardcover)*

*Noir et Blanc*

**Manuel d'arabe** *en ligne*
**Tome I** (semaines 1 à 7)

*Conçu pour apprentissage en classe encadré par un professeur*

236 pages : fiches, exercices, dialogues, lexique et corrigés

ISBN : **9798636340973** / 45 €

Son et vidéos en ligne :
http://www.al-hakkak.fr/Arabe-Son-Sommaire.html

**Manuel d'arabe** *en ligne*
**Tome II** (semaines 8 à 14)

*Conçu pour apprentissage en classe encadré par un professeur*

256 pages : fiches, exercices, dialogues, lexique et corrigés

ISBN : **9798636352389** / 47 €

Son accessible en ligne :
http://www.al-hakkak.fr/Arabe-Son-Sommaire.html

**Manuel d'arabe** *en ligne*
**Tome III** (semaines 15 à 21)

*Conçu pour apprentissage en classe encadré par un professeur*

266 pages : fiches, exercices, corrigés

ISBN : **9798636357957** / 49 €

Son accessible en ligne :
http://www.al-hakkak.fr/Arabe-Son-Sommaire.html

## Table des matières

**Préambule : page 4**

**Introduction : page 6**

**Semaine 15 : page 11**

    Introduction : pp. 12-13 / lexique thématiques : pp. 14-15 / exercices divers : 16-27 / dialogues littéraires : pp. 28-34 / dictée : p. 35 / lexique : pp. 36-39 / poésie : 40-41 / chansons : p. 42

**Semaine 16 : page 43**

    Introduction : pp. 44-45 / lexique thématiques : pp. 46-47 / exercices divers : 48-58 / dialogues littéraires : pp. 59-65 / dictée : p. 66 / lexique : pp. 67-69 / poésie : 70-71 / chansons : p. 72

**Semaine 17 : page 73**

    Introduction : pp. 74-75 / lexique thématiques : pp. 76-77 / exercices divers : 78-89 / dialogues littéraires : pp. 90-96 / dictée : p. 97 / lexique : pp. 98-101 / citations : 102-103 / chansons : p. 104

**Semaine 18 : page 105**

    Introduction : pp. 106-107 / lexique thématiques : pp. 108-109 / exercices divers : 110-121 / textes littéraires : pp. 122-128 / lexique : pp. 129-133 / citations : 134-135 / chansons : p. 136

**Semaine 19 : page 137**

    Introduction : pp. 138-139 / lexique thématiques : pp. 140-141 / exercices divers : 142-153 / textes littéraires : pp. 154-162 / lexique : pp. 163-167 / chanson : p. 168

**Semaine 20 : page 169**

    Introduction : pp. 170-171 / lexique thématiques : pp. 172-173 / exercices divers : 174-184 / textes littéraires : pp. 185-192 / lexique : pp. 193-197 / citations : 198-199 / chanson : p. 200

**Semaine 21 : page 201**

    Introduction : pp. 202-203 / lexique thématiques : pp. 204-205 / exercices divers : 206-216 / textes littéraires : pp. 217-223 / lexique : pp. 224-227 / homographie : 228-229 / chanson : p. 230

**Annexes : pages 231-377**

    1. Corrigés des exercices : pages 231-306

    2. Lexique général ar-fr : pages 307-336

    3. Lexique général fr-ar : pages 337-367

    4. Entre français et arabe : quelques éléments utiles en traduction : pages 367-377

Printed in Poland
by Amazon Fulfillment
Poland Sp. z o.o., Wrocław

27389400R00215